国际热带农业与科技发展系列丛书 · 科技篇

中国热带农业科学院科技信息研究所　江苏省农业科学院

全球热带作物科技竞争力分析

黄贵修　任　妮　尹　峰
徐小俊　郭　婷　崔丽虹　等　编著

中国农业科学技术出版社

图书在版编目（CIP）数据

全球热带作物科技竞争力分析 / 黄贵修等编著 .-- 北京：中国农业科学技术出版社，2022.9

ISBN 978-7-5116-5932-3

Ⅰ.①全… Ⅱ.①黄… Ⅲ.①热带作物－科技竞争力－世界
Ⅳ.① F316.12

中国版本图书馆 CIP 数据核字（2022）第 175292 号

责任编辑 史咏竹
责任校对 李向荣 贾若妍
责任印制 姜义伟 王思文

出 版 者 中国农业科学技术出版社
北京市中关村南大街 12 号 邮编：100081
电　　话 （010） 82105169 （编辑室） （010） 82109702 （发行部）
（010） 82109709 （读者服务部）
网　　址 https://castp.caas.cn
经 销 者 各地新华书店
印 刷 者 北京建宏印刷有限公司
开　　本 185 mm × 260 mm 1/16
印　　张 26
字　　数 533 千字
版　　次 2022 年 9 月第 1 版 2022 年 9 月第 1 次印刷
定　　价 156.00 元

#《全球热带作物科技竞争力分析》
编 著 人 员

主　　编： 黄贵修　任　妮　尹　峰　徐小俊　郭　婷　崔丽虹

副 主 编（按姓氏笔画排序）：

王小芳　许力丹　李　娜　陆学文　贵淑婷　黄家健
曾安逸　戴红君　魏　艳

编写人员（按姓氏笔画排序）：

马　帅　马艺文　马剑凤　邢淑莲　仲天娇　孙　亮
孙艺伟　李一萍　李玉萍　李晓娜　杨钟健　陈　华
陈丽琼　罗　瑞　周海慧　赵云龙　胡小婵　徐迟默
徐磊磊　符晴雅　曾力旺　楚小强　虞德容

序

Preface

在党的二十大报告中，习近平总书记指出，坚持创新在我国现代化建设全局中的核心地位；习总书记同时还指出，要加快实施创新驱动发展战略，加快实现高水平科技自立自强。中国热带农业科学院作为国家热带农业方面的重要战略科技力量，承担着热带农业创新驱动发展和热带农业科技高水平自立自强的重任。实施创新驱动发展战略并加快实现高水平科技自立自强，离不开强大的科技信息，须以科技情报研究作为支撑。

世界正经历百年未有之大变局，我国的科技创新、科技信息工作，特别是科技情报研究，须提升能力，为适应新的形势作出应有贡献。目前，我国的创新能力仍未完全适应高质量发展要求，存在短板和弱项，热带作物研究领域亦如此。这主要是因为长期以来我国对全球热带作物科技全面系统地动态跟踪分析较少，对热带作物科技发展趋势、研究前沿、关键核心技术、竞争力等掌握得不全面，以至难以为国家在热带农业科技领域提出针对性强、具有远见的应对策略，尚未达到勾画科技发展蓝图的目标。如今全球正面临着新一轮的技术革命和产业变革，中国热带农业科技将面临更激烈的竞争，要实现热带农业科技高水平自立自强不能闭门造车，必须放眼全球，在全球热带农业，特别是热带作物科技发展趋势中发现差距和不足，总结经验，找到着力点，清晰绘制我国未来热带农业，特别是未来热带作物科技发展的可行路径。

中国热带农业科学院科技信息研究所（以下简称信息所）创建于1954年，前身是设立于广州的华南热带林业科学研究所资料室，1958年迁至海南省儋州市宝岛新村，1965年扩建为图书情报室，1978年情报室与图书馆分开，成立科技情报研究所，归中国热带农业科学院建制，1994年更为现名，2018年迁至海南省海口市。目前，尽管信息所已发展成为集农业农村经济、农业信息化、农业文献、国际农业、科技档案等多学科为一体的国家级热带农业经济与信息学科研究机构，但热带农业科技情报研究仍然是信息所的“根”和“源”。知己知彼，百战不殆。信息所为中国热带作物科技发展提供了大量有价值的科技情报信息及相关情报研究成果，未来，信息所要继续为中国热带农业科技发展提供更优质的热带农业科技与经济信息服务和情报研究报告，当好中国热带农业科学发展的“先锋官”，为政府部门提供决策支持，为科技创新主体提供全方位的信息化技术及智库服务，为经济实体提供能解渴的科技情报研究成果，切实成为国家热带农业科技创新体系的重要支撑。

在我国的热带农业产业体系（包括热带作物产业、渔业、畜牧业、林业）中，热带作物产业是最重要的组成部分。长期以来，中国热带农业科学院以及相关省级农业科学院、高校等为我国热带作物产业的发展殚精竭虑，赤诚奉献汗水和心血。《全球热带作物科技竞争力分析》首次全面系统地采集、梳理和分析了全球主要热带作物中我国有栽培的甘蔗、咖啡、香蕉、菠萝、木薯、可可、椰子、杧果、油棕、橡胶树等的基础研究领域（包括应用基础研究）和技术创新领域信息，利用情报学分析方法，主要以科技论文和专利为依据，针对全球范围内热带作物研究的重点国家、机构、学者、学科的竞争力、研究布局、国际合作等，从不同层面和维度统计分析了热带作物研究领域的论文 / 专利数量、总被引频次和篇均被引频次 / 平均被引频次等指标，并进行了可视化展示，较客观公正地评价了各主要国家、学者 / 发明人、机构、学科的论文 / 专利等在全球所处的位置、竞争力、优势及影响，总结归纳了我国热带作物科技发展存在的问题，并提出了相关建议，以期为热带农业领域的科技创新和管理决策提供参考依据和情报支撑。

该书凝聚了信息所青年一代科研人员的努力和智慧，对中国热带作物科技发展具有重要意义，同时，对热带作物科技情报研究而言具有里程碑意义。作为曾经的信息所领导（20 世纪 80 年代）和曾经一直分管信息所的中国热带农业科学院副院长（20 世纪 90 年代至 21 世纪 10 年代），笔者为青年一代科研人员开创性的工作感到骄傲和高兴，是他们开启了热带农业科技情报研究的新纪元。百尺竿头更进一步，希望他们再接再厉，在此基础上继续创造新的辉煌。我国实现第二个百年奋斗目标征程的信号枪已经响起，全国人民已经迈上全面建设社会主义现代化国家，以中国式现代化全面推进中华民族的伟大复兴的新征程，希望信息所青年一代科研人员主动扛起时代的重任，“日日行，不怕千万里；常常做，不怕千万事”，为不断提高中国热带农业科技的竞争力，实现高水平的热带农业科技自立自强，推动热带农业高质量发展作出更大贡献，并服务于世界热带农业的高质量发展，把“人类命运共同体”的战略构想落到实处。

国际橡胶研究与发展委员会（IRRDB）原主席
天然橡胶生产国联合会（ANRPC）原主席
国际橡胶研究与发展委员会会士
中国热带农业科学院原副院长、研究员

2022 年 8 月 26 日

目　录

Contents

1 概述

1.1 研究背景、目的和意义

热带农业是世界农业和中国农业的重要组成组分。热带农业的内涵有狭义和广义之分。广义的热带农业是指依托热带地区（热区）特有的自然、气候资源，利用动物、植物和微生物生长发育规律，通过人工培育获得产品的农业产业。狭义的热带农业主要指热带作物产业（在热带地区栽种的特种经济作物产业）。本研究所涉及的全球热带作物科技竞争力分析主要是针对热带经济作物研究领域，是狭义的热带农业。

世界热区主要集中分布在东南亚及南亚、南美洲的亚马孙河流域、非洲的刚果河流域以及几内亚湾沿岸。我国热区主要分布在海南、台湾全省，香港、澳门特别行政区，福建、广东、广西①、云南、湖南、江西等省（自治区）的部分地区，四川攀枝花市和凉山彝族自治州金沙江干热河谷段、贵州干热河谷地带，西藏②墨脱县、察隅县、波密县的低海拔地区，我国热区的陆地面积约 54 万千米^2，占全国陆地面积的 5.6%；热区的海洋面积约 263 万千米^2，占全国海洋面积的 56%。全球有 138 个国家和地区地处热区，热区的陆地面积约 5 360 万千米^2，占全球陆地面积的 36%；热区的海洋面积 14 938 万千米^2，占全球海洋面积的 41%。全球热区国家多数为发展中国家，农业人口占比较大，95% 的世界热带作物生产在发展中国家，是发展中国家的重要产业，80% 的世界热带农产品消费集中在发达国家，是发达国家重要的农业消费品。

热带作物科技是热带作物发展的核心战略支撑。热带作物涉及的种植作物种类繁多，全球各国热区的优势产业各不相同，各热带作物研究机构的整体发展水平各异，研究的优势领域也不相同。我国热带作物资源条件优越、生产特色显著、农产品价值高、开发潜力巨大，但也存在着自主创新优良品种不足、产业化规模化程度不高、机械化水平低等突出问题，热带作物科技的创新能力还不适应高质量发展要求，短板和弱项较为明显。依靠科学技术支撑现代热带作物产业发展，力争达到国际领先水平，是我国热带作物科技发展肩负的使命。

党和国家高度重视热带作物科技发展。2021 年 9 月，农业农村部等 13 部门联合印发《国家热带农业科学中心建设规划（2021—2035）》，要求从推进热带农业科技创新和高层次人才培养、强化科技成果转化、深化国际交流合作、开展科技管理体制机

① 广西壮族自治区，全书简称广西。

② 西藏自治区，全书简称西藏。

制创新和先行先试四个方面着手部署，力争强化国家热带农业战略科技力量。中国热带农业科学院作为国家重要的战略科技力量，承担着热带农业创新驱动发展和热带农业科技自立自强的重任，而创新驱动发展和科技自立自强战略的实施必须有强大的科技情报力量作为支撑。

世界新一轮农业科技革命正孕育兴起，全球正面临着新一轮的技术变革和产业变革，中国热带农业科技将面临更激烈的竞争，把握全球热带作物科技竞争先机十分关键。要实现中国热带农业科技的创新驱动发展和自立自强不能闭门造车，必须放眼全球，在全球热带科技发展趋势中找到差距、不足和着力点，深入总结经验，积极寻找提升竞争力的路径和方法。长期以来，我国科技情报研究领域缺乏对全球热带作物科技全面系统动态的跟踪分析，对热带作物科技发展趋势、关键核心技术、竞争力等掌握得不全面。

为不断提高热带农业科技的竞争力，实现热带农业的跨越式发展，迫切需要开展本研究。本研究从科技情报研究的角度，基于文献计量、社会网络和统计分析方法，主要以科技论文和专利为依据，针对全球范围内热带作物的研究概况、研究群体的竞争力与研究布局等进行深入分析、评价和解读。全面系统地采集、梳理和分析了全球热带作物领域的论文 / 专利数量、总被引频次、论文篇均被引频次或专利平均被引频次等指标，并进行可视化展示，深入揭示热带作物领域内各国家、地区、机构、学者、学科间的发展水平，客观评价了各重点国家、机构、学者 / 发明人、学科的基础研究与技术创新等在全球所处的位置、优势及影响，总结归纳了我国热带作物科技发展存在的问题，并提出了相关对策建议，为提升我国热带作物科技创新、竞争力和管理决策提供了一定的数据参考和情报支撑。

1.2 研究方法概述

1.2.1 技术路线

本研究以 Science Citation Index（SCI）、Social Science Citation Index（SSCI）、Derwent Innovation（DI）、Incopat 等数据库为数据源，检索获得全球热带作物领域期刊论文数据和专利数据，借助于 Derwent Data Analyzer（DDA）、Excel、Netdraw、VOSviewer、Xmind、Python 等工具，综合利用文献计量、专利计量、社会网络分析、统计分析等方法，针对全球热带作物领域的研究情况，特别是国家、机构、学者的科研竞争力及布局等进行研究和可视化展示，深入分析国际基础研究和技术创新的竞争力情况，剖析中国热带作物科技与国际先进国家的水平差距，为我国热带作物科研创新布局和产业振兴发展提供科技情报支撑。本研究主要包括确定研究对象、构建数据集合、数据分析—基础研究竞争力、数据分析—技术创新竞争力、数据解读与报告撰写五个过程，技术路线图如图 1-1 所示。

（1）确定研究对象

通过文献调研、专家访谈、网络调研等方式对热带作物、热带水果、热带花卉等概念范围进行了界定，明确了研究对象。

（2）构建数据集合

依托 SCI、SSCI、DI、Incopat 等数据库，根据热带作物领域的关键词集合构建检索式，通过学科、分类号、研究方向等限定及人工判断的方法，构建全球热带作物领域论文及专利数据集；借助于 DDA 工具和 Python 程序语言对国家、机构、学者、关键词、学科等数据进行清洗和结构化处理，构建研究所需的数据集。

（3）数据分析—基础研究竞争力

以全球热带作物领域及主要热带作物为研究对象。一方面，从国家、机构、学者、学科等视角对比分析其基础研究生产力、影响力、论文质量、国际合作等情况，揭示主要研究力量的研究概况、科研实力与国际合作情况；另一方面，从国家、机构、学者、学科等视角分析其基础研究作物分布、主题分布情况，揭示热带作物领域主要研究力量的研究布局。

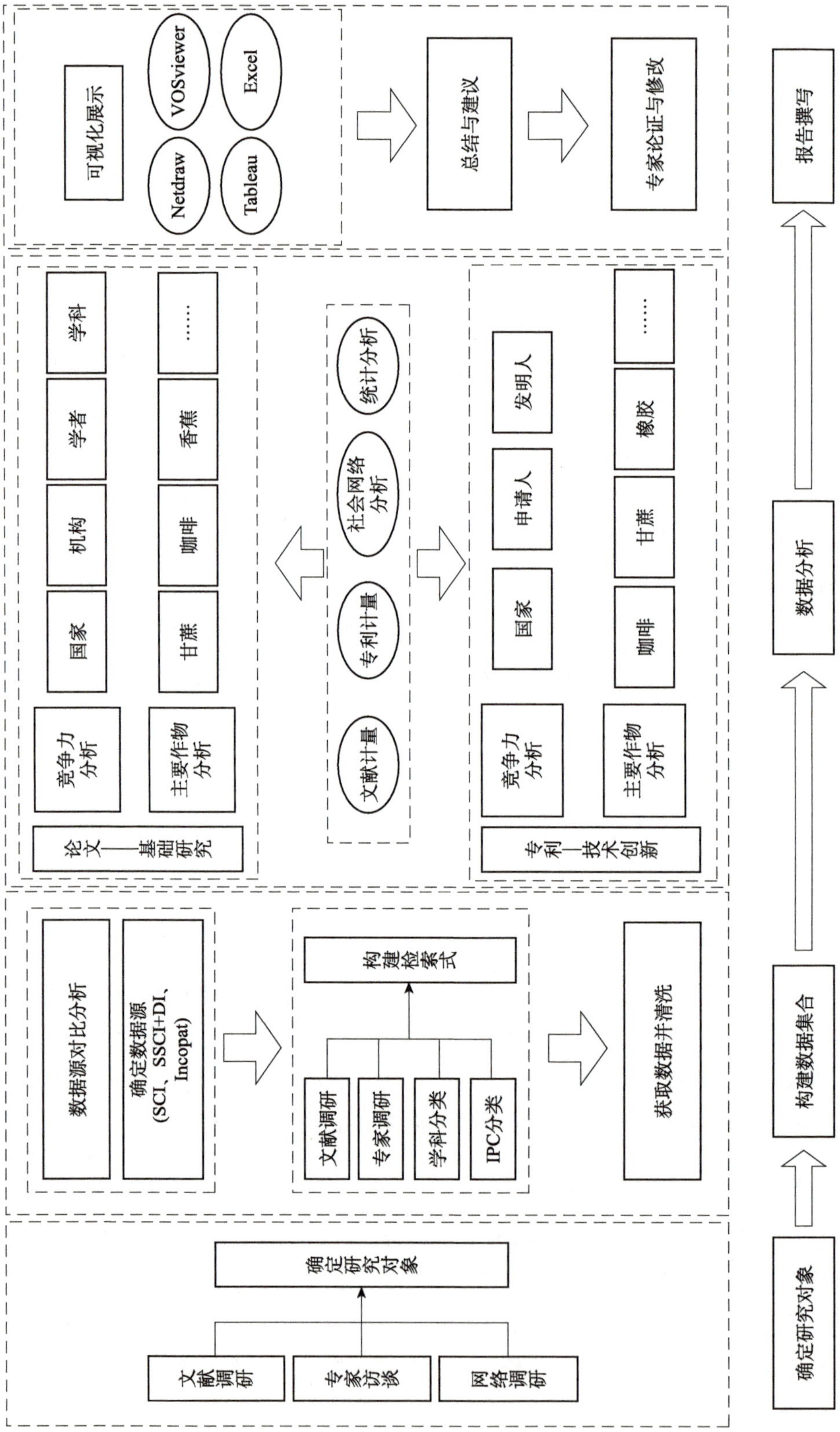

图 1-1 全球热带作物科技竞争力分析技术路线

（4）数据分析—技术创新竞争力

以全球热带作物领域及主要热带作物为研究对象。一方面，从国家、申请人、发明人等视角对比分析其专利研发生产力、影响力、专利动态、集中度与活跃度、国际合作等情况，揭示主要研究力量的研发概况、研发实力与国际合作情况；另一方面，从国家、申请人、发明人等视角分析其技术研发主题分布情况，揭示热带作物领域主要研究力量的技术研发布局。

（5）数据解读与报告撰写

基于数据分析过程的指标数据和可视化图表，结合热带作物领域实际情况，对数据分析的结果进行解读，并总结提炼关键结论，开展研究报告的撰写；在研究分析的基础上，针对我国热带作物领域的研究定位、布局与发展等提出对策与建议；组织专家对研究结果进行论证，根据专家论证结果修改并完善报告。

1.2.2 构建数据集

1.2.2.1 检索式构建

本研究以全球热带作物领域为研究对象，首先通过广泛阅读国内外热带作物领域的论文、专利、政策、专著等相关文献，初步梳理了热带作物领域的范围及包含的主要作物种类，其中，热带作物的范围主要包括热带水果、热带草药、热带森林、热带农场、热带花卉等领域，主要作物种类包括木薯、咖啡、天然橡胶、椰子、澳洲坚果、百香果、槟榔、菠萝、菠萝蜜、番荔枝、番石榴、甘蔗、红掌、红毛丹、胡椒、黄皮、火龙果等，并查阅对应作物的中文名、英文名、拉丁名。然后，通过调研热带作物领域的专家，对初步梳理的作物种类及中外文关键词进行修改完善，构建热带作物领域的关键词集合。最后，根据关键词集合，构建热带作物领域的检索式，确定检索式如下：

TS=(((Tropic* or Subtropic*) and (agricultur* or crop* or cereal* or fruit* or orchard* or farm* or flower* or herb* or plant*)) or macadamia* OR Passion-fruit* or Passionfruit* or Passiflora OR areca* OR pineapple or Ananas-comosus OR jackfruit or jack-fruit or Artocarpus-heterophyllus OR sugar-apple or soursop or sugarapple or custard-apple or sweetsop or Annona-squamosa OR guava* or psidium* OR sugarcane* or Saccharum-officinarum OR Anthurium* OR rambutan* or Nephelium-lappaceum* OR black-pepper* or blackpepper or Piper-nigrum* OR Clausena-lansium or wampee OR pitaya* or dragon-fruit or dragonfruit or Hylocereus OR sisal-hemp or henequen or Agave-sisalana OR coffee* OR leechee or Litchi-chinensis* OR Waxapple or Syzygium-samarangense OR Durian* or Durioibethinus OR longan OR mango or mangostana or Mangifera-indica OR tapioca* or cassava* or cassawa or manioc or manihoc or manihot* or mandioca* or tapioca* OR mangosteen or Garcinia-angostana* OR yam or Dioscorea-opposita OR Dendrobii OR vanilla* OR banana or Musa-nana OR rubber* or Hevea-brasiliensis OR carambola* OR Anacardium-occidentale or cashew* OR coconut* or Cocos-nucifera OR avocado* or Persea-americana* or aguacate* OR oil-palm* or oilpalm* or Elaeis-guineensis* OR Brazilian-Lucerne or Stylosanthes-guianensis OR papaya or pawpaw or papaw* OR cocoa* or cacao* OR Cinnamomum-cassia* or cinnamon* OR passionflower OR vanilla* OR shaddock or pomelo* or grapefruit OR star-anise* or Illicium-verum OR fructus-amomi or Amomum-villosum OR Moringa* OR Alpinia-oxyphylla OR morinda-fficinalis* OR pseudo-ginseng* OR agave* OR lemongrass* or citronella* OR surinam-grass* or Brachiaria-decumbens OR Panicum-maximum* OR water-fennel* or cress or Oenanthe-javanica* OR aquilaria-sinensis* OR Katsumadai*)

1.2.2.2 数据获取

论文方面，本研究选择 Web of Science 的 SCI-EXPANDED、SSCI-EXPANDED 数据库作为全球热带作物领域基础研究分析的数据源，该数据库在全面性、准确性、可获取性等方面具有优势。限定的时间范围为1900—2020年，限定的研究方向为农艺学、植物科学等学科，检索日期为 2021 年 2 月 23 日，经过对文献标题和摘要的人工判断、筛选与清洗，最终获取 122 937 篇英文文献作为最终的论文数据集。

专利方面，本研究选择了 DI、Incopat 数据库作为全球热带作物领域技术创新分析的数据源，上述数据库在字段设置、标引质量、专利收录完整性、检索便利性等方面都具有优势。限定的时间范围为 1900—2020 年，限定的专利分类号为 A01（农业；林业；畜牧业；狩猎；诱捕；捕鱼）和 A23（其他类不包含的食品或食料；及其处理），检索日期为 2021 年 2 月 22 日，经过对文献标题和摘要的人工判断、筛选与清洗，最终确定 33 814 件专利文献作为最终的专利数据集。

1.2.2.3 数据清洗及预处理

本研究利用 DDA 软件进行数据清洗，DDA 软件支持 Web of Science、DI 和 Excel 存储格式数据的直接导入，用户可根据需求建立不同的列表进行数据清洗和分析。本研究中主要开展了以下数据清洗及预处理工作。

（1）年份、国家、学科字段清洗

论文：DDA 中 Publication Year、Research Area、Countries 等字段的数据比较规范，清理比较简单，用内置的叙词表直接清洗便可使用。

专利：将优先权国字段作为该领域的技术原创国，将同族专利国家代号和公开国家 / 地区代号两个字段进行合并作为该领域的技术市场国，利用基础叙词表和人工清洗相结合的方式进行国家字段清洗。

（2）机构、作者、期刊字段清洗

论文：Author Affiliations（Organization Only）、Authors（Full Name）、Source 等字段因存在机构名称缩写、学者重名、期刊改名等多种名称不规范的现象，首先用 DDA 软件内置的叙词表和自定义的叙词表对 3 个字段进行简单清洗，然后通过人工进行最终的判断、合并和筛选。

专利：申请人和发明人的清洗方式基本一致，依据大型公司名称进行代码化管理等；首先用 DDA 软件内置的叙词表和自定义的叙词表进行自动清洗，然后人工进行最终的判断、合并和筛选。

（3）主题词字段和技术分类清洗

论文：首先利用 DDA 软件内置的叙词表及自定义的叙词表对主题词集合进行自动清洗；然后，对三类数据集中未清洗到的缩减写、同义词、近义词、上下位词、无意义词等情况进行人工词义消歧、清理与标注等处理工作，例如“维生素 C”和“L-抗坏血酸”指代同一种物质，应该合并；“Mango fruit”是“Mango”的下位词，合并到“杧果（Mango）”；“抗氧化能力”和“抗氧化性”含义相近，合并到“抗氧化性”；删除“一个”“两种”等无实意的词。

专利：参考前期部分研究结果及国际 IPC 分类号，根据实际分析需求，通过人工逐一判读的方式对全部专利进行技术分类标注。

1.2.3 方法工具

1.2.3.1 研究方法

（1）文献调研与专家调研法

文献调研是根据科研工作或科研课题的需要，有计划、有组织地调查、收集有关文献资料的工作过程。专家调研法是围绕某一主题或问题，征询有关专家或权威人士的意见和看法的调查方法。

本研究广泛阅读和调研有关学科态势分析关键技术与方法的文献，确定研究的具体指标与方法；通过阅读热带作物领域的相关文献并走访调研相关领域专家，梳理确定检索关键词及构建检索式；通过专家访谈、专家咨询对分析结果进行分析、调整与解读。

（2）文献计量方法

文献计量学是以文献体系和文献计量特征为研究对象，采用数学、统计学等计量方法，研究文献的分布结构、数量关系、变化规律和定量管理，并进而探讨科学技术的某些结构、特征和规律的一门学科。

本研究中综合利用文献计量中的论文量、总被引频次、篇均被引频次等方法，分别从研究国家、机构、学者、学科等视角，利用 Excel 和 Tableau 软件对生产力、影响力等评价指标进行计量分析。

（3）专利计量方法

专利计量方法是以专利中的定量信息作为分析研究的基础，将数学和统计学方法运用于专利信息定量研究，以探索和挖掘其分布结构、数量关系、变化规律等内在价值的研究方法。

本研究中综合利用专利计量中的专利申请量、总被引频次、平均被引频次等指标，分别从原创国、市场国、申请人、发明人等视角，利用 Excel 软件对生产力、影响力等评价指标进行分析。

（4）社会网络分析法

社会网络分析通过研究网络关系，有助于把个体间关系、“微观”网络与大规模的社会系统的“宏观”结构结合起来，因此，社会网络分析方法是一种通过数学方法、图论等发展起来的定量分析方法。

本研究以国家、机构、学者间相关文献的共现频次为指标，分别构建了国家合作关系矩阵、机构合作关系矩阵、学者合作关系矩阵；根据合作关系矩阵，用 VOSviewer 软件构建了合作网络，对合作关系情况进行分析。

（5）知识图谱法

知识图谱是把应用数学、图形学、信息可视化技术、信息科学等学科的理论方法与科学计量学中的引文分析、共现分析等方法相结合，用可视化的图谱形象地展示学科的核心结构、发展历史、前沿领域及整体知识架构，以揭示学科领域的动态发展规律的一种研究方法。

本研究以 DDA、Excel 和 Python 为数据清洗工具从作者关键词中抽取、清洗主题词集合；以 Netdraw、VOSviewer 为数据分析工具，利用共词分析和聚类分析等技术构建主题聚类图谱；通过对主题聚类的分析，可了解某一基础研究领域的研究重点、热点与前沿。

1.2.3.2 研究指标

（1）生产力

学术生产力是科研机构与学术资源相结合，通过知识的应用与创造而形成的发展知识、服务社会的能力。一般情况下，学术生产力以科技文献的产出值作为计量单位。生产力用论文 / 专利数量来衡量，论文数量越多，表明其基础研究生产力越高；专利数量越多，表明其技术创新生产力越高。

（2）影响力

学术影响力是指科研机构在知识竞争中形成智力支配力、学术声望以及竞争力的能力。学术影响力一般依据文献之间的引证关系进行计量。影响力用论文 / 专利总被引频次来衡量：论文总被引频次越高，表明其基础研究影响力越高；专利总被引频次越高，表明其技术创新影响力越高。

（3）质　量

篇均被引频次和篇均影响因子与学术生产力无关，重点反映该机构科研成果的质量和影响力。质量用论文篇均被引频次或专利平均被引频次来衡量：论文篇均被引频次越高，表明其基础研究质量越高；专利平均被引频次越高，表明其技术创新质量越高。

（4）活跃度

活跃度 = 研究对象近五年（2016—2020 年）平均专利申请量 ÷ 往年平均专利申请量，阈值为 [0,+ ∞]，可以反映研究对象近五年的技术创新活跃度。活跃度与箭头的对应关系为：[0,0.1) 用“↓↓↓”表示，[0.1,0.5) 用“↓↓”表示，[0.5,0.9) 用“↓”表示，[0.9,1.1) 用“—”表示，[1.1,1.5) 用“↑”表示，[1.5,2) 用“↑↑”表示，[2,+ ∞] 用“↑↑↑”表示。

（5）集中度

集中度为重点对象某一年度的专利申请量占当年专利申请总量的百分比，阈值为 [0，100%]，可以反映重点对象在研究领域内的地位。

1.2.3.3 软件工具

本研究利用 DDA、DI、Excel、Ucinet、PyCharm 等工具进行数据处理和统计分析，利用 Excel、Netdraw、VOSviewer、Tableau 等软件进行辅助绘图。

2

全球热带作物基础研究竞争力分析

2.1 基础研究概况

2.1.1 总体研究概况

全球关于热带作物领域的基础研究始于20世纪初，截至2020年年底累计已发表122 937篇论文，可划分为萌芽期、波动发展期、稳步发展期、快速发展期四个阶段（图2-1）。

第一阶段：萌芽期（1900—1960年）。该时期总论文量为1 294篇，年均增长量不足1篇，基础研究成果数量少且增长缓慢；相关研究每年涉及的作物种类在2～20种波动变化，其中有关可可、咖啡的研究最多，其次是菠萝、香蕉，再次是天然橡胶、椰子、甘蔗、柚子、香草兰、鳄梨等；论文量排名前十位的热带作物（以下简称TOP10作物）的总论文量占比大幅度波动。

第二阶段：波动发展期（1961—1990年）。该时期总论文量为12 349篇，年均增长量为23篇左右，基础研究成果数量呈明显的波动增长状态；相关研究每年涉及的作物种类在17～37种波动增长，其中有关甘蔗、咖啡的研究最多，其次是可可、木薯、香蕉，再次是椰子、杧果、天然橡胶、鳄梨、油棕等；TOP10作物的总论文量占比在65.22%～78.22%波动。

第三阶段：稳步发展期（1991—2006年）。该时期总论文量为28 551篇，年均增长量为96篇左右，基础研究成果数量增长速度加快且保持稳定增长状态；相关研究每年涉及的作物种类在39～46种范围内并有稳步增长，其中有关咖啡、甘蔗的研究最多，其次是木薯、香蕉、椰子，再次是可可、杧果、柚子、天然橡胶、番木瓜等；TOP10作物的总论文量占比稳定在57.72%～62.86%。

第四阶段：快速发展期（2007—2020年）。该时期总论文量为80 743篇，年均增长量为400篇左右，年均增长速率为8.02%，成果数量呈几何式快速增长状态；相关研究每年涉及的作物种类稳定在45～49种，其中有关甘蔗、咖啡的研究最多，其次是香蕉、木薯、椰子，再次是可可、杧果、油棕、番木瓜、天然橡胶等；TOP10作物的总论文量占比稳定在57.34%～59.38%。

从整体发展来看，全球热带作物领域的基础研究目前处于快速发展时期，早期相关研究涉及的作物种类不多，且研究尚未出现明显的聚焦态势；随着相关研究涉及的作物种类越来越多，大部分研究聚焦在TOP10作物上，但TOP10作物的研究总占比降低并趋于稳定；可见，主要热带作物基础研究趋于稳定且小众作物基础研究得到关注。

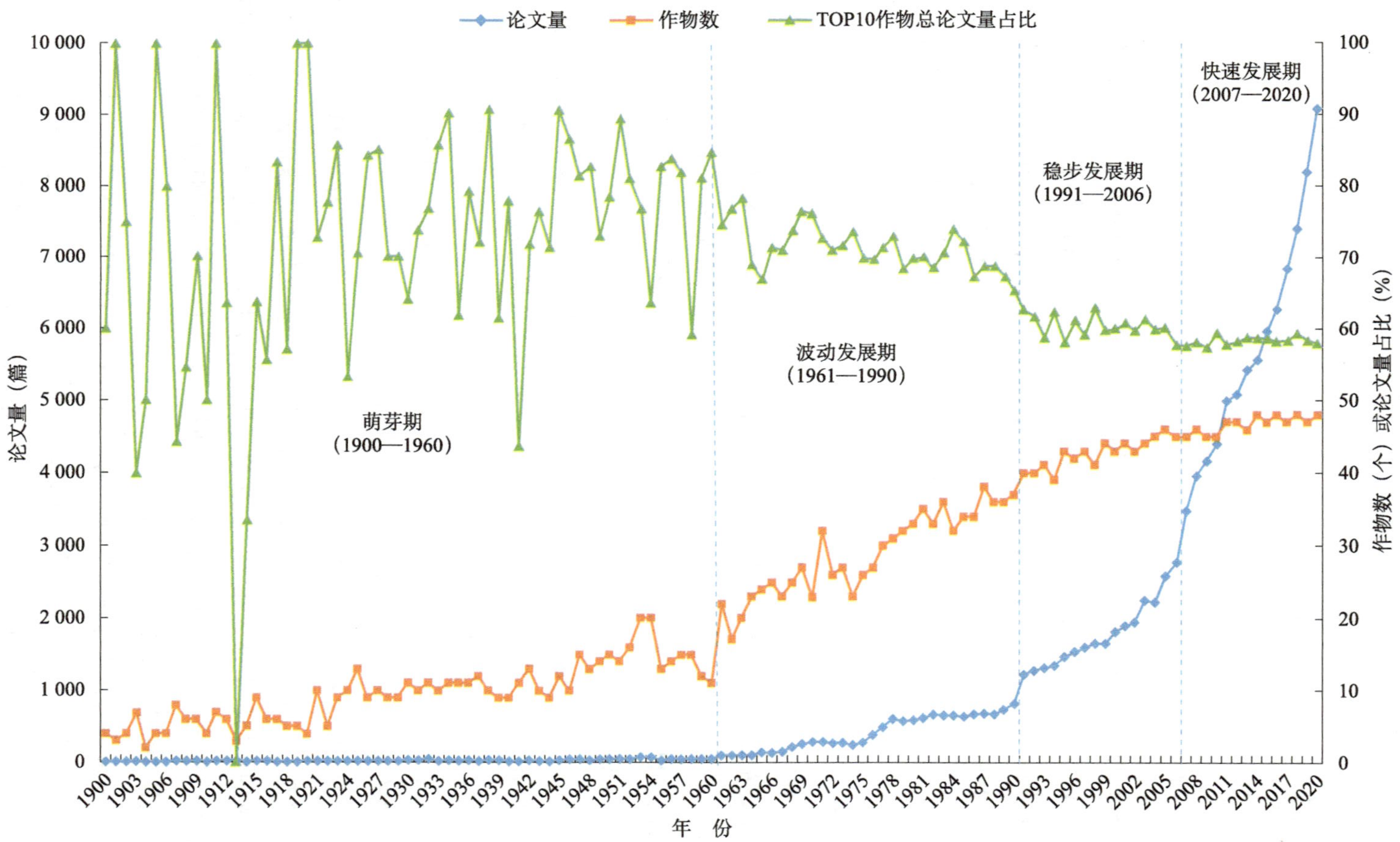

图 2-1 全球热带作物基础研究领域论文量年度分布

2.1.2 主要热带作物研究概况

全球热带作物领域基础研究主要聚焦在热带经济作物、经济林木与热带水果上，不同作物的研究热度和影响力差异明显，其中，甘蔗、咖啡的研究热度和影响力均远超其他作物，其次是香蕉、木薯、可可、椰子、杧果、油棕、番木瓜、天然橡胶等作物；益智、草豆蔻、莲雾、砂仁、铁皮石斛、三七、巴戟等热带药用植物的研究热度和影响力都很低（表 2-1）。

表 2-1 全球热带作物基础研究领域论文量对比

作物名称	论文量（篇）	总被引频次（次）	篇均被引频次（次）	作物名称	论文量（篇）	总被引频次（次）	篇均被引频次（次）
甘蔗	14 792	243 210	16.44	番荔枝	731	10 631	14.54
咖啡	13 177	308 662	23.42	俯仰臂形草	730	10 281	14.08
香蕉	8 826	174 445	19.76	澳洲坚果	712	15 241	21.41
木薯	8 800	164 168	18.66	山竹	652	16 478	25.27
可可	7 077	150 763	21.30	菠萝蜜	618	11 058	17.89
椰子	7 066	123 572	17.49	火龙果	575	8 329	14.49
杧果	6 023	109 296	18.15	荔枝	564	10 508	18.63
油棕	4 286	76 252	17.79	龙眼	534	12 163	22.78
番木瓜	3 916	73 471	18.76	红掌	431	5 148	11.94
天然橡胶	3 887	66 330	17.06	阳桃	364	6 954	19.10
菠萝	3 318	62 061	18.70	榴莲	316	5 531	17.50
柚子	3 315	96 750	29.19	柱花草	306	4 383	14.32
鳄梨	2 970	61 831	20.82	八角	268	5 936	22.15
番石榴	2 815	51 220	18.20	红毛丹	238	4 797	20.16
肉桂	2 758	75 504	27.38	白木香	159	2 648	16.65
薯蓣	2 728	43 041	15.78	剑麻	154	2 867	18.62
百香果	2 416	39 823	16.48	黄皮	113	2 309	20.43
辣木	2 116	41 803	19.76	益智	105	2 259	21.51
腰果	2 003	36 350	18.15	草豆蔻	87	1 998	22.97
胡椒	1 518	31 424	20.70	莲雾	76	902	11.87
香茅	1 481	35 643	24.07	砂仁	59	694	11.76
番麻	1 403	22 953	16.36	铁皮石斛	38	455	11.97
香草兰	1 379	29 492	21.39	三七	15	323	21.53
坚尼草	1 125	13 426	11.93	巴戟	1	17	17.00
槟榔	821	18 349	22.35				

注：除了与具体热带作物相关的研究外，还有部分与“热带作物”“热带水果”“热带花卉”等相关的研究，由于这类研究没有涉及具体热带作物物种，因此未在表中列出。

2.2 国家基础研究分析

2.2.1 国家竞争力分析

全球热带作物领域的基础研究共分布在203个国家中，主要集中在南美洲、北美洲、东亚、大洋洲及西欧等地区。从总体来看，论文量在1 500篇以上的国家共有22个，各国之间的基础研究竞争力差距悬殊（图2-2）；巴西、美国、印度和中国的基础研究竞争力排在前列；其中，巴西的论文生产力排在首位，美国的论文影响力排在首位，且远超其他国家；英国的论文质量排在首位，其次是荷兰、加拿大，再次是美国、德国、西班牙。

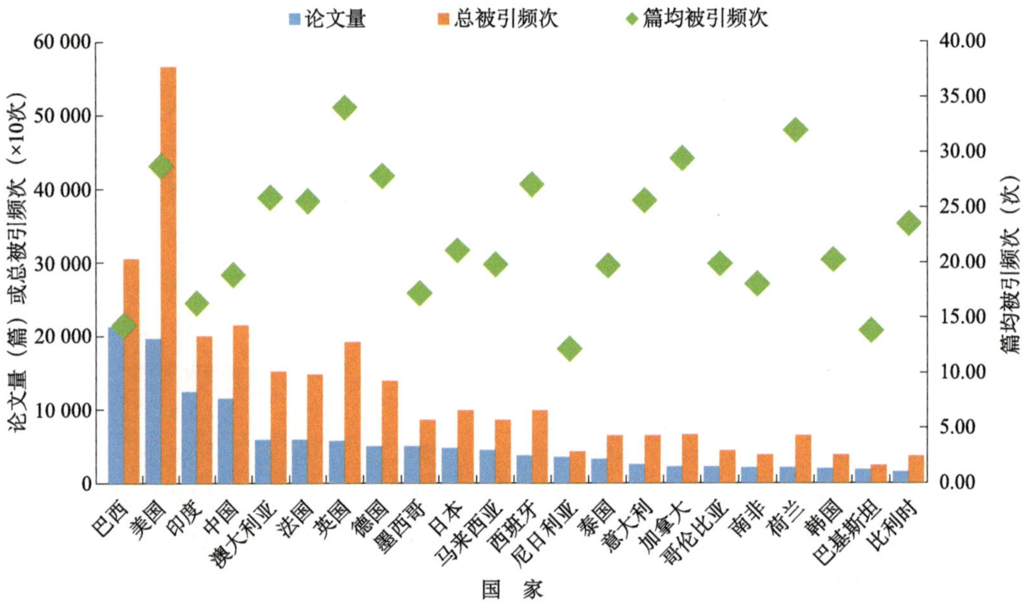

图2-2 全球热带作物基础研究领域重点国家竞争力对比

2016—2020年，论文量在650篇及以上的国家共有22个，各国之间的基础研究竞争力差距依然悬殊（图2-3）。巴西的论文生产力依然排在首位，中国的论文生产力已赶超美国和印度，排在第二位；美国和中国的论文影响力排在前两位，且两者差距不大，其次是巴西、印度；荷兰的论文质量跃居首位，其次是英国、澳大利亚，中国的论文质量有所提升。可见，近年来在热带作物领域的基础研究中，中国不仅在生产力和影响力方面表现突出，而且在论文质量和竞争力方面均有了很大提升。

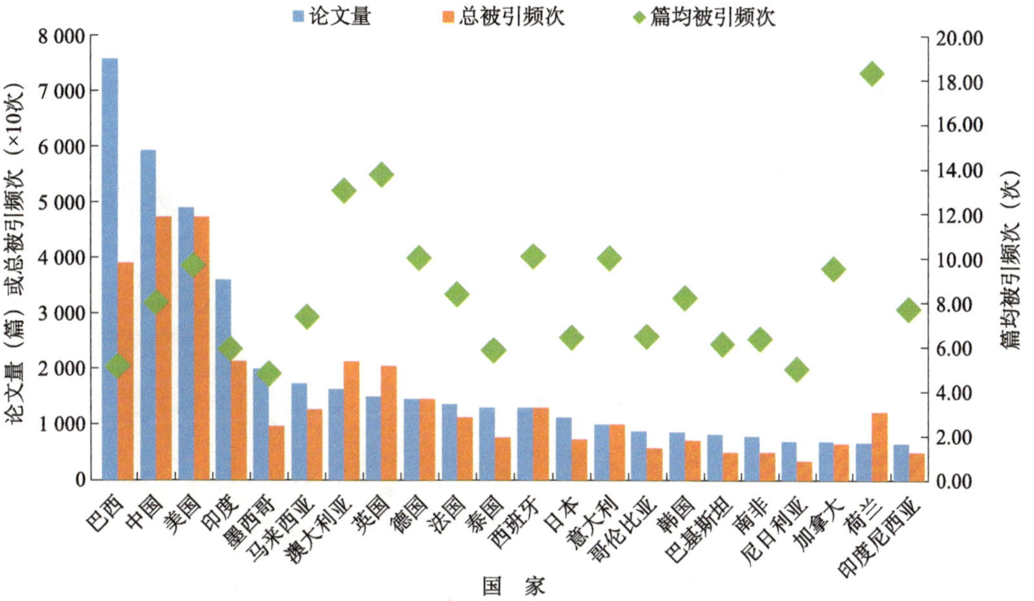

图 2-3 2016—2020 年全球热带作物基础研究领域重点国家竞争力对比

2.2.2 重点国家作物布局

全球热带作物基础研究领域，重点国家在论文量排名前二十四位的热带作物（以下简称 TOP24 作物）的研究分布如表 2-2 所示。

（1）重点国家的作物基础研究布局相对集中，甘蔗、咖啡是大多数国家重点关注的作物

重点国家在 TOP24 作物上均有基础研究布局且相对集中，但对不同作物的关注度有所差异。从基础研究文献量来看，巴西、美国、印度、中国、澳大利亚、南非、巴基斯坦等国家重点关注甘蔗领域的研究；法国、英国、德国、日本、西班牙、意大利、加拿大、荷兰、韩国等国家重点关注咖啡领域的研究；尼日利亚、泰国、哥伦比亚等国家侧重木薯领域的研究；马来西亚、墨西哥、比利时等国家分别侧重油棕、番麻、香蕉等作物的研究。

（2）每种热带作物都有明显的基础研究优势国家，巴西、美国在多个作物领域具有最强的基础研究优势

从基础研究文献量来看，TOP24 热带作物都有明显的基础研究优势国家，甘蔗、菠萝、番石榴、百香果、腰果、坚尼草等作物的基础研究优势国家均为巴西；咖啡领域的基础研究优势国家有巴西、美国；香蕉领域的基础研究优势国家有巴西、美国、印度；木薯领域的基础研究优势国家有巴西、尼日利亚；可可、番木瓜、柚子、鳄梨、

表 2-2　全球热带作物基础研究领域重点国家主要作物分布

国家	TOP24作物论文量（篇）																							
	甘蔗	咖啡	香蕉	木薯	可可	椰子	杧果	油棕	番木瓜	天然橡胶	菠萝	柚子	鳄梨	番石榴	肉桂	薯蓣	百香果	辣木	腰果	胡椒	香茅	番麻	香草兰	坚尼草
巴西	4 347	2 730	1 161	1 716	829	1 023	700	231	664	430	621	54	179	868	143	151	1 326	211	768	102	204	27	54	510
美国	2 759	2 254	1 043	993	1 260	888	646	329	817	579	482	1 152	789	262	412	269	247	128	219	163	192	322	302	101
印度	1 982	404	1 065	473	136	1 234	1 435	126	430	260	284	72	26	535	178	212	74	367	321	443	259	40	85	50
中国	1 315	511	952	798	206	502	439	132	388	601	277	355	64	224	472	418	86	176	59	118	107	29	3	15
澳大利亚	1 114	273	524	201	169	229	307	251	155	118	129	50	221	58	50	61	76	36	60	20	35	19	29	91
法国	440	844	648	428	542	321	208	358	97	363	134	89	72	45	48	199	97	26	56	26	36	39	112	26
英国	357	769	388	599	557	280	174	429	91	198	75	70	71	29	73	237	52	52	111	42	31	38	53	20
德国	298	832	276	326	494	217	193	197	116	277	106	110	61	52	80	115	81	71	68	55	62	30	100	15
墨西哥	379	546	269	88	190	172	441	26	240	47	99	82	343	134	46	23	28	101	13	17	20	843	84	28
日本	401	614	250	255	186	220	147	227	139	168	107	237	54	67	184	233	78	31	40	79	73	14	65	38
马来西亚	94	85	229	123	238	314	131	1 705	156	275	158	22	26	80	40	18	11	120	20	42	26	4	14	9
西班牙	193	525	292	91	393	196	228	44	97	68	153	189	268	65	128	32	53	45	46	23	57	68	63	6
尼日利亚	62	41	184	1 157	216	103	115	187	116	66	63	15	33	32	4	606	4	110	118	17	18		3	52
泰国	302	81	172	644	29	259	226	195	74	277	130	43	12	61	38	28	19	44	32	28	61	3	6	10
意大利	105	640	123	72	326	101	72	31	45	62	81	125	45	21	74	23	61	56	54	34	43	18	58	
加拿大	142	306	133	132	138	128	80	82	87	100	39	57	51	28	98	46	19	30	23	25	40	22	35	5
哥伦比亚	138	339	131	541	105	32	69	137	40	29	32	6	46	43	8	34	125	9	5	2	10	4	9	10
南非	542	81	175	184	41	37	149	12	49	20	32	33	157	45	21	23	12	130	27	10	20	35	6	47
荷兰	158	348	153	216	174	92	68	167	12	63	30	29	31	9	16	25	12	14	30	18	6	12	49	15
韩国	85	340	70	84	51	120	51	32	29	54	36	102	12	43	185	65	13	44	26	68	52	3	25	1
巴基斯坦	432	36	110	12	14	81	252	26	67	18	11	54	3	97	55	4	1	214	12	56	18	6	1	7
比利时	67	192	265	119	228	54	59	33	53	36	24	19	26	16	26	47	20	18	15	22	11	6	9	11

注：表中单元格颜色越接近深红色代表论文量越多，基础研究优势越明显；越接近深绿色代表论文量越少，基础研究相对较弱。

香草兰等作物的基础研究优势国家均为美国；椰子领域的基础研究优势国家有印度、巴西；杧果、辣木、胡椒、香茅等作物的基础研究优势国家均为印度；天然橡胶、肉桂的基础研究优势国家有中国和美国；油棕、薯蓣、番麻等作物的基础研究优势国家分别为马来西亚、尼日利亚、墨西哥。

2.2.3 重点国家研究布局

全球热带作物基础研究领域，重点国家在 14 个研究方向上均有研究布局（图 2-4），其中贮藏保鲜及食品加工技术是大多数国家均重点布局的研究方向；生长机理及栽培技术、功能成分提取测定及其生物活性、种质资源抗逆性及改良创新等是部分国家重点布局的研究方向；另外，各国在转基因育种及植株再生技术、饲料产品开发及利用、淀粉制备及其品质特性分析等方向的布局明显少于其他方向。

各国在 14 个研究方向的基础研究优势不同（表 2-3），巴西、美国、印度、中国占据了 14 个研究方向的主要比重。其中，巴西在种质资源抗病性及改良创新、种质资源抗逆性及改良创新、育种技术与遗传多样性分析、转基因育种及植株再生技术等多个研究方向的论文量均排在首位，基础研究优势显著；美国在生态环境及生物多样性分析、病虫草害防控技术、功能成分的营养保健作用研究等方向具有最强的基础研究优势；印度在转基因育种及植株再生技术、生长机理及栽培技术、病虫草害防控技术研究等方向具有一定的基础研究优势。中国在种质资源抗病性及改良创新、种质资源抗逆性及改良创新、育种技术与遗传多样性分析、生态环境及生物多样性分析研究等方向具有一定的基础研究优势，但在转基因育种及植株再生技术、饲料产品开发及利用等方向的基础研究相对较弱，可作为今后重点突破的研究领域。

2.2.4 国家合作情况

全球热带作物基础研究领域国家合作网络共形成了 4 个学术共同体（图 2-5），分别如下。

一是以美国为核心的学术共同体，包括巴西、西班牙、墨西哥、加拿大、哥伦比亚等国家，主要集中在北美洲、南美洲等地区。重点关注甘蔗、咖啡，对木薯、香蕉、可可、椰子、杧果、番木瓜等作物的关注度也很高。

二是以德国、马来西亚、意大利为核心的学术共同体，包括巴基斯坦、奥地利、葡萄牙、沙特阿拉伯、埃及等国家，主要集中在欧洲、西亚等地区。重点关注咖啡，对油棕、甘蔗、可可、香蕉、椰子、杧果等作物的关注度也较高。

三是以英国、法国为核心的学术共同体，包括荷兰、比利时、尼日利亚、南非、肯尼亚、瑞典等国家，主要集中在西欧、非洲、北欧等地区。重点关注木薯、咖啡，

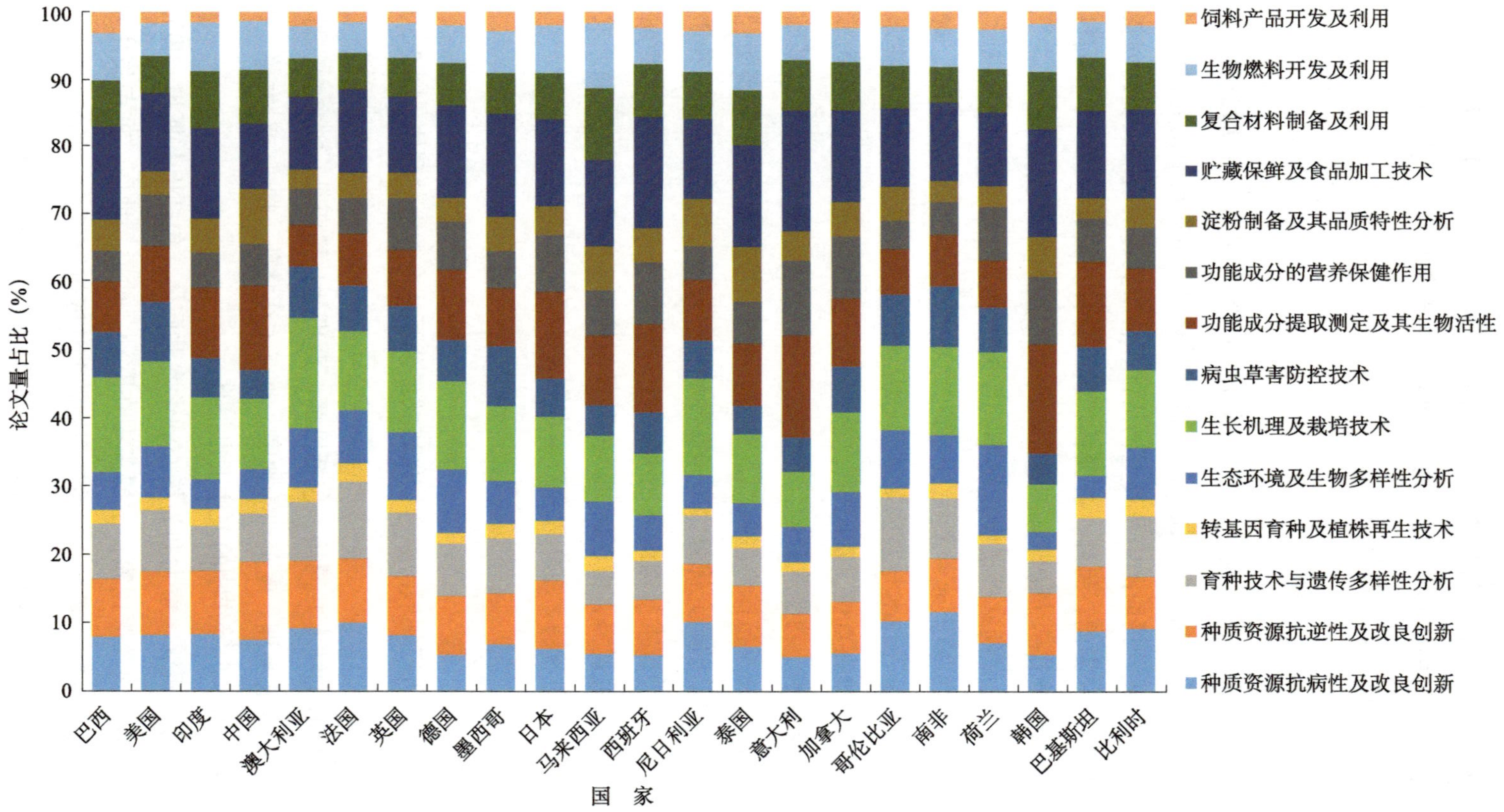

图 2-4　全球热带作物基础研究领域重点国家主题布局对比

注：主题布局（堆积柱状）图中重点国家下某一颜色的高度越高，代表该颜色对应主题在重点国家的论文量占比越高；高度越低，代表该颜色对应主题在重点国家的论文量占比越低。

表 2-3 全球热带作物基础研究领域重点国家主题布局对比

国家	各研究方向的论文量（篇）													
	种质资源与遗传育种				生长调控与田间管理			贮藏加工与功能成分				副产品加工与综合利用		
	种质资源抗病性及改良创新	种质资源抗逆性及改良创新	育种技术与遗传多样性分析	转基因育种及植株再生技术	生态环境及生物多样性分析	生长机理及栽培技术	病虫草害防控技术	功能成分提取测定及其生物活性	功能成分的营养保健作用	淀粉制备及其品质特性分析	贮藏保鲜及食品加工技术	复合材料制备及利用	生物燃料开发及利用	饲料产品开发及利用
巴西	4 839	5 113	4 969	1 123	3 356	8 493	3 980	4 444	2 857	2 795	8 443	4 198	4 250	1 924
美国	3 903	4 382	4 313	884	3 598	5 870	4 084	3 944	3 652	1 605	5 662	2 609	2 260	844
印度	2 538	2 869	1 983	763	1 290	3 691	1 745	3 126	1 615	1 565	4 109	2 592	2 227	460
中国	2 639	4 109	2 504	722	1 518	3 680	1 519	4 324	2 245	1 877	4 509	2 809	2 529	527
澳大利亚	1 384	1 471	1 270	309	1 308	2 389	1 113	927	781	418	1 644	847	698	327
法国	1 581	1 515	1 771	435	1 240	1 832	1 054	1 233	837	603	1 994	864	722	239
英国	1 150	1 224	1 308	257	1 420	1 633	934	1 185	1 069	526	1 630	814	703	250
德国	706	1 115	1 019	191	1 223	1 671	788	1 364	924	462	1 812	834	732	254
墨西哥	1 017	1 094	1 193	326	933	1 605	1 277	1 267	830	749	2 269	882	921	427
日本	759	1 198	816	243	577	1 264	667	1 516	1 036	511	1 581	824	853	237
马来西亚	691	906	616	276	1 009	1 214	549	1 269	839	826	1 600	1 344	1 201	220
西班牙	631	937	672	169	594	1 064	690	1 513	1 072	590	1 941	907	613	285
尼日利亚	758	626	526	77	372	1 046	407	654	388	511	894	517	444	216
泰国	664	921	541	181	493	1 026	410	937	620	817	1 540	827	866	319
意大利	384	467	479	104	376	615	382	1 113	842	328	1 364	546	384	156
加拿大	327	455	398	84	479	701	396	596	549	302	822	427	300	143
哥伦比亚	624	448	653	82	520	744	457	411	254	301	717	386	341	144
南非	708	481	529	128	433	776	539	465	288	187	722	319	330	162
荷兰	395	377	438	69	742	749	360	389	439	174	620	357	319	151
韩国	296	507	254	90	144	390	252	879	543	334	883	479	388	101
巴基斯坦	450	494	360	149	170	624	333	644	320	159	669	403	264	82
比利时	441	362	418	110	364	532	275	438	280	206	639	321	258	103

注：表中单元格颜色越接近深红色代表论文量越多，基础研究优势越明显；越接近深绿色代表论文量越少，基础研究相对较弱。

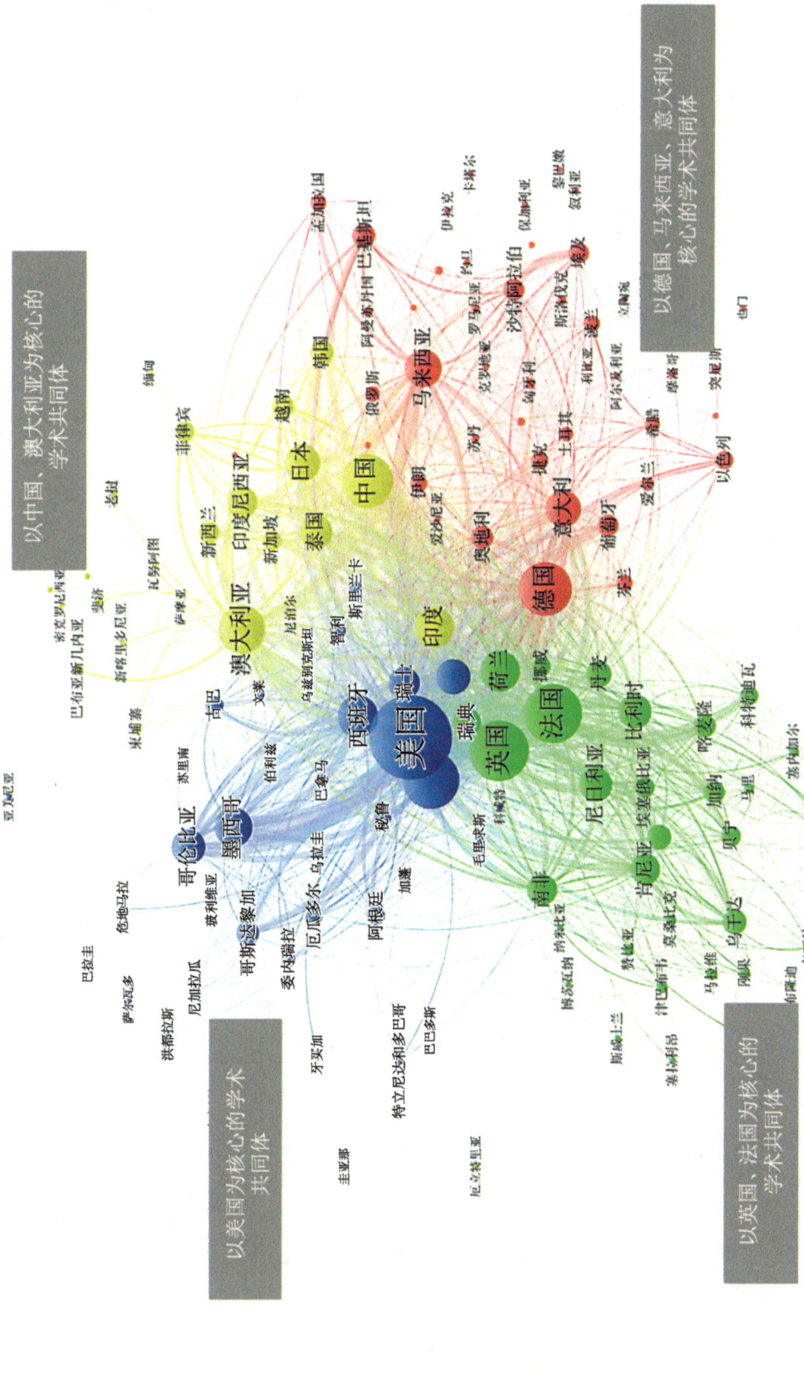

图 2-5 全球热带作物基础研究领域国家合作关系（论文量≥10 篇，共现频次＞1 次）

对可可、香蕉、甘蔗、油棕、薯蓣、椰子等作物的关注度也较高。

四是以中国、澳大利亚为核心的学术共同体，包括印度、日本、泰国、印度尼西亚、韩国、越南等国家，主要集中在东亚、大洋洲、南亚、东南亚等地区。重点关注甘蔗，对香蕉、椰子、杧果、木薯、咖啡、天然橡胶等作物的关注度也很高。

上述 4 个学术共同体之间主要通过美国、德国、英国、中国、澳大利亚、马来西亚等核心国家建立基础研究合作关系。不难发现，中国与其他国家在热带作物领域已开展了大量的基础研究合作，并形成了较大的国际影响力，以中国为核心的基础研究学术共同体已具有一定规模。另外，4 个学术共同体重点关注的作物有所差异，但均已在甘蔗、咖啡、香蕉、椰子等作物领域开展了大量基础研究。

2.3 机构基础研究分析

2.3.1 机构竞争力分析

全球热带作物基础研究领域的相关基础研究共分布于 38 613 家机构中。从总体来看，论文量在 810 篇以上的机构共有 26 家，巴西、美国、中国的上榜机构数量排在前三位，分别有 9 家、4 家、3 家机构上榜，各机构之间的基础研究竞争力差距较大（图 2-6）。巴西农业研究公司、巴西圣保罗大学、美国农业部的论文生产力相当，位列前三位且远超其他机构；美国农业部的论文影响力排在首位，其次是美国加州大学、巴西圣保罗大学，再次是美国佛罗里达大学、巴西农业研究公司；法国国家农业食品与环境研究院的论文质量排在首位，其次是美国加州大学、澳大利亚联邦科学与工业研究组织，再次是荷兰瓦赫宁根大学、中国科学院。

2016—2020 年，论文量在 300 篇以上的机构共有 27 家，巴西、中国、美国的上榜机构数量排在前三位，分别有 10 家、6 家、3 家机构上榜，各机构之间的基础研究竞争力差距依然较大（图 2-7）。巴西圣保罗大学的论文生产力跃居首位，其次是巴西农业研究公司；中国科学院、中国农业大学、中国热带农业科学院的论文生产力也进入前十一位。巴西圣保罗大学、美国佛罗里达大学的论文影响力跃居前两位且两者差距不大，中国科学院、中国农业大学、中国热带农业科学院、华中农业大学的影响力也进入前十五位。美国佛罗里达大学的论文质量跃居首位，其次是中国科学院、荷兰瓦赫宁根大学；华中农业大学、中国农业大学、福建农林大学、海南大学、中国热带农业科学院的论文质量也进入前十五位。可见，近年来在热带作物领域的基础研究中，中国科学院、中国农业大学、中国热带农业科学院等中国机构不仅在生产力和影响力方面表现较好，而且在论文质量和竞争力方面均有了很大提升。

2.3.2 重点机构作物布局

全球热带作物基础研究领域，重点机构在 TOP24 作物的研究分布如表 2-4 所示。

（1）重点机构的作物基础研究布局比较分散，不同机构重点关注的作物差异较大

重点机构在 TOP24 作物上的基础研究布局不同且比较分散，且对不同作物的关注度差异较大。从基础研究文献量来看，巴西农业研究公司、巴西圣保罗大学、美国农业部、

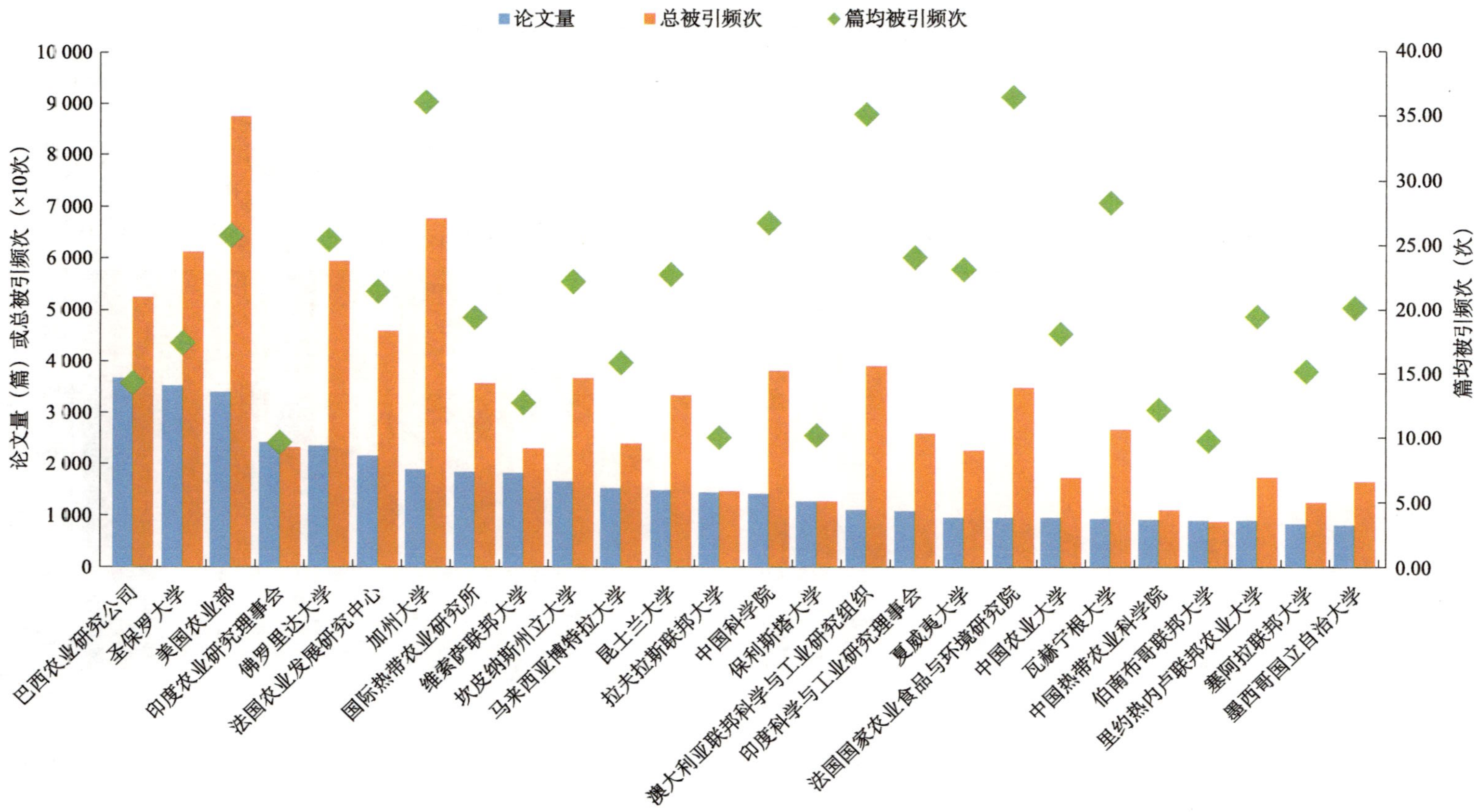

图 2-6 全球热带作物基础研究领域重点机构竞争力对比

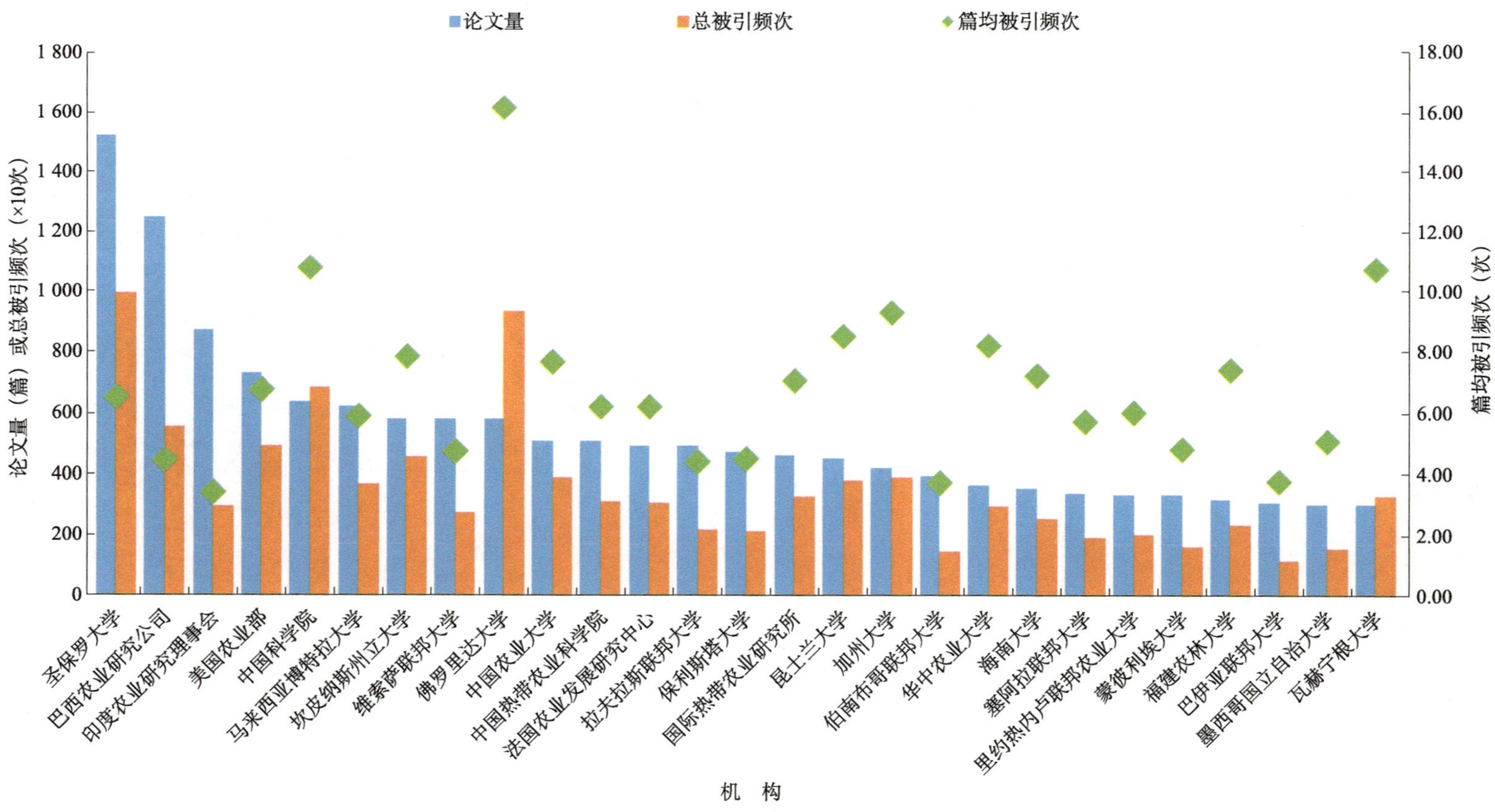

图 2-7 2016—2020 年全球热带作物基础研究领域重点机构竞争力对比

表 2-4 全球热带作物基础研究领域重点机构主要作物分布

机构	TOP24作物论文量（篇）																							
	甘蔗	咖啡	香蕉	木薯	可可	椰子	杧果	油棕	番木瓜	天然橡胶	菠萝	柚子	鳄梨	番石榴	肉桂	薯蓣	百香果	辣木	腰果	胡椒	香茅	番麻	香草兰	坚尼草
巴西农业研究公司	469	375	321	378	53	188	147	93	122	105	113	6	17	134	13	10	236	6	202	22	13	4	6	164
圣保罗大学	1 318	308	188	188	123	138	69	13	79	48	80	18	27	104	25	17	176	8	63	11	18	4	13	110
美国农业部	816	180	103	111	239	92	150	15	227	127	71	335	161	86	67	43	29	7	28	13	38	15	16	9
印度农业研究理事会	592	18	160	165	37	226	360	38	104	5	22	14	2	128	9	74	14	17	35	47	12	2	3	8
佛罗里达大学	501	76	86	48	57	91	121	18	67	17	58	374	174	25	14	24	25	5	33	1	21	4	14	32
法国农业发展研究中心	213	284	371	97	256	120	86	183	25	157	82	17	18	12	3	81	24	2	13	8	3	1	34	1
加州大学	78	252	92	78	134	65	46	35	39	44	35	73	354	12	22	9	18	7	32	12	11	99	35	5
国际热带农业研究所	16	45	273	881	59	14	38	25	11	8	3	1	1	8		193	13	2	11		1		1	11
维索萨联邦大学	282	473	94	72	68	54	92	30	55	17	28	3	6	69	14	9	118	5	23	8	18	2	3	62
坎皮纳斯州立大学	555	221	63	102	128	57	60	16	42	23	57	1	14	41	6	12	111	15	61	4	4		8	3
马来西亚博特拉大学	31	23	86	39	98	120	46	573	62	57	73	10	16	33	11	8	5	52	5	19	11		8	3
昆士兰大学	360	39	175	69	18	46	107	52	56	20	37	5	55	9	5	27	7	3	8	2	4	2		24
拉夫拉斯联邦大学	117	604	97	55	48	39	33	8	33	22	40	2	10	42	19	7	52	4	11	6	23		2	18
中国科学院	101	50	116	88	27	35	32	19	24	174	12	17	6	14	41	24	10	15	4	6	12	9	9	
保利斯塔大学	426	112	57	73	15	37	41	7	25	56	26	5	13	62	7	7	43	7	10	1	9	1	2	49

续表

机构	TOP24作物论文量（篇）																							
	甘蔗	咖啡	香蕉	木薯	可可	椰子	杧果	油棕	番木瓜	天然橡胶	菠萝	柚子	鳄梨	番石榴	肉桂	薯蓣	百香果	辣木	腰果	胡椒	香茅	番麻	香草兰	坚尼草
澳大利亚联邦科学与工业研究组织	325	19	55	15	18	25	34	24	9	13	8	3	39	11	6	3	11		12	2	8		2	53
印度科学与工业研究理事会	75	84	81	84	36	151	143	14	26	5	36	5	7	16	25	18	4	38	18	56	36	9	21	5
夏威夷大学	74	78	56	19	5	24	18	13	211	12	134	5	13	45	1	12	10	2			3		2	2
法国国家农业食品与环境研究院	66	95	149	73	42	41	40	35	26	54	13	24	11	7	5	78	15		3		3	11	10	4
中国农业大学	116	19	205	24	6	25	55	4	40	22	27	20	5	21	23	15	6	29	3	2	2		2	3
瓦赫宁根大学	52	130	91	122	78	24	43	89	6	23	21	9	6	2	6	11	6	6	14	9	1	2	18	10
中国热带农业科学院	27	21	148	119	5	39	59	30	33	197	49		15	10	2	4	2	4	1	13		7	8	
伯南布哥联邦大学	246	21	31	88	14	92	53	6	22	3	8	1	7	37	2	32	50	38	43		14	3	1	7
里约热内卢联邦农业大学	233	132	40	31	10	50	11	11	22	7	27		7	17	16	7	61	7	30	10	7	7	6	15
塞阿拉联邦大学	49	7	49	30	3	97	68	5	36	1	32	2	3	52	5	1	36	22	289	1	8		2	12
墨西哥国立自治大学	61	74	18	8	37	19	38	6	22	13	10	11	69	20	12	3	3	29	2	5	3	149	19	4

注：表中单元格颜色越接近深红色代表论文量越多，基础研究优势越明显；越接近深绿色代表论文量越少，基础研究相对较弱。

印度农业研究理事会、佛罗里达大学等机构重点关注甘蔗领域的研究；巴西维索萨联邦大学、巴西拉夫拉斯联邦大学、荷兰瓦赫宁根大学等机构重点关注咖啡领域的研究；法国农业发展研究中心、法国国家农业食品与环境研究院、中国农业大学等机构侧重香蕉领域的研究；国际热带农业研究所、荷兰瓦赫宁根大学等机构侧重木薯领域的研究；中国科学院、中国热带农业科学院等机构侧重天然橡胶领域的研究；印度科学与工业研究理事会侧重椰子、杧果等作物的研究；马来西亚博特拉大学、美国夏威夷大学、美国加州大学、巴西塞阿拉联邦大学、墨西哥国立自治大学分别侧重油棕、番木瓜、鳄梨、腰果、番麻等作物的研究。

（2）每种热带作物都有明显的基础研究优势机构，不同作物的基础研究优势机构差异较大

从基础研究文献量来看，TOP24 热带作物都有明显的基础研究优势机构。甘蔗领域的基础研究优势机构是巴西圣保罗大学；香蕉领域的基础研究优势机构有巴西农业研究公司、法国农业发展研究中心；木薯、薯蓣领域的基础研究优势机构是国际热带农业研究所；可可领域的基础研究优势机构有法国农业发展研究中心、美国农业部；椰子、杧果领域的基础研究优势机构是印度农业研究理事会；番木瓜领域的基础研究优势机构有美国农业部、美国夏威夷大学；天然橡胶领域的基础研究优势机构有中国热带农业科学院、中国科学院；菠萝领域的基础研究优势机构有美国夏威夷大学、巴西农业研究公司；柚子领域的基础研究优势机构有美国佛罗里达大学、美国农业部；番石榴领域的基础研究优势机构有巴西农业研究公司、印度农业研究理事会；百香果、坚尼草领域的基础研究优势机构有巴西农业研究公司、巴西圣保罗大学；腰果领域的基础研究优势机构有巴西塞阿拉联邦大学、巴西农业研究公司；咖啡、油棕、鳄梨、番麻等作物的基础研究优势机构分别为巴西拉夫拉斯联邦大学、马来西亚博特拉大学、美国加州大学、墨西哥国立自治大学等。

2.3.3 重点机构研究布局

全球热带作物基础研究领域，重点机构在 14 个研究方向上均有研究布局（图 2-8），其中生长机理及栽培技术、贮藏保鲜及食品加工技术是大多数机构重点布局的研究方向；种质资源抗病性及改良创新、种质资源抗逆性及改良创新、育种技术与遗传多样性分析等是部分机构重点布局的研究方向；另外，各机构在转基因育种及植株再生技术、饲料产品开发及利用、功能成分的营养保健作用、淀粉制备及其品质特性分析等方向的布局明显少于其他方向。

各机构在 14 个研究方向的基础研究优势不同（表 2-5）。巴西圣保罗大学在种质资源抗逆性及改良创新、生态环境及生物多样性分析、功能成分提取测定及其生物活性、

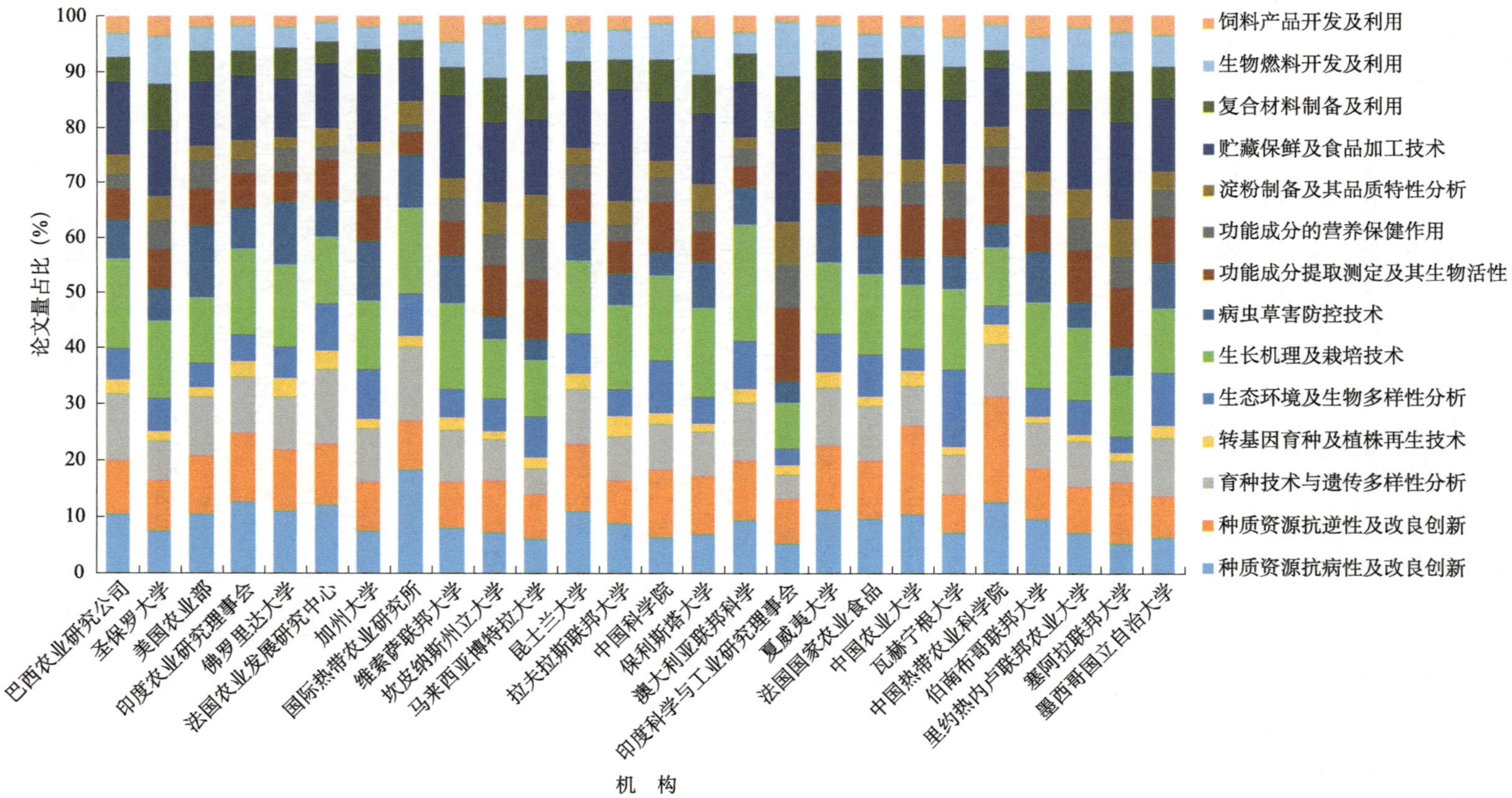

图 2-8　全球热带作物基础研究领域重点机构主题布局对比

注：主题布局（堆积柱状）图中重点机构下某一颜色的高度越高，代表该颜色对应主题在重点机构的论文量占比越高；高度越低，代表该颜色对应主题在重点机构的论文量占比越低。

表 2-5 全球热带作物基础研究领域重点机构主题布局对比

机构	各研究方向的论文j量（篇）													
	种质资源与遗传育种				生长调控与田间管理			贮藏加工与功能成分				副产品加工与综合利用		
	种质资源抗病性及改良创新	种质资源抗逆性及改良创新	育种技术与遗传多样性分析	转基因育种及植株再生技术	生态环境及生物多样性分析	生长机理及栽培技术	病虫草害防控技术	功能成分提取、测定及其生物活性	功能成分的营养保健作用	淀粉制备及其品质特性分析	贮藏保鲜及食品加工技术	复合材料制备及利用	生物燃料开发及利用	饲料产品开发及利用
巴西农业研究公司	1 096	964	1 220	266	583	1 673	730	564	285	368	1 349	450	465	280
圣保罗大学	856	964	778	197	657	1 538	642	771	600	503	1 325	895	981	367
美国农业部	877	852	880	127	356	996	1 065	573	414	234	966	435	351	156
印度农业研究理事会	746	698	580	152	295	906	416	363	153	213	667	250	276	82
佛罗里达大学	645	632	550	175	334	860	667	306	267	110	604	318	219	104
法国农业发展研究中心	757	649	820	190	541	747	395	435	168	201	709	239	210	63
加州大学	348	407	434	79	416	583	493	382	355	111	563	202	189	76
国际热带农业研究所	829	401	598	77	363	699	431	189	76	178	350	140	128	61
维索萨联邦大学	439	433	486	111	281	811	459	335	225	192	802	269	240	237
坎皮纳斯州立大学	376	481	377	82	306	543	211	494	289	305	757	398	505	69
马来西亚博特拉大学	311	383	215	98	353	489	189	532	371	371	684	383	405	100
昆士兰大学	471	502	402	121	306	561	287	254	199	121	435	211	234	103
拉夫拉斯联邦大学	371	310	322	136	196	628	230	241	125	171	830	213	219	96
中国科学院	294	519	351	92	417	674	187	396	197	130	480	326	287	48

续表

机构	各研究方向的论文j量（篇）													
	种质资源与遗传育种				生长调控与田间管理			贮藏加工与功能成分				副产品加工与综合利用		
	种质资源抗病性及改良创新	种质资源抗逆性及改良创新	育种技术与遗传多样性分析	转基因育种及植株再生技术	生态环境及生物多样性分析	生长机理及栽培技术	病虫草害防控技术	功能成分提取、测定及其生物活性	功能成分的营养保健作用	淀粉制备及其品质特性分析	贮藏保鲜及食品加工技术	复合材料制备及利用	生物燃料开发及利用	饲料产品开发及利用
保利斯塔大学	259	383	283	54	176	594	308	193	142	176	482	244	248	138
澳大利亚联邦科学与工业研究组织	254	286	277	59	237	563	186	95	98	47	273	130	104	73
印度科学与工业研究理事会	162	239	130	52	94	245	115	399	243	234	510	284	297	25
夏威夷大学	212	209	190	53	131	237	194	111	61	42	211	86	86	29
法国国家农业食品与环境研究院	276	283	270	41	211	407	196	146	143	118	333	150	120	85
中国农业大学	345	505	232	89	126	378	160	304	143	132	410	192	167	56
瓦赫宁根大学	197	186	191	40	373	402	164	181	182	89	318	156	144	102
中国热带农业科学院	377	561	286	102	106	310	125	316	113	104	316	89	137	41
伯南布哥联邦大学	259	237	217	25	138	414	240	175	120	96	302	171	162	100
里约热内卢联邦农业大学	191	213	213	27	165	340	119	244	159	132	384	174	199	55
塞阿拉联邦大学	141	269	97	37	73	277	130	274	147	173	446	224	177	73
墨西哥国立自治大学	157	170	248	54	226	276	200	192	124	73	318	128	134	82

注：表中单元格颜色越接近深红色代表论文量越多，基础研究优势越明显；越接近深绿色代表论文量越少，基础研究相对较弱。

功能成分的营养保健作用等多个研究方向具有最强的基础研究优势；巴西农业研究公司在种质资源抗病性及改良创新、育种技术与遗传多样性分析、转基因育种及植株再生技术等方向具有最强的基础研究优势；美国农业部在病虫草害防控技术方向具有最强的基础研究优势。法国农业发展研究中心在育种技术与遗传多样性分析、转基因育种及植株再生技术、生态环境及生物多样性分析等方向有一定的基础研究优势；马来西亚博特拉大学在功能成分的营养保健作用、淀粉制备及其品质特性分析等方向有一定的基础研究优势；美国佛罗里达大学、巴西维索萨联邦大学、巴西坎皮纳斯州立大学分别在病虫草害防控技术、饲料产品开发及利用、生物燃料开发及利用方向具有一定的基础研究优势。

2.3.4 机构合作情况

全球热带作物基础研究领域机构合作网络整体可以分为7个合作群体（图2-9），具体如下。

一是以巴西农业研究公司为核心的合作群体，包括圣保罗大学、维索萨联邦大学、坎皮纳斯州立大学、保利斯塔大学等机构，是由巴西国内机构组成的合作群体。重点关注甘蔗、咖啡，对木薯、百香果、香蕉等作物也关注较多。

二是以法国农业发展研究中心、国际热带农业研究所为核心的合作群体，包括法国国家农业食品与环境研究院、荷兰瓦赫宁根大学、法国蒙彼利埃大学、比利时鲁汶天主教大学等机构，是由法国、尼日利亚、荷兰、比利时等国家的机构组成的国际合作群体。主要开展木薯、咖啡、香蕉、可可等作物的研究。

三是以马来西亚博特拉大学为核心的合作群体，包括泰国农业大学、以色列农业研究组织、马来西亚棕榈油局、德国霍恩海姆大学等机构，是由马来西亚、泰国、以色列、德国等国家的机构组成的国际合作群体。重点关注油棕，对木薯、椰子、香蕉、杧果等作物也较为关注。

四是以澳大利亚昆士兰大学、澳大利亚联邦科学与工业研究组织为核心的合作群体，包括印度农业研究理事会、印度班加罗尔农业科学大学、国际半干旱热带地区作物研究所等机构，是由澳大利亚、印度、南非等国家的机构组成的国际合作群体。重点关注甘蔗，对杧果、香蕉、木薯等作物也较为关注。

五是以美国农业部为核心的合作群体，包括佛罗里达大学、加州大学、得克萨斯A&M大学、夏威夷大学等机构，是由美国国内机构组成的合作群体。重点关注甘蔗、咖啡，对柚子、可可、香蕉、鳄梨等作物也较为关注。

六是包括墨西哥国立自治大学、西班牙国家研究理事会、哥伦比亚国立大学、墨西哥国际玉米小麦改良中心等机构，由墨西哥、西班牙、哥伦比亚等国家的机构组成的合作群体。主要开展咖啡、番麻、甘蔗、鳄梨、可可、杧果等作物的研究。

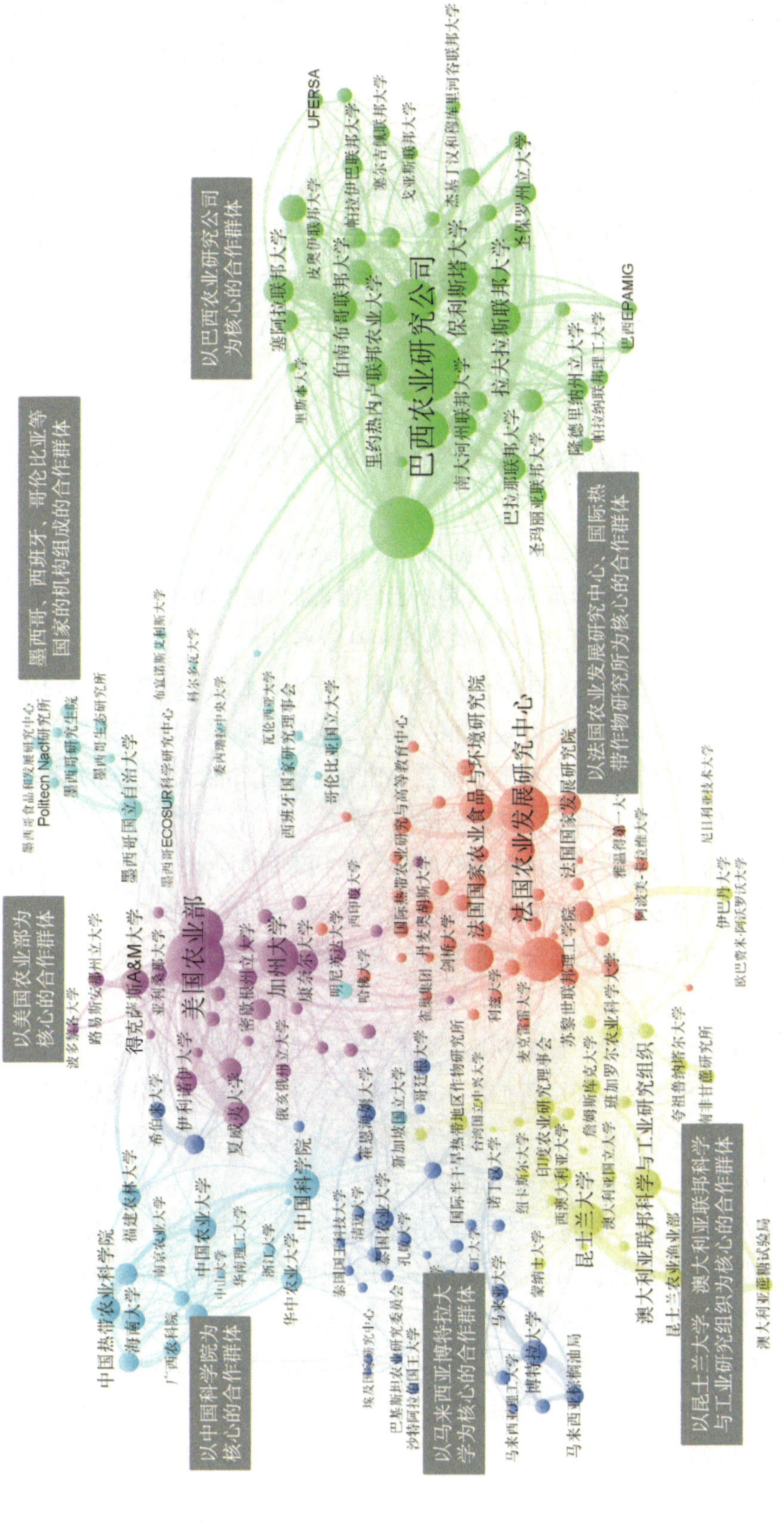

图 2-9 全球热带作物基础研究领域机构合作关系（论文量≥140 篇，共现频次＞5 次）

七是以中国科学院为核心的合作群体，包括中国热带农业科学院、中国农业大学、海南大学、中国农业科学院等机构，是由中国国内机构组成的合作群体。主要开展甘蔗、香蕉、天然橡胶、木薯、杧果等作物的研究。

2.4 学者基础研究分析

2.4.1 学者竞争力分析

全球共有 274 868 位学者开展与热带作物相关的基础研究。从总体来看，论文量在 70 篇以上的学者共有 33 位，巴西、美国、中国的上榜学者数量排在前三位，分别有 11 位、8 位、3 位学者上榜（图 2-10）。Jiang Yueming（中国科学院）的论文生产力和影响力均排在首位，基础研究竞争力最强；Viana Alexandre Pio（北弗鲁米嫩斯州立大学）、Soccol Carlos Ricardo（巴拉那联邦大学）、Comstock Jack C（美国农业部）等学者的论文生产力也排在前列，Carle Reinhold（霍恩海姆大学）、Soccol Carlos Ricardo（巴拉那联邦大学）等学者的论文影响力也排在前列；Carle Reinhold（霍恩海姆大学）的论文质量排在首位，其次是 Moore Paul H（美国农业部）、Jiang Yueming（中国科学院）、Adolfo Gonzalez-Aguilar Gustavo（墨西哥食品和发展研究中心）、Soccol Carlos Ricardo（巴拉那联邦大学）。

2016—2020 年，论文量在 30 篇以上的学者共有 30 位，中国、巴西、美国的上榜学者数量排在前三位，分别有 11 位、7 位、3 位学者上榜（如图 2-11）。Li Yangrui（广西大学）的论文生产力跃居首位，其次是 Ming Ray（伊利诺伊大学）、Pellegrino Cerri Carlos Eduardo（圣保罗大学）；Jiang Yueming（中国科学院）、Wang Hui（中国农业大学）、Que Youxiong（福建农林大学）等 5 位中国学者的论文生产力也进入前十二位。Wang Hui（中国农业大学）、Pellegrino Cerri Carlos Eduardo（圣保罗大学）、Kuang Jianfei（华南农业大学）的论文影响力跃居前三位；Jiang Yueming（中国科学院）、Hu Wei（中国热带农业科学院）、Wang Ying（中国热带农业科学院）的论文影响力也进入前十一位。Kuang Jianfei（华南农业大学）、Wang Hui（中国农业大学）的论文质量跃居前两位，其次是 Junqueira Franco Henrique Coutinho（圣保罗大学）、Pellegrino Cerri Carlos Eduardo（圣保罗大学）、Hu Wei（中国热带农业科学院）；Wang Ying（中国热带农业科学院）、Jiang Yueming（中国科学院）、Xu Liping（福建农林大学）的论文质量也进入前十四位。可见，近年来在热带作物领域的基础研究中，Li Yangrui（广西大学）、Jiang Yueming（中国科学院）、Wang Hui（中国农业大学）等中国学者在生产力、影响力、论文质量方面均表现突出，在竞争力方面有了很大提升。

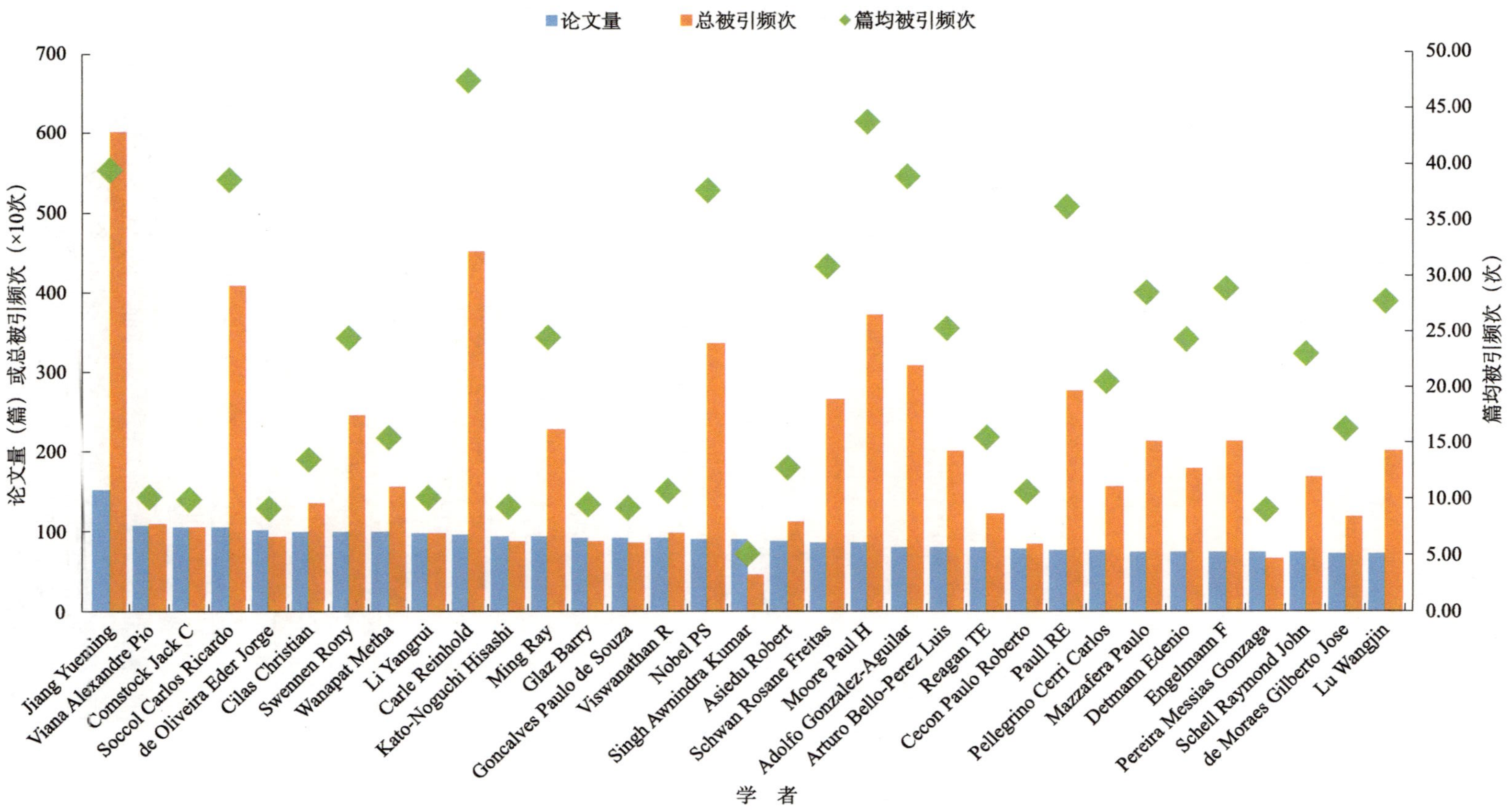

图 2-10 全球热带作物基础研究领域重点学者竞争力对比

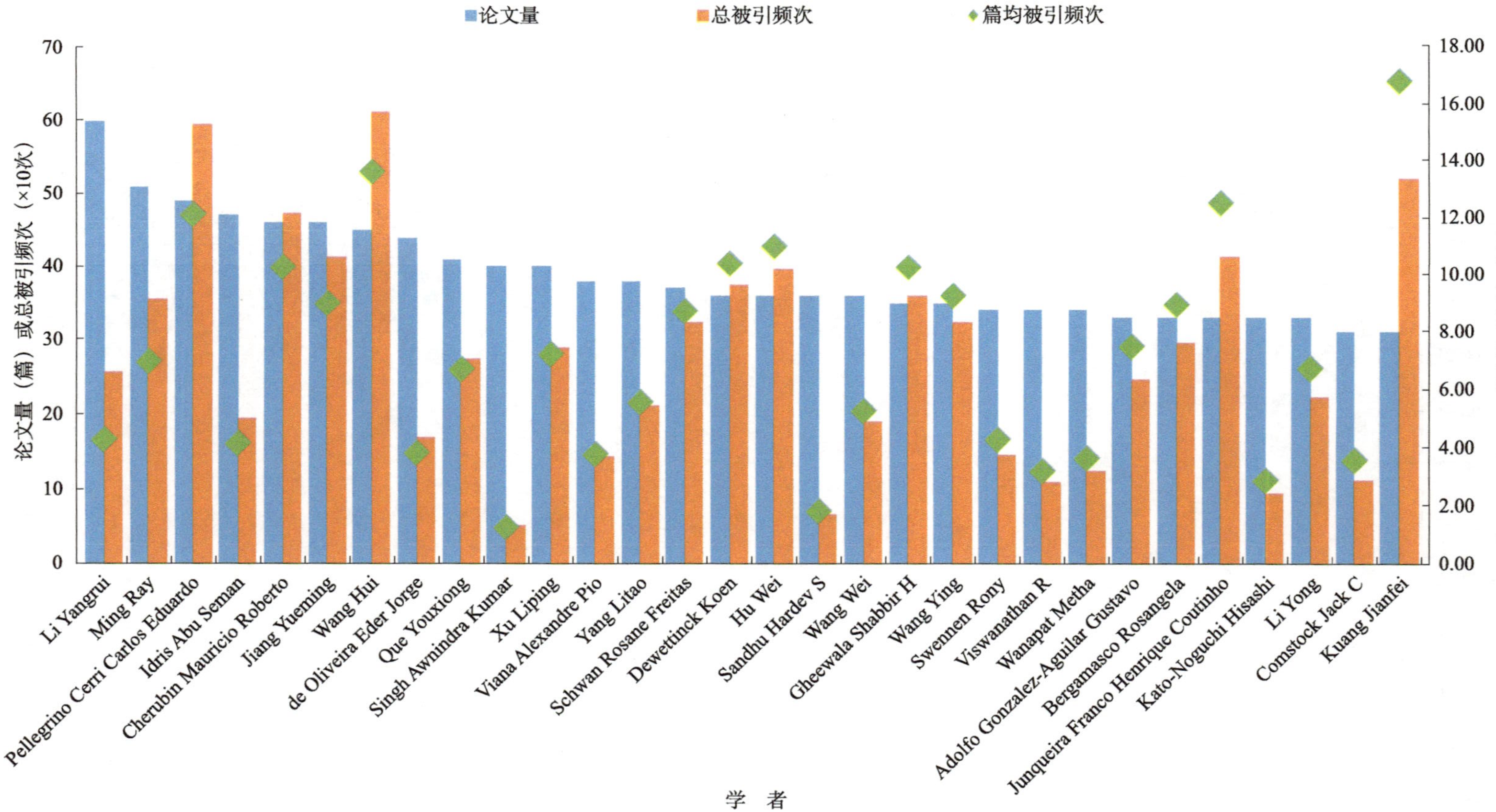

图 2-11 2016—2020 年全球热带作物基础研究领域重点学者竞争力对比

2.4.2 重点学者作物布局

全球热带作物基础研究领域，重点学者在 TOP24 作物的研究分布如表 2-6 所示。

重点学者的作物基础研究布局十分分散，不同学者重点关注和具有基础研究优势的作物差异明显。从基础研究文献量来看，Comstock Jack C（美国农业部）、Li Yangrui（广西大学）、Glaz Barry（美国农业部）、Viswanathan R（印度农业研究理事会）、Reagan TE（路易斯安那州立大学）等学者侧重甘蔗领域的研究，且在甘蔗领域的基础研究优势最突出；Mazzafera Paulo（坎皮纳斯州立大学）、Cilas Christian（法国农业发展研究中心）、Soccol Carlos Ricardo（巴拉那联邦大学）、Schwan Rosane Freitas（拉夫拉斯联邦大学）等学者重点关注咖啡领域的研究，且在咖啡领域具有明显的基础研究优势；Swennen Rony（鲁汶天主教大学）、Arturo Bello-Perez Luis（墨西哥国立理工学院）、Jiang Yueming（中国科学院）、Lu Wangjin（华南农业大学）等学者侧重香蕉领域的研究，且在香蕉领域的基础研究优势最突出；Wanapat Metha（孔敬大学）、de Oliveira Eder Jorge（巴西农业研究公司）等学者重点关注木薯领域的研究，且在木薯领域具有明显的基础研究优势；Cilas Christian（法国农业发展研究中心）、Schnell Raymond John（美国农业部）等学者重点关注可可领域的研究，且在可可领域具有明显的基础研究优势；Adolfo Gonzalez-Aguilar Gustavo（墨西哥食品和发展研究中心）、Carle Reinhold（霍恩海姆大学）等学者侧重杧果领域的研究，且在杧果领域的基础研究优势最突出；Pereira Messias Gonzaga（北弗鲁米嫩斯州立大学）、Ming Ray（伊利诺伊大学）、Paull RE（夏威夷大学）等学者重点关注番木瓜领域的研究，且在番木瓜领域具有明显的基础研究优势；Viana Alexandre Pio（北弗鲁米嫩斯州立大学）、de Oliveira Eder Jorge（巴西农业研究公司）等学者侧重百香果领域的研究，且在百香果领域的基础研究优势最突出；de Moraes Gilberto Jose（圣保罗大学）、Engelmann F（法国国家发展研究院）、Goncalves Paulo de Souza（巴西农业研究公司）、Asiedu Robert（尼日利亚国际热带农业研究所）、Nobel PS（加州大学）等学者分别侧重椰子、油棕、天然橡胶、薯蓣、番麻等作物的研究，且在对应领域具有最强的基础研究优势。

2.4.3 重点学者研究布局

全球热带作物基础研究领域，重点学者在 14 个研究方向的研究布局和基础研究优势差异较大（图 2-12 和表 2-7）。Jiang Yueming（中国科学院）、Ming Ray（伊利诺伊大学）、Goncalves Paulo de Souza（巴西农业研究公司）等多个学者侧重于种质资源抗逆性及改良创新研究，且 Jiang Yueming 的基础研究优势最明显；Li Yangrui（广西大学）、Viswanathan R（印度农业研究理事会）、Swennen Rony（鲁汶天主教大学）等

表 2-6　全球热带作物基础研究领域重点学者主要作物分布

学者	TOP24作物论文量（篇）																							
	甘蔗	咖啡	香蕉	木薯	可可	椰子	杧果	油棕	番木瓜	天然橡胶	菠萝	柚子	鳄梨	番石榴	肉桂	薯蓣	百香果	辣木	腰果	胡椒	香茅	番麻	香草兰	坚尼草
Jiang Yueming			56	1		1	6		3					1		4								
Viana Alexandre Pio	1	7	2	2					25		3			15			52							
Comstock Jack C	105										3													
Soccol Carlos Ricardo	28	32	3	28	8	5		8			2						1					1	1	
de Oliveira Eder Jorge				52					15								36				1			
Cilas Christian		39			54	1				7														
Swennen Rony	2	1	94	3												2	2							
Wanapat Metha	6		9	65		6		1													2			
Li Yangrui	96		1	2			1										1							
Carle Reinhold		2			1		42	1	7		12			1		1			2					
Ming Ray	28	2							46		16											1		
Glaz Barry	92																							
Goncalves Paulo de Souza	1									91														
Viswanathan R	85	2	3				3		1					1						1				
Nobel PS																						77		
Singh Awnindra Kumar	20		2			2	29		9		2	1		9									1	1
Asiedu Robert			1	6		1										84		1						
Schwan Rosane Freitas	11	32		8	28	1	1				1					3								

续表

学者	TOP24作物论文量（篇）																							
	甘蔗	咖啡	香蕉	木薯	可可	椰子	杧果	油棕	番木瓜	天然橡胶	菠萝	柚子	鳄梨	番石榴	肉桂	薯蓣	百香果	辣木	腰果	胡椒	香茅	番麻	香草兰	坚尼草
Moore Paul H	46	2				1			32		3													
Adolfo Gonzalez-Aguilar Gustavo			1			1	45		11		7		4	4	4						2	1		
Arturo Bello-Perez Luis			64	4			13						1		1							1		
Reagan TE	79																							
Cecon Paulo Roberto	6	21	11	1		3	9		5	1				1			1							2
Paull RE	1		3				1		36	2	14		2	1		2								
Pellegrino Cerri Carlos Eduardo	64							1																
Mazzafera Paulo	19	49	1		5						1													
Detmann Edenio	17	2		2	4	1	3		3		3			3			4							4
Engelmann F	10	20	2	1		8	3	18		1	2					3	2						1	
Pereira Messias Gonzaga					1	3			60		1			2			6							
Schnell Raymond John	4				32	4	12				1		18	1										
de Moraes Gilberto Jose	1	1	4	14	3	38		3	1	6												1		
Lu Wangjin			52						7	1														

注：表中单元格颜色越接近深红色代表论文量越多，基础研究优势越明显；越接近深绿色代表论文量越少，基础研究相对较弱。

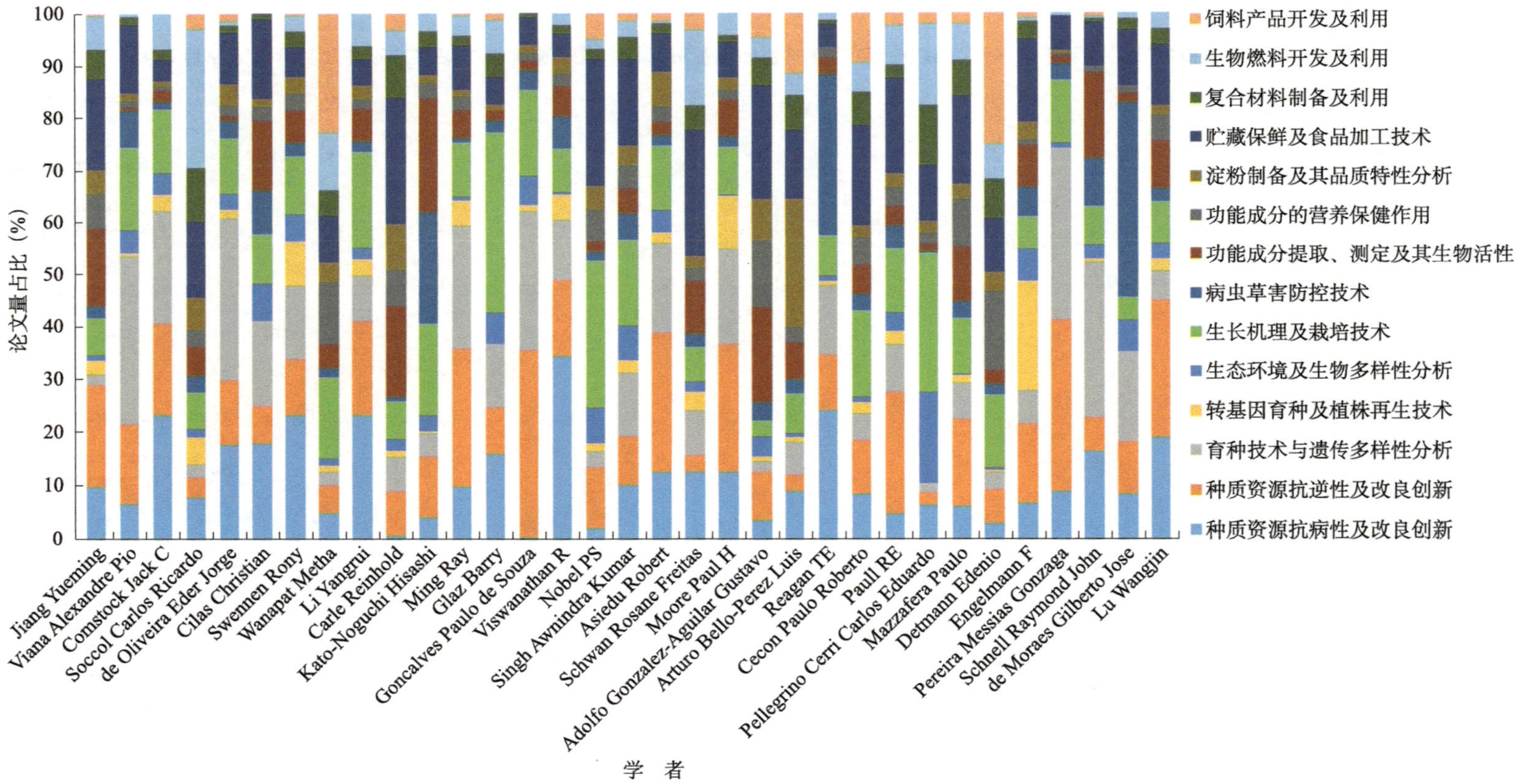

图 2-12 全球热带作物基础研究领域重点学者主题布局对比

注：主题布局（堆积柱状）图中重点学者下某一颜色的高度越高，代表该颜色对应主题在重点学者的论文量占比越高；高度越低，代表该颜色对应主题在重点学者的论文量占比越低。

表 2-7 全球热带作物基础研究领域重点学者主题布局对比

学者	各研究方向的论文量（篇）													
	种质资源与遗传育种				生长调控与田间管理			贮藏加工与功能成分				副产品加工与综合利用		
	种质资源抗病性及改良创新	种质资源抗逆性及改良创新	育种技术与遗传多样性分析	转基因育种及植株再生技术	生态环境及生物多样性分析	生长机理及栽培技术	病虫草害防控技术	功能成分提取、测定及其生物活性	功能成分的营养保健作用	淀粉制备及其品质特性分析	贮藏保鲜及食品加工技术	复合材料制备及利用	生物燃料开发及利用	饲料产品开发及利用
Jiang Yueming	64	126	13	16	8	45	15	99	44	30	114	36	41	2
Viana Alexandre Pio	17	38	81	1	12	40	18	1	4	3	33	4	1	
Comstock Jack C	31	23	29	4	6	16	2	3	1	1	6	2	9	
Soccol Carlos Ricardo	26	12	9	17	6	22	11	18	11	21	49	34	89	9
de Oliveira Eder Jorge	51	36	90	5	9	30	10	3	6	12	28	4	2	4
Cilas Christian	42	17	38		17	22	20	31	7	3	36	2		
Swennen Rony	81	36	49	29	18	39	8	22	12	10	20	10	10	1
Wanapat Metha	22	22	11	4	6	66	8	19	53	16	39	21	48	97
Li Yangrui	82	62	30	11	8	64	7	22	7	9	18	8	21	
Carle Reinhold	3	28	23	4	8	24	3	61	24	31	85	28	16	11
Kato-Noguchi Hisashi	14	40	16	1	10	60	75	76	11	5	19	9	12	
Ming Ray	30	80	74	14	3	31	3	17	8	4	26	5	12	1
Glaz Barry	15	8	11		6	32	2	2		1	5	4	6	1
Goncalves Paulo de Souza	1	66	51	2	11	31	7	3	3	3	10	1		
Viswanathan R	79	34	27	11	1	19	14	13	6	7	11	3	5	
Nobel PS	4	22	6	3	13	54	3	4	12	9	47	3	4	9
Singh Awnindra Kumar	23	21	27	5	15	37	12	11	10	8	38	9	7	3
Asiedu Robert	31	65	43	5	11	30	5	6	8	16	18	4	2	3

续表

学者	各研究方向的论文量（篇）														
	种质资源与遗传育种				生长调控与田间管理			贮藏加工与功能成分				副产品加工与综合利用			
	种质资源抗病性及改良创新	种质资源抗逆性及改良创新	育种技术与遗传多样性分析	转基因育种及植株再生技术	生态环境及生物多样性分析	生长机理及栽培技术	病虫草害防控技术	功能成分提取、测定及其生物活性	功能成分的营养保健作用	淀粉制备及其品质特性分析	贮藏保鲜及食品加工技术	复合材料制备及利用	生物燃料开发及利用	饲料产品开发及利用
Schwan Rosane Freitas	42	10	28	11	7	21	9	33	9	7	80	15	48	10
Moore Paul H	28	53	41	22	1	20	4	16	4	5	15	3	9	
Adolfo Gonzalez-Aguilar Gustavo	12	30	7	3	13	10	11	61	44	26	74	17	13	15
Arturo Bello-Perez Luis	28	10	20	2	3	23	8	22	10	78	42	20	14	35
Reagan TE	38	16	21	1	2	12	48	5	3		7	1	2	
Cecon Paulo Roberto	19	23	12	4	3	37	7	13	12	5	44	14	13	21
Paull RE	9	44	17	5	7	23	9	7	7	5	35	4	15	4
Pellegrino Cerri Carlos Eduardo	18	6	5		48	74	1	4	6	7	30	31	44	5
Mazzafera Paulo	20	52	22	5	1	34	10	34	30	9	54	21	23	6
Detmann Edenio	8	17	9	1	1	37	5	7	41	10	28	20	18	67
Engelmann F	17	39	16	54	16	16	15	20	3	9	41	8	2	2
Pereira Messias Gonzaga	14	52	52		2	19	5	2	1	1	10		1	
Schnell Raymond John	31	12	56	1	5	14	17	31	2		16	1	1	1
de Moraes Gilberto Jose	16	19	32		12	8	71	3	3		20	4	2	
Lu Wangjin	51	70	15	6	9	21	7	24	14	4	31	8	8	

注：表中单元格颜色越接近深红色代表论文量越多，基础研究优势越明显；越接近深绿色代表论文量越少，基础研究相对较弱。

学者侧重于种质资源抗病性及改良创新研究，且基础研究优势明显；Viana Alexandre Pio（北弗鲁米嫩斯州立大学）、de Oliveira Eder Jorge（巴西农业研究公司）、Schnell Raymond John（美国农业部）等学者侧重育种技术与遗传多样性分析研究；Pellegrino Cerri Carlos Eduardo（圣保罗大学）、Nobel PS（加州大学）等学者侧重于生长机理及栽培技术研究，且均具有一定的基础研究优势；de Moraes Gilberto Jose（圣保罗大学）、Reagan TE（路易斯安那州立大学）侧重于病虫草害防控技术研究，且基础研究优势明显；Carle Reinhold（霍恩海姆大学）、Schwan Rosane Freitas（拉夫拉斯联邦大学）、Adolfo Gonzalez-Aguilar Gustavo（墨西哥食品和发展研究中心）等学者侧重于贮藏保鲜及食品加工技术研究，且均具有一定的基础研究优势；Wanapat Metha（孔敬大学）、Detmann Edenio（维索萨联邦大学）等学者侧重于饲料产品开发及利用研究，且基础研究优势明显；Engelmann F（法国国家发展研究院）、Kato-Noguchi Hisashi（日本香川大学）、Arturo Bello-Perez Luis（墨西哥国立理工学院）、Soccol Carlos Ricardo（巴拉那联邦大学）分别侧重于转基因育种及植株再生技术、功能成分提取测定及其生物活性、淀粉制备及其品质特性分析、生物燃料开发及利用等方向的研究，且基础研究优势明显。

综合对比发现，Jiang Yueming（中国科学院）在种质资源抗逆性及改良创新、功能成分提取测定及其生物活性、贮藏保鲜及食品加工技术、复合材料制备及利用等方向具有最强的基础研究优势；Wanapat Metha（孔敬大学）在功能成分的营养保健作用、饲料产品开发及利用研究等方向具有最强的基础研究优势；Pellegrino Cerri Carlos Eduardo（圣保罗大学）在生态环境及生物多样性分析、生长机理及栽培技术等方向具有最强的基础研究优势。

2.5 学科基础研究分析

2.5.1 学科竞争力分析

全球热带作物基础研究领域的相关研究共分布在 22 个 ESI 学科中（图 2-13 和图 2-14）。从总体来看，农业科学的论文生产力和影响力均排在首位且远超其他学科，基础研究竞争力最强；植物与动物科学的基础研究竞争力优势明显；临床医学的论文质量排在首位，其次是神经科学与行为科学、综合交叉学科、免疫学。

2016—2020 年，农业科学的论文生产力和影响力依然远超其他学科，基础研究竞争力最强；植物与动物科学的基础研究竞争力优势依然明显；临床医学的论文质量依然排在首位，其次是精神病学与心理学、免疫学、工程学。

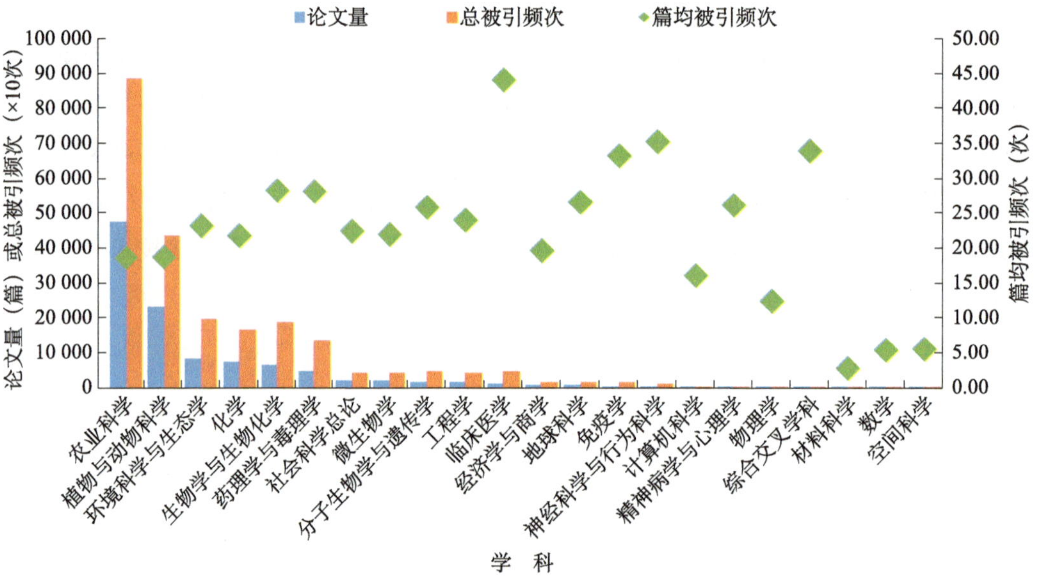

图 2-13　全球热带作物基础研究领域 ESI 学科竞争力对比

2.5.2 学科作物布局

全球热带作物基础研究领域，ESI 学科在 TOP24 作物的研究分布如表 2-8 所示。

（1）TOP24 作物的 ESI 学科分布基本一致，农业科学是每种热带作物均重点布局的学科

从基础研究文献量来看，TOP24 作物在农业科学、植物与动物科学、环境科学与生态学、化学、生物学与生物化学、药理学与毒理学等学科领域的相关基础研究最多，其中，农业科学是其重点布局的学科，其次是植物与动物科学；而在计算机科学、精神病学与心理学、物理学、综合交叉学科、材料科学、数学等学科的相关基础研究较少。

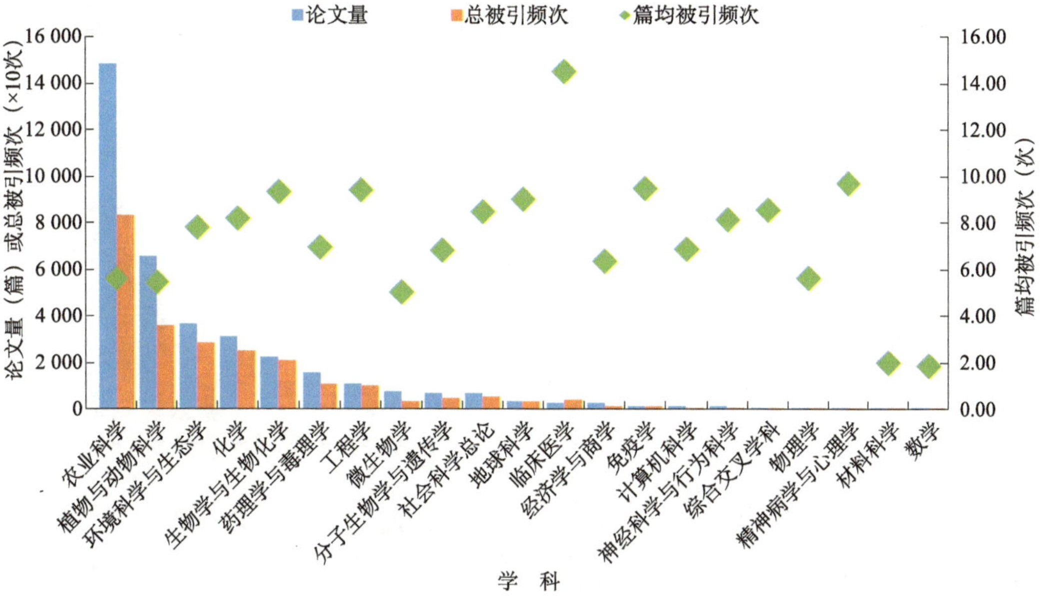

图 2-14 2016—2020 年全球热带作物基础研究领域 ESI 学科竞争力对比

（2）ESI 学科的重点作物布局相对集中，甘蔗、咖啡是大多数学科重点关注的作物

ESI 学科在 TOP24 作物上的基础研究布局相对集中。从基础研究文献量来看，农业科学、植物与动物科学、环境科学与生态学、生物学与生物化学、微生物学、分子生物学与遗传学、工程学、地球科学、计算机科学等学科重点关注甘蔗领域的研究；化学、药理学与毒理学、社会科学总论、临床医学、经济学与商学、神经科学与行为科学、精神病学与心理学等学科重点关注咖啡领域的研究；免疫学、材料科学等学科重点关注天然橡胶领域的研究。

2.5.3 学科研究布局

全球热带作物基础研究领域，ESI 学科在 14 个研究方向的研究布局差异明显（图 2-15），其中贮藏保鲜及食品加工技术、生长机理及栽培技术是农业科学等多个学科重点关注的研究方向；种质资源抗逆性及改良创新、育种技术与遗传多样性分析研究是植物与动物科学等学科重点关注的研究方向；生态环境及生物多样性分析是环境科学与生态学等学科重点关注的研究方向；复合材料制备及利用是化学等学科重点关注的研究方向；生物燃料开发及利用是生物学与生物化学等学科重点关注的研究方向；

表 2-8　全球热带作物基础研究领域 ESI 学科主要作物分布

学科	TOP24作物论文数（篇）																							
	甘蔗	咖啡	香蕉	木薯	可可	椰子	杧果	油棕	番木瓜	天然橡胶	菠萝	柚子	鳄梨	番石榴	肉桂	薯蓣	百香果	辣木	腰果	胡椒	香茅	番麻	香草兰	竖尼草
农业科学	5 239	4 965	3 709	3 655	2 986	2 499	3 008	1 146	1 518	838	1 630	1 318	1 109	1 297	1 048	1 134	1 027	651	836	630	511	293	496	568
植物与动物科学	2 934	1 539	1 836	1 778	986	1 126	1 099	767	897	1 093	507	552	878	545	264	445	564	341	208	160	296	454	201	208
环境科学与生态学	1 368	741	498	414	404	490	270	606	123	353	137	73	93	152	86	109	74	241	78	20	55	161	42	85
化学	675	958	437	448	326	652	329	197	163	379	181	264	147	148	323	131	142	196	274	143	170	138	155	3
生物学与生物化学	1 402	560	363	564	268	507	214	300	198	179	180	119	73	108	212	140	97	161	104	81	128	112	102	18
药理学与毒理学	74	513	82	111	206	195	223	25	166	44	76	504	83	230	354	119	226	247	94	221	143	44	34	1
社会科学总论	271	558	119	131	202	40	33	224	11	79	29	4	11	11	10	47	1	5	16	10	1	21	7	
微生物学	323	103	209	184	100	68	57	36	145	48	43	21	47	29	69	82	44	12	14	26	19	40	78	4
分子生物学与遗传学	251	138	144	117	104	70	46	45	121	81	45	36	36	24	40	31	43	28	15	18	5	30	23	3
工程学	474	156	113	137	31	217	48	169	21	49	40	27	13	18	11	6	6	88	35	3	8	21	3	2
临床医学	17	554	43	41	132	122	19	10	17	2	16	33	13	10	31	11	8	12	10	13	9	3	7	
经济学与商学	83	339	69	48	121	11	11	31	3	25	19	1	5	3	1	11		1	3	3		1	4	1
地球科学	135	58	21	20	12	16	16	102	3	49	2	2	14	8	1	11		4	2	1	5		1	2
免疫学	5	18	85	1	15	33	17	3	25	127	31	10	57	11	23	2	5	7	89	5	8	1	3	
神经科学与行为科学	3	235	24	6	36	21	9	1	5	2	5	14	1	1	19		9	2	2	3	6	1	30	
计算机科学	54	25	17	9	5	5	25	20	8	8	3	3	11	3		1			1	1			3	
精神病学与心理学		125	3	1	5	3					3	4	2	1	4		2				1		7	
物理学	9	8	3	15	2	11	20	2	20	16	5	5	5	2	10	2	1	1	4	12	1	1	3	1
综合交叉学科	7	22	4	14	9	2	4	11		3				1		1	2	2	2			2	1	
材料科学	11	3	3	5	1	9	1	7		14	2	1			4			1			1	1		
数学	2	3	2		1		1		1	2			2											

注：表中单元格颜色越接近深红色代表论文量越多，基础研究优势越明显；越接近深绿色代表论文量越少，基础研究相对较弱。

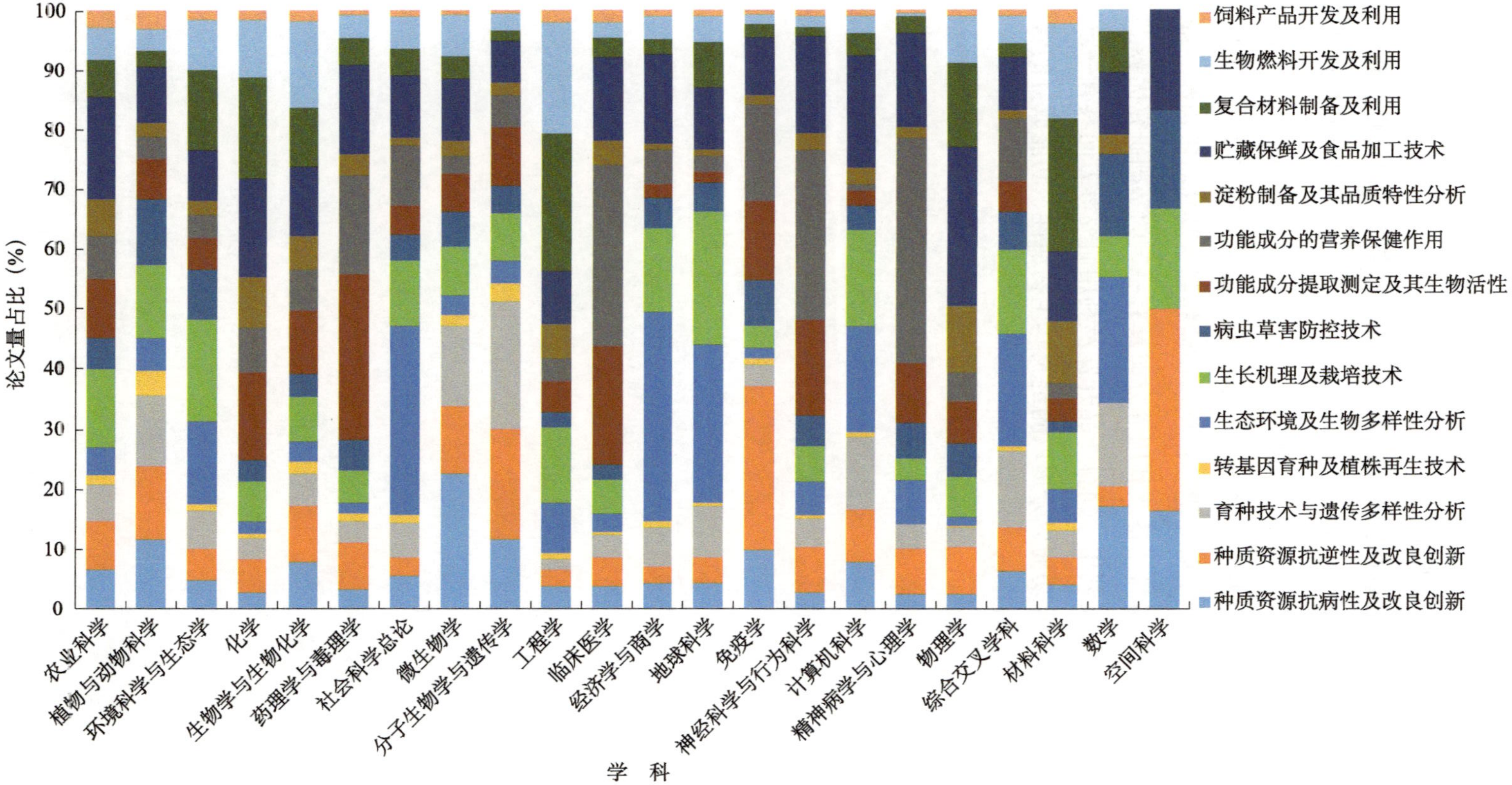

图 2-15　全球热带作物基础研究领域 ESI 学科主题布局对比

注：主题布局（堆积柱状）图中重点学科下某一颜色的高度越高，代表该颜色对应主题在重点学科的论文量占比越高；高度越低，代表该颜色对应主题在重点学科的论文量占比越低。

功能成分提取测定及其生物活性是药理学与毒理学等学科重点关注的研究方向；种质资源抗病性及改良创新是微生物学等学科重点关注的研究方向。

各学科在 14 个研究方向的基础研究优势不同（表 2-9）。农业科学在种质资源抗病性及改良创新、种质资源抗逆性及改良创新、育种技术与遗传多样性分析研究等多个研究方向具有最强的基础研究优势；植物与动物科学在转基因育种及植株再生技术方向具有最强的基础研究优势，在其他多个方向也具有一定的基础研究优势。环境科学与生态学在育种技术与遗传多样性分析、生态环境及生物多样性分析、生长机理及栽培技术等方向具有一定的基础研究优势；化学在淀粉制备及其品质特性分析、贮藏保鲜及食品加工技术、复合材料制备及利用等方向具有一定的基础研究优势；生物学与生物化学在生物燃料开发及利用、饲料产品开发及利用研究等方向具有一定的基础研究优势；药理学与毒理学在功能成分提取测定及其生物活性、功能成分的营养保健作用方向具有一定的基础研究优势。

表 2-9　全球热带作物基础研究领域 ESI 学科主题布局对比

学科	各研究方向的论文数（篇）													
	种质资源与遗传育种				生长调控与田间管理			贮藏加工与功能成分				副产品加工与综合利用		
	种质资源抗病性及改良创新	种质资源抗逆性及改良创新	育种技术与遗传多样性分析	转基因育种及植株再生技术	生态环境及生物多样性分析	生长机理及栽培技术	病虫草害防控技术	功能成分提取、测定及其生物活性	功能成分的营养保健作用	淀粉制备及其品质特性分析	贮藏保鲜及食品加工技术	复合材料制备及利用	生物燃料开发及利用	饲料产品开发及利用
农业科学	8 797	10 610	7 943	1 941	6 290	16 900	6 925	12 979	9 156	8 230	22 621	8 288	7 187	3 552
植物与动物科学	7 340	7 648	7 396	2 465	3 464	7 534	6 880	4 337	2 328	1 471	5 967	1 759	2 280	1 774
环境科学与生态学	1 208	1 296	1 642	197	3 479	4 184	2 069	1 319	955	607	2 127	3 372	2 090	348
化学	596	1 156	734	173	443	1 397	742	3 048	1 561	1 752	3 444	3 620	2 018	290
生物学与生物化学	1 590	1 896	1 048	447	626	1 494	787	2 105	1 388	1 113	2 374	1 975	2 895	358
药理学与毒理学	440	1 014	460	194	233	687	671	3 583	2 168	471	1 948	606	476	101
社会科学总论	200	118	216	40	1 145	398	161	170	378	46	381	164	201	29
微生物学	1 354	676	798	115	191	485	356	391	171	164	625	220	412	47
分子生物学与遗传学	616	983	1 113	172	200	418	236	534	277	109	378	103	142	23
工程学	192	149	94	46	436	630	130	259	204	280	456	1 187	946	104
临床医学	114	145	113	14	91	172	74	584	910	120	419	100	79	56
经济学与商学	52	37	80	14	427	174	63	29	73	10	187	32	48	10
地球科学	81	79	162	9	492	415	87	37	48	22	193	142	83	17
免疫学	143	385	51	16	25	50	110	186	232	25	136	32	22	10
神经科学与行为科学	32	91	57	5	66	70	61	186	334	33	193	17	21	12
计算机科学	39	44	60	3	87	80	20	12	6	13	94	19	13	5
精神病学与心理学	7	22	12		21	10	17	29	108	5	45	8	2	1
物理学	9	29	12	1	6	24	20	25	18	40	97	51	29	3
综合交叉学科	15	17	30	2	43	33	15	12	25	3	21	5	11	2
材料科学	7	8	8	2	10	16	3	7	4	18	20	39	27	4
数学	5	1	4		6	2	4			1	3	2	1	
空间科学	1	2				1	1				1			

注：表中单元格颜色越接近深红色代表论文量越多，基础研究优势越明显；越接近深绿色代表论文量越少，基础研究相对较弱。

3 全球主要热带作物基础研究竞争力分析

3.1 甘 蔗

3.1.1 重点国家分析

3.1.1.1 竞争力分析

全球共有132个国家开展与甘蔗有关的基础研究。从总体来看，论文量在125篇以上的国家共有21个，各国之间的基础研究竞争力差距悬殊（图3-1）。巴西的论文生产力和影响力均排在首位，且远超其他国家，基础研究竞争力最强；其次是美国，再次是印度、中国和澳大利亚。加拿大的论文质量排在首位，其次是英国、荷兰、澳大利亚和法国。

2016—2020年，论文量在50篇及以上的国家共有21个，各国之间基础研究竞争力差距依然悬殊（图3-2）。巴西、美国的论文生产力和影响力依然排在前两位，中国的论文生产力和影响力均已赶超印度排在第三位；韩国的论文质量跃居首位，其次是加拿大、西班牙，中国的论文质量有所提升。可见，近年来在甘蔗领域的基础研究中，中国不仅在生产力和影响力方面表现突出，而且在论文质量和竞争力方面均有了很大提升。

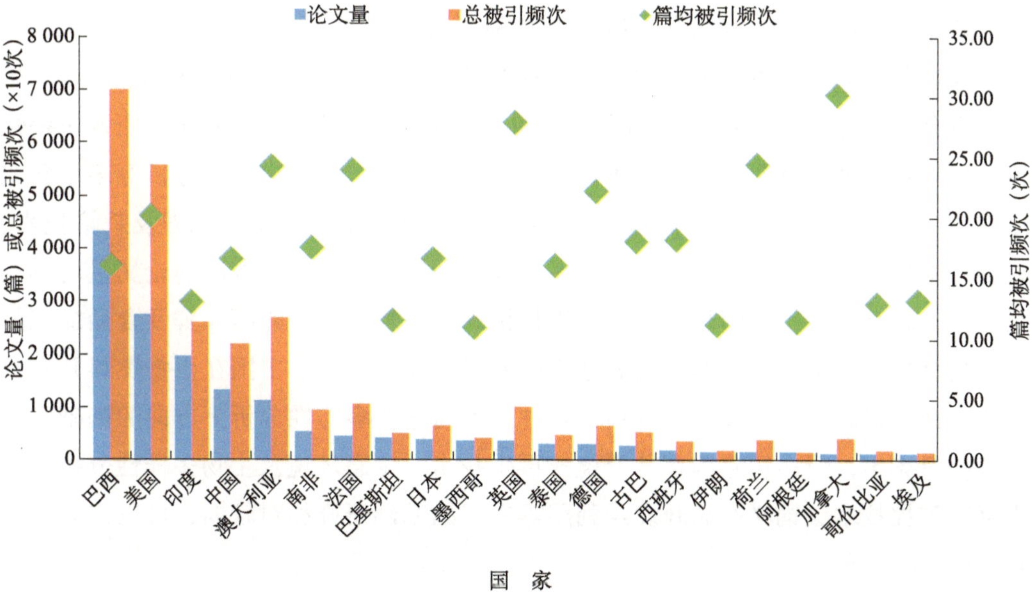

图3-1 全球甘蔗基础研究领域重点国家竞争力对比

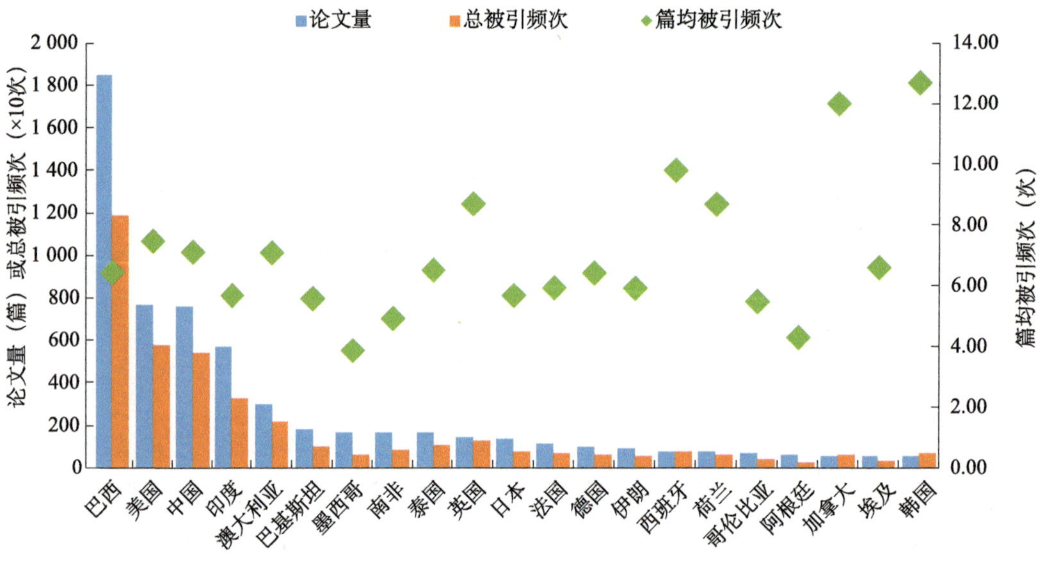

图 3-2　2016—2020 年全球甘蔗基础研究领域重点国家竞争力对比

3.1.1.2　研究布局分析

全球甘蔗基础研究领域，重点国家在 13 个研究方向上均有研究布局（图 3-3）。其中，生长机理及栽培技术、生物燃料开发及利用等方向是大多数国家均重点布局的研究方向；育种技术与遗传多样性分析、种质资源抗逆性及改良创新、复合材料制备及利用是部分国家重点布局的研究方向；另外，各国在转基因育种及植株再生技术、饲料产品开发及利用等方向的布局明显少于其他方向。

各国家在 13 个研究方向的基础研究优势不同（表 3-1），巴西、美国、印度、中国、澳大利亚基本占据了 13 个研究方向的主要比重。其中，巴西在种质资源抗病性及改良创新、种质资源抗逆性及改良创新、育种技术与遗传多样性分析等多个研究方向的论文量均排在首位，具有最强基础研究优势；美国在生长机理及栽培技术、育种技术与遗传多样性分析、生物燃料开发及利用等多个研究方向的论文量均排在前三位，基础研究优势明显；印度在生长机理及栽培技术、贮藏保鲜及食品加工技术、复合材料制备及利用等方向的基础研究优势相对突出。中国在生物燃料开发及利用、种质资源抗逆性及改良创新、育种技术与遗传多样性分析等方向的基础研究优势相对突出，但在转基因育种及植株再生技术、生态环境及生物多样性分析、病虫草害防控技术、饲料产品开发及利用等方向的基础研究相对较弱，可以作为今后重点突破的方向。

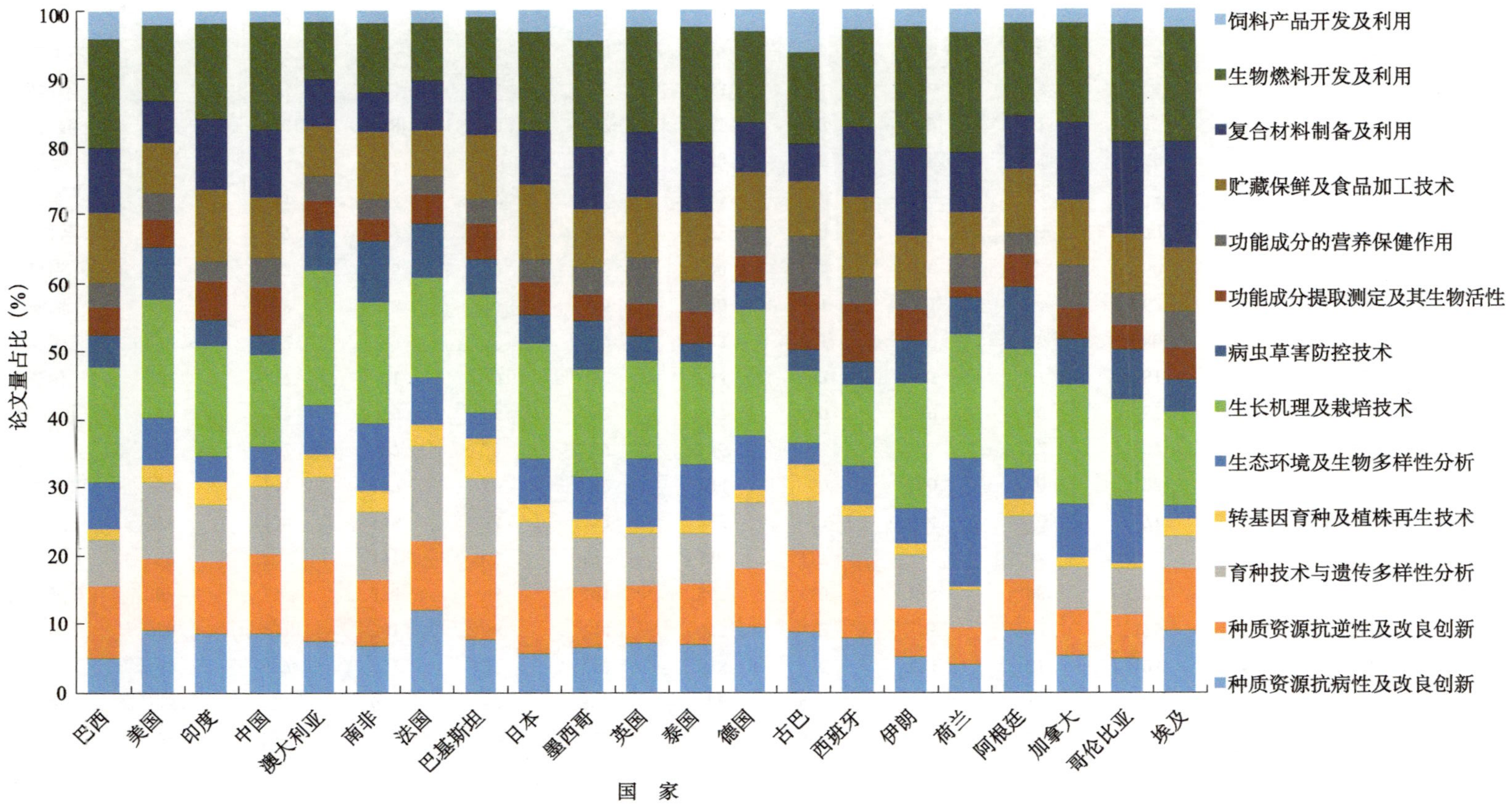

图 3-3　全球甘蔗基础研究领域重点国家主题布局对比

注：主题布局（堆积柱状）图中重点国家下某一颜色的高度越高，代表该颜色对应主题在重点国家的论文量占比越高；高度越低，代表该颜色对应主题在重点国家的论文量占比越低。

表 3-1 全球甘蔗基础研究领域重点国家主题布局对比

国家	各研究方向的论文量（篇）												
	种质资源与遗传育种				生长调控与田间管理			贮藏加工与功能成分			副产品加工与综合利用		
	种质资源抗病性及改良创新	种质资源抗逆性及改良创新	育种技术与遗传多样性分析	转基因育种及植株再生技术	生态环境及生物多样性分析	生长机理及栽培技术	病虫草害防控技术	功能成分提取测定及其生物活性	功能成分的营养保健作用	贮藏保鲜及食品加工技术	复合材料制备及利用	生物燃料开发及利用	饲料产品开发及利用
巴西	598	1 291	810	180	823	2 050	550	495	434	1 203	1 173	1 927	500
美国	525	599	646	142	394	988	443	232	212	429	361	642	115
印度	340	427	331	127	153	648	146	224	121	408	418	568	68
中国	318	431	361	68	144	495	112	253	153	326	373	585	55
澳大利亚	208	330	334	93	201	545	160	119	98	204	196	236	43
南非	89	127	131	42	129	236	117	41	38	130	77	138	23
法国	126	108	146	33	72	155	83	44	30	71	76	92	18
巴基斯坦	90	141	127	69	42	198	60	60	40	108	99	102	11
日本	56	92	97	27	67	166	44	47	32	107	81	143	32
墨西哥	66	87	70	26	62	157	70	39	40	82	91	154	45
英国	67	77	71	9	92	134	32	45	61	81	89	145	22
泰国	57	72	59	15	67	123	21	39	36	80	84	139	20
德国	75	68	78	14	65	146	31	31	34	62	60	106	26
古巴	67	92	55	40	25	79	24	66	62	60	43	102	48
西班牙	48	67	39	10	35	71	20	51	23	70	62	87	17
伊朗	23	31	35	7	23	82	28	20	13	35	57	80	11
荷兰	20	26	27	2	92	88	26	8	23	30	42	86	17
阿根廷	37	30	38	10	18	71	38	19	13	37	32	56	8
加拿大	20	23	23	5	28	63	24	16	23	34	41	53	7
哥伦比亚	17	21	23	2	32	49	25	12	16	29	45	58	8
埃及	32	32	17	9	7	48	17	17	19	33	55	59	10

注：表中单元格颜色越接近深红色代表论文量越多，基础研究优势越明显；越接近深绿色代表论文量越少，基础研究相对较弱。

3.1.2 重点机构分析

3.1.2.1 竞争力分析

全球共有 6 518 家机构开展与甘蔗相关的基础研究。从总体来看，论文量在 118 篇以上的机构共有 25 家，巴西、美国、澳大利亚、中国的上榜机构数量排在前四位，分别有 9 家、4 家、3 家、3 家机构上榜，各机构之间的基础研究竞争力差距较大（图 3-4）。圣保罗大学的论文生产力和影响力均排在首位，且远超其他机构，基础研究竞争力最强，其次是美国农业部；另外，坎皮纳斯州立大学、佛罗里达大学的论文生产力和影响力均排在前五位，基础研究竞争力较强。澳大利亚联邦科学与工业研究组织、法国农业发展研究中心的论文质量位列前两位，其次是得克萨斯 A&M 大学、里约热内卢联邦农业大学和澳大利亚蔗糖试验局。

2016—2020 年，论文量在 60 篇以上的机构共有 24 家，巴西、中国、美国的上榜机构数量排在前三位，分别有 8 家、6 家、4 家机构上榜，各机构之间的基础研究竞争力差距依然较大（图 3-5）。圣保罗大学的论文生产力和影响力依然排在首位，坎皮纳斯州立大学的论文生产力和影响力均跃居第二位，广西大学、福建农林大学、中国农业大学的论文生产力和影响力也进入前十五位，其中，广西大学的论文生产力和影响力分别排在第七位和第五位，表现优异。印度理工学院、伊利诺伊大学的论文质量跃居前两位，其次是圣卡洛斯联邦大学、华中农业大学；中国科学院、中国农业大学、福建农林大学、广西大学的论文质量也进入前十五位。可见，近年来在甘蔗领域的基础研究中，广西大学、福建农林大学等中国机构不仅在生产力和影响力方面表现较好，而且在论文质量和竞争力方面均有了很大提升。

3.1.2.2 研究布局分析

全球甘蔗基础研究领域，重点机构在 13 个研究方向上均有研究布局（图 3-6）。其中，生长机理及栽培技术、种质资源抗逆性及改良创新等方向是大多数机构重点布局的研究方向；生物燃料开发及利用、育种技术与遗传多样性分析、种质资源抗病性及改良创新是部分机构重点布局的研究方向；另外，各机构在转基因育种及植株再生技术、饲料产品开发及利用等方向的布局明显少于其他方向。

各机构在 13 个研究方向的基础研究优势不同（表 3-2）。圣保罗大学在种质资源抗病性及改良创新、种质资源抗逆性及改良创新、育种技术与遗传多样性分析等多个研究方向具有最强的基础研究优势；美国农业部在病虫草害防控技术方向具有最强的基础研究优势。印度农业研究理事会在种质资源抗病性及改良创新、种质资源抗逆性及改良创新、育种技术与遗传多样性分析等方向具有基础研究优势；坎皮纳斯州立大学

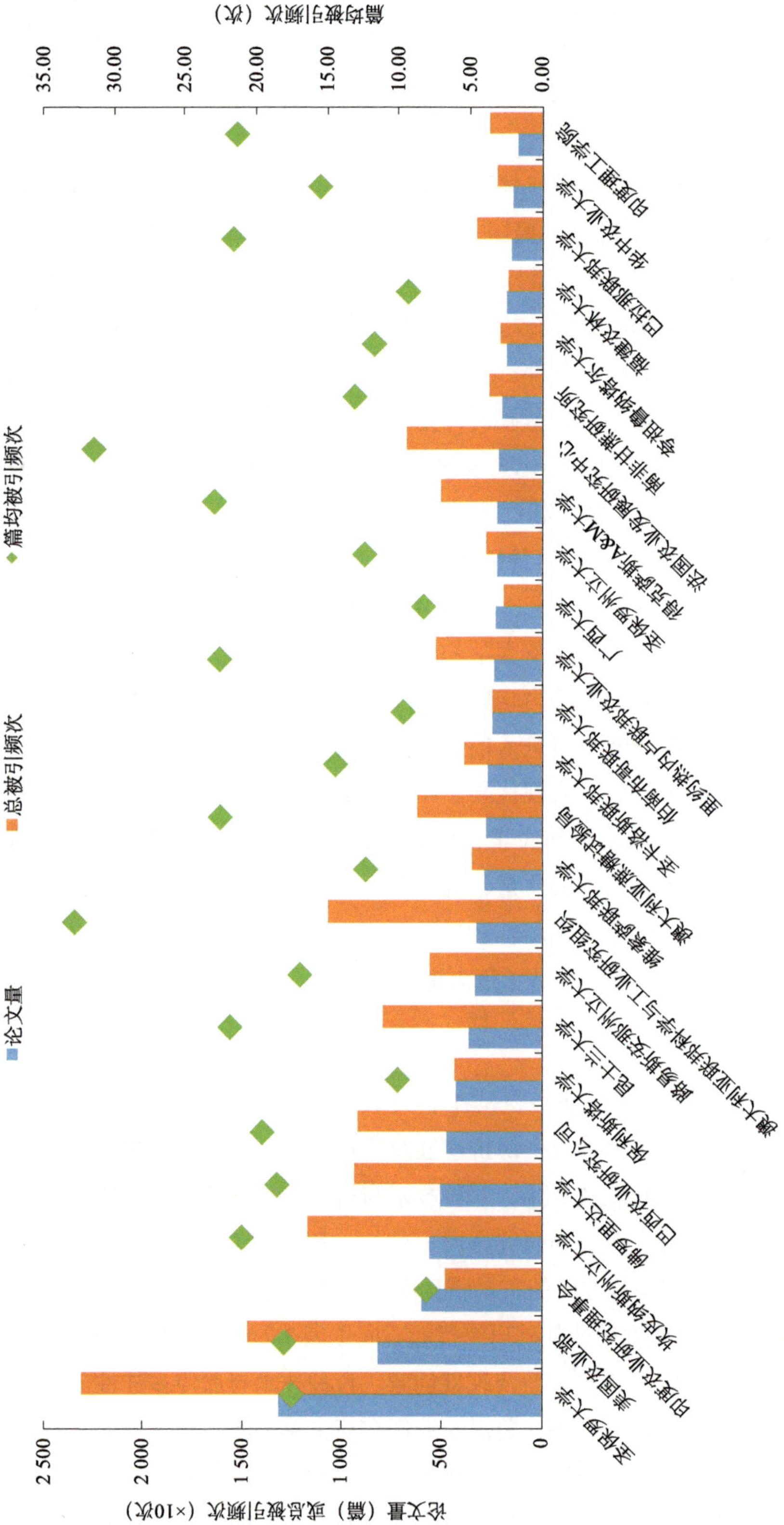

图 3-4 全球甘蔗基础研究领域重点机构竞争力对比

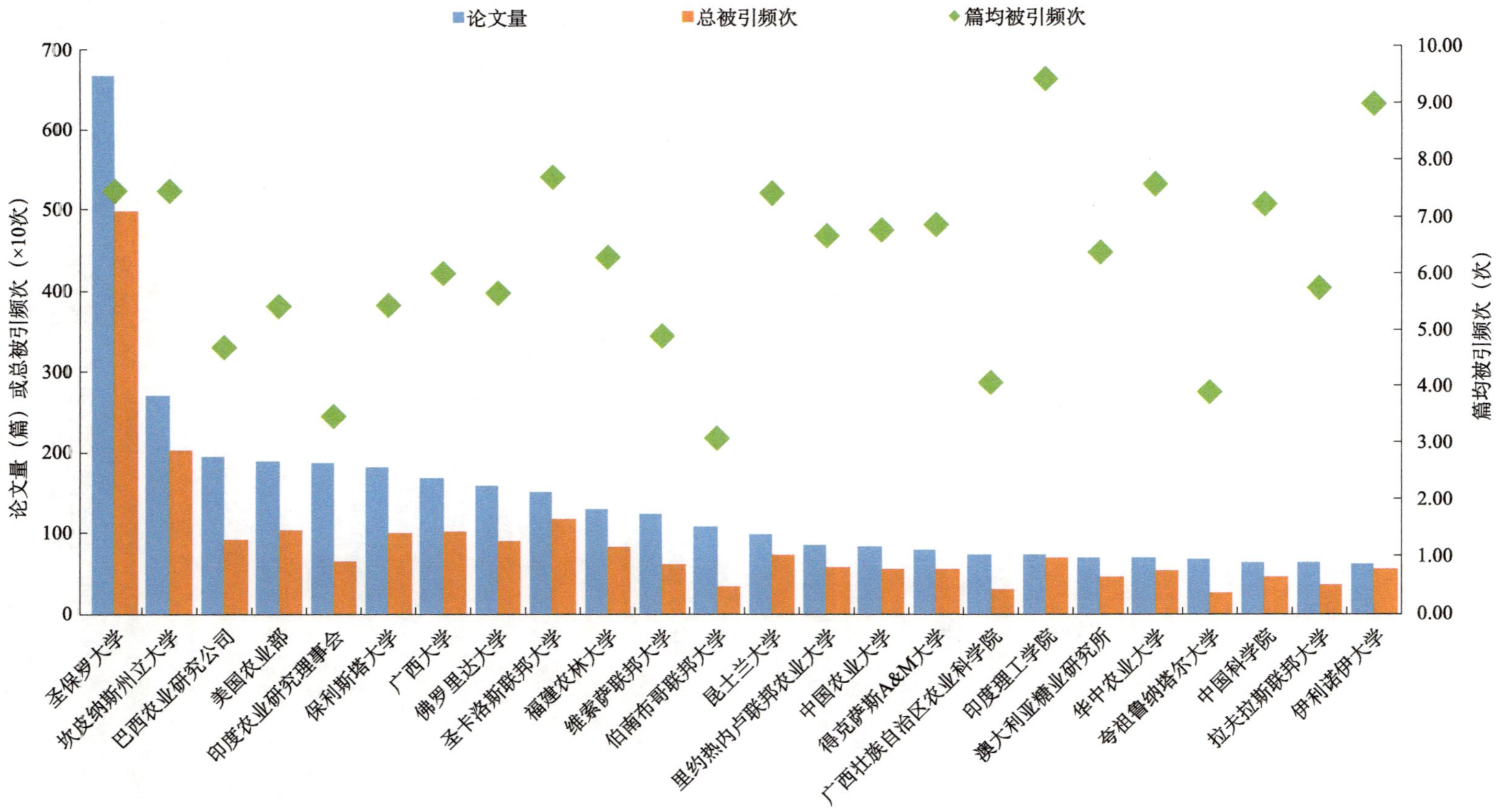

图 3-5　2016—2020 年全球甘蔗基础研究领域重点机构竞争力对比

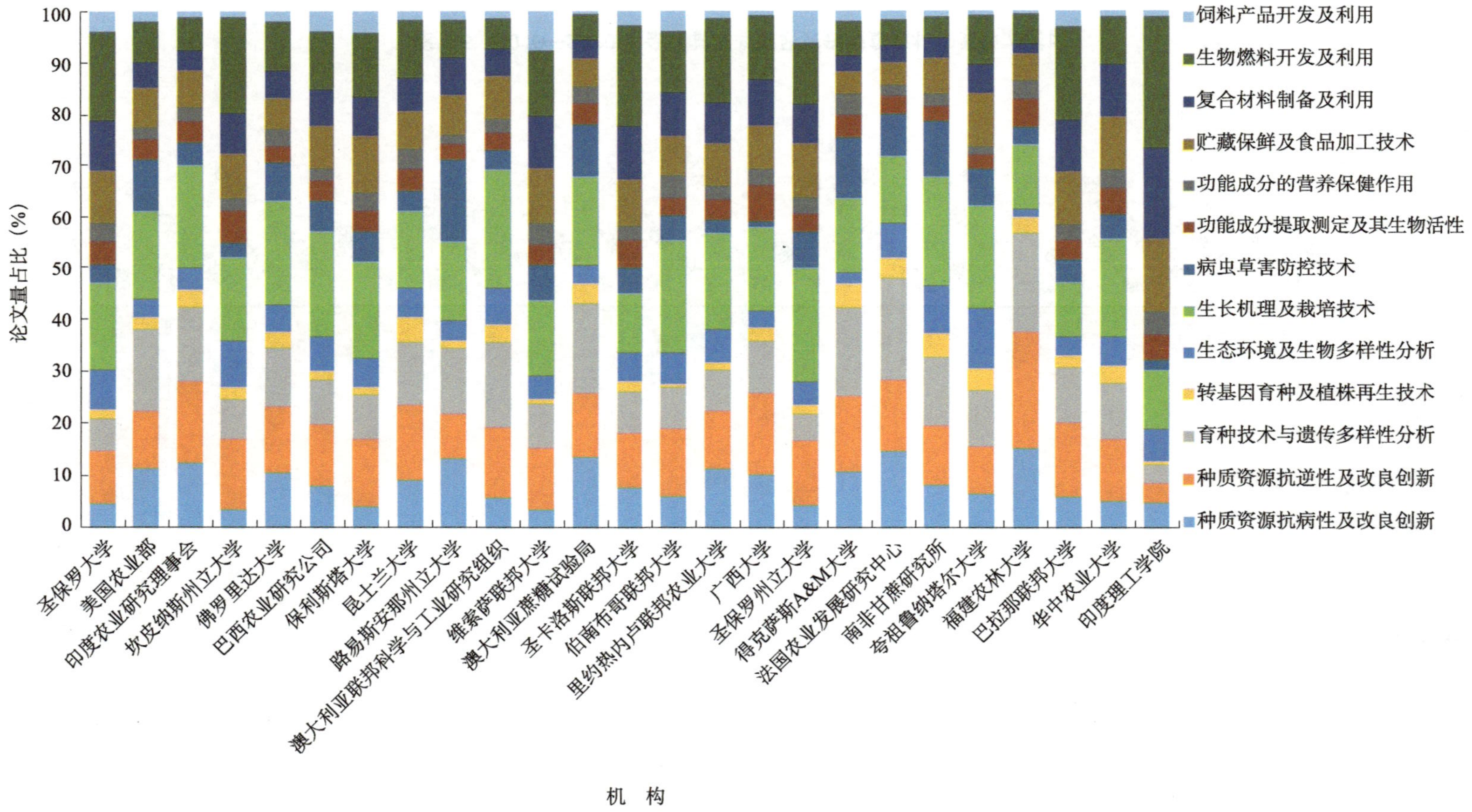

图 3-6　全球甘蔗基础研究领域重点机构主题布局对比

注：主题布局（堆积柱状）图中重点机构下某一颜色的高度越高，代表该颜色对应主题在重点机构的论文量占比越高；高度越低，代表该颜色对应主题在重点机构的论文量占比越低。

表 3-2 全球甘蔗基础研究领域重点机构主题布局对比

机构	各研究方面的论文量（篇）												
	种质资源与遗传育种				生长调控与田间管理			贮藏加工与功能成分			副产品加工与综合利用		
	种质资源抗病性及改良创新	种质资源抗逆性及改良创新	育种技术与遗传多样性分析	转基因育种及植株再生技术	生态环境及生物多样性分析	生长机理及栽培技术	病虫草害防控技术	功能成分提取测定及其生物活性	功能成分的营养保健作用	贮藏保鲜及食品加工技术	复合材料制备及利用	生物燃料开发及利用	饲料产品开发及利用
圣保罗大学	184	395	243	67	299	669	142	177	145	399	395	658	155
美国农业部	171	167	235	34	55	260	152	60	35	114	78	114	28
印度农业研究理事会	139	170	161	36	49	222	51	46	31	76	45	67	13
坎皮纳斯州立大学	55	205	120	35	135	253	41	95	39	133	127	279	17
佛罗里达大学	105	127	112	32	54	203	74	32	37	58	54	92	20
巴西农业研究公司	112	162	116	22	95	281	85	54	34	116	97	152	52
保利斯塔大学	49	153	101	18	67	223	70	49	43	133	91	145	48
昆士兰大学	98	148	129	48	62	159	41	44	43	77	69	115	16
路易斯安那州立大学	83	54	79	8	24	97	101	19	12	47	46	44	10
澳大利亚联邦科学与工业研究组织	50	113	137	29	61	194	34	28	24	70	44	47	12
维索萨联邦大学	30	95	68	9	35	120	56	32	36	86	85	101	61
澳大利亚蔗糖试验局	75	65	95	21	19	93	57	22	18	29	19	26	3
圣卡洛斯联邦大学	59	81	59	16	42	89	39	40	21	70	82	145	22
伯南布哥联邦大学	39	83	49	4	39	140	31	21	29	50	54	73	25
里约热内卢联邦农业大学	78	76	53	9	46	128	18	26	19	59	53	109	10
广西大学	70	103	68	17	21	110	7	47	23	57	60	80	6
圣保罗州立大学	25	72	29	9	26	128	41	20	19	61	44	66	36
德克萨斯 A&M 大学	61	81	97	26	13	81	69	23	24	24	17	37	10
法国农业发展研究中心	78	70	105	21	34	70	43	17	12	22	18	25	8
南非甘蔗研究所	43	56	67	23	49	107	56	14	12	35	19	20	6
夸祖鲁纳塔尔大学	30	40	48	19	53	90	33	13	7	45	26	41	4
福建农林大学	81	118	104	16	9	66	18	29	19	27	10	30	3
巴拉那联邦大学	25	58	44	9	15	45	18	15	13	43	42	73	12
华中农业大学	20	46	41	13	22	74	18	20	15	39	39	35	4
印度理工学院	15	11	11	2	19	34	6	14	15	42	55	76	3

注：表中单元格颜色越接近深红色代表论文量越多，基础研究优势越明显；越接近深绿色代表论文量越少，基础研究相对较弱。

在生物燃料开发及利用、种质资源抗逆性及改良创新、生态环境及生物多样性分析等方向具有基础研究优势；巴西农业研究公司在生长机理及栽培技术、生物燃料开发及利用、复合材料制备及利用等方向具有基础研究优势；保利斯塔大学在功能成分的营养保健作用、贮藏保鲜及食品加工技术等方向具有基础研究优势。另外，路易斯安那州立大学、维索萨联邦大学分别在病虫草害防控技术、饲料产品开发及利用方向具有一定的基础研究优势。

3.1.3 重点学者分析

3.1.3.1 竞争力分析

全球共有 35 910 位学者开展与甘蔗相关的基础研究。从总体来看，论文量在 40 篇以上的学者共有 31 位，美国、巴西、中国、印度的上榜学者数量排在前四位，分别有 12 位、8 位、4 位、3 位学者上榜（图 3-7）。论文生产力排在前五位的学者有 Comstock Jack C（美国农业部）、Li Yangrui（广西大学）、Glaz Barry（美国农业部）、Viswanathan R（印度农业研究理事会）、Reagan TE（路易斯安那州立大学）。Moore Paul H（美国农业部）的论文影响力和论文质量均排在首位，其次是 Baldani Jose Ivo（巴西农业研究公司）和 Reis Veronica Massena（巴西农业研究公司）。

2016—2020 年，论文量在 18 篇以上的学者共有 28 位，巴西、中国、美国、印度的上榜学者数量排在前四位，分别有 10 位、8 位、7 位、3 位学者上榜（图 3-8）。Li Yangrui（广西大学）的论文生产力跃居首位，其次是 Pellegrino Cerri Carlos Eduardo（圣保罗大学）、Que Youxiong（福建农林大学）和 Xu Liping（福建农林大学）；Yang Litao（广西大学）、Su Yachun（福建农林大学）的论文生产力也进入前十二位。Pellegrino Cerri Carlos Eduardo（圣保罗大学）的论文影响力跃居首位，其次是 Nunes Carvalho Joao Luis（坎皮纳斯州立大学）、Junqueira Franco Henrique Coutinho（圣保罗大学）和 Cherubin Mauricio Roberto（圣保罗大学）；Xu Liping（福建农林大学）、Que Youxiong（福建农林大学）、Li Yangrui（广西大学）等 6 位中国学者的论文影响力也进入前十四位。Nunes Carvalho Joao Luis（坎皮纳斯州立大学）的论文质量跃居首位，其次是 Cerri Carlos Clemente（圣保罗大学）、Cantarella Heitor（坎皮纳斯农业研究所）、Junqueira Franco Henrique Coutinho（圣保罗大学）；Zhang Jisen（福建农林大学）的论文质量排在第六位，Su Yachun（福建农林大学）、Xu Liping（福建农林大学）、Que Youxiong（福建农林大学）、Yang Litao（广西大学）的论文质量也进入前十六位。可见，近年来在甘蔗领域的基础研究中，Li Yangrui（广西大学）、Que Youxiong（福建农林大学）、Xu Liping（福建农林大学）等中国学者在生产力方面均表现突出，在影响力、论文质量、竞争力方面有了较大提升。

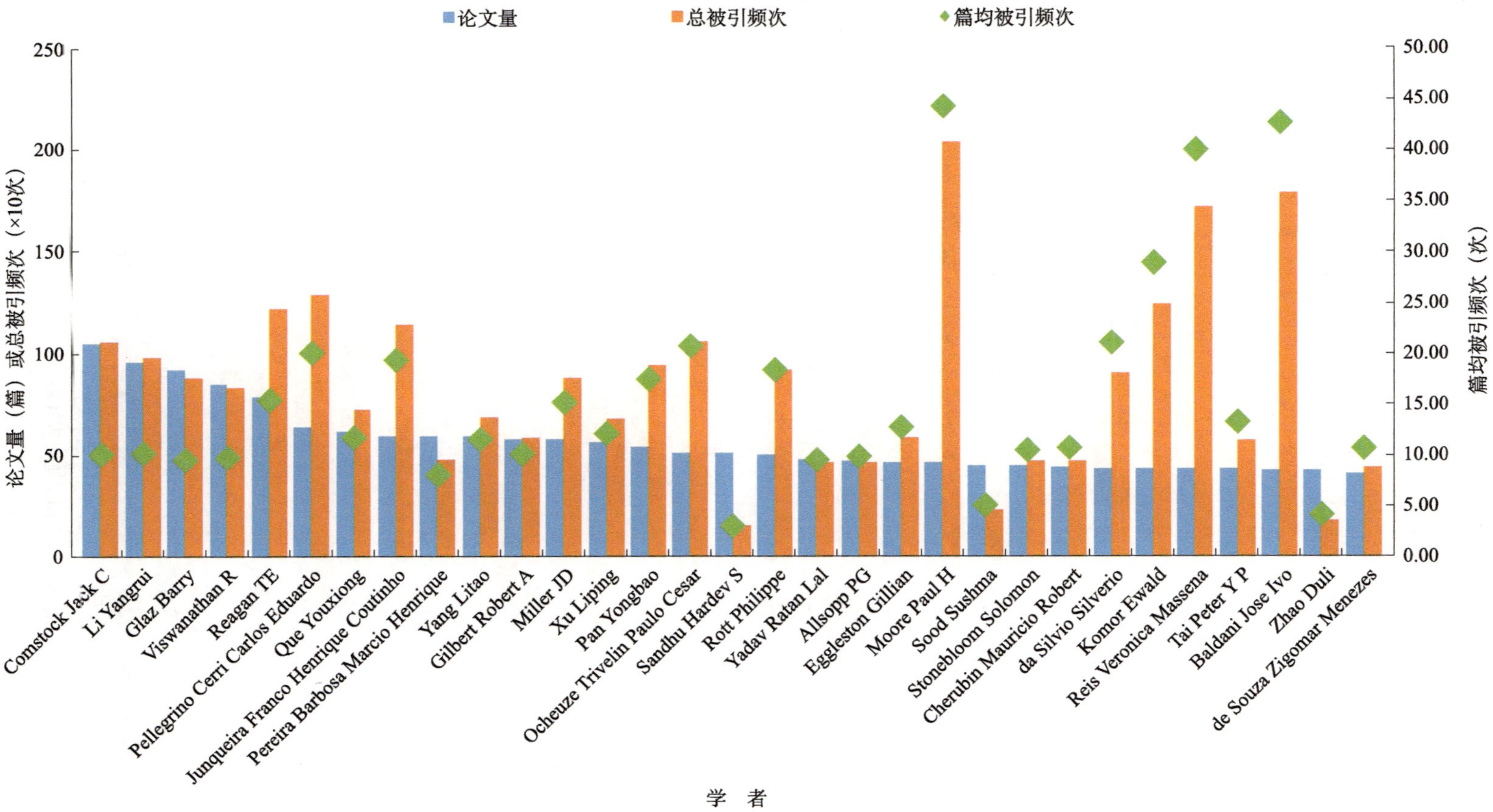

图 3-7 全球甘蔗基础研究领域重点学者竞争力对比

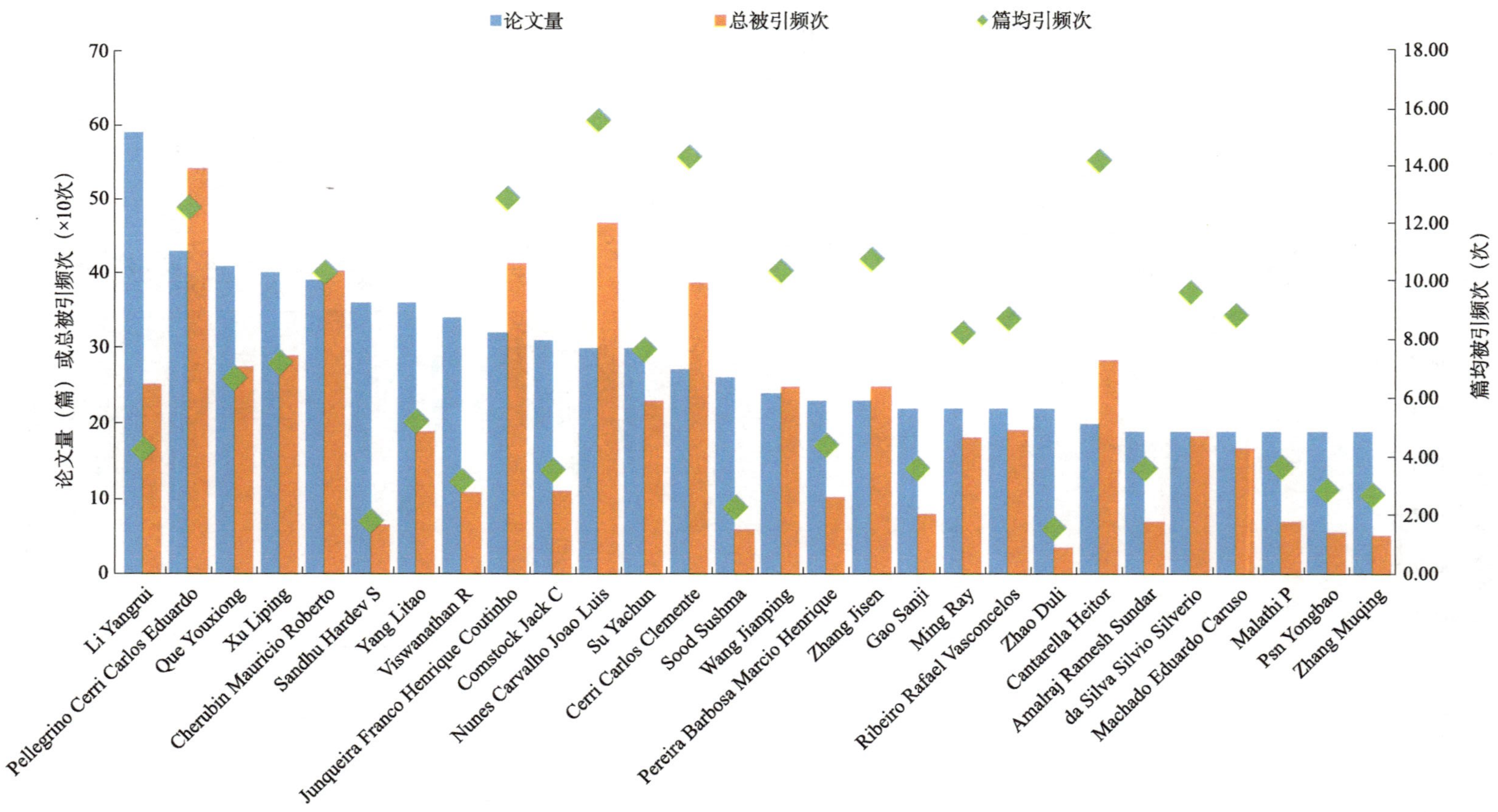

图 3-8　2016—2020 年全球甘蔗基础研究领域重点学者竞争力对比

3.1.3.2 研究布局分析

全球甘蔗基础研究领域，重点学者在13个研究方向的研究布局差异较大（图3-9和表3-3）。其中，Li Yangrui（广西大学）、Pellegrino Cerri Carlos Eduardo（圣保罗大学）、Junqueira Franco Henrique Coutinho（圣保罗大学）等多个学者侧重于生长机理及栽培技术研究；Que Youxiong（福建农林大学）、Xu Liping（福建农林大学）、Yang Litao（广西大学）等学者侧重于种质资源抗逆性及改良创新研究；Viswanathan R（印度农业研究理事会）、Reis Veronica Massena（巴西农业研究公司）、Rott Philippe（法国农业发展研究中心）等学者侧重种质资源抗病性及改良创新研究，且Viswanathan R（印度农业研究理事会）的基础研究优势最明显；Pan Yongbao（美国农业部）、Pereira Barbosa Marcio Henrique（维索萨联邦大学）、Comstock Jack C（美国农业部）等学者侧重于育种技术与遗传多样性分析研究，且基础研究优势明显；Reagan TE（路易斯安那州立大学）、Allsopp PG（澳大利亚蔗糖试验局）侧重于病虫草害防控技术研究，且基础研究优势明显；Eggleston Gillian（美国农业部）、da Silva Silvio Silverio（圣保罗大学）分别侧重于贮藏保鲜及食品加工技术、生物燃料开发及利用研究。

综合对比发现，Li Yangrui（广西大学）在种质资源抗逆性及改良创新、转基因育种及植株再生技术、生长机理及栽培技术、功能成分提取测定及其生物活性等方向有最强的基础研究优势；Viswanathan R（印度农业研究理事会）在种质资源抗病性及改良创新、转基因育种及植株再生技术等方向具有最强的基础研究优势；Pellegrino Cerri Carlos Eduardo（圣保罗大学）在生态环境及生物多样性分析、贮藏保鲜及食品加工技术、复合材料制备及利用、生物燃料开发及利用等方向具有最强的基础研究优势；da Silva Silvio Silverio（圣保罗大学）在生物燃料开发及利用、功能成分的营养保健作用等方向具有最强的基础研究优势。

3.1.4 重点学科分析

3.1.4.1 竞争力分析

全球甘蔗领域的基础研究主要分布在20个ESI学科中（图3-10和图3-11）。从总体来看，其中，农业科学的论文生产力和影响力均排在首位，基础研究竞争力最强；植物与动物科学的基础研究竞争力优势明显；生物学与生物化学的论文质量排在首位，其次是物理学、分子生物学与遗传学、神经科学与行为科学。

2016—2020年，农业科学的论文生产力和影响力依然远超其他学科，基础研究竞争力最强；植物与动物科学的论文生产力优势依然明显，生物学与生物化学、环境科

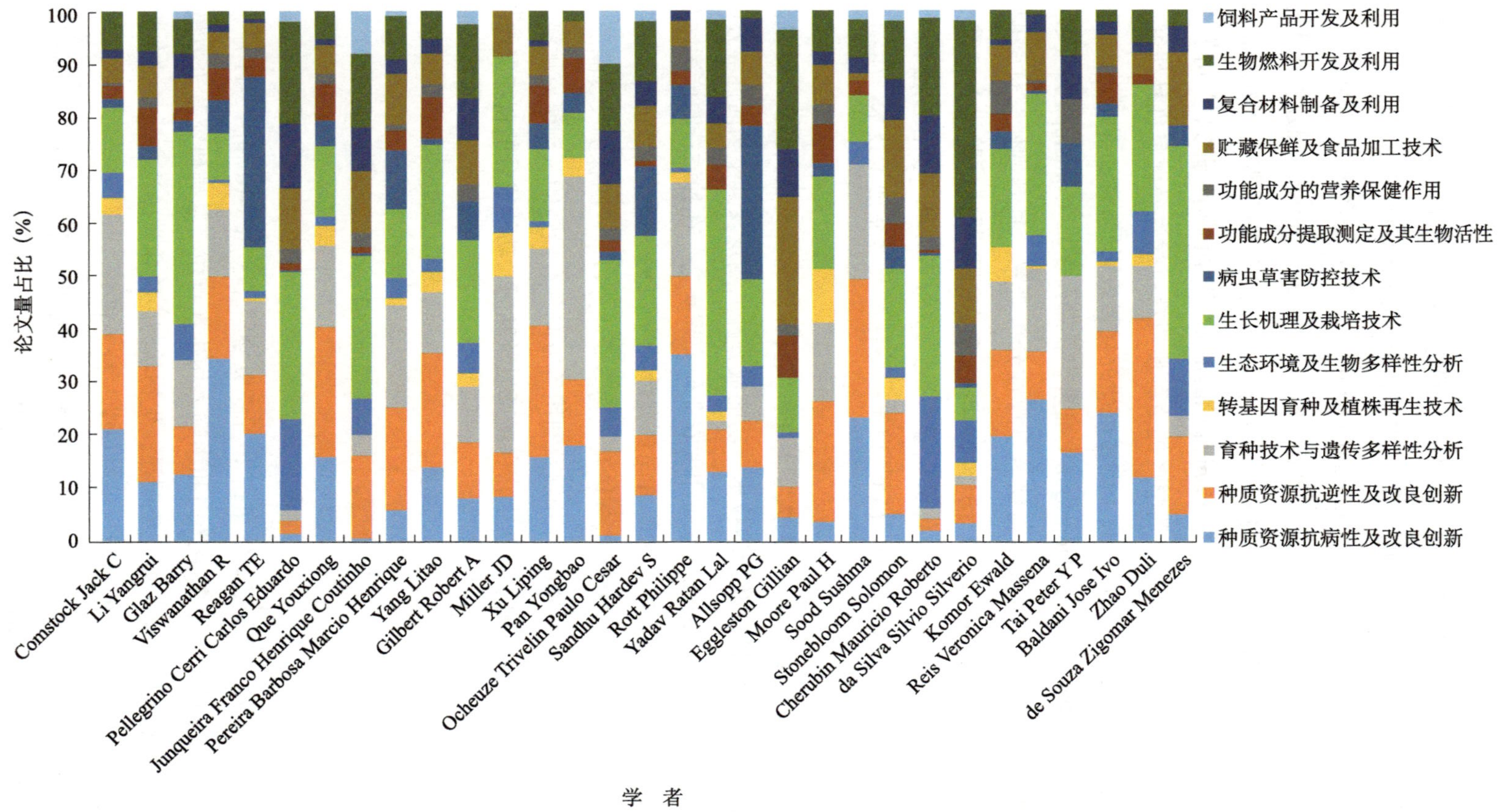

图 3-9　全球甘蔗基础研究领域重点学者主题布局对比

注：主题布局（堆积柱状）图中重点学者下某一颜色的高度越高，代表该颜色对应主题在重点学者的论文量占比越高；高度越低，代表该颜色对应主题在重点学者的论文量占比越低。

表 3-3 全球甘蔗基础研究领域重点学者主题布局对比

学者	各研究方面的论文量（篇）												
	种质资源与遗传育种				生长调控与田间管理			贮藏加工与功能成分			副产品加工与综合利用		
	种质资源抗病性及改良创新	种质资源抗逆性及改良创新	育种技术与遗传多样性分析	转基因育种及植株再生技术	生态环境及生物多样性分析	生长机理及栽培技术	病虫草害防控技术	功能成分提取测定及其生物活性	功能成分的营养保健作用	贮藏保鲜及食品加工技术	复合材料制备及利用	生物燃料开发及利用	饲料产品开发及利用
Comstock Jack C	27	23	29	4	6	16	2	3	1	6	2	9	
Li Yangrui	32	62	30	11	8	64	7	21	6	17	8	21	
Glaz Barry	11	8	11		6	32	2	2		5	4	6	1
Viswanathan R	74	34	27	11	1	19	14	13	6	9	3	5	
Reagan TE	30	16	21	1	2	12	48	5	3	7	1	2	
Pellegrino Cerri Carlos Eduardo	3	6	4		38	62	1	3	6	25	28	43	4
Que Youxiong	31	48	30	8	3	26	10	13	4	11	2	10	
Junqueira Franco Henrique Coutinho	1	32	8		14	56	1	2	6	24	17	29	16
Pereira Barbosa Marcio Henrique	9	30	30	2	6	20	17	6	2	15	4	13	1
Yang Litao	24	38	20	7	4	38	2	14	4	10	5	9	
Gilbert Robert A	7	9	9	2	5	17	6		3	7	7	12	2
Miller JD	1	1	4	1	1	3				1			
Xu Liping	29	46	27	8	2	25	9	13	4	10	2	10	
Pan Yongbao	19	13	40	4		9	4	7	2	5		2	
Ocheuze Trivelin Paulo Cesar	2	29	5		10	51	3	4	4	15	19	23	18
Sanchu Hardev S	9	12	11	2	5	22	14	1	3	8	5	12	2

续表

学者	各研究方面的论文量（篇）												
	种质资源与遗传育种				生长调控与田间管理			贮藏加工与功能成分			副产品加工与综合利用		
	种质资源抗病性及改良创新	种质资源抗逆性及改良创新	育种技术与遗传多样性分析	转基因育种及植株再生技术	生态环境及生物多样性分析	生长机理及栽培技术	病虫草害防控技术	功能成分提取测定及其生物活性	功能成分的营养保健作用	贮藏保鲜及食品加工技术	复合材料制备及利用	生物燃料开发及利用	饲料产品开发及利用
Rott Philippe	38	16	19	2	1	10	7	3	5	5	2		
Yadav Ratan Lal	8	5	1	1	2	24		3	2	3	3	9	1
Allsopp PG	11	7	5		3	13	23	3	3	5	5	1	
Eggleston Gillian	4	5	8		1	9		7	2	21	8	20	3
Moore Paul H	3	18	12	8		14	2	6	3	6	2	6	
Sood Sushma	16	18	15		3	6		2		1	2	5	1
Stonebloom Solomon	6	22	3	5	2	22	5	5	6	17	9	13	2
Cherubin Mauricio Roberto	3	4	3		34	43	1	1	4	19	18	30	2
da Silva Silvio Silverio	4	8	2	3	9	7	1	6	7	12	11	43	2
Komor Ewald	18	15	12	6		17	3	3	6	6	1	5	
Reis Veronica Massena	41	14	24	1	9	41	1	2	1	14	5	1	
Tai Peter YP	2	1	3			2	1		1		1	1	
Baldani Jose Ivo	37	24	19	1	3	39	4	9	2	9	4	3	
Zhao Duli	6	15	5	1	4	12		1		2	1	3	
de Souza Zigomar Menezes	5	15	4		11	41	4			14	5	3	

注：表中单元格颜色越接近深红色代表论文量越多，基础研究优势越明显；越接近深绿色代表论文量越少，基础研究相对较弱。

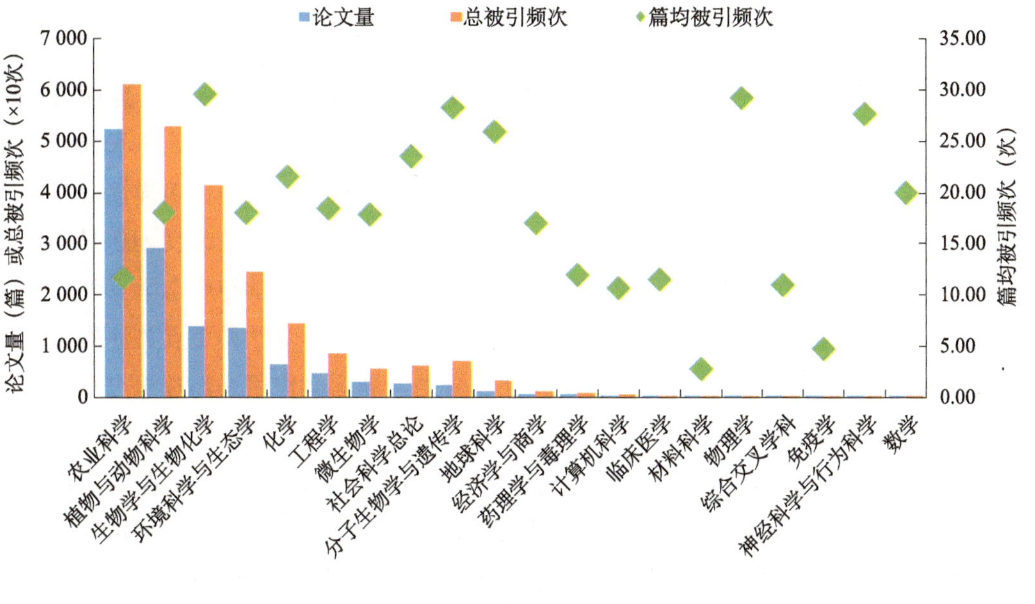

图 3-10 全球甘蔗基础研究领域 ESI 学科竞争力对比

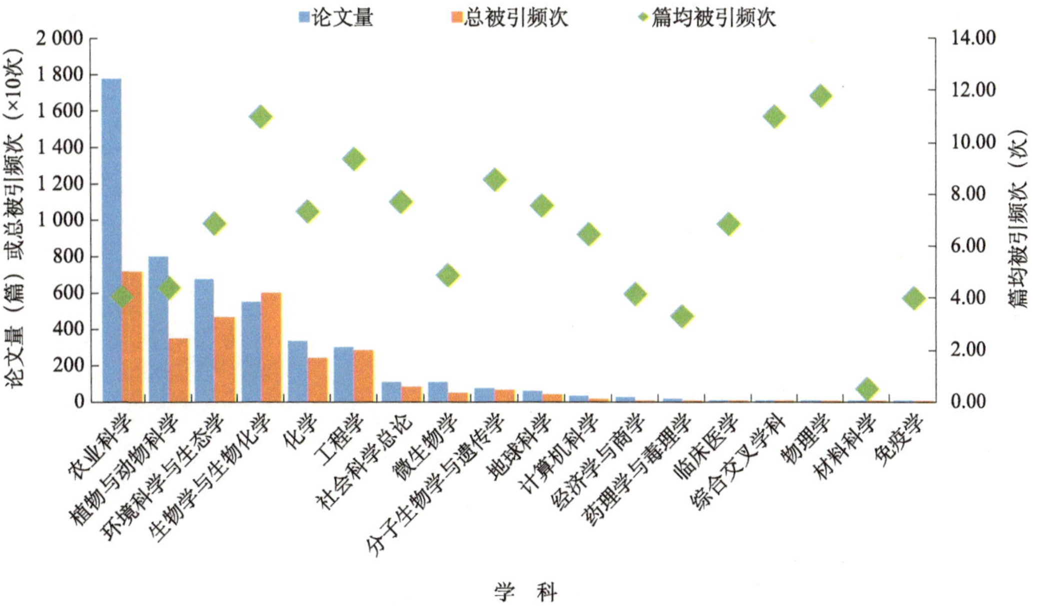

图 3-11 2016—2020 年全球甘蔗基础研究领域 ESI 学科竞争力对比

学与生态学的论文影响力已赶超植物与动物科学，位居前三位；物理学的论文质量跃居首位，其次是综合交叉学科、生物学与生物化学、工程学。

3.1.4.2 研究布局分析

全球甘蔗基础研究领域，ESI 学科在 13 个研究方向的研究布局差异明显（图 3-12）。其中，种质资源抗逆性及改良创新、贮藏保鲜及食品加工技术、生长机理及栽培技术是农业科学等多个学科重点关注的研究方向；育种技术与遗传多样性分析研究是植物与动物科学等学科重点关注的研究方向；种质资源抗病性及改良创新是微生物学等学科重点关注的研究方向；复合材料制备及利用是环境科学与生态学等学科重点关注的研究方向；生物燃料开发及利用是生物学与生物化学等学科重点关注的研究方向；功能成分提取测定及其生物活性、功能成分的营养保健作用是药理学与毒理学等学科重点关注的研究方向。

各学科在 13 个研究方向的基础研究优势不同（表 3-4）。农业科学在种质资源抗逆性及改良创新、育种技术与遗传多样性分析、生态环境及生物多样性分析等多个研究方向具有最强的基础研究优势；植物与动物科学在种质资源抗病性及改良创新、转基因育种及植株再生技术、病虫草害防控技术等方向具有最强的基础研究优势。生物学与生物化学在生物燃料开发及利用、复合材料制备及利用、贮藏保鲜及食品加工技术等方向具有一定的基础研究优势；环境科学与生态学在生长机理及栽培技术、复合材料制备及利用、生态环境及生物多样性分析等方向具有一定的基础研究优势。

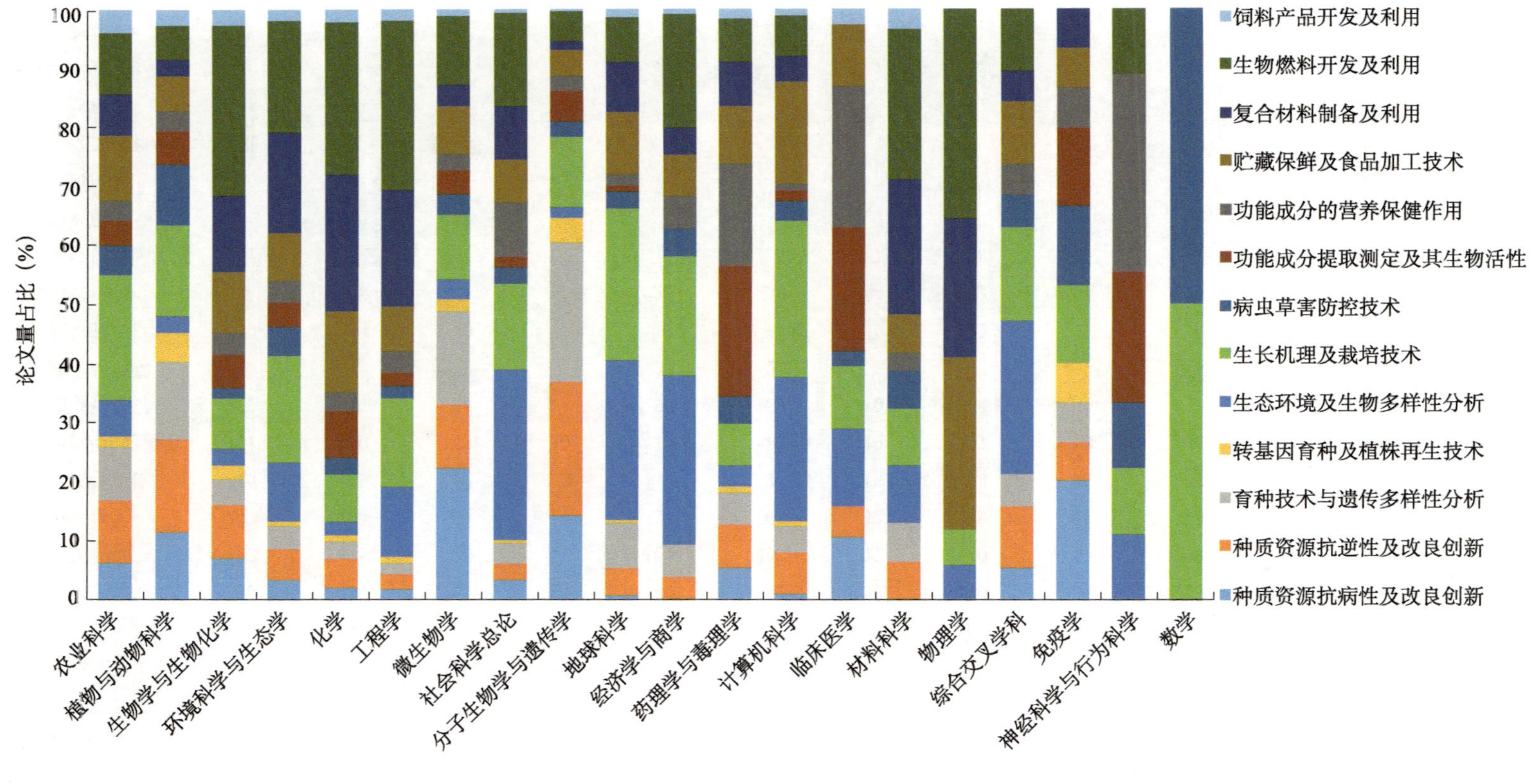

图 3-12 全球甘蔗基础研究领域 ESI 学科主题布局对比

注：主题布局（堆积柱状）图中重点学科下某一颜色的高度越高，代表该颜色对应主题在重点学科的论文量占比越高；高度越低，代表该颜色对应主题在重点学科的论文量占比越低。

表 3-4　全球甘蔗基础研究领域 ESI 学科主题布局对比

学科	各研究方面的论文量（篇）												
	种质资源与遗传育种				生长调控与田间管理			贮藏加工与功能成分			副产品加工与综合利用		
	种质资源抗病性及改良创新	种质资源抗逆性及改良创新	育种技术与遗传多样性分析	转基因育种及植株再生技术	生态环境及生物多样性分析	生长机理及栽培技术	病虫草害防控技术	功能成分提取测定及其生物活性	功能成分的营养保健作用	贮藏保鲜及食品加工技术	复合材料制备及利用	生物燃料开发及利用	饲料产品开发及利用
农业科学	736	1 275	1 069	214	750	2 543	581	476	404	1 334	847	1 261	461
植物与动物科学	822	1 124	955	348	201	1 102	735	410	249	422	210	426	185
生物学与生物化学	261	347	168	83	112	323	67	225	137	388	488	1 108	96
环境科学与生态学	133	195	155	28	390	707	192	165	136	311	669	744	70
化学	36	86	51	15	40	142	50	140	56	238	406	457	36
工程学	22	35	26	11	161	200	27	30	49	99	264	383	25
微生物学	207	104	147	19	31	103	32	39	25	76	35	110	10
社会科学总论	16	15	17	2	147	73	15	8	46	37	45	82	2
分子生物学与遗传学	101	160	167	30	13	83	19	37	18	30	11	37	2
地球科学	2	17	26	2	94	89	10	4	6	37	30	27	4
经济学与商学		5	7		37	26	6		7	9	6	25	1
药理学与毒理学	10	14	10	2	7	13	9	42	32	19	14	14	3
计算机科学	1	8	5	1	28	30	4	2	1	20	5	8	1
临床医学	4	2			5	4	1	8	9	4			1
材料科学		2	2		3	3	2		1	2	7	8	1
物理学					1	1				5	4	6	
综合交叉学科	1	2	1		5	3	1		1	2	1	2	
免疫学	3	1	1	1		2	2	2	1	1	1		
神经科学与行为科学					1	1	1	2	3			1	
数学						1	1						

注：主题布局（色块）图中单元格颜色越接近深红色代表论文量越多，基础研究优势越明显；越接近深绿色代表论文量越少，基础研究相对较弱。

3.2 咖 啡

3.2.1 重点国家分析

3.2.1.1 竞争力分析

全球共有 147 个国家开展与咖啡有关的基础研究，从总体来看，论文量在 200 篇以上的国家共有 21 个，各国之间的基础研究竞争力差距悬殊（图 3-13）。巴西的论文生产力排在首位，美国紧随其后，其次是法国、德国、英国；美国的论文影响力排在首位，且远超其他国家，其次是巴西、英国和法国；荷兰、英国及瑞士的论文质量均位列前三位，其次是美国和法国。

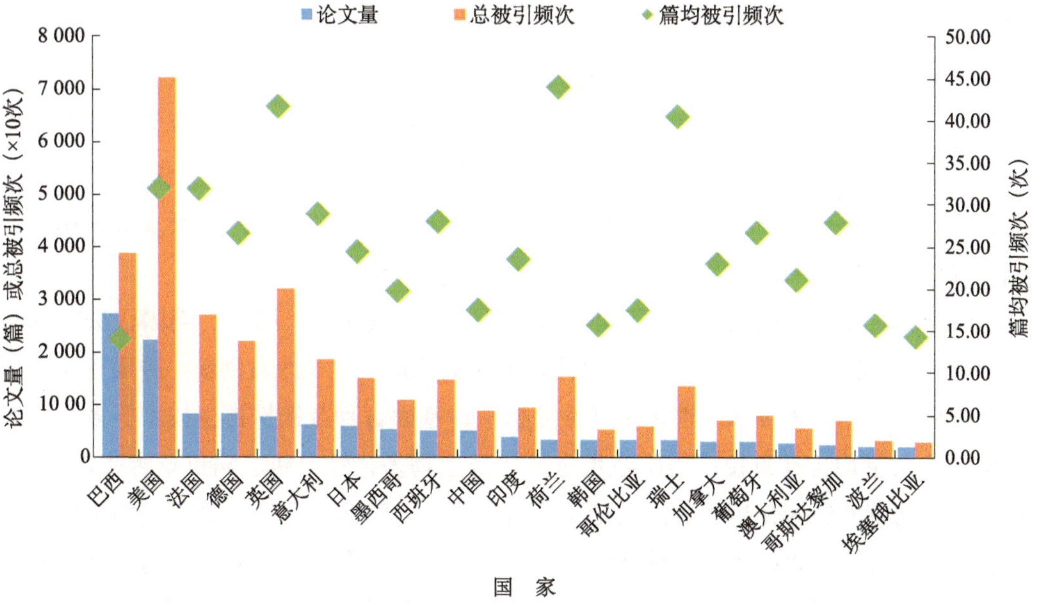

图 3-13 全球咖啡基础研究领域重点国家竞争力对比

2016—2020 年，论文量在 80 篇及以上的国家共有 21 个，各国之间的基础研究竞争力差距依然悬殊（图 3-14）。巴西、美国的生产力和影响力依然排在前两位，中国的生产力和影响力已赶超法国、德国、英国等多个国家，位居第三位；荷兰的论文质量依然排在首位，其次是意大利、瑞士、加拿大。可见，近年来在咖啡领域的基础研究中，中国不仅在生产力和影响力方面表现突出，而且在论文质量和竞争力方面均有了很大提升。

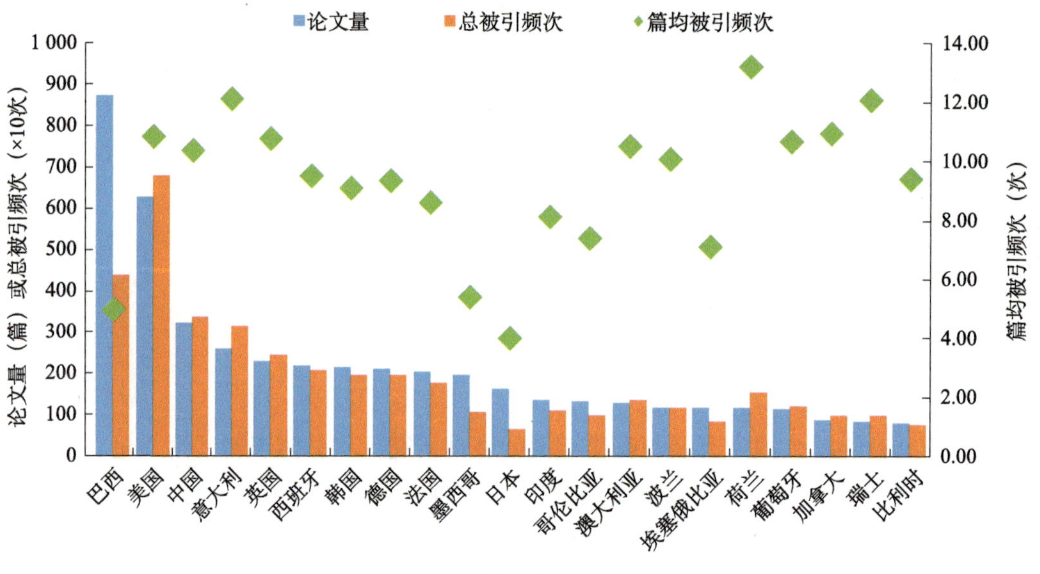

图 3-14 2016—2020 年全球咖啡基础研究领域重点国家竞争力对比

3.2.1.2 研究布局分析

全球咖啡基础研究领域，重点国家在 13 个研究方向上均有研究布局（图 3-15）。贮藏保鲜及食品加工技术、功能成分提取测定及其生物活性、功能成分的营养保健作用等方向是大多数国家重点布局的研究方向；生态环境及生物多样性分析、生长机理及栽培技术是部分国家重点布局的研究方向；另外，各国在饲料产品开发及利用、转基因育种及植株再生技术等方向的布局明显少于其他方向。

各国家在 13 个研究方向的基础研究优势不同（表 3-5），巴西、美国、法国基本占据了 13 个研究方向的主要比重。巴西在种质资源抗病性及改良创新、种质资源抗逆性及改良创新、育种技术与遗传多样性分析、转基因育种及植株再生技术等多个研究方向的论文量均排在首位；美国在生态环境及生物多样性分析、病虫草害防控技术、功能成分的营养保健作用等方向的论文量排在首位。法国在生态环境及生物多样性分析、生长机理及栽培技术、育种技术与遗传多样性分析等方向具有一定的基础研究优势；意大利在贮藏保鲜及食品加工技术、饲料产品开发及利用等方向具有一定的基础研究优势；英国、日本、墨西哥、西班牙分别在功能成分的营养保健作用、功能成分提取测定及其生物活性、病虫草害防控技术、饲料产品开发及利用方向具有一定的基础研究优势。中国在复合材料制备及利用、生物燃料开发及利用方向具有一定的基础研究优势，但在转基因育种及植株再生技术、生态环境及生物多样性分析、病虫草害防控技术、饲料产品开发及利用等方向的基础研究相对较弱，可以作为今后重点突破的方向。

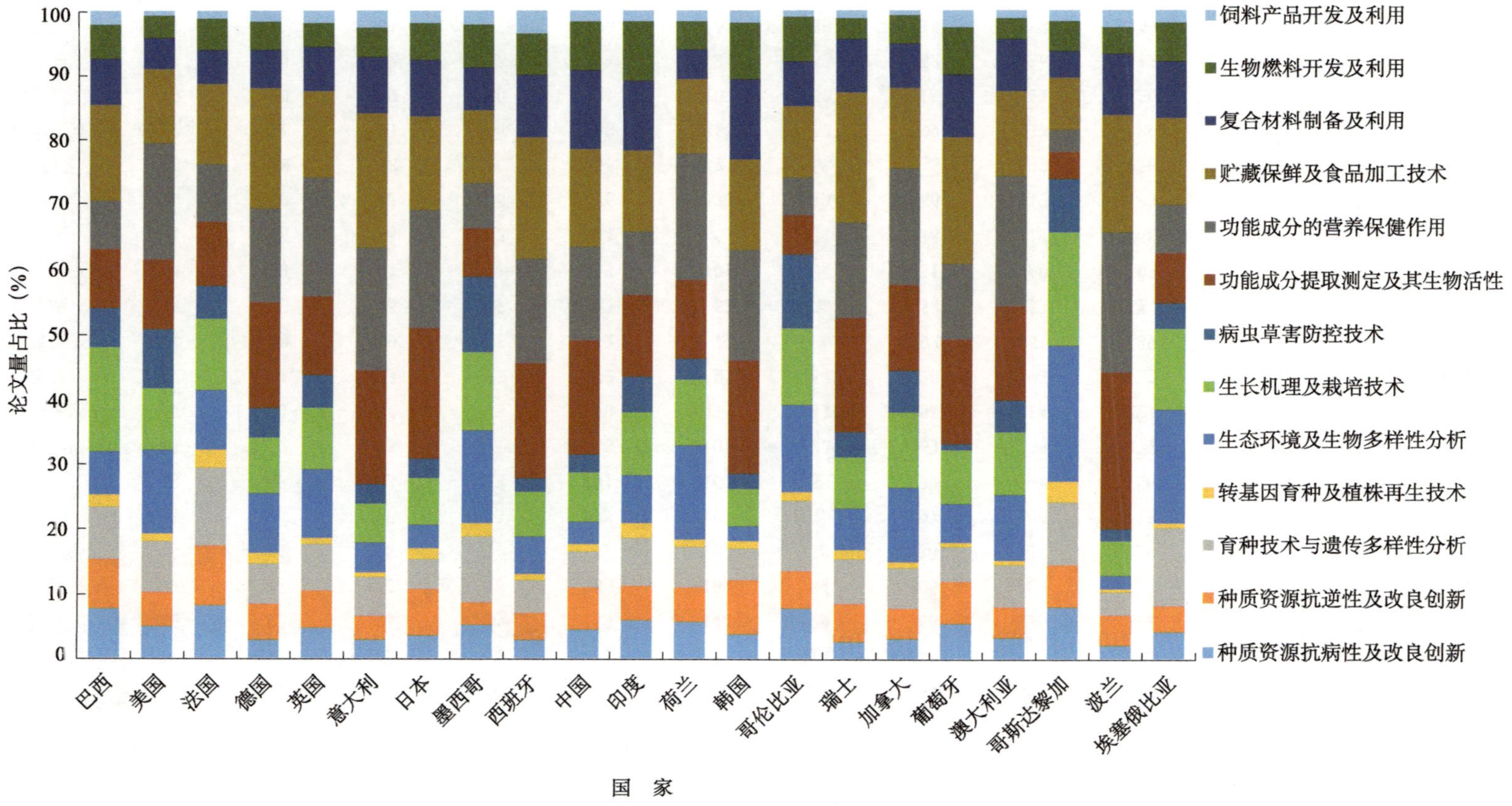

图 3-15　全球咖啡基础研究领域重点国家主题布局对比

注：主题布局（堆积柱状）图中重点国家下某一颜色的高度越高，代表该颜色对应主题在重点国家的论文量占比越高；高度越低代表该颜色对应主题在重点国家的论文量占比越低。

表 3-5 全球咖啡基础研究领域重点国家主题布局对比

国家	各研究方向的论文量（篇）												
	种质资源与遗传育种				生长调控与田间管理			贮藏加工与功能成分			副产品加工与综合利用		
	种质资源抗病性及改良创新	种质资源抗逆性及改良创新	育种技术与遗传多样性分析	转基因育种及植株再生技术	生态环境及生物多样性分析	生长机理及栽培技术	病虫草害防控技术	功能成分提取测定及其生物活性	功能成分的营养保健作用	贮藏保鲜及食品加工技术	复合材料制备及利用	生物燃料开发及利用	饲料产品开发及利用
巴西	499	485	528	114	435	1 031	394	586	473	981	451	358	122
美国	225	235	349	60	581	428	397	484	806	529	218	152	27
法国	177	207	263	61	201	237	114	210	199	273	118	108	23
德国	46	92	105	24	153	142	79	266	236	312	97	74	26
英国	79	98	122	16	180	164	84	206	309	227	119	61	32
意大利	46	61	98	11	73	100	50	284	305	338	145	75	39
日本	53	104	70	23	55	103	45	297	266	213	132	85	25
墨西哥	68	48	133	28	191	161	152	99	94	150	89	90	26
西班牙	43	62	75	11	88	101	32	263	235	277	145	94	51
中国	67	93	84	18	50	111	43	258	214	222	180	113	22
印度	57	51	73	23	72	95	54	120	95	122	105	91	15
荷兰	44	40	49	8	112	79	26	92	151	89	36	34	11
韩国	33	75	45	9	21	52	20	158	153	124	113	79	15
哥伦比亚	64	50	91	11	113	101	94	51	50	93	58	59	7
瑞士	21	46	54	12	51	63	31	138	117	158	67	26	8
加拿大	20	30	42	5	76	77	43	86	117	83	45	29	4
葡萄牙	48	58	48	6	55	75	7	146	103	176	86	67	22
澳大利亚	22	31	43	5	68	66	32	99	133	89	54	21	8
哥斯达黎加	49	40	59	20	131	107	50	25	21	50	26	29	9
波兰	13	30	22	2	13	34	12	152	136	112	61	26	15
埃塞俄比亚	21	21	61	3	90	63	20	39	38	69	44	31	9

注：表中单元格颜色越接近深红色代表论文量越多，基础研究优势越明显；越接近深绿色代表论文量越少，基础研究相对较弱。

3.2.2 重点机构分析

3.2.2.1 竞争力分析

全球共有 7 753 家机构开展与咖啡相关的基础研究。从总体来看，论文量在 80 篇以上的机构共有 25 家，巴西、美国、法国的上榜机构数量排在前三位，分别有 12 家、4 家、3 家机构上榜，中国没有机构上榜，各机构之间的基础研究竞争力差距较大（图 3-16）。拉夫拉斯联邦大学的论文生产力排在首位，维索萨联邦大学及巴西农业研究公司的论文生产力也排在前列。加州大学的论文影响力排在首位，雀巢集团紧随其后，其次是法国国家农业食品与环境研究院、法国农业发展研究中心和维索萨联邦大学。法国国家农业食品与环境研究院的论文质量排在首位，且远超其他机构，其次是哈佛大学、瓦赫宁根大学和雀巢集团。

2016—2020 年，论文量在 34 篇以上的机构共有 25 家，巴西、美国、法国的上榜机构数量排在前三位，分别有 11 家、4 家、2 家机构上榜，中国依然没有机构上榜，各机构之间的基础研究竞争力差距依然较大（图 3-17）。拉夫拉斯联邦大学的论文生产力依然排在首位，圣保罗大学的论文生产力已赶超巴西农业研究公司、维索萨联邦大学，排在第二位；圣保罗大学的论文影响力跃居首位，其次是维索萨联邦大学、法国农业发展研究中心、拉夫拉斯联邦大学；哈佛大学的论文质量跃居首位，其次是瓦赫宁根大学、国际热带农业研究与高等教育中心、里斯本大学。可见，近年来在咖啡领域的基础研究中，中国机构的基础研究优势依然不突出。

3.2.2.2 研究布局分析

全球咖啡基础研究领域，重点机构在 13 个研究方向上均有研究布局（图 3-18）。其中，贮藏保鲜及食品加工技术、生长机理及栽培技术等方向是大多数机构重点布局的研究方向；功能成分提取测定及其生物活性、育种技术与遗传多样性分析、生态环境及生物多样性分析等方向是部分机构重点布局的研究方向；另外，各机构在饲料产品开发及利用、转基因育种及植株再生技术等方向的布局明显少于其他方向。

各机构在 13 个研究方向的基础研究优势不同（表 3-6）。拉夫拉斯联邦大学在种质资源抗病性及改良创新、转基因育种及植株再生技术、生长机理及栽培技术等多个研究方向具有最强的基础研究优势；维索萨联邦大学在病虫草害防控技术、饲料产品开发及利用方向具有最强的基础研究优势；巴西农业研究公司在种质资源抗逆性及改良创新、育种技术与遗传多样性分析方向具有最强的基础研究优势；法国农业发展研究中心、雀巢集团、哈佛大学分别在生态环境及生物多样性分析、功能成分提取测定及其生物活性、功能成分的营养保健作用方向具有最强的基础研究优势。圣保罗大学在

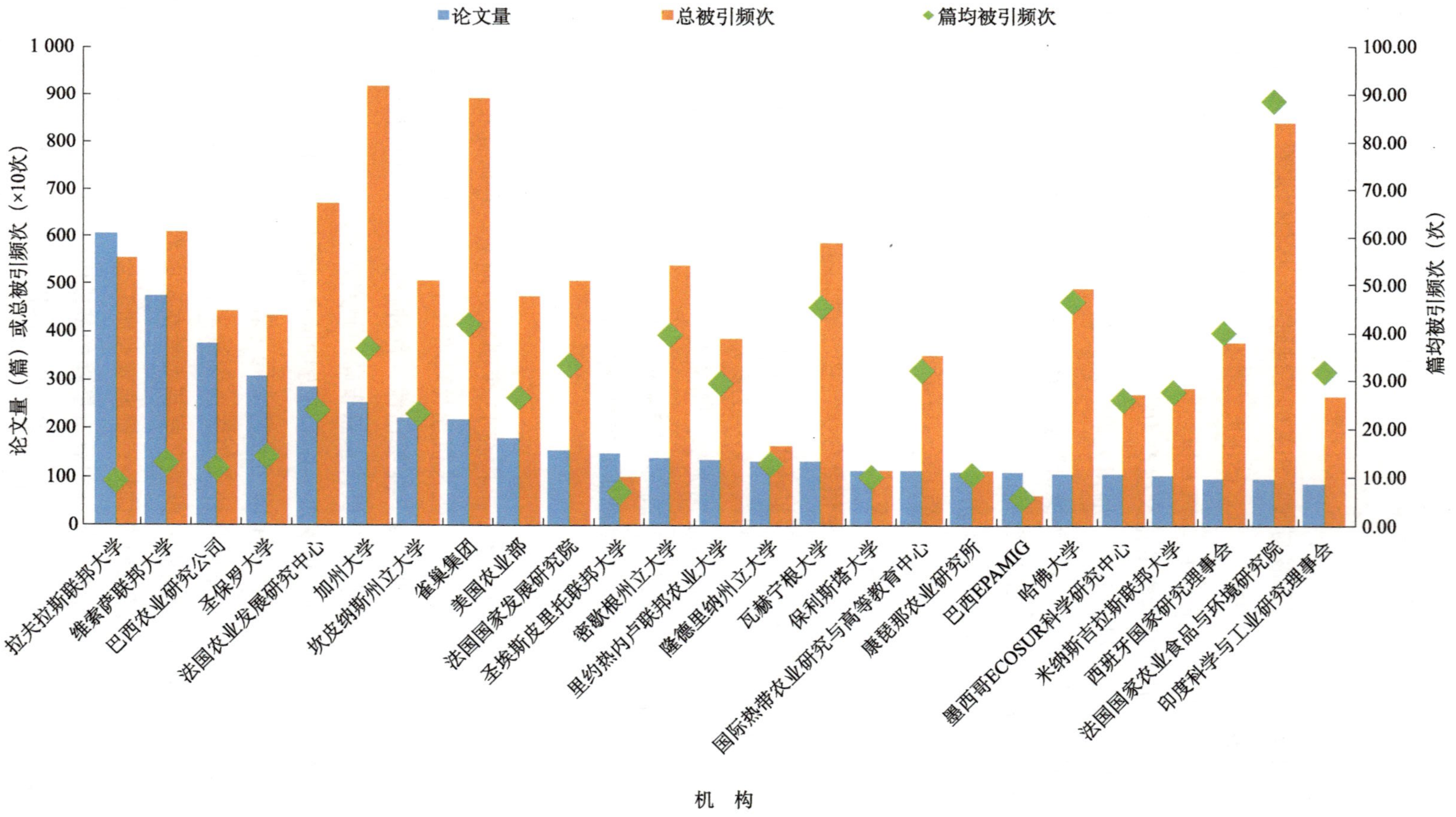

图 3-16 全球咖啡基础研究领域重点机构竞争力对比

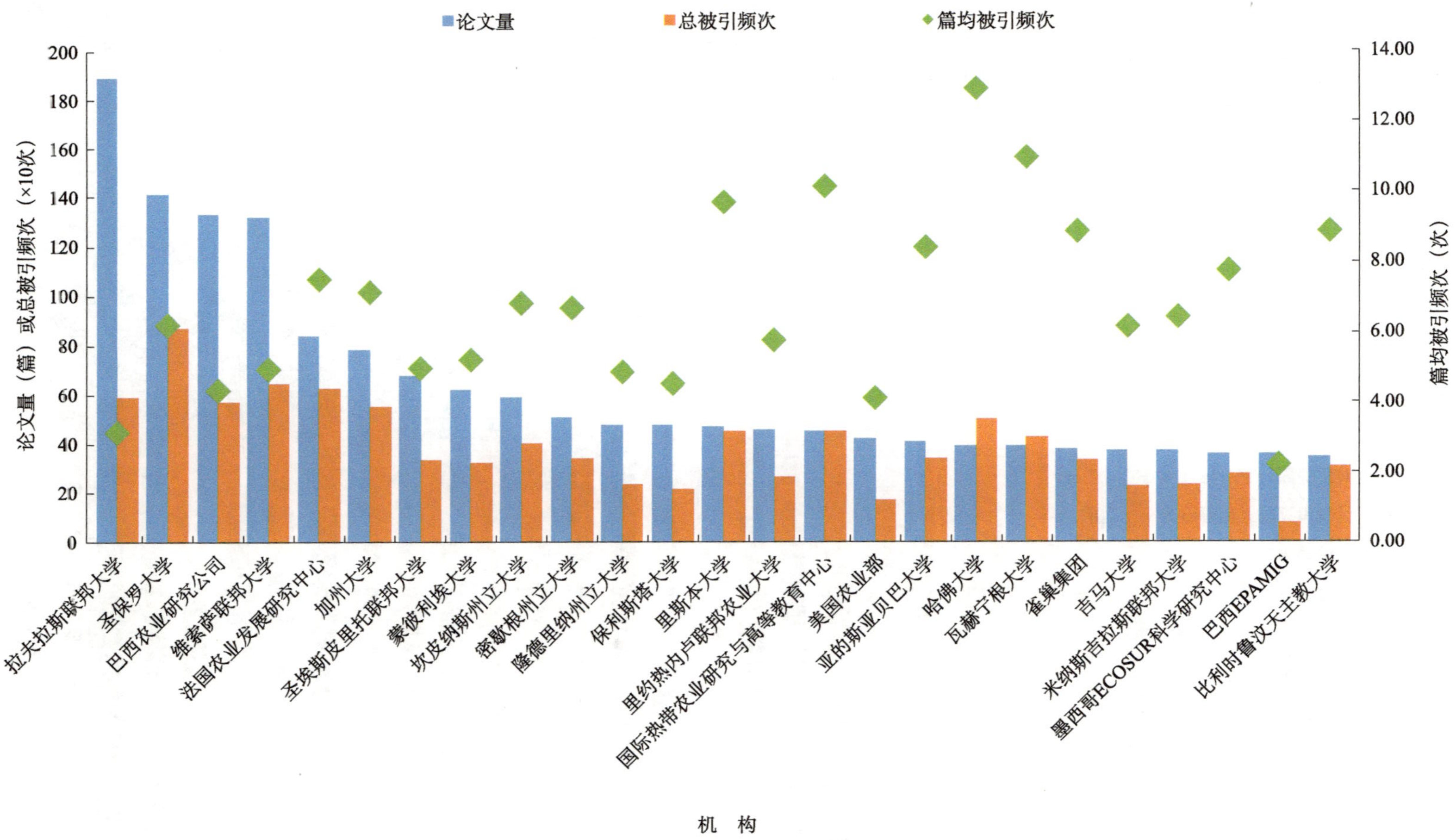

图 3-17 2016—2020 年全球咖啡基础研究领域重点机构竞争力对比

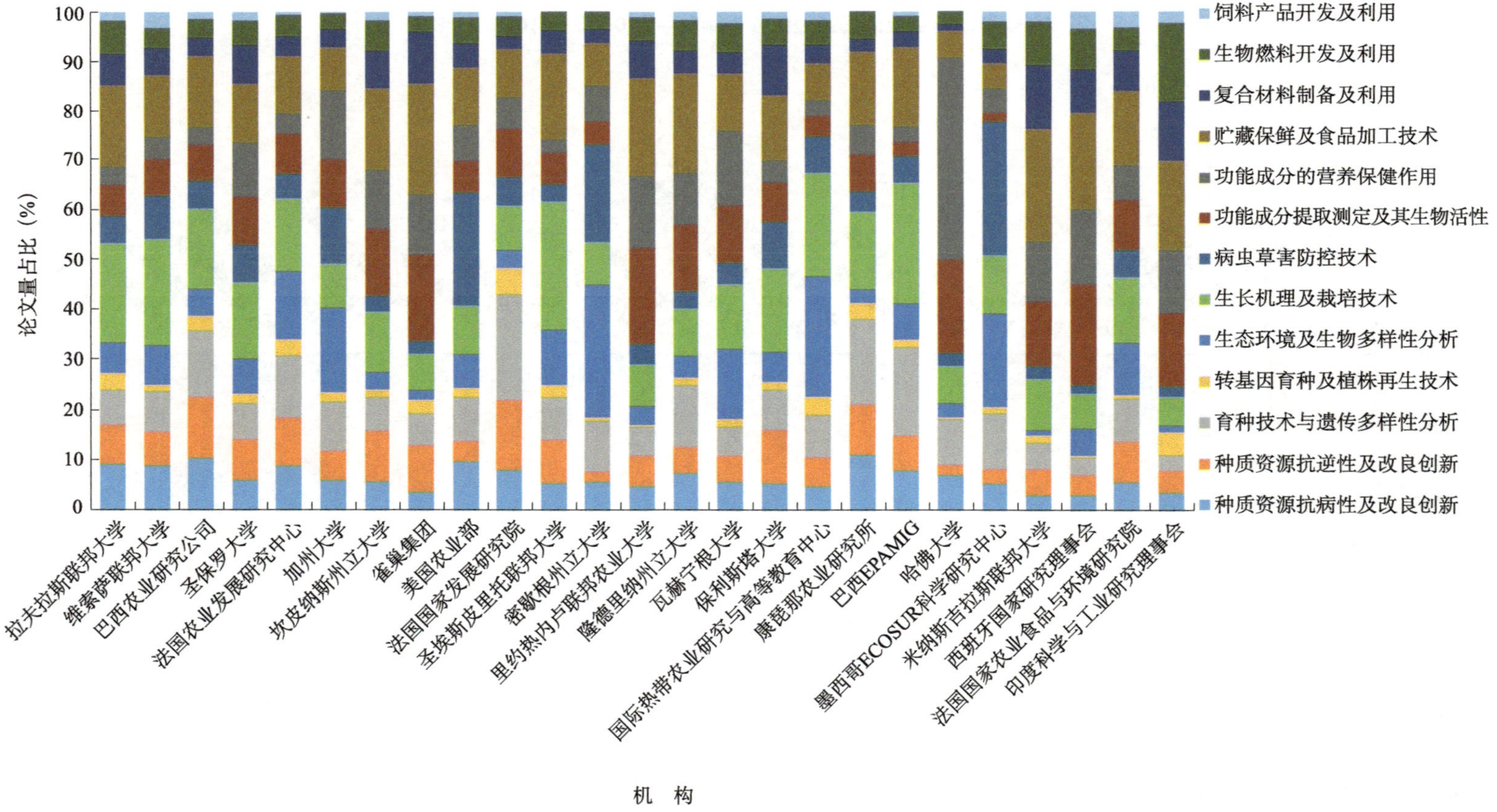

图 3-18　全球咖啡基础研究领域重点机构主题布局对比

注：主题布局（堆积柱状）图中重点机构下某一颜色的高度越高，代表该颜色对应主题在重点机构的论文量占比越高；高度越低，代表该颜色对应主题在重点机构的论文量占比越低。

表 3-6 全球咖啡基础研究领域重点机构主题布局对比

机构	各研究方向的论文量（篇）												
	种质资源与遗传育种				生长调控与田间管理			贮藏加工与功能成分			副产品加工与综合利用		
	种质资源抗病性及改良创新	种质资源抗逆性及改良创新	育种技术与遗传多样性分析	转基因育种及植株再生技术	生态环境及生物多样性分析	生长机理及栽培技术	病虫草害防控技术	功能成分提取测定及其生物活性	功能成分的营养保健作用	贮藏保鲜及食品加工技术	复合材料制备及利用	生物燃料开发及利用	饲料产品开发及利用
拉夫拉斯联邦大学	125	108	100	41	86	271	78	85	50	231	88	86	25
维索萨联邦大学	100	78	92	13	91	240	100	83	51	143	64	44	35
巴西农业研究公司	102	120	130	27	56	156	56	70	39	139	38	35	13
圣保罗大学	48	62	59	12	57	117	60	76	87	93	62	38	13
法国农业发展研究中心	72	76	100	26	110	118	40	66	34	91	34	32	5
加州大学	30	31	51	9	86	45	58	50	73	43	20	14	2
坎皮纳斯州立大学	34	62	41	9	21	73	21	81	72	102	46	36	10
雀巢集团	20	51	35	13	12	37	15	93	67	122	56	16	5
美国农业部	40	17	36	7	28	40	94	26	32	46	21	20	5
法国国家发展研究院	32	55	82	20	15	35	23	39	25	37	11	15	3
圣埃斯皮里托联邦大学	19	32	30	8	40	92	12	23	10	62	17	12	
密歇根州立大学	19	7	33	2	88	28	65	16	24	28	9	11	
里约热内卢联邦农业大学	16	21	20	1	13	28	13	66	49	68	25	15	4
隆德里纳州立大学	27	18	44	5	16	33	13	48	37	72	17	21	6
瓦赫宁根大学	19	17	20	5	46	43	15	38	51	38	15	18	8
保利斯塔大学	14	27	20	4	15	42	24	20	12	33	26	12	4
国际热带农业研究与高等教育中心	16	19	28	11	80	68	25	14	10	24	13	15	6
康茛那农业研究所	24	21	36	7	6	33	9	16	13	31	6	11	
巴西 EPAMIG	20	17	43	4	18	59	14	7	8	39	8	7	2
哈佛大学	16	4	20	1	6	16	6	41	90	12	3	5	
墨西哥 ECOSUR 科学研究中心	13	7	26	3	44	28	64	4	12	12	7	12	5
米纳斯吉拉斯联邦大学	8	14	13	4	3	26	7	33	32	59	34	22	5
西班牙国家研究理事会	9	12	10	1	16	19	5	59	44	57	25	23	10
法国国家农业食品与环境研究院	16	22	23	2	29	36	15	27	20	41	22	12	9
印度科学与工业研究理事会	8	10	7	10	3	13	4	33	29	40	27	35	5

注：主题布局（色块）图中单元格颜色越接近深红色代表论文量越多，基础研究优势越明显；越接近深绿色代表论文量越少，基础研究相对较弱。

功能成分的营养保健作用、复合材料制备及利用、生物燃料开发及利用、饲料产品开发及利用等方向有一定的基础研究优势；加州大学、美国农业部、密歇根州立大学分别在功能成分的营养保健作用、病虫草害防控技术、生态环境及生物多样性分析方向具有一定的基础研究优势。

3.2.3 重点学者分析

3.2.3.1 竞争力分析

全球共有 37 351 位学者开展与咖啡相关的基础研究，从总体来看，论文量在 30 篇以上的学者共有 34 位，巴西、法国的上榜学者数量排在前两位，分别有 14 位、11 位学者上榜，中国没有学者上榜（图 3-19）。论文生产力排在前五位的学者有 DaMatta Fabio Murilo（维索萨联邦大学）、Lashermes Philippe（法国国家发展研究院）、Navarini Luciano（意大利 Illycaffe SPA）、Mazzafera Paulo（坎皮纳斯州立大学）和 Hofmann Thomas（慕尼黑工业大学）。Perfecto Ivette（密歇根州立大学）的论文影响力和论文质量均排在首位，Franca Adriana Silva（米纳斯吉拉斯联邦大学）、Oliveira Leandro S（米纳斯吉拉斯联邦大学）的论文影响力和论文质量也均排在前五位。

2016—2020 年，论文量在 10 篇以上的学者共有 28 位，巴西、意大利、法国的上榜学者数量排在前三位，分别有 13 位、5 位、4 位学者上榜，中国依然没有学者上榜（图 3-20）。Navarini Luciano（意大利 Illycaffe SPA）的论文生产力跃居首位，其次是 Partelli Fabio Luiz（圣埃斯皮里托联邦大学）、Borem Flavio Meira（拉夫拉斯联邦大学）。DaMatta Fabio Murilo（维索萨联邦大学）的论文影响力跃居首位，其次是 Dolores del Castillo Maria（西班牙国家研究理事会）、Ramalho Jose Cochicho（里斯本大学）。DaMatta Fabio Murilo（维索萨联邦大学）的论文质量跃居首位，其次是 Rodrigues Weverton Pereira（圣埃斯皮里托联邦大学）、dos Santos Scholz Maria Brigida（康琵那农业研究所）。可见，近年来在咖啡领域的基础研究中，中国学者的基础研究优势依然不突出。

3.2.3.2 研究布局分析

全球咖啡基础研究领域，重点学者在 13 个研究方向的研究布局差异较大（图 3-21 和表 3-7）。DaMatta Fabio Murilo（维索萨联邦大学）、Partelli Fabio Luiz（圣埃斯皮里托联邦大学）、Gontijo Guimaraes Paulo Tacito（拉夫拉斯联邦大学）等多个学者侧重于生长机理及栽培技术研究，且 DaMatta Fabio Murilo 的基础研究优势明显；Lashermes Philippe（法国国家发展研究院）、Hamon Serge（法国国家发展研究院）等学者侧重于育种技术与遗传多样性分析研究；Navarini Luciano（意大利 Illycaffe SPA）、Borem Flavio Meira（拉夫拉斯联邦大学）等学者侧重贮藏保鲜及食品加工技术研究且基础研

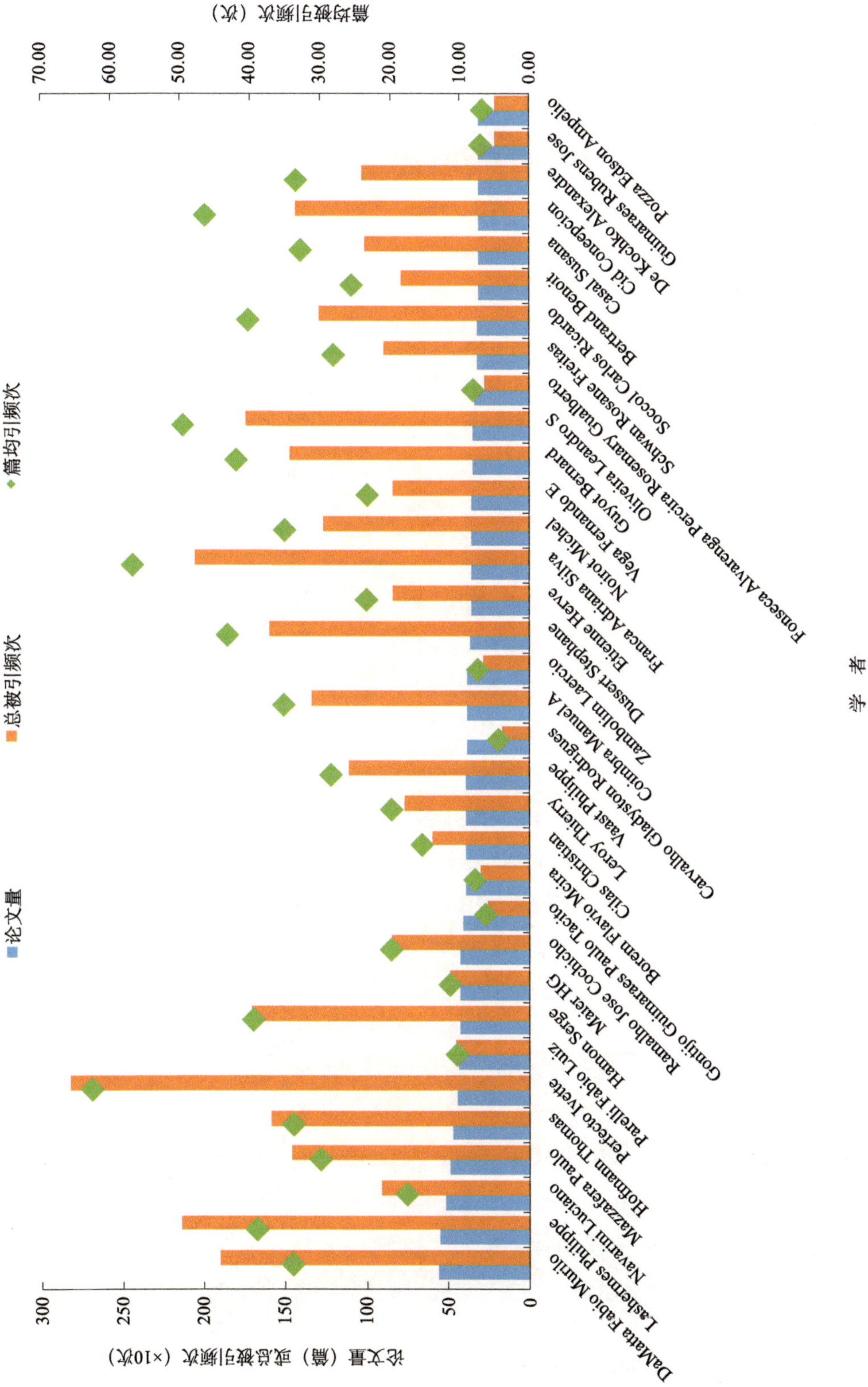

图 3-19 全球咖啡基础研究领域重点学者竞争力对比

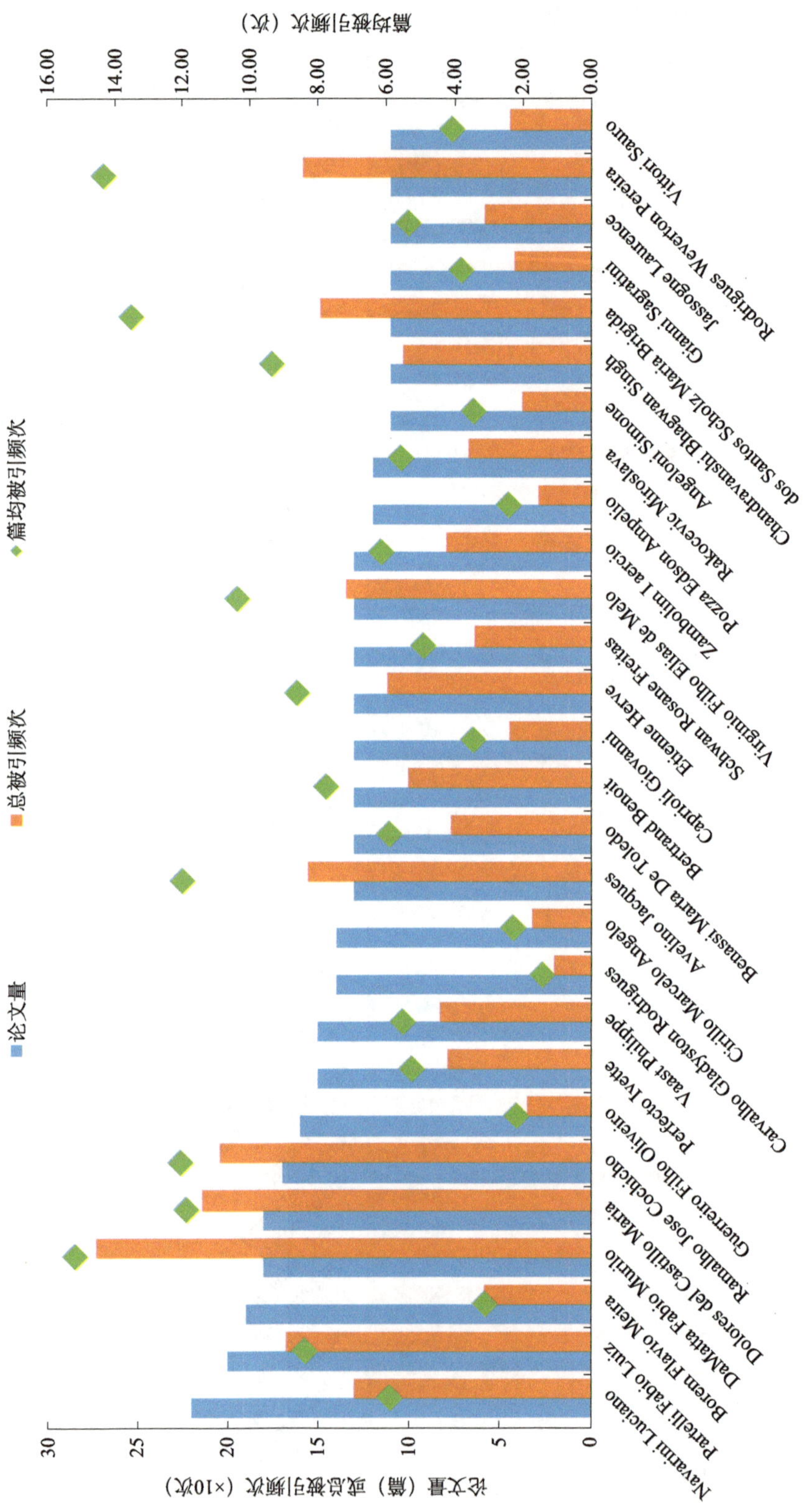

图 3-20　2016—2020 年全球咖啡基础研究领域重点学者竞争力对比

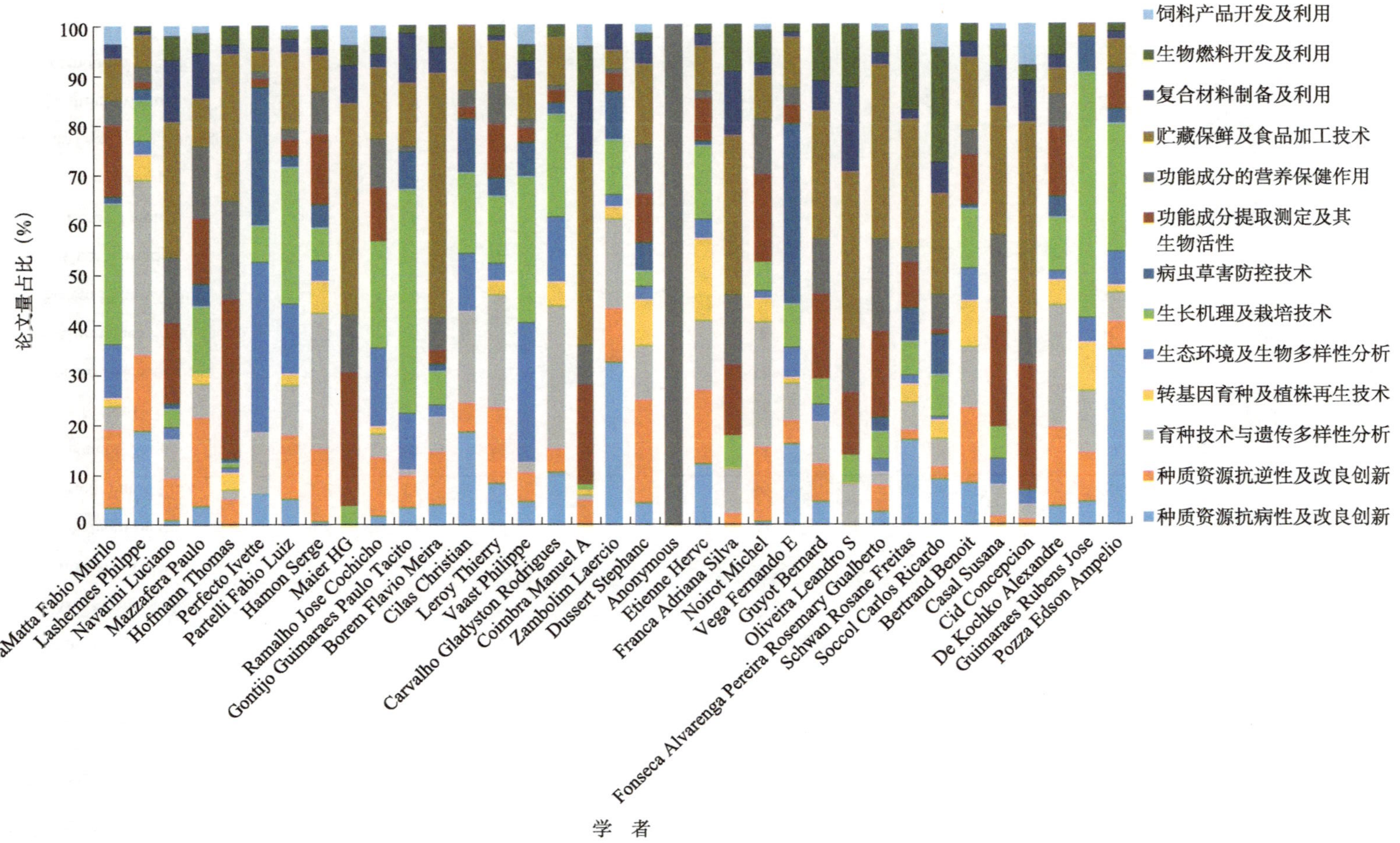

图 3-21　全球咖啡基础研究领域重点学者主题布局对比

注：主题布局（堆积柱状）图中重点学者下某一颜色的高度越高，代表该颜色对应主题在重点学者的论文量占比越高；高度越低，代表该颜色对应主题在重点学者的论文量占比越低。

表 3-7 全球咖啡基础研究领域重点学者主题布局对比

学者	各研究方向的论文量（篇）												
	种质资源与遗传育种				生长调控与田间管理			贮藏加工与功能成分			副产品加工与综合利用		
	种质资源抗病性及改良创新	种质资源抗逆性及改良创新	育种技术与遗传多样性分析	转基因育种及植株再生技术	生态环境及生物多样性分析	生长机理及栽培技术	病虫草害防控技术	功能成分提取测定及其生物活性	功能成分的营养保健作用	贮藏保鲜及食品加工技术	复合材料制备及利用	生物燃料开发及利用	饲料产品开发及利用
DaMatta Fabio Murilo	7	30	9	3	21	54	3	27	10	16	5		7
Lashermes Philippe	26	21	48	7	4	11	3	2	4	9	1	1	
Navarini Luciano	2	14	13		4	6	2	27	22	45	21	8	3
Mazzafera Paulo	7	31	12	3		24	8	23	25	17	16	7	2
Hofmann Thomas		6	2	4	1	1	1	36	22	33	2	4	
Perfecto Ivette	8		15		42	9	34	2	2	5	1	5	
Partelli Fabio Luiz	7	17	13	3	19	36	3	4	3	20	4	2	1
Hamon Serge	1	18	34	8	5	8	6	17	11	9	2	4	1
Maier HG						1		7	3	11	2	1	1
Ramalho Jose Cochicho	3	17	7	2	23	31		16	14	21	4	5	3
Gontijo Guimaraes Paulo Tacito	3	5	1		9	36	6		1	10	8	1	
Borem Flavio Meira	3	8	5		2	5	1	2	5	36	4	3	
Cilas Christian	16	5	16		10	14	9	2	3	11			
Leroy Thierry	9	16	24	3	4	14	4	11	9	9	1	2	
Vaast Philippe	5	6	2		29	30	7	3	2	8	4	3	4
Carvalho Gladyston Rodrigues	9	4	24	4	11	17	2	2	1	8		2	
Coimbra Manuel A		5	1	1		1		20	8	37	13	9	4
Zambolim Laercio	27	9	15	2	2	9	8	3	1	3	4		
Dussert Stephane	6	27	14	12	4	4	7	13	13	21	6	2	2

续表

学者	各研究方向的论文量（篇）												
	种质资源与遗传育种				生长调控与田间管理			贮藏加工与功能成分			副产品加工与综合利用		
	种质资源抗病性及改良创新	种质资源抗逆性及改良创新	育种技术与遗传多样性分析	转基因育种及植株再生技术	生态环境及生物多样性分析	生长机理及栽培技术	病虫草害防控技术	功能成分提取测定及其生物活性	功能成分的营养保健作用	贮藏保鲜及食品加工技术	复合材料制备及利用	生物燃料开发及利用	饲料产品开发及利用
Etienne Herve	15	18	17	20	5	18	1	10	2	11	3	2	
Franca Adriana Silva		2	7			5		11	11	25	10	7	
Noirot Michel	1	16	27	5	2	6		19	12	9	3	7	1
Vega Fernando E	13	4	6	1	5	7	29	3	3	8	1	1	
Guyot Bernard	4	6	7		3	4		14	9	21	5	9	
Oliveira Leandro S			6			4		9	8	24	12	9	
Fonseca Alvarenga Pereira Rosemary Gualberto	2	4	2		2	4	2	13	14	26	2	3	1
Schwan Rosane Freitas	18	2	6	4	2	7	7	10	3	27	2	17	1
Soccol Carlos Ricardo	10	3	6	4	1	9	9	1	8	22	7	25	5
Bertrand Benoit	10	18	15	11	8	14	1	12	6	17	4	4	
Casal Susana		2	6		5	6		22	16	25	8	7	1
Cid Concepcion		1	2		2			18	7	28	6	2	6
De Kochko Alexandre	4	16	25	5	2	11	4	14	7	5	3	6	
Guimaraes Rubens Jose	2	4	5	4	2	20	3			1			
Pozza Edson Ampelio	25	4	4	1	5	18	2	5	1	4	1	1	

注：表中单元格颜色越接近深红色代表论文量越多，基础研究优势越明显；越接近深绿色代表论文量越少，基础研究相对较弱。

究优势明显；Cilas Christian（法国农业发展研究中心）、Mazzafera Paulo（坎皮纳斯州立大学）、Perfecto Ivette（密歇根州立大学）、Hofmann Thomas（慕尼黑工业大学）分别侧重种质资源抗病性及改良创新、种质资源抗逆性及改良创新、生态环境及生物多样性分析、功能成分提取测定及其生物活性研究。

综合对比发现，DaMatta Fabio Murilo（维索萨联邦大学）在生长机理及栽培技术、饲料产品开发及利用等方向具有最强的基础研究优势；Navarini Luciano（意大利 Illycaffe SPA）在贮藏保鲜及食品加工技术、复合材料制备及利用等方向具有最强的基础研究优势；Perfecto Ivette（密歇根州立大学）在生态环境及生物多样性分析、病虫草害防控技术等方向具有最强的基础研究优势。

3.2.4 重点学科分析

3.2.4.1 竞争力分析

全球咖啡领域的基础研究主要分布在 21 个 ESI 学科中（图 3-22 和图 3-23）。从总体来看，农业科学的论文生产力和影响力均排在首位，基础研究竞争力最强；植物与动物科学、化学的基础研究竞争力优势明显；临床医学的论文质量排在首位，其次是神经科学与行为科学、药理学与毒理学、综合交叉学科。

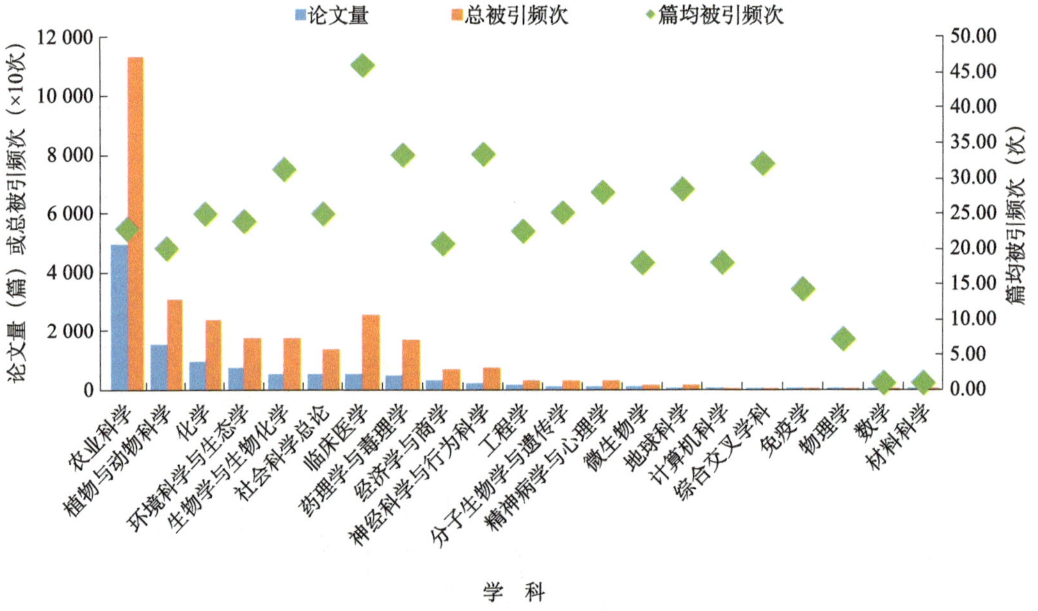

图 3-22 全球咖啡基础研究领域 ESI 学科竞争力对比

2016—2020 年，农业科学的论文生产力和影响力依然远超其他学科，基础研究竞争力最强；植物与动物科学的论文生产力优势依然明显，临床医学、化学、环境科学

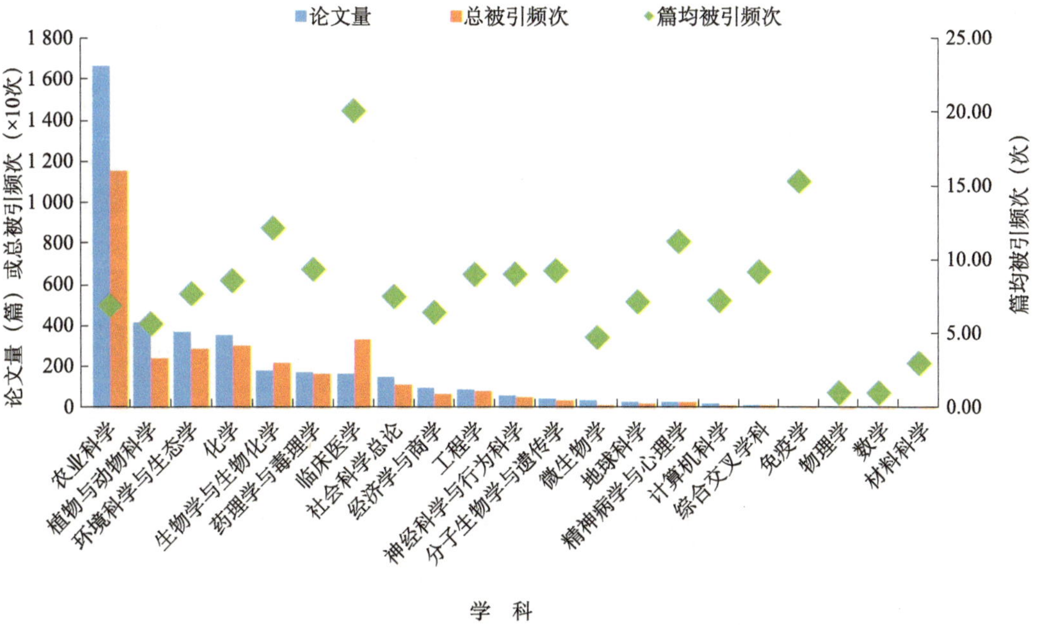

图 3-23　2016—2020 年全球咖啡基础研究领域 ESI 学科竞争力对比

与生态学的论文影响力已赶超植物与动物科学；临床医学的论文质量依然排在首位，其次是免疫学、生物学与生物化学、精神病学与心理学。

3.2.4.2　研究布局分析

全球咖啡基础研究领域，ESI 学科在 13 个研究方向的研究布局差异明显（图 3-24）。其中，功能成分提取测定及其生物活性、功能成分的营养保健作用、贮藏保鲜及食品加工技术是农业科学等学科重点关注的研究方向；育种技术与遗传多样性分析、生长机理及栽培技术研究是植物与动物科学等学科重点关注的研究方向；种质资源抗病性及改良创新是微生物学等学科重点关注的研究方向；生态环境及生物多样性分析是环境科学与生态学等学科重点关注的研究方向；生物燃料开发及利用是生物学与生物化学等学科重点关注的研究方向；复合材料制备及利用是化学等学科重点关注的研究方向。

各学科在 13 个研究方向的基础研究优势不同（表 3-8）。农业科学在种质资源抗病性及改良创新、种质资源抗逆性及改良创新、育种技术与遗传多样性分析等多个研究方向具有最强的基础研究优势，植物与动物科学在转基因育种及植株再生技术、病虫草害防控技术方向具有最强的基础研究优势。化学在贮藏保鲜及食品加工技术、功能成分提取测定及其生物活性等方向具有基础研究优势；环境科学与生态学在育种技术与遗传多样性分析、生态环境及生物多样性分析等方向具有基础研究优势；药理学与毒理学在功能成分提取测定及其生物活性、功能成分的营养保健作用等方向具有基础研究优势；临床医学在功能成分的营养保健作用等方向具有基础研究优势。

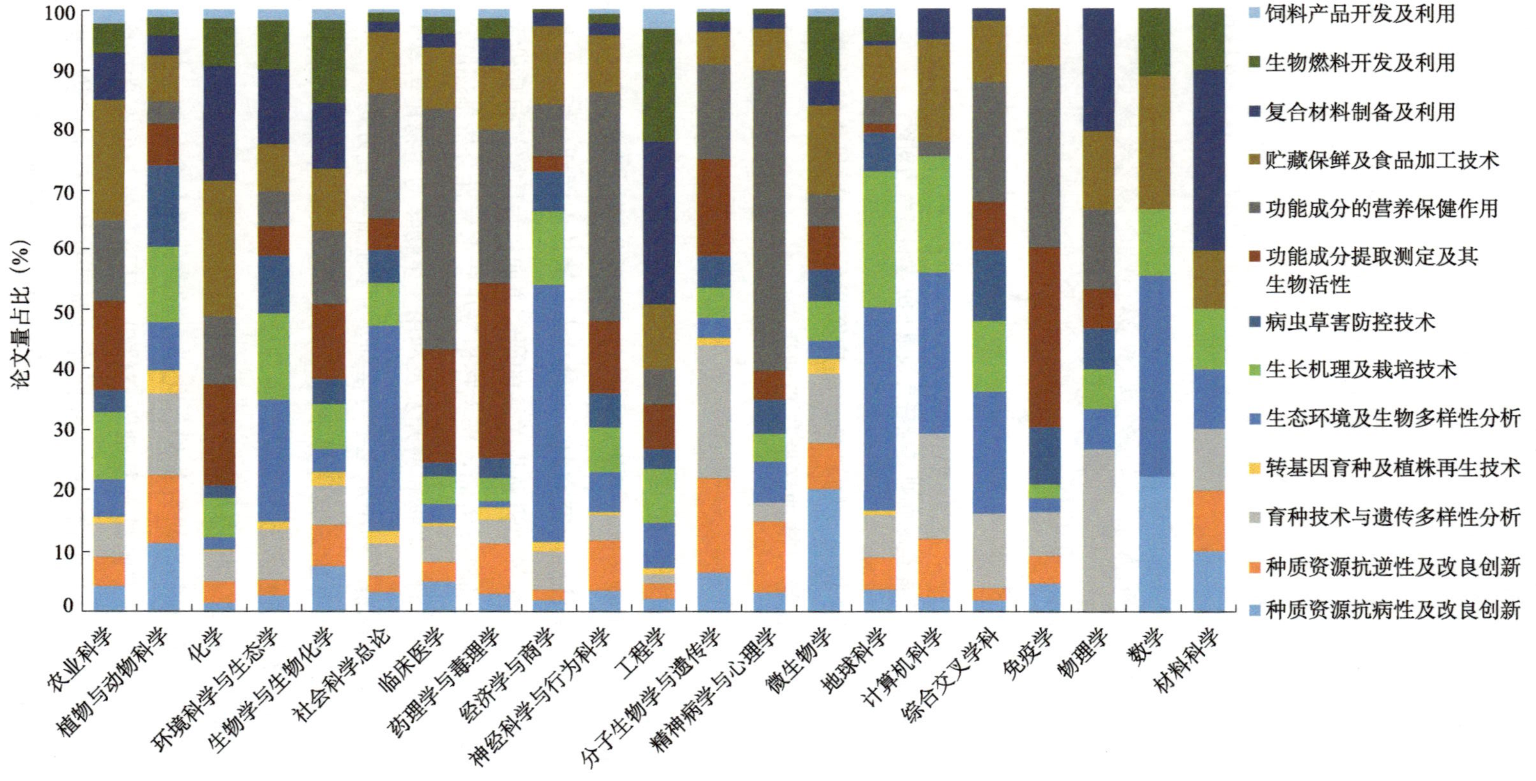

图 3-24　全球咖啡基础研究领域 ESI 学科主题布局对比

注：主题布局（堆积柱状）图中重点学科下某一颜色的高度越高，代表该颜色对应主题在重点学科的论文量占比越高；高度越低，代表该颜色对应主题在重点学科的论文量占比越低。

表 3-8 全球咖啡基础研究领域 ESI 学科主题布局对比

学科	各研究方向的论文量（篇）												
	种质资源与遗传育种				生长调控与田间管理			贮藏加工与功能成分			副产品加工与综合利用		
	种质资源抗病性及改良创新	种质资源抗逆性及改良创新	育种技术与遗传多样性分析	转基因育种及植株再生技术	生态环境及生物多样性分析	生长机理及栽培技术	病虫草害防控技术	功能成分提取测定及其生物活性	功能成分的营养保健作用	贮藏保鲜及食品加工技术	复合材料制备及利用	生物燃料开发及利用	饲料产品开发及利用
农业科学	496	585	694	99	736	1 360	413	1 813	1 655	2 434	929	591	263
植物与动物科学	436	419	515	145	313	484	517	269	146	295	126	116	41
化学	33	85	116	9	44	150	50	390	271	534	449	188	32
环境科学与生态学	56	49	173	25	402	296	192	105	118	159	258	163	34
生物学与生物化学	121	107	100	35	60	117	65	200	197	165	178	215	26
社会科学总论	26	24	44	17	283	60	45	45	175	84	15	12	4
临床医学	61	41	71	8	37	58	27	232	502	123	30	35	13
药理学与毒理学	36	101	46	25	13	45	40	357	315	127	57	40	17
经济学与商学	8	7	26	6	172	50	27	10	36	52	9	2	
神经科学与行为科学	17	43	21	2	34	37	28	61	195	48	10	8	3
工程学	9	10	6	4	30	36	13	29	24	44	110	75	13
分子生物学与遗传学	21	49	71	4	10	16	17	52	51	17	6	5	1
精神病学与心理学	5	19	5		11	7	9	8	81	11	4	1	
微生物学	65	24	37	8	10	21	17	24	17	48	13	34	4
地球科学	5	7	9	1	45	30	9	2	6	11	1	5	2
计算机科学	1	4	7		11	8			1	7	2		
综合交叉学科	1	1	6		10	6	6	4	10	5	1		
免疫学	2	2	3		1	1	4	13	13	4			
物理学			4		1	1	1	1	2	2	3		
数学	2				3	1				2		1	
材料科学	1	1	1		1	1				1	3	1	

注：表中单元格颜色越接近深红色代表论文量越多，基础研究优势越明显；越接近深绿色代表论文量越少，基础研究相对较弱。

3.3 香 蕉

3.3.1 重点国家分析

3.3.1.1 竞争力分析

全球共有 143 个国家开展与香蕉有关的基础研究。从总体来看，论文量在 120 篇以上的国家共有 22 个，各国之间基础研究竞争力差距悬殊（图 3-25）。巴西的论文生产力排在首位，略领先于印度、美国和中国；美国的论文影响力排在首位，远超其他国家，其次是中国、印度；英国和美国的论文质量均位列前两位，其次是西班牙、意大利和德国。

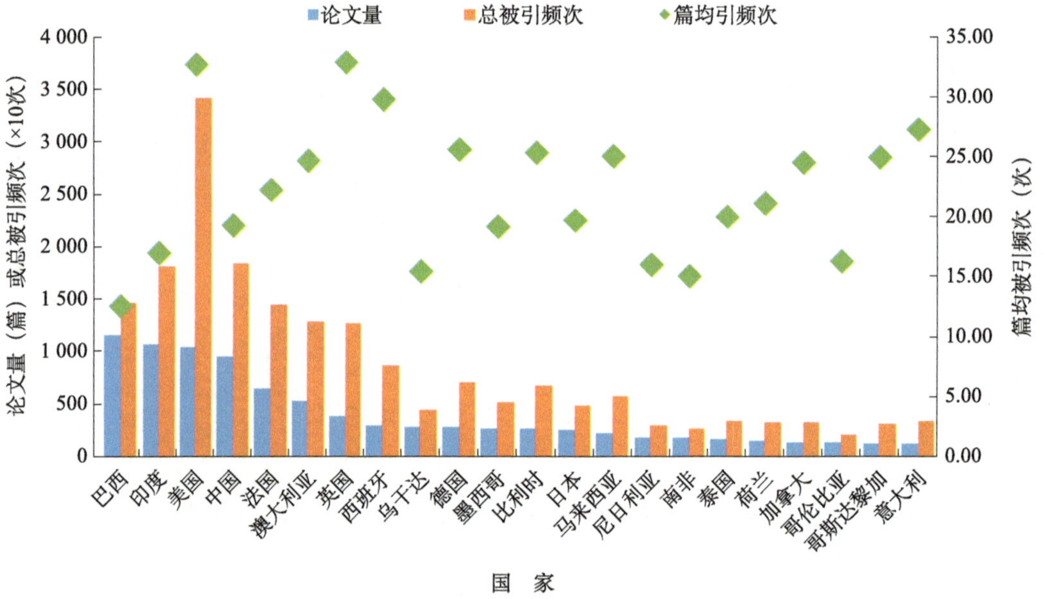

图 3-25 全球香蕉基础研究领域重点国家竞争力对比

2016—2020 年，论文量在 42 篇及以上的国家共有 23 个，各国之间基础研究竞争力差距依然悬殊（图 3-26）。中国的论文生产力和影响力均跃居首位，巴西、印度、美国的论文生产力和影响力依然排在前列；英国的论文质量排在首位，其次是西班牙、德国、澳大利亚，中国的论文质量排名提升。可见，近年来在香蕉领域的基础研究中，中国不仅在生产力和影响力方面表现优异，而且在论文质量和竞争力方面均有很大提升。

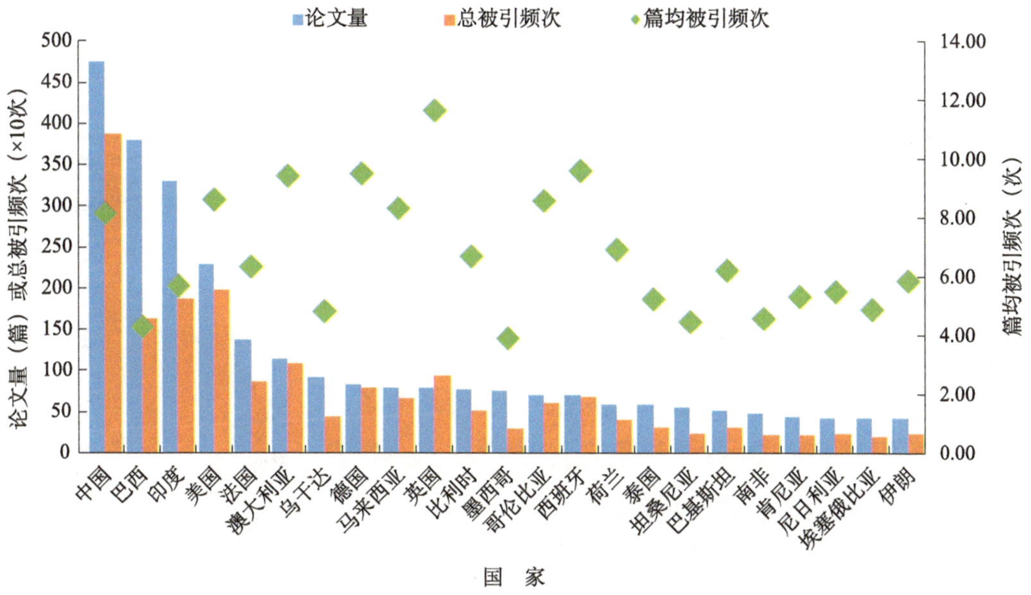

图 3-26 2016—2020 年全球香蕉基础研究领域重点国家竞争力对比

3.3.1.2 研究布局分析

全球香蕉基础研究领域，重点国家在 14 个研究方向上均有研究布局（图 3-27）。贮藏保鲜及食品加工技术、种质资源抗病性及改良创新、生长机理及栽培技术、育种技术与遗传多样性分析是大多数国家重点布局的研究方向；种质资源抗逆性及改良创新、淀粉制备及其品质特性分析是部分国家重点布局的研究方向；另外，各国对饲料产品开发及利用、转基因育种及植株再生技术等方向的布局普遍要少于其他方向。

各国家在 14 个研究方向的基础研究优势不同（表 3-9），尤其是巴西、印度、美国、中国基本占据了 14 个研究方向的主要比重，四国在各个研究方向上都有较为均匀的布局。其中，巴西在育种技术与遗传多样性分析、生长机理及栽培技术、淀粉制备及其品质特性分析、贮藏保鲜及食品加工技术等方向占据首位，基础研究优势明显；印度在转基因育种及植株再生技术、复合材料制备及利用、生物燃料开发及利用方向具有最强的基础研究优势；美国在生态环境及生物多样性分析、病虫草害防控技术、功能成分的营养保健作用方向优势最强；中国在种质资源抗病性及改良创新、种质资源抗逆性及改良创新方向具有最强的基础研究优势，但在生态环境及生物多样性分析、饲料产品开发及利用等方向的基础研究相对较弱，可以作为今后突破的研究领域。

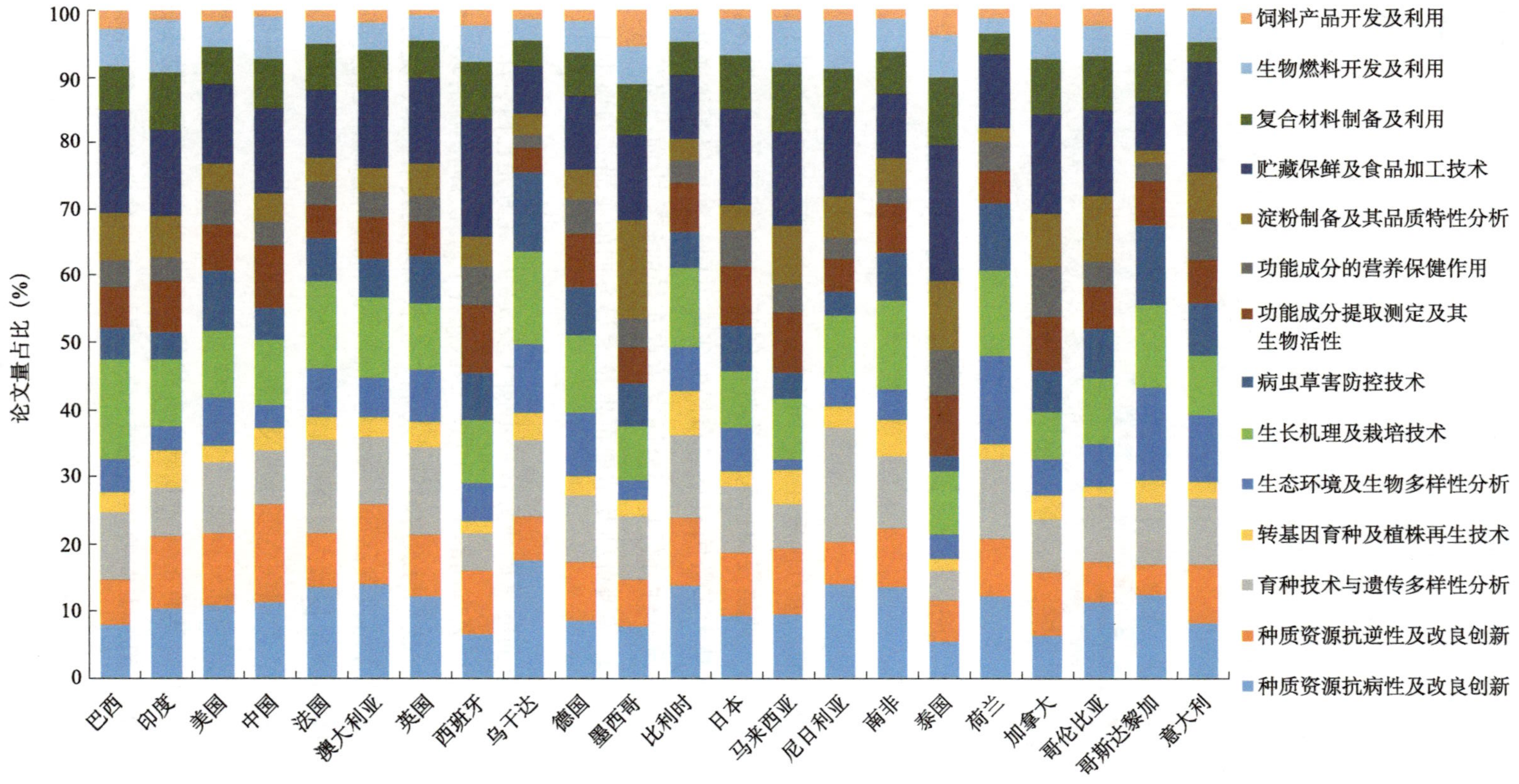

图 3-27 全球香蕉基础研究领域重点国家主题布局对比

注：主题布局（堆积柱状）图中重点国家下某一颜色的高度越高，代表该颜色对应主题在重点国家的论文量占比越高；高度越低，代表该颜色对应主题在重点国家的论文量占比越低。

表 3-9　全球香蕉基础研究领域重点国家主题布局对比

国家	各研究方向的论文量（篇）													
	种质资源与遗传育种				生长调控与田间管理			贮藏加工与功能成分				副产品加工与综合利用		
	种质资源抗病性及改良创新	种质资源抗逆性及改良创新	育种技术与遗传多样性分析	转基因育种及植株再生技术	生态环境及生物多样性分析	生长机理及栽培技术	病虫草害防控技术	功能成分提取测定及其生物活性	功能成分的营养保健作用	淀粉制备及其品质特性分析	贮藏保鲜及食品加工技术	复合材料制备及利用	生物燃料开发及利用	饲料产品开发及利用
巴西	229	193	291	83	141	430	138	173	117	207	453	188	159	81
印度	275	289	195	149	97	264	104	205	97	170	349	230	212	38
美国	258	254	245	62	166	235	210	168	121	94	287	133	92	37
中国	340	441	249	101	102	291	139	287	108	132	389	224	193	29
法国	226	138	232	56	121	218	108	85	57	63	171	119	56	27
澳大利亚	171	143	125	33	72	144	73	74	48	42	146	75	47	24
英国	106	80	114	33	66	87	62	46	33	43	113	49	33	7
西班牙	54	75	46	14	45	77	56	81	48	37	144	70	43	19
乌干达	130	49	85	30	75	104	88	29	14	24	54	28	23	11
德国	61	63	71	21	66	82	52	58	37	31	81	46	34	12
墨西哥	61	56	75	19	24	64	50	43	33	118	104	61	45	43
比利时	112	82	102	52	53	98	43	61	27	28	78	40	32	8
日本	47	49	51	11	33	43	35	46	27	20	74	42	27	8
马来西亚	62	63	43	33	10	59	25	58	27	57	94	62	45	11
尼日利亚	58	26	71	13	17	39	15	21	13	26	54	26	30	7
南非	60	39	48	24	20	59	32	33	10	21	43	28	22	6
泰国	29	33	24	9	19	50	12	48	36	56	110	53	34	21
荷兰	49	35	48	9	52	52	41	20	18	8	44	13	9	6
加拿大	21	32	26	12	18	23	20	27	26	26	50	28	16	9
哥伦比亚	45	24	38	6	25	39	29	25	15	39	52	32	18	10
哥斯达黎加	38	14	28	10	42	38	36	21	9	5	23	30	10	2
意大利	26	28	31	8	31	28	25	21	20	22	53	9	15	1

注：表中单元格颜色越接近深红色代表论文量越多，基础研究优势越明显；越接近深绿色代表论文量越少，基础研究相对较弱。

3.3.2 重点机构分析

3.3.2.1 竞争力分析

全球共有 5 142 家机构开展与香蕉相关的基础研究。从总体来看，论文量在 65 篇以上的机构共有 25 家，巴西、中国、美国的上榜机构数量排在前三位，分别有 5 家、4 家、3 家机构上榜，各机构之间的基础研究竞争力差距较大（如图 3-28）。法国农业发展研究中心的论文生产力和影响力均排在首位，且远超其他机构，基础研究竞争力较强；巴西农业研究公司的论文生产力仅次于法国农业发展研究中心；昆士兰大学和鲁汶天主教大学位列论文影响力排名的第二位和第三位；另外，昆士兰大学的论文质量排在首位，美国农业部和佛罗里达大学位列其后。

2016—2020 年，论文量在 23 篇以上的机构共有 25 家，中国、巴西、法国的上榜机构数量排在前三位，分别有 7 家、6 家、3 家机构上榜，各机构之间的基础研究竞争力差距依然较大（图 3-29）。中国农业大学、巴西农业研究公司的论文生产力均跃居首位（并列），其次是国际热带农业研究所、国际生物多样性中心、中国热带农业科学院；海南大学、中国科学院的生产力也进入前十位。中国农业大学的论文影响力跃居首位，其次是国际热带农业研究所、国际生物多样性中心；海南大学、中国科学院、中国热带农业科学院、南京农业大学的影响力也进入前十位。南京农业大学的论文质量跃居首位，其次是中国科学院、海南大学、昆士兰大学、中国农业大学。可见，近年来在香蕉领域的基础研究中，中国农业大学、中国热带农业科学院、海南大学、中国科学院等中国机构不仅在生产力和影响力方面表现优异，而且论文质量表现突出，在竞争力方面有很大提升。

3.3.2.2 研究布局分析

全球香蕉基础研究领域，重点研究机构在 14 个研究方向上均有研究布局（图 3-30）。种质资源抗病性及改良创新、育种技术与遗传多样性分析、生长机理及栽培技术是大多数研究机构重点布局的方向；种质资源抗逆性及改良创新、贮藏保鲜及食品加工技术是部分研究机构重点布局的方向；另外，各机构对饲料产品开发及利用研究等方向的布局明显少于其他方向。

各研究机构在 14 个研究方向的基础研究优势不同（表 3-10）。其中，法国农业发展研究中心在种质资源抗病性及改良创新、育种技术与遗传多样性分析、生态环境及生物多样性分析等方向的基础研究优势最明显；圣保罗大学在功能成分的营养保健作用、淀粉制备及其品质特性分析、生物燃料开发及利用等方向具有最强基础研究优势；中国农业大学在种质资源抗逆性及改良创新、功能成分提取测定及其生物活性方向的

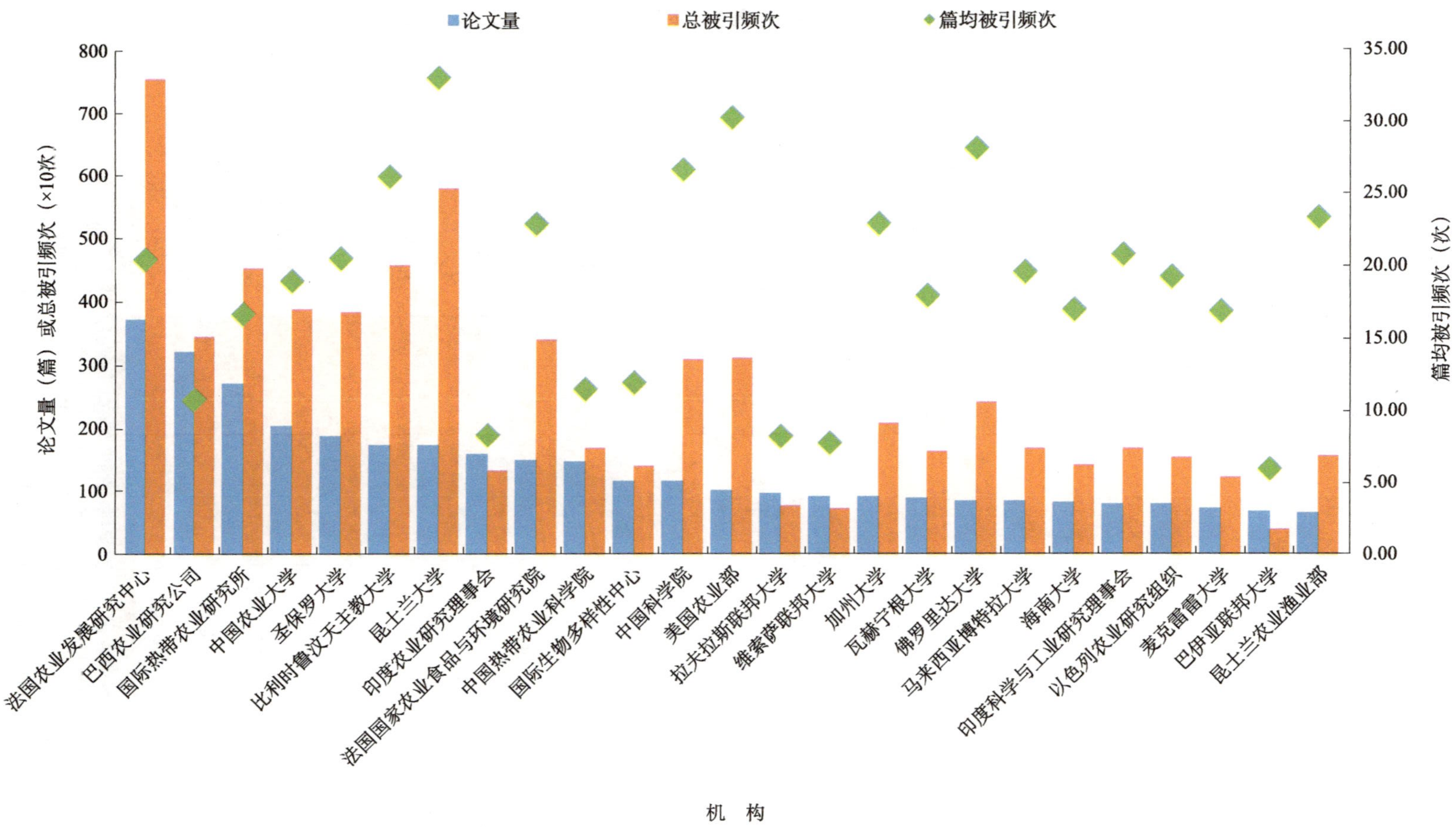

图 3-28 全球香蕉基础研究领域重点机构竞争力对比

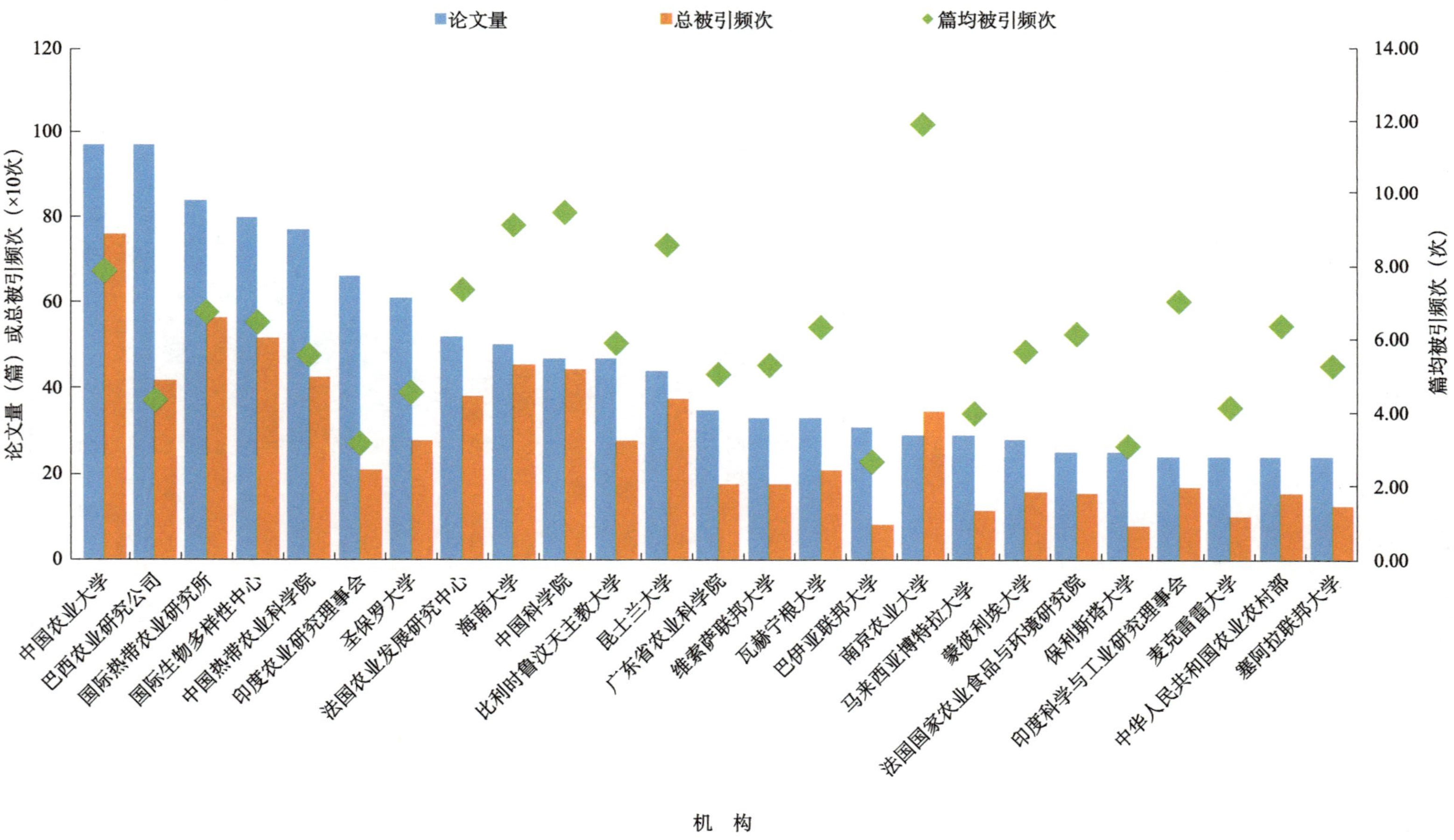

图 3-29　2016—2020 年全球香蕉基础研究领域重点机构竞争力对比

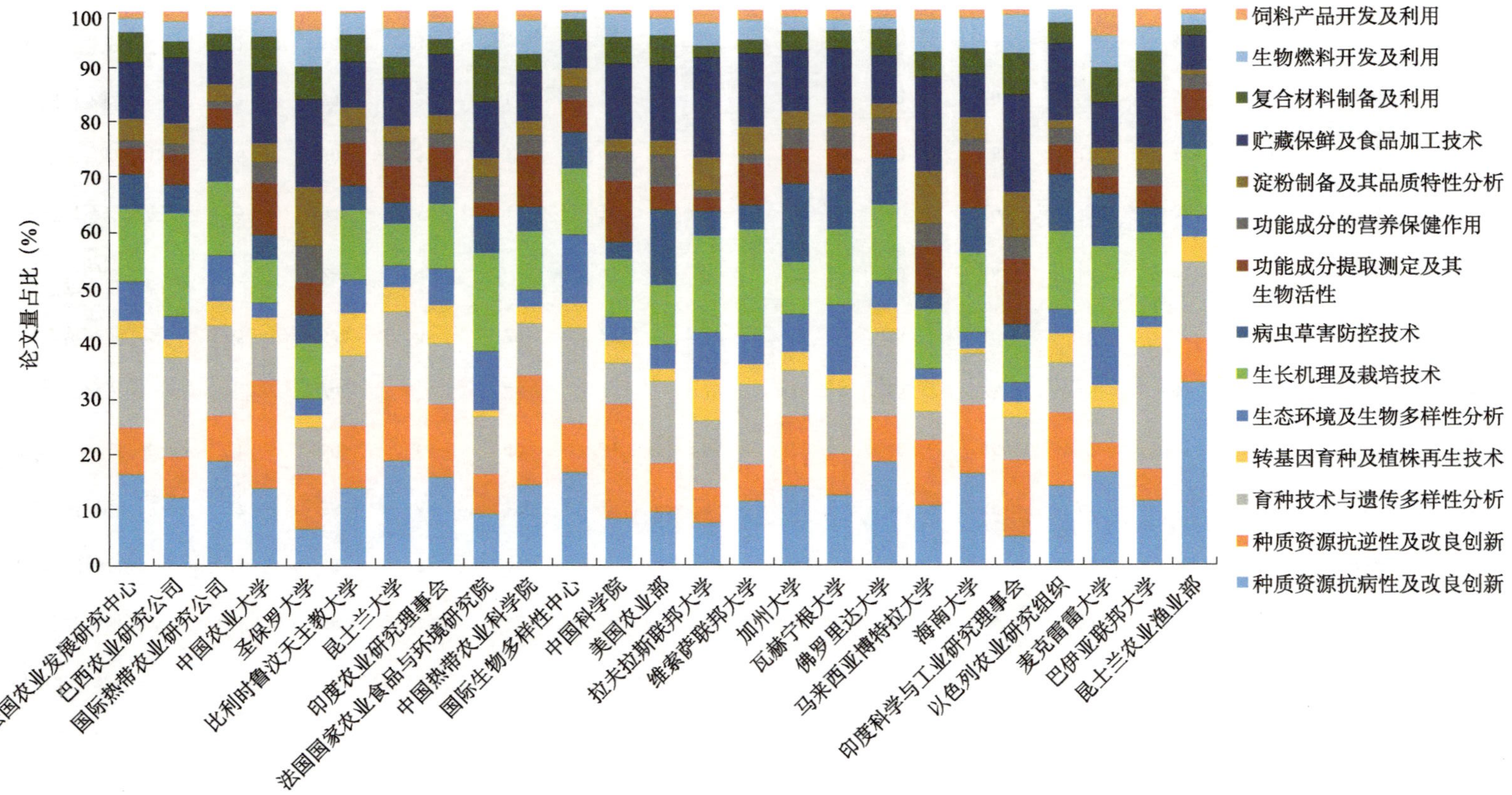

图 3-30　全球香蕉基础研究领域重点机构主题布局对比

注：主题布局（堆积柱状）图中重点机构下某一颜色的高度越高，代表该颜色对应主题在重点机构的论文量占比越高；高度越低，代表该颜色对应主题在重点机构的论文量占比越低。

表 3-10 全球香蕉基础研究领域重点机构主题布局对比

机构	各研究方向的论文量（篇）													
	种质资源与遗传育种				生长调控与田间管理			贮藏加工与功能成分				副产品加工与综合利用		
	种质资源抗病性及改良创新	种质资源抗逆性及改良创新	育种技术与遗传多样性分析	转基因育种及植株再生技术	生态环境及生物多样性分析	生长机理及栽培技术	病虫草害防控技术	功能成分提取测定及其生物活性	功能成分的营养保健作用	淀粉制备及其品质特性分析	贮藏保鲜及食品加工技术	复合材料制备及利用	生物燃料开发及利用	饲料产品开发及利用
法国农业发展研究中心	149	78	147	27	66	119	56	45	12	34	95	51	24	9
巴西农业研究公司	90	56	132	26	29	137	40	41	13	27	91	23	25	13
国际热带农业研究所	133	58	115	32	58	94	68	26	9	22	46	21	24	3
中国农业大学	94	134	52	24	19	54	30	64	25	24	90	42	28	3
圣保罗大学	37	56	49	13	17	56	30	33	38	61	91	35	37	19
比利时鲁汶天主教大学	71	60	66	40	31	65	22	40	16	17	45	26	19	2
昆士兰大学	97	70	70	22	20	39	19	35	22	15	45	20	28	15
印度农业研究理事会	65	54	46	29	27	47	18	25	10	14	46	11	13	8
法国国家农业食品与环境研究院	37	28	42	5	43	71	27	10	18	14	41	38	16	12
中国热带农业科学院	75	104	50	16	16	55	22	50	19	12	49	16	33	8
国际生物多样性中心	56	30	59	15	42	41	22	20	8	11	18	13	4	1
中国科学院	32	79	28	16	16	40	12	42	20	8	53	19	16	2
美国农业部	22	20	35	5	10	25	31	10	13	6	32	13	7	3

续表

机构	各研究方向的论文量（篇）													
	种质资源与遗传育种				生长调控与田间管理			贮藏加工与功能成分				副产品加工与综合利用		
	种质资源抗病性及改良创新	种质资源抗逆性及改良创新	育种技术与遗传多样性分析	转基因育种及植株再生技术	生态环境及生物多样性分析	生长机理及栽培技术	病虫草害防控技术	功能成分提取测定及其生物活性	功能成分的营养保健作用	淀粉制备及其品质特性分析	贮藏保鲜及食品加工技术	复合材料制备及利用	生物燃料开发及利用	饲料产品开发及利用
拉夫拉斯联邦大学	17	14	27	17	19	39	10	6	3	13	41	5	9	5
维索萨联邦大学	26	15	34	8	12	44	10	17	4	11	31	6	8	4
加州大学	35	31	21	8	17	23	35	16	9	7	28	9	6	3
瓦赫宁根大学	32	19	31	6	33	35	25	12	10	7	30	9	5	4
佛罗里达大学	38	17	31	9	10	28	17	9	6	5	18	10	4	3
马来西亚博特拉大学	26	29	13	14	5	26	7	21	10	23	42	12	14	4
海南大学	46	36	26	3	8	41	23	29	6	11	23	13	16	4
印度科学与工业研究理事会	11	30	17	6	8	17	6	26	9	17	39	17	15	2
以色列农业研究组织	19	18	12	7	6	19	14	7	4	2	19	5	3	
麦克雷雷大学	32	10	12	8	20	28	18	6	4	6	16	12	11	9
巴伊亚联邦大学	18	9	35	6	3	24	7	6	5	6	19	9	7	5
昆士兰农业渔业部	36	9	15	5	4	13	6	6	3	1	7	2	2	1

注：表中单元格颜色越接近深红色代表论文量越多，基础研究优势越明显；越接近深绿色代表论文量越少，基础研究相对较弱。

基础研究优势最明显；巴西农业研究公司、国际热带农业研究所、鲁汶天主教大学分别在生长机理及栽培技术、病虫草害防控技术、转基因育种及植株再生技术方向的基础研究优势最明显。昆士兰大学在种质资源抗病性及改良创新、功能成分的营养保健作用、生物燃料开发及利用等方向具有基础研究优势；中国热带农业科学院在种质资源抗逆性及改良创新、功能成分提取测定及其生物活性、生物燃料开发及利用等方向具有基础研究优势；法国国家农业食品与环境研究院在生态环境及生物多样性分析、复合材料制备及利用方向的基础研究优势较为明显。

3.3.3 重点学者分析

3.3.3.1 竞争力分析

全球共有 22 374 位学者开展与香蕉相关的基础研究。从总体来看，论文量在 25 篇以上的学者共有 34 位，中国、巴西、法国、澳大利亚、乌干达、尼日利亚的上榜学者数量排在前六位，分别有 9 位、6 位、4 位、3 位、3 位、3 位学者上榜（图 3-31）。论文生产力排在前五位的学者有 Swennen Rony（鲁汶天主教大学）、Amorim Edson Perito（巴西农业研究公司）、Arturo Bello-Perez Luis（墨西哥国立理工学院）、de Oliveira e Silva Sebastiao（巴西农业研究公司）、Jiang Yueming（中国科学院）。Swennen Rony（鲁汶天主教大学）的论文影响力排在首位，其次是 Lu Wangjin（华南农业大学）和 Arturo Bello-Perez Luis（墨西哥国立理工学院）。Dale James L（昆士兰大学）的论文质量排在首位，其次是 Harding RM（昆士兰大学）、Shen Qirong（南京农业大学）、Panis Bart（鲁汶天主教大学）。

2016—2020 年，论文量在 10 篇以上的学者共有 32 位，中国、巴西、印度、坦桑尼亚的上榜学者数量排在前四位，分别有 18 位、3 位、3 位、3 位学者上榜（图 3-32）。Swennen Rony（鲁汶天主教大学）的论文生产力依然排在首位，其次是 Amorim Edson Perito（巴西农业研究公司）、Jiang Yueming（中国科学院）、Kuang Jianfei（华南农业大学）和 Lu Wangjin（华南农业大学）；Jin Zhiqiang（中国热带农业科学院）、Shan Wei（中国农业大学）、Xu Biyu（中国热带农业科学院）等 4 位中国学者的生产力也进入前十一位。Kuang Jianfei（华南农业大学）、Chen Jianye（中国农业大学）和 Lu Wangjin（华南农业大学）的影响力跃居前三位，Shen Qirong（南京农业大学）、Shan Wei（中国农业大学）、Jiang Yueming（中国科学院）等 8 位中国学者的影响力也进入前十一位。Chen Jianye（中国农业大学）、Shen Zongzhuan（南京农业大学）和 Shen Qirong（南京农业大学）的论文质量跃居前三位，Kuang Jianfei（华南农业大学）、Lu Wangjin（华南农业大学）、Li Rong（南京农业大学）等 6 位中国学者的论文质量也进

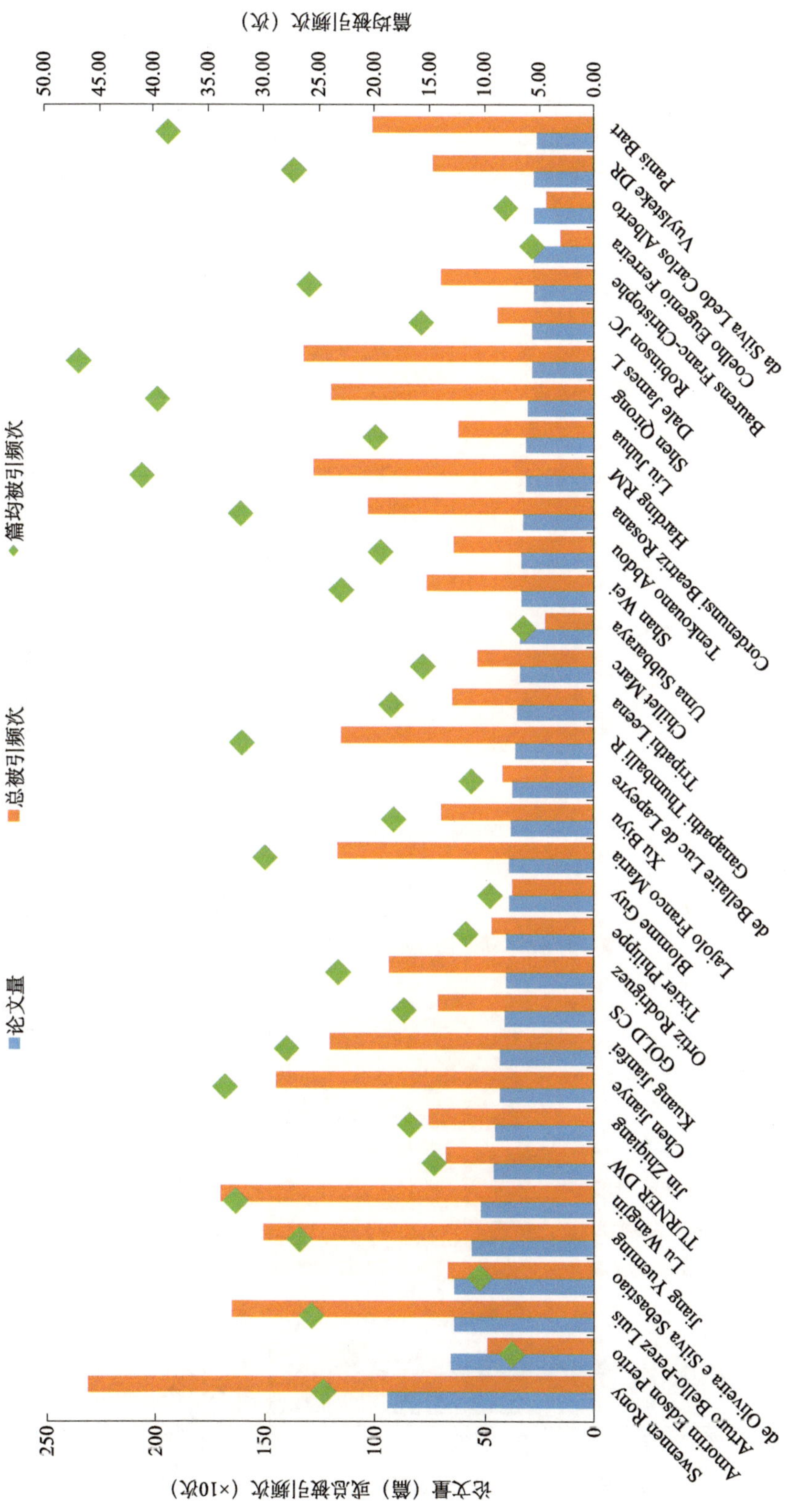

图 3-31 全球香蕉基础研究领域重点学者竞争力对比

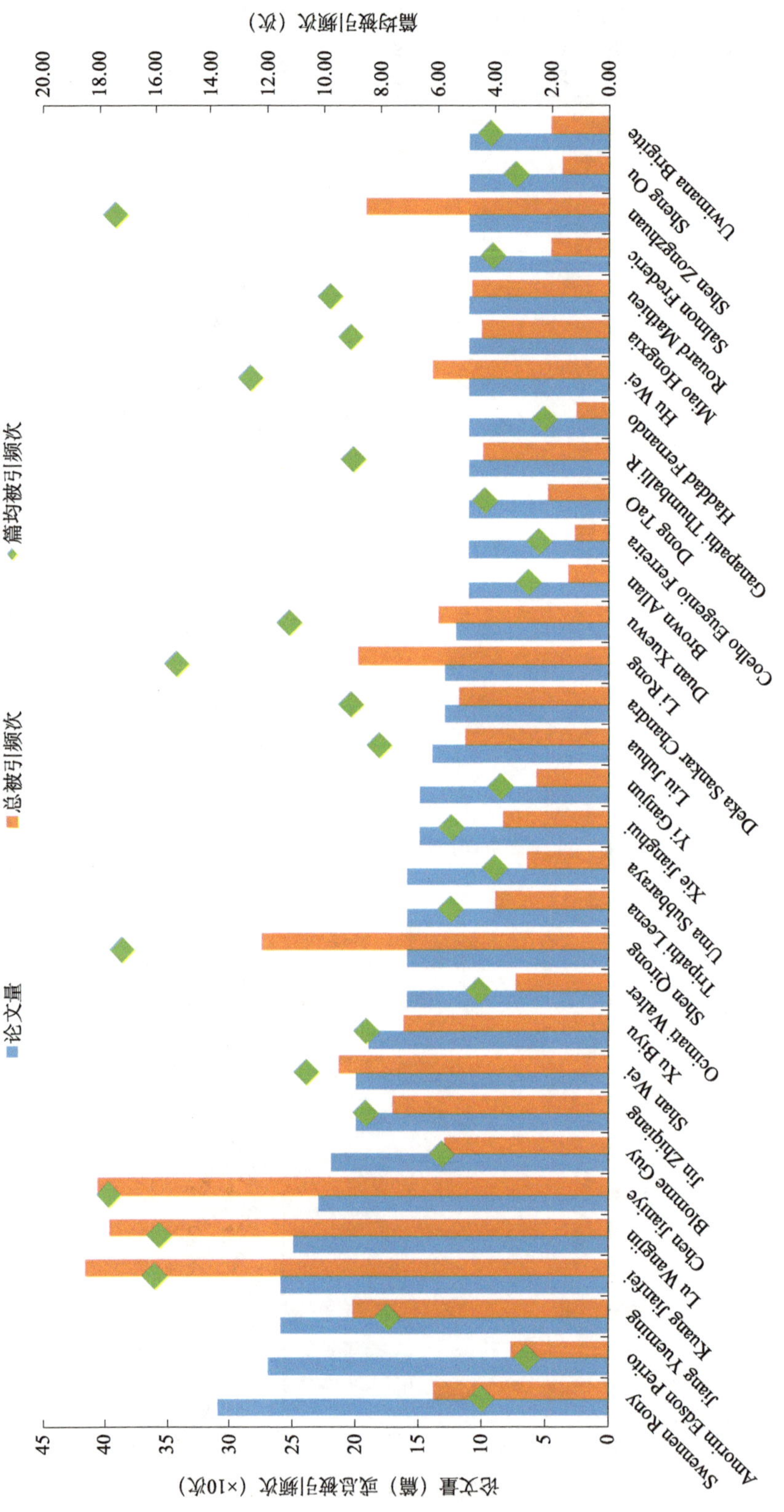

图 3-32 2016—2020 年全球香蕉基础研究领域重点学者竞争力对比

入前九位。可见，近年来在香蕉领域的基础研究中，Kuang Jianfei（华南农业大学）、Jiang Yueming（中国科学院）、Lu Wangjin（华南农业大学）等中国学者在生产力、影响力、论文质量方面均表现突出，在竞争力方面有了很大提升。

3.3.3.2 研究布局分析

全球香蕉基础研究领域，重点学者在 14 个研究方向的研究布局差异较大（图 3-33 和表 3-11）。其中，Tixier Philippe（法国农业发展研究中心）、Coelho Eugenio Ferreira（巴西农业研究公司）、Turner DW（西澳大利亚大学）等多个学者侧重于生长机理及栽培技术研究；Jiang Yueming（中国科学院）、Lu Wangjin（华南农业大学）、Chen Jianye（中国农业大学）等学者侧重于种质资源抗逆性及改良创新研究；de Bellaire Luc de Lapeyre（法国农业发展研究中心）、Shen Qirong（南京农业大学）、Blomme Guy（意大利国际生物多样性中心）、Tripathi Leena（尼日利亚国际热带农业研究所）等学者侧重种质资源抗病性及改良创新研究；de Oliveira e Silva Sebastiao（巴西农业研究公司）、Swennen Rony（鲁汶天主教大学）、Amorim Edson Perito（巴西农业研究公司）等学者侧重于育种技术与遗传多样性分析研究；GOLD CS（尼日利亚国际热带农业研究所）、Arturo Bello-Perez Luis（墨西哥国立理工学院）、Chillet Marc（法国农业发展研究中心）分别侧重于病虫草害防控技术、淀粉制备及其品质特性分析、贮藏保鲜及食品加工技术研究且 Arturo Bello-Perez Luis 的基础研究优势明显。

综合对比发现，Swennen Rony（鲁汶天主教大学）在种质资源抗病性及改良创新、转基因育种及植株再生技术、生长机理及栽培技术等方向有最强的基础研究优势；Arturo Bello-Perez Luis（墨西哥国立理工学院）在淀粉制备及其品质特性分析、复合材料制备及利用、饲料产品开发及利用等方向具有最强的基础研究优势；Jiang Yueming（中国科学院）在种质资源抗逆性及改良创新、功能成分提取测定及其生物活性、功能成分的营养保健作用等方向具有最强的基础研究优势。

3.3.4 重点学科分析

3.3.4.1 竞争力分析

全球香蕉领域的基础研究主要分布在 21 个 ESI 学科中（图 3-34 和图 3-35）。从总体来看，农业科学的论文生产力和影响力均排在首位，其次是植物与动物科学，再次是环境科学与生态学、化学，四者均具备较强的基础研究竞争力。神经科学与行为科学的论文质量排在首位，其次是免疫学和临床医学。

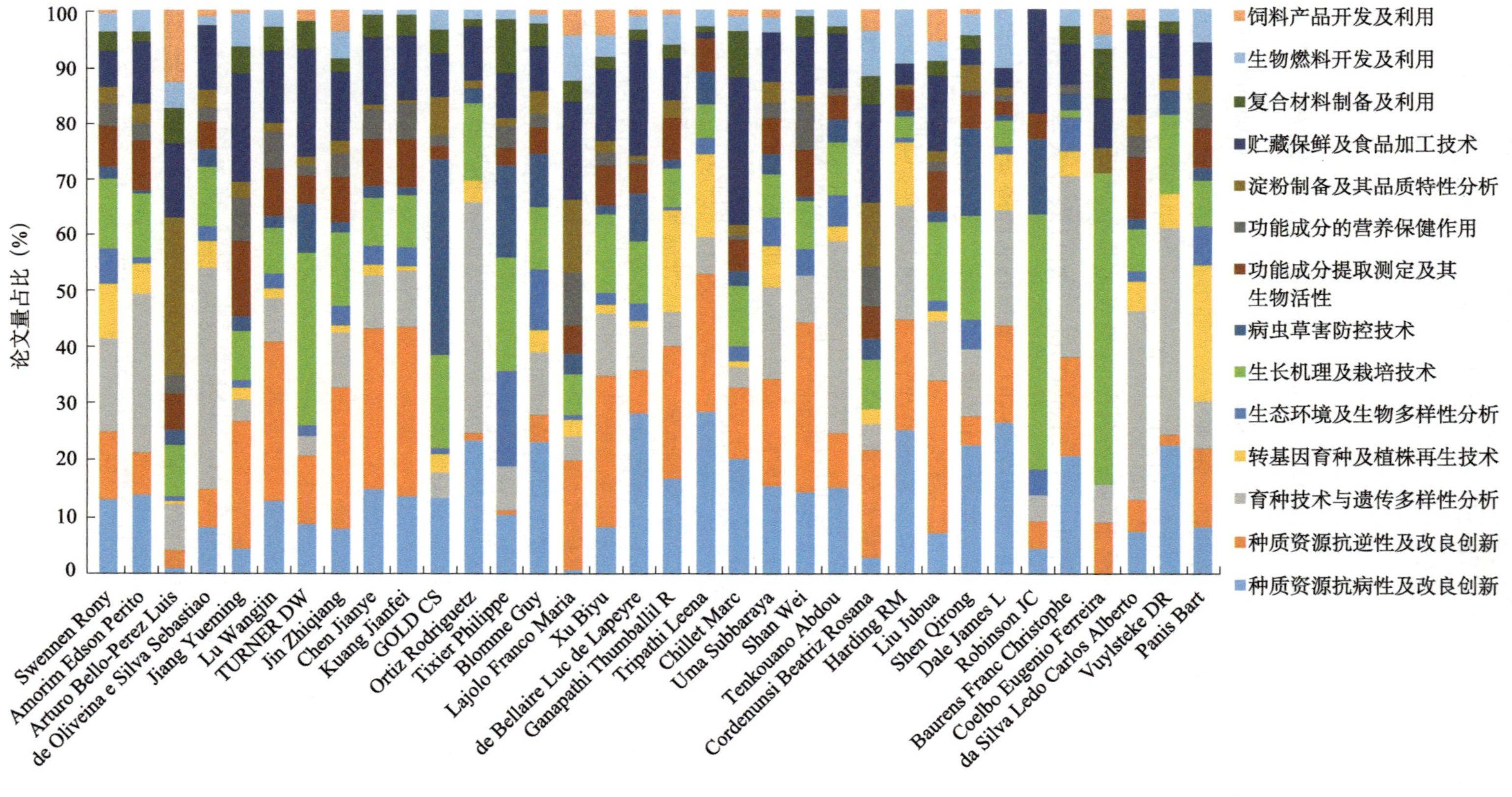

图 3-33　全球香蕉基础研究领域重点学者主题布局对比

注：主题布局（堆积柱状）图中重点学者下某一颜色的高度越高，代表该颜色对应主题在重点学者的论文量占比越高；高度越低，代表该颜色对应主题在重点学者的论文量占比越低。

表 3-11 全球香蕉基础研究领域重点学者主题布局对比

学者	各研究方向的论文量（篇）													
	种质资源与遗传育种				生长调控与田间管理			贮藏加工与功能成分				副产品加工与综合利用		
	种质资源抗病性及改良创新	种质资源抗逆性及改良创新	育种技术与遗传多样性分析	转基因育种及植株再生技术	生态环境及生物多样性分析	生长机理及栽培技术	病虫草害防控技术	功能成分提取测定及其生物活性	功能成分的营养保健作用	淀粉制备及其品质特性分析	贮藏保鲜及食品加工技术	复合材料制备及利用	生物燃料开发及利用	饲料产品开发及利用
Swennen Rony	37	34	47	28	18	36	6	21	11	9	18	10	9	1
Amorim Edson Perito	23	12	47	9	2	19	1	15	5	6	18	3	6	
Arturo Bello-Perez Luis	2	7	18	1	2	20	6	14	7	63	30	14	10	28
de Oliveira e Silva Sebastiao	10	8	48	6	3	13	4	6	3	4	14		2	1
Jiang Yueming	10	51	8	5	3	20	6	31	17	7	44	11	13	1
Lu Wangjin	23	51	14	3	5	15	4	15	12	3	23	8	5	
Turner DW	5	7	2		1	18	5	3	1	1	11	3		1
Jin Zhiqiang	13	41	16	2	6	22	3	13	7	4	20	4	8	6
Chen Jianye	22	43	14	3	5	13	3	13	8	1	18	6	1	
Kuang Jianfei	19	42	14	1	5	13	2	12	9	1	16	5	1	
GOLD CS	12		4	3	1	15	32	2	2	6	7	4	3	
Ortiz Rodriguez	17	1	30	3		10	2			1	7	1	1	
Tixier Philippe	13	1	10		21	26	21	4	5	2	10	12	2	
Blomme Guy	29	6	14	5	14	14	12	6	3	5	10	5	2	1
Lajolo Franco Maria	1	26	6	4	1	10	5	7	13	18	24	5	11	6
Xu Biyu	11	36	15	2	3	19	2	10	3	3	17	3	5	6
de Bellaire Luc de Lapeyre	33	9	9	1	4	13	10	6	1	1	24	2	3	1
Ganapathi Thumballi R	22	31	8	24	1	9	2	10		4	10	3	7	1

续表

学者	各研究方向的论文量（篇）													
	种质资源与遗传育种				生长调控与田间管理			贮藏加工与功能成分				副产品加工与综合利用		
	种质资源抗病性及改良创新	种质资源抗逆性及改良创新	育种技术与遗传多样性分析	转基因育种及植株再生技术	生态环境及生物多样性分析	生长机理及栽培技术	病虫草害防控技术	功能成分提取测定及其生物活性	功能成分的营养保健作用	淀粉制备及其品质特性分析	贮藏保鲜及食品加工技术	复合材料制备及利用	生物燃料开发及利用	饲料产品开发及利用
Tripathi Leena	29	25	7	15	3	6	6	6			1	1	3	
Chillet Marc	22	14	4	1	3	12	3	6	1	2	29	9	3	1
Uma Subbaraya	12	15	13	6	4	6	3	5	2	3	7		2	1
Shan Wei	15	32	9		5	9	1	9	9	1	11	4	1	
Tenkouano Abdou	11	7	25	2	4	7	3	3	1		7	1	2	
Cordenunsi Beatriz Rosana	4	26	6	4		12	5	8	10	16	24	7	11	5
Harding RM	27	21	22	12	1	4	1	4		1	4		10	
Liu Juhua	8	30	12	2	2	16	2	8	2	2	15	3	4	6
Shen Qirong	30	7	16		7	25	21	8	1	6	4	3	5	1
Dale James L	23	15	18	9	1	4	1	2	1	1	3		9	
Robinson JC	1	1	1		1	10	3	1			4			
Baurens Franc-Christophe	14	12	22	3	4	1	2		1		5	2	2	
Coelho Eugenio Ferreira		4	3			25				2	4	4	1	2
da Silva Ledo Carlos Alberto	4	3	18	3	1	4	1	6	2	2	8	1		1
Vuylsteke DR	11	1	18	3		7	2			1	4	1	1	
Panis Bart	7	12	7	21	6	7	2	6	4	4	5		5	

注：表中单元格颜色越接近深红色代表论文量越多，基础研究优势越明显；越接近深绿色代表论文量越少，基础研究相对较弱。

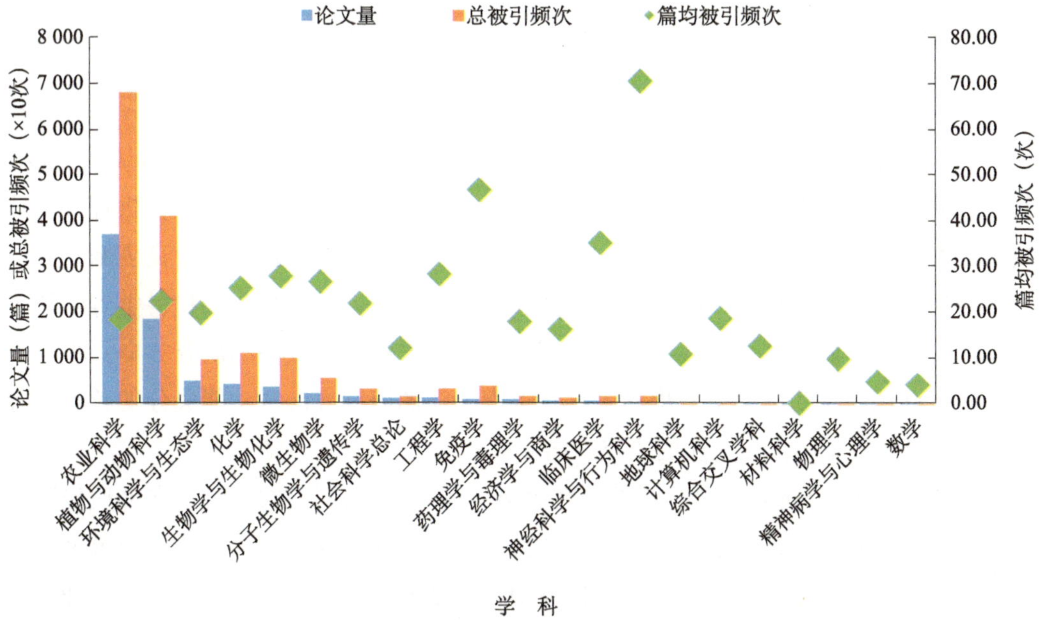

图 3-34 全球香蕉基础研究领域 ESI 学科竞争力对比

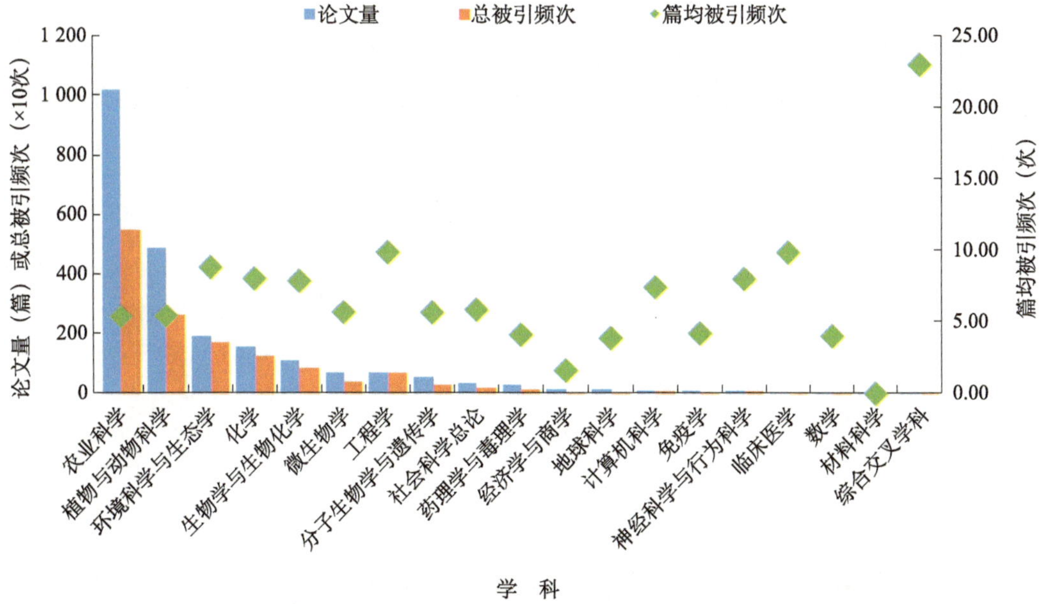

图 3-35 2016—2020 年全球香蕉基础研究领域 ESI 学科竞争力对比

2016—2020 年，农业科学的论文生产力和影响力依然远超其他学科，基础研究竞争力最强；植物与动物科学的基础研究竞争力优势依然明显；综合交叉学科的论文质量跃居首位，其次是工程学、临床医学、环境科学与生态学、化学。

3.3.4.2 研究布局分析

全球香蕉基础研究领域，ESI 学科在 14 个研究方向的研究布局有一定差异（图 3-36）。其中，功能成分提取测定及其生物活性、贮藏保鲜及食品加工技术、生长机理及栽培技术是农业科学等多个学科重点关注的研究方向；种质资源抗逆性及改良创新、育种技术与遗传多样性分析、种质资源抗病性及改良创新研究是植物与动物科学等学科重点关注的研究方向；复合材料制备及利用是化学等学科重点关注的研究方向；生物燃料开发及利用是生物学与生物化学等学科重点关注的研究方向；功能成分的营养保健作用是免疫学等学科重点关注的研究方向。

各学科在 14 个研究方向的基础研究优势不同（表 3-12）。农业科学在种质资源抗逆性及改良创新、育种技术与遗传多样性分析、生态环境及生物多样性分析等多个研究方向具有最强的基础研究优势；植物与动物科学的基础研究优势主要集中在种质资源抗病性及改良创新、转基因育种及植株再生技术、病虫草害防控技术等方向；环境科学与生态学在育种技术与遗传多样性分析、生态环境及生物多样性分析等方向具有一定的基础研究优势；化学在功能成分提取测定及其生物活性、淀粉制备及其品质特性分析等方向具有基础研究优势；生物学与生物化学的基础研究优势则主要集中在生物燃料开发及利用、复合材料开发及利用、功能成分与食品加工等方向；生物学与生物化学在种质资源抗逆性及改良创新、转基因育种及植株再生技术等方向具有基础研究优势。

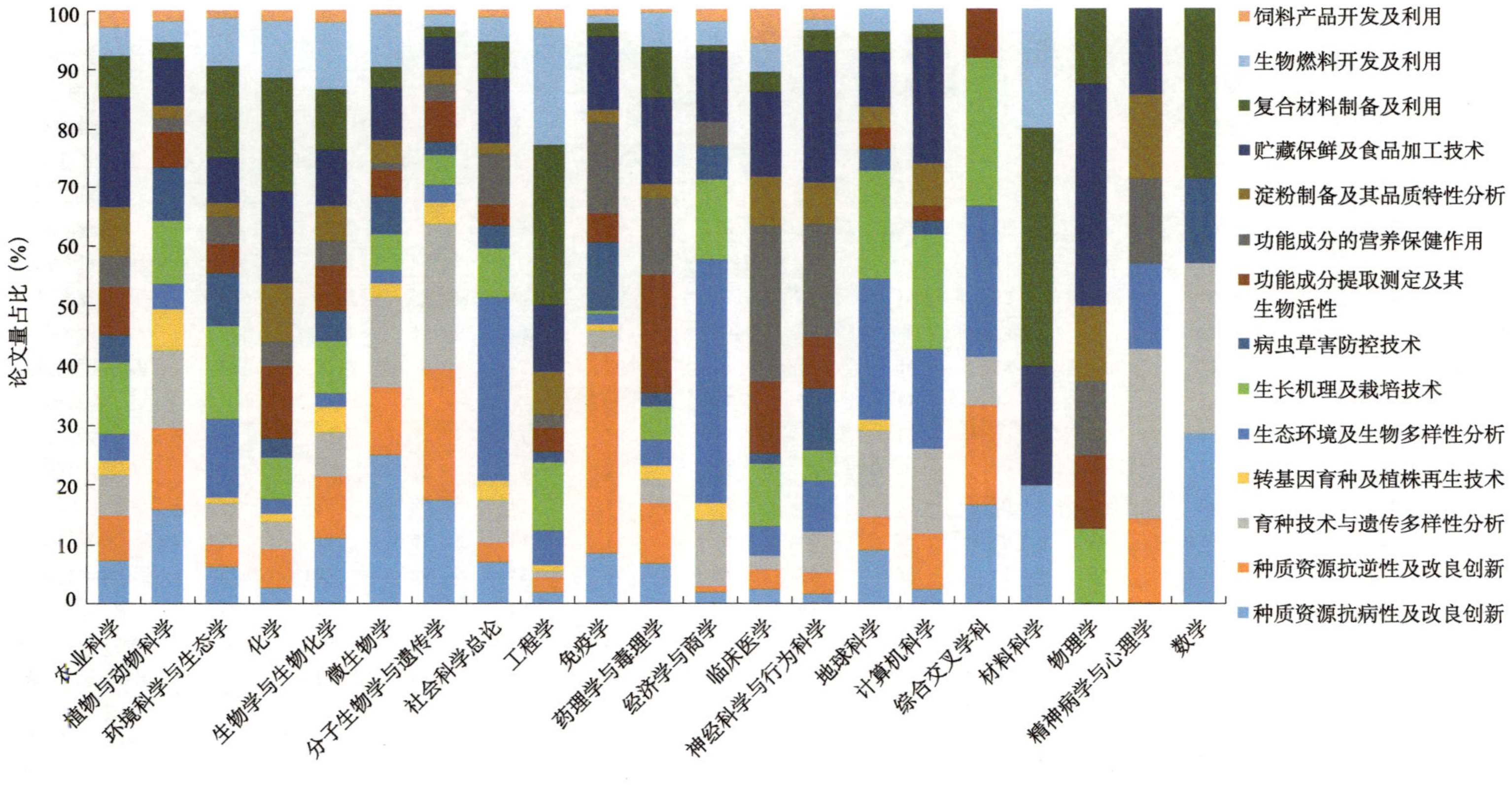

图 3-36　全球香蕉基础研究领域 ESI 学科主题布局对比

注：主题布局（堆积柱状）图中重点学科下某一颜色的高度越高，代表该颜色对应主题在重点学科的论文量占比越高；高度越低，代表该颜色对应主题在重点学科的论文量占比越低。

表 3-12　全球香蕉基础研究领域 ESI 学科主题布局对比

学科	各研究方向的论文量（篇）													
	种质资源与遗传育种				生长调控与田间管理			贮藏加工与功能成分				副产品加工与综合利用		
	种质资源抗病性及改良创新	种质资源抗逆性及改良创新	育种技术与遗传多样性分析	转基因育种及植株再生技术	生态环境及生物多样性分析	生长机理及栽培技术	病虫草害防控技术	功能成分提取测定及其生物活性	功能成分的营养保健作用	淀粉制备及其品质特性分析	贮藏保鲜及食品加工技术	复合材料制备及利用	生物燃料开发及利用	饲料产品开发及利用
农业科学	663	688	639	216	414	1 106	403	757	462	750	1 723	653	447	236
植物与动物科学	727	617	586	317	199	476	407	281	100	99	370	128	159	75
环境科学与生态学	85	56	95	13	185	218	123	68	62	32	112	213	115	16
化学	31	79	54	15	30	81	42	143	49	114	184	230	115	20
生物学与生物化学	112	107	76	45	24	87	54	78	41	59	101	103	117	20
微生物学	158	73	95	14	14	38	40	29	8	24	56	22	57	4
分子生物学与遗传学	64	80	89	13	11	18	9	25	10	9	21	6	8	2
社会科学总论	12	6	12	6	53	14	7	6	15	3	19	11	7	2
工程学	6	7	3	3	18	34	5	12	7	21	33	80	59	9
免疫学	19	77	8	2	4	1	26	11	35	5	28	5	3	2
药理学与毒理学	15	22	9	5	10	12	5	44	28	5	32	19	13	1
经济学与商学	2	1	11	3	41	13	6		4		12	1	4	2
临床医学	3	4	3		6	13	2	15	32	10	18	4	6	7
神经科学与行为科学	1	2	4		5	3	6	5	11	4	13	2	1	1
地球科学	5	3	8	1	13	10	2	2		2	5	2	2	
计算机科学	1	4	6		7	8	1	1		3	9	1	1	
综合交叉学科	2	2	1		3	3		1						
材料科学	1										1	2	1	
物理学						1		1	1	1	3	1		
精神病学与心理学		1	2		1				1	1	1			
数学	2		2				1					2		

注：主题布局（色块）图中单元格颜色越接近深红色代表论文量越多，基础研究优势越明显；越接近深绿色代表论文量越少，基础研究相对较弱。

3.4 木　薯

3.4.1 重点国家分析

3.4.1.1 竞争力分析

全球共有 130 个国家开展与木薯有关的基础研究。从总体来看，论文量在 130 篇以上的国家共有 21 个，各国之间基础研究竞争力差距悬殊（图 3-37）。巴西的论文生产力排在首位，尼日利亚和美国分列第二、第三位；美国的论文影响力排在首位，其次是巴西和英国，再次是哥伦比亚、尼日利亚和中国；美国、荷兰的论文质量位列前两位，其次是英国、乌干达和法国。

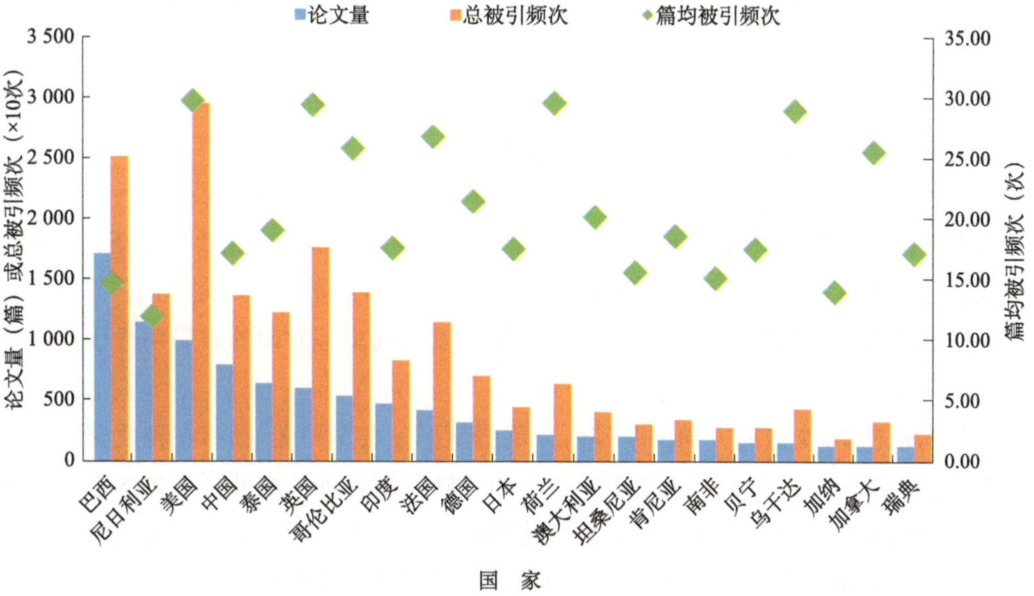

图 3-37　全球木薯基础研究领域重点国家竞争力对比

2016—2020 年，论文量在 38 篇及以上的国家共有 21 个，各国之间基础研究竞争力差距依然悬殊（图 3-38）。巴西的论文生产力依然排在首位，中国的论文生产力已赶超尼日利亚和美国，排在第二位；中国的论文影响力跃居首位，其次是美国、巴西；阿根廷的论文质量跃居首位，其次是澳大利亚、美国、乌干达、肯尼亚，中国的论文质量略有提升。可见，近年来在木薯领域的基础研究中，中国不仅在生产力和影响力方面表现突出，而且在论文质量和竞争力方面均有提升。

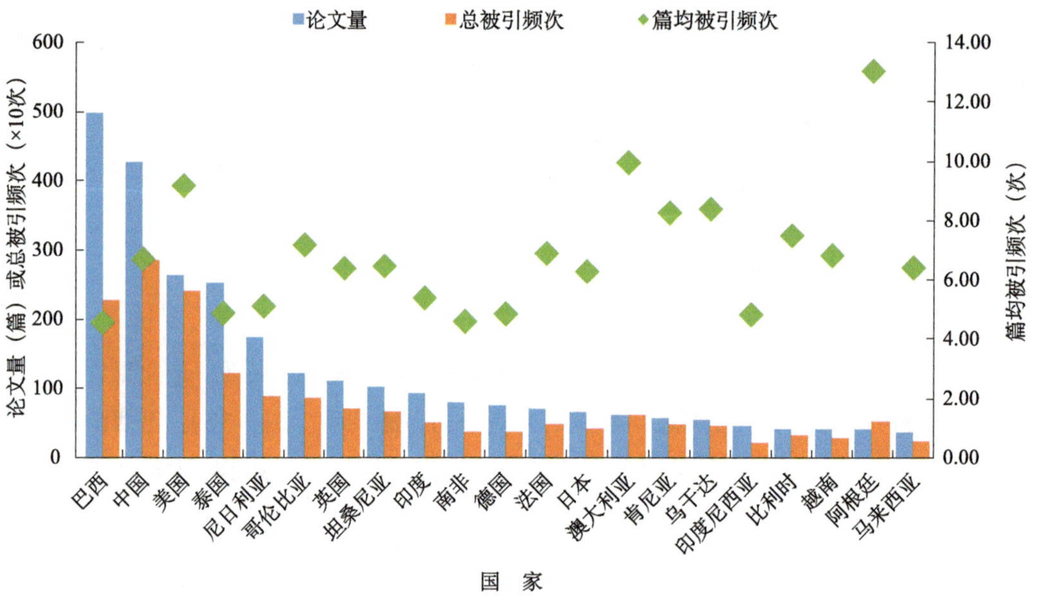

图 3-38 2016—2020 年全球木薯基础研究领域重点国家竞争力对比

3.4.1.2 研究布局分析

全球木薯基础研究领域，重点国家在 14 个研究方向上均有研究布局（图 3-39）。其中，生长机理及栽培技术、淀粉制备及其品质特性分析、育种技术与遗传多样性分析等方向是大多数国家均重点布局的研究方向；种质资源抗病性及改良创新、贮藏保鲜及食品加工技术、生物燃料开发及利用是部分国家重点布局的研究方向；另外，各国在转基因育种及植株再生技术、饲料产品开发及利用等方向的布局明显少于其他方向。

各国家在 14 个研究方向的基础研究优势不同（表 3-13）。巴西在种质资源抗病性及改良创新、育种技术与遗传多样性分析、转基因育种及植株再生技术等多个研究方向的论文量均排在首位，基础研究优势明显。美国在种质资源抗病性及改良创新、种质资源抗逆性及改良创新、育种技术与遗传多样性分析等方向具有一定的基础研究优势；尼日利亚在生态环境及生物多样性分析、生长机理及栽培技术等方向具有一定的基础研究优势；泰国在复合材料制备及利用、生物燃料开发及利用、饲料产品开发及利用等方向具有一定的基础研究优势。中国在种质资源抗逆性及改良创新方向的论文量排在首位，具有最强的基础研究优势，但在生态环境及生物多样性分析、病虫草害防控技术方向的基础研究优势相对不明显，可以作为今后重点突破的研究方向。

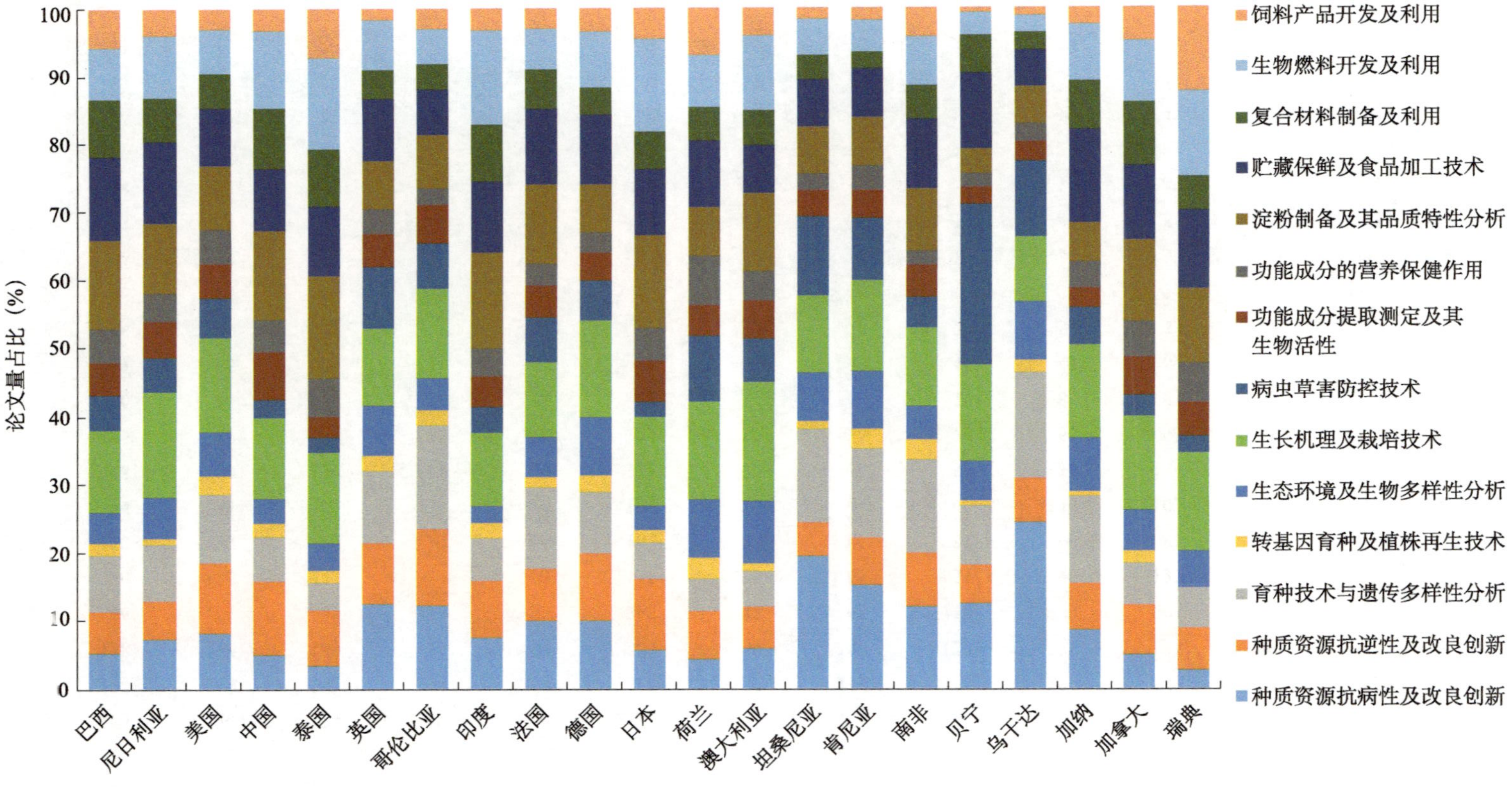

图 3-39　全球木薯基础研究领域重点国家主题布局对比

注：主题布局（堆积柱状）图中重点国家下某一颜色的高度越高，代表该颜色对应主题在重点国家的论文量占比越高；高度越低，代表该颜色对应主题在重点国家的论文量占比越低。

表 3-13　全球木薯基础研究领域重点国家主题布局对比

国家	各研究方向的论文量（篇）													
	种质资源与遗传育种				生长调控与田间管理			贮藏加工与功能成分				副产品加工与综合利用		
	种质资源抗病性及改良创新	种质资源抗逆性及改良创新	育种技术与遗传多样性分析	转基因育种及植株再生技术	生态环境及生物多样性分析	生长机理及栽培技术	病虫草害防控技术	功能成分提取、测定及其生物活性	功能成分的营养保健作用	淀粉制备及其品质特性分析	贮藏保鲜及食品加工技术	复合材料制备及利用	生物燃料开发及利用	饲料产品开发及利用
巴西	226	273	372	77	195	544	228	208	222	570	545	382	336	256
尼日利亚	153	120	174	19	126	331	104	114	84	212	260	137	194	81
美国	190	249	241	64	153	326	139	116	118	229	199	124	155	71
中国	128	276	168	54	94	307	69	180	122	328	234	232	297	83
泰国	66	161	85	33	83	265	42	65	110	299	201	172	268	145
英国	170	125	145	29	103	155	123	66	51	98	127	60	101	22
哥伦比亚	150	139	188	30	56	162	81	69	31	98	83	46	64	38
印度	75	84	62	23	25	109	39	44	42	140	103	86	141	32
法国	118	90	139	18	69	131	77	56	36	136	134	68	71	36
德国	85	87	77	21	74	123	50	36	25	60	90	35	71	30
日本	36	66	35	11	23	83	14	40	29	87	61	36	88	29
荷兰	27	45	29	21	53	92	61	29	45	45	62	32	49	44
澳大利亚	28	29	26	5	44	85	30	28	20	54	35	25	53	20
坦桑尼亚	96	25	68	6	35	56	58	19	12	34	35	18	27	8
肯尼亚	66	30	57	13	37	58	39	18	16	31	32	10	21	8
南非	63	41	72	15	27	60	23	25	11	47	55	25	38	23
贝宁	48	22	34	2	23	55	90	10	8	14	43	22	13	3
乌干达	99	27	64	7	35	39	45	12	11	22	22	11	10	5
加纳	26	21	39	2	24	42	16	9	12	17	42	22	25	8
加拿大	14	21	17	5	18	39	9	16	15	34	31	27	26	14
瑞典	11	25	24		22	59	10	20	24	44	47	21	51	51

注：表中单元格颜色越接近深红色代表论文量越多，基础研究优势越明显；越接近深绿色代表论文量越少，基础研究相对较弱。

3.4.2 重点机构分析

3.4.2.1 竞争力分析

全球共有 4 367 家机构开展与木薯相关的基础研究。从总体来看，论文量在 85 篇以上的机构共有 24 家，巴西、泰国、中国的上榜机构数量排在前三位，分别有 7 家、2 家、2 家机构上榜，各机构之间的基础研究竞争力差距较大（图 3-40）。国际热带农业研究所的论文生产力和影响力均排在首位，远超其他机构，基础研究竞争力最强；另外，巴西农业研究公司、圣保罗大学的论文生产力和影响力均排在前五位，基础研究竞争力较强；国际热带农业研究中心的论文质量排在首位，其次是美国农业部、中国科学院、瓦赫宁根大学和坎皮纳斯州立大学。

2016—2020 年，论文量在 22 篇以上的机构共有 24 家，巴西、泰国、中国、美国的上榜机构数量排在前四位，分别有 7 家、4 家、4 家、3 家机构上榜，各机构之间的基础研究竞争力差距依然较大（图 3-41）。国际热带农业研究所的论文生产力依然排在首位，其次是巴西农业研究公司、中国热带农业科学院、巴伊亚联邦大学；海南大学、广西大学的论文生产力也进入前十位。国际热带农业研究所的论文影响力依然排在首位，其次是中国热带农业科学院、圣保罗大学；海南大学、广西大学的论文影响力也进入前十五位。加州大学的论文质量跃居首位，其次是康奈尔大学、法国农业发展研究中心、美国农业部；中国科学院、中国热带农业科学院、海南大学的论文质量也进入前十一位。可见，近年来在木薯领域的基础研究中，中国热带农业科学院、海南大学、广西大学等中国机构不仅在生产力和影响力方面表现较好，而且在论文质量和竞争力方面均有很大提升。

3.4.2.2 研究布局分析

全球木薯基础研究领域，重点机构在 14 个研究方向上均有研究布局（图 3-42）。其中，生长机理及栽培技术、育种技术与遗传多样性分析、贮藏保鲜及食品加工技术等方向是大多数机构重点布局的研究方向；种质资源抗病性及改良创新、淀粉制备及其品质特性分析、种质资源抗逆性及改良创新是部分机构重点布局的研究方向；另外，各机构在饲料产品开发及利用、转基因育种及植株再生技术等方向的布局明显少于其他方向。

各机构在 14 个研究方向的基础研究优势不同（表 3-14）。国际热带农业研究所在种质资源抗病性及改良创新、种质资源抗逆性及改良创新、育种技术与遗传多样性分析等多个研究方向具有最强的基础研究优势；孔敬大学在功能成分的营养保健作用、生物燃料开发及利用、饲料产品开发及利用等方向具有最强的基础研究优势；圣保罗大学在复合材料制备及利用方向具有最强的研究趋势，在功能成分的营养保健作用、淀粉制备及其品质特性分析等方向具有一定的基础研究优势。巴西农业研究公司

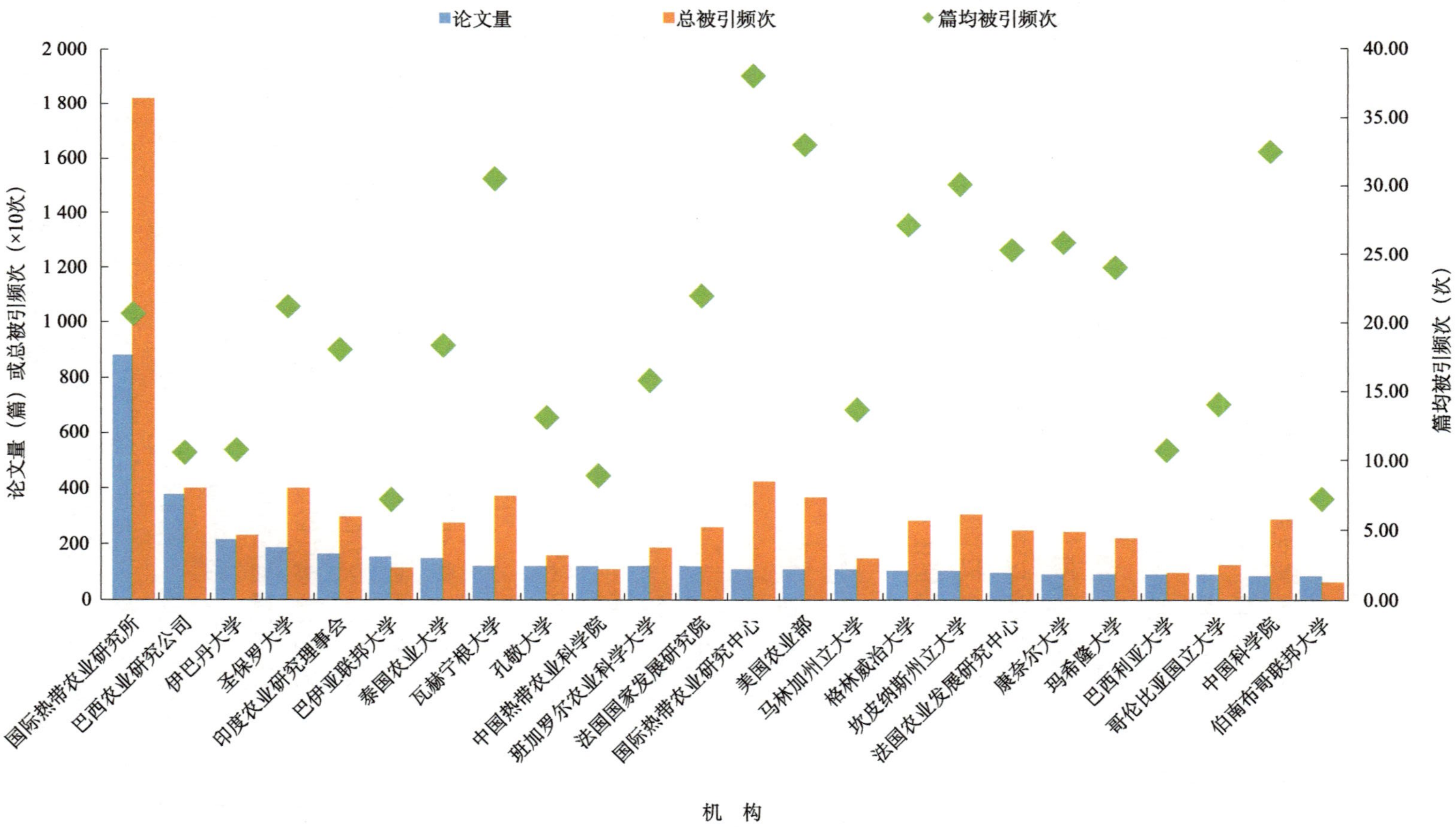

图 3-40　全球木薯基础研究领域重点机构竞争力对比

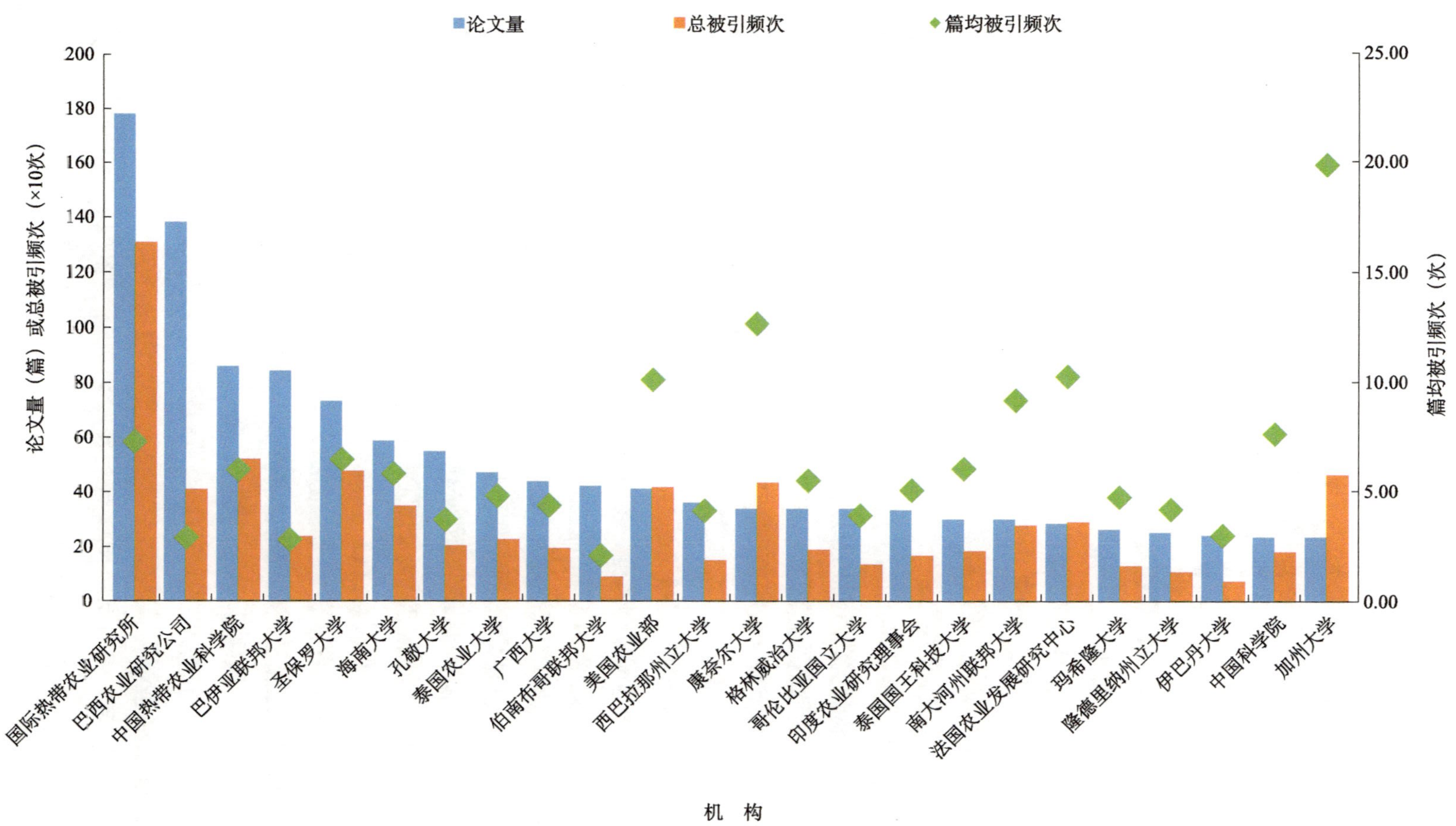

图 3-41　2016—2020 年全球木薯基础研究领域重点机构竞争力对比

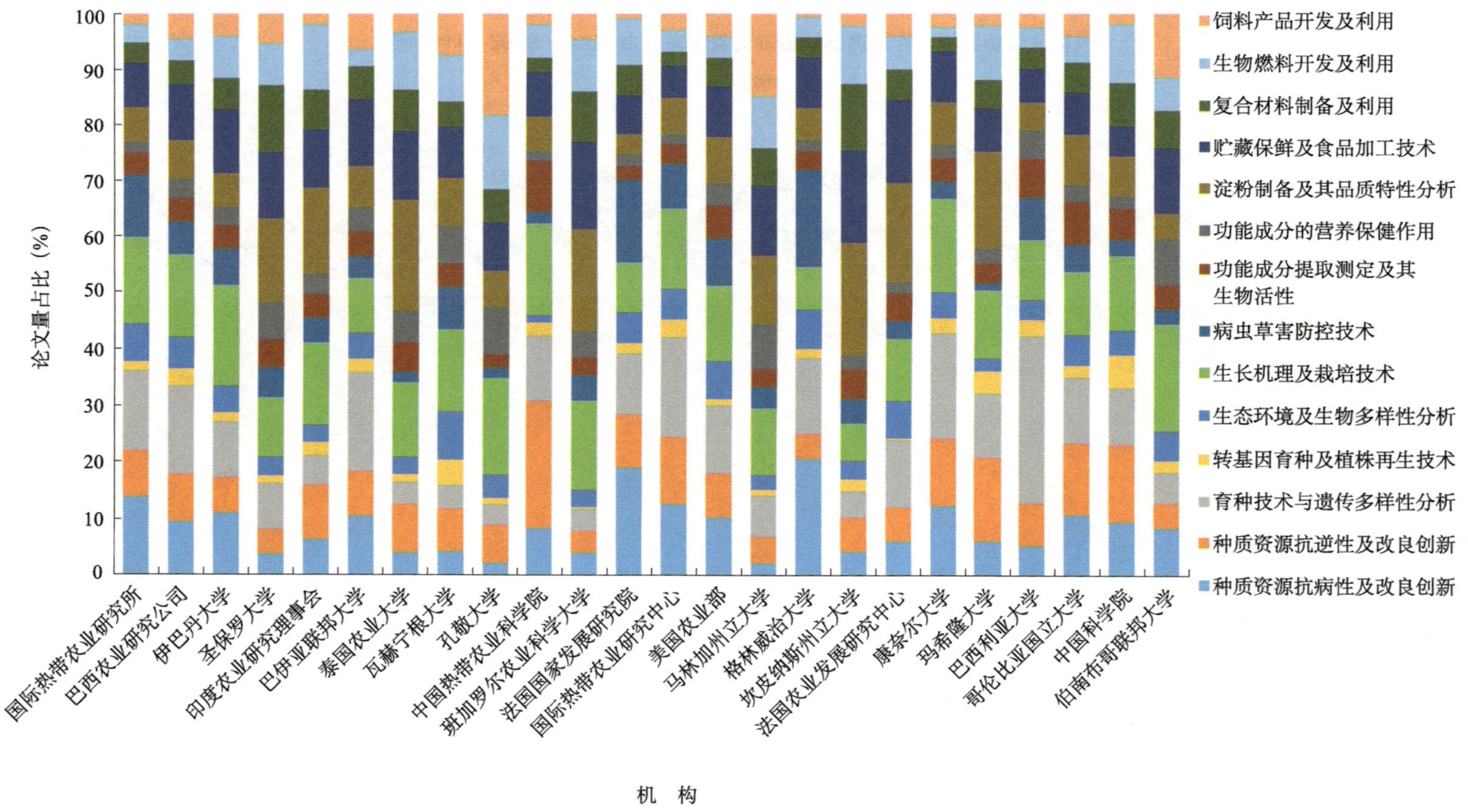

图 3-42 全球木薯基础研究领域重点机构主题布局对比

注：主题布局（堆积柱状）图中重点机构下某一颜色的高度越高，代表该颜色对应主题在重点机构的论文量占比越高；高度越低，代表该颜色对应主题在重点机构的论文量占比越低。

表 3-14 全球木薯基础研究领域重点机构主题布局对比

机构	各研究方向的论文量（篇）													
	种质资源与遗传育种				生长调控与田间管理			贮藏加工与功能成分				副产品加工与综合利用		
	种质资源抗病性及改良创新	种质资源抗逆性及改良创新	育种技术与遗传多样性分析	转基因育种及植株再生技术	生态环境及生物多样性分析	生长机理及栽培技术	病虫草害防控技术	功能成分提取、测定及其生物活性	功能成分的营养保健作用	淀粉制备及其品质特性分析	贮藏保鲜及食品加工技术	复合材料制备及利用	生物燃料开发及利用	饲料产品开发及利用
国际热带农业研究所	255	149	257	28	121	282	204	74	36	116	146	62	60	34
巴西农业研究公司	89	80	147	26	54	138	55	39	32	68	96	38	38	40
伊巴丹大学	41	24	37	6	17	67	24	16	12	23	44	20	29	14
圣保罗大学	21	24	44	7	19	57	28	27	37	81	65	66	41	28
印度农业研究理事会	25	38	20	9	12	56	18	16	14	60	42	27	46	7
巴伊亚联邦大学	47	35	78	11	20	44	17	20	19	33	55	25	14	28
泰国农业大学	18	38	17	6	14	57	8	23	26	87	55	33	46	13
瓦赫宁根大学	16	29	15	17	33	54	28	16	26	32	36	16	32	27
孔敬大学	10	31	17	5	19	77	8	11	39	29	41	26	62	82
中国热带农业科学院	32	84	43	9	5	61	8	34	7	24	30	9	22	7
班加罗尔农业科学大学	10	10	10	1	8	40	11	8	12	47	40	23	24	11
法国国家发展研究院	47	23	26	5	13	22	36	6	6	9	17	13	20	2
国际热带农业研究中心	40	38	55	10	17	46	25	12	6	20	18	8	12	9
美国农业部	33	25	39	3	22	43	28	18	14	27	29	16	13	12
马林加州立大学	7	15	23	3	8	37	12	10	25	39	39	22	29	46
格林威治大学	55	12	35	4	19	20	46	9	6	15	24	9	10	1
坎皮纳斯州立大学	12	17	13	6	10	18	12	15	7	57	47	33	29	6
法国农业发展研究中心	19	18	36	1	20	33	10	15	6	54	46	16	18	12
康奈尔大学	27	26	40	6	10	36	7	9	6	16	20	5	4	5
玛希隆大学	16	39	30	10	6	32	3	10	7	46	20	13	26	5
巴西利亚大学	10	14	55	5	7	20	14	13	10	9	11	7	7	4
哥伦比亚国立大学	29	34	31	5	15	30	13	20	9	24	20	14	13	10
中国科学院	26	37	27	15	12	36	8	15	6	20	15	20	28	5
伯南布哥联邦大学	21	11	14	5	13	47	7	11	21	11	30	16	15	28

注：主题布局（色块）图中单元格颜色越接近深红色代表论文量越多，基础研究优势越明显；越接近深绿色代表论文量越少，基础研究相对较弱。

在育种技术与遗传多样性分析、生长机理及栽培技术等多个研究方向均有一定的基础研究优势；泰国农业大学在淀粉制备及其品质特性分析、生物燃料开发及利用等方向具有一定的基础研究优势；瓦赫宁根大学在转基因育种及植株再生技术、生态环境及生物多样性分析方向具有一定的基础研究优势。

3.4.3 重点学者分析

3.4.3.1 竞争力分析

全球共有 23 909 位学者开展与木薯相关的基础研究。从总体来看，论文量在 25 篇以上的学者共有 34 位，哥伦比亚、巴西、尼日利亚、泰国、法国的上榜学者数量排在前五位，分别有 9 位、5 位、3 位、3 位、3 位学者上榜，中国只有 1 位学者上榜（图 3-43）。论文生产力排在前五位的学者有 Wanapat Metha（孔敬大学）、Dixon AGO（尼日利亚国际热带农业研究所）、Legg James Peter（尼日利亚国际热带农业研究所）、Fauquet Claude M（唐纳德丹福思植物中心）、Nassar Nagib MA（巴西利亚大学）。Fauquet Claude M（唐纳德丹福思植物中心）的论文影响力和论文质量均排在首位，其次是 Tohme Joseph（尼日利亚国际热带农业研究所）、Fregene MA（尼日利亚国际热带农业研究所）。

2016—2020 年，论文量在 12 篇以上的学者共有 28 位，中国、泰国、尼日利亚、坦桑尼亚的上榜学者数量排在前四位，分别有 8 位、5 位、3 位、3 位学者上榜（图 3-44）。de Oliveira Eder Jorge（巴西农业研究公司）的论文生产力跃居首位，其次是 Hu Wei（中国热带农业科学院）、Legg James Peter（国际热带农业研究所）、Kulakow Peter（国际热带农业研究所）、Shi Haitao（海南大学）；Ding Zehong（中国热带农业科学院）、Peng Ming（中国热带农业科学院）、Wang Wenquan（中国热带农业科学院）的论文生产力也进入前十五位。Taylor Nigel James（唐纳德丹福思植物中心）的影响力跃居首位，其次是 Kulakow Peter（国际热带农业研究所）和 Hu Wei（中国热带农业科学院）；Ding Zehong（中国热带农业科学院）、Shi Haitao（海南大学）、Yan Yan（中国热带农业科学院）等 7 位中国学者的影响力也进入前十三位。Taylor Nigel James（唐纳德丹福思植物中心）的论文质量跃居首位，其次是 Alicai Titus（作物科学与资源保护研究所）、Ndunguru Joseph（Mikocheni 农业研究所）、Kulakow Peter（国际热带农业研究所）；Ding Zehong（中国热带农业科学院）、Hu Wei（中国热带农业科学院）、Yan Yan（中国热带农业科学院）等 5 位中国学者的论文质量也进入前九位。可见，近年来在木薯领域的基础研究中，Hu Wei（中国热带农业科学院）、Shi Haitao（海南大学）、Ding Zehong（中国热带农业科学院）等中国学者在论文生产力、影响力、论文质量方面均表现较好，在竞争力方面有了较大提升。

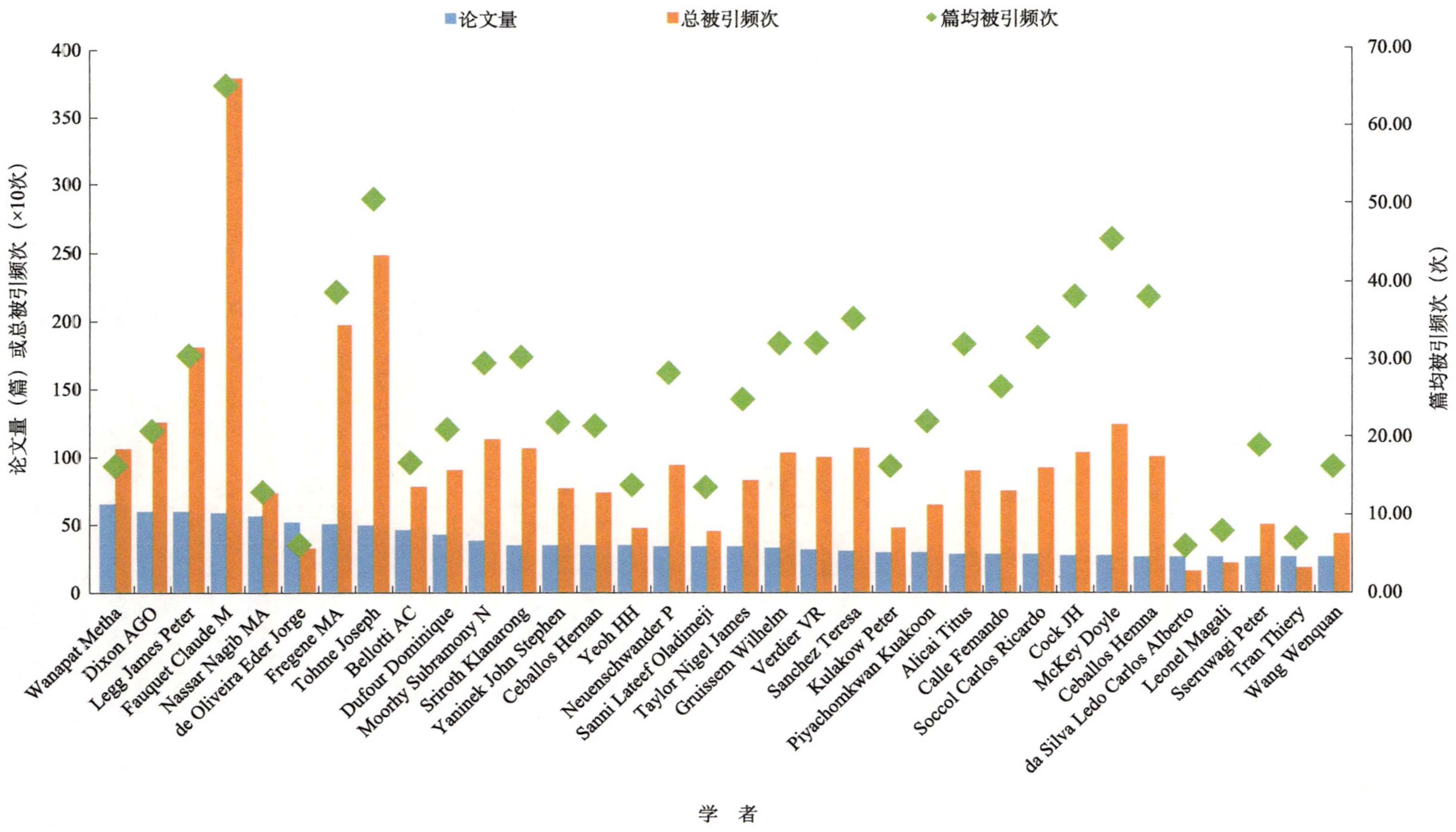

图 3-43 全球木薯基础研究领域重点学者竞争力对比

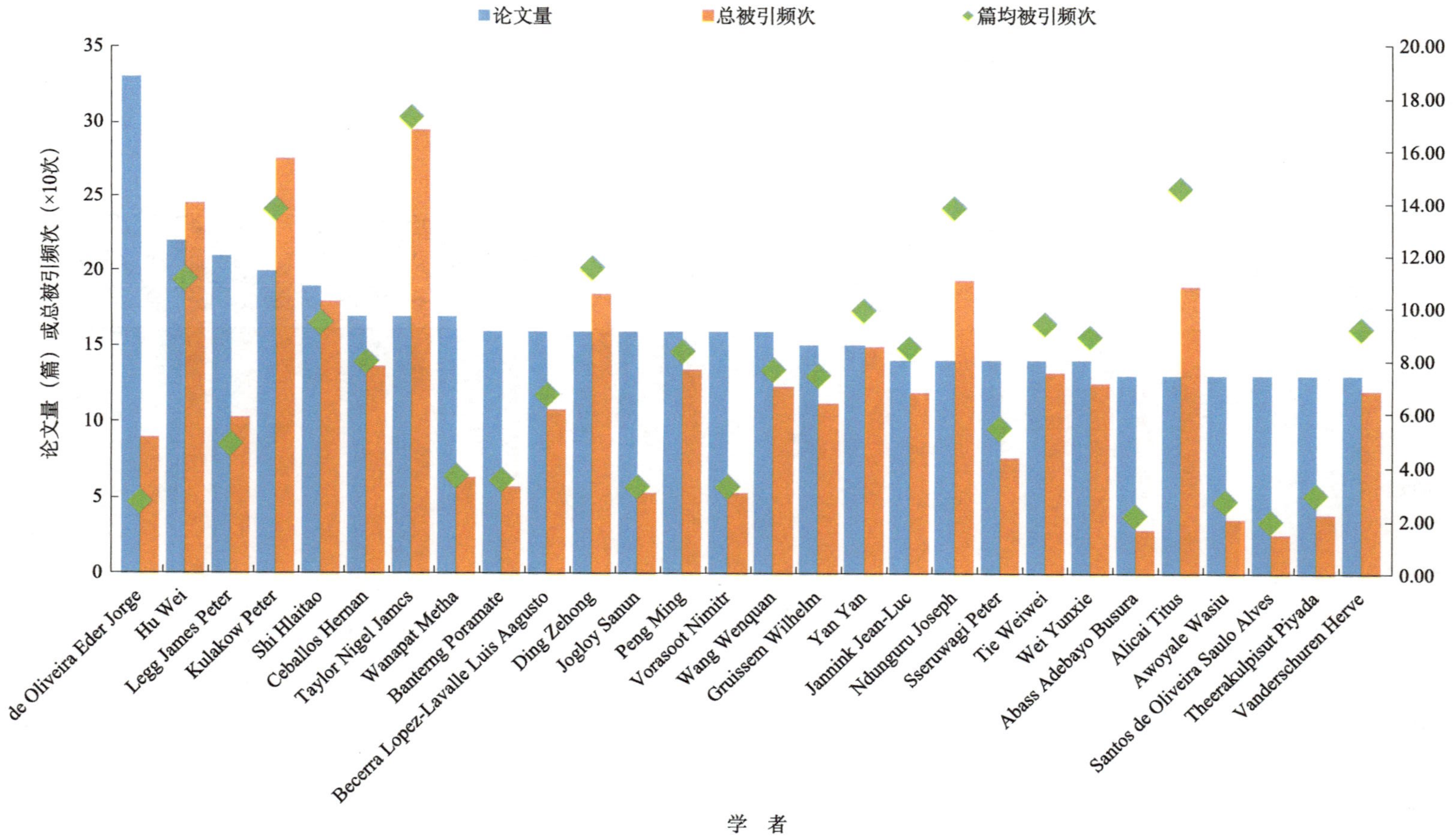

图 3-44　2016—2020 年全球木薯基础研究领域重点学者竞争力对比

3.4.3.2 研究布局分析

全球木薯基础研究领域，重点学者在 14 个研究方向的研究布局差异较大（图 3-45 和表 3-15）。其中，Dufour Dominique（法国农业发展研究中心）、Moorthy Subramony N（印度农业研究理事会）、Sriroth Klanarong（泰国农业大学）等学者侧重于淀粉制备及其品质特性分析研究；Gruissem Wilhelm（瑞士苏黎世联邦理工学院）、Taylor Nigel James（唐纳德丹福思植物中心）等学者侧重于种质资源抗逆性及改良创新研究；Legg James Peter（尼日利亚国际热带农业研究所）、Fauquet Claude M（唐纳德丹福思植物中心）、Dixon AGO（尼日利亚国际热带农业研究所）等学者侧重种质资源抗病性及改良创新研究，且 Legg James Peter 的基础研究优势最明显；de Oliveira Eder Jorge（巴西农业研究公司）、Fregene MA（尼日利亚国际热带农业研究所）、Nassar Nagib MA（巴西利亚大学）等学者侧重于育种技术与遗传多样性分析研究；Bellotti AC（尼日利亚国际热带农业研究所）、Yaninek John Stephen（尼日利亚国际热带农业研究所）、Neuenschwander P（尼日利亚国际热带农业研究所）侧重于病虫草害防控技术研究；Yeoh HH 和 Soccol Carlos Ricardo（巴拉那联邦大学）侧重于生物燃料开发及利用研究；Sanni Lateef Oladimeji（印度班加罗尔农业科学大学）、Wanapat Metha（孔敬大学）分别侧重于贮藏保鲜及食品加工技术、饲料产品开发及利用研究，且 Wanapat Metha 的基础研究优势明显。

综合对比发现，Wanapat Metha（孔敬大学）在功能成分的营养保健作用、生长机理及栽培技术、复合材料制备及利用、生物燃料开发及利用等方向有最强的基础研究优势；Legg James Peter（尼日利亚国际热带农业研究所）在种质资源抗病性及改良创新、病虫草害防控技术方向具有最强的基础研究优势；Dufour Dominique（法国农业发展研究中心）在功能成分提取测定及其生物活性、淀粉制备及其品质特性分析、贮藏保鲜及食品加工技术方向具有最强的基础研究优势。

3.4.4 重点学科分析

3.4.4.1 竞争力分析

全球木薯领域的基础研究主要分布在 20 个 ESI 学科中（图 3-46 和图 3-47）。从总体来看，农业科学的论文生产力和影响力均排在首位，基础研究竞争力最强；植物与动物科学的基础研究竞争力优势明显；综合交叉学科的论文质量排在首位，其次是微生物学、化学学科。

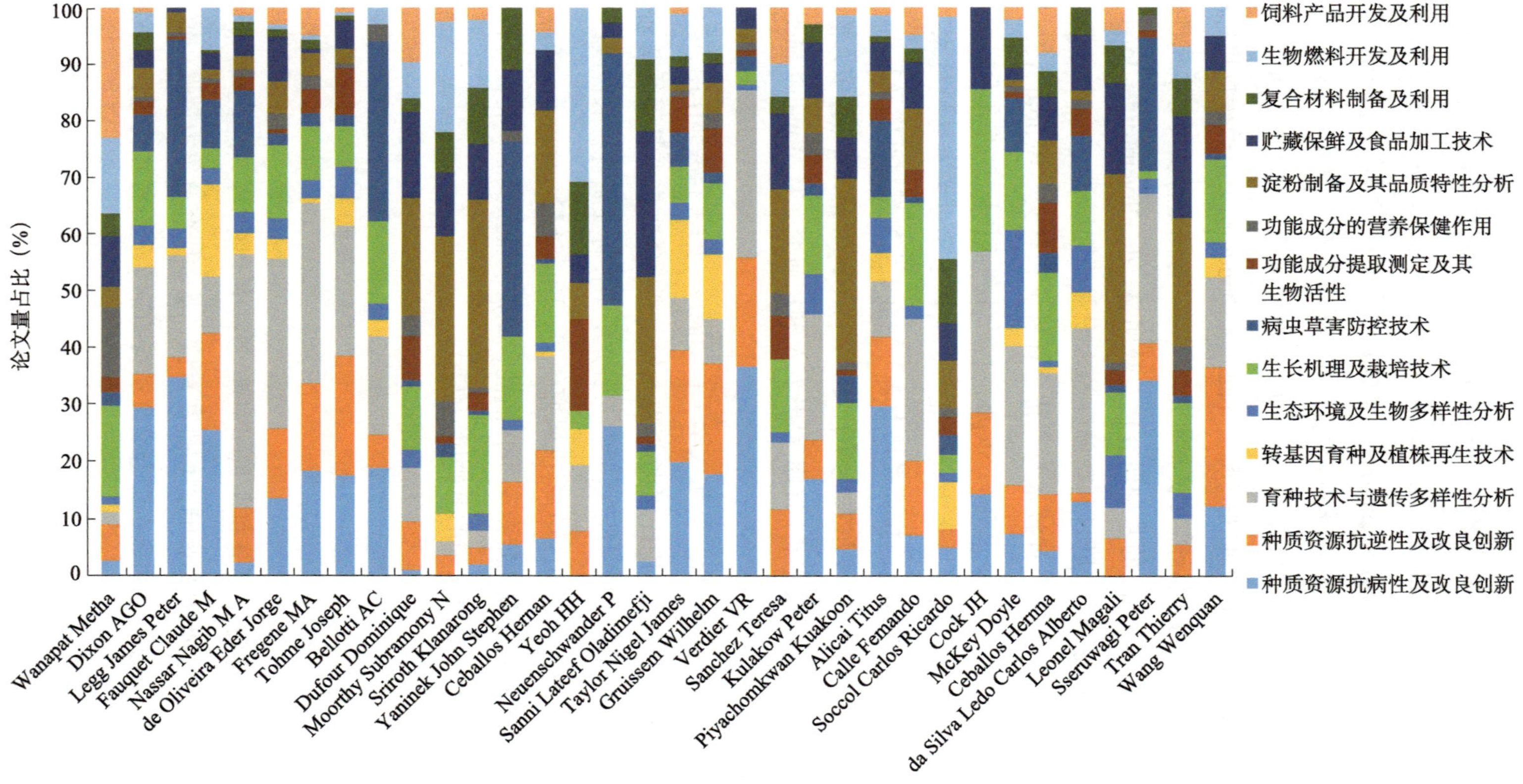

图 3-45　全球木薯基础研究领域重点学者主题布局对比

注：主题布局（堆积柱状）图中重点学者下某一颜色的高度越高，代表该颜色对应主题在重点学者的论文量占比越高；高度越低，代表该颜色对应主题在重点学者的论文量占比越低。

表 3-15 全球木薯基础研究领域重点学者主题布局对比

学者	各研究方向的论文量（篇）													
	种质资源与遗传育种				生长调控与田间管理			贮藏加工与功能成分				副产品加工与综合利用		
	种质资源抗病性及改良创新	种质资源抗逆性及改良创新	育种技术与遗传多样性分析	转基因育种及植株再生技术	生态环境及生物多样性分析	生长机理及栽培技术	病虫草害防控技术	功能成分提取测定及其生物活性	功能成分的营养保健作用	淀粉制备及其品质特性分析	贮藏保鲜及食品加工技术	复合材料制备及利用	生物燃料开发及利用	饲料产品开发及利用
Wanapat Metha	7	17	6	4	3	43	7	7	33	10	24	11	36	62
Dixon AGO	36	7	23	5	4	16	8	3	1	6	4	4	4	1
Legg James Peter	50	5	26	2	5	8	40	1	1	5	1			
Fauquet Claude M	35	23	14	22	4	5	12	4	1	2	4	1	10	
Nassar Nagib MA	2	8	37	3	3	8	10	2	1	2	3	2	1	1
de Oliveira Eder Jorge	19	17	42	5	5	18	3	1	4	8	11	2	1	4
Fregene MA	23	19	40	1	4	12	3	5	3	5	1	2	1	6
Tohme Joseph	25	30	33	7	8	10	3	12	1	4	7	1	1	1
Bellotti AC	13	4	12	2	2	10	22		2				2	
Dufour Dominique	2	14	16		5	19	2	13	6	35	26	4	11	16
Moorthy Subramony N		3	2	4		8	2	1	5	24	9	6	16	2
Sriroth Klanarong	2	3	3		3	17	1	3	1	33	10	10	12	2
Yaninek John Stephen	3	6	5		1	8	19		1		6	6		
Ceballos Hernan	8	19	20	1	2	17	1	5	7	20	13		4	5
Yeoh HH		5	7	4		2		10		4	3	8	19	
Neuenschwander P	10		2			6	17			1	1	1		
Sanni Lateef Oladimeji	2		7		2	6	1	1	2	20	20	10	7	
Taylor Nigel James	19	19	9	13	3	6	6	6	1	1	3	2	7	1
Gruissem Wilhelm	20	22	9	13	3	11	2	9	3	6	4	2	9	

续表

学者	各研究方向的论文量（篇）													
	种质资源与遗传育种				生长调控与田间管理			贮藏加工与功能成分				副产品加工与综合利用		
	种质资源抗病性及改良创新	种质资源抗逆性及改良创新	育种技术与遗传多样性分析	转基因育种及植株再生技术	生态环境及生物多样性分析	生长机理及栽培技术	病虫草害防控技术	功能成分提取测定及其生物活性	功能成分的营养保健作用	淀粉制备及其品质特性分析	贮藏保鲜及食品加工技术	复合材料制备及利用	生物燃料开发及利用	饲料产品开发及利用
Verdier VR	30	16	24		1	2	2	1	1	2	3			
Sanchez Teresa		12	12		2	13		8	4	19	14	3	6	10
Kulakow Peter	17	7	22		7	14	2	5	4	6	10	3		3
Piyachomkwan Kuakoon	4	5	3		2	11	4	1	1	27	6	6	12	1
Alicai Titus	24	10	8	4	5	3	11	3	1	3	4	1	3	1
Calle Fernando	6	11	21		2	15	1	4		9	7	2	2	4
Soccol Carlos Ricardo	3	2		5	1	2	2	2	1	5	4	7	26	1
Cock JH	1	1	2			2					1			
McKey Doyle	7	8	23	3	16	13	9	1	1	1	2	5	3	2
Ceballos Hernna	4	9	19	1	1	14	3	8	3	7	7	4	3	7
da Silva Ledo Carlos Alberto	8	1	18	4	5	6	6	3	1	1	6	3		
Leonel Magali		5	4		7	8	1	2	1	25	12	5	2	3
Sseruwagi Peter	26	5	20		2	1	18	1	2			1		
Tran Thierry		5	4		4	14	1	4	4	20	16	6	5	6
Wang Wenquan	10	20	13	3	2	12	1	4	2	6	5		4	

注：表中单元格颜色越接近深红色代表论文量越多，基础研究优势越明显；越接近深绿色代表论文量越少，基础研究相对较弱。

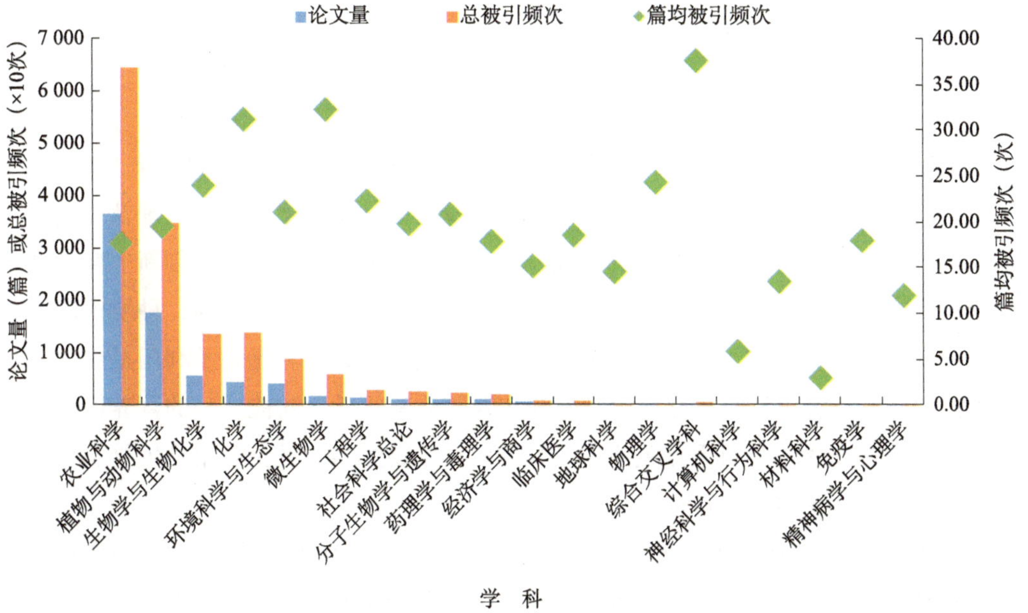

图 3-46 全球木薯基础研究领域 ESI 学科竞争力对比

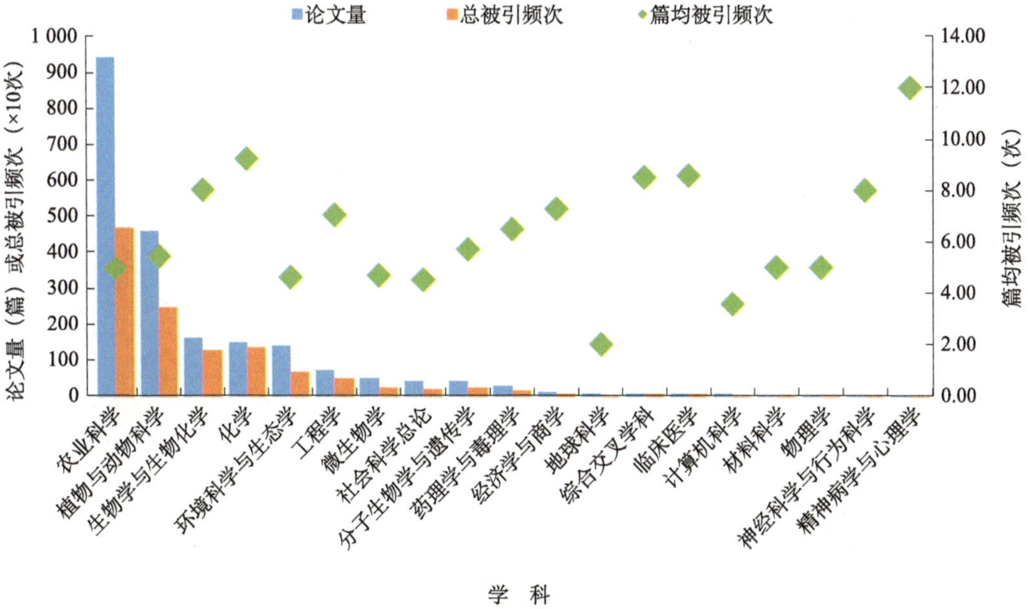

图 3-47 2016—2020 年全球木薯基础研究领域 ESI 学科竞争力对比

2016—2020 年，农业科学的论文生产力和影响力依然远超其他学科，基础研究竞争力最强；植物与动物科学的基础研究竞争力优势依然明显；精神病学与心理学的论文质量跃居首位，其次是化学、临床医学、综合交叉学科。

3.4.4.2 研究布局分析

全球木薯基础研究领域，ESI 学科在 14 个研究方向的研究布局差异明显（图 3-48）。其中，淀粉制备及其品质特性分析、贮藏保鲜及食品加工技术、生长机理及栽培技术是农业科学等多个学科重点关注的研究方向；种质资源抗逆性及改良创新、育种技术与遗传多样性分析研究是植物与动物科学等学科重点关注的研究方向；种质资源抗病性及改良创新是微生物学学科重点关注的研究方向；复合材料制备及利用是化学等学科重点关注的研究方向；功能成分提取测定及其生物活性、功能成分的营养保健作用是药理学与毒理学等学科重点关注的研究方向；生物燃料开发及利用是生物学与生物化等学科重点关注的研究方向。

各学科在 14 个研究方向的基础研究优势不同（表 3-16）。农业科学在种质资源抗逆性及改良创新、育种技术与遗传多样性分析等多个研究方向具有最强的基础研究优势；植物与动物科学在种质资源抗病性及改良创新、转基因育种及植株再生技术、病虫草害防控技术方向具有最强的基础研究优势。此外，生物学与生物化学在种质资源抗逆性及改良创新、育种技术与遗传多样性分析、转基因育种及植株再生技术等方向具有一定的基础研究优势；环境科学与生态学在生态环境及生物多样性分析、生长机理及栽培技术、病虫草害防控技术等方向具有一定的基础研究优势。

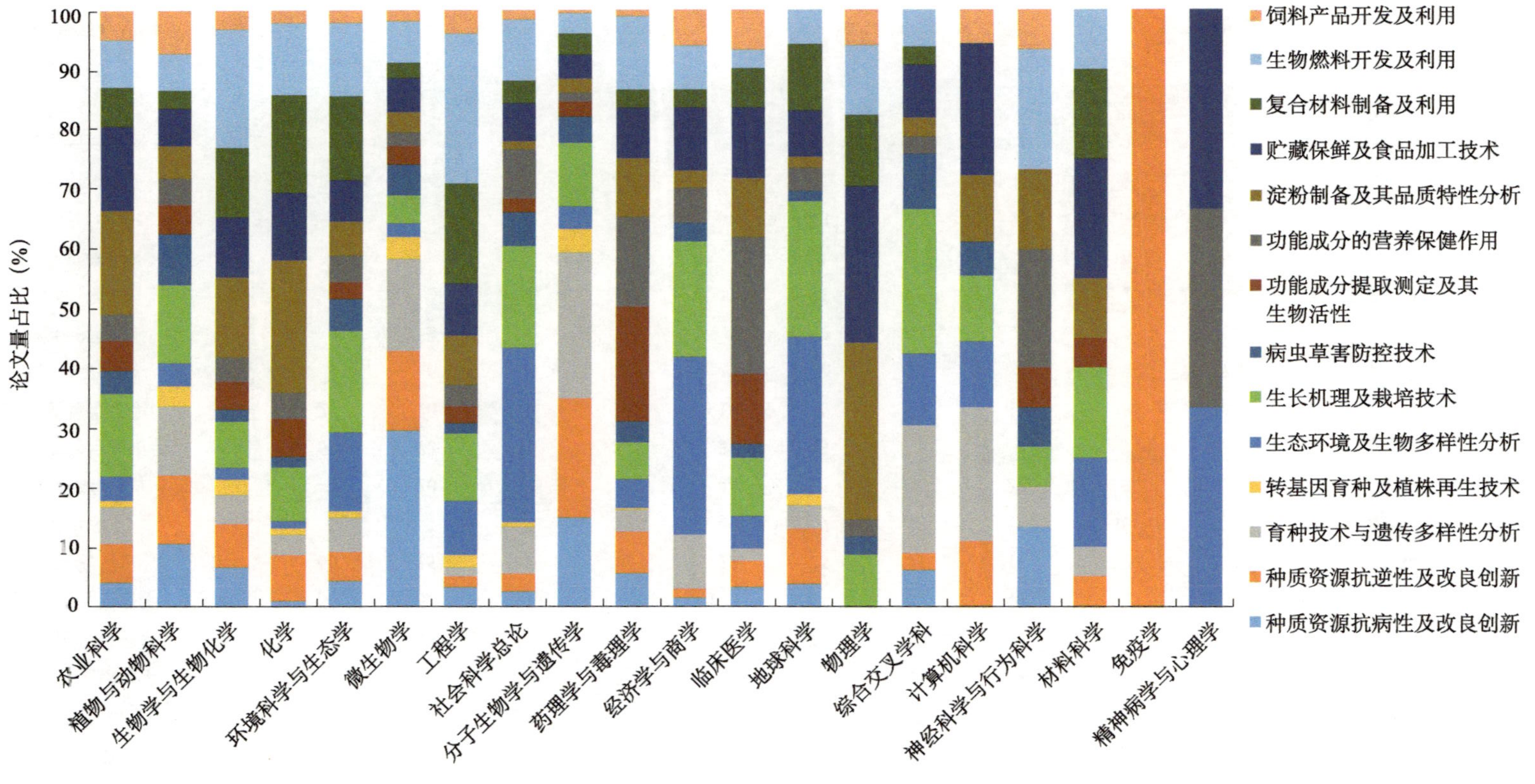

图 3-48 全球木薯基础研究领域 ESI 学科主题布局对比

注：主题布局（堆积柱状）图中重点学科下某一颜色的高度越高，代表该颜色对应主题在重点学科的论文量占比越高；高度越低，代表该颜色对应主题在重点学科的论文量占比越低。

表 3-16　全球木薯基础研究领域 ESI 学科主题布局对比

学科	各研究方向的论文量（篇）													
	种质资源与遗传育种				生长调控与田间管理			贮藏加工与功能成分				副产品加工与综合利用		
	种质资源抗病性及改良创新	种质资源抗逆性及改良创新	育种技术与遗传多样性分析	转基因育种及植株再生技术	生态环境及生物多样性分析	生长机理及栽培技术	病虫草害防控技术	功能成分提取测定及其生物活性	功能成分的营养保健作用	淀粉制备及其品质特性分析	贮藏保鲜及食品加工技术	复合材料制备及利用	生物燃料开发及利用	饲料产品开发及利用
农业科学	366	584	563	95	379	1 247	357	459	409	1 544	1 284	615	730	432
植物与动物科学	486	533	531	157	169	609	390	224	204	240	303	138	281	334
生物学与生物化学	103	111	78	40	29	121	31	71	64	209	156	177	309	49
化学	14	98	41	15	16	113	24	82	56	282	146	211	155	24
环境科学与生态学	49	56	62	11	152	190	61	33	49	62	80	158	138	23
微生物学	144	66	75	18	11	23	25	15	11	17	29	13	34	8
工程学	14	8	7	9	39	49	7	13	15	36	37	73	109	16
社会科学总论	7	8	20	2	77	44	15	6	22	3	17	10	27	4
分子生物学与遗传学	44	59	72	11	11	31	13	8	4	7	12	11	10	1
药理学与毒理学	16	20	10	1	14	18	10	55	43	28	24	9	35	3
经济学与商学	1	1	6		20	13	2		4	2	7	2	5	4
临床医学	3	4	2		5	9	2	11	21	9	11	6	3	6
地球科学	2	5	2	1	14	12	1		2	1	4	6	3	
物理学						3	1		1	10	9	4	4	2
综合交叉学科	2	1	7		4	8	3		1	1	3	1	2	
计算机科学		2	4		2	2	1			2	4			1
神经科学与行为科学	2		1			1	1	1	3	2			3	1
材料科学		1	1		3	3		1		2	4	3	2	
免疫学		1												
精神病学与心理学					1				1		1			

注：主题布局（色块）图中单元格颜色越接近深红色代表论文量越多，基础研究优势越明显；越接近深绿色代表论文量越少，基础研究相对较弱。

3.5 可 可

3.5.1 重点国家分析

3.5.1.1 竞争力分析

全球共有 140 个国家开展与可可有关的基础研究。从总体来看，论文量在 130 篇以上的国家共有 21 个，各国之间基础研究竞争力差距悬殊（图 3-49）。美国的论文生产力和影响力均排在首位，且远超其他国家，基础研究竞争力最强；巴西、德国、英国、法国和西班牙的基础研究竞争力也排在前列。瑞士的论文质量排在首位，其次是美国和澳大利亚。

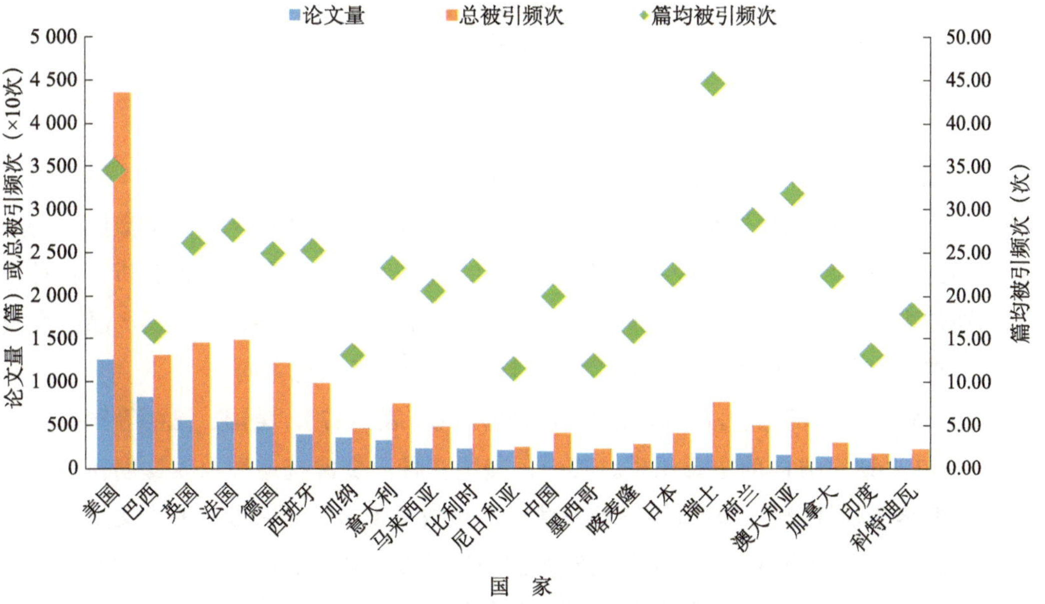

图 3-49 全球可可基础研究领域重点国家竞争力对比

2016—2020 年，论文量在 45 篇及以上的国家共有 21 个，各国之间基础研究竞争力差距依然较大（图 3-50）。美国和巴西的论文生产力依然排在前列且两者差距明显缩小，中国的论文生产力排名略有提升；美国的论文影响力依然排在首位，其次是意大利、巴西、中国，中国的论文影响力排名大幅度提升；美国的论文质量跃居首位，其次是中国、意大利、瑞士、澳大利亚，中国的论文质量提升明显。可见，近年来在可可领域的基础研究中，中国在生产力方面表现稳定，在影响力和论文质量方面表现突出，在竞争力方面有了很大提升。

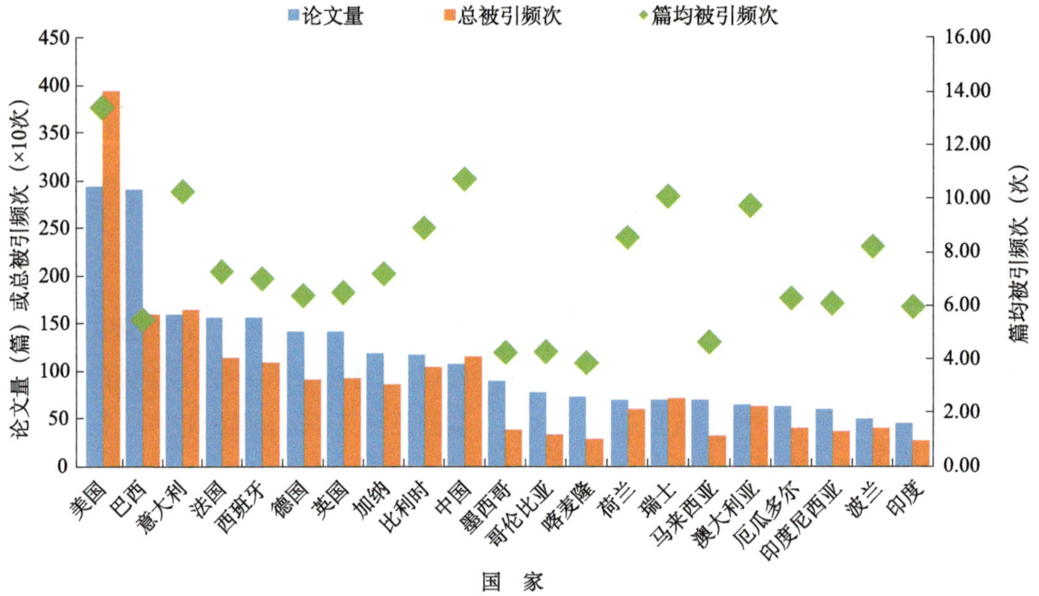

图 3-50 2016—2020 年全球可可基础研究领域重点国家竞争力对比

3.5.1.2 研究布局分析

全球可可基础研究领域，重点国家在 13 个研究方向上均有研究布局（图 3-51）。其中，功能成分提取测定及其生物活性、贮藏保鲜及食品加工技术是大多数国家均重点布局的研究方向；功能成分的营养保健作用、生态环境及生物多样性分析、育种技术与遗传多样性分析是部分国家重点布局的研究方向；另外，各国在饲料产品开发及利用、转基因育种及植株再生技术等方向的布局明显少于其他方向。

各国家在 13 个研究方向的基础研究优势不同（表 3-17），美国、巴西等国家基本占据了 13 个研究方向的主要比重。其中，美国在种质资源抗逆性及改良创新、育种技术与遗传多样性分析、转基因育种及植株再生技术等多个研究方向的论文量排在首位，基础研究优势明显；巴西在种质资源抗病性及改良创新、贮藏保鲜及食品加工技术、生物燃料开发及利用、饲料产品开发及利用方向的论文量排在首位，具有明显的基础研究优势。另外，德国在生态环境及生物多样性分析、生长机理及栽培技术、复合材料制备及利用、生物燃料开发及利用等方向具有一定的基础研究优势；英国在转基因育种及植株再生技术、病虫草害防控技术、功能成分的营养保健作用等方向具有一定的基础研究优势；法国在种质资源抗病性及改良创新、种质资源抗逆性及改良创新、育种技术与遗传多样性分析等方向具有一定的基础研究优势。中国在功能成分提取测定及其生物活性、功能成分的营养保健作用等方向略有基础研究优势，在种质资

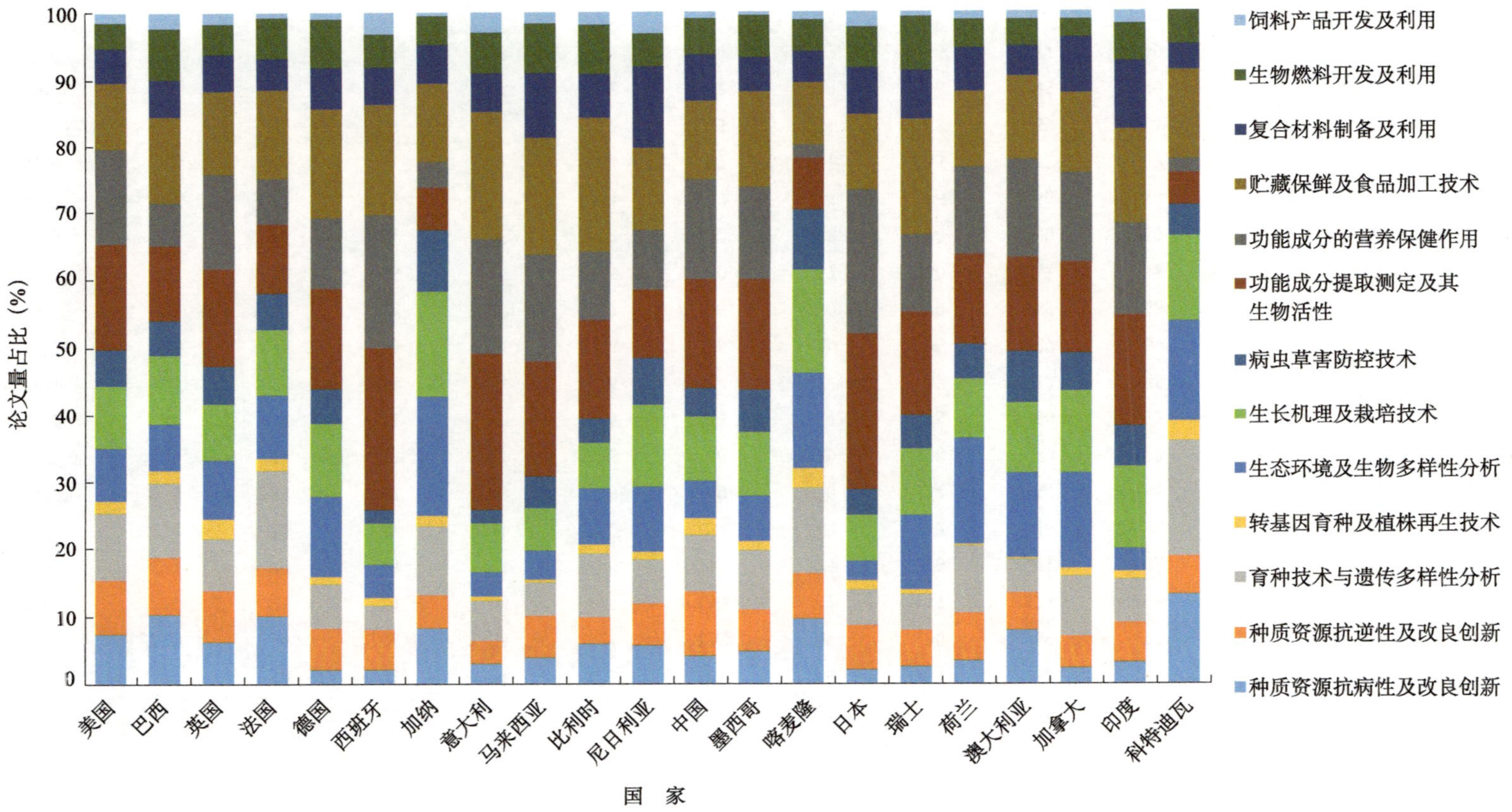

图 3-51　全球可可基础研究领域重点国家主题布局对比

注：主题布局（堆积柱状）图中重点国家下某一颜色的高度越高，代表该颜色对应主题在重点国家的论文量占比越高；高度越低，代表该颜色对应主题在重点国家的论文量占比越低。

表 3-17　全球可可基础研究领域重点国家主题布局对比

国家	各研究方向的论文量（篇）												
	种质资源与遗传育种				生长调控与田间管理			贮藏加工与功能成分			副产品加工与综合利用		
	种质资源抗病性及改良创新	种质资源抗逆性及改良创新	育种技术与遗传多样性分析	转基因育种及植株再生技术	生态环境及生物多样性分析	生长机理及栽培技术	病虫草害防控技术	功能成分提取测定及其生物活性	功能成分的营养保健作用	贮藏保鲜及食品加工技术	复合材料制备及利用	生物燃料开发及利用	饲料产品开发及利用
美国	210	226	282	50	229	258	154	446	404	281	146	113	37
巴西	242	201	263	41	168	240	126	259	149	308	133	181	53
英国	74	90	92	34	105	100	69	171	168	147	68	52	20
法国	129	95	186	23	121	128	69	130	89	173	61	79	8
德国	26	71	79	14	141	130	62	177	123	195	74	86	12
西班牙	27	70	46	14	60	75	24	296	241	202	70	59	40
加纳	54	34	67	11	120	104	60	42	26	78	39	28	4
意大利	28	33	57	8	35	69	20	224	164	184	57	59	29
马来西亚	25	38	30	4	26	40	29	108	99	109	60	47	10
比利时	39	25	63	10	55	44	24	98	66	132	44	49	12
尼日利亚	21	22	24	4	36	44	26	37	32	45	44	18	12
中国	24	56	50	14	34	56	25	96	87	69	41	33	5
墨西哥	23	29	42	7	32	46	30	79	65	68	25	31	2
喀麦隆	50	36	66	15	75	80	47	40	11	48	25	25	6
日本	10	31	24	6	14	32	18	110	100	53	33	28	11
瑞士	12	27	26	3	54	49	24	76	56	84	36	39	4
荷兰	14	29	41	1	64	37	21	55	52	47	27	17	5
澳大利亚	33	22	20	1	52	43	31	58	59	51	19	16	5
加拿大	8	16	30	4	48	42	19	46	45	40	29	9	4
印度	9	16	18	3	9	34	17	46	37	39	28	16	5
科特迪瓦	37	16	48	8	42	35	13	13	6	37	11	14	

注：主题布局（色块）图中单元格颜色越接近深红色代表论文量越多，基础研究优势越明显；越接近深绿色代表论文量越少，基础研究相对较弱。

源抗病性及改良创新、转基因育种及植株再生技术、病虫草害防控技术、饲料产品开发及利用等方向的基础研究相对较弱，可以作为今后重点突破的方向。

3.5.2 重点机构分析

3.5.2.1 竞争力分析

全球共有 4 333 家机构开展与可可相关的基础研究。从总体来看，论文量在 55 篇以上的机构共有 26 家，美国、巴西的上榜机构数量排在前两位，分别有 6 家、4 家机构上榜，中国没有机构上榜，各机构之间的基础研究竞争力差距较大（图 3-52）。法国农业发展研究中心的论文生产力排在首位，其次是美国农业部和圣克鲁斯州立大学。加州大学和雀巢集团的论文影响力和论文质量排名均位居前三，基础研究竞争力较强。

2016—2020 年，论文量在 20 篇以上的机构共有 26 家，巴西、美国、加纳的上榜机构数量排在前三位，分别有 4 家、4 家、3 家机构上榜，中国依然没有机构上榜，各机构之间的基础研究竞争力差距依然较大（图 3-53）。圣克鲁斯州立大学的论文生产力跃居首位，其次是法国农业发展研究中心、美国农业部；美国农业部的论文影响力跃居首位，其次是法国农业发展研究中心、根特大学；拉夫拉斯联邦大学的论文质量跃居首位，其次是加纳大学、西班牙国家研究理事会、国际热带农业研究所。可见，近年来在可可领域的基础研究中，中国机构的基础研究优势依然不突出。

3.5.2.2 研究布局分析

全球可可基础研究领域，重点机构在 13 个研究方向上均有研究布局（图 3-54）。其中，育种技术与遗传多样性分析、功能成分提取测定及其生物活性等方向是大多数机构重点布局的研究方向；种质资源抗病性及改良创新、生长机理及栽培技术、功能成分的营养保健作用、贮藏保鲜及食品加工技术部分机构重点布局的研究方向；另外，各机构在饲料产品开发及利用、转基因育种及植株再生技术等方向的布局明显少于其他方向。

各机构在 13 个研究方向的基础研究优势不同（表 3-18）。其中，法国农业发展研究中心在生态环境及生物多样性分析、生长机理及栽培技术等方向具有最强的基础研究优势；美国农业部在种质资源抗病性及改良创新、种质资源抗逆性及改良创新、育种技术与遗传多样性分析等方向的论文量位居首位，具有最强的基础研究优势；圣克鲁斯州立大学在生长机理及栽培技术、生物燃料开发及利用方向具有最强基础研究优势；加州大学在功能成分提取测定及其生物活性、功能成分的营养保健作用方向具有明显的基础研究优势；坎皮纳斯州立大学、宾夕法尼亚州立大学、马来西亚博特拉大学、维索萨联邦大学分别在贮藏保鲜及食品加工技术、转基因育种及植株再生技术、饲料产品开发及利用方向具有明显的基础研究优势；此外，西班牙国家研究理事会在功能

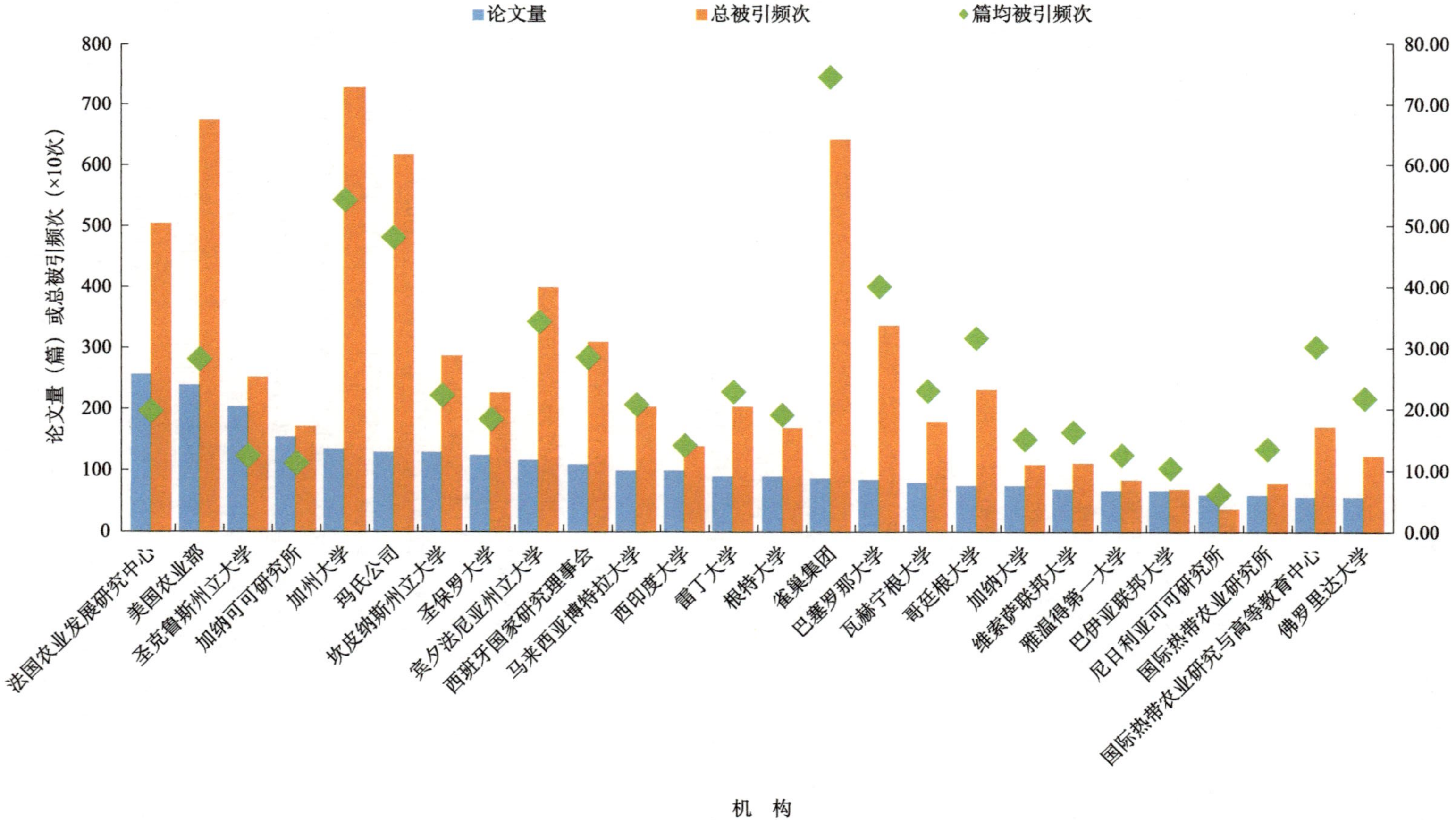

图 3-52　全球可可基础研究领域重点机构竞争力对比

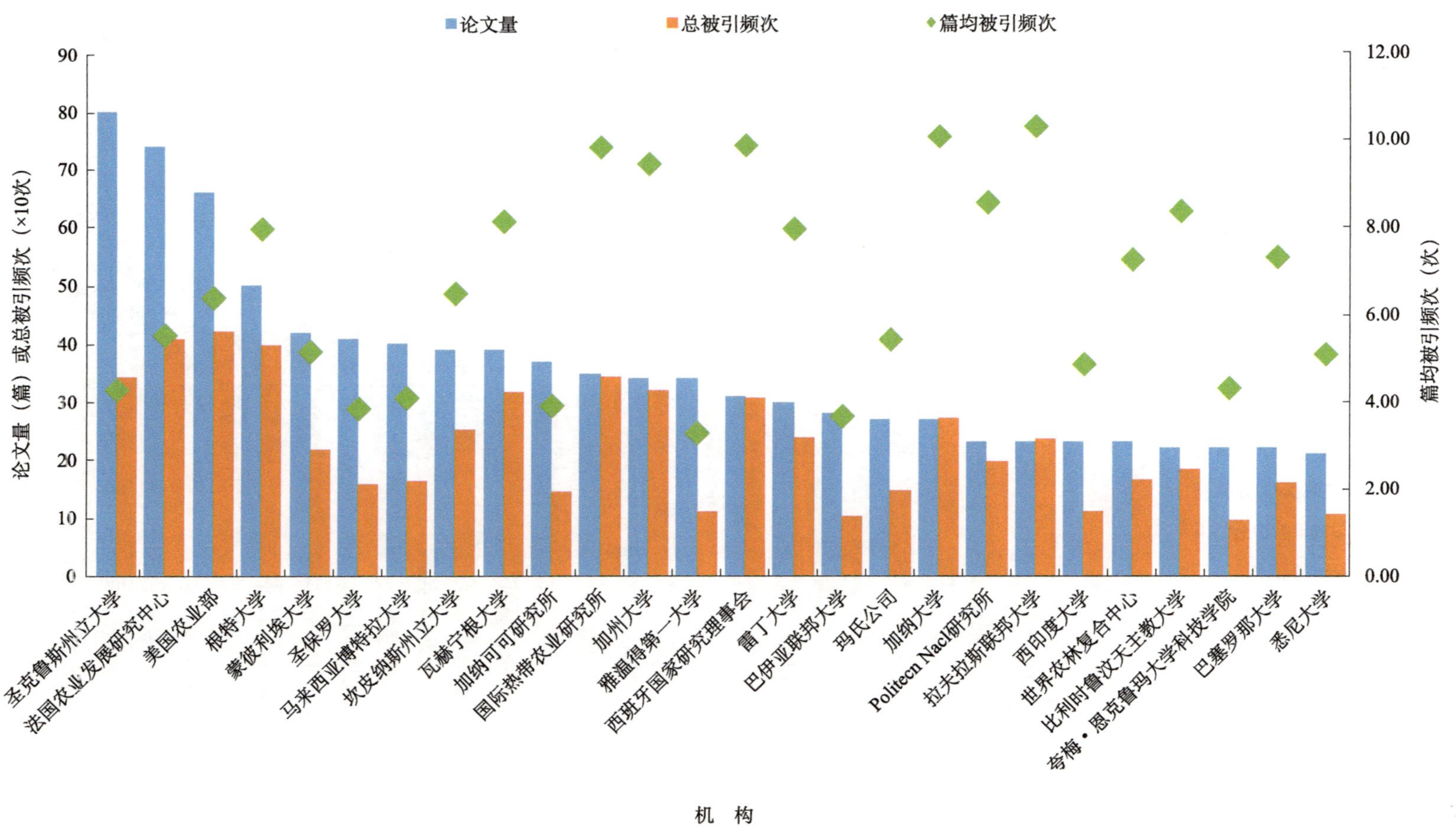

图 3-53 2016—2020 年全球可可基础研究领域重点机构竞争力对比

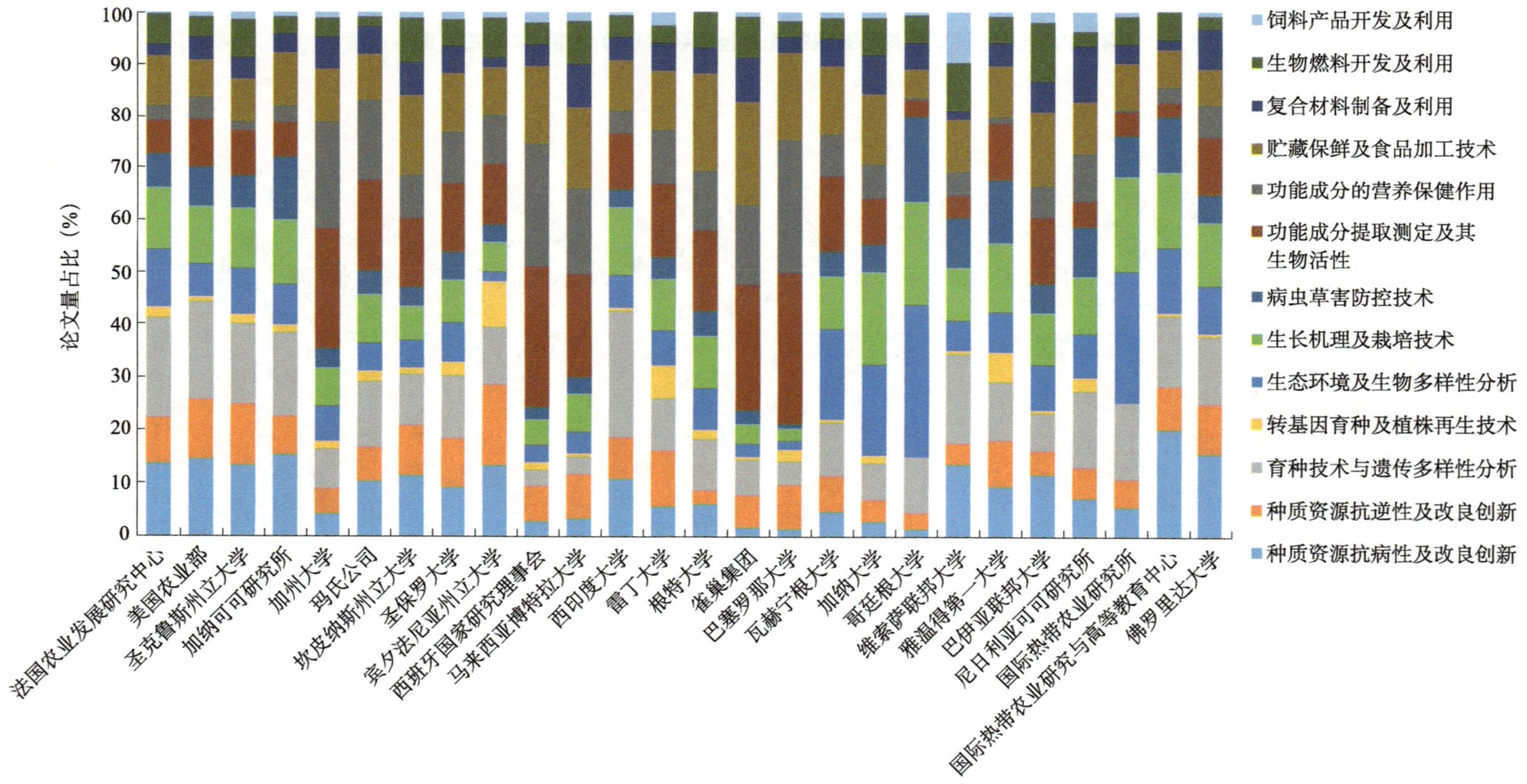

图 3-54　全球可可基础研究领域重点机构主题布局对比

注：主题布局（堆积柱状）图中重点机构下某一颜色的高度越高，代表该颜色对应主题在重点机构的论文量占比越高；高度越低，代表该颜色对应主题在重点机构的论文量占比越低。

表 3-18　全球可可基础研究领域重点机构主题布局对比

机构	各研究方向的论文量（篇）												
	种质资源与遗传育种				生长调控与田间管理			贮藏加工与功能成分			副产品加工与综合利用		
	种质资源抗病性及改良创新	种质资源抗逆性及改良创新	育种技术与遗传多样性分析	转基因育种及植株再生技术	生态环境及生物多样性分析	生长机理及栽培技术	病虫草害防控技术	功能成分提取测定及其生物活性	功能成分的营养保健作用	贮藏保鲜及食品加工技术	复合材料制备及利用	生物燃料开发及利用	饲料产品开发及利用
法国农业发展研究中心	85	55	116	13	69	73	40	41	18	59	15	35	1
美国农业部	95	74	121	6	41	72	50	61	28	46	30	23	6
圣克鲁斯州立大学	87	72	97	11	58	73	39	57	11	53	27	44	9
加纳可可研究所	37	17	38	3	19	29	29	16	8	24	9	7	2
加州大学	16	19	30	5	26	27	15	89	80	40	24	13	4
玛氏公司	37	22	43	7	19	32	16	61	55	31	18	6	3
坎皮纳斯州立大学	50	41	42	5	23	28	16	57	36	67	28	35	5
圣保罗大学	33	32	42	9	27	28	19	46	36	40	18	17	5
宾夕法尼亚州立大学	34	38	27	22	5	14	8	29	25	22	5	18	3
西班牙国家研究理事会	9	22	10	5	11	15	7	87	77	48	14	13	6
马来西亚博特拉大学	11	28	11	1	14	23	10	64	54	52	27	26	5
西印度大学	22	16	48	1	13	26	7	22	9	19	9	8	1
雷丁大学	12	23	21	13	14	21	9	30	23	24	11	7	5
根特大学	15	6	23	4	19	23	11	37	27	45	12	15	
雀巢集团	4	15	16	1	6	9	6	56	37	47	20	18	2

续表

机构	各研究方向的论文量（篇）												
	种质资源与遗传育种				生长调控与田间管理			贮藏加工与功能成分			副产品加工与综合利用		
	种质资源抗病性及改良创新	种质资源抗逆性及改良创新	育种技术与遗传多样性分析	转基因育种及植株再生技术	生态环境及生物多样性分析	生长机理及栽培技术	病虫草害防控技术	功能成分提取测定及其生物活性	功能成分的营养保健作用	贮藏保鲜及食品加工技术	复合材料制备及利用	生物燃料开发及利用	饲料产品开发及利用
巴塞罗那大学	4	22	12	6	5	6	2	77	69	44	8	8	4
瓦赫宁根大学	9	13	19	1	32	19	9	27	16	24	10	7	2
加纳大学	5	7	12	2	29	30	9	15	11	23	13	11	2
哥廷根大学	3	7	23		63	43	36	7	1	12	11	11	1
维索萨联邦大学	23	7	28	1	10	17	16	7	8	17	3	15	16
雅温得第一大学	21	19	24	12	17	29	26	24	3	21	10	10	2
巴伊亚联邦大学	23	9	14	1	17	19	11	25	12	28	12	21	4
尼日利亚可可研究所	6	5	12	2	7	9	8	4	8	8	9	2	3
国际热带农业研究所	8	7	20		35	25	11	6	1	12	5	7	1
国际热带农业研究与高等教育中心	32	13	21	1	20	23	17	4	5	11	3	8	
佛罗里达大学	21	12	17	1	12	16	7	15	8	9	10	3	1

注：表中单元格颜色越接近深红色代表论文量越多，基础研究优势越明显；越接近深绿色代表论文量越少，基础研究相对较弱。

成分提取测定及其生物活性、功能成分的营养保健作用等方向具有一定的基础研究优势。

3.5.3 重点学者分析

3.5.3.1 竞争力分析

全球共有 18 220 位学者开展与可可相关的基础研究。从总体来看，论文量在 26 篇以上的学者共有 31 位，美国、西班牙、巴西、法国的上榜学者数量排在前四位，分别有 10 位、6 位、4 位、3 位学者上榜，中国没有学者上榜（图 3-55）。论文生产力排在前五位的学者有 Cilas Christian（法国农业发展研究中心）、Motamayor Juan Carlos（美国农业部）、Dewettinck Koen（根特大学）、Lanaud Claire（法国农业发展研究中心）、Guiltinan Mark J（宾夕法尼亚州立大学）。Keen CL（加州大学）的论文影响力排在首位，其次是 Lanaud Claire（法国农业发展研究中心）、De Vuyst Luc（布鲁塞尔自由大学）。Keen CL（加州大学）的论文质量排在首位且远高于其他学者，其次是 Osakabe Naomi（明治制果株式会社）和 De Vuyst Luc（布鲁塞尔自由大学）。

2016—2020 年，论文量在 9 篇以上的学者共有 30 位，美国、巴西、日本、比利时、德国的上榜学者数量排在前五位，分别有 5 位、5 位、5 位、4 位、3 位学者上榜，中国依然没有学者上榜（图 3-56）。Dewettinck Koen（根特大学）的论文生产力跃居首位，其次是 Baligar Virupax Chanabasappa（美国农业部）、Kuhnert Nikolai（不来梅雅各布大学）和 Van de Walle Davy（根特大学）。Dewettinck Koen（根特大学）的论文影响力也跃居首位，其次是 Van de Walle Davy（根特大学）、Schwan Rosane Freitas（拉夫拉斯联邦大学）和 Ramos Sonia（西班牙国家研究理事会）。Van de Walle Davy（根特大学）的论文质量跃居首位，其次是 Schwan Rosane Freitas（拉夫拉斯联邦大学）和 Ullrich Matthias S（不来梅雅各布大学）。可见，近年来在可可领域的基础研究中，中国学者的基础研究优势依然不突出。

3.5.3.2 研究布局分析

全球可可基础研究领域，重点作者在 13 个研究方向的研究布局差异较大（图 3-57 和表 3-19）。其中，Goya Luis（西班牙国家研究理事会）、Castell Margarida（巴塞罗那大学）、Ramos Sonia（西班牙国家研究理事会）等学者侧重于功能成分提取测定及其生物活性研究；Motamayor Juan Carlos（美国农业部）、Lanaud Claire（法国农业发展研究中心）、Schnell Raymond John（美国农业部）等学者侧重于育种技术与遗传多样性分析研究；De Vuyst Luc（布鲁塞尔自由大学）、Dewettinck Koen（根特大学）、Jinap Selamat（马来西亚博特拉大学）等学者侧重于贮藏保鲜及食品加工技术研究；Pirovani Carlos Priminho（圣克鲁斯州立大学）、Guiltinan Mark J（宾夕法尼亚州立大学）、Maximova Siela N（宾夕法尼亚州立大学）侧重于种质资源抗逆性及改良创新研究；Bailey Bryan A（美国农业部）、Gramacho

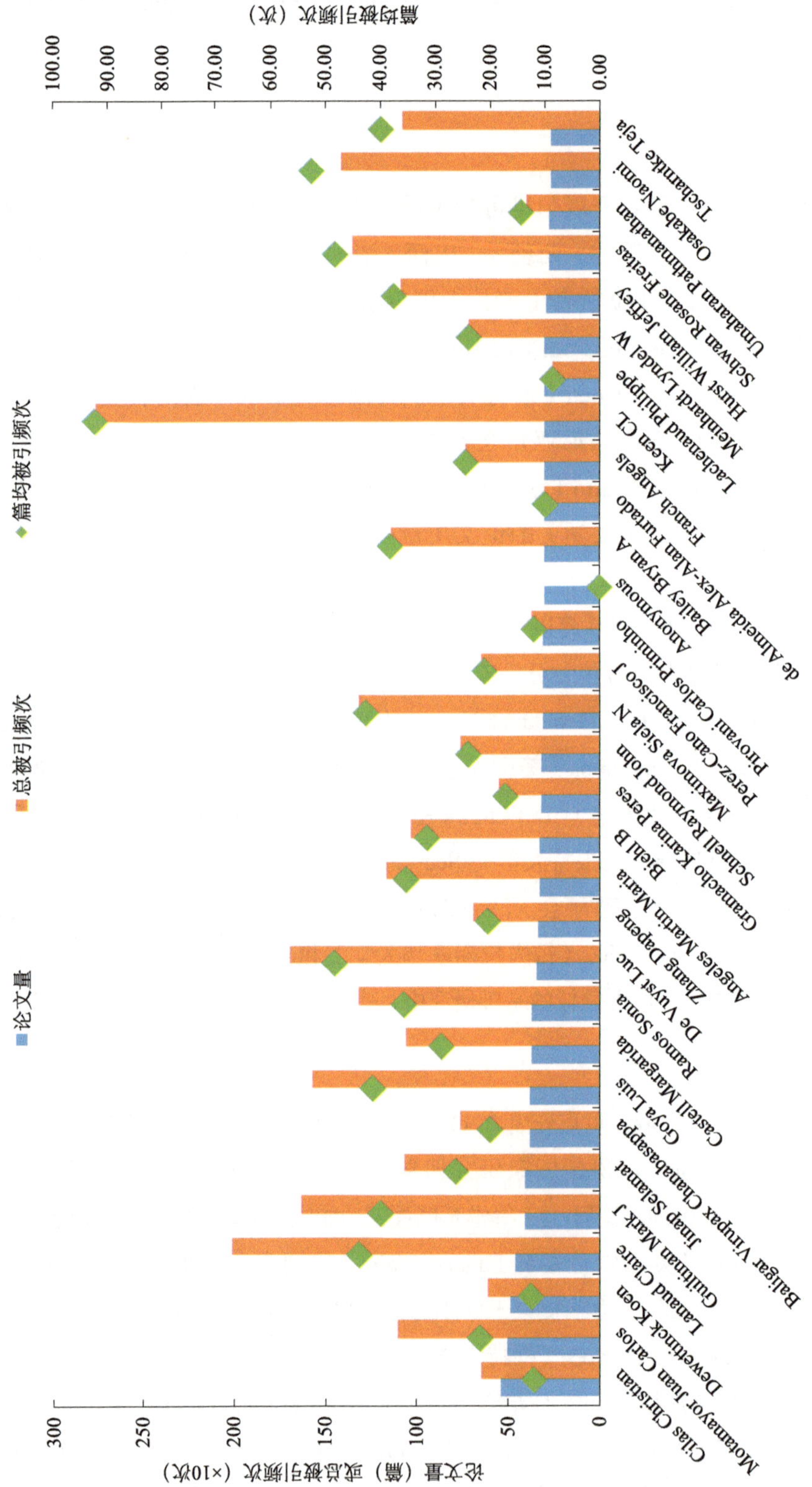

图 3-55　全球可可基础研究领域重点学者竞争力对比

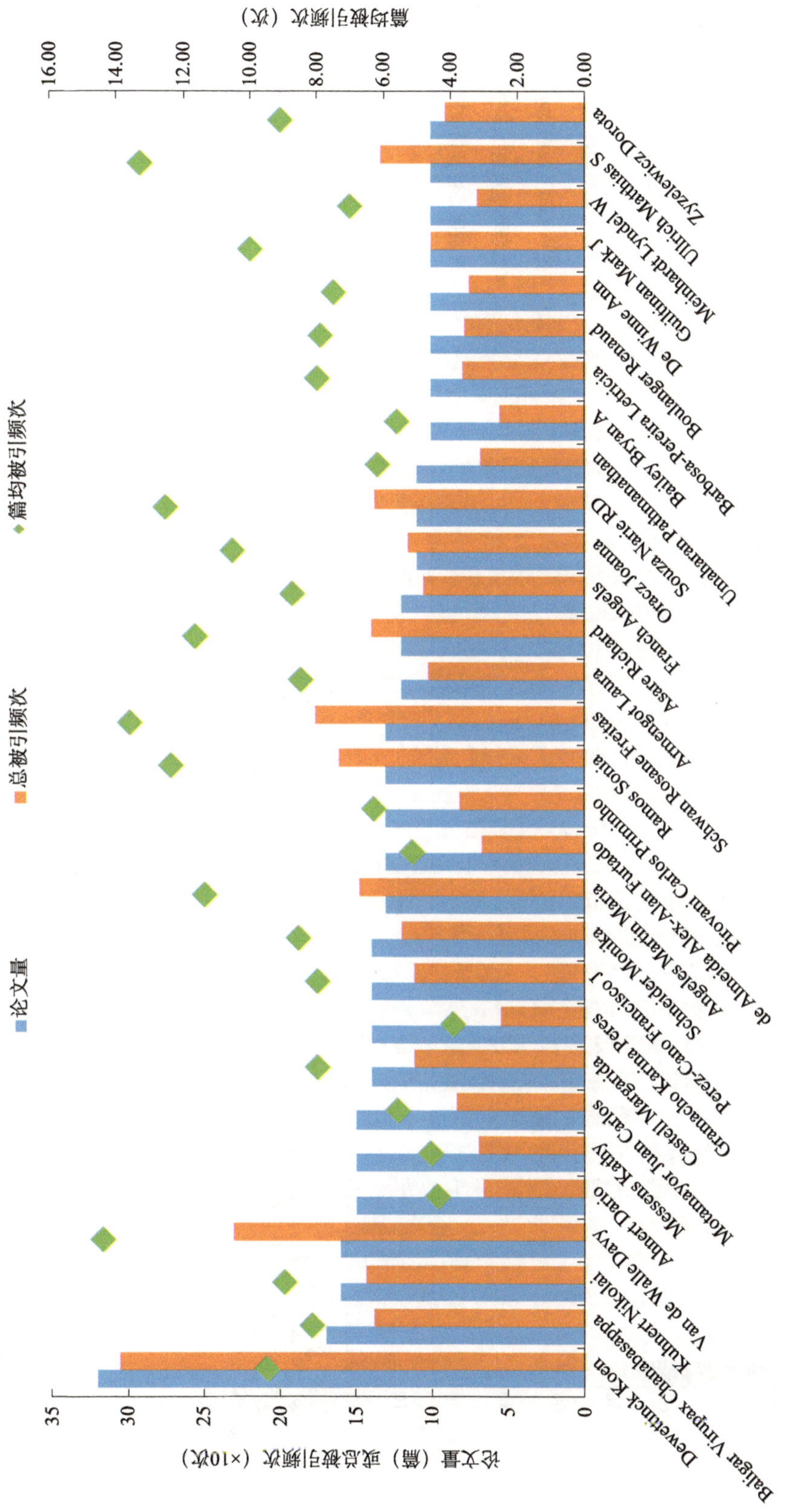

图 3-56　2016—2020 年全球可可基础研究领域重点学者竞争力对比

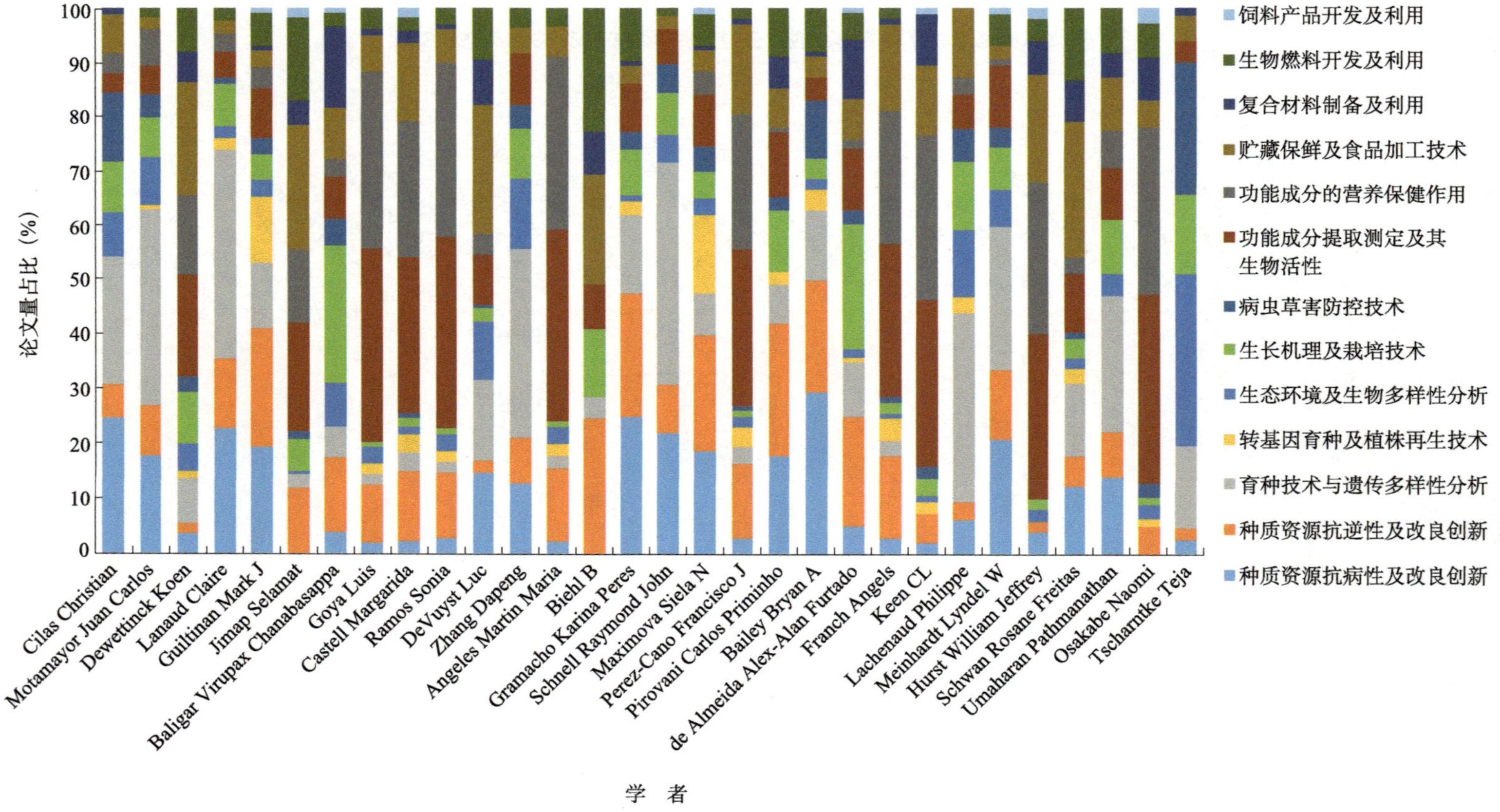

图 3-57　全球可可基础研究领域重点学者主题布局对比

注：主题布局（堆积柱状）图中重点学者下某一颜色的高度越高，代表该颜色对应主题在重点学者的论文量占比越高；高度越低，代表该颜色对应主题在重点学者的论文量占比越低。

表 3-19 全球可可基础研究领域重点学者主题布局对比

学者	各研究方向的论文量（篇）												
	种质资源与遗传育种				生长调控与田间管理			贮藏加工与功能成分			副产品加工与综合利用		
	种质资源抗病性及改良创新	种质资源抗逆性及改良创新	育种技术与遗传多样性分析	转基因育种及植株再生技术	生态环境及生物多样性分析	生长机理及栽培技术	病虫草害防控技术	功能成分提取测定及其生物活性	功能成分的营养保健作用	贮藏保鲜及食品加工技术	复合材料制备及利用	生物燃料开发及利用	饲料产品开发及利用
Cilas Christian	21	5	20		7	8	11	3	3	6	1		
Motamayor Juan Carlos	24	12	49	1	12	10	6	7	9	3		2	
Dewettinck Koen	5	3	11	2	7	13	4	26	21	29	8	11	
Lanaud Claire	20	11	34	2	2	7	1	4	3	2		2	
Guiltinan Mark J	25	28	16	16	4	6	4	12	5	4	1	8	1
Jinap Selamat		15	3		1	7	2	25	17	29	6	19	2
Baligar Virupax Chanabasappa	5	17	7		10	32	6	10	4	12	19	3	1
Goya Luis	2	11	2	2	3	1		37	34	7	1	4	
Castell Margarida	3	16	4	4	2	2	1	36	32	18	3	3	2
Ramos Sonia	3	12	2	2	3	1		36	33	6	1	3	
De Vuyst Luc	19	3	19		14	3	1	12	5	31	11	12	
Zhang Dapeng	11	7	30		11	8	4	8		4		3	
Angeles Martin Maria	2	12	2	2	3	1		32	29	5		3	
Biehl B		12	2			6		4		10	4	11	
Gramacho Karina Peres	29	26	17	3	1	10	4	10		4	1	11	
Schnell Raymond John	17	7	32		4	6	4	5		2		1	

续表

学者	各研究方向的论文量（篇）												
	种质资源与遗传育种				生长调控与田间管理			贮藏加工与功能成分			副产品加工与综合利用		
	种质资源抗病性及改良创新	种质资源抗逆性及改良创新	育种技术与遗传多样性分析	转基因育种及植株再生技术	生态环境及生物多样性分析	生长机理及栽培技术	病虫草害防控技术	功能成分提取测定及其生物活性	功能成分的营养保健作用	贮藏保鲜及食品加工技术	复合材料制备及利用	生物燃料开发及利用	饲料产品开发及利用
Maximova Siela N	19	22	8	15	3	5	5	10	4	4	1	6	1
Perez-Cano Francisco J	3	14	3	4	2	1	1	30	26	17	1	2	
Pirovani Carlos Priminho	22	30	9	3		14	3	15	1	9	7	11	
Bailey Bryan A	30	21	13	4	2	4	11	4		4	1	8	
de Almeida Alex-Alan Furtado	6	24	12	1	2	28	3	14	2	9	13	6	1
Franch Angels	3	15	3	4	1	2	1	29	25	16	1	2	
Keen CL	2	5		2	1	3	2	29	29	12	9		1
Lachenaud Philippe	2	1	11	1	4	4	2	2	1	4			
Meinhardt Lyndel W	18	11	23		6	7	3	10	1	2		5	1
Hurst William Jeffrey	2	1			1	1		15	14	10	3	2	1
Schwan Rosane Freitas	13	6	14	3	2	4	1	12	3	27	8	14	
Umaharan Pathmanathan	10	6	18		3	7		7	5	7	3	6	
Osakabe Naomi		4		1	2	1	2	27	24	4	6	5	2
Tscharntke Teja	2	2	12		26	12	20	3		4	1		

注：表中单元格颜色越接近深红色代表论文量越多，基础研究优势越明显；越接近深绿色代表论文量越少，基础研究相对较弱。

Karina Peres（圣克鲁斯州立大学）、Cilas Christian（法国农业发展研究中心）等学者侧重种质资源抗病性及改良创新研究；Baligar Virupax Chanabasappa（美国农业部）、de Almeida Alex-Alan Furtado（圣克鲁斯州立大学）侧重于生长机理及栽培技术研究；Tscharntke Teja（哥廷根大学）、Keen CL（加州大学）分别侧重于生态环境及生物多样性分析、功能成分的营养保健作用研究。

综合对比发现，Goya Luis（西班牙国家研究理事会）在功能成分提取测定及其生物活性、功能成分的营养保健作用等方向有最强的基础研究优势；Baligar Virupax Chanabasappa（美国农业部）在生长机理及栽培技术、复合材料制备及利用等方向具有最强的基础研究优势；Tscharntke Teja（哥廷根大学）在生态环境及生物多样性分析、病虫草害防控技术等方向具有最强的基础研究优势。

3.5.4 重点学科分析

3.5.4.1 竞争力分析

全球可可领域的基础研究主要分布在 21 个 ESI 学科中（图 3-58 和图 3-59）。从总体来看，农业科学的论文生产力和影响力均排在首位，基础研究竞争力最强；植物与动物科学的基础研究竞争力优势明显；临床医学的论文质量排在首位，其次为地球科学，两者论文质量均远高于其他学科。

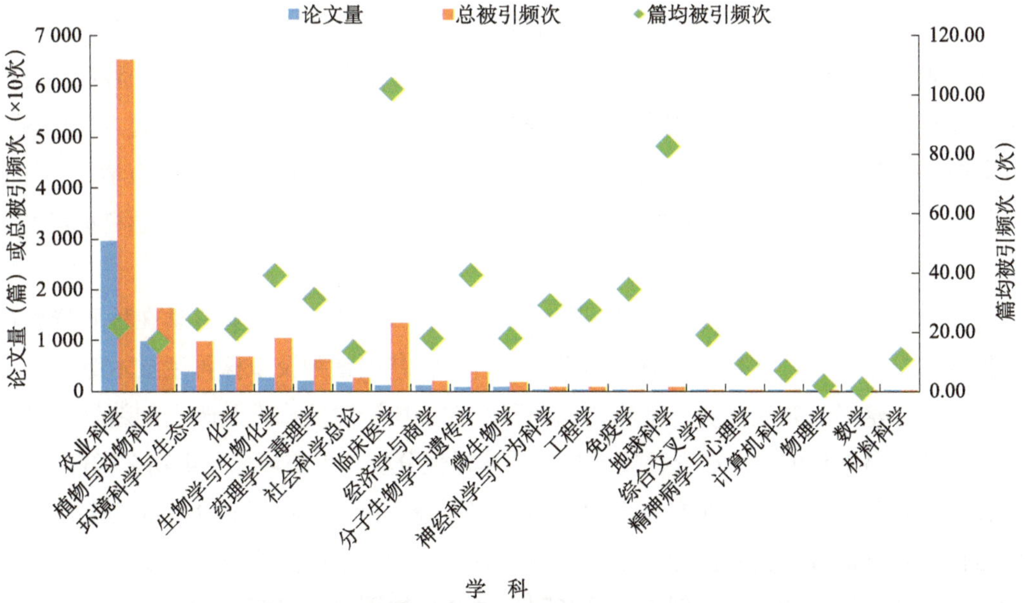

图 3-58 全球可可基础研究领域 ESI 学科竞争力对比

2016—2020 年，农业科学的论文生产力和影响力依然远超其他学科，基础研究竞争力最强；植物与动物科学的论文生产力优势依然明显，临床医学、环境科学与生态学的论文影响力已赶超植物与动物科学；临床医学的论文质量依然排在首位，其次是精神病学与心理学、免疫学、生物学与生物化学。

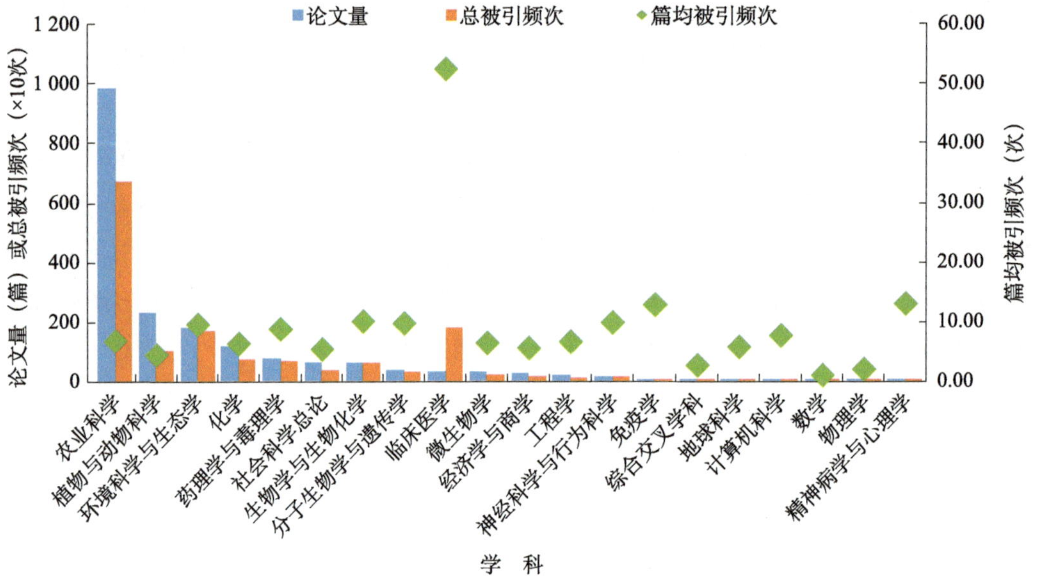

图 3-59 2016—2020 年全球可可基础研究领域 ESI 学科竞争力对比

3.5.4.2 研究布局分析

全球可可基础研究领域，ESI 学科在 13 个研究方向的研究布局差异明显（图 3-60）。其中，功能成分提取测定及其生物活性、功能成分的营养保健作用、贮藏保鲜及食品加工技术是农业科学等多个学科重点关注的研究方向；种质资源抗病性及改良创新、种质资源抗逆性及改良创新、育种技术与遗传多样性分析研究是植物与动物科学等学科重点关注的研究方向；生态环境及生物多样性分析、生长机理及栽培技术是环境科学与生态学等学科重点关注的研究方向；复合材料制备及利用、生物燃料开发及利用是工程学等学科重点关注的研究方向。

各学科在 13 个研究方向的基础研究优势不同（表 3-20）。农业科学在种质资源抗逆性及改良创新、育种技术与遗传多样性分析、转基因育种及植株再生技术等多个研究方向具有绝对的领先优势；植物与动物科学在种质资源抗病性及改良创新具有最强优势。环境科学与生态学在育种技术与遗传多样性分析、生态环境及生物多样性分析、生长机理及栽培技术等方向有一定的基础研究优势；化学在功能成分提取测定及其生物活性、功能成分的营养保健作用等方向具有一定的基础研究优势；生物学与生物化学在种质资源抗逆性及改良创新、转基因育种及植株再生技术等方向具有一定的基础研究优势；药理学与毒理学、微生物学分别在功能成分的营养保健作用、种质资源抗病性及改良创新方向具有一定的基础研究优势。

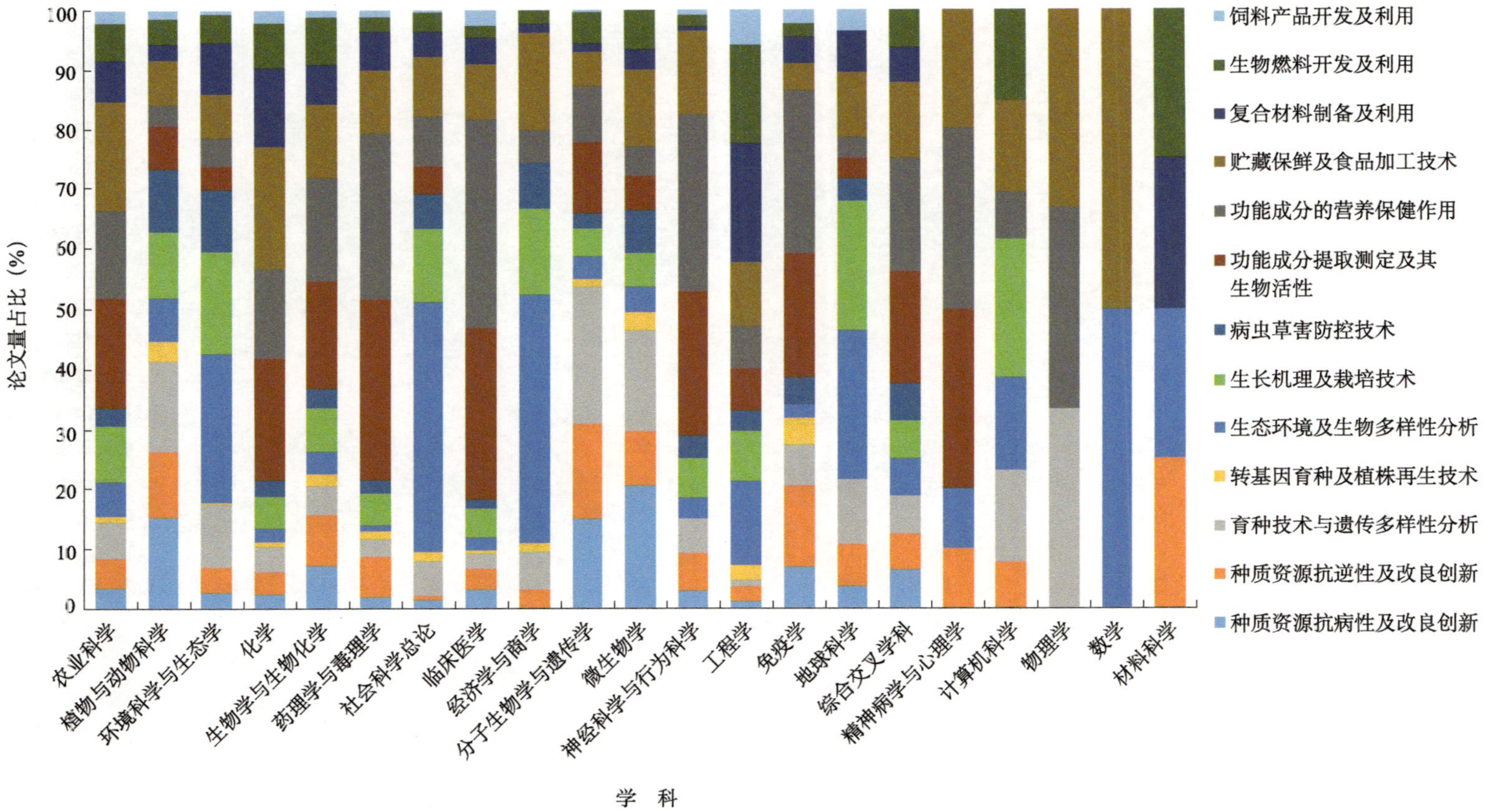

图 3-60 全球可可基础研究领域 ESI 学科主题布局对比

注：主题布局（堆积柱状）图中重点学科下某一颜色的高度越高，代表该颜色对应主题在重点学科的论文量占比越高；高度越低，代表该颜色对应主题在重点学科的论文量占比越低。

表 3-20　全球可可基础研究领域 ESI 学科主题布局对比

学科	各研究方向的论文量（篇）												
	种质资源与遗传育种				生长调控与田间管理			贮藏加工与功能成分			副产品加工与综合利用		
	种质资源抗病性及改良创新	种质资源抗逆性及改良创新	育种技术与遗传多样性分析	转基因育种及植株再生技术	生态环境及生物多样性分析	生长机理及栽培技术	病虫草害防控技术	功能成分提取测定及其生物活性	功能成分的营养保健作用	贮藏保鲜及食品加工技术	复合材料制备及利用	生物燃料开发及利用	饲料产品开发及利用
农业科学	258	382	457	74	438	691	232	1 387	1 092	1 374	537	476	159
植物与动物科学	326	242	329	70	158	233	227	158	76	163	59	93	30
环境科学与生态学	28	45	109	4	259	177	106	43	49	77	93	50	5
化学	20	33	38	7	18	47	25	176	130	177	117	64	19
生物学与生物化学	54	64	36	16	29	54	26	135	128	93	52	61	8
药理学与毒理学	10	35	15	6	6	27	11	156	141	55	33	13	6
社会科学总论	3	2	14	4	102	30	14	12	20	25	10	8	1
临床医学	11	12	8	2	8	16	5	99	119	32	15	7	9
经济学与商学		4	8	2	53	18	10		7	21	2	3	
分子生物学与遗传学	40	43	61	4	10	12	7	32	25	16	4	14	1
微生物学	61	27	50	9	12	17	21	17	15	38	10	20	
神经科学与行为科学	3	7	6		4	7	4	26	32	15	1	2	1
工程学	1	2	1	2	12	7	3	6	6	9	17	14	5
免疫学	3	6	3	2	1		2	9	12	2	2	1	1
地球科学	1	2	3		7	6	1	1	1	3	2		1
综合交叉学科	1	1	1		1	1	1	3	3	2	1	1	
精神病学与心理学		1			1			3	3	2			
计算机科学		1	2		2	3			1	2		2	
物理学			1						1	1			
数学					1					1			
材料科学		1			1						1	1	

注：表中单元格颜色越接近深红色代表论文量越多，基础研究优势越明显；越接近深绿色代表论文量越少，基础研究相对较弱。

3.6 椰 子

3.6.1 重点国家分析

3.6.1.1 竞争力分析

全球共有 128 个国家开展与椰子有关的基础研究。从总体来看，论文量在 100 篇以上的国家共有 21 个，各国之间基础研究竞争力差距悬殊（图 3-61）。印度的论文生产力和影响力排在首位；巴西的论文生产力排在第二位，论文影响力排在第三位；加拿大和西班牙的论文质量位列前两位；此外，美国的论文生产力、论文影响力和论文质量均位列前列，基础研究竞争力较强。

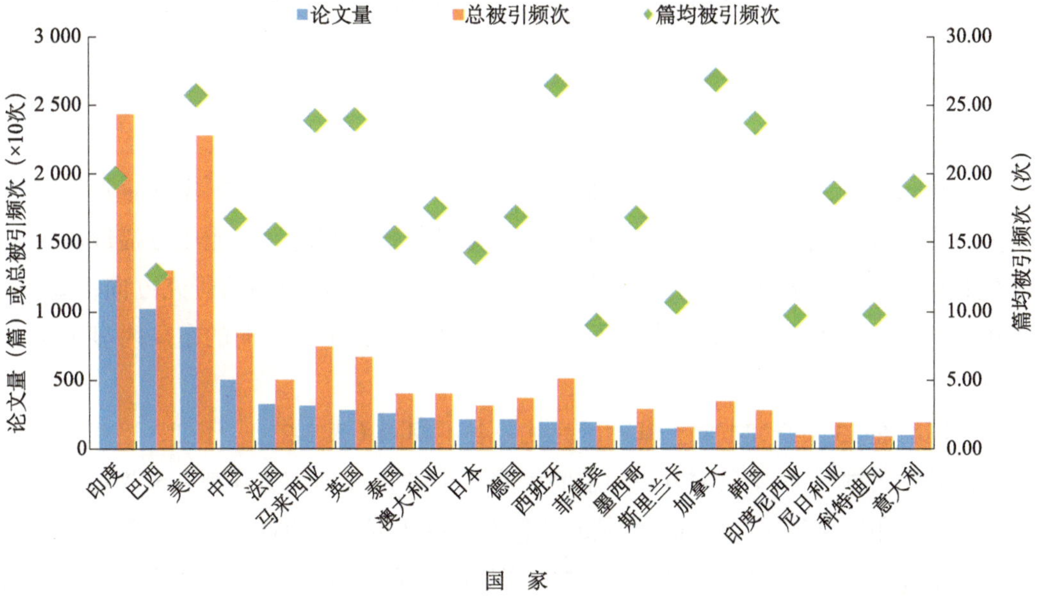

图 3-61 全球椰子基础研究领域重点国家竞争力对比

2016—2020 年，论文量在 30 篇以上的国家共有 22 个，各国之间基础研究竞争力差距依然悬殊（图 3-62）。巴西的论文生产力跃居首位，其次是印度、中国、美国；中国的论文影响力跃居首位，其次是印度、巴西、美国；德国的论文质量跃居首位，其次是马来西亚、巴基斯坦，中国的论文质量有所提升。可见，近年来在椰子领域的基础研究中，中国不仅在生产力和影响力方面表现突出，而且在论文质量和竞争力方面均有很大提升。

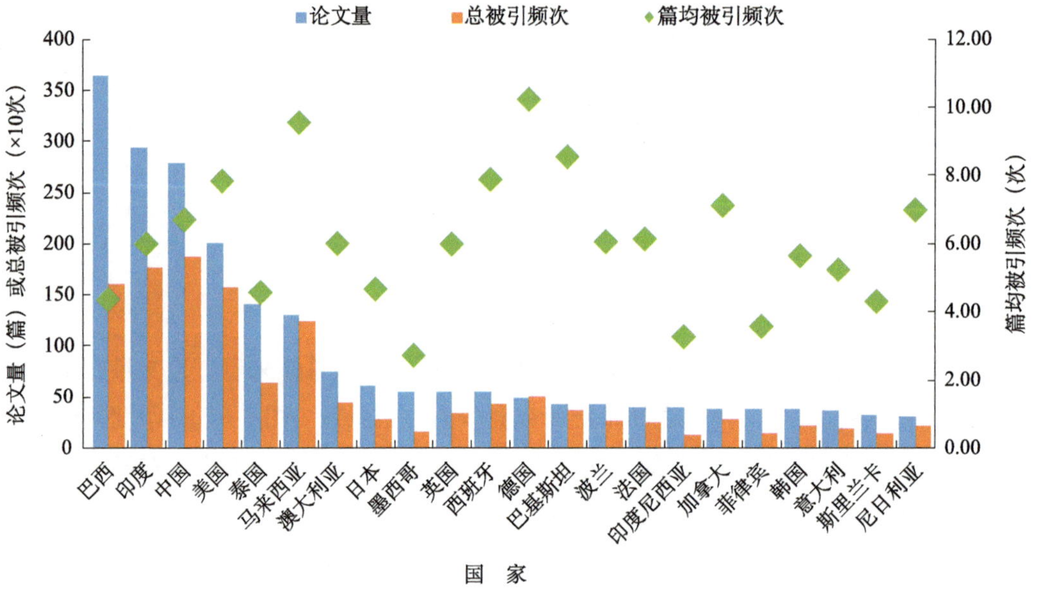

图 3-62　2016—2020 年全球椰子基础研究领域重点国家竞争力对比

3.6.1.2　研究布局分析

全球椰子基础研究领域，重点国家在 13 个研究方向上均有研究布局（图 3-63）。其中，生长机理及栽培技术、贮藏保鲜及食品加工技术是大多数国家均重点布局的研究方向；功能成分的营养保健作用、复合材料制备及利用、功能成分提取测定及其生物活性、育种技术与遗传多样性分析是部分国家重点布局的研究方向；此外，各国对饲料产品开发及利用、转基因育种及植株再生技术等方向的布局明显少于其他方向。

各国家在 13 个研究方向上基础研究优势各不相同（表 3-21），印度、巴西、美国和中国基本占据了 13 个研究方向的主要比重，并在 13 个研究方向都有较为均匀的布局。其中，印度在种质资源抗病性及改良创新、种质资源抗逆性及改良创新、转基因育种及植株再生技术、生态环境及生物多样性分析等多个研究方向有最强基础研究优势；巴西在育种技术与遗传多样性分析、生长机理及栽培技术、病虫草害防控技术等多个研究方向有最强基础研究优势；美国在功能成分的营养保健作用和饲料产品开发及利用方向的基础研究优势最明显。中国在复合材料制备及利用、生物燃料开发及利用、饲料产品开发及利用等方向具有基础研究优势，但在种质资源抗病性及改良创新、生态环境及生物多样性分析等方向的基础研究相对较弱，可以作为今后重点突破的方向。

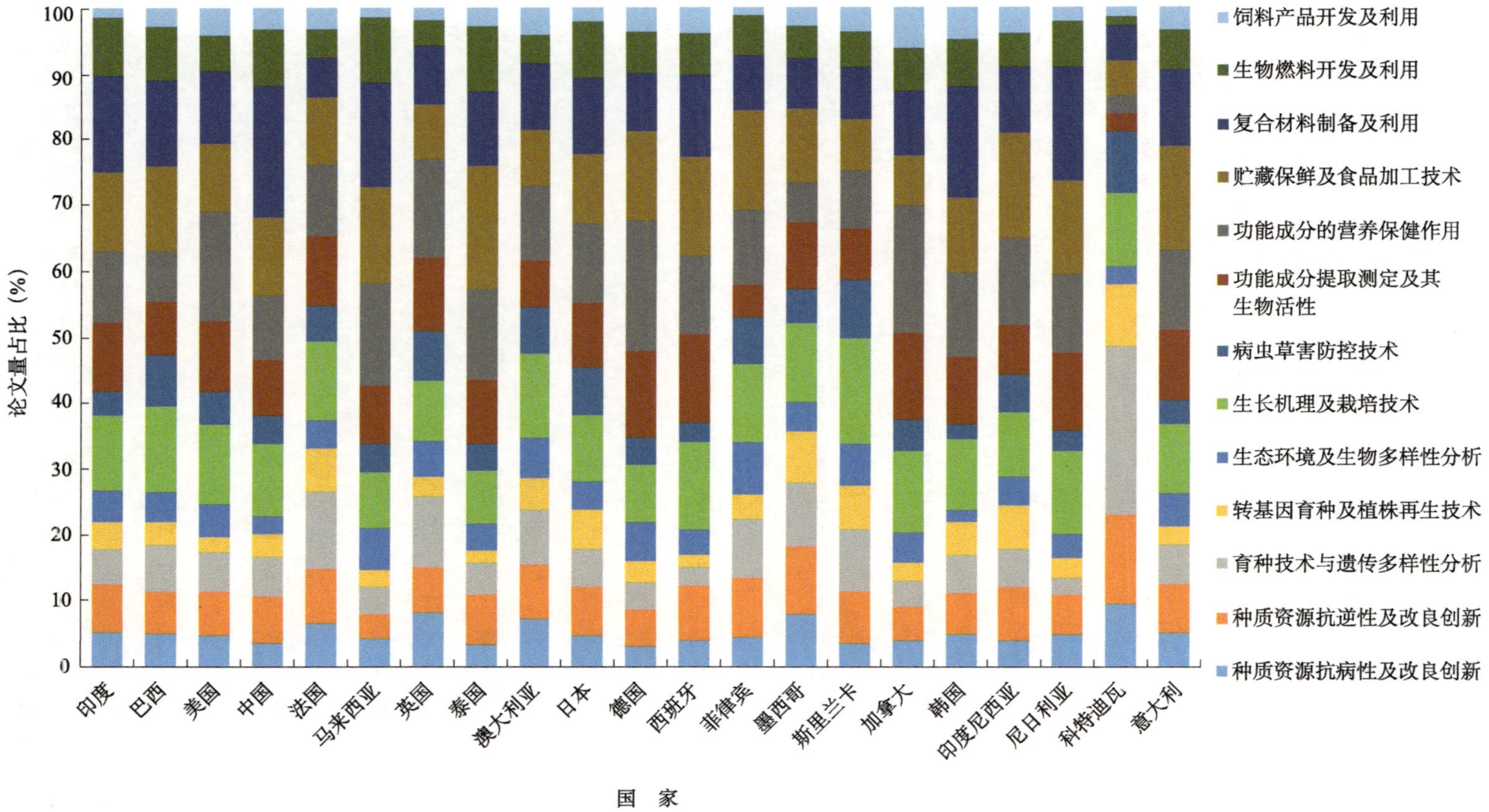

图 3-63　全球椰子基础研究领域重点国家主题布局对比

注：主题布局（堆积柱状）图中重点国家下某一颜色的高度越高，代表该颜色对应主题在重点国家的论文量占比越高；高度越低，代表该颜色对应主题在重点国家的论文量占比越低。

表 3-21　全球椰子基础研究领域重点国家主题布局对比

国家	各研究方向的论文量（篇）												
	种质资源与遗传育种				生长调控与田间管理			贮藏加工与功能成分			副产品加工与综合利用		
	种质资源抗病性及改良创新	种质资源抗逆性及改良创新	育种技术与遗传多样性分析	转基因育种及植株再生技术	生态环境及生物多样性分析	生长机理及栽培技术	病虫草害防控技术	功能成分提取测定及其生物活性	功能成分的营养保健作用	贮藏保鲜及食品加工技术	复合材料制备及利用	生物燃料开发及利用	饲料产品开发及利用
印度	134	194	141	106	129	300	93	280	280	314	394	230	36
巴西	122	165	176	89	112	326	194	211	188	322	333	206	66
美国	95	136	122	48	102	246	102	221	334	209	230	111	83
中国	51	98	82	49	36	155	59	117	137	165	277	122	44
法国	40	52	71	41	27	74	33	65	67	63	38	27	19
马来西亚	34	29	33	21	51	68	34	71	124	116	129	80	10
英国	44	37	58	15	30	49	40	61	80	44	49	21	9
泰国	24	51	34	13	28	56	27	68	95	129	79	69	19
澳大利亚	40	44	45	26	34	69	39	38	62	46	55	24	22
日本	25	39	30	31	23	53	39	51	63	55	62	45	11
德国	14	26	19	15	27	41	19	61	91	63	41	29	17
西班牙	24	49	16	11	23	78	17	80	70	88	74	37	23
菲律宾	14	28	28	12	25	37	22	16	35	48	26	20	3
墨西哥	37	48	45	37	21	56	25	47	28	52	37	24	12
斯里兰卡	9	19	23	16	16	39	22	19	21	19	20	13	9
加拿大	13	16	12	9	14	39	15	42	61	24	31	21	19
韩国	17	21	20	17	6	37	8	35	44	38	58	25	16
印度尼西亚	10	19	14	16	10	24	14	18	32	38	24	13	9
尼日利亚	12	15	6	7	9	31	8	29	29	34	43	17	5
科特迪瓦	7	10	19	7	2	8	7	2	2	4	4	1	1
意大利	14	20	16	7	14	28	10	29	33	42	31	17	9

注：表中单元格颜色越接近深红色代表论文量越多，基础研究优势越明显；越接近深绿色代表论文量越少，基础研究相对较弱。

3.6.2 重点机构分析

3.6.2.1 竞争力分析

全球共有 4 452 家机构开展与椰子相关的基础研究。从总体来看，论文量在 45 篇以上的机构共有 25 家，巴西、印度、美国的上榜机构数量排在前三位，分别有 8 家、4 家、3 家机构上榜，中国只有 1 家机构上榜，各机构之间的基础研究竞争力差距较大（图 3-64）。印度农业研究理事会的论文生产力排在首位，巴西农业研究公司和印度科学与工业研究理事会排在其后；印度科学与工业研究理事会的论文影响力排在首位，圣保罗大学和巴西农业研究公司排在其后；喀拉拉大学的论文质量排在首位，其次是印度理工学院和里约热内卢联邦农业大学。

2016—2020 年，论文量在 17 篇以上的机构共有 22 家，巴西、印度、中国的上榜机构数量排在前三位，分别有 10 家、3 家、3 家机构上榜，各机构之间的基础研究竞争力差距依然较大（图 3-65）。巴西农业研究公司的论文生产力跃居首位，其次是印度农业研究理事会、马来西亚博特拉大学，海南大学、中国热带农业科学院的论文生产力也进入前十五位；巴西农业研究公司的论文影响力也跃居首位，其次是塞阿拉联邦大学、马来西亚博特拉大学、海南大学，江南大学的论文影响力排在十三位；海南大学的论文质量跃居首位，其次是印度理工学院、维索萨联邦大学，江南大学的论文质量排在第六位。可见，近年来在椰子领域的基础研究中，海南大学、中国热带农业科学院等中国机构不仅在论文生产力和影响力方面表现良好，在论文质量方面表现突出，在竞争力方面有了很大提升。

3.6.2.2 研究布局分析

全球椰子基础研究领域，重点机构在 13 个研究方向上均有研究布局（图 3-66）。贮藏保鲜及食品加工技术、生长机理及栽培技术是大多数机构均重点布局的研究方向；复合材料制备及利用、功能成分提取测定及其生物活性、功能成分的营养保健作用、育种技术与遗传多样性分析是部分机构重点布局的研究方向；另外，各研究机构在饲料产品开发及利用等方向的布局明显少于其他方向。

各重点研究机构在 13 个研究方向的基础研究优势不同（表 3-22）。印度农业研究理事会在种质资源抗逆性及改良创新、育种技术与遗传多样性分析、生长机理及栽培技术等方向具有最强的基础研究优势；巴西农业研究公司在种质资源抗病性及改良创新、生态环境及生物多样性分析、病虫草害防控技术等方向的基础研究优势最明显；印度科学与工业研究理事会在贮藏保鲜及食品加工技术、复合材料制备及利用、生物燃料开发及利用等方向的基础研究优势最强；马来西亚博特拉大学、美国农业部、尤卡坦

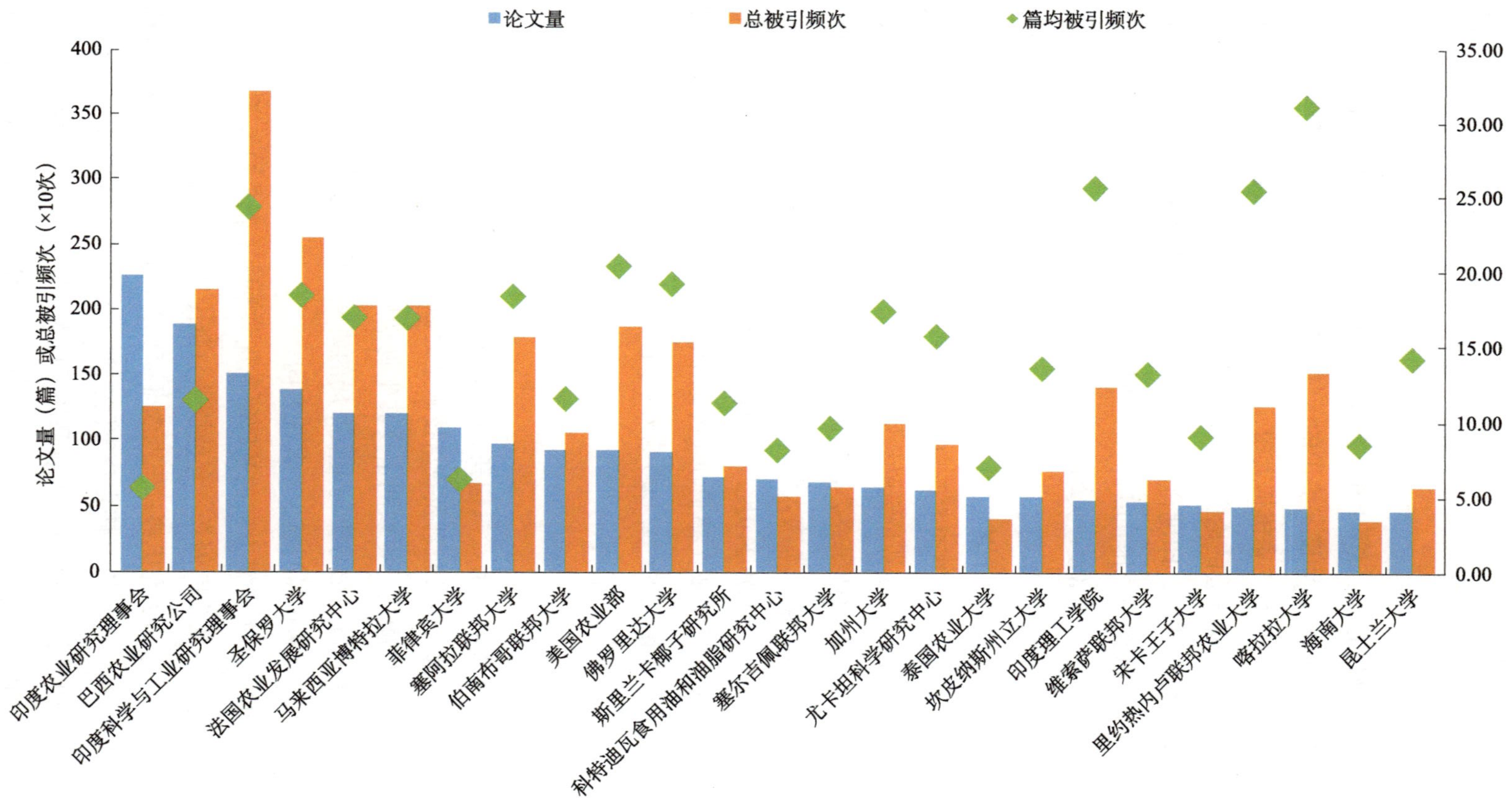

图 3-64 全球椰子基础研究领域重点机构竞争力对比

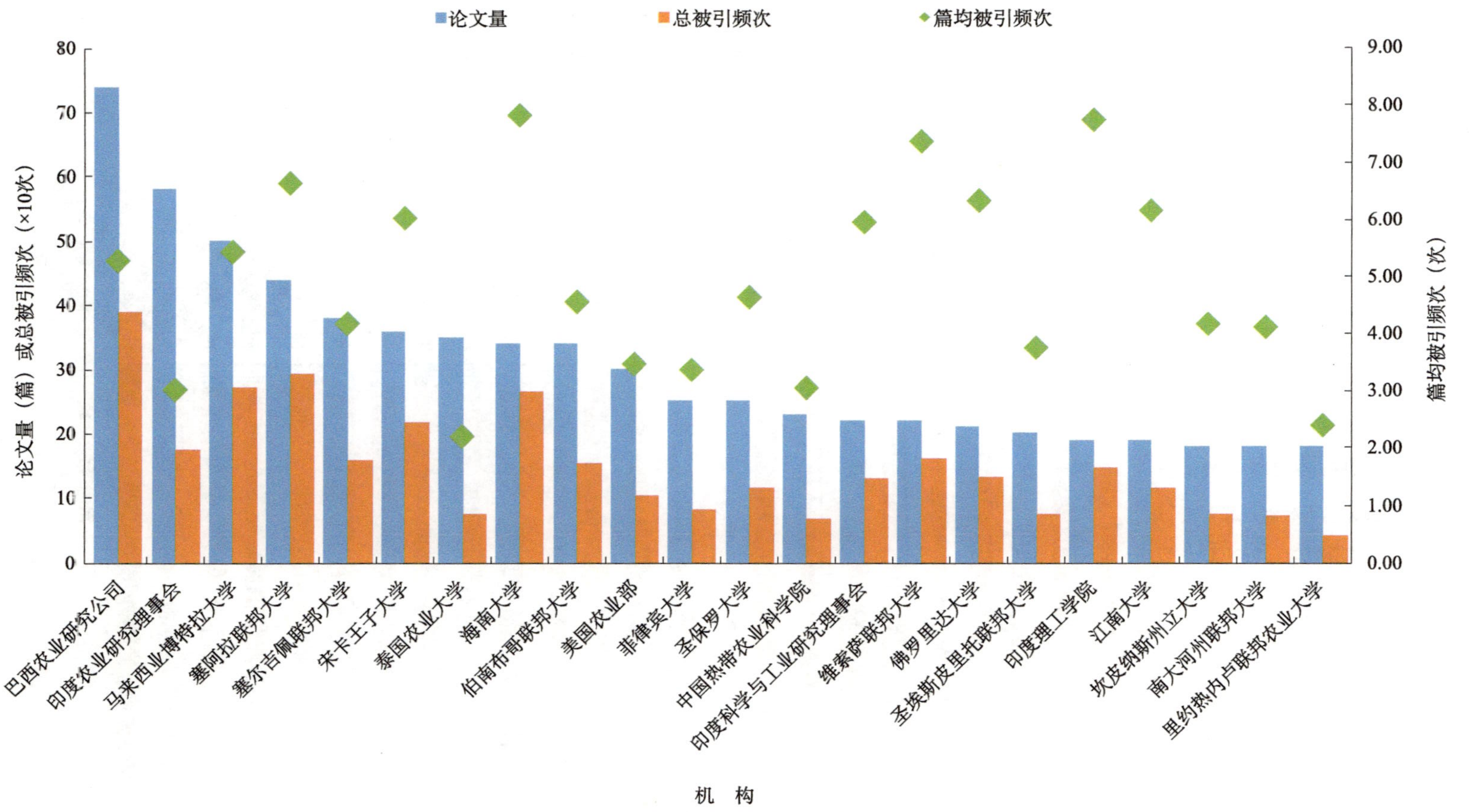

图 3-65　2016—2020 年全球椰子基础研究领域重点机构竞争力对比

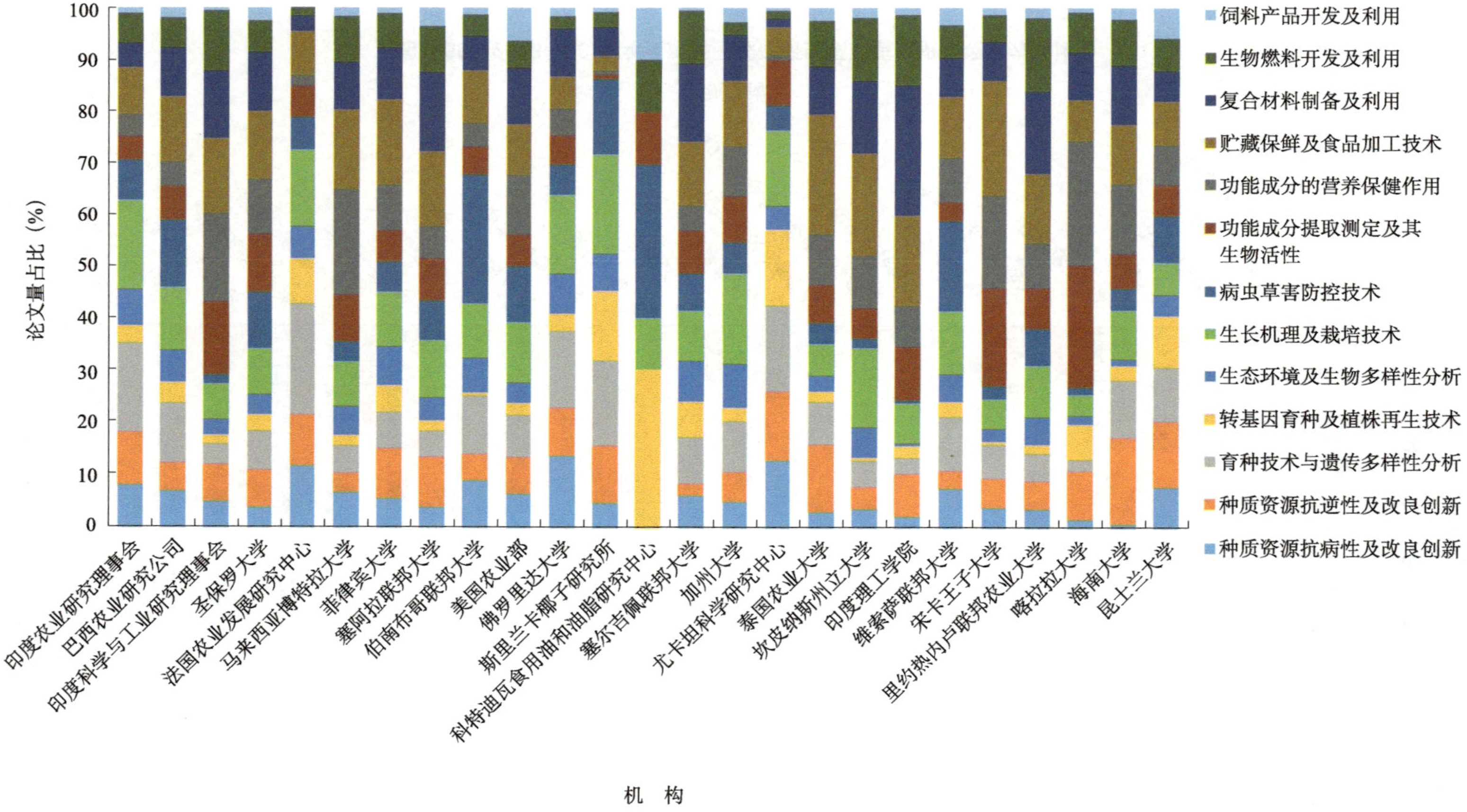

图 3-66　全球椰子基础研究领域重点机构主题布局对比

注：主题布局（堆积柱状）图中重点机构下某一颜色的高度越高，代表该颜色对应主题在重点机构的论文量占比越高；高度越低，代表该颜色对应主题在重点机构的论文量占比越低。

表 3-22　全球椰子基础研究领域重点机构主题布局对比

机构	各研究方向的论文量（篇）												
	种质资源与遗传育种				生长调控与田间管理			贮藏加工与功能成分			副产品加工与综合利用		
	种质资源抗病性及改良创新	种质资源抗逆性及改良创新	育种技术与遗传多样性分析	转基因育种及植株再生技术	生态环境及生物多样性分析	生长机理及栽培技术	病虫草害防控技术	功能成分提取测定及其生物活性	功能成分的营养保健作用	贮藏保鲜及食品加工技术	复合材料制备及利用	生物燃料开发及利用	饲料产品开发及利用
印度农业研究理事会	28	35	59	12	25	61	27	16	15	31	17	19	4
巴西农业研究公司	30	23	50	16	27	53	57	29	21	55	41	24	8
印度科学与工业研究理事会	19	27	14	7	11	26	6	55	66	55	50	44	2
圣保罗大学	14	26	28	11	14	32	41	42	40	48	42	22	9
法国农业发展研究中心	26	21	48	19	14	33	14	13	5	18	7	3	
马来西亚博特拉大学	22	12	18	6	19	27	13	31	68	51	31	29	5
菲律宾大学	11	19	14	10	15	21	12	12	18	33	20	13	2
塞阿拉联邦大学	10	25	13	5	12	28	21	21	17	38	40	23	9
伯南布哥联邦大学	20	11	25	1	15	24	56	12	11	22	15	9	3
美国农业部	14	15	18	5	8	26	24	13	26	21	24	11	14
佛罗里达大学	24	16	26	6	14	27	10	10	9	11	16	4	3
斯里兰卡椰子研究所	5	12	18	15	8	21	16	1	1	3	6	3	1
科特迪瓦食用油和油脂研究中心				3		1	3	1				1	1
塞尔吉佩联邦大学	11	4	16	12	14	17	13	15	9	22	27	18	1
加州大学	7	8	14	4	12	25	9	13	14	18	13	3	4
尤卡坦科学研究中心	22	22	29	25	8	25	8	15	2	9	3	2	1
泰国农业大学	5	21	13	3	5	10	7	12	16	38	15	14	4
坎皮纳斯州立大学	6	7	8	1	10	25	3	10	17	33	23	20	3
印度理工学院	3	11	4	3	1	10	1	14	11	24	34	18	2
维索萨联邦大学	11	5	15	4	8	18	26	5	13	17	11	9	5
宋卡王子大学	6	9	10	1	4	9	4	30	29	35	12	8	2
里约热内卢联邦农业大学	4	6	6	2	6	11	8	9	10	15	18	16	2
喀拉拉大学	2	12	3	9	2	5	2	31	32	10	12	10	1
海南大学	1	23	15	4	2	13	6	9	19	16	16	12	3
昆士兰大学	9	15	12	12	5	7	11	7	9	10	7	7	7

注：表中单元格颜色越接近深红色代表论文量越多，基础研究优势越明显；越接近深绿色代表论文量越少，基础研究相对较弱。

科学研究中心分别在功能成分的营养保健作用、饲料产品开发及利用、转基因育种及植株再生技术方向具有最强的基础研究优势。圣保罗大学在种质资源抗逆性及改良创新、病虫草害防控技术、功能成分提取测定及其生物活性等方向具有基础研究优势；伯南布哥联邦大学、尤卡坦科学研究中心、宋卡王子大学、喀拉拉大学分别在病虫草害防控技术、转基因育种及植株再生技术、淀粉制备及其品质特性分析、功能成分提取测定及其生物活性方向的基础研究优势较为明显。

3.6.3 重点学者分析

3.6.3.1 竞争力分析

全球共有 21 228 位学者开展与椰子相关的基础研究。从总体来看，论文量在 14 篇以上的学者共有 31 位，科特迪瓦、印度、巴西、法国的上榜学者数量排在前四位，分别有 6 位、5 位、5 位、5 位学者上榜，中国没有学者上榜（图 3-67）。论文生产力排在前三位的学者有 Correa Gondim Manoel Guedes Jr（伯南布哥联邦大学）、de Moraes Gilberto Jose（圣保罗大学）和 Dollet Michel（法国农业发展研究中心）；Calder P C（南安普敦大学）的论文影响力排在首位，且远超其他学者，其次是 Man Yaakob Bin Che（马来西亚博特拉大学）和 Nicolosi R J（马萨诸塞大学）；Calder P C（南安普敦大学）学者的论文影响力和论文质量都排在首位，基础研究竞争力较强。

2016—2020 年，论文量在 6 篇以上的学者共有 21 位，巴西、中国、印度、泰国的上榜学者数量排在前四位，分别有 6 位、6 位、5 位、3 位学者上榜（图 3-68）。Benjakul Soottawat（宋卡王子大学）的论文生产力跃居首位，其次是 Parameswarappa Maheswarappa Halli（印度农业研究理事会）和 Teodoro Adenir Vieira（巴西农业研究公司）；Chen Haiming（海南大学）、Zheng Yajun（中国热带农业科学院）、Chen Weijun（海南大学）等 4 位中国学者的论文生产力也进入前十三位。Benjakul Soottawat（宋卡王子大学）的论文影响力跃居首位，其次是 Zheng Yajun（中国热带农业科学院）、dos Santos Everaldo Silvino（南大河州联邦大学）；Li Yan（山西师范大学）的影响力排在第七位。dos Santos Everaldo Silvino（南大河州联邦大学）的论文质量跃居首位，其次是 Zheng Yajun（中国热带农业科学院）、Silva Gonzaga Maria Isidoria（塞尔吉佩联邦大学）；Li Jing（中国热带农业科学院）的论文质量排在第十三位。可见，近年来在椰子领域的基础研究中，Zheng Yajun（中国热带农业科学院）、Chen Haiming（海南大学）、Chen Weijun（海南大学）等中国学者在生产力、影响力、论文质量方面均表现较好，在竞争力方面有了较大提升。

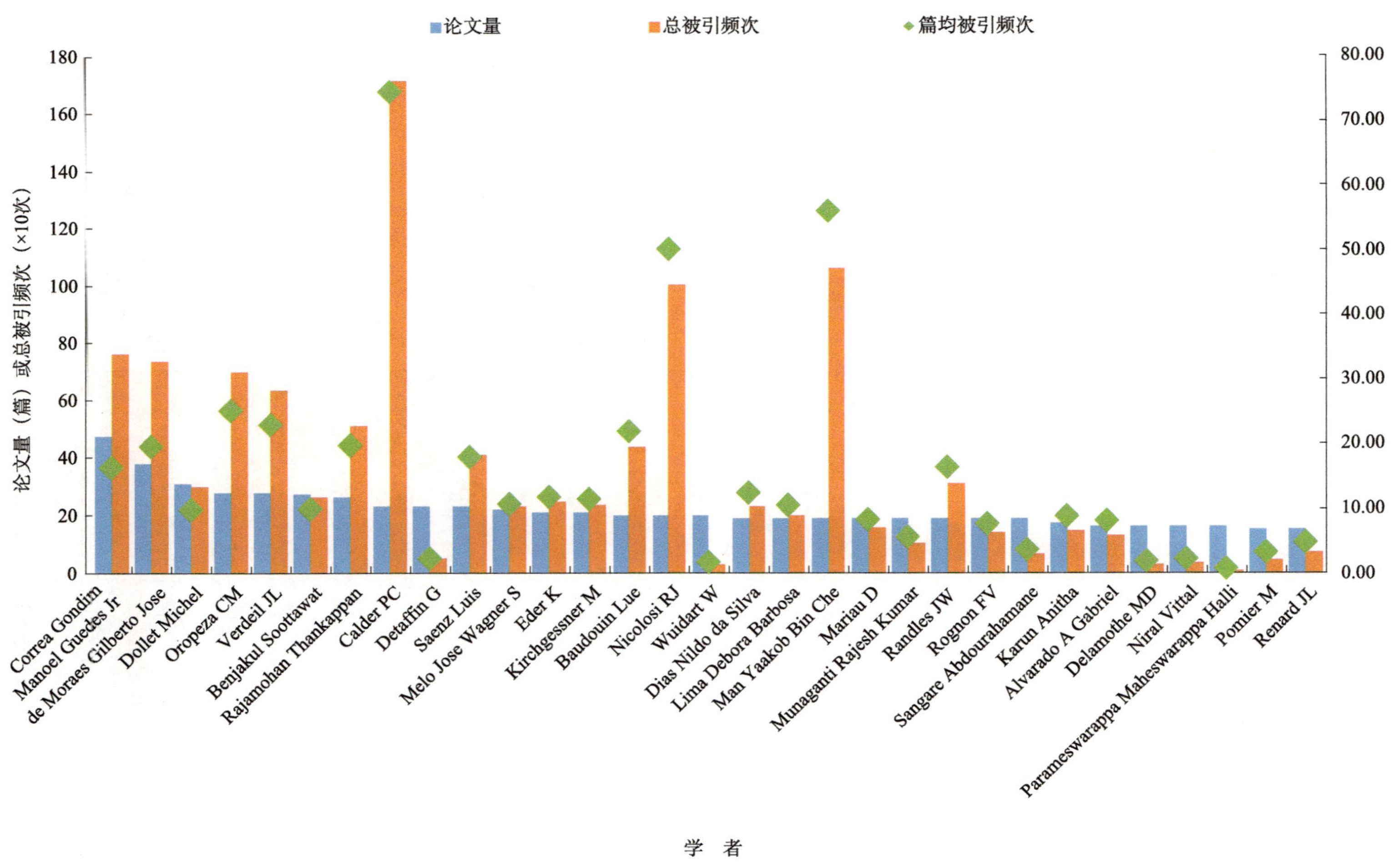

图 3-67 全球椰子基础研究领域重点学者竞争力对比

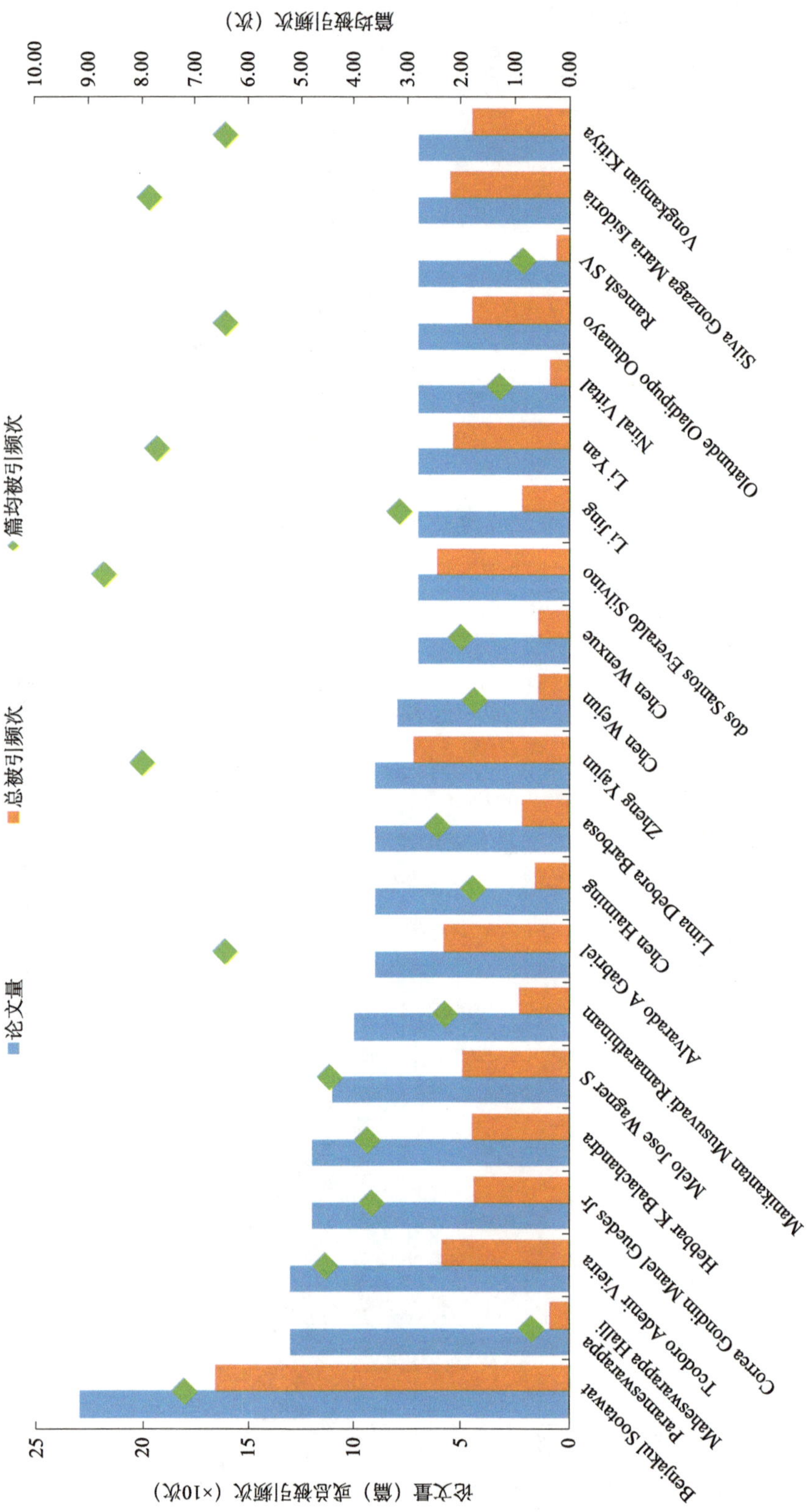

图 3-68 2016—2020 年全球椰子基础研究领域重点学者竞争力对比

3.6.3.2 研究布局分析

全球椰子基础研究领域，重点学者在 13 个研究方向的研究布局差异较大（图 3-69 和表 3-23）。其中，Correa Gondim Manoel Guedes Jr（伯南布哥联邦大学）、de Moraes Gilberto Jose（圣保罗大学）、Melo Jose Wagner S（伯南布哥联邦大学）等学者侧重于病虫草害防控技术研究，且 Correa Gondim Manoel Guedes Jr（伯南布哥联邦大学）基础研究优势明显；Oropeza CM（墨西哥尤卡坦科学研究中心）、Verdeil JL（法国农业发展研究中心）、Saenz Luis（墨西哥尤卡坦科学研究中心）等学者侧重于转基因育种及植株再生技术研究，且 Verdeil JL（法国农业发展研究中心）具有一定的基础研究优势；Rajamohan Thankappan（喀拉拉大学）、Calder PC（南安普敦大学）、Melo Jose Wagner S（伯南布哥联邦大学）、Eder K（慕尼黑工业大学）等学者侧重于功能成分的营养保健作用研究；Benjakul Soottawat（宋卡王子大学）、Alvarado A Gabriel（菲律宾大学）等学者侧重于贮藏保鲜及食品加工技术研究；Baudouin Luc（法国农业发展研究中心）、Munaganti Rajesh Kumar（印度农业研究理事会）侧重于育种技术与遗传多样性分析研究；Dollet Michel（法国农业发展研究中心）等侧重于种质资源抗病性及改良创新研究，且具有一定的基础研究优势。

综合对比发现，Correa Gondim Manoel Guedes Jr（伯南布哥联邦大学）在病虫草害防控技术、育种技术与遗传多样性分析、生态环境及生物多样性分析等方向具有最强的基础研究优势；Oropeza CM（墨西哥尤卡坦科学研究中心）在种质资源抗逆性及改良创新、生长机理及栽培技术等方向具有最强的基础研究优势；Benjakul Soottawat（宋卡王子大学）、Rajamohan Thankappan（喀拉拉大学）在功能成分提取测定及其生物活性、功能成分的营养保健作用等方向具有最强的基础研究优势。

3.6.4 重点学科分析

3.6.4.1 竞争力分析

全球椰子领域的基础研究主要分布在 20 个 ESI 学科中（图 3-70 和图 3-71）。从总体来看，农业科学的论文生产力和影响力都排在首位，植物与动物科学的论文生产力和影响力都排在第二位，具备较强的基础研究竞争力；免疫学的论文质量排在首位，其次是工程学和生物学与生物化学。

2016—2020 年，农业科学的论文生产力和影响力依然远超其他学科，基础研究竞争力最强；化学的论文生产力和影响力跃居第二位，基础研究竞争力优势明显；综合交叉学科的论文质量跃居首位，其次是工程学、化学、环境科学与生态学。

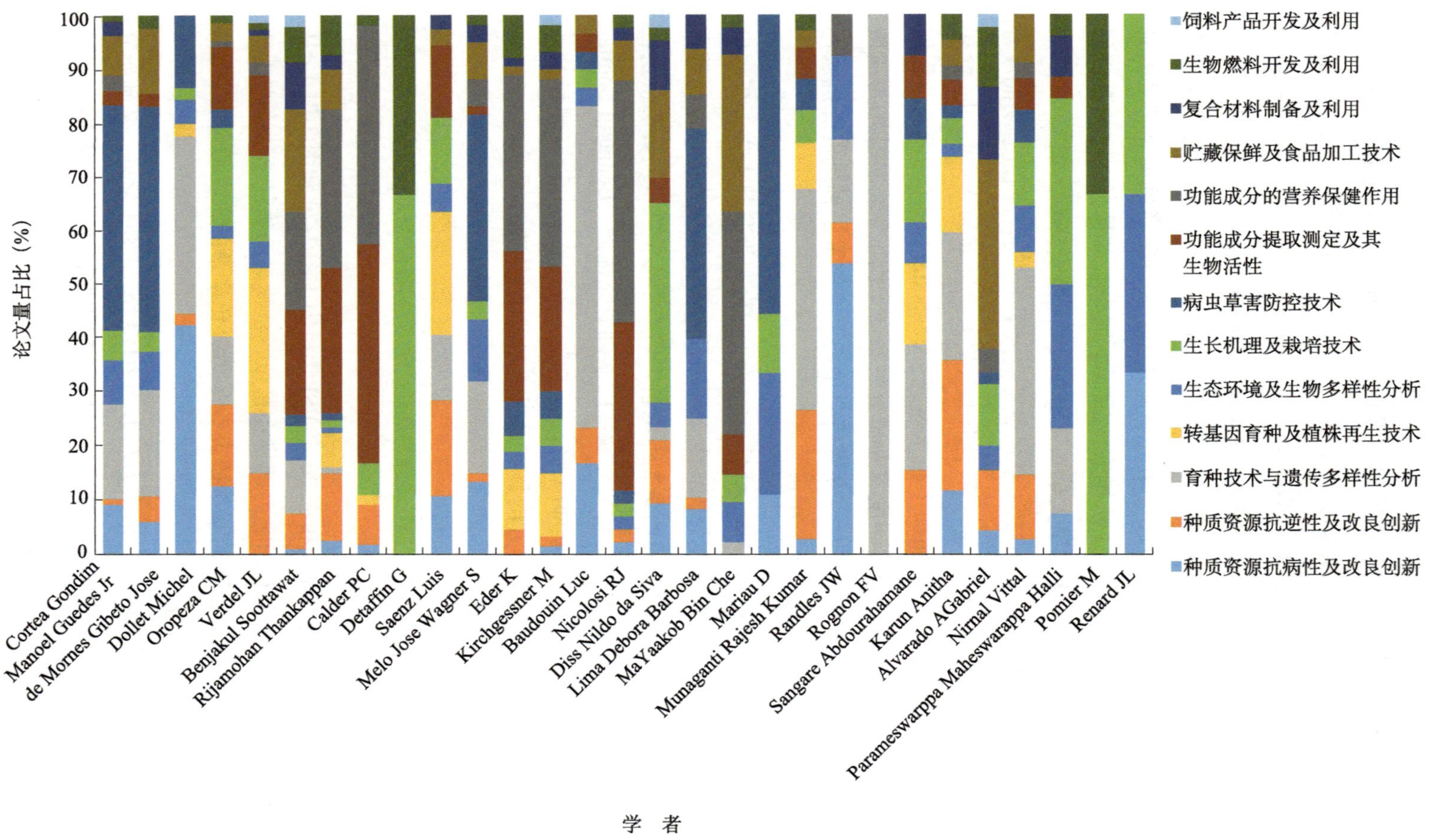

图 3-69　全球椰子基础研究领域重点学者主题布局对比

注：主题布局（堆积柱状）图中重点学者下某一颜色的高度越高，代表该颜色对应主题在重点学者的论文量占比越高；高度越低，代表该颜色对应主题在重点学者的论文量占比越低。

表 3-23 全球椰子基础研究领域重点学者主题布局对比

学者	各研究方向的论文量（篇）												
	种质资源与遗传育种				生长调控与田间管理			贮藏加工与功能成分			副产品加工与综合利用		
	种质资源抗病性及改良创新	种质资源抗逆性及改良创新	育种技术与遗传多样性分析	转基因育种及植株再生技术	生态环境及生物多样性分析	生长机理及栽培技术	病虫草害防控技术	功能成分提取测定及其生物活性	功能成分的营养保健作用	贮藏保鲜及食品加工技术	复合材料制备及利用	生物燃料开发及利用	饲料产品开发及利用
Correa Gondim Manoel Guedes Jr	10	1	19		9	6	46	3	3	8	3	1	
de Moraes Gilberto Jose	5	4	16		6	3	35	2		10		2	
Dollet Michel	19	1	15	1	2	1	6						
Oropeza CM	11	13	11	16	2	16	3	10	1	3		1	
Verdeil JL		12	9	22	4	13		12	2	4	1	1	1
Benjakul Soottawat	1	6	9		3	3	2	18	17	18	8	6	2
Rajamohan Thankappan	2	10	1	5	1	1	1	22	24	6	2	6	
Calder PC	1	4		1		3		22	22			1	
Detaffin G						2						1	
Saenz Luis	8	13	9	17	4	9		10		2	2		
Melo Jose Wagner S	8	1	10		7	2	21	1	3	4	2	1	
Eder K		3		7	2	2	4	18	21	1	1	5	
Kirchgessner M	1	1		7	3	3	3	14	21	1	2	3	1
Baudouin Luc	5	2	18		1	1	1	1		1			
Nicolosi RJ	1	1			1	1	1	13	19	3	1	1	
Dias Nildo da Silva	4	5	1		2	16		2		7	4	1	1

续表

学者	各研究方向的论文量（篇）												
	种质资源与遗传育种				生长调控与田间管理			贮藏加工与功能成分			副产品加工与综合利用		
	种质资源抗病性及改良创新	种质资源抗逆性及改良创新	育种技术与遗传多样性分析	转基因育种及植株再生技术	生态环境及生物多样性分析	生长机理及栽培技术	病虫草害防控技术	功能成分提取测定及其生物活性	功能成分的营养保健作用	贮藏保鲜及食品加工技术	复合材料制备及利用	生物燃料开发及利用	饲料产品开发及利用
Lima Debora Barbosa	4	1	7		7		19		3	4	3		
Man Yaakob Bin Che			1		3	2		3	17	12	2	1	
Mariau D	1				2	1	5						
Munaganti Rajesh Kumar	1	8	14	3		2	2	2		1		1	
Randles JW	7	1	2		2				1				
Rognon FV			1										
Sangare Abdourahamane		2	3	2	1	2	1	1			1		
Karun Anitha	5	10	10	6	1	2	1	2	1	2		2	
Alvarado A Gabriel	2	5			2	5	1		2	16	6	5	1
Niral Vittal	1	4	13	1	3	4	2	2	1	3			
Parameswarappa Maheswarappa Halli	2		4		7	9		1			2	1	
Pomier M						2						1	
Renard JL	1				1	1							

注：表中单元格颜色越接近深红色代表论文量越多，基础研究优势越明显；越接近深绿色代表论文量越少，基础研究相对较弱。

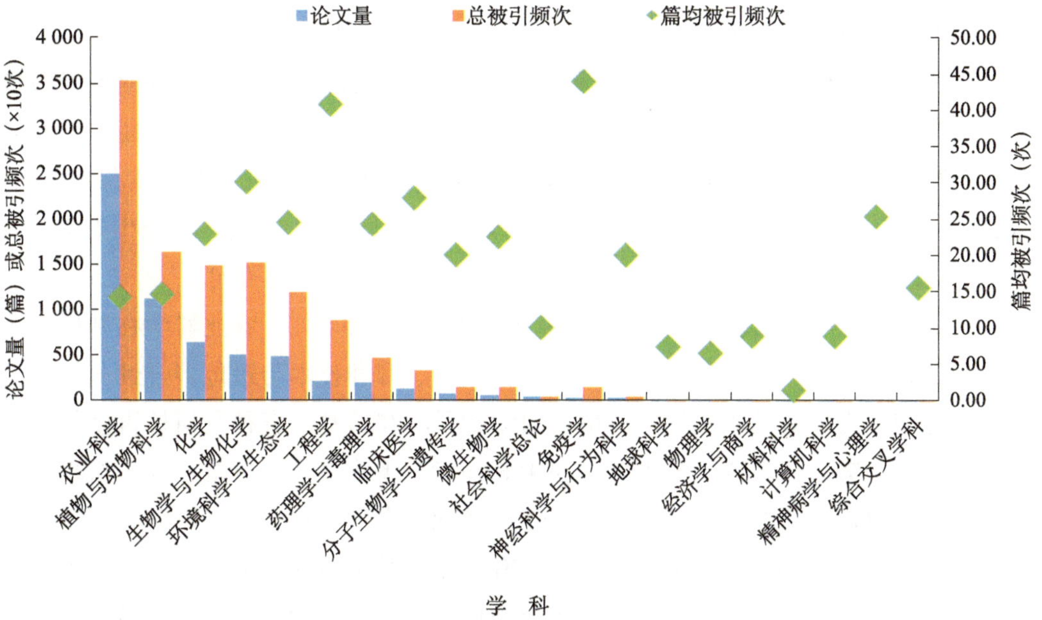

图 3-70　全球椰子基础研究领域 ESI 学科竞争力对比

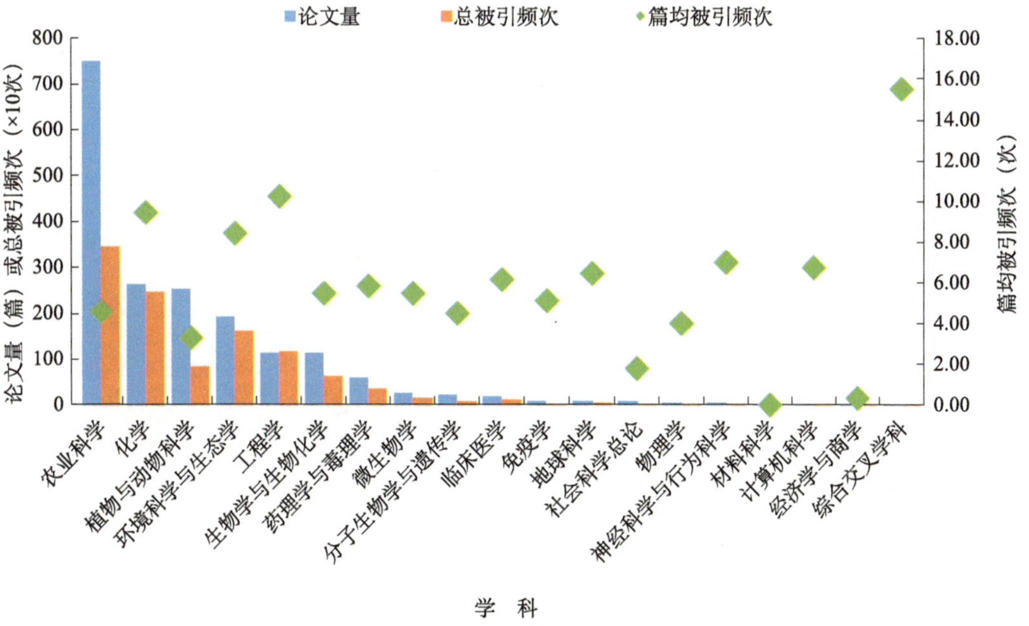

图 3-71　2016—2020 年全球椰子基础研究领域 ESI 学科竞争力对比

3.6.4.2 研究布局分析

全球椰子基础研究领域，ESI学科在13个研究方向的研究布局有一定差异（图3-72）。其中，生长机理及栽培技术、功能成分提取测定及其生物活性、贮藏保鲜及食品加工技术是农业科学等多个学科重点关注的研究方向；种质资源抗病性及改良创新、育种技术与遗传多样性分析研究是植物与动物科学等学科重点关注的研究方向；种质资源抗病性及改良创新、生态环境及生物多样性分析、功能成分的营养保健作用、复合材料制备及利用、生物燃料开发及利用分别是微生物学、环境科学与生态学、药理学与毒理学、化学、生物学与生物化学等学科重点关注的研究方向。

各学科在13个研究方向的基础研究优势不同（表3-24）。农业科学在种质资源抗病性及改良创新、种质资源抗逆性及改良创新、育种技术与遗传多样性分析等多个研究方向具有绝对的领先优势；植物与动物科学在转基因育种及植株再生技术方向具有最强优势。环境科学与生态学在生态环境及生物多样性分析、生长机理及栽培技术、病虫草害防控技术等方向有一定的基础研究优势；化学在贮藏保鲜及食品加工技术、复合材料制备及利用等方向具有一定的基础研究优势；生物学与生物化学在种质资源抗逆性及改良创新、种质资源抗病性及改良创新、生物燃料开发及利用、饲料产品开发及利用等方向具有一定的基础研究优势；药理学与毒理学、微生物学分别在功能成分的营养保健作用、功能成分提取测定及其生物活性方向具有一定的基础研究优势。

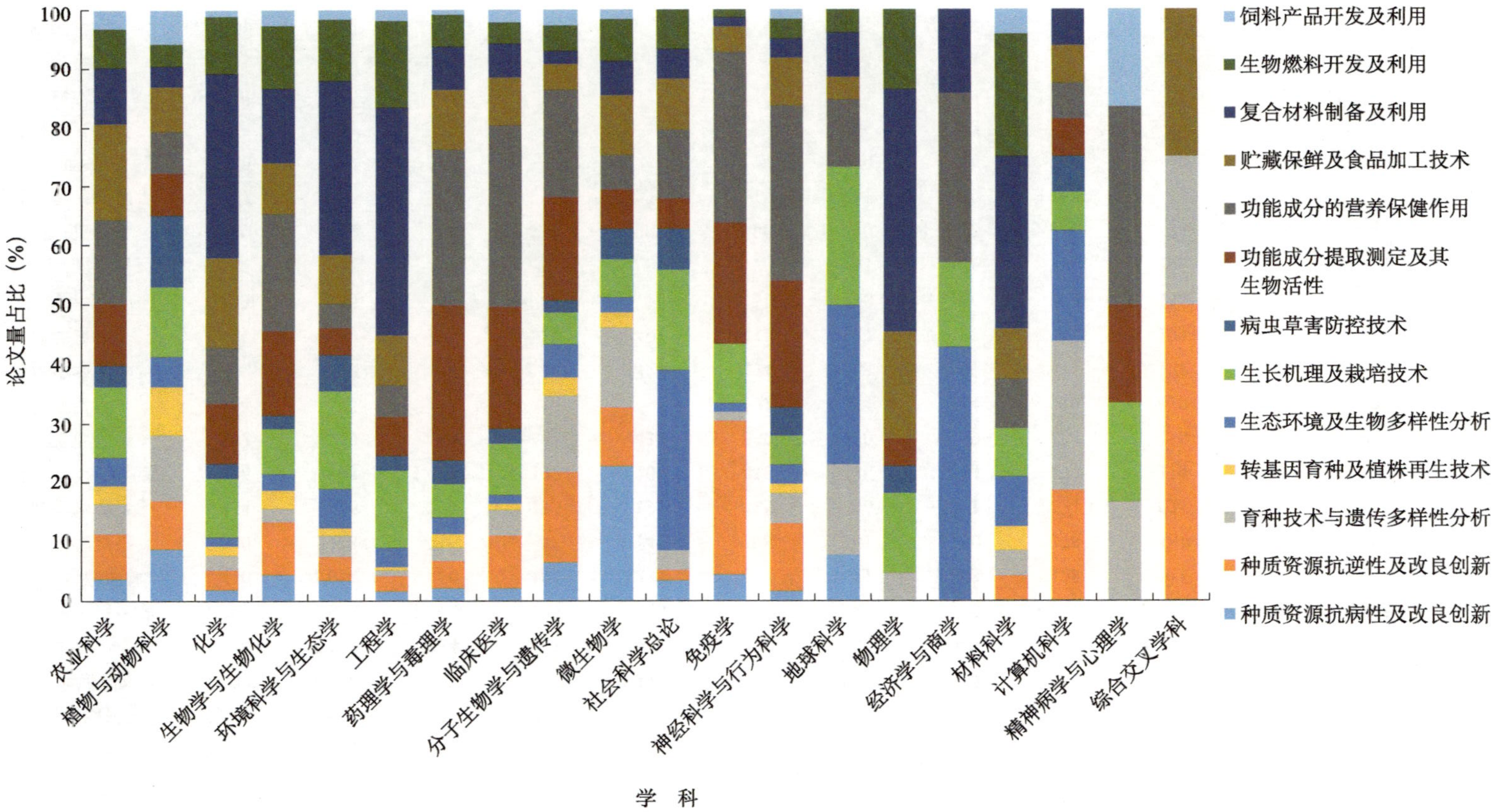

图 3-72 全球椰子基础研究领域 ESI 学科主题布局对比

注：主题布局（堆积柱状）图中重点学科下某一颜色的高度越高，代表该颜色对应主题在重点学科的论文量占比越高；高度越低，代表该颜色对应主题在重点学科的论文量占比越低。

表 3-24　全球椰子基础研究领域 ESI 学科主题布局对比

学科	各研究方向的论文量（篇）												
	种质资源与遗传育种				生长调控与田间管理			贮藏加工与功能成分			副产品加工与综合利用		
	种质资源抗病性及改良创新	种质资源抗逆性及改良创新	育种技术与遗传多样性分析	转基因育种及植株再生技术	生态环境及生物多样性分析	生长机理及栽培技术	病虫草害防控技术	功能成分提取测定及其生物活性	功能成分的营养保健作用	贮藏保鲜及食品加工技术	复合材料制备及利用	生物燃料开发及利用	饲料产品开发及利用
农业科学	8 797	10 610	7 943	1 941	6 290	16 900	6 925	12 979	9 156	22 621	8 288	7 187	3 552
植物与动物科学	7 340	7 648	7 396	2 465	3 464	7 534	6 880	4 337	2 328	5 967	1 759	2 280	1 774
环境科学与生态学	1 208	1 296	1 642	197	3 479	4 184	2 069	1 319	955	2 127	3 372	2 090	348
化学	596	1 156	734	173	443	1 397	742	3 048	1 561	3 444	3 620	2 018	290
生物学与生物化学	1 590	1 896	1 048	447	626	1 494	787	2 105	1 388	2 374	1 975	2 895	358
药理学与毒理学	440	1 014	460	194	233	687	671	3 583	2 168	1 948	606	476	101
社会科学总论	200	118	216	40	1 145	398	161	170	378	381	164	201	29
微生物学	1 354	676	798	115	191	485	356	391	171	625	220	412	47
分子生物学与遗传学	616	983	1 113	172	200	418	236	534	277	378	103	142	23
工程学	192	149	94	46	436	630	130	259	204	456	1 187	946	104
临床医学	114	145	113	14	91	172	74	584	910	419	100	79	56
经济学与商学	52	37	80	14	427	174	63	29	73	187	32	48	10
地球科学	81	79	162	9	492	415	87	37	48	193	142	83	17
免疫学	143	385	51	16	25	50	110	186	232	136	32	22	10
神经科学与行为科学	32	91	57	5	66	70	61	186	334	193	17	21	12
计算机科学	39	44	60	3	87	80	20	12	6	94	19	13	5
精神病学与心理学	7	22	12		21	10	17	29	108	45	8	2	1
物理学	9	29	12	1	6	24	20	25	18	97	51	29	3
综合交叉学科	15	17	30	2	43	33	15	12	25	21	5	11	2
材料科学	7	8	8	2	10	16	3	7	4	20	39	27	4
数学	5	1	4		6	2	4			3	2	1	
空间科学	1	2				1	1			1			

注：表中单元格颜色越接近深红色代表论文量越多，基础研究优势越明显；越接近深绿色代表论文量越少，基础研究相对较弱。

3.7 杧 果

3.7.1 重点国家分析

3.7.1.1 竞争力分析

全球共有125个国家开展与杧果有关的基础研究。从总体来看，论文量在70篇及以上的国家共有21个，各国之间基础研究竞争力差距悬殊（图3-73）。印度的论文生产力和影响力均排在首位，且远超其他国家，基础研究竞争力最强；其次是巴西和美国，两者的论文生产力差别不大，但是美国的论文影响力远超巴西。古巴的论文质量排在首位，其次是以色列和意大利。

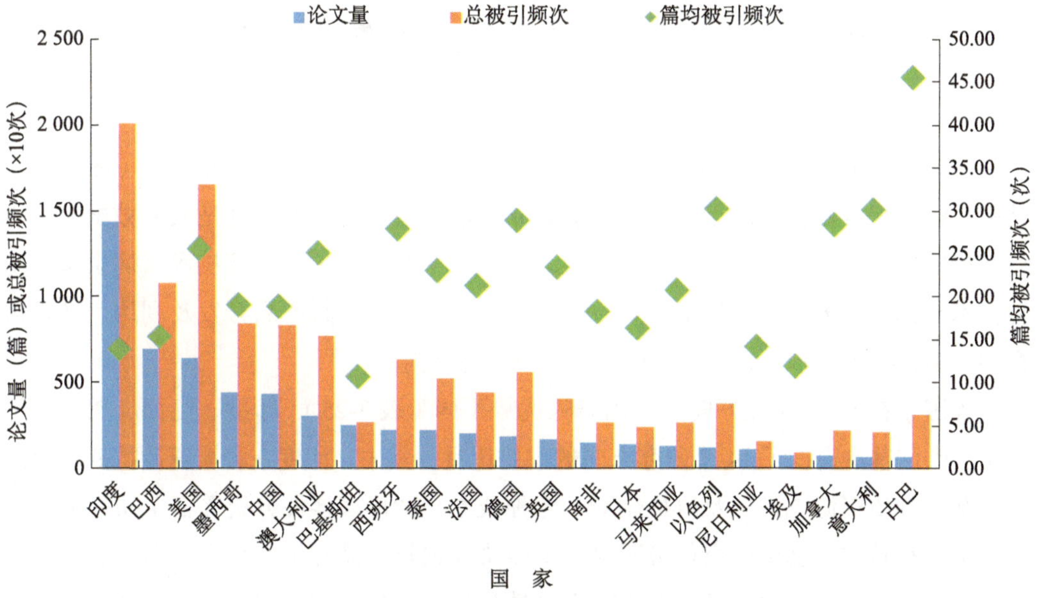

图3-73　全球杧果基础研究领域重点国家竞争力对比

2016—2020年，论文量在30篇及以上的国家共有21个，各国之间基础研究竞争力差距依然悬殊（图3-74）。印度的论文生产力依然排在首位，其次是巴西和中国；中国的论文影响力跃居首位，其次是印度、巴西、美国；马来西亚的论文质量跃居首位，其次是沙特阿拉伯、澳大利亚，中国的论文质量有所提升。可见，近年来在杧果领域的基础研究中，中国不仅在生产力和影响力方面表现突出，而且在论文质量和竞争力方面均有了很大提升。

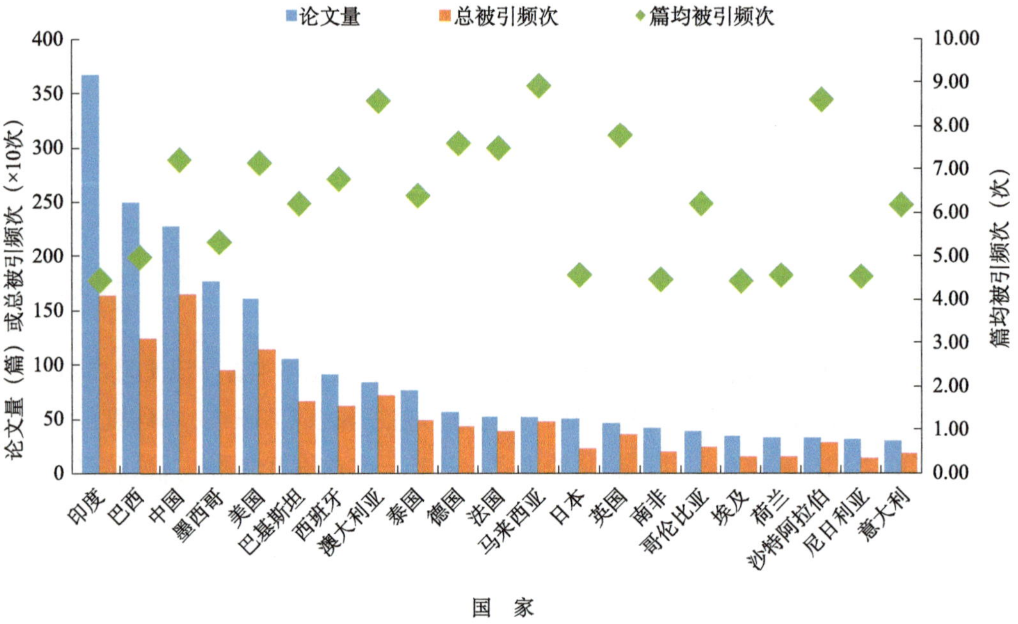

图 3-74 2016—2020 年全球杧果基础研究领域重点国家竞争力对比

3.7.1.2 研究布局分析

全球杧果基础研究领域，重点国家在 14 个研究方向上均有研究布局（图 3-75）。其中，贮藏保鲜及食品加工技术、功能成分提取测定及其生物活性是大多数国家均重点布局的研究方向；种质资源抗逆性及改良创新、生长机理及栽培技术、病虫草害防控技术是部分国家重点布局的研究方向；另外，各国在饲料产品开发及利用、转基因育种及植株再生技术等方向的布局明显少于其他方向。

各国家在 14 个研究方向的基础研究优势不同（表 3-25），印度、巴西、美国、墨西哥、中国基本占据了 14 个研究方向的主要比重。其中，印度在种质资源抗病性及改良创新、种质资源抗逆性及改良创新、育种技术与遗传多样性分析等多个研究方向的论文量排在首位，基础研究优势明显；墨西哥在饲料产品开发及利用方向具有最强基础研究优势。巴西在生态环境及生物多样性分析、生长机理及栽培技术、功能成分提取测定及其生物活性等方向具有一定的基础研究优势；美国在种质资源抗逆性及改良创新、育种技术与遗传多样性分析、转基因育种及植株再生技术等方向具有一定的基础研究优势。中国在功能成分提取测定及其生物活性、复合材料制备及利用、生物燃料开发及利用等方向具有一定的基础研究优势，但在转基因育种及植株再生技术、生态环境及生物多样性分析、病虫草害防控技术、饲料产品开发及利用等方向的基础研究优势不明显，可以作为今后重点突破的研究方向。

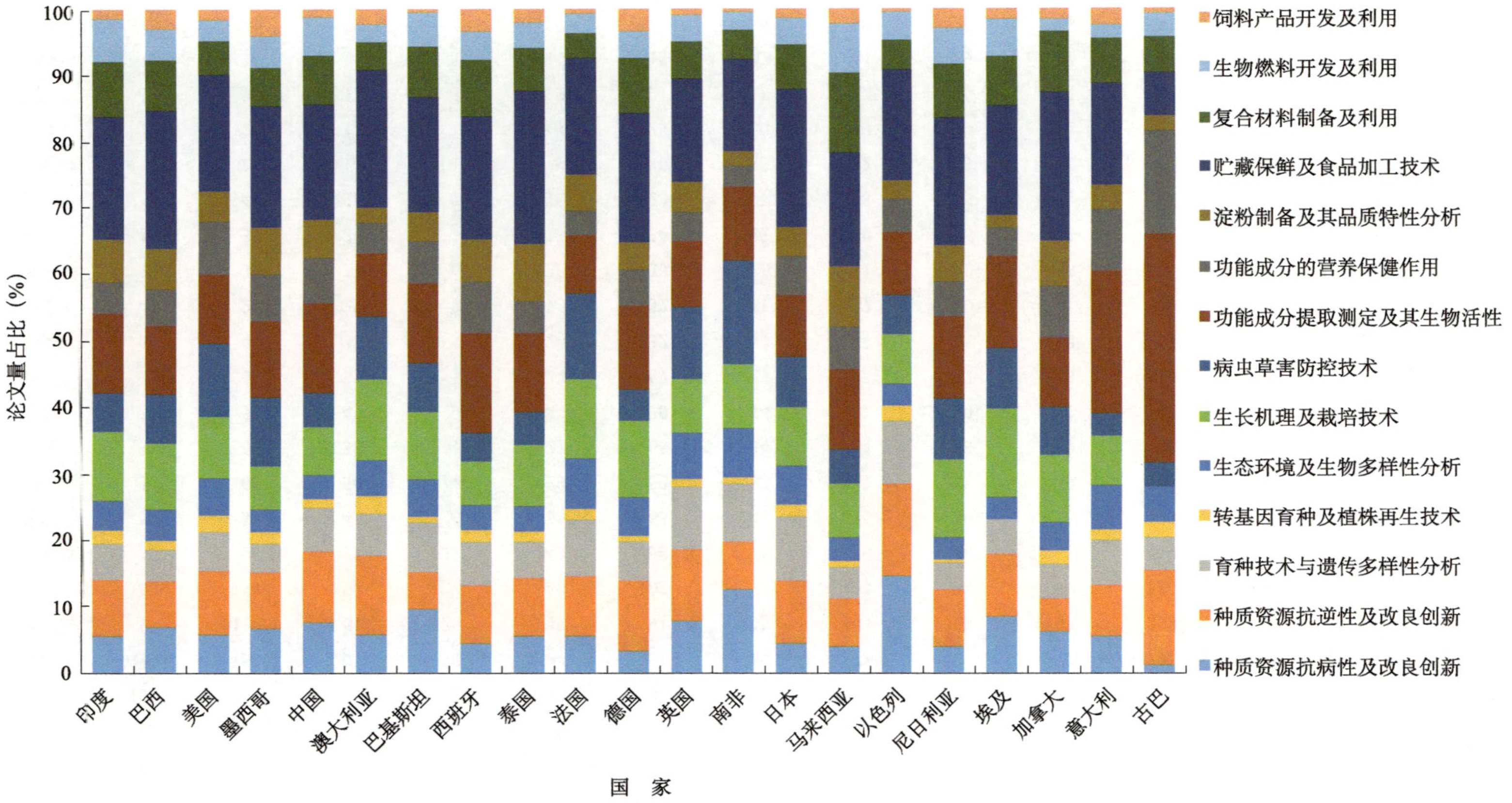

图 3-75　全球杧果基础研究领域重点国家主题布局对比

注：主题布局（堆积柱状）图中重点国家下某一颜色的高度越高，代表该颜色对应主题在重点国家的论文量占比越高；高度越低，代表该颜色对应主题在重点国家的论文量占比越低。

表 3-25 全球杧果基础研究领域重点国家主题布局对比

国家	各研究方向的论文量（篇）													
	种质资源与遗传育种				生长调控与田间管理			贮藏加工与功能成分				副产品加工与综合利用		
	种质资源抗病性及改良创新	种质资源抗逆性及改良创新	育种技术与遗传多样性分析	转基因育种及植株再生技术	生态环境及生物多样性分析	生长机理及栽培技术	病虫草害防控技术	功能成分提取测定及其生物活性	功能成分的营养保健作用	淀粉制备及其品质特性分析	贮藏保鲜及食品加工技术	复合材料制备及利用	生物燃料开发及利用	饲料产品开发及利用
印度	175	264	176	62	139	330	180	380	143	202	591	260	203	42
巴西	130	133	90	23	90	191	141	196	105	116	396	146	89	55
美国	93	158	97	39	94	151	179	171	129	72	291	84	54	23
墨西哥	93	119	61	25	47	91	145	163	98	98	258	84	65	56
中国	105	154	92	22	50	102	73	193	94	80	250	105	82	16
澳大利亚	45	96	51	23	43	98	76	76	36	18	169	33	22	18
巴基斯坦	59	35	45	6	35	63	46	74	39	26	108	47	33	2
西班牙	34	66	50	14	29	50	33	117	58	49	142	66	33	25
泰国	38	61	38	11	27	65	34	84	33	59	162	45	28	13
法国	31	53	49	9	44	70	74	51	20	32	102	23	16	4
德国	19	61	35	5	34	67	27	73	32	23	115	48	24	19
英国	31	43	38	5	28	32	44	39	18	18	63	22	17	3
南非	41	24	29	3	25	32	51	37	10	8	46	15	9	1
日本	15	32	33	6	20	30	26	31	20	15	71	23	14	4
马来西亚	16	30	20	3	15	34	22	50	26	38	71	50	31	9
以色列	43	41	28	7	10	22	17	28	15	8	50	13	13	1
尼日利亚	10	22	10	1	9	30	23	32	13	14	49	21	14	7
埃及	18	20	11		7	28	20	29	9	4	35	16	12	3
加拿大	13	10	11	4	9	21	15	22	16	14	47	19	4	3
意大利	11	16	14	3	14	15	7	44	19	7	32	14	4	5
古巴	2	24	8	4	9		6	58	26	4	11	9	6	1

注：表中单元格颜色越接近深红色代表论文量越多，基础研究优势越明显；越接近深绿色代表论文量越少，基础研究相对较弱。

3.7.2 重点机构分析

3.7.2.1 竞争力分析

全球共有 3 703 家机构开展与杧果相关的基础研究。从总体来看，论文量在 45 篇以上的机构共有 26 家，巴西、印度、美国、中国的上榜机构数量排在前四位，分别有 6 家、5 家、3 家、3 家机构上榜，各机构之间的基础研究竞争力差距较大（图 3-76）。印度农业研究理事会的论文生产力排在首位，美国农业部的论文影响力排在首位，且印度科学与工业研究理事会、美国农业部、佛罗里达大学的基础研究竞争力均排在前五位，基础研究竞争力较强。霍恩海姆大学的论文质量排在首位，其次是美国农业部、坎皮纳斯州立大学和加州大学。

2016—2020 年，论文量在 16 篇以上的机构共有 25 家，中国、巴西、印度的上榜机构数量排在前三位，分别有 6 家、5 家、3 家机构上榜，各机构之间的基础研究竞争力差距依然较大（图 3-77）。印度农业研究理事会的论文生产力依然排在首位且远超其他机构，其次是巴西农业研究公司、维索萨联邦大学、华中农业大学、昆士兰大学；中国热带农业科学院、中国农业大学、海南大学的生产力也进入前十五位。昆士兰大学的论文影响力跃居首位，其次是华中农业大学、巴西农业研究公司、印度理工学院、中国热带农业科学院；海南大学、中国农业科学院、中国农业大学的影响力也进入前十七位。霍恩海姆大学的论文质量依然排在首位，其次是印度理工学院、马来西亚博特拉大学；中国农业科学院、海南大学、华中农业大学、中国热带农业科学院的论文质量也进入前十一位。可见，近年来在杧果领域的基础研究中，华中农业大学、中国热带农业科学院、中国农业大学等中国机构不仅在生产力和影响力方面表现较好，而且在论文质量和竞争力方面均有很大提升。

3.7.2.2 研究布局分析

全球杧果基础研究领域，重点机构在 14 个研究方向上均有研究布局（图 3-78）。其中，贮藏保鲜及食品加工技术、功能成分提取测定及其生物活性是大多数机构均重点布局的研究方向；生长机理及栽培技术、种质资源抗逆性及改良创新、病虫草害防控技术是部分机构重点布局的研究方向；另外，各机构在饲料产品开发及利用、转基因育种及植株再生技术等方向的布局明显少于其他方向。

各机构在 14 个研究方向的基础研究优势不同（表 3-26）。其中，印度农业研究理事会在种质资源抗病性及改良创新、种质资源抗逆性及改良创新、育种技术与遗传多样性分析等多个研究方向具有最强的基础研究优势；印度科学与工业研究理事会、美国农业部、霍恩海姆大学、墨西哥食品和发展研究中心分别在淀粉制备及其品质特性

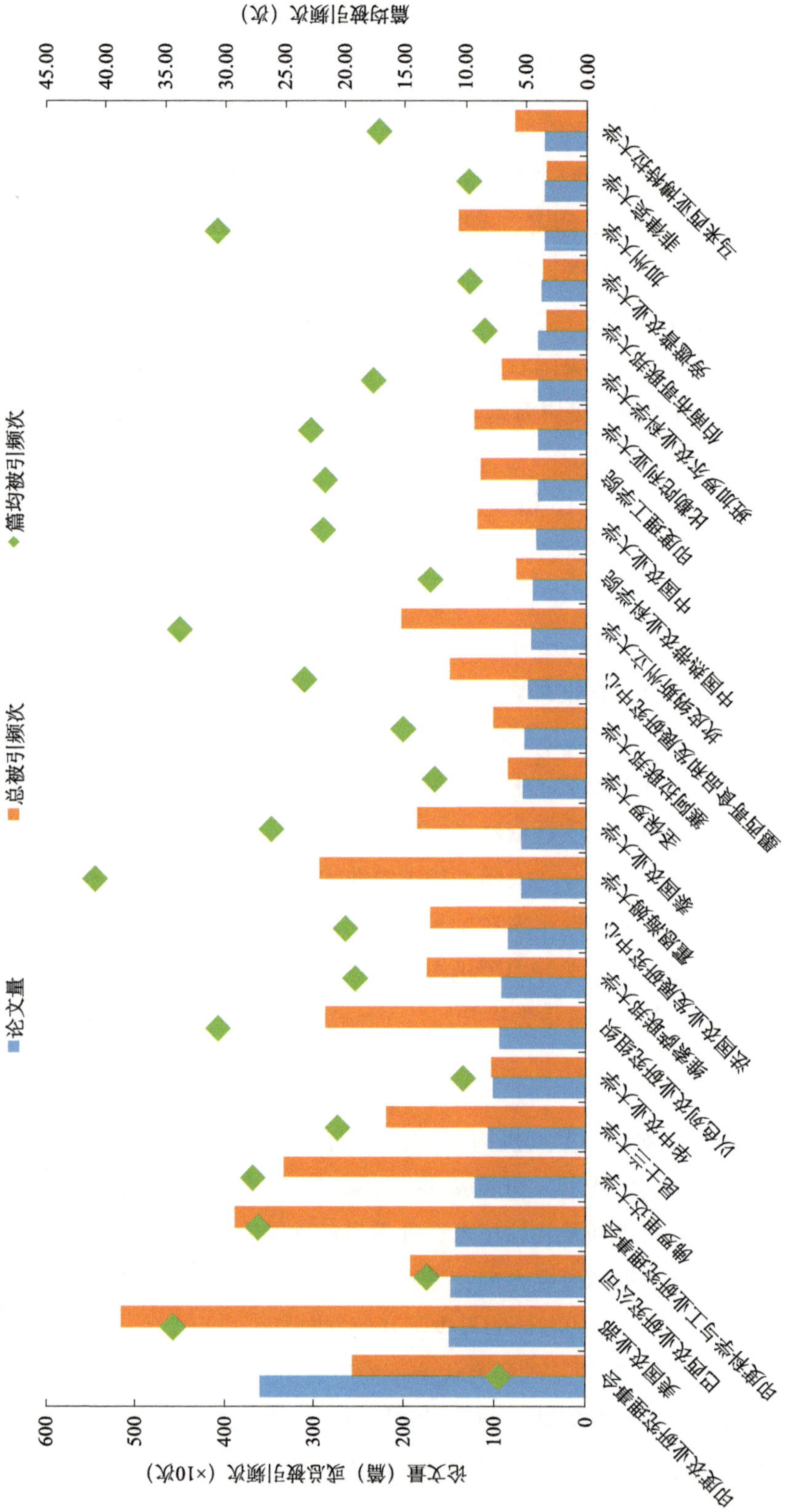

图 3-76 全球杧果基础研究领域重点机构竞争力对比

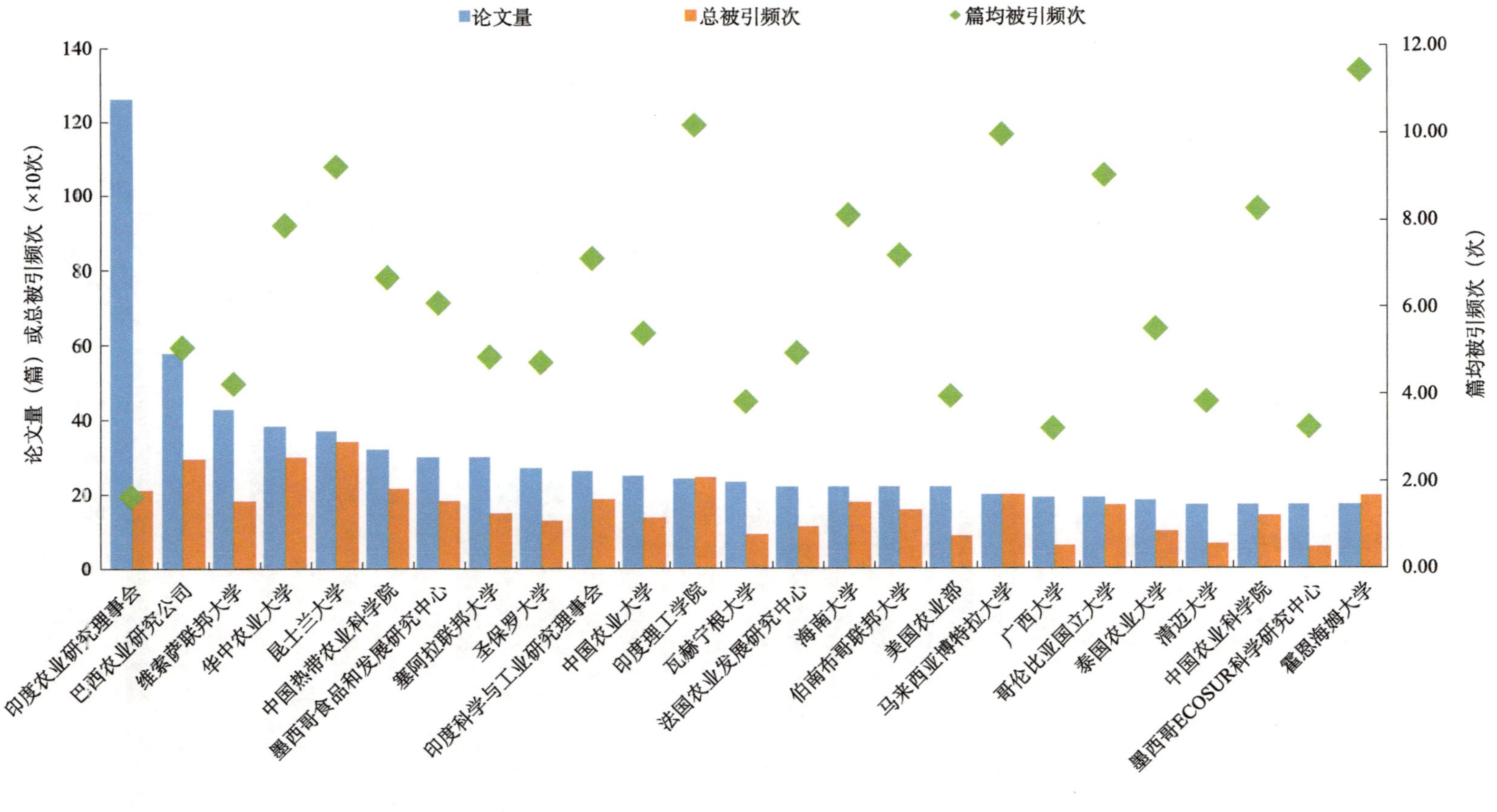

图 3-77　2016—2020 年全球杧果基础研究领域重点机构竞争力对比

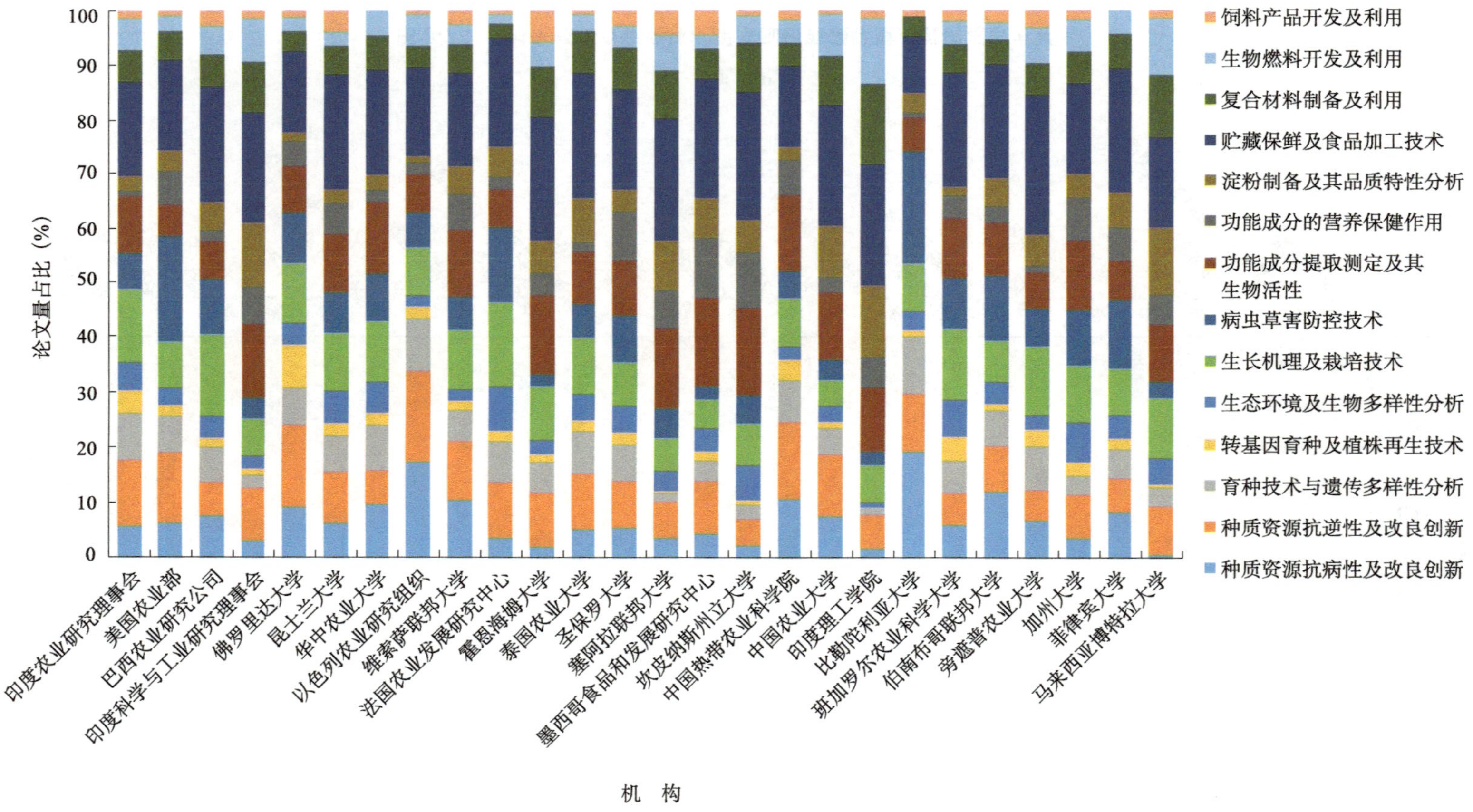

图 3-78 全球杧果基础研究领域重点机构主题布局对比

注：主题布局（堆积柱状）图中重点机构下某一颜色的高度越高，代表该颜色对应主题在重点机构的论文量占比越高；高度越低，代表该颜色对应主题在重点机构的论文量占比越低。

表 3-26 全球杧果基础研究领域重点机构主题布局对比

机构	各研究方向的论文量（篇）													
	种质资源与遗传育种				生长调控与田间管理			贮藏加工与功能成分				副产品加工与综合利用		
	种质资源抗病性及改良创新	种质资源抗逆性及改良创新	育种技术与遗传多样性分析	转基因育种及植株再生技术	生态环境及生物多样性分析	生长机理及栽培技术	病虫草害防控技术	功能成分提取测定及其生物活性	功能成分的营养保健作用	淀粉制备及其品质特性分析	贮藏保鲜及食品加工技术	复合材料制备及利用	生物燃料开发及利用	饲料产品开发及利用
印度农业研究理事会	44	91	65	30	39	100	50	79	9	20	134	43	43	10
美国农业部	21	43	22	6	11	28	65	19	21	13	56	17	10	2
巴西农业研究公司	28	22	24	6	14	54	37	25	8	19	79	20	20	9
印度科学与工业研究理事会	12	36	9	4	9	26	14	51	26	45	78	34	30	5
佛罗里达大学	26	43	19	22	11	31	27	24	14	4	43	10	7	3
昆士兰大学	20	31	21	7	19	34	24	35	19	8	69	17	8	12
华中农业大学	24	15	21	5	14	27	22	32	6	7	48	15	11	
以色列农业研究组织	37	34	20	5	4	19	13	15	5	2	35	8	12	1
维索萨联邦大学	29	30	16	4	6	30	17	34	19	14	48	14	11	6
法国农业发展研究中心	9	26	19	5	20	39	35	18	6	14	51	6	5	1
霍恩海姆大学	5	25	14	3	7	24	5	36	11	15	57	23	11	14
泰国农业大学	11	22	17	4	10	22	13	21	4	17	50	16	7	1
圣保罗大学	11	17	13	4	10	15	17	20	18	8	37	15	8	5
塞阿拉联邦大学	8	15	3	1	8	13	12	32	16	20	50	19	15	9

续表

机构	各研究方向的论文量（篇）													
	种质资源与遗传育种				生长调控与田间管理			贮藏加工与功能成分				副产品加工与综合利用		
	种质资源抗病性及改良创新	种质资源抗逆性及改良创新	育种技术与遗传多样性分析	转基因育种及植株再生技术	生态环境及生物多样性分析	生长机理及栽培技术	病虫草害防控技术	功能成分提取测定及其生物活性	功能成分的营养保健作用	淀粉制备及其品质特性分析	贮藏保鲜及食品加工技术	复合材料制备及利用	生物燃料开发及利用	饲料产品开发及利用
墨西哥食品和发展研究中心	11	24	9	4	11	12	6	40	28	18	55	13	7	10
坎皮纳斯州立大学	4	8	5	1	11	13	9	27	18	10	41	15	9	1
中国热带农业科学院	21	27	15	7	5	17	10	27	13	5	29	8	8	3
中国农业大学	15	22	9	2	6	9	7	24	6	18	44	17	15	1
印度理工学院	3	10	2		2	11	4	19	9	22	37	24	20	2
比勒陀利亚大学	22	12	12	1	4	10	24	7	1	4	12	4		1
班加罗尔农业科学大学	7	7	7	5	8	15	11	13	5	2	25	6	5	2
伯南布哥联邦大学	19	13	10	2	6	12	19	15	5	8	33	7	5	3
旁遮普农业大学	5	4	6	2	2	9	5	5	1	4	19	4	5	2
加州大学	5	11	5	3	10	14	14	18	11	6	23	8	8	2
菲律宾大学	8	6	5	2	4	8	12	7	6	6	22	6	4	
马来西亚博特拉大学	1	16	6	1	9	19	5	19	10	22	30	20	19	2

注：表中单元格颜色越接近深红色代表论文量越多，基础研究优势越明显；越接近深绿色代表论文量越少，基础研究相对较弱。

分析、病虫草害防控技术、饲料产品开发及利用、功能成分的营养保健作用等方向的论文量排在首位，具有最强基础研究优势。巴西农业研究公司在育种技术与遗传多样性分析、生长机理及栽培技术、病虫草害防控技术等方向具有一定的基础研究优势；昆士兰大学在转基因育种及植株再生技术、生态环境及生物多样性分析方向具有一定的基础研究优势；佛罗里达大学在种质资源抗逆性及改良创新、转基因育种及植株再生技术方向具有一定的基础研究优势；法国农业发展研究中心在生态环境及生物多样性分析、生长机理及栽培技术方向的基础研究优势明显。

3.7.3 重点学者分析

3.7.3.1 竞争力分析

全球共有 17 130 位学者开展与杧果相关的基础研究。从总体来看，论文量在 16 篇以上的学者共有30位，印度、墨西哥、德国的上榜学者数量排在前三位，分别有7位、6位、3 位学者上榜，中国没有学者上榜（图 3-79）。Singh Zora（科廷科技大学）的论文生产力排在首位，其次是 Adolfo Gonzalez-Aguilar Gustavo（墨西哥食品和发展研究中心）、Carle Reinhold（霍恩海姆大学）、Srivastav Manish（印度农业研究理事会）；Carle Reinhold（霍恩海姆大学）的论文影响力排在首位，且远超其他学者；其次是 Adolfo Gonzalez-Aguilar Gustavo（墨西哥食品和发展研究中心）、Singh Zora（科廷科技大学）。Schieber Andreas（霍恩海姆大学）的论文质量排在首位，其次是 Carle Reinhold（霍恩海姆大学）。

2016—2020 年，论文量在 7 篇以上的学者共有 33 位，墨西哥、印度、巴西、中国、美国、以色列的上榜学者数量排在前六位，分别有 9 位、6 位、5 位、3 位、3 位、3 位学者上榜（图 3-80）。Adolfo Gonzalez-Aguilar Gustavo（墨西哥食品和发展研究中心）的论文生产力跃居首位，其次是 Welti-Chanes Jorge（蒙特雷科技大学）、Srivastav Manish（印度农业研究理事会）、Talcott Stephen T（得克萨斯 A&M 大学）；Jin Jun（江南大学）、Jin Qingzhe（江南大学）、Wang Xingguo（江南大学）的论文生产力均排在二十五位前后。Adolfo Gonzalez-Aguilar Gustavo（墨西哥食品和发展研究中心）的论文影响力也跃居首位，其次是 Talcott Stephen T（得克萨斯 A&M 大学）、Mertens-Talcott Susanne U（得克萨斯 A&M 大学）、Walsh Kerry B（昆士兰大学），中国三位学者的影响力均排在十三位前后。Walsh Kerry B（昆士兰大学）、Noe Aguilar Cristobal（科阿韦拉诺玛大学）的论文质量跃居前两位，其次是 Mertens-Talcott Susanne U（得克萨斯 A&M 大学）、Kim Hyemee（得克萨斯 A&M 大学），中国三位学者的论文质量均排在十一位前后。可见，近年来在热带作物领域的基础研究中，Jin Jun（江南大学）、Jin Qingzhe（江南大学）、Wang Xingguo（江南大学）等中国学者在生产力方面表现一般，在影响力、论文质量方面表现较好，在竞争力方面有一定提升。

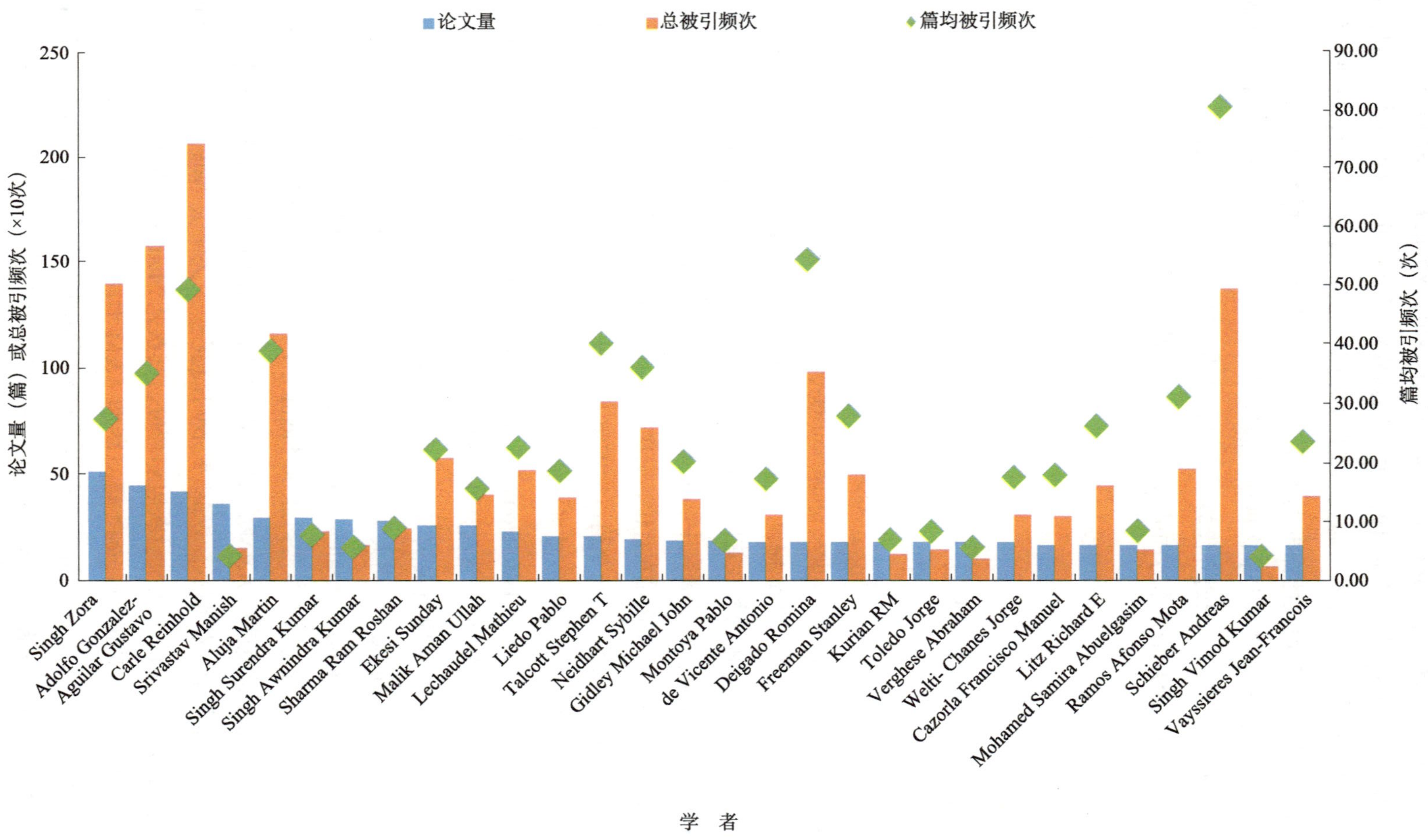

图 3-79 全球杧果基础研究领域重点学者竞争力对比

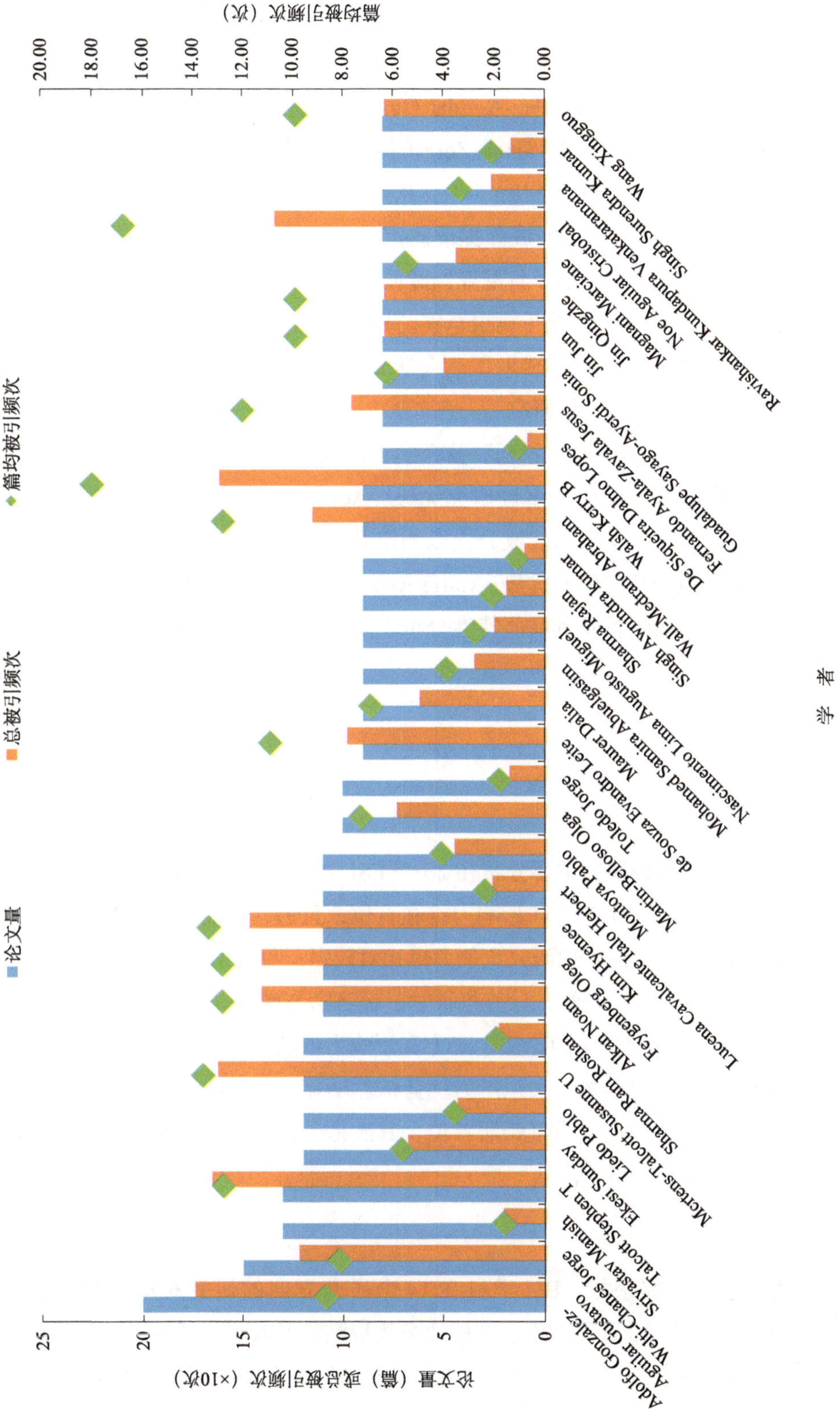

图 3-80 2016—2020 年全球杧果基础研究领域重点学者竞争力对比

3.7.3.2 研究布局分析

全球杧果基础研究领域，重点学者在 14 个研究方向的研究布局差异较大（图 3-81 和表 3-27）。其中，Adolfo Gonzalez-Aguilar Gustavo（墨西哥食品和发展研究中心）、Carle Reinhold（霍恩海姆大学）、Singh Zora（科廷科技大学）等学者侧重于贮藏保鲜及食品加工技术研究；Talcott Stephen T（得克萨斯 A&M 大学）、Gidley Michael John（昆士兰大学）等学者侧重于功能成分提取测定及其生物活性研究；Aluja Martin（墨西哥生态研究所）、Ekesi Sunday（肯尼亚国际昆虫生理学与生态学中心）、Liedo Pablo（墨西哥生态研究所）等学者侧重于病虫草害防控技术研究；Srivastav Manish（印度农业研究理事会）、Litz Richard E（佛罗里达大学）分别侧重于种质资源抗逆性及改良创新、育种技术与遗传多样性分析研究。

综合对比发现，Singh Zora（科廷科技大学）在种质资源抗逆性及改良创新、生物燃料开发及利用等方向有最强的基础研究优势；Adolfo Gonzalez-Aguilar Gustavo（墨西哥食品和发展研究中心）在功能成分提取测定及其生物活性、功能成分的营养保健作用等方向具有最强的基础研究优势；Carle Reinhold（霍恩海姆大学）在育种技术与遗传多样性分析、淀粉制备及其品质特性分析、复合材料制备及利用等方向具有最强的基础研究优势。

3.7.4 重点学科分析

3.7.4.1 竞争力分析

全球杧果领域的基础研究主要分布在 20 个 ESI 学科中（图 3-82 和图 3-83）。从总体来看，农业科学的论文生产力和影响力排在首位，且远超其他学科，基础研究竞争力最强；植物与动物科学的基础研究竞争力也相对较强；免疫学的论文质量排在首位，其次是药理学与毒理学、工程学、计算机科学、经济学与商学。

2016—2020 年，农业科学的论文生产力和影响力依然远超其他学科，基础研究竞争力最强；植物与动物科学的论文生产力优势依然明显，化学的论文影响力已赶超植物与动物科学；工程学的论文质量跃居首位，其次是生物学与生物化学、化学、计算机科学、神经科学与行为科学。

3.7.4.2 研究布局分析

全球杧果基础研究领域，ESI 学科在 14 个研究方向的研究布局差异明显（图 3-84）。其中，生长机理及栽培技术、功能成分提取测定及其生物活性、贮藏保鲜及食品加工技术是农业科学等多个学科重点关注的研究方向；种质资源抗逆性及改良创新、

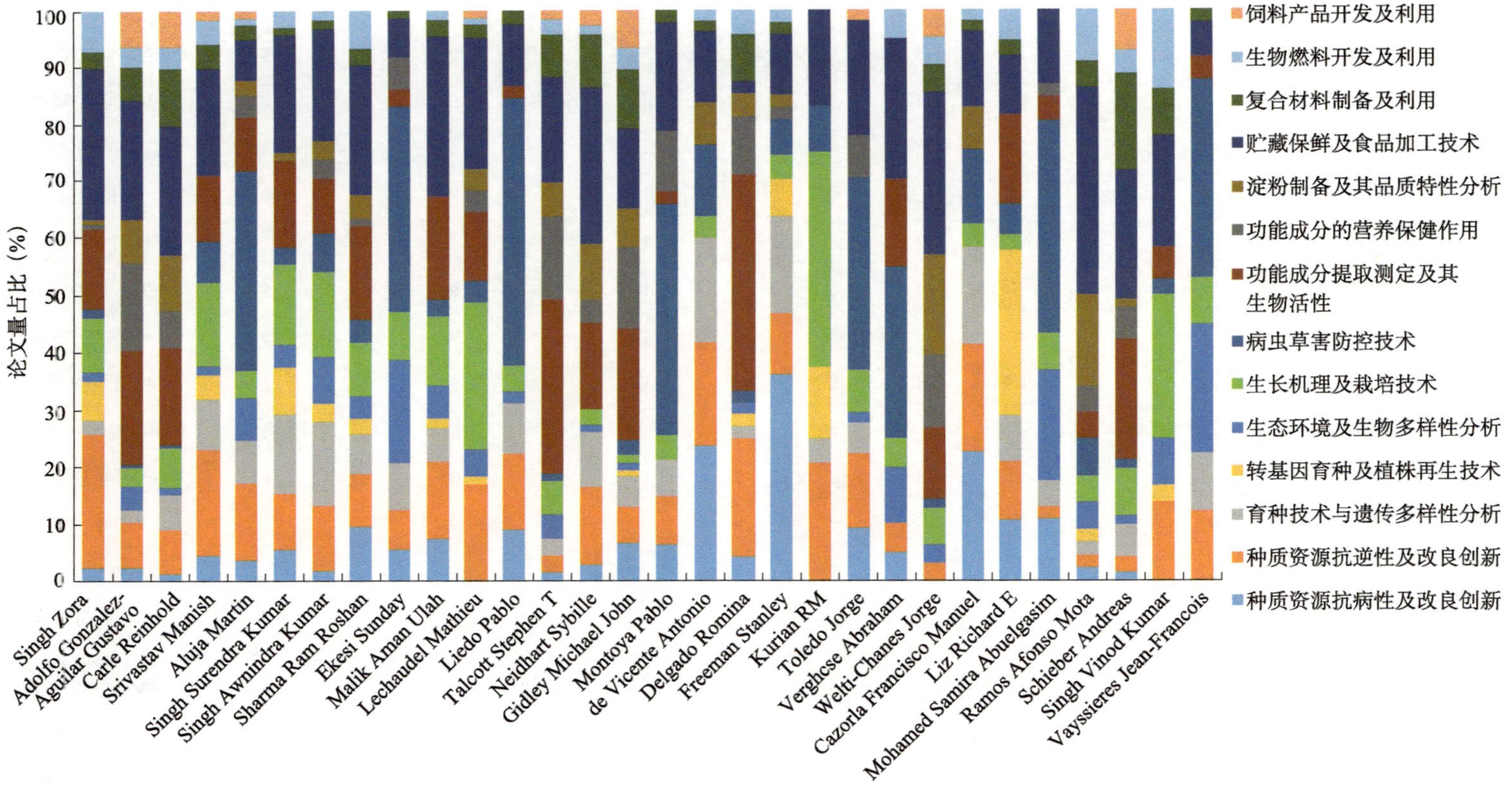

图 3-81　全球杧果基础研究领域重点学者主题布局对比

注：主题布局（堆积柱状）图中重点学者下某一颜色的高度越高，代表该颜色对应主题在重点学者的论文量占比越高；高度越低，代表该颜色对应主题在重点学者的论文量占比越低。

表 3-27　全球杧果基础研究领域重点学者主题布局对比

学者	各研究方向的论文量（篇）													
	种质资源与遗传育种				生长调控与田间管理			贮藏加工与功能成分				副产品加工与综合利用		
	种质资源抗病性及改良创新	种质资源抗逆性及改良创新	育种技术与遗传多样性分析	转基因育种及植株再生技术	生态环境及生物多样性分析	生长机理及栽培技术	病虫草害防控技术	功能成分提取测定及其生物活性	功能成分的营养保健作用	淀粉制备及其品质特性分析	贮藏保鲜及食品加工技术	复合材料制备及利用	生物燃料开发及利用	饲料产品开发及利用
Singh Zora	3	30	3	9	2	12	2	18	1	1	34	4	9	
Adolfo Gonzalez-Aguilar Gustavo	4	15	4		8	6	1	37	28	14	39	11	6	12
Carle Reinhold	2	12	10		2	11	1	27	10	15	36	16	6	10
Srivastav Manish	3	13	6	3	1	10	5	8			13	3	3	1
Aluja Martin	3	11	6		6	4	28	8	3	2	6	2	1	1
Singh Surendra Kumar	4	7	10	6	3	10	2	11		1	15	1	2	
Singh Awnindra Kumar	1	7	9	2	5	9	4	6	2	2	12	1	1	
Sharma Ram Roshan	7	7	5	2	3	7	3	12	1	3	17	2	5	
Ekesi Sunday	4	5	6		13	6	26	2	4		5	1		
Malik Aman Ullah	5	9	4	1	4	8	2	12			19	2	1	
Lechaudel Mathieu		14		1	4	21	3	10	3	3	19	2	1	1
Liedo Pablo	4	6	4		1	2	21	1			5	1		
Talcott Stephen T	1	2	2		3	4	1	21	10	4	13	5	2	1
Neidhart Sybille	2	10	7		1	2		11	3	7	20	7	1	2
Gidley Michael John	5	5	4	1	1	1	2	15	11	5	11	8	3	5
Montoya Pablo	3	4	3			2	19	1	5		9	1		

续表

学者	各研究方向的论文量（篇）													
	种质资源与遗传育种				生长调控与田间管理			贮藏加工与功能成分				副产品加工与综合利用		
	种质资源抗病性及改良创新	种质资源抗逆性及改良创新	育种技术与遗传多样性分析	转基因育种及植株再生技术	生态环境及生物多样性分析	生长机理及栽培技术	病虫草害防控技术	功能成分提取测定及其生物活性	功能成分的营养保健作用	淀粉制备及其品质特性分析	贮藏保鲜及食品加工技术	复合材料制备及利用	生物燃料开发及利用	饲料产品开发及利用
de Vicente Antonio	13	10	10			2	7			4	7	1	1	
Delgado Romina	2	10	1	1	1		1	18	5	2	1	4	2	
Freeman Stanley	17	5	8	3		2	3		1	1	5	1	1	
Kurian RM		5	1	3		9	2				4			
Toledo Jorge	5	7	3		1	4	18		4		11			1
Verghese Abraham	1	1			2	1	6	3			5		1	
Welti-Chanes Jorge		2			2	4	1	8	8	11	18	3	3	3
Cazorla Francisco Manuel	12	10	9			2	7			4	7	1	1	
Litz Richard E	4	4	3	11		1	2	6			4	1	2	
Mohamed Samira Abuelgasim	5	1	2		9	3	17	2	1		6			
Ramos Afonso Mota	1	1	1	1	2	2	3	2	2	7	16	2	4	
Schieber Andreas	1	2	4		1	6	1	15	4	1	16	12	3	5
Singh Vinod Kumar		5		1	3	9	1	2			7	3	5	
Vayssieres Jean-Francois		6	5		11	4	17	2			3	1		

注：表中单元格颜色越接近深红色代表论文量越多，基础研究优势越明显；越接近深绿色代表论文量越少，基础研究相对较弱。

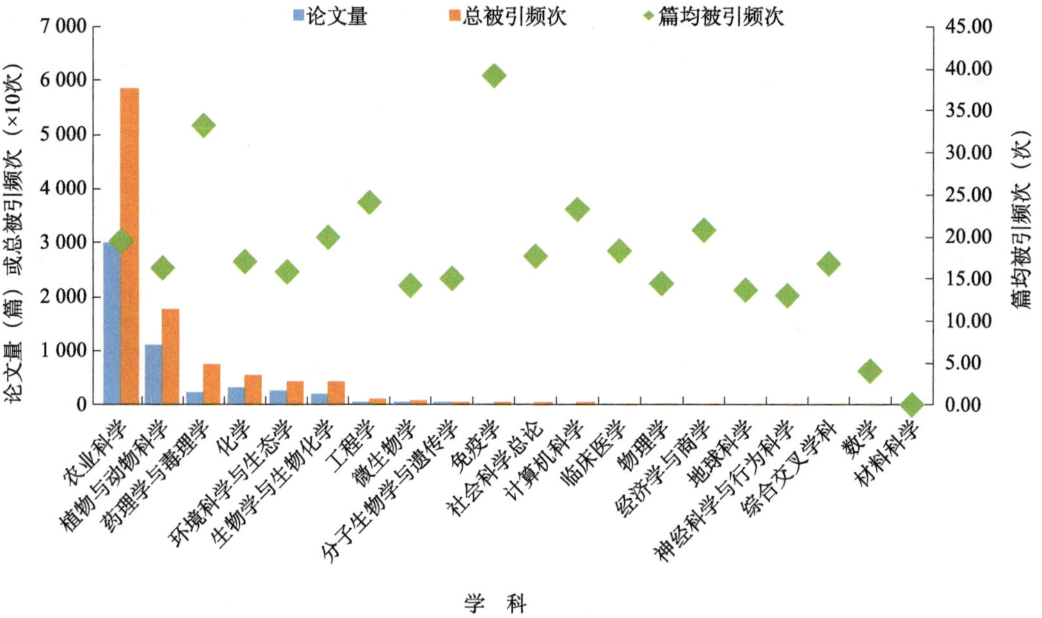

图 3-82 全球杧果基础研究领域 ESI 学科竞争力对比

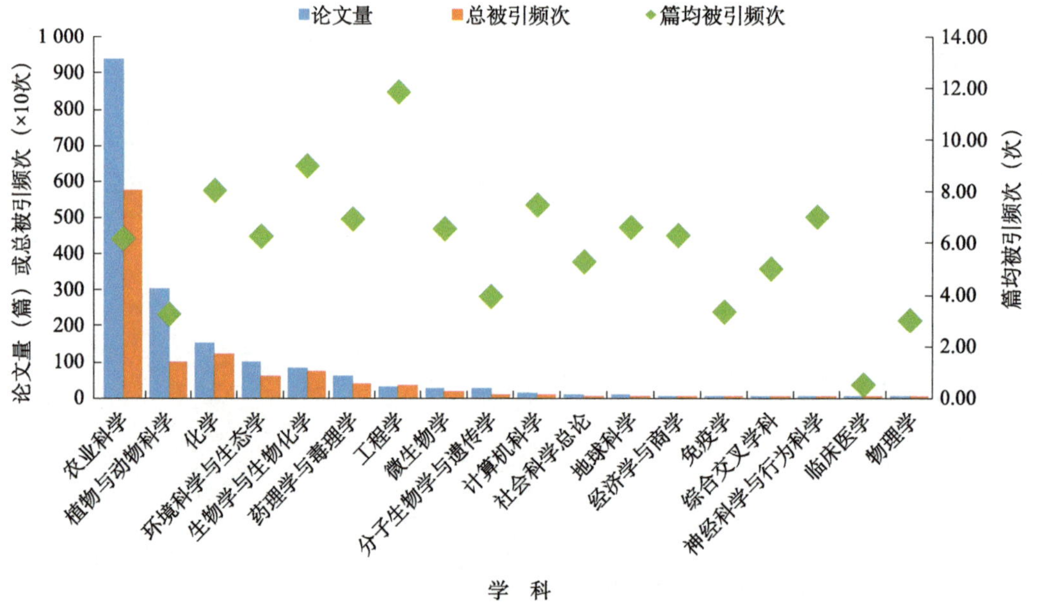

图 3-83 2016—2020 年全球杧果基础研究领域 ESI 学科竞争力对比

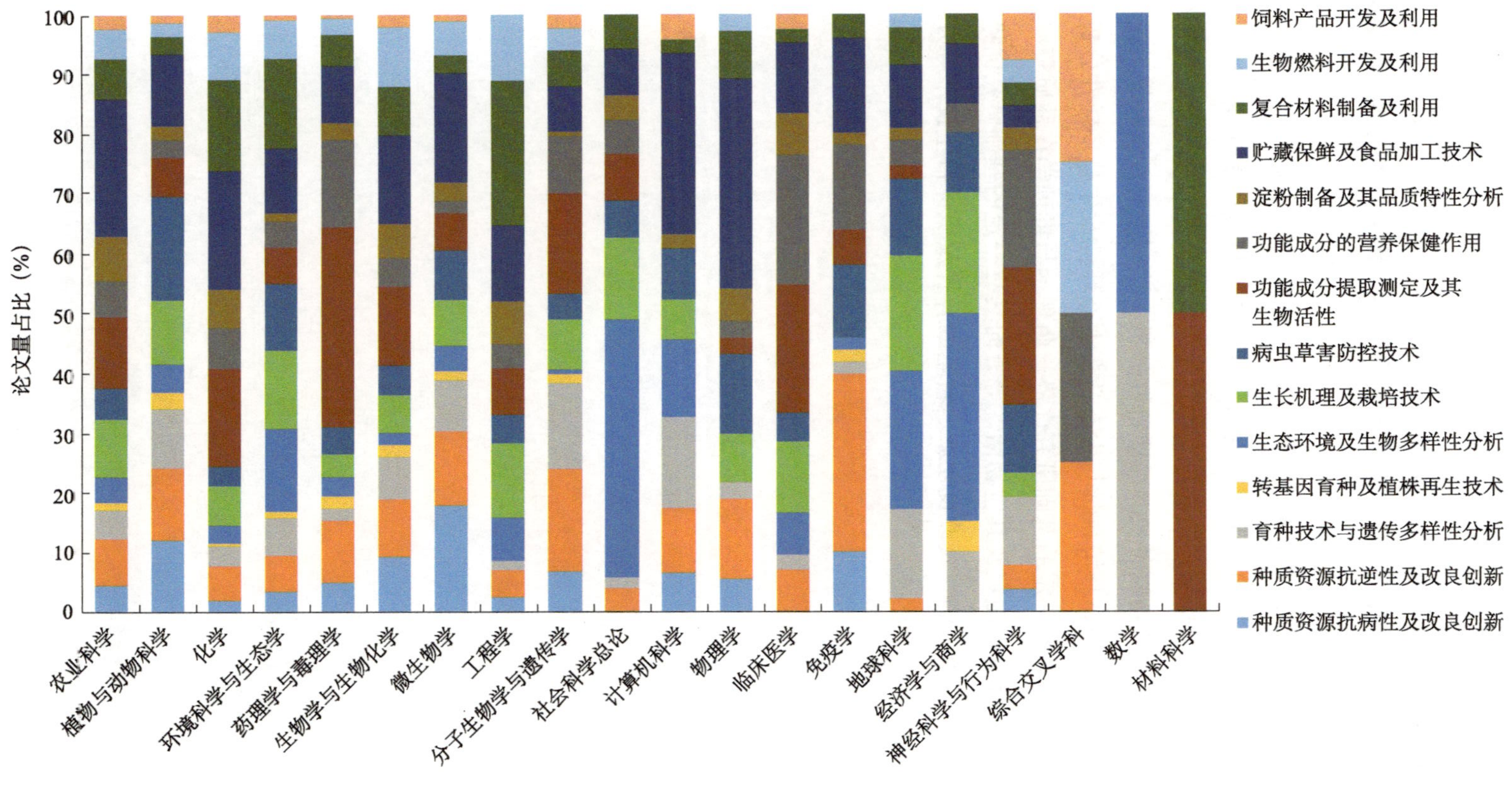

图 3-84 全球杧果基础研究领域 ESI 学科主题布局对比

注：主题布局（堆积柱状）图中重点学科下某一颜色的高度越高，代表该颜色对应主题在重点学科的论文量占比越高；高度越低，代表该颜色对应主题在重点学科的论文量占比越低。

病虫草害防控技术研究是植物与动物科学等学科重点关注的研究方向；种质资源抗病性及改良创新、育种技术与遗传多样性分析、生态环境及生物多样性分析、功能成分的营养保健作用、复合材料制备及利用、生物燃料开发及利用分别是微生物学、分子生物学与遗传学、环境科学与生态学、药理学与毒理学、化学、生物学与生物化学重点关注的研究方向。

各学科在 14 个研究方向的基础研究优势不同（表 3-28）。农业科学在种质资源抗病性及改良创新、种质资源抗逆性及改良创新、育种技术与遗传多样性分析等多个研究方向具有最强的基础研究优势；植物与动物科学在病虫草害防控技术方向具有最强的基础研究优势。化学在淀粉制备及其品质特性分析、贮藏保鲜及食品加工技术等方向具有一定的基础研究优势；环境科学与生态学在生态环境及生物多样性分析、生长机理及栽培技术等方向具有一定的基础研究优势；药理学与毒理学在种质资源抗逆性及改良创新、功能成分提取测定及其生物活性等方向具有一定的基础研究优势；生物学与生物化学在种质资源抗病性及改良创新、转基因育种及植株再生技术等方向的基础研究优势明显。

表 3-28 全球杧果基础研究领域 ESI 学科主题布局对比

学科	各研究方向的论文量（篇）													
	种质资源与遗传育种				生长调控与田间管理			贮藏加工与功能成分				副产品加工与综合利用		
	种质资源抗病性及改良创新	种质资源抗逆性及改良创新	育种技术与遗传多样性分析	转基因育种及植株再生技术	生态环境及生物多样性分析	生长机理及栽培技术	病虫草害防控技术	功能成分提取测定及其生物活性	功能成分的营养保健作用	淀粉制备及其品质特性分析	贮藏保鲜及食品加工技术	复合材料制备及利用	生物燃料开发及利用	饲料产品开发及利用
农业科学	375	624	385	113	349	771	428	967	499	604	1 856	564	401	187
植物与动物科学	303	306	245	69	123	266	434	163	77	56	310	72	60	29
化学	18	56	32	5	29	62	33	157	65	61	187	148	79	25
环境科学与生态学	27	46	48	8	105	100	84	46	33	10	82	115	49	6
药理学与毒理学	29	60	12	11	19	22	26	193	85	16	56	30	16	3
生物学与生物化学	58	58	44	12	13	40	31	81	29	35	91	50	63	12
微生物学	35	24	17	3	8	15	16	12	4	6	36	6	11	2
工程学	3	6	2		9	16	6	10	5	9	16	31	14	
分子生物学与遗传学	9	23	19	2	1	11	6	22	13	1	10	8	5	3
社会科学总论		2	1		22	7	3	4	3	2	4	3		
计算机科学	3	5	7		6	3	4			1	14	1		2
物理学	2	5	1			3	5	1	1	2	13	3	1	
临床医学		3	1		3	5	2	9	9	3	5	1		1
免疫学	5	15	1	1	1		6	3	7	1	8	2		
地球科学		1	7		11	9	6	1	2	1	5	3	1	
经济学与商学			2	1	7	4	2		1		2	1		
神经科学与行为科学	1	1	3			1	3	6	5	1	1	1	1	2
综合交叉学科		1							1				1	1
数学			1		1									
材料科学								1				1		

注：表中单元格颜色越接近深红色代表论文量越多，基础研究优势越明显；越接近深绿色代表论文量越少，基础研究相对较弱。

3.8 油　棕

3.8.1 重点国家分析

3.8.1.1 竞争力分析

全球共有 105 个国家开展与油棕有关的基础研究。从总体来看，论文量在 48 篇以上的国家共有 20 个，各国之间基础研究竞争力差距悬殊（图 3-85）。马来西亚的论文生产力和影响力均排在首位，且远超其他国家，基础研究优势明显；此外，英国、印度尼西亚、法国和美国的论文生产力也排在前五位，英国、美国、印度尼西亚和法国的论文影响力也排在前五位。瑞士的论文质量排在首位，其次是美国、德国和新加坡。

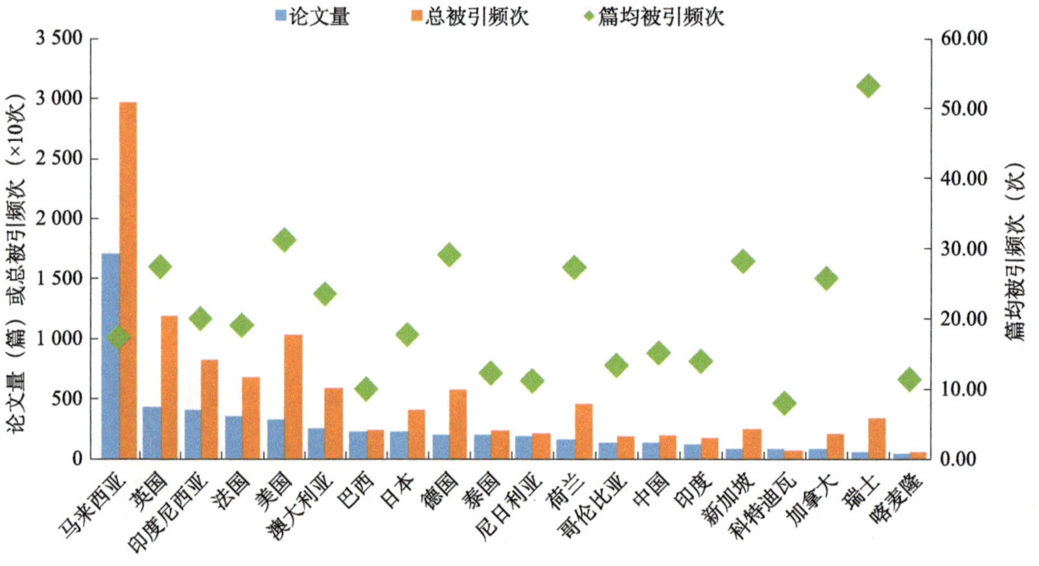

图 3-85　全球油棕基础研究领域重点国家竞争力对比

2016—2020 年，论文量在 20 篇及以上的国家共有 20 个，各国之间基础研究竞争力差距依然悬殊（图 3-86）。马来西亚的论文生产力和影响力依然排在首位，其次是印度尼西亚、英国，中国的论文生产力和影响力排名均略有提升；德国的论文质量跃居首位，其次是新加坡、瑞士、印度尼西亚、美国，中国的论文质量排名略有提升。可见，近年来在油棕领域的基础研究中，中国在生产力、影响力、论文质量、竞争力方面的表现稳定，略有提升。

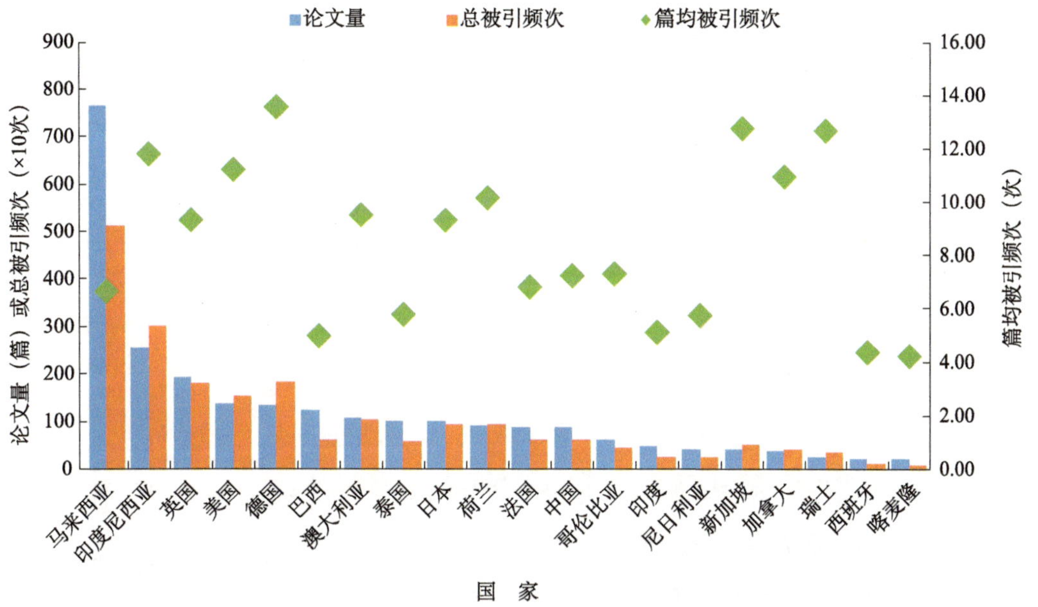

图 3-86　2016—2020 年全球油棕基础研究领域重点国家竞争力对比

3.8.1.2　研究布局分析

全球油棕基础研究领域，重点国家在 13 个研究方向上均有研究布局（图 3-87）。其中，生长机理及栽培技术、生态环境及生物多样性分析是大多数国家均重点布局的研究方向；育种技术与遗传多样性分析、复合材料制备及利用、生物燃料开发及利用是部分国家重点布局的研究方向；另外，各国在饲料产品开发及利用、转基因育种及植株再生技术等方向的布局明显少于其他方向。

各国家在 13 个研究方向的基础研究优势不同（表 3-29），马来西亚、英国、印度尼西亚基本占据了 13 个研究方向的主要比重。其中，马来西亚在种质资源抗病性及改良创新、种质资源抗逆性及改良创新、育种技术与遗传多样性分析等多个研究方向的论文量均排在首位，具有最强的基础研究优势。英国在育种技术与遗传多样性分析、生态环境及生物多样性分析、生长机理及栽培技术等方向具有一定的基础研究优势；印度尼西亚在生物燃料开发及利用、育种技术与遗传多样性分析、生态环境及生物多样性分析等方向具有一定的基础研究优势；法国在种质资源抗逆性及改良创新、功能成分提取测定及其生物活性、转基因育种及植株再生技术等方向具有一定的基础研究优势；巴西在病虫草害防控技术、功能成分的营养保健作用等方向具有一定的基础研究优势；日本在复合材料制备及利用、生物燃料开发及利用等方向具有一定的基础研究优势；泰国在功能成分提取测定及其生物

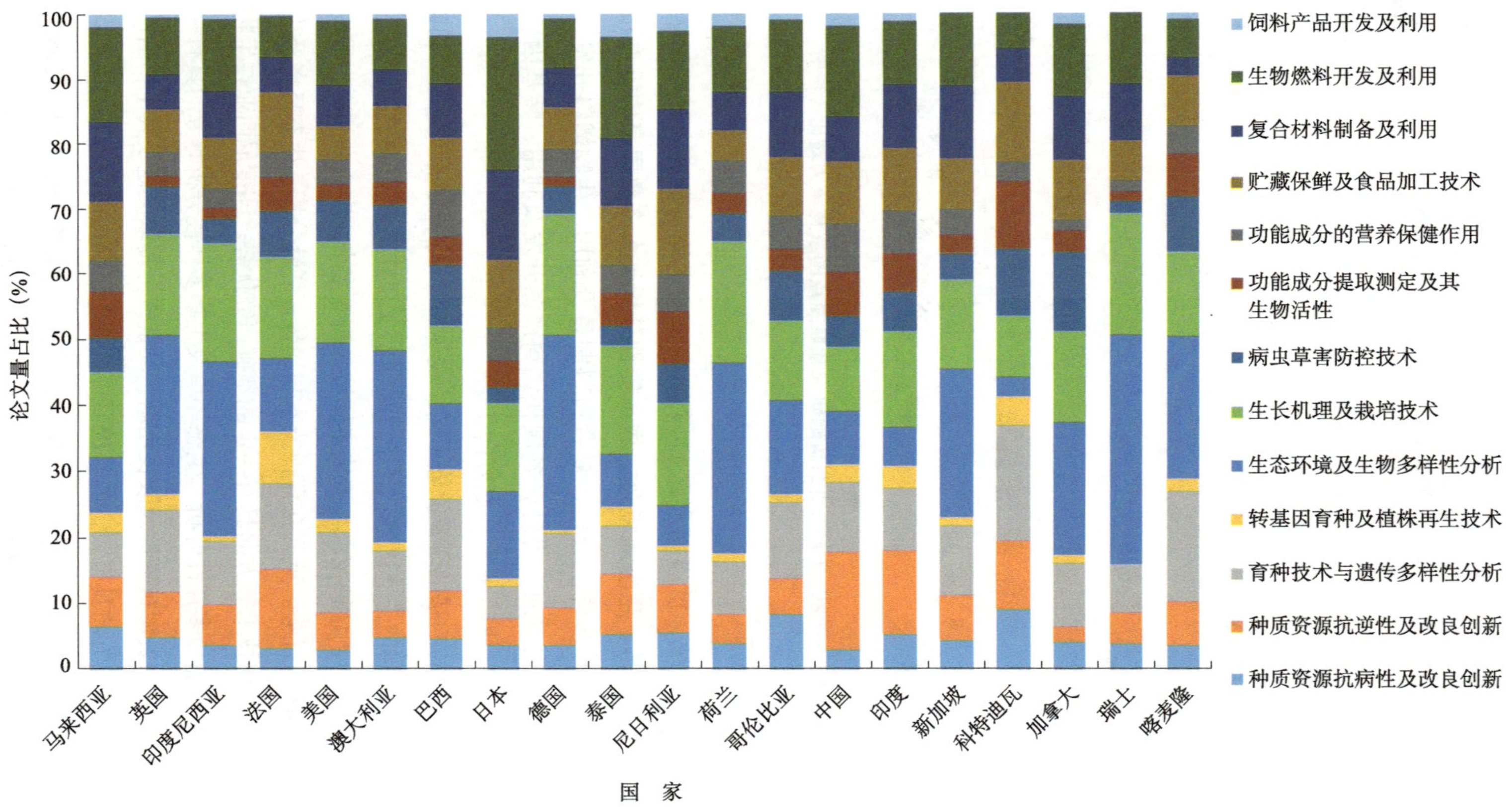

图 3-87　全球油棕基础研究领域重点国家主题布局对比

注：主题布局（堆积柱状）图中重点国家下某一颜色的高度越高，代表该颜色对应主题在重点国家的论文量占比越高；高度越低，代表该颜色对应主题在重点国家的论文量占比越低。

表 3-29　全球油棕基础研究领域重点国家主题布局对比

国家	各研究方向的论文量（篇）												
	种质资源与遗传育种				生长调控与田间管理			贮藏加工与功能成分			副产品加工与综合利用		
	种质资源抗病性及改良创新	种质资源抗逆性及改良创新	育种技术与遗传多样性分析	转基因育种及植株再生技术	生态环境及生物多样性分析	生长机理及栽培技术	病虫草害防控技术	功能成分提取测定及其生物活性	功能成分的营养保健作用	贮藏保鲜及食品加工技术	复合材料制备及利用	生物燃料开发及利用	饲料产品开发及利用
马来西亚	289	326	291	126	371	544	231	303	213	384	548	622	77
英国	50	71	126	24	246	159	75	17	39	67	56	85	5
印度尼西亚	38	61	94	8	261	178	39	16	31	76	73	106	7
法国	23	83	89	52	77	106	49	36	28	63	37	41	2
美国	24	43	93	15	203	119	49	19	30	39	50	73	7
澳大利亚	27	22	50	7	157	86	37	19	25	39	31	41	4
巴西	27	44	81	27	58	68	56	25	42	48	49	42	19
日本	22	23	28	7	74	76	13	23	30	59	79	116	20
德国	18	28	56	3	145	91	21	7	22	32	30	36	3
泰国	30	51	40	16	45	90	17	28	24	50	59	85	19
尼日利亚	16	21	15	2	18	44	17	23	17	37	36	34	7
荷兰	15	17	30	4	108	70	16	12	19	18	22	37	7
哥伦比亚	26	17	35	4	43	37	24	10	16	28	31	33	3
中国	11	54	38	10	29	35	17	25	27	34	26	49	7
印度	15	35	26	9	16	40	17	16	18	27	27	26	3
新加坡	9	14	22	2	46	28	8	6	8	16	23	22	
科特迪瓦	9	10	17	4	3	9	10	10	3	12	5	5	
加拿大	8	4	18	2	37	25	23	6	3	17	18	20	3
瑞士	6	7	11		52	28	3	2	3	9	13	16	
喀麦隆	4	7	18	2	23	14	9	7	5	8	3	6	1

注：表中单元格颜色越接近深红色代表论文量越多，基础研究优势越明显；越接近深绿色代表论文量越少，基础研究相对较弱。

活性、饲料产品开发及利用方向具有一定的基础研究优势。中国在油棕研究领域优势不大，其中在种质资源抗病性及改良创新、转基因育种及植株再生技术、病虫草害防控技术、饲料产品开发及利用等方向与其他国家差距较大，可以作为今后突破的研究方向。

3.8.2 重点机构分析

3.8.2.1 竞争力分析

全球共有 2 568 家机构开展与油棕相关的基础研究。从总体来看，论文量在 41 篇以上的机构共有 25 家，马来西亚、澳大利亚的上榜机构数量排在前两位，分别有 8 家、4 家机构上榜，中国没有机构上榜，各机构之间的基础研究竞争力差距较大（图 3-88）。马来西亚博特拉大学的论文生产力排在首位，其次是马来西亚棕榈油局、马来西亚理科大学、法国农业发展研究中心和马来亚大学；马来西亚理科大学的论文影响力排在首位，马来西亚博特拉大学紧随其后，其次是马来西亚棕榈油局和法国农业发展研究中心；剑桥大学的论文质量排在首位，其次是马来西亚理科大学、哥廷根大学和澳大利亚国立大学。

2016—2020 年，论文量在 20 篇以上的机构共有 25 家，马来西亚、印度尼西亚的上榜机构数量排在前两位，分别有 8 家、3 家机构上榜，中国仅有 1 家机构上榜，各机构之间的基础研究竞争力差距依然较大（图 3-89）。马来西亚博特拉大学的论文生产力依然排在首位，其次是马来西亚棕榈油局；中国热带农业科学院的论文生产力排在第二十四位。马来西亚博特拉大学的论文影响力跃居首位，其次是哥廷根大学、茂物农业大学；中国热带农业科学院的论文影响力也排在第二十四位。哥廷根大学的论文质量跃居首位，其次是茂物农业大学、占碑大学、国油大学；中国热带农业科学院的论文质量排在第二十三位。可见，近年来在油棕领域的基础研究中，中国热带农业科学院等中国机构各方面的表现一般，基础研究优势依然不突出。

3.8.2.2 研究布局分析

全球油棕基础研究领域，重点机构在 13 个研究方向上均有研究布局（图 3-90），其中生长机理及栽培技术、生态环境及生物多样性分析研究等方向是大多数机构重点布局的研究方向；育种技术与遗传多样性分析、复合材料制备及利用、生物燃料开发及利用是部分机构重点布局的研究方向；另外，各机构在饲料产品开发及利用、转基因育种及植株再生技术等方向的布局明显少于其他方向。

各机构在 13 个研究方向的基础研究优势不同（表 3-30），马来西亚博特拉大学在种质资源抗病性及改良创新、种质资源抗逆性及改良创新、生态环境及生物多样性分析等多个研究方向具有最强的基础研究优势；马来西亚棕榈油局在育种技术与遗传多

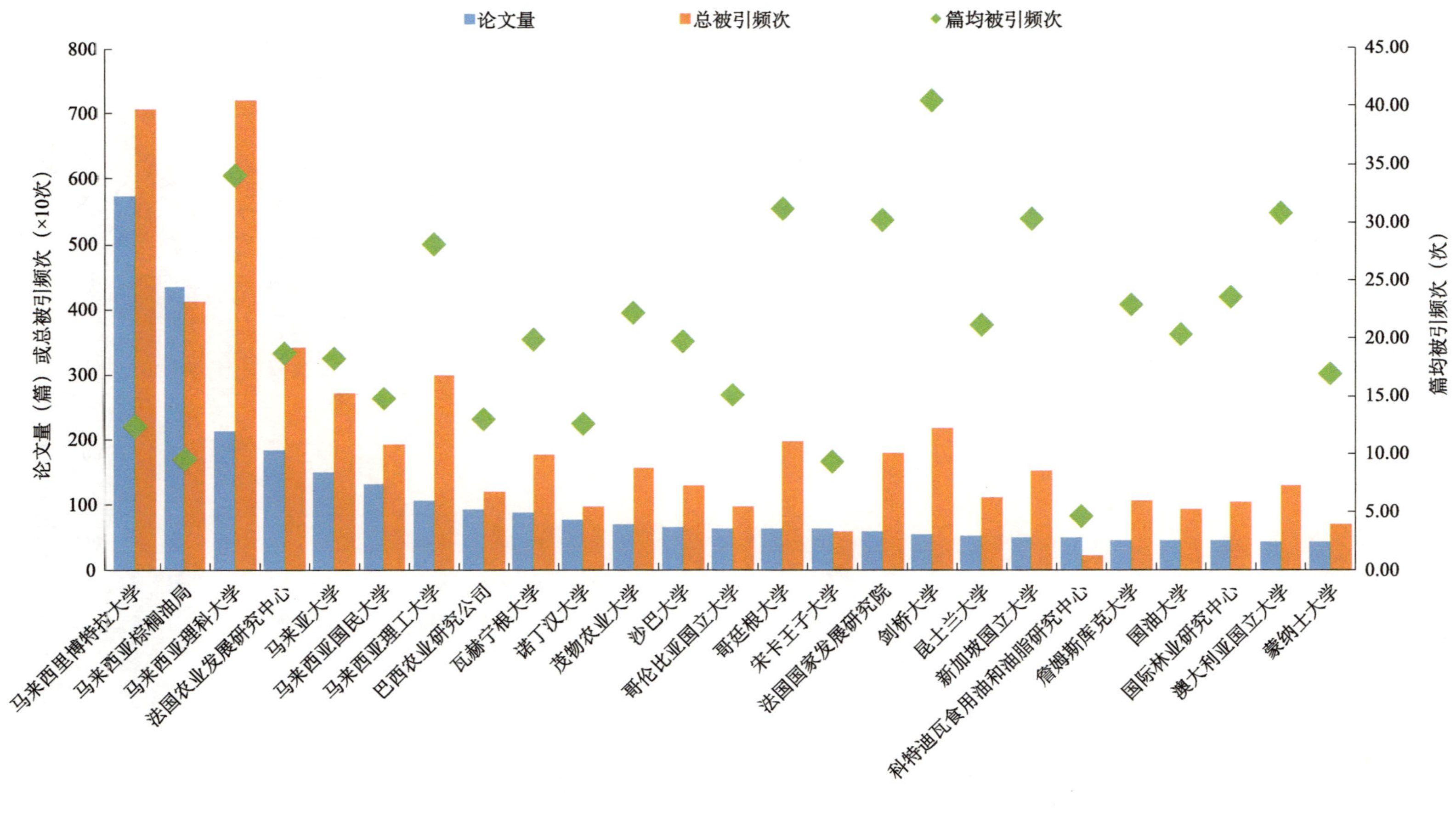

图 3-88 全球油棕基础研究领域重点机构竞争力对比

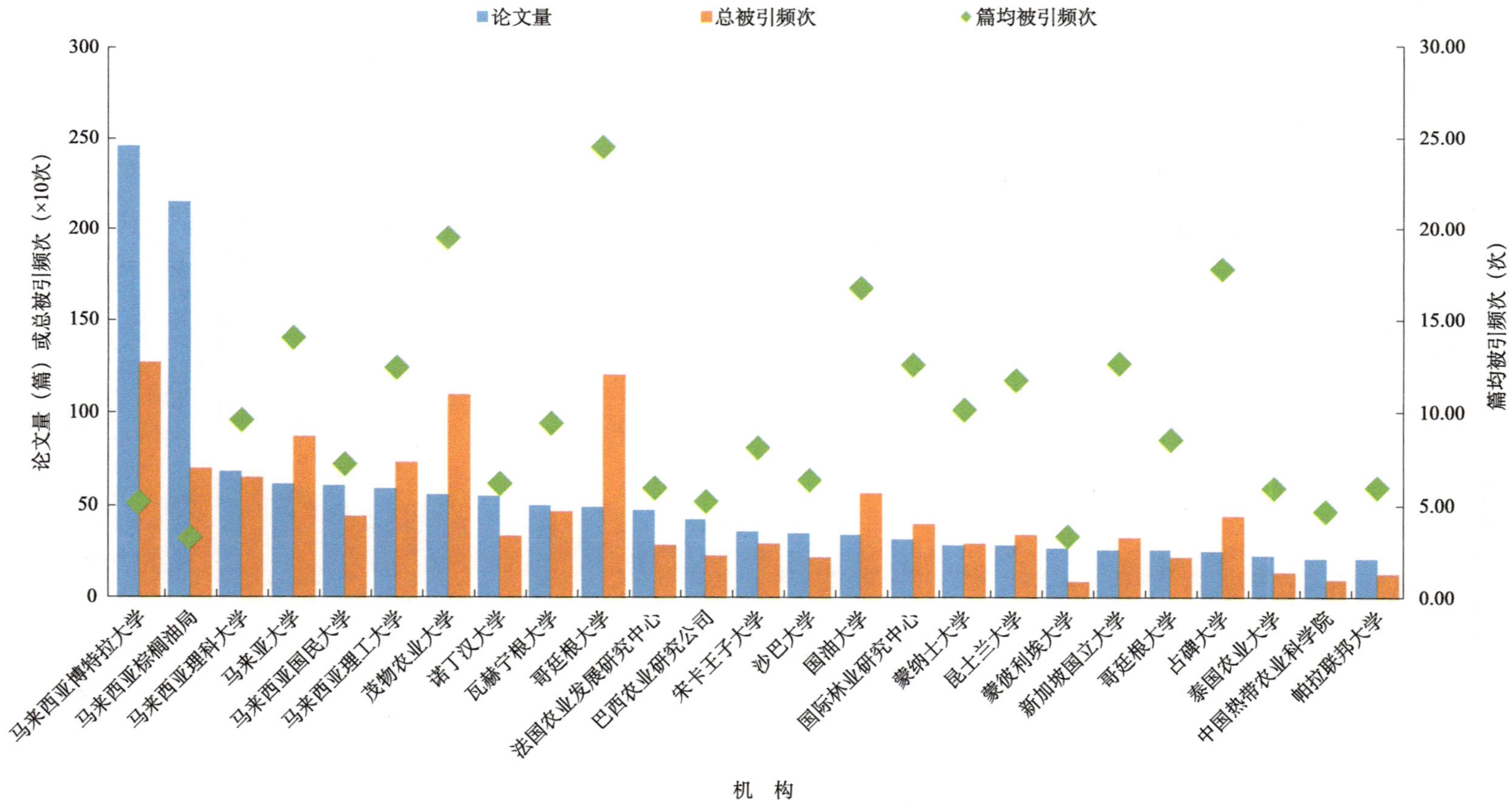

图 3-89　2016—2020 年全球油棕基础研究领域重点机构竞争力对比

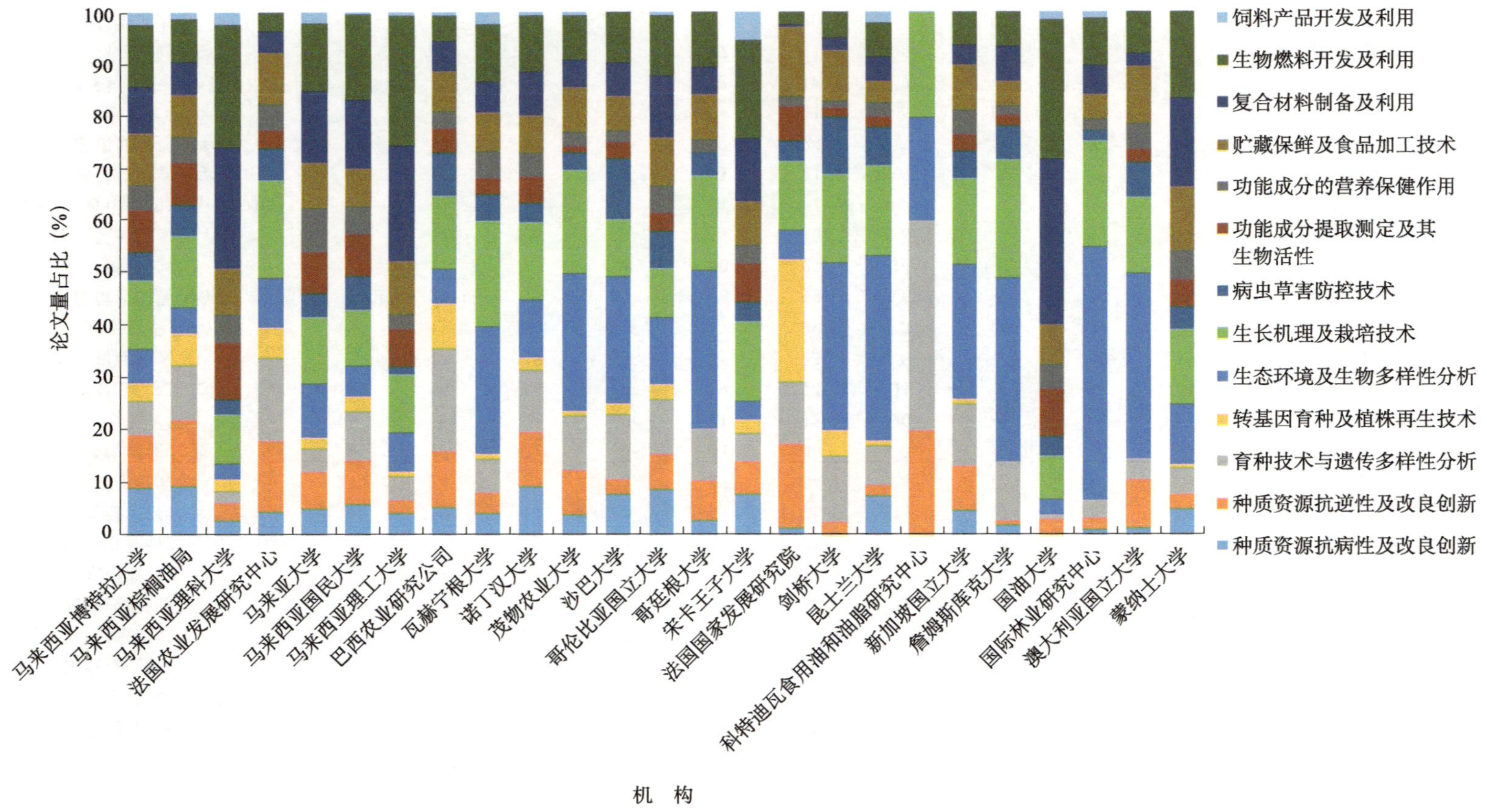

图 3-90　全球油棕基础研究领域重点机构主题布局对比

注：主题布局（堆积柱状）图中重点机构下某一颜色的高度越高，代表该颜色对应主题在重点机构的论文量占比越高；高度越低，代表该颜色对应主题在重点机构的论文量占比越低。

表 3-30 全球油棕基础研究领域重点机构主题布局对比

机构	各研究方向的论文量（篇）												
	种质资源与遗传育种				生长调控与田间管理			贮藏加工与功能成分			副产品加工与综合利用		
	种质资源抗病性及改良创新	种质资源抗逆性及改良创新	育种技术与遗传多样性分析	转基因育种及植株再生技术	生态环境及生物多样性分析	生长机理及栽培技术	病虫草害防控技术	功能成分提取测定及其生物活性	功能成分的营养保健作用	贮藏保鲜及食品加工技术	复合材料制备及利用	生物燃料开发及利用	饲料产品开发及利用
马来西亚博特拉大学	141	160	101	54	100	201	87	125	80	152	143	185	35
马来西亚棕榈油局	102	143	115	67	57	150	66	93	56	87	72	92	13
马来西亚理科大学	14	17	11	12	15	48	14	54	27	45	118	119	11
法国农业发展研究中心	16	50	59	21	35	69	23	13	18	37	16	12	
马来亚大学	18	26	17	7	38	46	17	29	31	32	51	48	7
马来西亚国民大学	20	29	31	10	20	36	22	27	18	25	45	56	1
马来西亚理工大学	13	8	14	2	24	34	4	22	9	31	69	77	2
巴西农业研究公司	12	24	43	19	15	31	19	10	8	17	13	11	1
瓦赫宁根大学	9	9	14	2	53	44	11	7	12	16	13	24	5
诺丁汉大学	21	24	27	5	25	34	8	12	11	16	19	25	1
茂物农业大学	8	17	21	2	53	40	7	2	6	17	11	17	1
沙巴大学	13	5	21	3	41	18	20	5	4	11	11	16	
哥伦比亚国立大学	13	10	16	4	19	14	11	5	8	14	18	17	1
哥廷根大学	5	14	18		55	33	8		5	15	10	19	
宋卡王子大学	15	12	10	5	7	29	7	14	7	16	24	36	10
法国国家发展研究院	2	23	17	33	8	19	6	9	3	19	1	3	
剑桥大学		3	16	6	40	21	14	2	2	12	3	6	
昆士兰大学	8	2	8	1	37	18	8	2	3	4	5	7	2
科特迪瓦食用油和油脂研究中心		1	2		1	1							
新加坡国立大学	6	11	15	1	33	21	7	4	6	11	5	8	
詹姆斯库克大学	2	1	12		37	24	7	2	2	5	7	7	
国油大学		4	1		4	11	5	12	6	10	42	35	2
国际林业研究中心	1	2	3		43	18	2		2	4	5	8	1
澳大利亚国立大学	1	7	3		27	11	5	2	4	8	2	6	
蒙纳士大学	7	4	7	1	16	20	6	7	8	17	24	23	

注：表中单元格颜色越接近深红色代表论文量越多，基础研究优势越明显；越接近深绿色代表论文量越少，基础研究相对较弱。

样性分析、转基因育种及植株再生技术方向具有最强的基础研究优势。此外，马来西亚理科大学在复合材料制备及利用、生物燃料开发及利用等多个方向均有一定的基础多样性分析、生长机理及栽培技术等方向具有一定的基础研究优势；马来亚大学、诺丁汉大学、哥廷根大学及法国国家发展研究院分别在功能成分的营养保健作用、种质资源抗病性及改良创新、生态环境及生物多样性分析、转基因育种及植株再生技术方向具有一定的基础研究优势。

3.8.3 重点学者分析

3.8.3.1 竞争力分析

全球共有 10 476 位学者开展与油棕相关的基础研究。从总体来看，论文量在 19 篇以上的学者共有 30 位，马来西亚、法国的上榜学者数量排在前两位，分别有 22 位、5 位学者上榜，中国没有学者上榜（图 3-91）。论文生产力排在前五位的学者有 Idris Abu Seman（马来西亚棕榈油局）、Hassan Mohd Ali（马来西亚博特拉大学）、Parveez Ghulam Kadir Ahmad（马来西亚棕榈油局）、Caliman Jean-Pierre（法国农业发展研究中心）和 Abdullah Siti Nor Akmar（马来西亚博特拉大学）。Idris Abu Seman（马来西亚棕榈油局）的论文影响力和论文质量也排在首位，且远超其他学者，基础研究竞争力最强；其次，Hassan Mohd Ali（马来西亚博特拉大学）、Ong-Abdullah Meilina（马来西亚棕榈油局）、Nookiah Rajanaidu（马来西亚棕榈油局）的论文影响力和论文质量也排在前列。

2016—2020 年，论文量在 10 篇以上的学者共有 30 位，马来西亚、印度尼西亚的上榜学者数量排在前两位，分别有 21 位、4 位学者上榜，中国依然没有学者上榜（图 3-92）。Idris Abu Seman（马来西亚棕榈油局）的论文生产力依然排在首位，其次是 Ong-Abdullah Meilina（马来西亚棕榈油局）、Caliman Jean-Pierre（法国农业发展研究中心）；Meijide Ana（印度尼西亚茂物农业大学）、Knohl Alexander（印度尼西亚茂物农业大学）的论文影响力和论文质量均跃居首位且两者差距不大，其次是 Kreft Holger（印度尼西亚茂物农业大学）、Qaim Matin（印度尼西亚茂物农业大学）。可见，近年来在油棕领域的基础研究中，中国学者的基础研究优势依然不突出。

3.8.3.2 研究布局分析

全球油棕基础研究领域，重点学者在 13 个研究方向的研究布局差异较大（图 3-93 和表 3-31），其中，Hassan Mohd Ali（马来西亚博特拉大学）、Shirai Yoshihito（马来西亚博特拉大学）、Sulaiman Othman（马来西亚理科大学）等学者侧重于生物燃料开发及利用研究，且 Hassan Mohd Ali（马来西亚博特拉大学）基础研究优势明显；Parveez

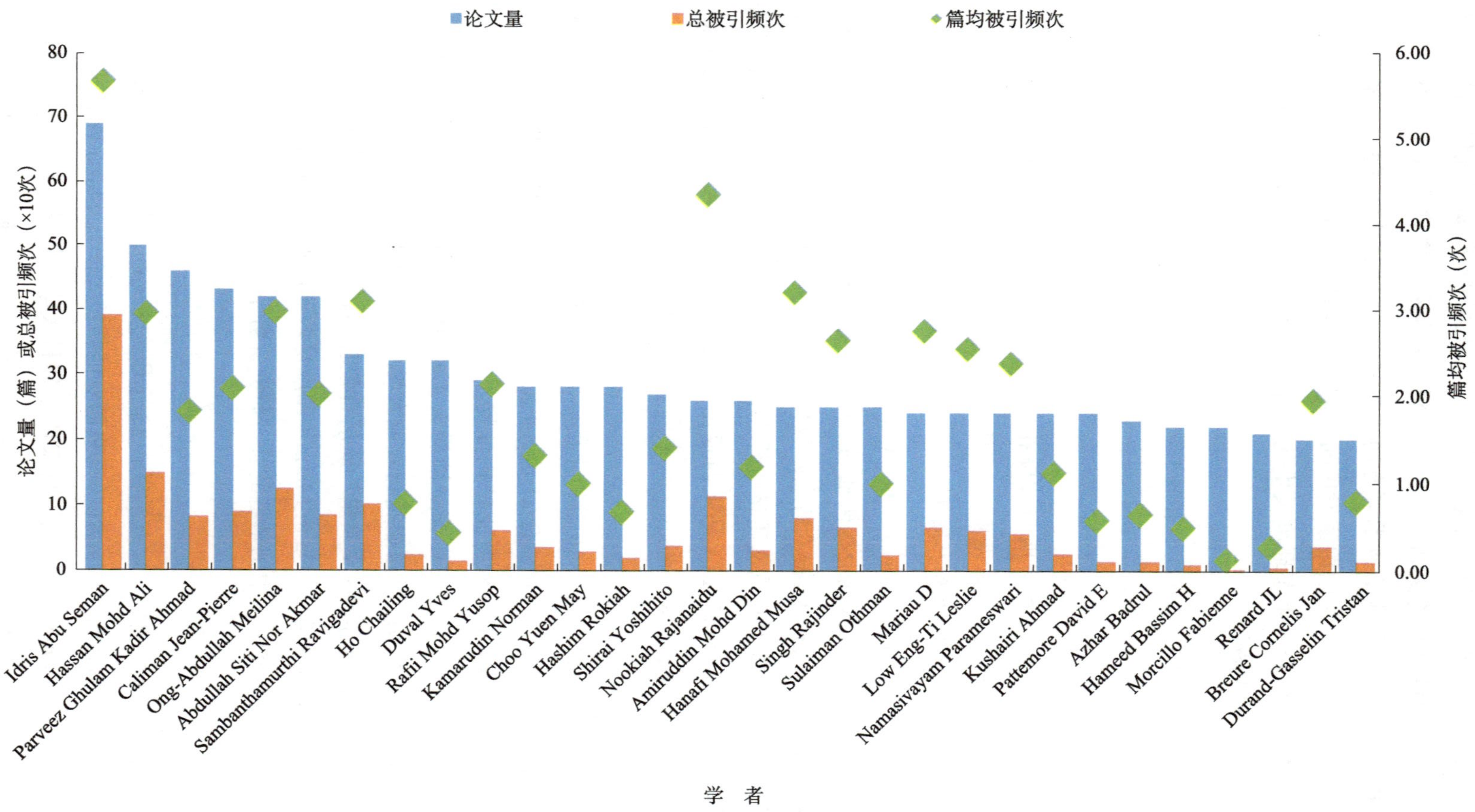

图 3-91 全球油棕基础研究领域重点学者竞争力对比

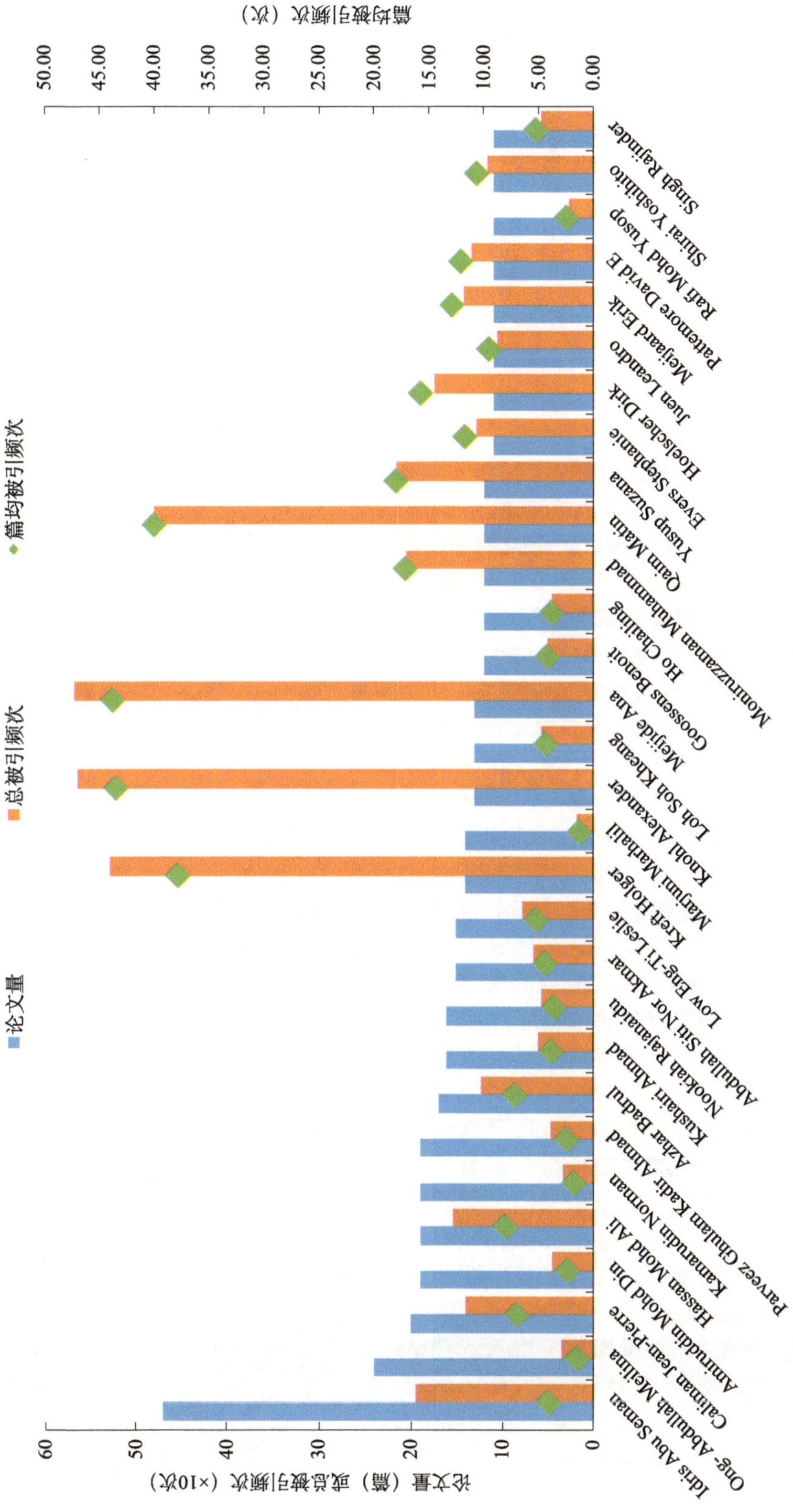

图 3-92 2016—2020 年全球油棕基础研究领域重点学者竞争力对比

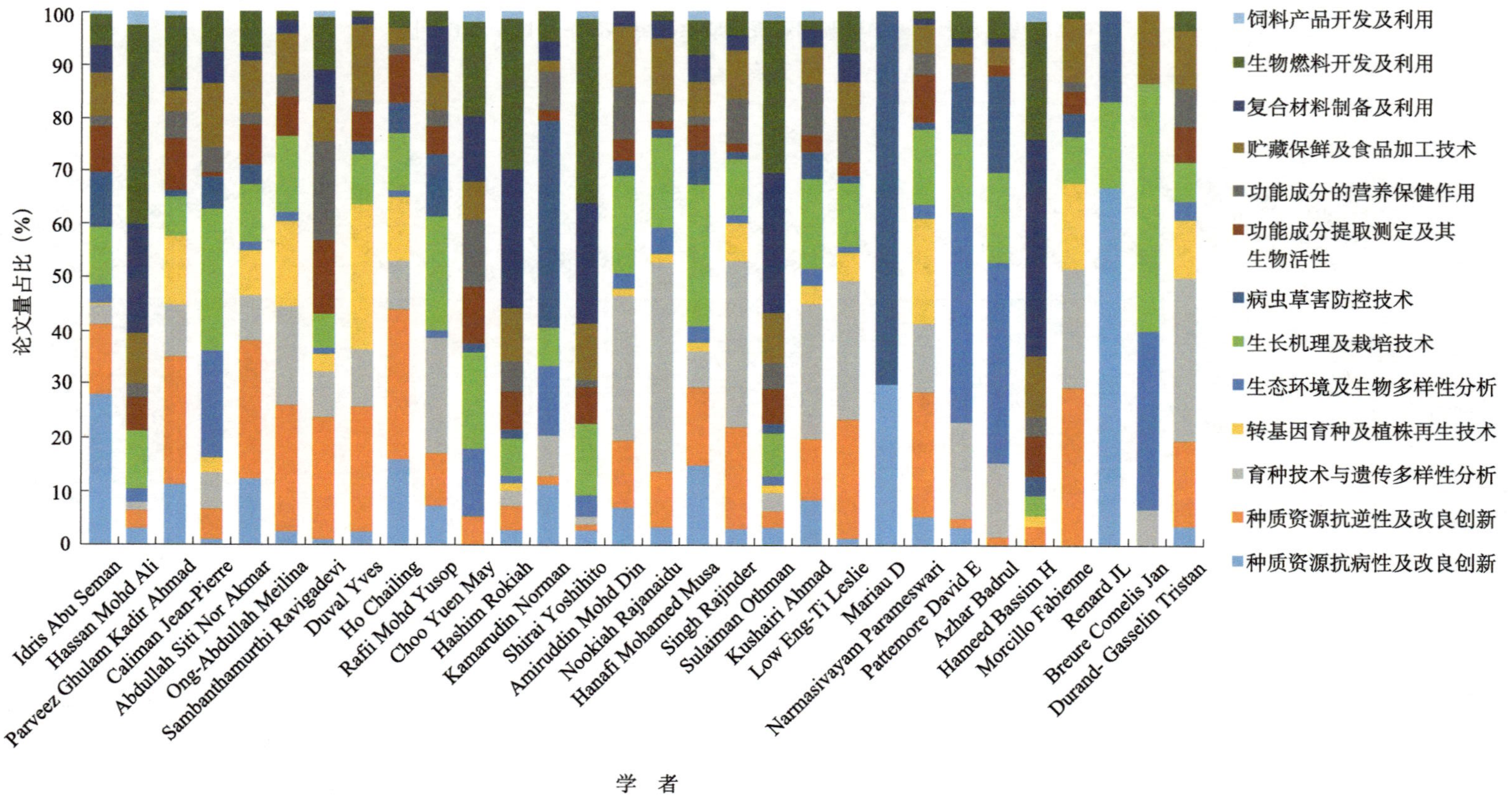

图 3-93 全球油棕基础研究领域重点学者主题布局对比

注：主题布局（堆积柱状）图中重点学者下某一颜色的高度越高，代表该颜色对应主题在重点学者的论文量占比越高；高度越低，代表该颜色对应主题在重点学者的论文量占比越低。

表 3-31 全球油棕基础研究领域重点学者主题布局对比

学者	各研究方向的论文量（篇）												
	种质资源与遗传育种				生长调控与田间管理			贮藏加工与功能成分			副产品加工与综合利用		
	种质资源抗病性及改良创新	种质资源抗逆性及改良创新	育种技术与遗传多样性分析	转基因育种及植株再生技术	生态环境及生物多样性分析	生长机理及栽培技术	病虫草害防控技术	功能成分提取测定及其生物活性	功能成分的营养保健作用	贮藏保鲜及食品加工技术	复合材料制备及利用	生物燃料开发及利用	饲料产品开发及利用
Idris Abu Seman	61	29	8	1	7	24	22	20	4	18	11	13	1
Hassan Mohd Ali	4	4	2		3	14		8	3	12	26	48	3
Parveez Ghulam Kadir Ahmad	17	37	15	20		11	2	15	8	6	1	21	1
Caliman Jean-Pierre	1	6	7	3	21	28	6	1	5	13	6	8	
Abdullah Siti Nor Akmar	16	34	11	11	2	14	5	10	3	13	2	10	
Ong-Abdullah Meilina	3	28	22	19	2	17		9	5	9	3	2	
Sambanthamurthi Ravigadevi	1	21	8	3	1	6		13	17	7	6	9	1
Duval Yves	2	20	9	23		8	2	5	2	12	1	1	
Ho Chailing	16	28	9	12	1	11	6	9	2	3		3	
Rafii Mohd Yusop	5	7	15		1	15	8	4	2	5	6	2	
Choo Yuen May		3			7	10	1	6	7	4	7	10	1
Hashim Rokiah	2	3	2	1	1	5	1	5	4	7	18	20	1
Kamarudin Norman	6	1	4		7	4	21	1	4	1	2	3	
Shirai Yoshihito	2	1	1		3	10		5	1	8	17	26	1
Amiruddin Mohd Din	5	9	19	1	2	13	2	3	7	8	2		
Nookiah Rajanaidu	2	6	23	1	3	10	1	1	3	6	2	1	

续表

学者	各研究方向的论文量（篇）												
	种质资源与遗传育种				生长调控与田间管理			贮藏加工与功能成分			副产品加工与综合利用		
	种质资源抗病性及改良创新	种质资源抗逆性及改良创新	育种技术与遗传多样性分析	转基因育种及植株再生技术	生态环境及生物多样性分析	生长机理及栽培技术	病虫草害防控技术	功能成分提取测定及其生物活性	功能成分的营养保健作用	贮藏保鲜及食品加工技术	复合材料制备及利用	生物燃料开发及利用	饲料产品开发及利用
Hanafi Mohamed Musa	9	9	4	1	2	16	4	3	1	4	3	4	1
Singh Rajinder	2	13	21	5	1	7	1	1	6	6	2	3	
Sulaiman Othman	2	2	2	1	1	5	1	4	3	6	16	18	1
Kushairi Ahmad	5	7	15	2	2	10	3	2	6	4	2	1	1
Low Eng-Ti Leslie	1	17	20	4	1	9	1	2	7	5	4	6	
Mariau D	3						7						
Namasivayam Parameswari	4	18	10	15	2	11	1	7	3	4	1	1	
Pattemore David E	2	1	11		24	9	6		2	2	1	3	
Azhar Badrul		1	8		22	10	11	1		2	1	3	
Hameed Bassim H		2		1		2	2	4	2	6	22	12	1
Morcillo Fabienne		20	15	11		6	3	3	1	8		1	
Renard JL	4					1	1						
Breure Cornelis Jan			1		5	7				2			
Durand-Gasselin Tristan	2	9	17	6	2	4		4	4	6		2	

注：表中单元格颜色越接近深红色代表论文量越多，基础研究优势越明显；越接近深绿色代表论文量越少，基础研究相对较弱。

Ghulam Kadir Ahmad（马来西亚棕榈油局）、Abdullah Siti Nor Akmar（马来西亚博特拉大学）、Ong-Abdullah Meilina（马来西亚棕榈油局）侧重于种质资源抗逆性及改良创新研究；Nookiah Rajanaidu（马来西亚棕榈油局）、Singh Rajinder（马来西亚棕榈油局）、Low Eng-Ti Leslie（马来西亚棕榈油局）侧重于育种技术与遗传多样性分析研究；Pattemore David E（英国雪菲尔大学）、Azhar Badrul（马来西亚博特拉大学）侧重于生态环境及生物多样性分析研究；Caliman Jean-Pierre（法国农业发展研究中心）、Hanafi Mohamed Musa（马来西亚博特拉大学）、Rafii Mohd Yusop（马来西亚博特拉大学）侧重于生长机理及栽培技术研究；Idris Abu Seman（马来西亚棕榈油局）侧重于种质资源抗病性及改良创新研究，且基础研究优势明显；Duval Yves（法国国家发展研究院）、Kamarudin Norman（马来西亚棕榈油局）、Hameed Bassim H（马来西亚理科大学）分别侧重于转基因育种及植株再生技术、病虫草害防控技术、复合材料制备及利用研究。

综合对比发现，Idris Abu Seman（马来西亚棕榈油局）在种质资源抗病性及改良创新、病虫草害防控技术、功能成分提取测定及其生物活性等方向有最强的基础研究优势；Hassan Mohd Ali（马来西亚博特拉大学）在复合材料制备及利用、生物燃料开发及利用、饲料产品开发及利用等方向具有最强的基础研究优势。

3.8.4 重点学科分析

3.8.4.1 竞争力分析

全球油棕领域的基础研究主要分布在 19 个 ESI 学科中（图 3-94 和图 3-95）。从总体来看，农业科学的论文生产力排在首位，其次是植物与动物科学、环境科学与生态学；环境科学与生态学的论文影响力排在首位，其次是农业科学、植物与动物科学、生物学与生物化学；免疫学的论文质量排在首位，生物学与生物化学紧随其后，其次是社会科学总论、工程学、环境科学与生态学。

2016—2020 年，农业科学的论文生产力依然远超其他学科，其次是环境科学与生态学、植物与动物科学；环境科学与生态学的论文影响力依然排在首位，其次是农业科学、工程学；经济学与商学的论文质量跃居首位，其次是工程学、生物学与生物化学、社会科学总论。

3.8.4.2 研究布局分析

全球油棕基础研究领域，ESI 学科在 13 个研究方向的研究布局差异明显（图 3-96）。其中，生长机理及栽培技术、生物燃料开发及利用、贮藏保鲜及食品加工技术是农业科学等多个学科重点关注的研究方向；种质资源抗逆性及改良创新、育种技术与遗传多样

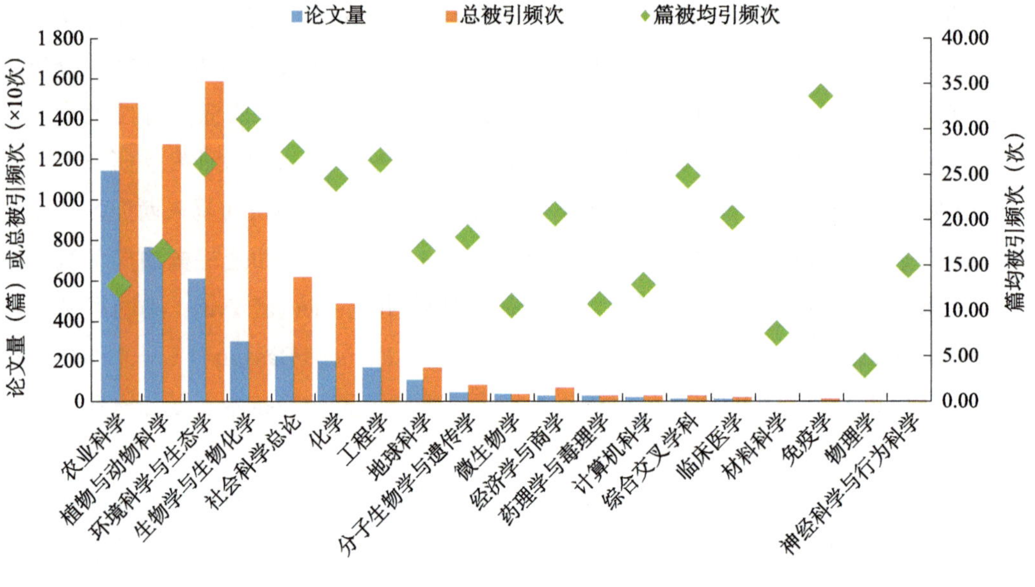

图 3-94 全球油棕基础研究领域 ESI 学科竞争力对比

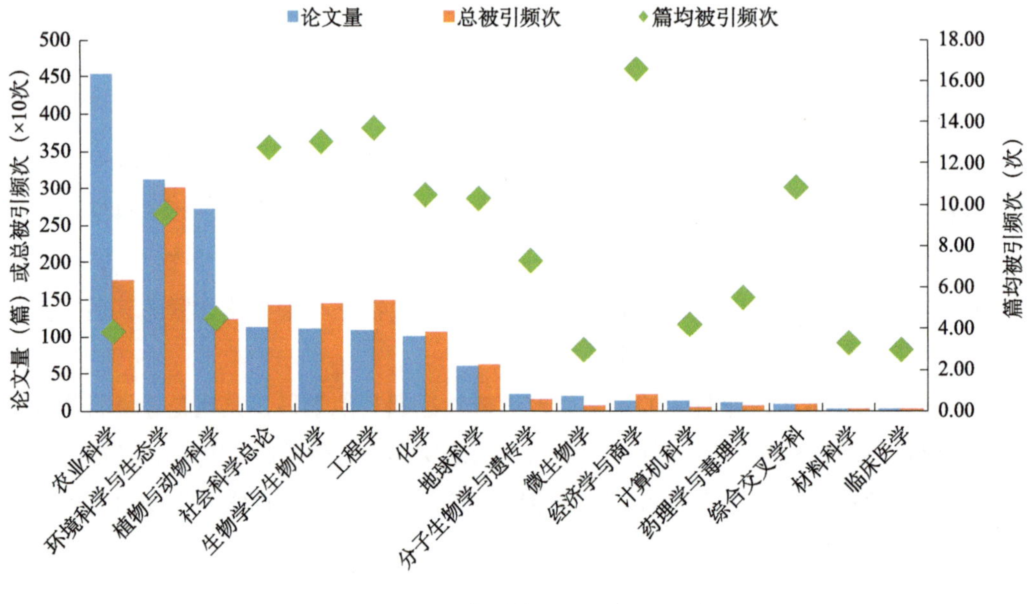

图 3-95 2016—2020 年全球油棕基础研究领域 ESI 学科竞争力对比

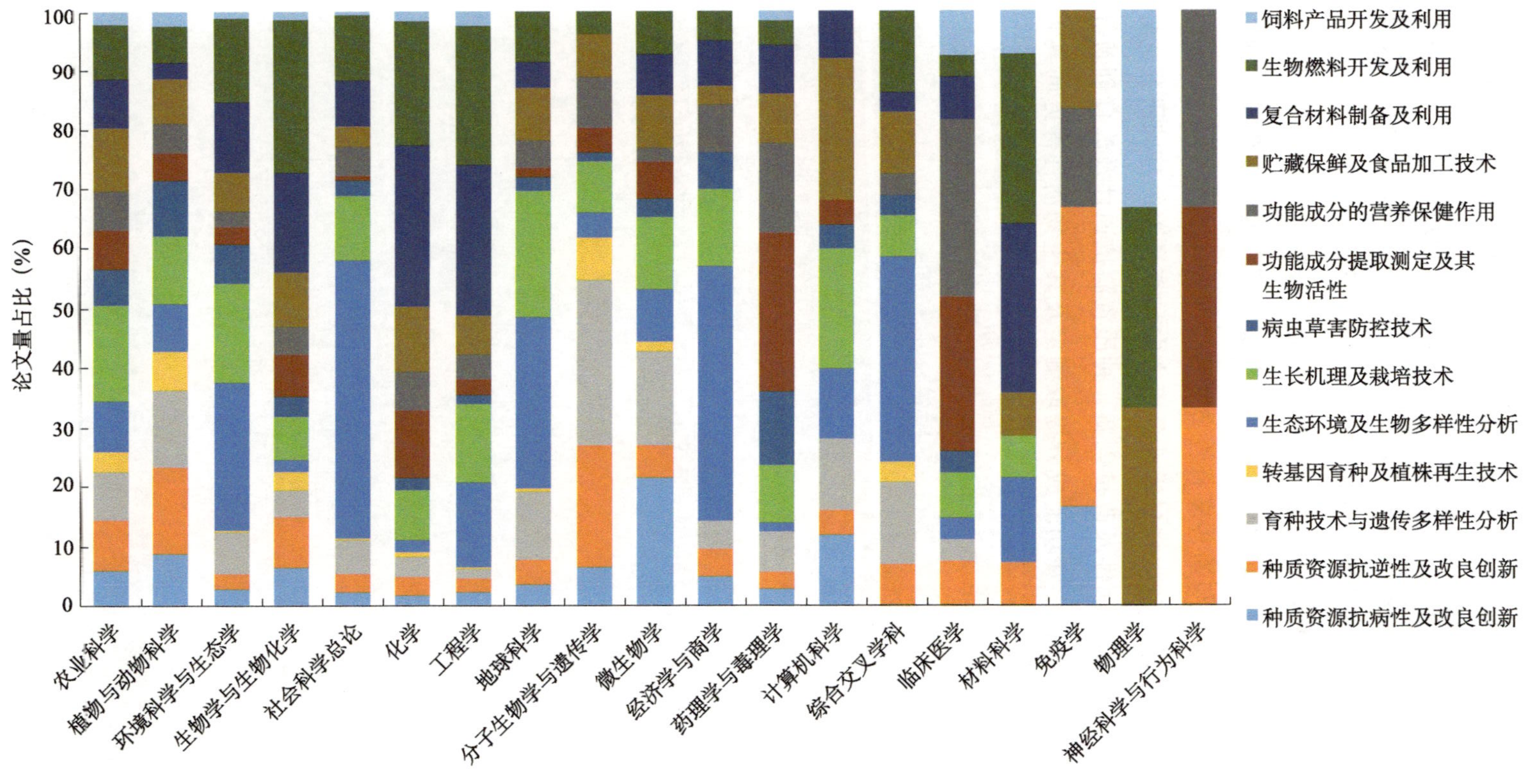

图 3-96　全球油棕基础研究领域 ESI 学科主题布局对比

注：主题布局（堆积柱状）图中重点学科下某一颜色的高度越高，代表该颜色对应主题在重点学科的论文量占比越高；高度越低，代表该颜色对应主题在重点学科的论文量占比越低。

性分析研究是植物与动物科学等学科重点关注的研究方向；功能成分的营养保健作用是分子生物学与遗传学等学科重点关注的研究方向；种质资源抗病性及改良创新、生态环境及生物多样性分析、功能成分提取测定及其生物活性、复合材料制备及利用分别是微生物学、分子生物学与遗传学、环境科学与生态学、化学等学科重点关注的研究方向。

各学科在 13 个研究方向的基础研究优势不同（表 3-32）。农业科学在生长机理及栽培技术、功能成分提取测定及其生物活性、功能成分的营养保健作用等方向具有最强的基础研究优势；植物与动物科学在种质资源抗病性及改良创新、种质资源抗逆性及改良创新、育种技术与遗传多样性分析等方向具有最强的基础研究优势；环境科学与生态学在生态环境及生物多样性分析方向具有最强的基础研究优势。生物学与生物化学在种质资源抗病性及改良创新、种质资源抗逆性及改良创新等方向具有一定的基础研究优势；化学在功能成分提取测定及其生物活性等方向具有一定的基础研究优势。

表 3-32 全球油棕基础研究领域 ESI 学科主题布局对比

学科	各研究方向的论文量（篇）												
	种质资源与遗传育种				生长调控与田间管理			贮藏加工与功能成分			副产品加工与综合利用		
	种质资源抗病性及改良创新	种质资源抗逆性及改良创新	育种技术与遗传多样性分析	转基因育种及植株再生技术	生态环境及生物多样性分析	生长机理及栽培技术	病虫草害防控技术	功能成分提取测定及其生物活性	功能成分的营养保健作用	贮藏保鲜及食品加工技术	复合材料制备及利用	生物燃料开发及利用	饲料产品开发及利用
农业科学	152	231	210	90	226	428	154	173	171	282	216	248	53
植物与动物科学	159	257	234	120	142	199	168	88	86	136	52	109	43
环境科学与生态学	42	40	109	6	384	258	101	43	41	100	186	219	16
生物学与生物化学	52	68	36	24	16	60	26	56	38	72	133	208	11
社会科学总论	9	11	22	1	177	41	10	3	18	13	30	42	2
化学	9	16	16	5	10	42	11	58	32	56	136	106	8
工程学	10	10	8	1	63	59	8	11	19	29	112	106	10
地球科学	9	11	30	1	75	55	6	4	12	23	12	22	
分子生物学与遗传学	8	26	35	9	5	11	2	5	11	9		5	
微生物学	27	7	20	2	11	15	4	8	3	11	9	9	
经济学与商学	3	3	3		27	8	4		5	2	5	3	
药理学与毒理学	2	2	5		1	7	9	19	11	6	6	3	1
计算机科学	6	2	6		6	10	2	2		12	4		
综合交叉学科		2	4	1	10	2	1		1	3	1	4	
临床医学		2	1		1	2	1	7	8		2	1	2
材料科学		1			2	1				1	4	4	1
免疫学	1	3							1	1			
物理学										1		1	1
神经科学与行为科学		1						1	1				

注：表中单元格颜色越接近深红色代表论文量越多，基础研究优势越明显；越接近深绿色代表论文量越少，基础研究相对较弱。

3.9 番木瓜

3.9.1 重点国家分析

3.9.1.1 竞争力分析

全球共有 125 个国家开展与番木瓜有关的基础研究。从总体来看，论文量在 45 篇及以上的国家共有 20 个，各国之间的基础研究竞争力差距悬殊（图 3-97）。美国的论文生产力和影响力均排在首位，且论文影响力远超其他国家，基础研究竞争力最强，其次是巴西、印度和中国；德国的论文质量排在首位，其次是英国、比利时和马来西亚。

2016—2020 年，论文量在 14 篇及以上的国家共有 20 个，各国之间基础研究竞争力差距依然较大（图 3-98）。巴西的论文生产力跃居首位，中国的论文生产力已赶超美国和印度；中国的论文影响力跃居首位且远超其他国家，其次是巴西、印度、美国；德国的论文质量依然排在首位，其次是澳大利亚、法国、中国、尼日利亚，中国的论文质量排名提升明显。可见，近年来在番木瓜领域的基础研究中，中国不仅在生产力和影响力方面表现突出，而且在论文质量和竞争力方面均有明显提升。

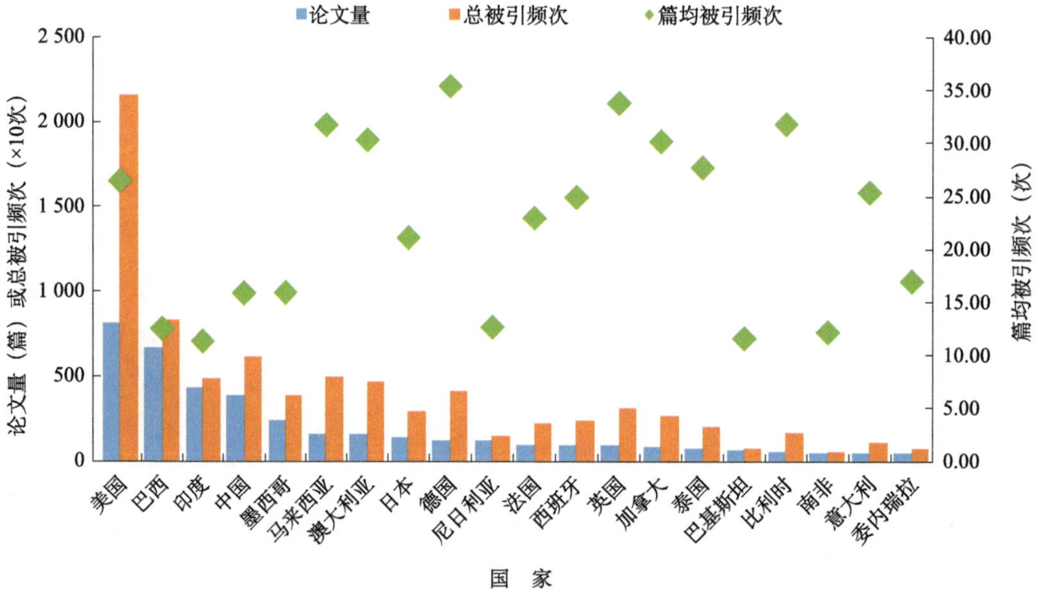

图 3-97 全球番木瓜基础研究领域重点国家竞争力对比

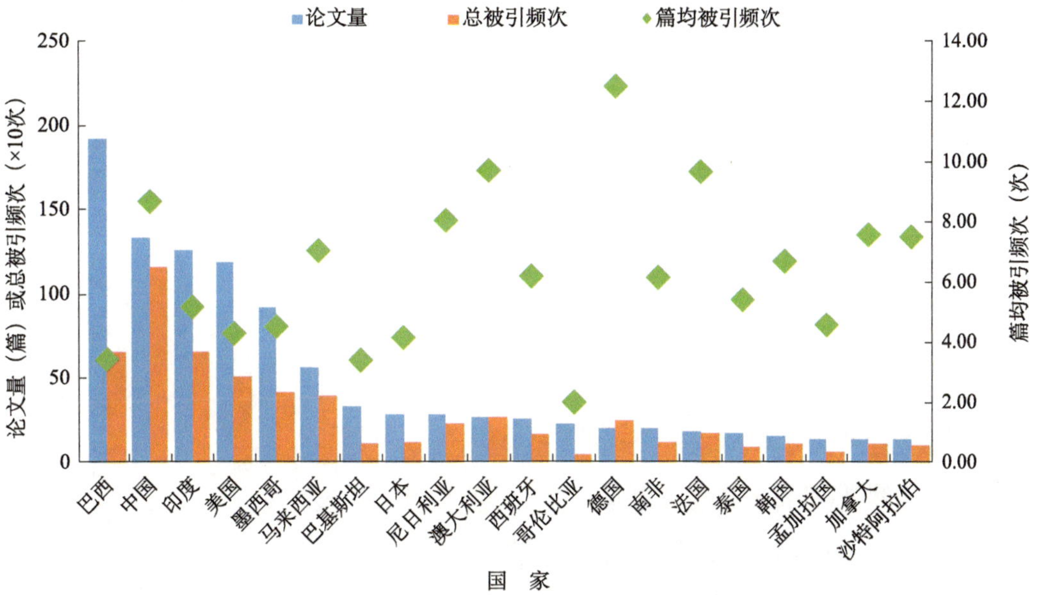

图 3-98　2016—2020 年全球番木瓜基础研究领域重点国家竞争力对比

3.9.1.2　研究布局分析

全球番木瓜基础研究领域，重点国家在 14 个研究方向上均有研究布局（图 3-99）。其中，贮藏保鲜及食品加工技术、种质资源抗逆性及改良创新是大多数国家均重点布局的研究方向；种质资源抗病性及改良创新、育种技术与遗传多样性分析、功能成分提取测定及其生物活性是部分国家重点布局的研究方向；另外，各国在饲料产品开发及利用等方向的布局明显少于其他方向。

各国家在 14 个研究方向的基础研究优势不同（表 3-33），美国、巴西、印度、中国基本占据了 14 个研究方向的主要比重。其中，美国在种质资源抗病性及改良创新、种质资源抗逆性及改良创新、育种技术与遗传多样性分析等多个研究方向的论文量排在首位，基础研究优势明显；巴西在生长机理及栽培技术、淀粉制备及其品质特性分析、贮藏保鲜及食品加工技术、复合材料制备及利用方向、饲料产品开发及利用等方向具有最强的基础研究优势。印度在生长机理及栽培技术、功能成分的营养保健作用、淀粉制备及其品质特性分析、贮藏保鲜及食品加工技术等方向具有一定的基础研究优势；墨西哥和马来西亚分别在病虫草害防控技术、饲料产品开发及利用等方向具有一定的基础研究优势。中国在种质资源抗病性及改良创新、种质资源抗逆性及改良创新、育种技术与遗传多样性分析等方向具有一定的基础研究优势，但在生长机理及栽培技术、病虫草害防控技术、淀粉制备及其品质特性分析、饲料产品开发及利用等领域的基础研究优势不明显，可以作为今后重点突破的研究方向。

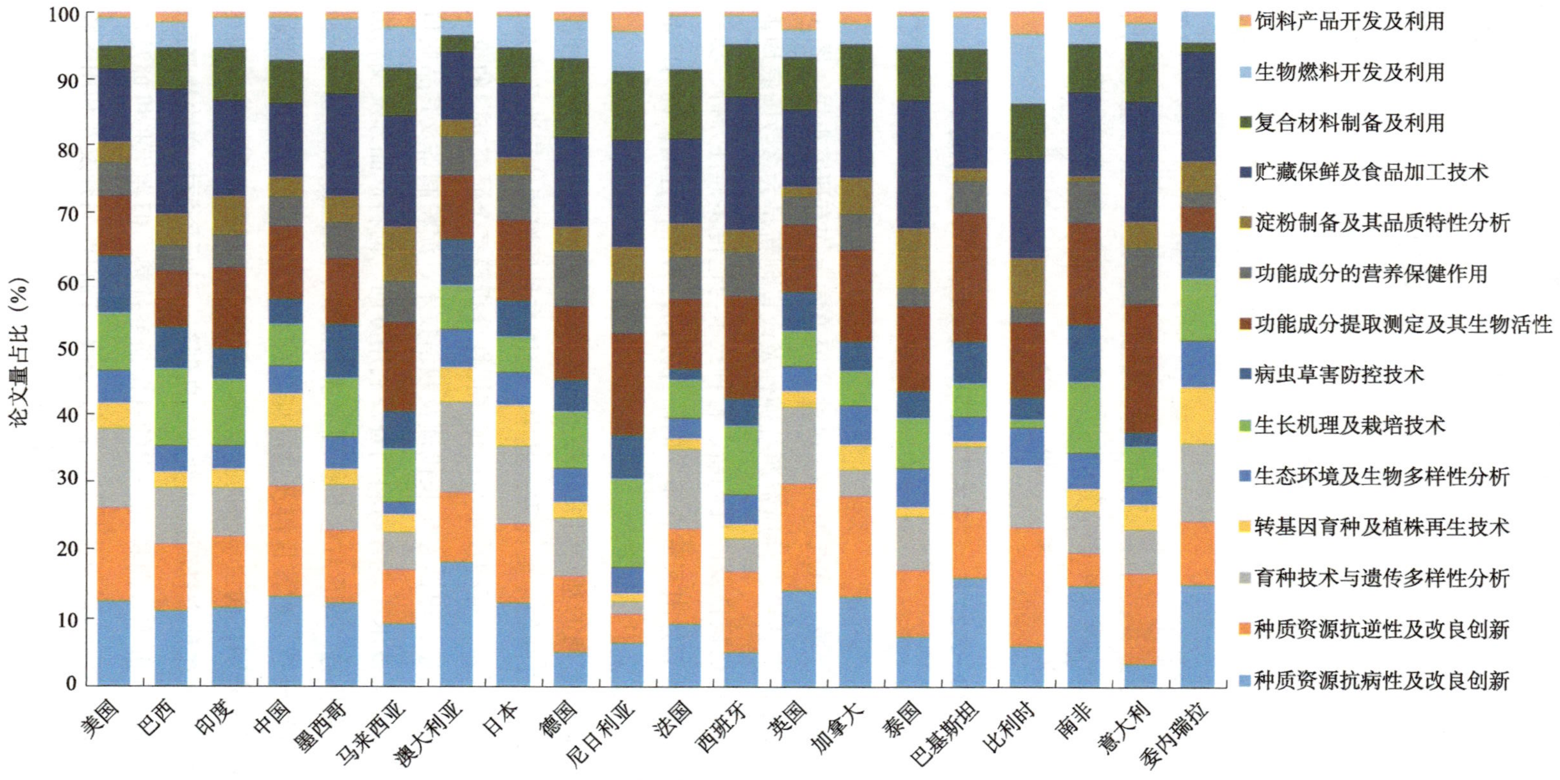

图 3-99　全球番木瓜基础研究领域重点国家主题布局对比

注：主题布局（堆积柱状）图中重点国家下某一颜色的高度越高，代表该颜色对应主题在重点国家的论文量占比越高；高度越低，代表该颜色对应主题在重点国家的论文量占比越低。

表 3-33 全球番木瓜基础研究领域重点国家主题布局对比

国家	各研究方向的论文量（篇）													
	种质资源与遗传育种				生长调控与田间管理			贮藏加工与功能成分				副产品加工与综合利用		
	种质资源抗病性及改良创新	种质资源抗逆性及改良创新	育种技术与遗传多样性分析	转基因育种及植株再生技术	生态环境及生物多样性分析	生长机理及栽培技术	病虫草害防控技术	功能成分提取测定及其生物活性	功能成分的营养保健作用	淀粉制备及其品质特性分析	贮藏保鲜及食品加工技术	复合材料制备及利用	生物燃料开发及利用	饲料产品开发及利用
美国	219	236	203	62	84	150	148	152	87	51	193	57	75	11
巴西	185	158	138	35	67	186	103	135	67	73	310	99	65	20
印度	115	103	71	28	35	95	47	118	50	55	144	76	45	7
中国	154	188	103	55	48	72	45	126	49	34	131	73	74	8
墨西哥	89	77	48	17	35	63	58	71	39	27	113	44	36	6
马来西亚	47	39	29	12	10	39	28	67	31	41	83	36	31	10
澳大利亚	70	39	52	19	22	25	27	35	23	10	39	9	9	4
日本	38	36	36	19	15	16	17	37	21	8	35	16	15	1
德国	15	33	25	7	15	24	14	32	25	10	40	34	17	3
尼日利亚	15	10	4	3	9	30	15	35	18	12	37	24	14	6
法国	23	34	29	4	7	14	4	25	16	12	31	25	20	1
西班牙	14	33	13	6	12	28	11	42	19	9	55	21	12	1
英国	30	33	24	5	8	11	12	21	9	3	25	16	9	5
加拿大	28	31	8	8	12	11	9	29	11	11	30	12	7	3
泰国	18	23	19	3	14	18	9	30	7	21	46	18	12	1
巴基斯坦	26	16	16	1	6	8	10	31	8	3	22	7	8	1
比利时	10	28	15		9	2	5	18	4	12	24	13	17	5
南非	19	6	8	4	7	13	11	19	8	1	16	9	4	2
意大利	5	18	9	5	4	8	3	26	12	5	25	12	4	2
委内瑞拉	13	8	10	7	6	8	6	3	2	4	14	1	4	

注：表中单元格颜色越接近深红色代表论文量越多，基础研究优势越明显；越接近深绿色代表论文量越少，基础研究相对较弱。

3.9.2 重点机构分析

3.9.2.1 竞争力分析

全球共有 2 613 家机构开展与番木瓜相关的基础研究。从总体来看，论文量在 30 篇及以上的机构共有 25 家，巴西、美国、中国的上榜机构数量排在前三位，分别有 9 家、9 家、3 家机构上榜，各机构之间的基础研究竞争力差距较大（图 3-100）。美国农业部、夏威夷大学的论文生产力和影响力排在前两位，且远超过其他机构，基础研究竞争力最强；另外，巴西农业研究公司、北弗鲁米嫩斯州立大学、印度农业研究理事会科学论文的生产力较强，康奈尔大学、马来西亚博特拉大学、伊利诺伊大学的论文影响力也较强。美国农业部的论文质量排在首位，其次是康奈尔大学、得克萨斯 A&M 大学、加州大学，再次是夏威夷农业研究中心、马来西亚博特拉大学、昆士兰大学。

2016—2020 年，论文量在 10 篇及以上的机构共有 26 家，巴西、中国、美国、墨西哥的上榜机构数量排在前四位，分别有 9 家、6 家、4 家、3 家机构上榜，各机构之间的基础研究竞争力差距依然明显（图 3-101）。巴西农业研究公司的论文生产力跃居首位，其次是北弗鲁米嫩斯州立大学、马来西亚博特拉大学；福建农林大学、海南大学、中国农业大学的论文生产力也进入前十三位。马来西亚博特拉大学的论文影响力跃居首位，其次是海南大学、中国农业大学、圣保罗大学、福建农林大学；华中农业大学、中国科学院、中国热带农业科学院的影响力也进入前十六位。海南大学的论文质量跃居首位，其次是中国农业大学、华中农业大学、中国科学院；福建农林大学、中国热带农业科学院的论文质量也进入前十一位。可见，近年来在番木瓜领域的基础研究中，福建农林大学、海南大学、中国农业大学等中国机构的论文生产力表现良好，论文影响力和论文质量表现突出，在竞争力方面有很大提升。

3.9.2.2 研究布局分析

全球番木瓜基础研究领域，重点机构在 14 个研究方向上均有研究布局（图 3-102）。其中，种质资源抗病性及改良创新、种质资源抗逆性及改良创新是大多数机构重点布局的研究方向；育种技术与遗传多样性分析、生长机理及栽培技术、贮藏保鲜及食品加工技术、功能成分提取测定及其生物活性是部分机构重点布局的研究方向；另外，各机构在饲料产品开发及利用等方向的布局明显少于其他方向。

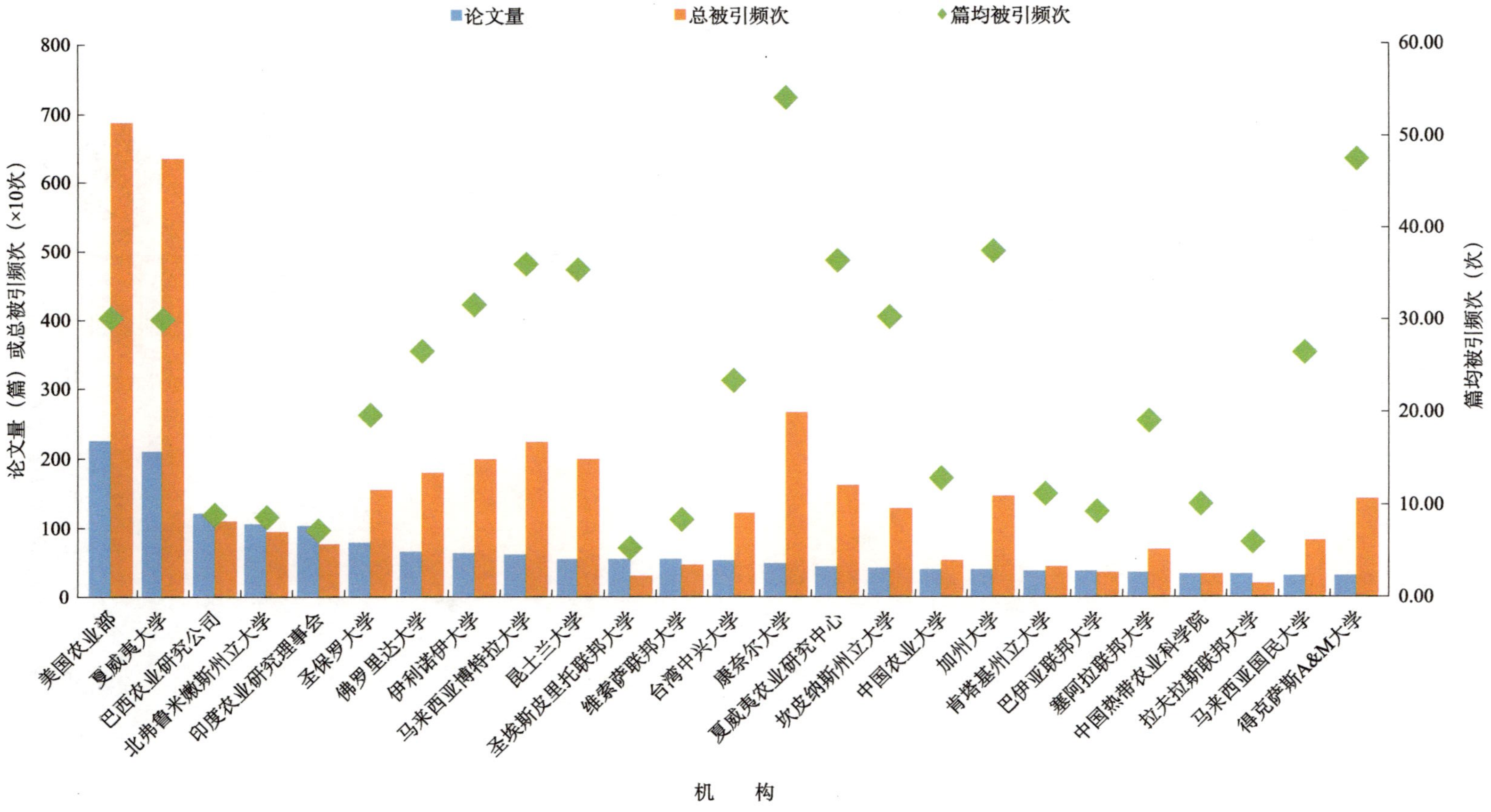

图 3-100　全球番木瓜基础研究领域重点机构竞争力对比

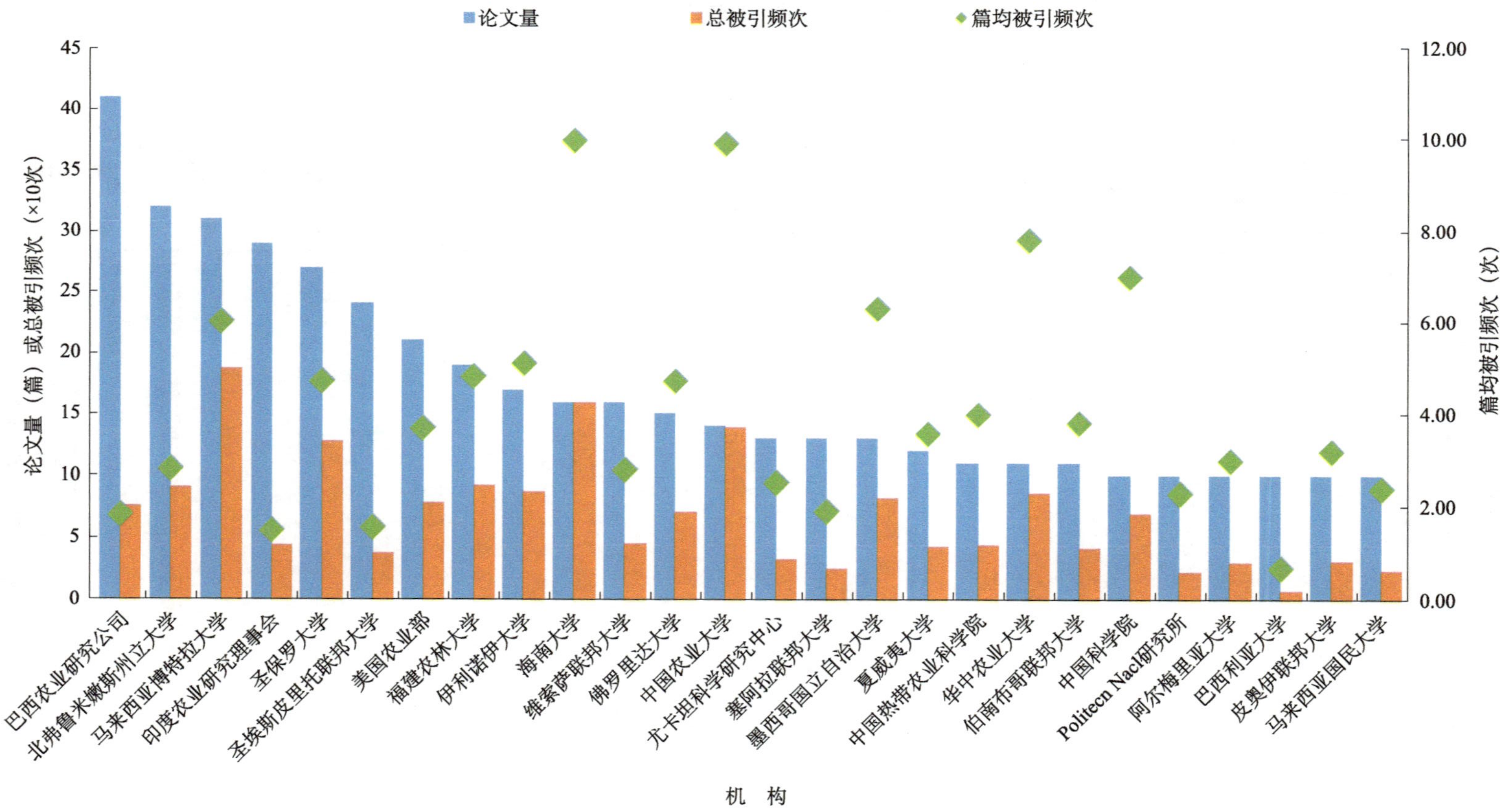

图 3-101　2016—2020 年全球番木瓜基础研究领域重点机构竞争力对比

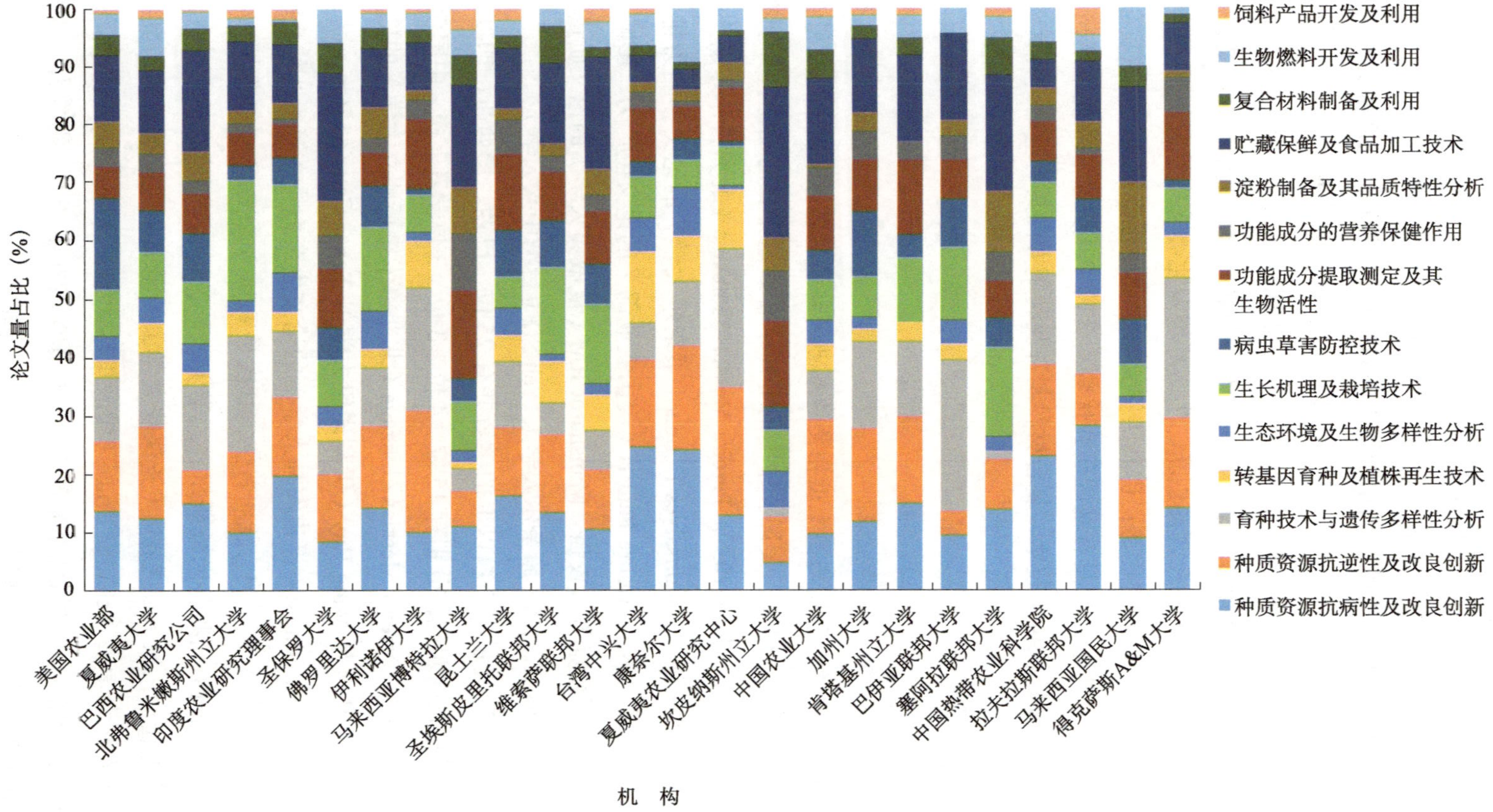

图 3-102 全球番木瓜基础研究领域重点机构主题布局对比

注：主题布局（堆积柱状）图中重点机构下某一颜色的高度越高，代表该颜色对应主题在重点机构的论文量占比越高；高度越低，代表该颜色对应主题在重点机构的论文量占比越低。

各机构在 14 个研究方向的基础研究优势不同（表 3-34）。其中，美国农业部在种质资源抗病性及改良创新、育种技术与遗传多样性分析、生态环境及生物多样性分析等方向具有最强的基础研究优势；夏威夷大学在种质资源抗逆性及改良创新、转基因育种及植株再生技术、生物燃料开发及利用方向的论文量排在首位，基础研究优势明显；马来西亚博特拉大学在功能成分提取测定及其生物活性、功能成分的营养保健作用、饲料产品开发及利用等方向具有最强基础研究优势；北弗鲁米嫩斯州立大学、圣保罗大学分别在生长机理及栽培技术、贮藏保鲜及食品加工技术方向具有最强基础研究优势。巴西农业研究公司在种质资源抗病性及改良创新、生态环境及生物多样性分析、生长机理及栽培技术等方向具有基础研究优势；伊利诺伊大学在种质资源抗逆性及改良创新、转基因育种及植株再生技术方向具有基础研究优势；台湾中兴大学、坎皮纳斯州立大学分别在转基因育种及植株再生技术、复合材料制备及利用方向具有基础研究优势。

3.9.3 重点学者分析

3.9.3.1 竞争力分析

全球共有 11 778 位学者开展与番木瓜相关的基础研究。从总体来看，论文量在 15 篇以上的学者共有 30 位，巴西、美国、中国的上榜学者数量排在前三位，分别有 12 位、10 位、4 位学者上榜（图 3-103）。Pereira Messias Gonzaga（北弗鲁米嫩斯州立大学）的论文生产力排在首位，Gonsalves Dennis（康奈尔大学）的论文影响力排在首位；Paull RE（夏威夷大学）、Moore Paul H（美国农业部）的论文生产力、影响力也均排在前五位，基础研究竞争力较强。Manshardt RM（夏威夷大学）的论文质量排在首位，其次是 Gonsalves Dennis（康奈尔大学）、Yeh SD（台湾中兴大学）。

2016—2020 年，论文量在 5 篇以上的学者共有 25 位，巴西、墨西哥、印度、美国的上榜学者数量排在前四位，分别有 15 位、4 位、3 位、3 位学者上榜，中国仅有 1 位学者上榜（图 3-104）。Pereira Messias Gonzaga（北弗鲁米嫩斯州立大学）的论文生产力依然排在首位，其次是 Ming Ray（伊利诺伊大学）、Santa Catarina Renato（北弗鲁米嫩斯州立大学），Yu Qingyi（福建农林大学）的论文生产力排在第十八位。Ming Ray（伊利诺伊大学）的论文影响力跃居首位，其次是 Fabi Joao Paulo（圣保罗大学）、Pereira Messias Gonzaga（北弗鲁米嫩斯州立大学），Yu Qingyi（福建农林大学）的论文影响力排在第七位。Fabi Joao Paulo（圣保罗大学）的论文质量跃居首位，其次是 Yu Qingyi（福建农林大学）、Schaffer Bruce（佛罗里达大学）、Ming Ray（伊利诺伊大学）。可见，近年来在番木瓜领域的基础研究中，中国学者在生产力、影响力、竞争力方面的基础研究优势有所下降，在论文质量方面有一定的提升。

表 3-34 全球番木瓜基础研究领域重点机构主题布局对比

机构	各研究方向的论文量（篇）													
	种质资源与遗传育种				生长调控与田间管理			贮藏加工与功能成分				副产品加工与综合利用		
	种质资源抗病性及改良创新	种质资源抗逆性及改良创新	育种技术与遗传多样性分析	转基因育种及植株再生技术	生态环境及生物多样性分析	生长机理及栽培技术	病虫草害防控技术	功能成分提取测定及其生物活性	功能成分的营养保健作用	淀粉制备及其品质特性分析	贮藏保鲜及食品加工技术	复合材料制备及利用	生物燃料开发及利用	饲料产品开发及利用
美国农业部	63	56	52	13	20	36	72	25	16	21	53	16	17	3
夏威夷大学	48	61	49	19	17	29	28	25	13	13	43	9	25	5
巴西农业研究公司	44	17	43	6	15	31	24	20	7	14	52	11	8	1
北弗鲁米嫩斯州立大学	23	32	46	9	5	47	6	13	4	5	28	6	3	3
印度农业研究理事会	38	26	22	6	13	29	9	11	2	5	20	7	1	3
圣保罗大学	20	28	14	6	8	19	13	24	14	14	53	12	14	
佛罗里达大学	22	22	15	5	10	22	11	9	4	8	16	5	4	1
伊利诺伊大学	18	38	38	14	3	11	2	22	6	3	15	4	5	1
马来西亚博特拉大学	25	14	9	2	5	19	9	34	22	18	41	11	10	8
昆士兰大学	25	18	17	7	7	8	12	20	9	3	16	3	4	3
圣埃斯皮里托联邦大学	19	19	8	10	2	21	11	12	4	3	20	9	4	
维索萨联邦大学	14	14	9	8	3	18	9	12	4	6	26	2	6	3
台湾中兴大学	35	21	9	17	8	10	4	13	4	2	7	2	8	1
康奈尔大学	26	19	12	8	9	5	4	6	1	2	4	1	10	
夏威夷农业研究中心	17	29	31	13	1	9	1	12	2	4	6	1	5	
坎皮纳斯州立大学	6	10	2		8	9	5	19	11	7	33	12	3	2
中国农业大学	14	28	12	6	6	10	7	13	7	1	21	7	8	2
加州大学	12	16	15	2	2	7	11	9	5	3	13	2	2	1
肯塔基州立大学	15	15	13	3		11	4	13	3		15	3	4	1
巴伊亚联邦大学	7	3	19	2	3	9	6	5	3	2	11		3	
塞阿拉联邦大学	11	7	1		2	12	4	5	4	8	16	5	3	1
中国热带农业科学院	24	16	16	4	6	6	4	7	3	3	5	3	6	
拉夫拉斯联邦大学	19	6	8	1	3	4	4	5	1	3	7	1	2	3
马来西亚国民大学	8	9	9	3	1	5	7	7	3	11	15	3	9	
德克萨斯 A&M 大学	12	13	20	6	2	5	1	10	5	1	7	1	1	

注：表中单元格颜色越接近深红色代表论文量越多，基础研究优势越明显；越接近深绿色代表论文量越少，基础研究相对较弱。

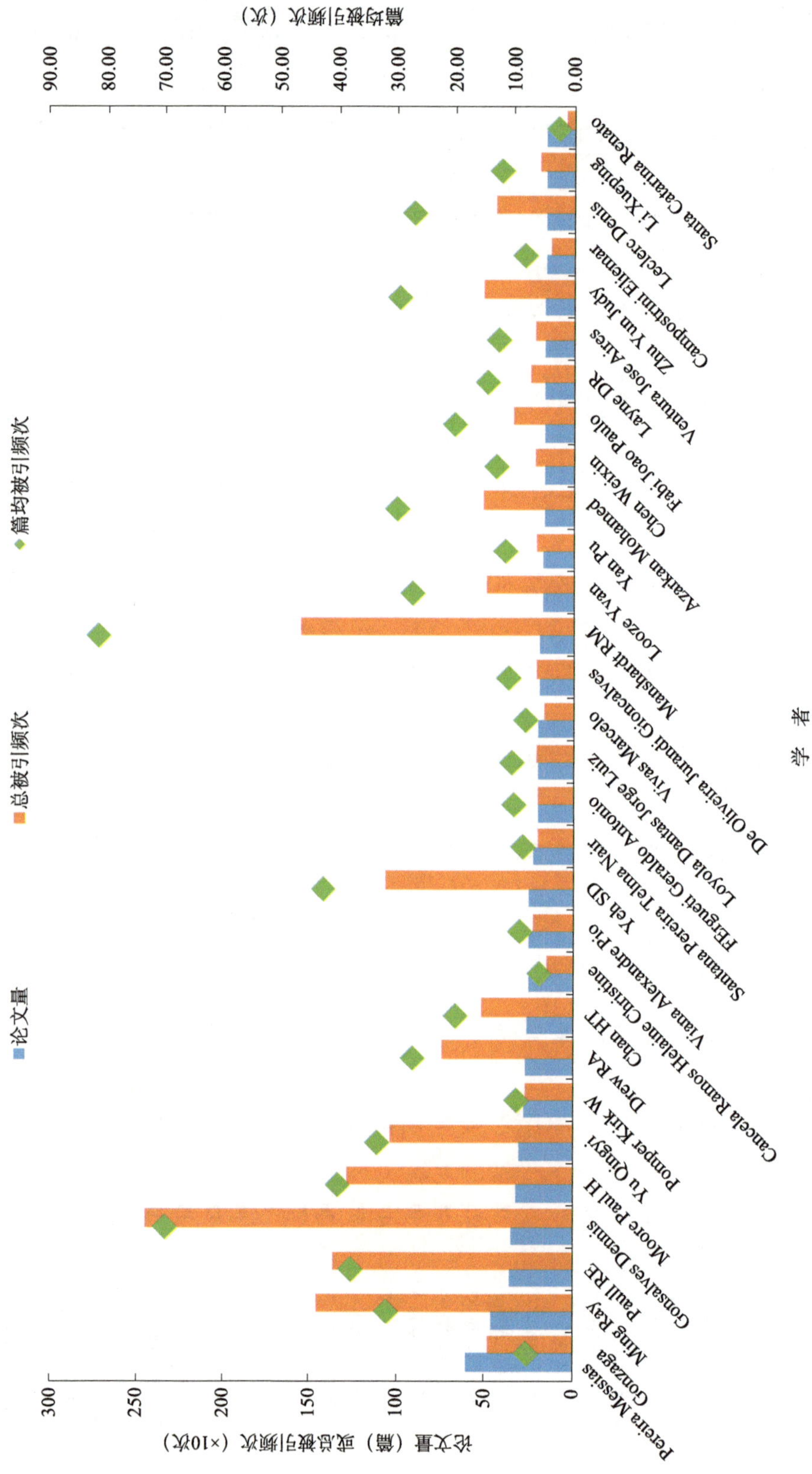

图 3-103 全球番木瓜基础研究领域重点学者竞争力对比

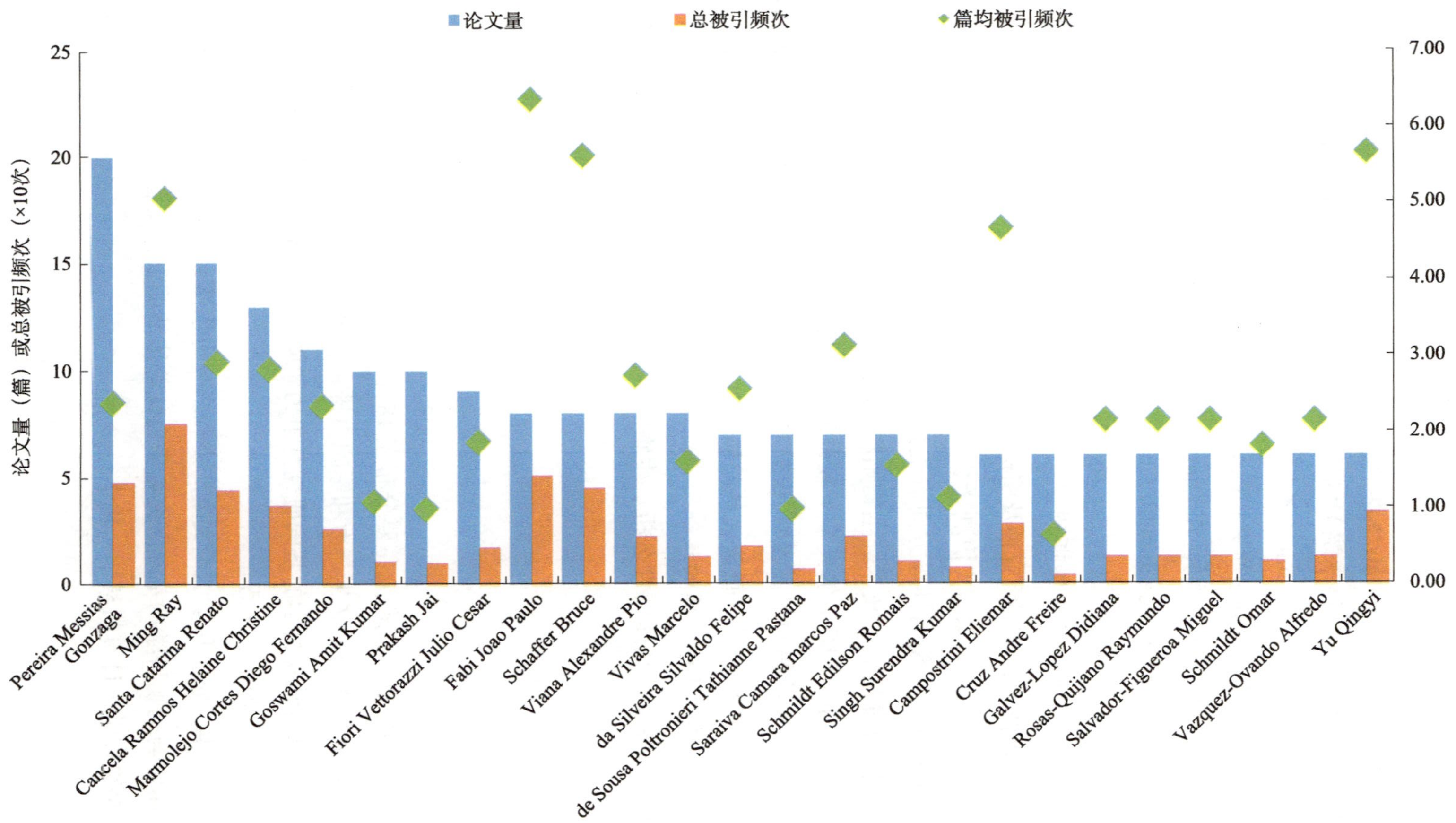

图 3-104　2016—2020 年全球番木瓜基础研究领域重点学者竞争力对比

3.9.3.2 研究布局分析

全球番木瓜基础研究领域，重点学者在 14 个研究方向的研究布局差异较大（图 3-105 和表 3-35）。其中，Gonsalves Dennis（康奈尔大学）、Yeh SD（台湾中兴大学）、Yan Pu（中国热带农业科学院）侧重于种质资源抗病性及改良创新研究；Paull RE（夏威夷大学）、Fabi Joao Paulo（圣保罗大学）、Chen Weixin（中国农业大学）侧重于种质资源抗逆性及改良创新研究；Pereira Messias Gonzaga（北弗鲁米嫩斯州立大学）、Ming Ray（伊利诺伊大学）、Yu Qingyi（福建农林大学）侧重于育种技术与遗传多样性分析研究；De Oliveira Jurandi Goncalves（北弗鲁米嫩斯州立大学）、Pomper Kirk W（肯塔基州立大学）侧重于生态环境及生物多样性分析研究且二者优势明显；Campostrini Eliemar（北弗鲁米嫩斯州立大学）、Drew RA（格里菲斯大学）分别侧重于生长机理及栽培技术、转基因育种及植株再生技术研究。

综合对比发现，Ming Ray（伊利诺伊大学）在种质资源抗逆性及改良创新、功能成分提取测定及其生物活性等方向有最强的基础研究优势；Paull RE（夏威夷大学）在贮藏保鲜及食品加工技术、生物燃料开发及利用方向具有最强的基础研究优势；Gonsalves Dennis（康奈尔大学）在种质资源抗病性及改良创新、生态环境及生物多样性分析、生物燃料开发及利用方向具有最强的基础研究优势；Looze Yvan（布鲁塞尔自由大学）在淀粉制备及其品质特性分析、复合材料制备及利用、饲料产品开发及利用方向具有最强的基础研究优势；Azarkan Mohamed（布鲁塞尔自由大学）在淀粉制备及其品质特性分析、生物燃料开发及利用方向具有最强的基础研究优势。

3.9.4 重点学科分析

3.9.4.1 竞争力分析

全球番木瓜领域的基础研究主要分布在 18 个 ESI 学科中（图 3-106 和图 3-107）。从总体来看，农业科学的论文生产力和影响力排在首位，且远超其他学科，基础研究竞争力最强；植物与动物科学的基础研究竞争力紧随其后；免疫学的论文质量排在首位，其次是经济学与商学、工程学。

2016—2020 年，农业科学的论文生产力和影响力依然远超其他学科，基础研究竞争力最强；植物与动物科学的基础研究竞争力优势依然明显；工程学的论文质量跃居首位，其次是物理学、计算机科学、化学。

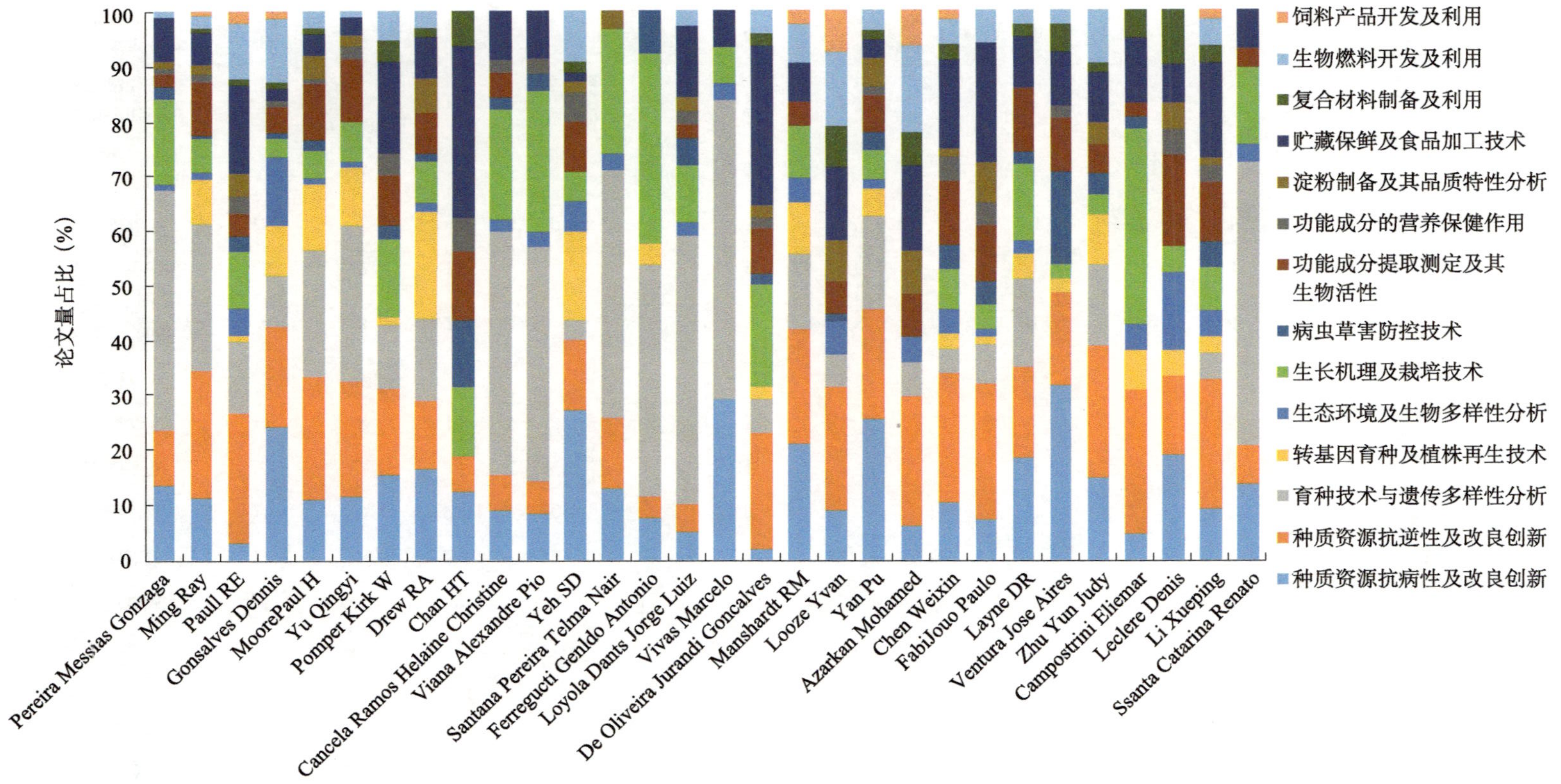

图 3-105　全球番木瓜基础研究领域重点学者主题布局对比

注：主题布局（堆积柱状）图中重点学者下某一颜色的高度越高，代表该颜色对应主题在重点学者的论文量占比越高；高度越低，代表该颜色对应主题在重点学者的论文量占比越低。

表 3-35 全球番木瓜基础研究领域重点学者主题布局对比

学者	各研究方向的论文量（篇）													
	种质资源与遗传育种				生长调控与田间管理			贮藏加工与功能成分				副产品加工与综合利用		
	种质资源抗病性及改良创新	种质资源抗逆性及改良创新	育种技术与遗传多样性分析	转基因育种及植株再生技术	生态环境及生物多样性分析	生长机理及栽培技术	病虫草害防控技术	功能成分提取测定及其生物活性	功能成分的营养保健作用	淀粉制备及其品质特性分析	贮藏保鲜及食品加工技术	复合材料制备及利用	生物燃料开发及利用	饲料产品开发及利用
Pereira Messias Gonzaga	12	9	39		1	14	2	2	1	1	7		1	
Ming Ray	15	31	36	11	2	8	1	13	2	2	8	1	3	1
Paull RE	3	23	13	1	5	10	3	4	3	4	16	1	10	2
Gonsalves Dennis	21	16	8	8	11	3	1	4	1		2	1	10	1
Moore Paul H	11	22	23	12	1	5	2	10	1	4	4	1	3	
Yu Qingyi	11	20	27	10	1	7		11	2	2	3		1	
Pomper Kirk W	12	12	9	1		11	2	7	3		13	3	4	
Drew RA	11	8	10	13	1	5	1	5		4	5	1	2	
Chan HT	2	1				2	2	2	1		5	1		
Cancela Ramos Helaine Christine	4	3	20		1	9	1	2	1		4			
Viana Alexandre Pio	3	2	15		1	9	1		1		3			
Yeh SD	15	7	2	9	3	3		5	3	1	1	1	5	
Santana Pereira Telma Nair	4	4	14		1	7				1				
Ferreguetti Geraldo Antonio	2	1	11	1		9	2							
Loyola Dantas Jorge Luiz	2	2	19		1	4	2	1	1	1	5		1	
Vivas Marcelo	9		17		1	2					2			

续表

学者	各研究方向的论文量（篇）													
	种质资源与遗传育种				生长调控与田间管理			贮藏加工与功能成分				副产品加工与综合利用		
	种质资源抗病性及改良创新	种质资源抗逆性及改良创新	育种技术与遗传多样性分析	转基因育种及植株再生技术	生态环境及生物多样性分析	生长机理及栽培技术	病虫草害防控技术	功能成分提取测定及其生物活性	功能成分的营养保健作用	淀粉制备及其品质特性分析	贮藏保鲜及食品加工技术	复合材料制备及利用	生物燃料开发及利用	饲料产品开发及利用
De Oliveira Jurandi Goncalves	1	10	3	1		9	1	4	1	1	14	1	2	
Manshardt RM	9	9	6	4	2	4		2			3		3	1
Looze Yvan	6	15	4		4		1	4		5	9	5	9	5
Yan Pu	15	12	10	3	1	3	2	4	1	3	2	1	2	
Azarkan Mohamed	4	15	4		3			5		5	10	4	10	4
Chen Weixin	7	16	3	2	3	5	3	8	3	1	11	2	3	1
Fabi Joao Paulo	5	17	5	1	1	3	3	7	3	5	15		4	
Layne DR	8	7	7	2	1	6	1	5			4	1	1	
Ventura Jose Aires	13	7		1		1	7	4	1		4	2	1	
Zhu Yun Judy	8	13	8	5		2	2	3		2	5	1	5	
Campostrini Eliemar	2	11		3	2	15	1	1			5	2		
Leclerc Denis	8	6		2	6	2		7	2	2	3	4		
Li Xueping	6	15	3	2	3	5	3	7	2	1	11	2	3	1
Santa Catari na Renato	4	2	15		1	4		1			2			

注：表中单元格颜色越接近深红色代表论文量越多，基础研究优势越明显；越接近深绿色代表论文量越少，基础研究相对较弱。

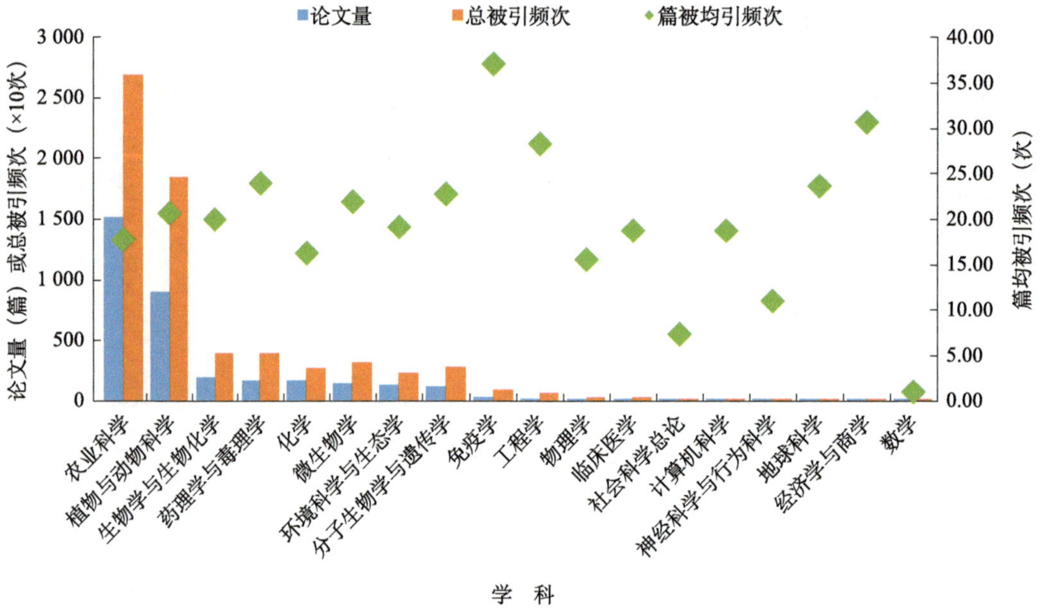

图 3-106 全球番木瓜基础研究领域 ESI 学科竞争力对比

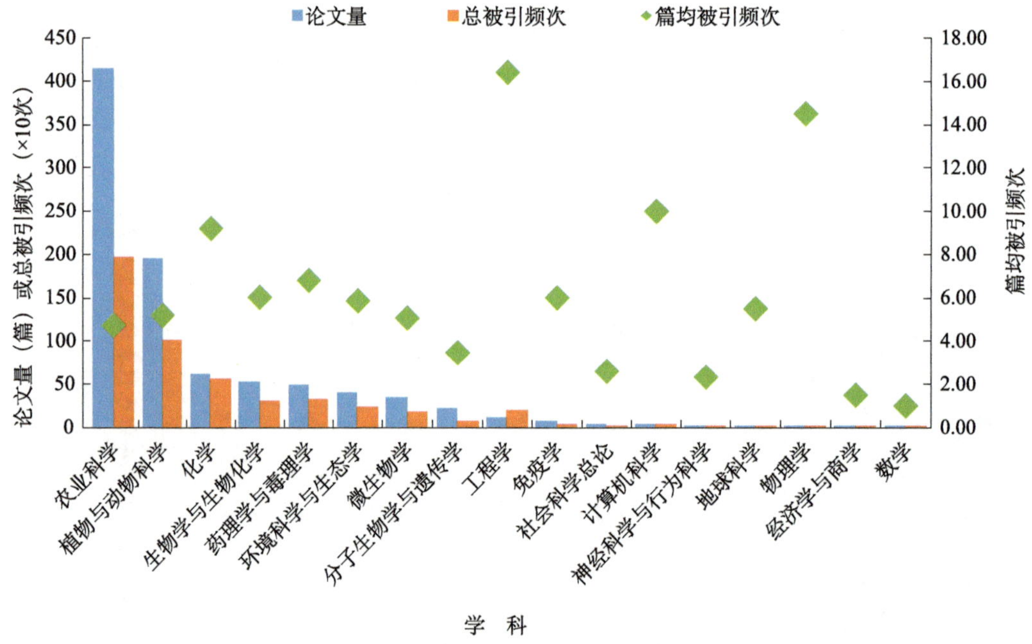

图 3-107 2016—2020 年全球番木瓜基础研究领域 ESI 学科竞争力对比

3.9.4.2 研究布局分析

全球番木瓜基础研究领域，ESI 学科在 14 个研究方向的研究布局差异明显（图 3-108）。其中，生长机理及栽培技术、功能成分提取测定及其生物活性、贮藏保鲜及食品加工技术是农业科学等多个学科重点关注的研究方向；种质资源抗病性及改良创新、种质资源抗逆性及改良创新、育种技术与遗传多样性分析研究方向是植物与动物科学等学科重点关注的研究方向；功能成分的营养保健作用、病虫草害防控技术、复合材料制备及利用、生物燃料开发及利用分别是药理学与毒理学学科、环境科学与生态学、化学、生物学与生物化学等学科重点关注的研究方向。

各学科在 14 个研究方向的基础研究优势不同（表 3-36）。农业科学在种质资源抗逆性及改良创新、生态环境及生物多样性分析、生长机理及栽培技术等多个研究方向具有最强的基础研究优势；植物与动物科学在种质资源抗病性及改良创新、育种技术与遗传多样性分析、转基因育种及植株再生技术、病虫草害防控技术等方向具有最强的基础研究优势。此外，生物学与生物化学在种质资源抗逆性及改良创新等方向具有一定的基础研究优势；药理学与毒理学在功能成分提取测定及其生物活性方向具有一定的基础研究优势；环境科学与生态学在生态环境及生物多样性分析等方向具有一定的基础研究优势；分子生物学与遗传学在育种技术与遗传多样性分析方向具有一定的基础研究优势；微生物学在种质资源抗病性及改良创新方向具有一定的基础研究优势。

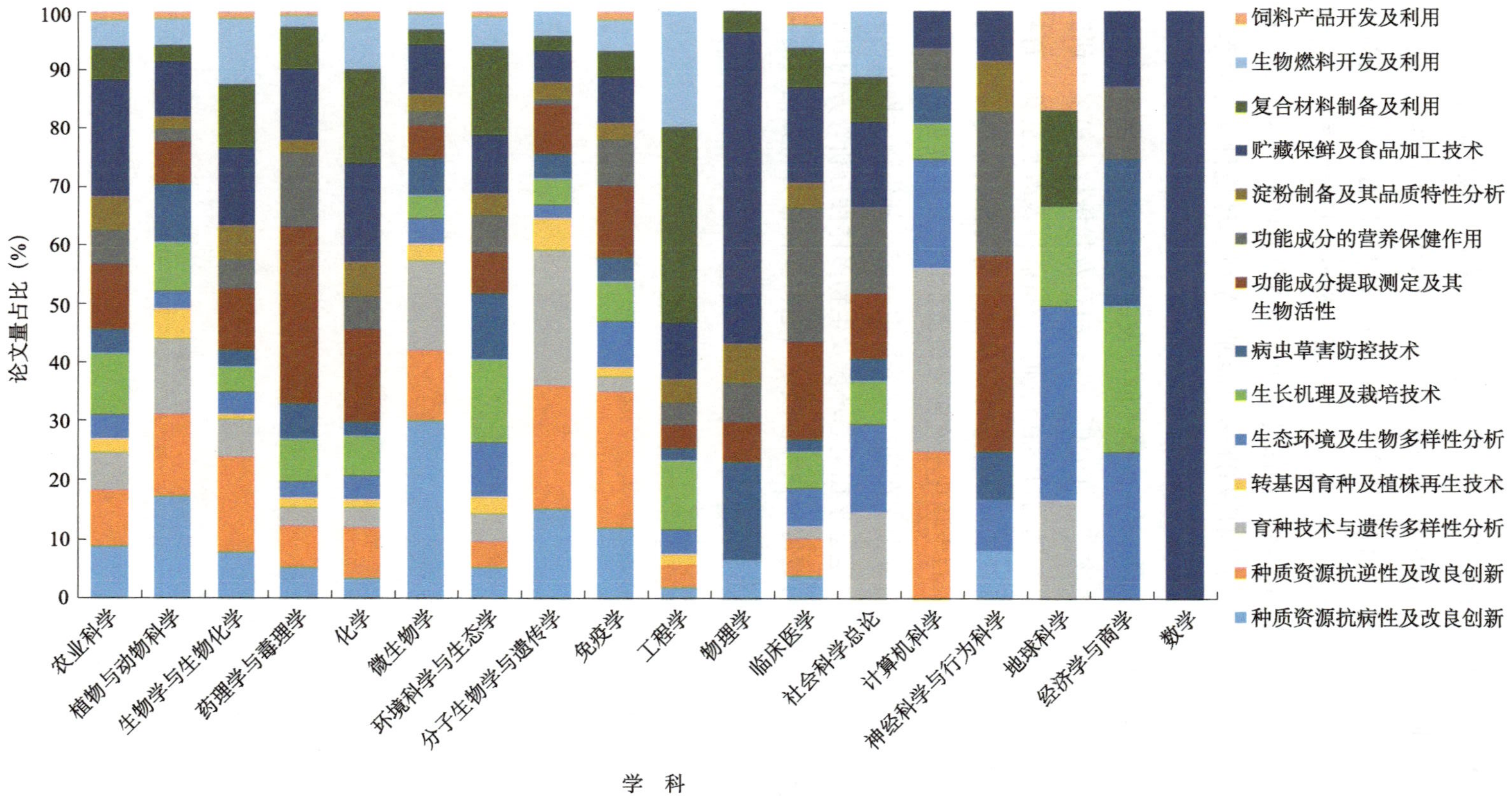

图 3-108　全球番木瓜基础研究领域 ESI 学科主题布局对比

注：主题布局（堆积柱状）图中重点学科下某一颜色的高度越高，代表该颜色对应主题在重点学科的论文量占比越高；高度越低，代表该颜色对应主题在重点学科的论文量占比越低。

表 3-36 全球番木瓜基础研究领域 ESI 学科主题布局对比

学科	各研究方向的论文量（篇）													
	种质资源与遗传育种				生长调控与田间管理			贮藏加工与功能成分				副产品加工与综合利用		
	种质资源抗病性及改良创新	种质资源抗逆性及改良创新	育种技术与遗传多样性分析	转基因育种及植株再生技术	生态环境及生物多样性分析	生长机理及栽培技术	病虫草害防控技术	功能成分提取测定及其生物活性	功能成分的营养保健作用	淀粉制备及其品质特性分析	贮藏保鲜及食品加工技术	复合材料制备及利用	生物燃料开发及利用	饲料产品开发及利用
农业科学	347	373	246	89	170	400	159	440	227	220	789	218	180	48
植物与动物科学	371	298	278	110	68	174	213	156	50	43	206	56	95	23
生物学与生物化学	46	94	37	5	23	24	17	61	30	33	78	63	66	6
药理学与毒理学	20	27	11	6	11	27	22	114	48	8	46	26	8	2
化学	17	41	16	6	19	32	11	75	27	29	79	76	41	6
微生物学	103	40	53	10	15	13	21	19	9	10	29	8	9	1
环境科学与生态学	17	14	15	9	30	44	37	22	21	11	32	48	17	2
分子生物学与遗传学	45	63	69	16	7	13	13	25	3	9	16	7	12	
免疫学	9	17	2	1	6	5	3	9	6	2	6	3	4	1
工程学	1	2		1	2	6	1	2	2	2	5	17	10	
物理学	2						5	2	2	2	16	1		
临床医学	2	3	1		3	3	1	8	11	2	8	3	2	1
社会科学总论			4		4	2	1	3	4		4	2	3	
计算机科学		4	5		3	1	1		1		1			
神经科学与行为科学	1				1		1	4	3	1	1			
地球科学			1		2	1						1		1
经济学与商学					2	2	2		1		1			
数学											1			

注：表中单元格颜色越接近深红色代表论文量越多，基础研究优势越明显；越接近深绿色代表论文量越少，基础研究相对较弱。

3.10 天然橡胶

3.10.1 重点国家分析

3.10.1.1 竞争力分析

全球共有 106 个国家开展与天然橡胶有关的基础研究。从总体来看，论文量在 58 篇及以上的国家共有 20 个，各国之间基础研究竞争力差距悬殊（图 3-109）。中国的论文生产力排在首位，其次是美国和巴西；美国的论文影响力位列第一，中国、法国也排在前三；荷兰的论文质量排在首位，其次是奥地利、德国和美国。

2016—2020 年，论文量在 17 篇及以上的国家共有 21 个，各国之间基础研究竞争力差距依然较大（图 3-110）。中国的论文生产力依然排在首位，其次是美国、德国、泰国、巴西；中国的论文影响力跃居首位，其次是德国、美国、印度尼西亚；瑞士的论文质量跃居首位，其次是日本、印度尼西亚、德国，中国的论文质量略有提升。可见，近年来在天然橡胶领域的基础研究中，中国在生产力和影响力方面表现突出，在论文质量方面略有提升，在竞争力方面有很大提升。

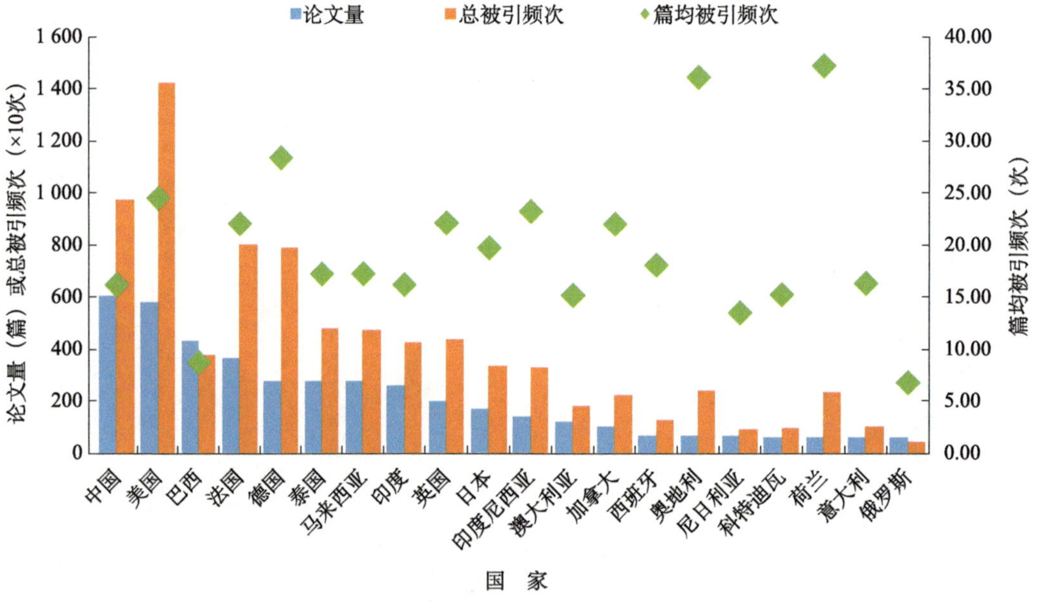

图 3-109 全球天然橡胶基础研究领域重点国家竞争力对比

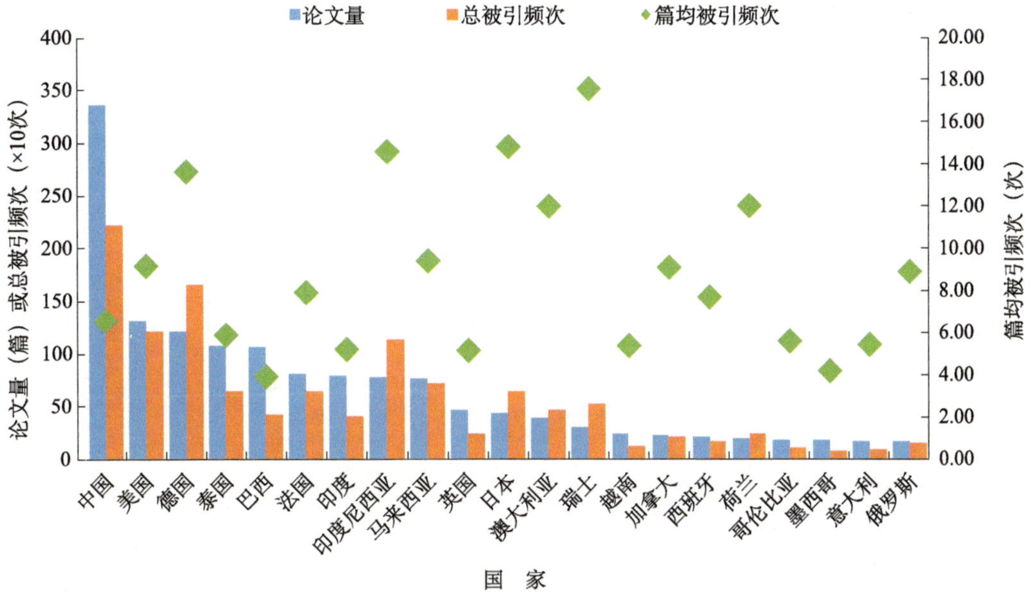

图 3-110　2016—2020 年全球天然橡胶基础研究领域重点国家竞争力对比

3.10.1.2　研究布局分析

全球天然橡胶基础研究领域，重点国家在 13 个研究方向上均有研究布局（图 3-111）。其中，生长机理及栽培技术、种质资源抗逆性及改良创新等方向是大多数国家均重点布局的研究方向；生态环境及生物多样性分析、贮藏保鲜及食品加工技术、复合材料制备及利用、育种技术与遗传多样性分析是部分国家重点布局的研究方向；另外，各国在饲料产品开发及利用、转基因育种及植株再生技术等方向的布局明显少于其他方向。

各国家在 13 个研究方向的基础研究优势不同（表 3-37），美国和中国基本占据了 11 个研究方向的主要比重。其中，中国在种质资源抗病性及改良创新、种质资源抗逆性及改良创新、育种技术与遗传多样性分析等多个研究方向的论文量排在首位，基础研究优势明显；美国在功能成分的营养保健作用、贮藏保鲜及食品加工技术、复合材料制备及利用、饲料产品开发及利用等方向具有最强的基础研究优势；巴西、法国分别在病虫草害防控技术、转基因育种及植株再生技术方向具有最强的基础研究优势。此外，德国在生态环境及生物多样性分析、功能成分的营养保健作用等方向具有一定的基础研究优势；泰国在转基因育种及植株再生技术、贮藏保鲜及食品加工技术等方向具有一定的基础研究优势；印度、英国分别在复合材料制备及利用、饲料产品开发及利用等方向具有一定的基础研究优势。

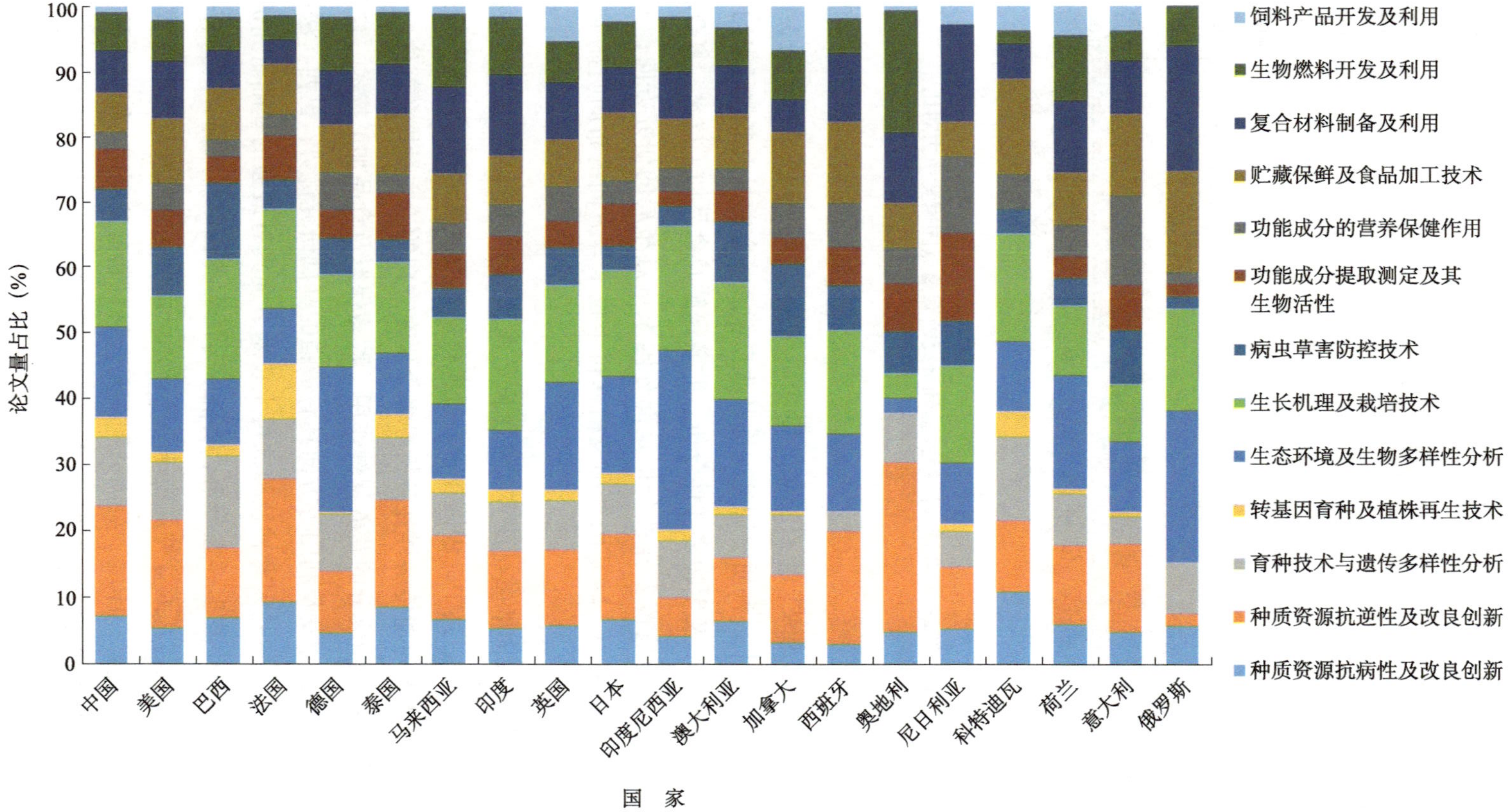

图 3-111 全球天然橡胶基础研究领域重点国家主题布局对比

注：主题布局（堆积柱状）图中重点国家下某一颜色的高度越高，代表该颜色对应主题在重点国家的论文量占比越高；高度越低，代表该颜色对应主题在重点国家的论文量占比越低。

表 3-37 全球天然橡胶基础研究领域重点国家主题布局对比

国家	各研究方向的论文量（篇）												
	种质资源与遗传育种				生长调控与田间管理			贮藏加工与功能成分			副产品加工与综合利用		
	种质资源抗病性及改良创新	种质资源抗逆性及改良创新	育种技术与遗传多样性分析	转基因育种及植株再生技术	生态环境及生物多样性分析	生长机理及栽培技术	病虫草害防控技术	功能成分提取测定及其生物活性	功能成分的营养保健作用	贮藏保鲜及食品加工技术	复合材料制备及利用	生物燃料开发及利用	饲料产品开发及利用
中国	115	256	165	47	217	250	77	93	45	94	103	88	13
美国	66	194	105	17	135	150	89	68	50	118	107	72	25
巴西	58	85	115	12	82	149	95	33	23	63	49	39	13
法国	83	163	79	75	74	132	40	59	31	67	33	30	12
德国	30	57	54	2	138	87	35	26	36	46	53	49	10
泰国	65	119	71	27	69	102	26	53	22	70	57	56	7
马来西亚	33	60	32	10	54	63	21	25	24	35	65	53	5
印度	30	67	41	11	51	96	37	34	27	43	71	48	9
英国	23	44	29	6	63	57	23	15	21	28	34	24	20
日本	22	42	25	5	48	52	12	21	12	34	23	22	7
印度尼西亚	16	21	32	6	100	69	11	8	14	28	26	30	6
澳大利亚	18	27	18	3	45	49	26	13	10	23	21	15	9
加拿大	8	24	22	1	31	32	26	9	13	26	12	17	16
西班牙	5	27	5		19	25	11	9	11	20	17	8	3
奥地利	8	42	12		4	6	10	12	9	11	18	30	1
尼日利亚	4	7	4	1	7	11	5	10	9	4	11		2
科特迪瓦	6	6	7	2	6	9	2		3	8	3	1	2
荷兰	10	19	13	1	28	17	7	5	8	13	18	16	7
意大利	8	21	7	1	17	14	13	11	22	20	13	7	6
俄罗斯	3	1	4		12	8	1	1	1	8	10	3	

注：表中单元格颜色越接近深红色代表论文量越多，基础研究优势越明显；越接近深绿色代表论文量越少，基础研究相对较弱。

3.10.2 重点机构分析

3.10.2.1 竞争力分析

全球共有 2 899 家机构开展与天然橡胶相关的基础研究。从总体来看，论文量在 32 篇以上的机构共有 24 家，法国、巴西、马来西亚、美国、泰国、中国的上榜机构数量排在前六位，分别有 4 家、3 家、3 家、3 家、3 家、3 家机构上榜，各机构之间的基础研究竞争力差距较大（图 3-112）。中国热带农业科学院的论文生产力排在首位，其次是中国科学院和法国农业发展研究中心；中国科学院的论文影响力排在首位，中国热带农业科学院次之，法国农业发展研究中心紧随其后；新加坡国立大学的论文质量排在首位，其次是哥廷根大学、玛希隆大学和茂物农业大学。

2016—2020 年，论文量在 10 篇以上的机构共有 24 家，中国、德国、美国的上榜机构数量排在前三位，分别有 6 家、3 家、3 家机构上榜，各机构之间的基础研究竞争力差距依然明显（图 3-113）。中国科学院的论文生产力跃居首位，其次是中国热带农业科学院、海南大学，再次是法国农业发展研究中心、哥廷根大学；中国科学院的论文影响力依然排在首位，其次是哥廷根大学、茂物农业大学，再次是中国热带农业科学院、海南大学；茂物农业大学的论文质量跃居首位，其次是哥廷根大学、加州大学，中国科学院、中国农业大学、海南大学、中国热带农业科学院、中国农业科学院的论文质量均进入前十六位。可见，近年来在天然橡胶领域的基础研究中，中国科学院、中国热带农业科学院、海南大学等中国机构不仅在生产力和影响力方面表现突出，而且在论文质量和竞争力方面均有很大提升。

3.10.2.2 研究布局分析

全球天然橡胶基础研究领域，重点机构在 13 个研究方向上均有研究布局（图 3-114）。其中，生长机理及栽培技术、种质资源抗逆性及改良创新、育种技术与遗传多样性分析是大多数机构重点布局的研究方向；种质资源抗病性及改良创新、生态环境及生物多样性分析、生物燃料开发及利用是部分机构重点布局的研究方向；另外，各机构在饲料产品开发及利用等方向的布局明显少于其他方向。

各机构在 13 个研究方向的基础研究优势不同（表 3-38）。中国科学院在生态环境及生物多样性分析、生长机理及栽培技术、病虫草害防控技术等多个研究方向具有最强的基础研究优势；中国热带农业科学院在种质资源抗病性及改良创新、种质资源抗逆性及改良创新、育种技术与遗传多样性分析等方向的论文量排在首位；美国农业部在贮藏保鲜及食品加工技术、复合材料制备及利用方向具有最强的基础研究优势；法国农业发展研究中心在转基因育种及植株再生技术、贮藏保鲜及食品加工技术方向具

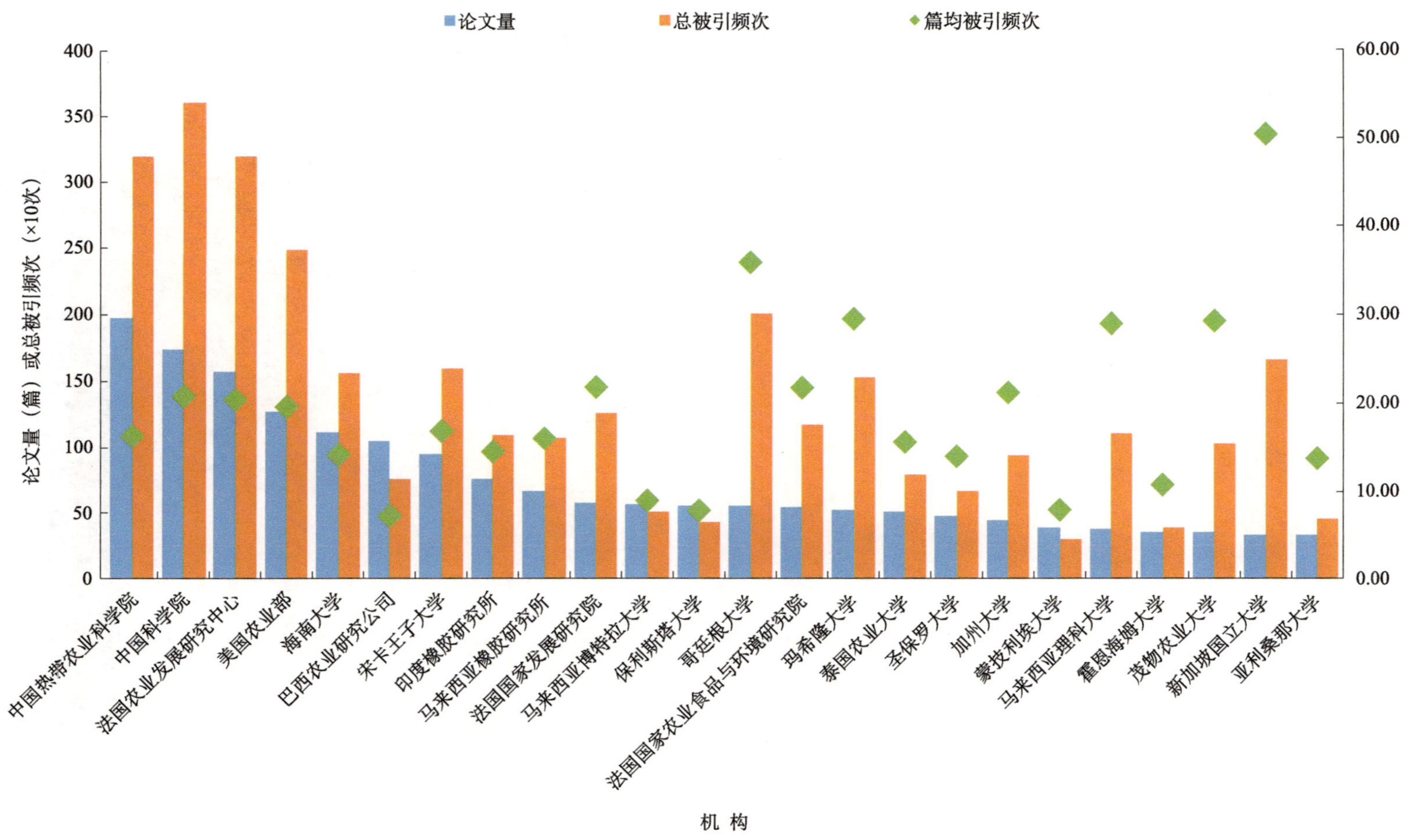

图 3-112 全球天然橡胶基础研究领域重点机构竞争力对比

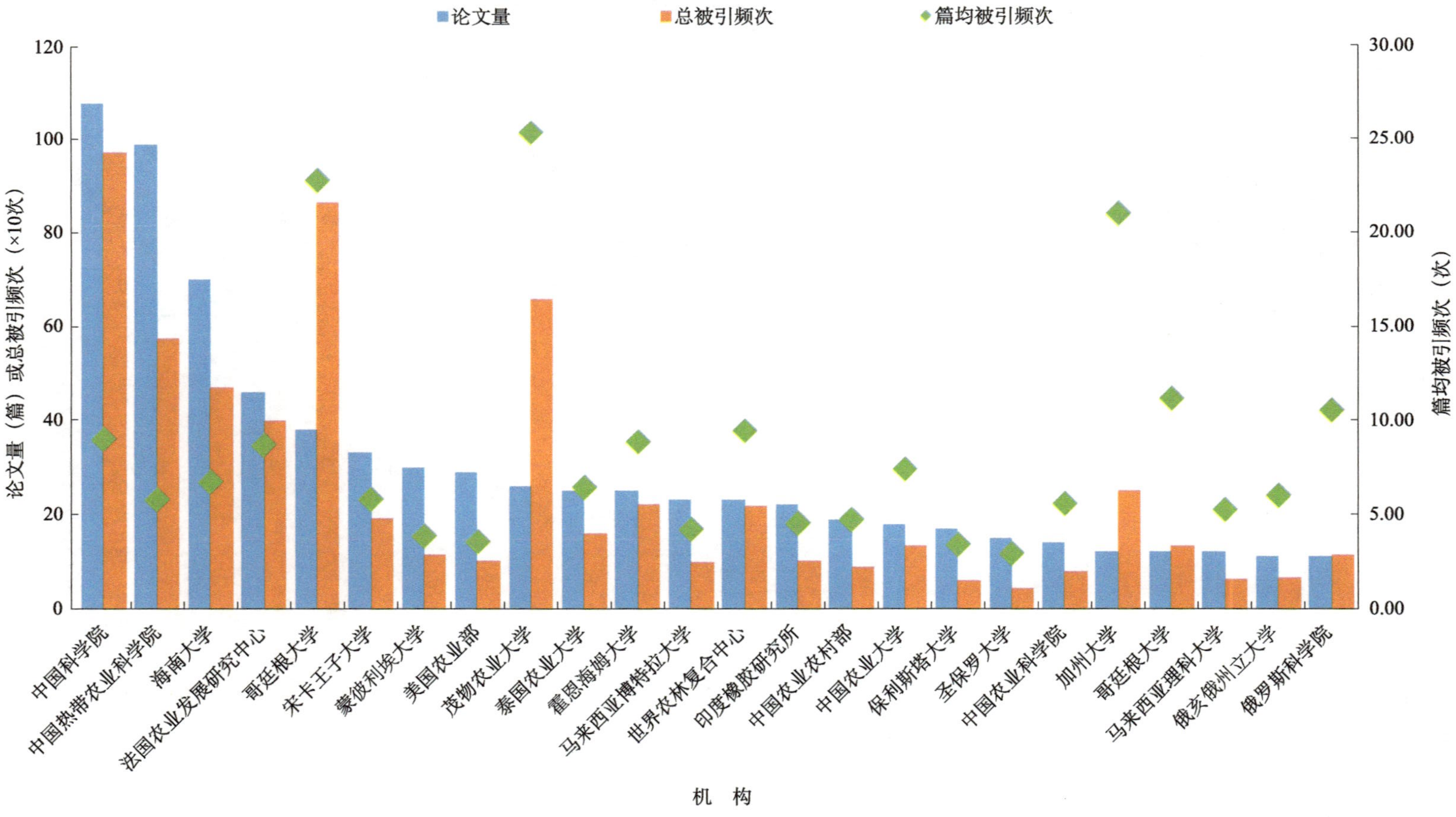

图 3-113　2016—2020 年全球天然橡胶基础研究领域重点机构竞争力对比

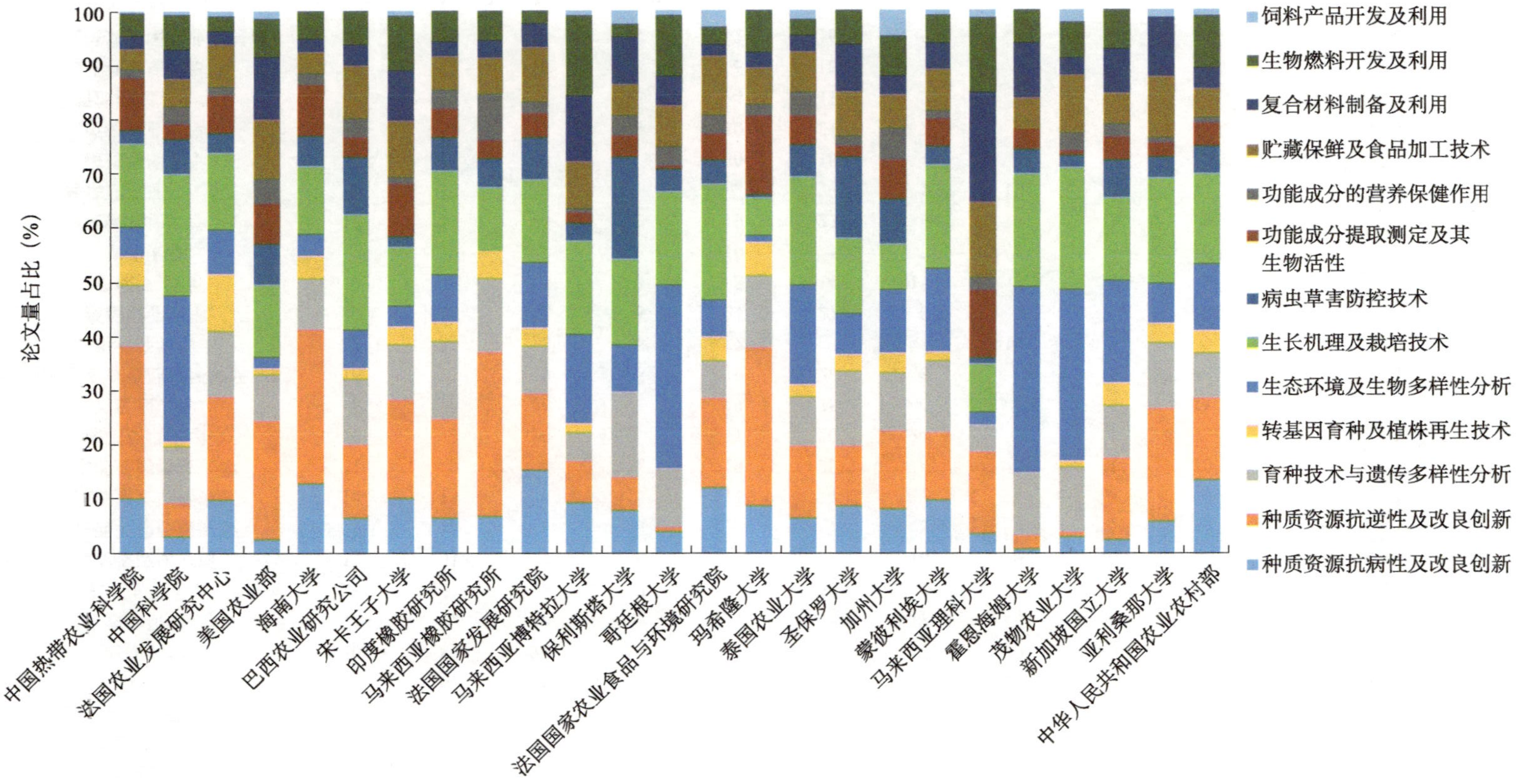

图 3-114　全球天然橡胶基础研究领域重点机构主题布局对比

注：主题布局（堆积柱状）图中重点机构下某一颜色的高度越高，代表该颜色对应主题在重点机构的论文量占比越高；高度越低，代表该颜色对应主题在重点机构的论文量占比越低。

表 3-38　全球天然橡胶基础研究领域重点机构主题布局对比

机构	各研究方向的论文量（篇）												
	种质资源与遗传育种				生长调控与田间管理			贮藏加工与功能成分			副产品加工与综合利用		
	种质资源抗病性及改良创新	种质资源抗逆性及改良创新	育种技术与遗传多样性分析	转基因育种及植株再生技术	生态环境及生物多样性分析	生长机理及栽培技术	病虫草害防控技术	功能成分提取测定及其生物活性	功能成分的营养保健作用	贮藏保鲜及食品加工技术	复合材料制备及利用	生物燃料开发及利用	饲料产品开发及利用
中国热带农业科学院	55	154	61	28	31	82	14	52	10	19	13	23	1
中国科学院	16	28	50	4	130	106	30	14	15	24	27	30	2
法国农业发展研究中心	43	82	53	45	36	61	15	30	8	33	11	12	3
美国农业部	8	67	26	3	7	40	23	23	14	33	35	21	4
海南大学	40	87	29	13	13	38	17	29	6	12	8	15	
巴西农业研究公司	11	22	20	3	12	35	17	6	6	16	6	10	
宋卡王子大学	28	51	28	9	11	30	5	27	4	28	26	28	2
印度橡胶研究所	11	31	24	6	15	32	10	9	6	10	5	9	
马来西亚橡胶研究所	4	18	8	3		7	3	2	5	4	2	3	
法国国家发展研究院	14	13	8	3	11	14	7	4	2	9	4	2	
马来西亚博特拉大学	11	9	6	2	19	20	4	2	1	10	14	17	1
保利斯塔大学	10	8	20		11	20	24	5	5	7	11	3	3
哥廷根大学	6	1	16		49	25	6	1	5	11	8	16	1
法国国家农业食品与环境研究院	16	22	9	6	9	28	6	6	5	14	3	4	4
玛希隆大学	12	39	18	8	2	9	1	19	3	9	4	10	
泰国农业大学	9	18	12	3	25	27	8	7	6	10	4	4	2
圣保罗大学	9	11	14	3	8	14	15	2	2	8	9	6	
加州大学	7	12	9	3	10	7	7	6	5	5	3	6	4
蒙彼利埃大学	12	15	16	2	19	23	4	6	2	9	6	6	1
马来西亚理科大学	3	12	4		2	7	1	10	2	11	16	11	1
霍恩海姆大学	1	2	10		30	18	4	3		5	9	5	
茂物农业大学	3	1	11	1	30	21	2	1	3	10	3	6	2
新加坡国立大学	2	11	7	3	14	11	5	3	2	4	6	5	
亚利桑那大学	5	17	10	3	6	16	3	2	1	9	9		1
中华人民共和国农业农村部	13	15	8	4	12	16	5	4	1	5	4	9	1

注：表中单元格颜色越接近深红色代表论文量越多，基础研究优势越明显；越接近深绿色代表论文量越少，基础研究相对较弱。

有最强基础研究优势。另外，海南大学在种质资源抗病性及改良创新、功能成分提取测定及其生物活性、种质资源抗逆性及改良创新等方向具有一定的基础研究优势；宋卡王子大学在贮藏保鲜及食品加工技术、复合材料制备及利用、生物燃料开发及利用等方向具有一定的基础研究优势。

3.10.3 重点学者分析

3.10.3.1 竞争力分析

全球共有 11 143 位学者开展与天然橡胶相关的基础研究。从总体来看，论文量在 15 篇以上的学者共有 35 位，中国、法国、巴西、泰国的上榜学者数量排在前四位，分别有 10 位、9 位、6 位、4 位学者上榜（图 3-115）。Goncalves Paulo de Souza（巴西农业研究公司）的论文生产力排在首位，且远超其他学者，优势明显，其次是 Cornish Katrina（美国农业部）和 Montoro Pascal（法国农业发展研究中心）。Griengl Herfried（格拉茨理工大学）的论文影响力及论文质量均排在首位，Cornish Katrina（美国农业部）、Montoro Pascal（法国农业发展研究中心）和 Xu Jianchu（中国科学院）的论文影响力也均有一定的优势，Tang Chaorong（中国热带农业科学院）及 Seguin Marc（法国农业发展研究中心）论文质量分列第二、第三位。

2016—2020 年，论文量在 7 篇以上的学者共有 33 位，中国、德国、印度尼西亚的上榜学者数量排在前三位，分别有 24 位、8 位、3 位学者上榜（图 3-116）。Xu Jianchu（中国科学院）、Liu Wenjie（中国科学院）的论文生产力跃居首位，其次是 Cadisch Georg（霍恩海姆大学）、Chen Chunfeng（中国科学院）、Wu Junen（中国科学院）；Xie Guishui（中国热带农业科学院）、Tian Weimin（中国热带农业科学院）、Guo Dong（中国热带农业科学院）等 8 位中国学者的生产力也进入前十四位。Meijide Ana（茂物农业大学）、Knohl Alexander（茂物农业大学）、Rembold Katja（哥廷根大学）的影响力和论文质量跃居前三位；Liu Wenjie（中国科学院）、Tian Weimin（中国热带农业科学院）、Wu Junen（中国科学院）等 6 位学者的影响力和论文质量也进入前十位。可见，近年来在天然橡胶领域的基础研究中，Xu Jianchu（中国科学院）、Liu Wenjie（中国科学院）、Wu Junen（中国科学院）、Chen Chunfeng（中国科学院）等中国学者在生产力、影响力、论文质量方面均表现突出，在竞争力方面有了很大提升。

3.10.3.2 研究布局分析

全球天然橡胶基础研究领域，重点学者在 13 个研究方向的研究布局差异较大（图 3-117 和表 3-39），其中，Cornish Katrina（美国农业部）、Montoro Pascal（法国农业发展研究中心）侧重于种质资源抗逆性及改良创新研究；Goncalves Paulo de Souza

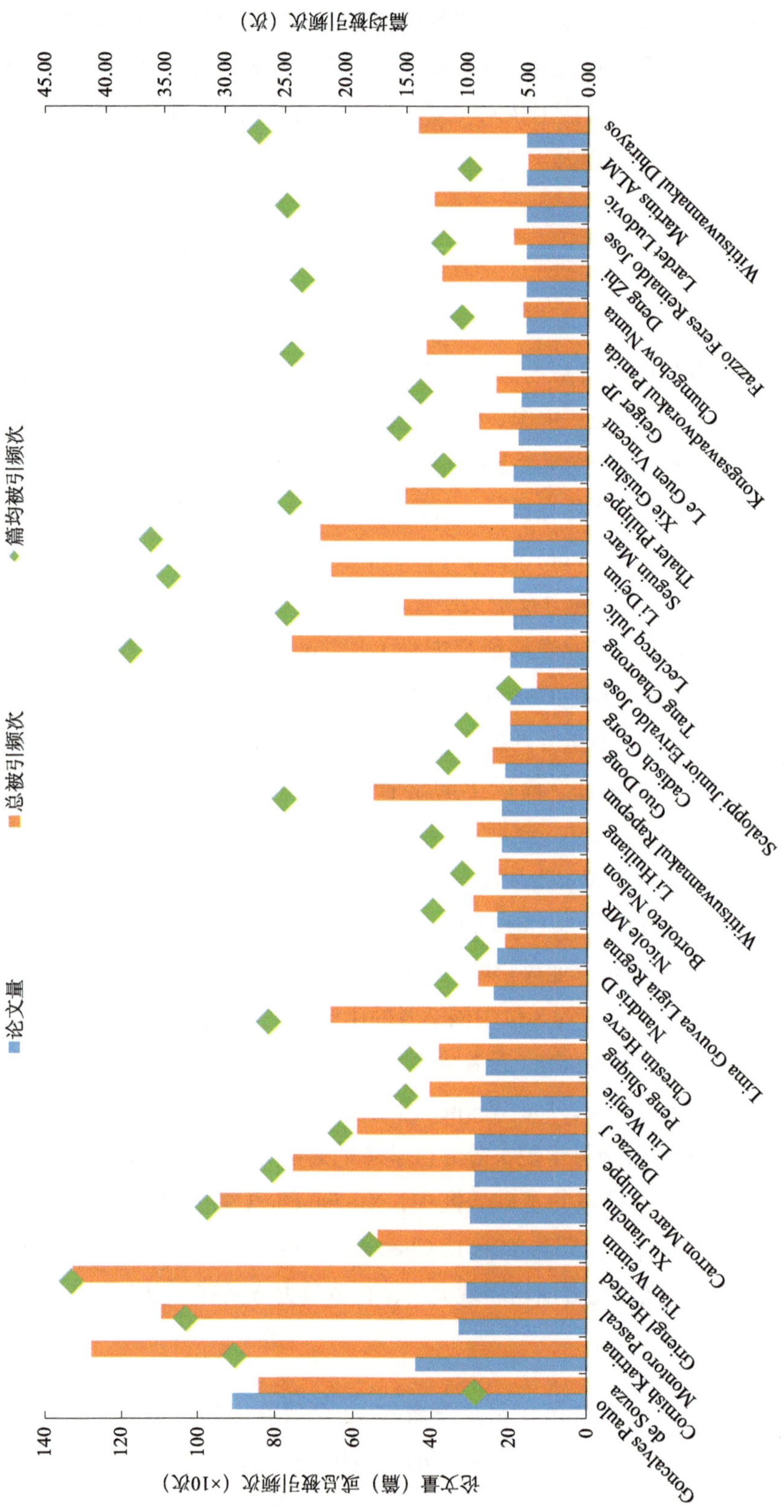

图 3-115 全球天然橡胶基础研究领域重点学者竞争力对比

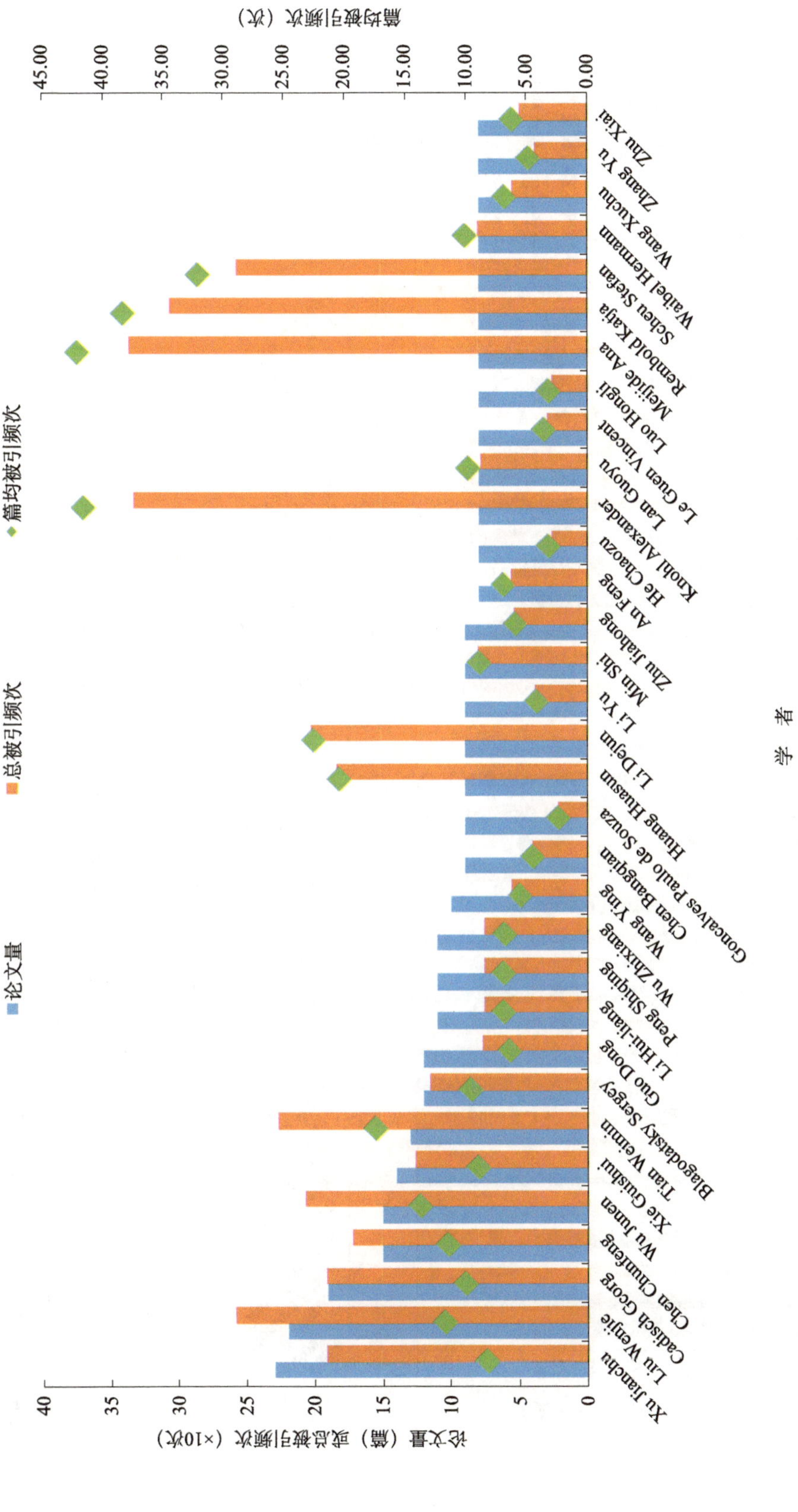

图 3-116 2016—2020 年全球天然橡胶基础研究领域重点学者竞争力对比

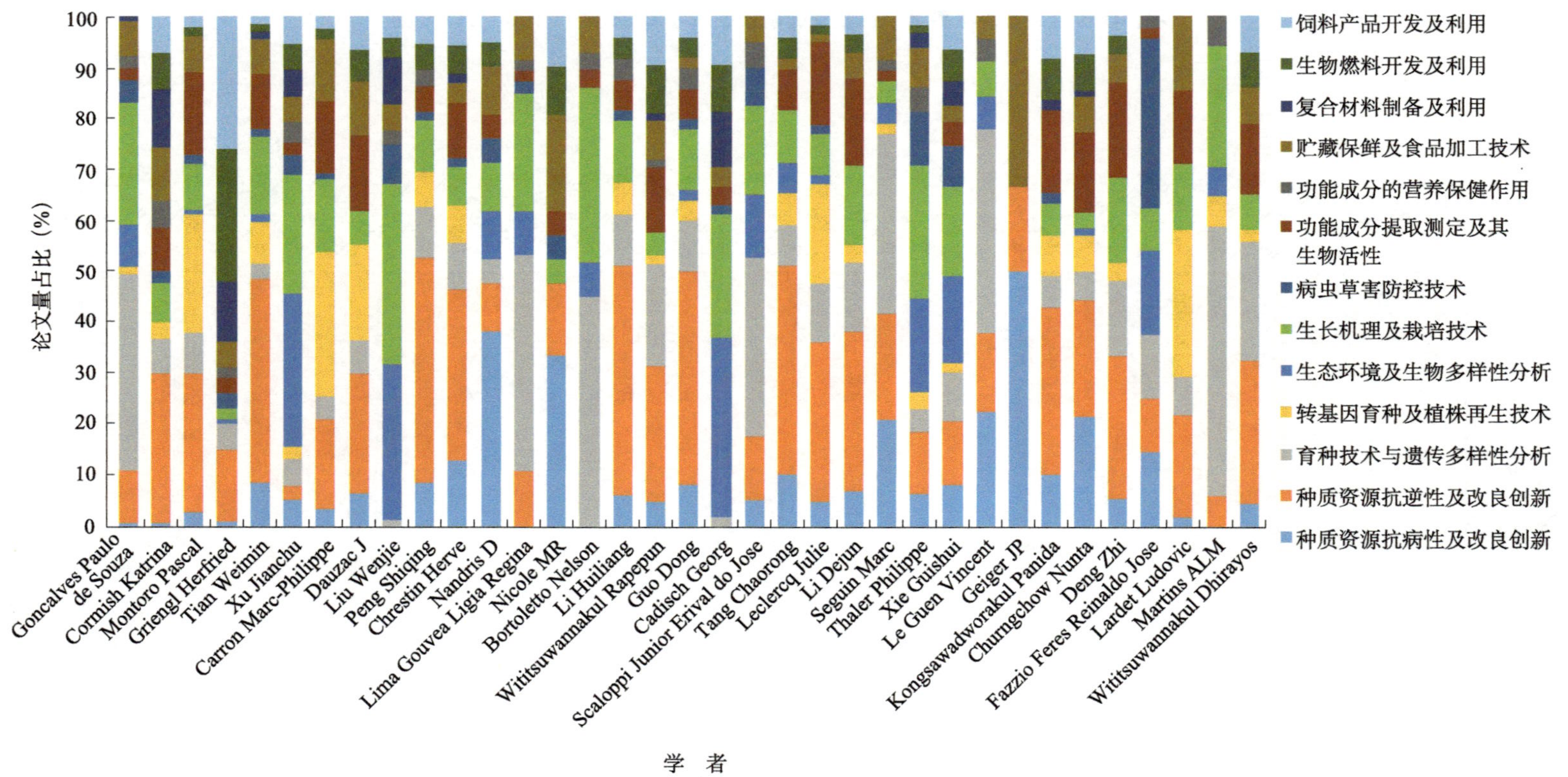

图 3-117　全球天然橡胶基础研究领域重点学者主题布局对比

注：主题布局（堆积柱状）图中重点学者下某一颜色的高度越高，代表该颜色对应主题在重点学者的论文量占比越高；高度越低，代表该颜色对应主题在重点学者的论文量占比越低。

表 3-39 全球天然橡胶基础研究领域重点学者主题布局对比

学者	各研究方向的论文量（篇）												
	种质资源与遗传育种				生长调控与田间管理			贮藏加工与功能成分			副产品加工与综合利用		
	种质资源抗病性及改良创新	种质资源抗逆性及改良创新	育种技术与遗传多样性分析	转基因育种及植株再生技术	生态环境及生物多样性分析	生长机理及栽培技术	病虫草害防控技术	功能成分提取测定及其生物活性	功能成分的营养保健作用	贮藏保鲜及食品加工技术	复合材料制备及利用	生物燃料开发及利用	饲料产品开发及利用
Goncalves Paulo de Souza	1	13	50	2	11	31	6	3	3	9	1		
Cornish Katrina	1	37	9	4		10	3	11	7	13	15	9	1
Montoro Pascal	3	30	9	26	1	10	2	18		8		2	
Griengl Herfried	1	14	5		1	2	3	3	2	5	12	26	
Tian Weimin	6	29	2	6	1	11	1	8		5	1	1	1
Xu Jianchu	4	2	4	2	23	18	3	2	3	4	4	4	2
Carron Marc-Philippe	3	16	4	26		13	1	13		11		2	2
Dauzac J	3	11	3	9		3		7		5		3	
Liu Wenjie			1		23	27	6		2	4	7	3	
Peng Shiqing	5	26	6	4		6	1	3	2			3	
Chrestin Herve	7	18	5	4		4	1	6		2	1	3	
Nandris D	8	2	1		2	2	1	1		2		1	1
Lima Gouvea Ligia Regina		5	20		4	11	1	1	1	4			
Nicole MR	7	3				1	1	1		4		2	
Bortoletto Nelson			13		2	10		1	1	2			
Li Huiliang	3	22	5	3		6	1	3	2			2	
Wititsuwannakul Rapepun	3	17	13	1		3		8	1	5	1	6	
Guo Dong	4	21	5	2	1	6	1	3	2	1		2	
Cadisch Georg			1		19	13	1	2		2	6	5	

续表

学者	各研究方向的论文量（篇）												
	种质资源与遗传育种				生长调控与田间管理			贮藏加工与功能成分			副产品加工与综合利用		
	种质资源抗病性及改良创新	种质资源抗逆性及改良创新	育种技术与遗传多样性分析	转基因育种及植株再生技术	生态环境及生物多样性分析	生长机理及栽培技术	病虫草害防控技术	功能成分提取测定及其生物活性	功能成分的营养保健作用	贮藏保鲜及食品加工技术	复合材料制备及利用	生物燃料开发及利用	饲料产品开发及利用
Scaloppi Junior Erivaldo Jose	2	5	14		5	7	3		2	2			
Tang Chaorong	5	20	4	3	3	5		4		1		2	
Leclercq Julie	3	19	7	12	1	5	1	10		1		1	
Li Dejun	4	18	8	2		9		10		3		2	
Seguin Marc	10	10	17	1	2	2		1	1	4			
Thaler Philippe	4	8	3	2	12	17	7		3	5	2	1	1
Xie Guishui	5	8	6	1	11	11	5	3		2	3	4	
Le Guen Vincent	10	7	18		3	3			2	2			
Geiger JP	3	1								2			
Kongsawadworakul Panida	5	16	3	4		3	1	8			1	4	
Churngchow Nunta	15	16	4	5	1	2		11		5	1	5	
Deng Zhi	3	15	8	2		9		10		3		2	
Fazzio Feres Reinaldo Jose	7	5	6		8	4	16	1	1				
Lardet Ludovic	1	11	4	16		7		8		8			1
Martins ALM		1	9	1	1	4			1				
Wititsuwannakul Dhirayos	2	12	10	1		3		6		3		3	

注：表中单元格颜色越接近深红色代表论文量越多，基础研究优势越明显；越接近深绿色代表论文量越少，基础研究相对较弱。

（巴西农业研究公司）、Lima Gouvea Ligia Regina（巴西圣保罗州农业研究所）、Le Guen Vincent（法国农业发展研究中心）侧重于育种技术与遗传多样性分析研究，且 Goncalves Paulo de Souza（巴西农业研究公司）的基础研究优势明显；Xu Jianchu（中国科学院）、Cadisch Georg（霍恩海姆大学）、Xie Guishui（中国热带农业科学院）侧重于生态环境及生物多样性分析研究；Liu Wenjie（中国科学院）、Thaler Philippe（法国农业发展研究中心）、Xie Guishui（中国热带农业科学院）侧重于生长机理及栽培技术研究；Idris Abu Seman（马来西亚棕榈油局）侧重于种质资源抗病性及改良创新研究且基础研究优势明显；Carron Marc-Philippe（法国农业发展研究中心）、Fazzio Feres Reinaldo Jose（保利斯塔大学）、Griengl Herfried（格拉茨理工大学）分别侧重于转基因育种及植株再生技术、病虫草害防控技术、生物燃料开发及利用研究。

综合对比发现，Goncalves Paulo de Souza（巴西农业研究公司）在育种技术与遗传多样性分析、生长机理及栽培技术等方向有最强的基础研究优势；Cornish Katrina（美国农业部）在种质资源抗逆性及改良创新、功能成分的营养保健作用、贮藏保鲜及食品加工技术、复合材料制备及利用等方向具有最强的基础研究优势；Montoro Pascal（法国农业发展研究中心）在转基因育种及植株再生技术、功能成分提取测定及其生物活性方向具有最强的基础研究优势。

3.10.4 重点学科分析

3.10.4.1 竞争力分析

全球天然橡胶领域的基础研究主要分布在 20 个 ESI 学科中（图 3-118 和图 3-119）。从总体来看，植物与动物科学的论文生产力和影响力排在首位，且远超其他学科，基础研究竞争力优势明显，农业科学、化学及环境科学与生态学的基础研究竞争力也排在前五位；免疫学的论文质量排在首位，其次是地球科学和社会科学总论。

2016—2020 年，植物与动物科学的论文生产力和影响力依然远超其他学科，基础研究竞争力最强；农业科学、环境科学与生态学的基础研究竞争力优势依然明显；综合交叉学科的论文质量跃居首位，其次是社会科学总论、地球科学、免疫学。

3.10.4.2 研究布局分析

全球天然橡胶基础研究领域，ESI 学科在 13 个研究方向的研究布局差异明显（图 3-120），其中种质资源抗逆性及改良创新、育种技术与遗传多样性分析、生长机理及栽培技术是植物与动物科学等多个学科重点关注的研究方向；种质资源抗病性及改良创新、功能成分的营养保健作用是免疫学学科重点关注的研究方向；复合材料制备及利用是化学学科重点关注的研究方向；贮藏保鲜及食品加工技术、功能成分提取测定

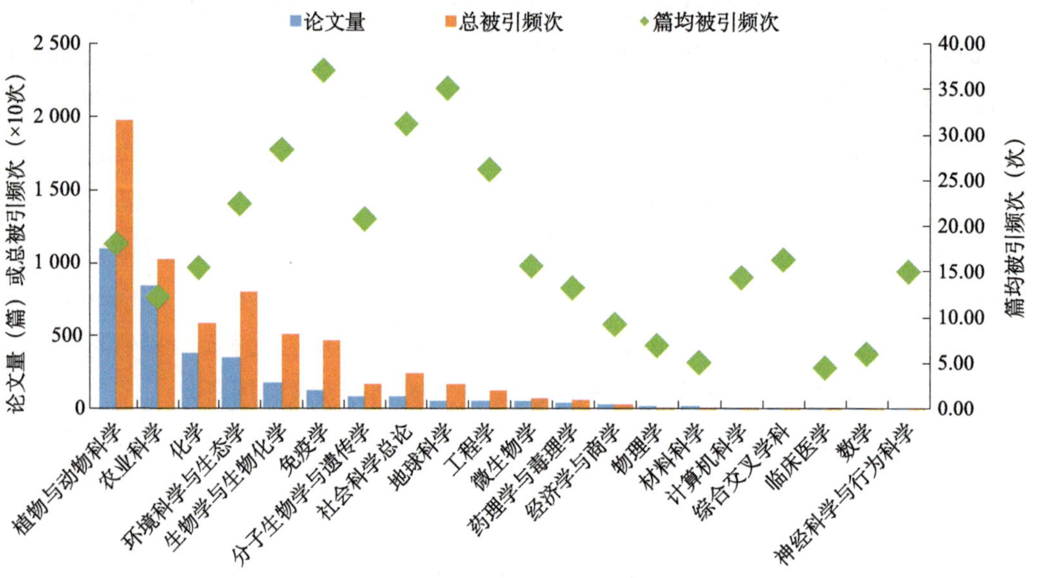

图 3-118　全球天然橡胶基础研究领域 ESI 学科竞争力对比

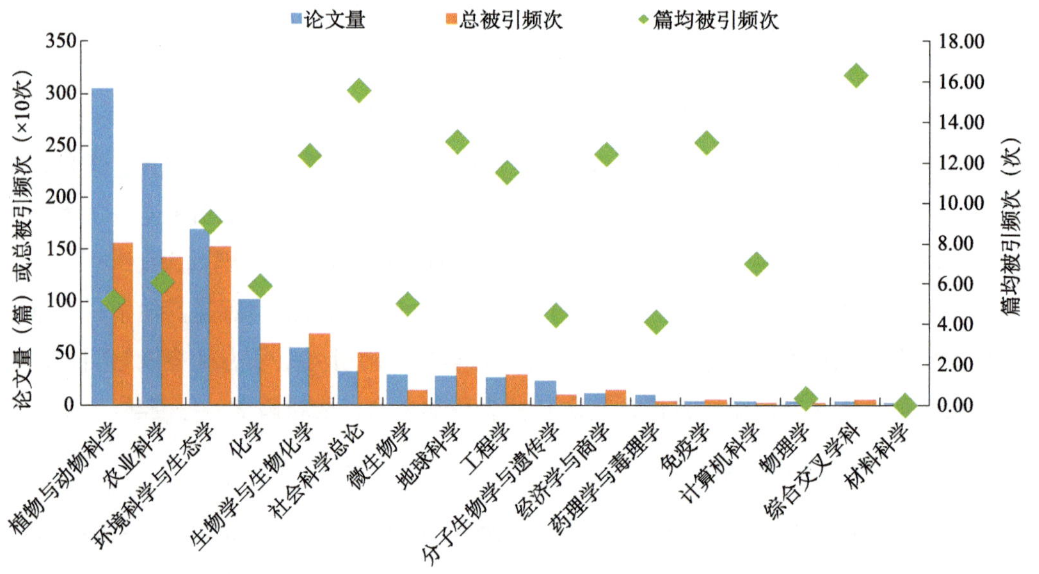

图 3-119　2016—2020 年全球天然橡胶基础研究领域 ESI 学科竞争力对比

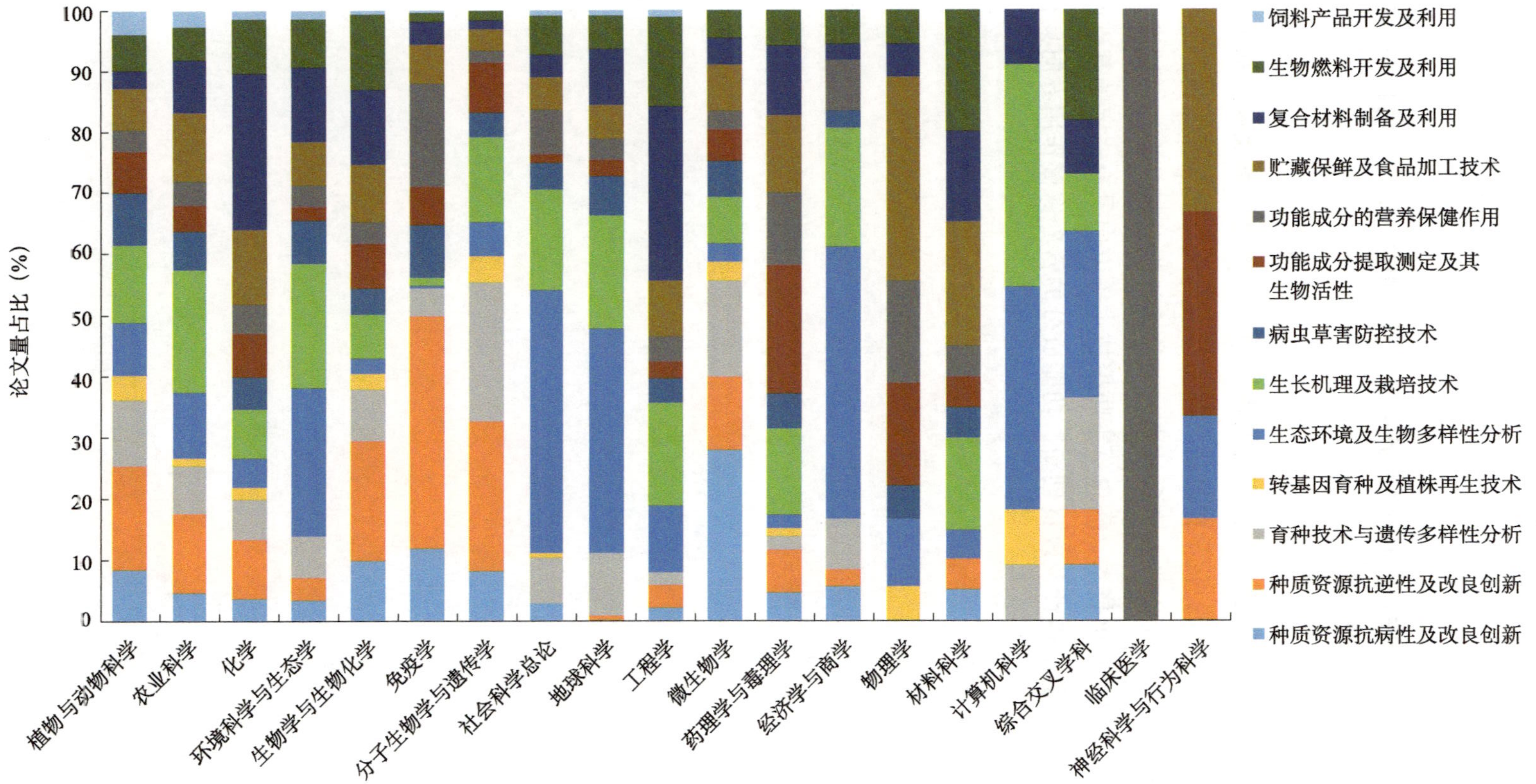

图 3-120 全球天然橡胶基础研究领域 ESI 学科主题布局对比

注：主题布局（堆积柱状）图中重点学科下某一颜色的高度越高，代表该颜色对应主题在重点学科的论文量占比越高；高度越低，代表该颜色对应主题在重点学科的论文量占比越低。

及其生物活性、生态环境及生物多样性分析、生物燃料开发及利用分别是农业科学、药理学与毒理学学科、环境科学与生态学、生物学与生物化学等学科重点关注的研究方向。

各学科在13个研究方向的基础研究优势不同（表3-40），植物与动物科学在种质资源抗病性及改良创新、种质资源抗逆性及改良创新、育种技术与遗传多样性分析、转基因育种及植株再生技术、生态环境及生物多样性分析等多个研究方向具有最强的基础研究优势；农业科学在生长机理及栽培技术、贮藏保鲜及食品加工技术方向具有最强的基础研究优势；化学在复合材料制备及利用方向具有最强的基础研究优势。另外，环境科学与生态学在育种技术与遗传多样性分析、生态环境及生物多样性分析、生长机理及栽培技术、病虫草害防控技术等方向具有一定的基础研究优势；免疫学在种质资源抗逆性及改良创新、功能成分的营养保健作用方向具有一定的基础研究优势。

表 3-40　全球天然橡胶基础研究领域 ESI 学科主题布局对比

学科	各研究方向的论文量（篇）												
	种质资源与遗传育种				生长调控与田间管理			贮藏加工与功能成分			副产品加工与综合利用		
	种质资源抗病性及改良创新	种质资源抗逆性及改良创新	育种技术与遗传多样性分析	转基因育种及植株再生技术	生态环境及生物多样性分析	生长机理及栽培技术	病虫草害防控技术	功能成分提取测定及其生物活性	功能成分的营养保健作用	贮藏保鲜及食品加工技术	复合材料制备及利用	生物燃料开发及利用	饲料产品开发及利用
植物与动物科学	219	453	281	106	229	329	221	187	96	178	77	156	104
农业科学	78	214	130	21	179	333	102	73	66	186	148	89	45
化学	24	63	42	14	30	53	34	46	30	78	168	59	9
环境科学与生态学	30	34	59	1	214	177	63	19	33	63	109	71	12
生物学与生物化学	41	82	36	11	10	30	17	31	15	39	52	52	3
免疫学	34	109	13		1	4	24	18	49	19	11	4	1
分子生物学与遗传学	16	48	44	8	11	27	8	16	4	7	3	3	
社会科学总论	4		10	1	58	22	6	2	10	7	5	9	1
地球科学		1	11		40	20	7	3	4	6	10	6	1
工程学	2	4	2		11	17	4	3	4	9	29	15	1
微生物学	37	16	21	4	4	10	8	7	4	10	6	6	
药理学与毒理学	4	6	2	1	2	12	5	18	10	11	10	5	
经济学与商学	2	1	3		16	7	1		3		1	2	
物理学				1	2		1	3	3	6	1	1	
材料科学	1	1			1	3	1	1	1	4	3	4	
计算机科学			1	1	4	4					1		
综合交叉学科	1	1	2		3	1					1	2	
临床医学									1				
神经科学与行为科学		1			1			2		2			

注：表中单元格颜色越接近深红色代表论文量越多，基础研究优势越明显；越接近深绿色代表论文量越少，基础研究相对较弱。

4 全球热带作物技术创新竞争力分析

4.1 技术创新概况

4.1.1 趋势分析

截至 2020 年年底，全球热带作物技术创新领域已累计 33 814 件专利，其申请量趋势如图 4-1 所示。由于专利公开及数据库更新的滞后性，2016 年之后的专利申请量不能准确反映近年来的研发趋势。以下涉及相似数据的均属于同类情况，不再赘述。

全球热带作物的技术创新最早始于 1902 年左右，此后直到 2007 年专利申请量一直呈现波动增长的趋势，但年均专利量均未超过 500 件；2008 年和 2009 年专利申请量有较为明显的增加，2010 年有所回落；随后专利申请量的增长速度大大加快，近几年每年的专利申请量已接近 4 000 件，预计短期内该领域的专利申请量还将持续快速增加。

4.1.2 作物分析

全球热带作物技术创新领域的研究共涉及 55 种热带作物，如图 4-2、图 4-3 所示。其中专利申请量最多的作物是咖啡，作为世界三大饮料作物之一，专利申请量占了全球热带作物领域相关专利的 19.36%；其他涉及的重要作物还有甘蔗、天然橡胶、香蕉、椰子、可可、菠萝、火龙果、杧果、柚子、百香果等。可以看出，全球热带作物技术创新领域涉及作物种类非常多，但是研究侧重程度不一，不同作物专利申请量差距很大。

4.1.3 分类号分析

全球热带作物技术创新领域涉及的分类号（子类）共有 376 个，其中专利件数在 500 件以上的分类号共有 22 个，如表 4-1 所示。

4.1.4 专利基本概况分析

4.1.4.1 当前法律状态

对全球热带作物技术创新领域的专利当前法律状态进行归并，共分为失效、授权、实质审查、暂缺、未缴年费、公开六大类，如图 4-4 所示。其中，失效专利占比最高，共计 14 111 件，占比约为 41.73%；其次是授权和实质审查专利，占比分别为 20.25% 和 17.85%。

图 4-1　全球热带作物技术创新领域发展趋势

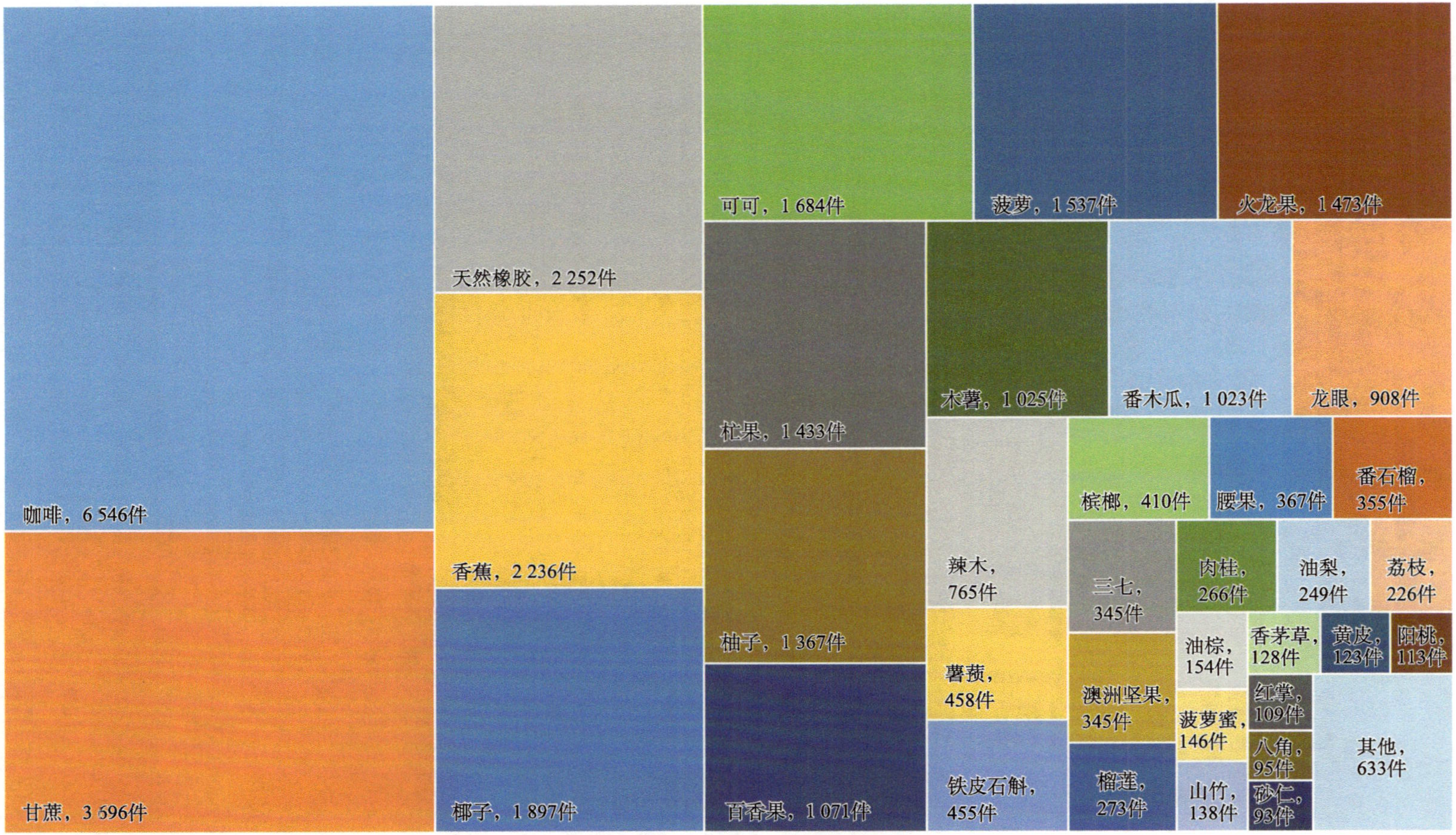

图 4-2　全球热带作物技术创新领域涉及作物类型图（一）

图 4-3　全球热带作物技术创新领域涉及作物类型图（二）

表 4-1　全球热带作物技术创新领域涉及分类号

序号	IPC（子类）	专利量	含义
1	A23L	9 124	不包含在 A21D 或 A23B 至 A23J 小类中的食品、食料或非酒精饮料；它们的制备或处理，例如烹调、营养品质的改进、物理处理；食品或食料的一般保存
2	A23F	5 932	咖啡；茶；咖啡和茶的代用品；咖啡和茶的制造、配制或泡制
3	A01G	5 093	园艺；蔬菜、花卉、稻、果树、葡萄、啤酒花或海菜的栽培；林业；浇水
4	A23N	3 437	其他类不包含的处理大量收获的水果、蔬菜或花球茎的机械或装置；大量蔬菜或水果的去皮；制备牲畜饲料装置
5	A01D	2 685	收获；割草
6	A23G	2 321	可可；可可制品，例如巧克力；可可或可可制品的代用品；糖食；口香糖；冰激凌；其制备
7	A01C	1 856	种植；播种；施肥
8	A01N	1 308	人体、动植物体或其局部的保存；杀生剂，例如作为消毒剂，作为农药或作为除草剂；害虫驱避剂或引诱剂；植物生长调节剂
9	A23B	1 256	保存，如用罐头贮存肉、鱼、蛋、水果、蔬菜、食用种子；水果或蔬菜的化学催熟；保存、催熟或罐装产品
10	A23C	1 118	乳制品，如奶、黄油、干酪；奶或干酪的代用品；其制备
11	A61K	1 049	医用、牙科用或梳妆用的配制品
12	A01H	1 022	新植物或获得新植物的方法；通过组织培养技术的植物再生
13	C05G	1 020	分属于 C05 大类下各小类中肥料的混合物；由一种或多种肥料与无特殊肥效的物质，例如农药、土壤调理剂、润湿剂所组成的混合物；以形状为特征的肥料
14	A01P	968	化学化合物或制剂的杀生、害虫驱避、害虫引诱或植物生长调节活性

续表

序号	IPC（子类）	专利量	含义
15	C08L	762	高分子化合物的组合物
16	C08K	646	使用无机物或非高分子有机物作为配料的有机高分子化合物
17	A23K	642	专门适用于动物的喂养饲料；其生产方法
18	C12N	596	微生物或酶；微生物或酶的组合物；繁殖、保藏或维持微生物；变异或遗传工程；培养基
19	A61P	588	化合物或药物制剂的特定治疗活性
20	C08C	523	天然橡胶的处理或化学改性
21	A23P	507	未被其他单一小类所完全包含的食料成型或加工
22	A01B	501	农业或林业的整地；一般农业机械或农具的部件、零件或附件

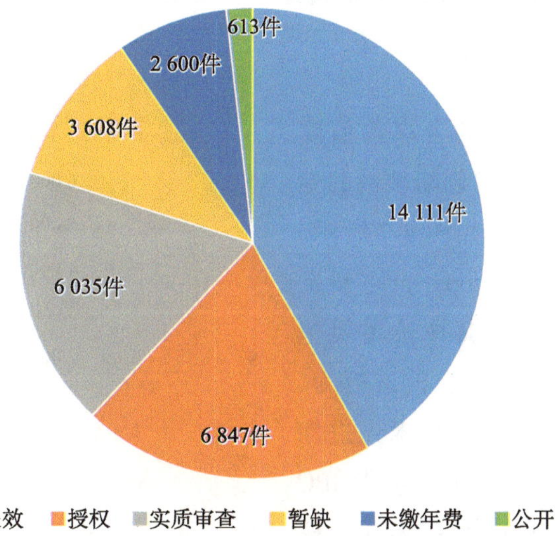

图 4-4　全球热带作物技术创新领域专利当前法律状态

4.1.4.2　专利存活情况

对全球热带作物技术创新领域的专利存活状态进行统计，如图 4-5 所示。共有失效、有效、未确认、部分失效 4 种状态，其中失效专利占比较高，达到了 51.14%；有效专利占比为 38.28%。

4.1.4.3　专利类型

对全球热带作物技术创新领域的专利类型进行统计，如图 4-6 所示。其中，发明专利数量最多，为 28 671 件，占比达到了 84.79%；实用新型共 4 986 件，占比为 14.75%。

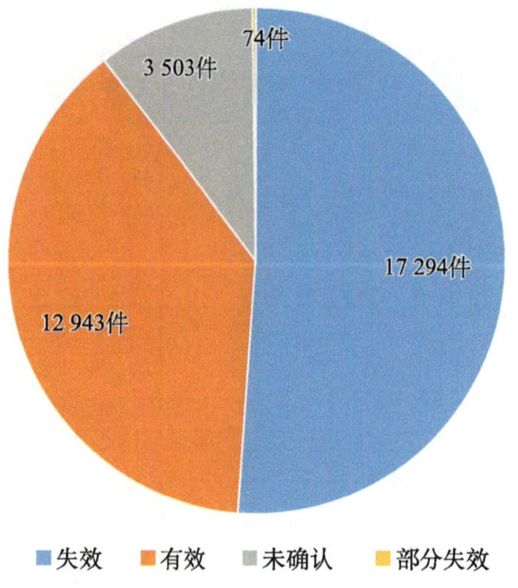

图 4-5 全球热带作物技术创新领域专利存活情况

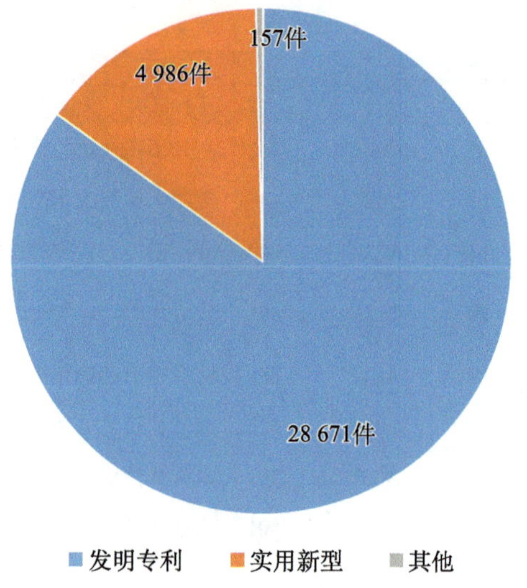

图 4-6 全球热带作物技术创新领域专利类型构成

4.1.4.4 专利价值度

基于 Incopat 数据库的合享价值度字段对全球热带作物技术创新领域的专利价值度进行了统计，如图 4-7 所示。该价值度主要依赖于 Incopat 自主研发的专利价值模型实现，其评价主要包括技术稳定性（法律状态、诉讼行为、质押保全、复审请求等）、技术先进性（被引情况、研发人员投入、涉及 IPC 分类、许可、转让等）、保护范围（权利要求数量、剩余有效期、布局国家数量等）三方面，值越大，代表专利价值度越高。研究发现，价值度为 5 的专利数量最多，占比达到了 16.68%；价值度为 1 和 10 的专利数量最少，占比分别为 4.84% 和 3.54%。

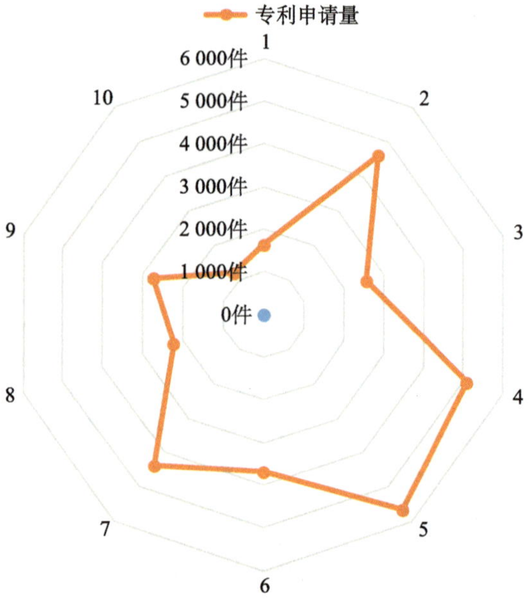

图 4-7 全球热带作物技术创新领域专利价值度分布

4.1.5 生命周期

根据全球热带作物技术创新领域专利申请量和申请人数量的逐年变化情况绘制了技术生命周期图，如图 4-8 所示。2007 年之前，专利申请人数量和专利申请量增长都较缓慢，专利年度申请量均未超过 500 件，申请人数量也不超过 500 个，专利技术发展比较缓慢，属于该领域技术的导入期；2007—2011 年，专利申请人数量和专利申请量均有了明显提升，该领域技术创新进入成长期；2012 年开始，该领域的专利申请人数量和专利申请量开始突飞猛进的增长，进入了快速成长期。

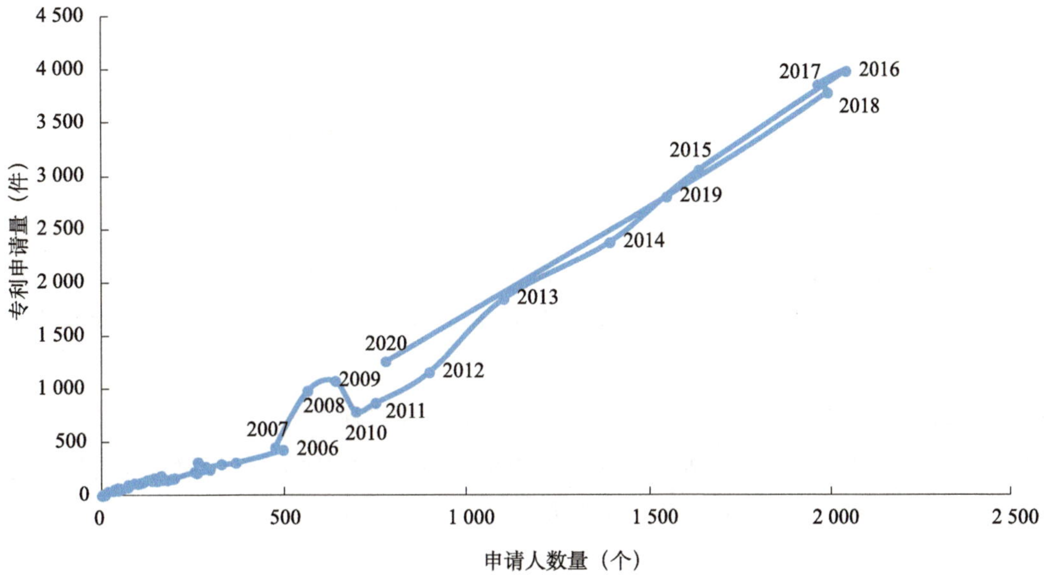

图 4-8　全球热带作物技术创新领域技术生命周期

4.2 国家技术创新分析

4.2.1 国家竞争力分析

4.2.1.1 原创国家

全球热带作物技术创新领域研究共涉及原创国家 64 个，其中专利申请量在 200 件以上的国家共有 10 个，其专利申请量、总被引频次和平均被引频次如图 4-9 所示。其中，中国的生产力排在首位，占比达到了 66.56%，远超其他国家。中国和美国的影响力都较高；美国的专利质量排在首位，其次是日本。

2016—2020 年，专利申请量在 100 件以上的国家共有 7 个，其专利申请量、总被引频次和平均被引频次如图 4-10 所示。其中中国的生产力和影响力依然排在首位，远远高于其他国家；美国的专利质量依然排在首位，其次是中国。

4.2.1.2 公开国家

全球热带作物技术创新领域专利的公开国家（组织）共有 56 个，其中，专利公开

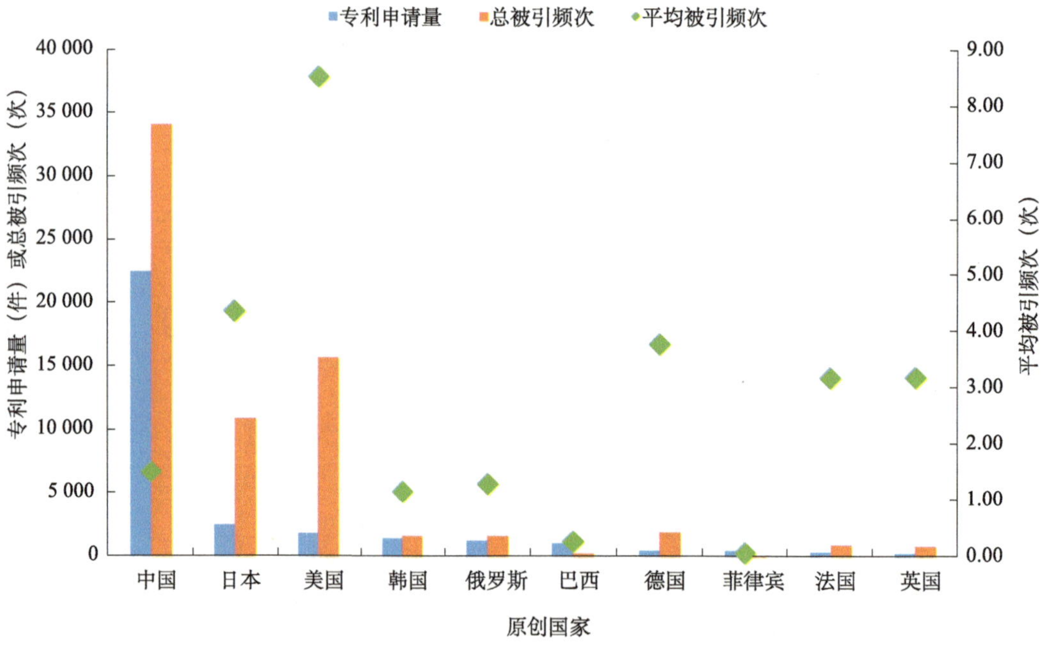

图 4-9 全球热带作物技术创新领域重点原创国家竞争力对比

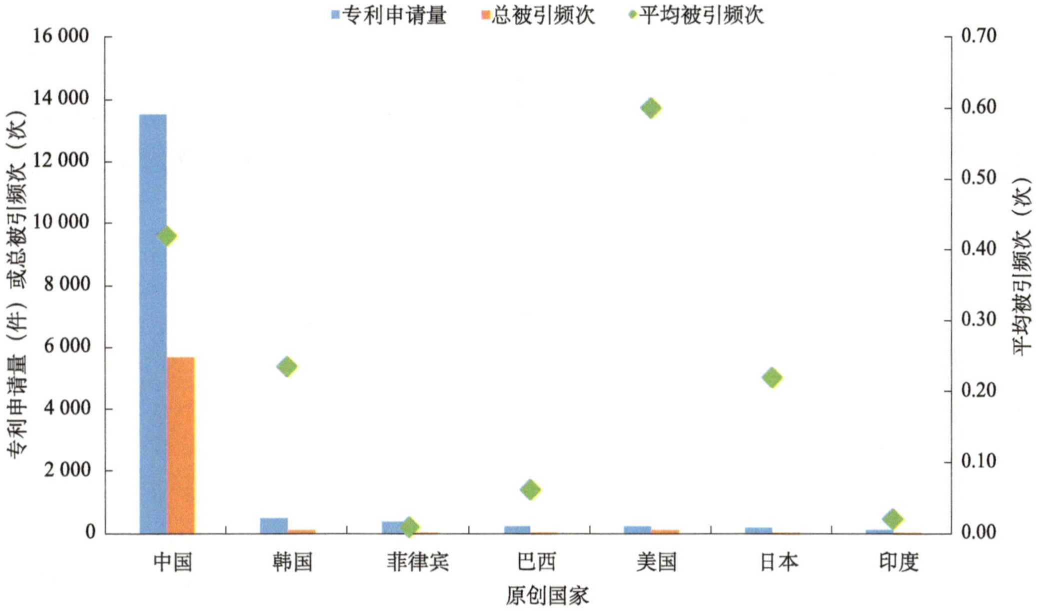

图 4-10 2016—2020 年全球热带作物技术创新领域重点原创国家竞争力对比

量在 400 件以上的国家（组织）共有 10 个，其专利申请量、总被引频次和平均被引频次如图 4-11 所示。中国不仅是热带作物技术相关专利最大的原创国，同时也是专利公开量和总被引频次排名第一的国家，这与我国的原创专利量远高于其他国家有着密不可分的关系。欧洲专利局和世界知识产权组织布局的专利虽不多，但总被引频次和平均被引频次都很高，其专利的影响力和质量均排在前列。

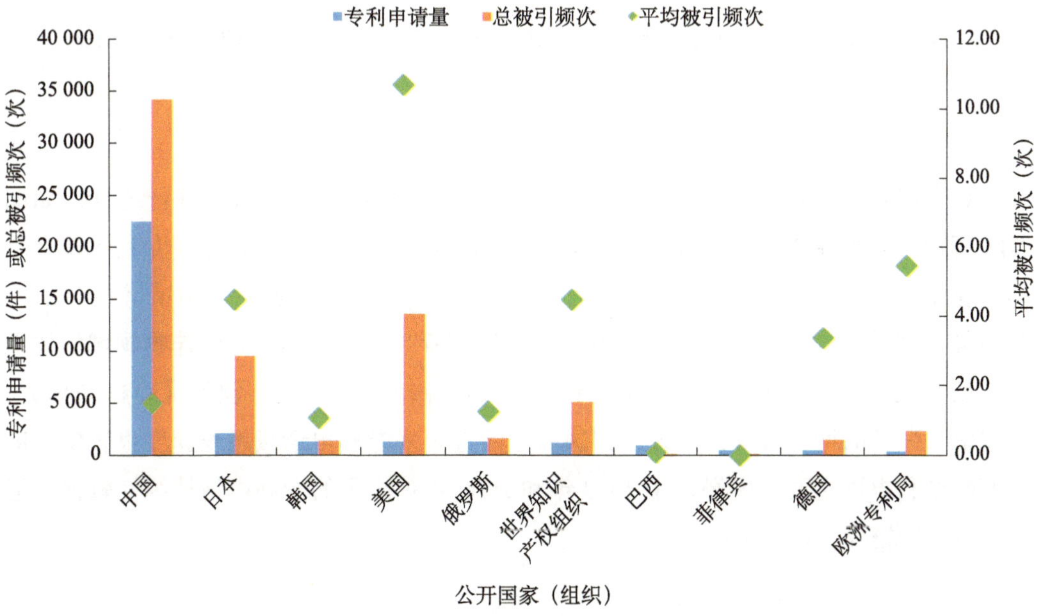

图 4-11 全球热带作物技术创新领域重点公开国家（组织）竞争力对比

2016—2020 年，专利公开量在 100 件以上的国家共有 8 个，其专利申请量、总被引频次和平均被引频次如图 4-12 所示。中国不仅是热带作物技术相关专利最大的原创国，同时也是专利公开量和总被引频次排名第一的国家，这与我国的原创专利量远高于其他国家有着密不可分的关系。美国的专利虽不多，但平均被引频次远高于其他国家，其专利的质量排在首位。

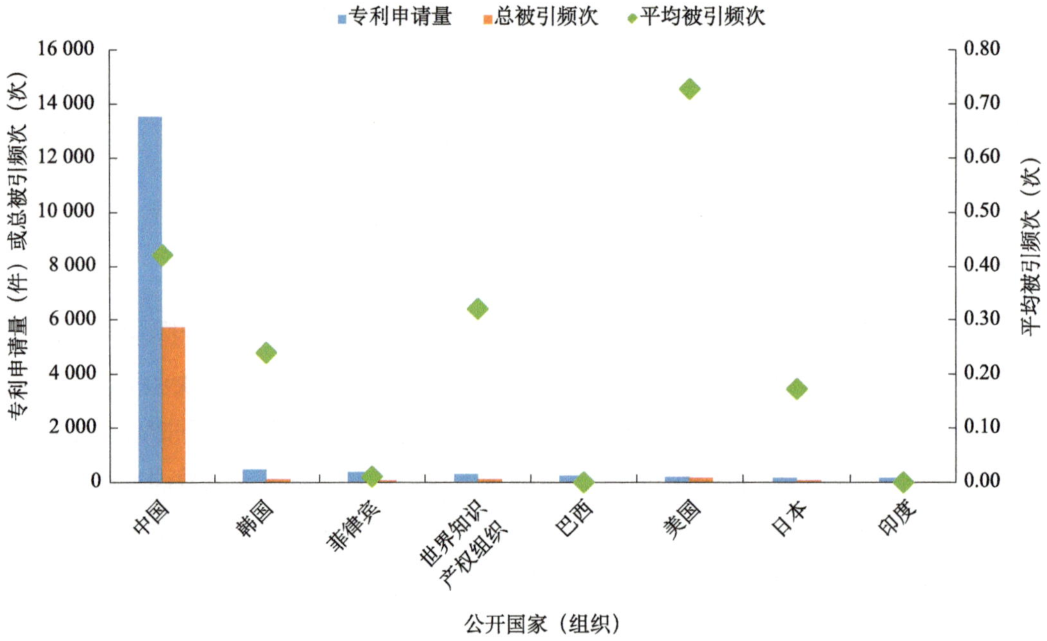

图 4-12　2016—2020 年全球热带作物技术创新领域重点公开国家（组织）竞争力对比

4.2.2　重点国家专利动态

对全球热带作物技术创新领域重点原创国家的逐年专利申请量进行统计，如图 4-13 所示。美国在热带作物方面的技术创新起步最早，且持续性较好，专利申请量总体呈现波动增长趋势；德国在该领域的技术创新仅晚于美国，其专利申请量在 1981—2009 年有较为明显的提升，近年来专利申请量有所减少。中国在热带作物领域的技术创新始于 1987 年，2005 年之后专利申请量长年保持在第一位，领先优势越来越大，表现出了强劲的增长势头；此外，韩国和巴西近年来专利申请量增长速度也较快。俄罗斯的专利申请主要集中暴发于 2008 年和 2009 年；法国的专利申请持续性较强，但每年申请量较少，均不超过 10 件。

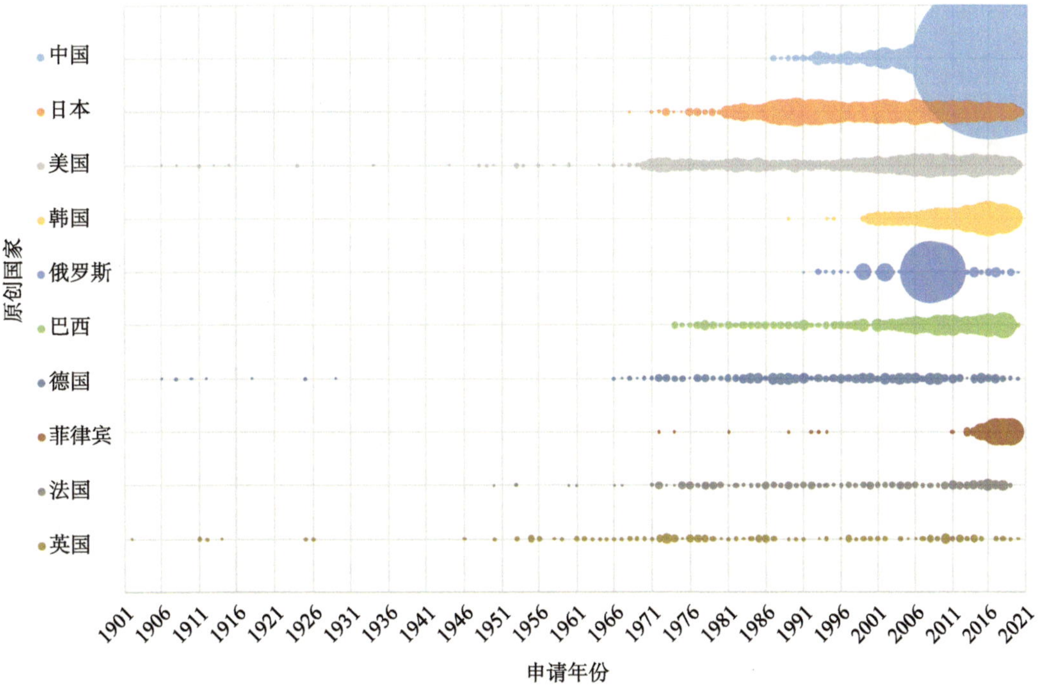

图 4-13 全球热带作物技术创新领域重点国家专利动态

注：专利动态（气泡）图中气泡越大，代表当年的专利申请量越多；气泡越小，代表当年的专利申请量越少。

4.2.3 重点国家专利布局

对全球热带作物技术创新领域重点原创国的专利布局情况进行分析，如图 4-14 所示。10 个原创国的专利共布局在 37 个国家（组织），每个原创国的专利均主要布局在本国。美国的专利布局国家（组织）数最多，达到了 27 个，也是在国外专利布局量占比最高的国家，其专利受保护范围最大。所有国家均在世界知识产权组织有专利布局，这是一件专利进入其他国家寻求保护的必经之路，表明各个国家均有国际专利布局。此外，在美国有相关专利布局的国家也较多，表明美国市场的受重视程度较高。为了在激烈的国际竞争中处于有利地位，日本、韩国等国家均不同程度出台或实施了促进本国企业对外专利申请的政策或举措，这既能提高自己在国际市场上的竞争能力，同时也是为了更好保障自己的权益。中国的专利几乎全部布局于国内，且国外来华专利数量较少，表明我国应该进一步推进改革开放，出台相应措施让更多的企业迈开“走出去”的步伐，加强专利的国际布局，同时，增强相关技术的研发与应用，提高本国市场的受重视程度。

对全球热带作物技术创新领域重点国家的专利布局方向进行分析，如表 4-2 所示。中国专利的技术布局范围最广，涵盖了热带作物技术的全部分支，这与我国近年来专

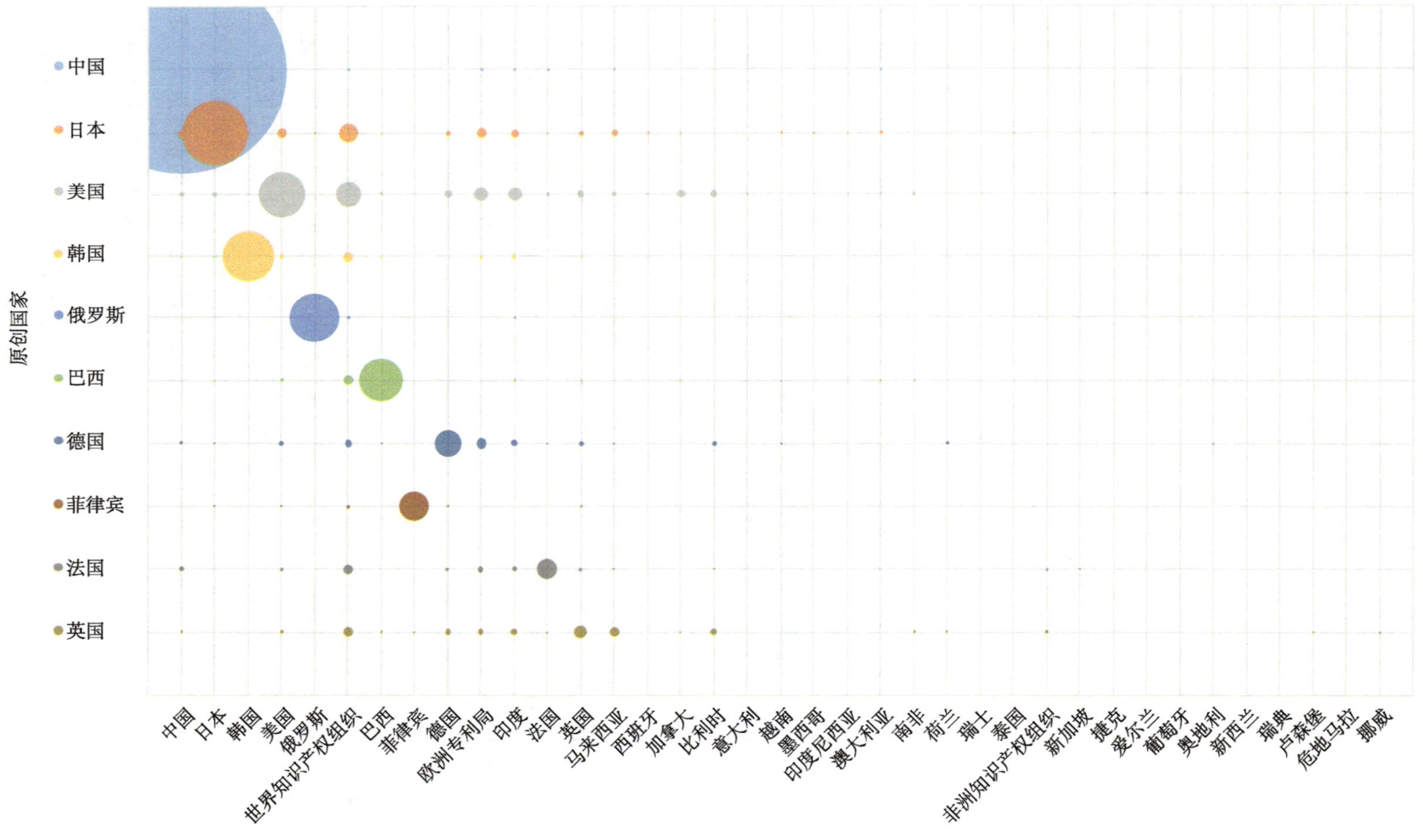

图 4-14　全球热带作物技术创新领域重点国家专利布局

注：专利布局（气泡）图中气泡越大，代表原创国在公开国（组织）申请的专利越多，气泡越小，代表原创国在公开国（组织）申请的专利越少。

表 4-2 全球热带作物技术创新领域重点国家技术布局

国家	各技术创新领域专利申请量（件）																							
	加工利用技术								田间管理技术											贮藏保鲜技术		育种育苗技术	
	食品制品	加工装置	橡胶制品	医药制品	饲料制品	成分提取	其他制品	肥料制品	其他种植技术	采收技术	病虫草害防控技术	施肥技术	温室栽培技术	整地技术	种子、根茎处理	水培或无土栽培	林业栽培技术	灌溉技术	播种、移栽技术	保存、催熟	贮存、运输容器	育苗技术	育种技术
中国	9 033	2 856	626	530	531	134	12	31	3 367	2 168	1 953	1 664	836	646	429	379	305	331	151	1 067	41	1 041	337
日本	1 768	192	226	127	36	56	8		87	49	79	11	15	12	2	7	3	1	19	152	47	23	40
美国	1 058	197	124	158	30	71	4		30	72	163	14	7	5	5	6	1	5	5	104	65	54	106
韩国	1 064	193	7	75	26	28	5		46	3	47	10	14		16	3	3			60	29	12	10
俄罗斯	1 236	4	3	3						2	1									16		1	1
巴西	357	193	14	13	17	11	3		13	306	51	6	11	24	5	1	9	2	20	40	5	10	9
德国	342	117	16	17	9	8			2	10	22	4	6	2	1	2	2			20	11	1	2
菲律宾	287	24	10	11	10	11			6	4	15	1	1	1	2		1		1	50	5	10	2
法国	133	64	60	22	2	12	2	1	7	24	12	3	4			3	5			16	7	3	6
英国	99	26	78	14	3	3			1	4	15	4					2			3	3	5	9

注：表中单元格颜色越接近深红色代表专利申请量越多，技术创新优势越明显；越接近深绿色代表专利申请量越少，技术创新相对较弱。

利申请量的飞速增长密不可分。其中，数量占据绝对优势的有食品制品、加工装置、采收技术、病虫草害防控技术、施肥技术、保存与催熟、育苗技术等方向；在医药制品、成分提取等方向具有一定的优势。俄罗斯、日本、美国、韩国、德国等国家专利主要布局在食品制品、加工装置等方向。巴西的专利主要布局在食品制品、采收技术等方向。

4.2.4 重点国家活跃度与集中度

对全球热带作物技术创新领域重点原创国的专利申请活跃度进行计算，如表 4-3 所示。从活跃度数据来看，菲律宾的申请活跃度排在首位，其次是中国、美国、韩国等；俄罗斯、日本活跃度较低。

表 4-3 全球热带作物技术创新领域重点国家活跃度

重点国家	活跃度		重点国家	活跃度	
中国	8.77	↑↑↑	巴西	2.59	↑↑↑
日本	0.89	↓	德国	1.39	↑
美国	3.17	↑↑↑	菲律宾	43.66	↑↑↑
韩国	3.14	↑↑↑	法国	2.50	↑↑↑
俄罗斯	0.14	↓↓	英国	1.13	↑

注：活跃度表中“↑”越多代表专利申请活跃度越高，技术创新活跃度越高；“↓”越多代表专利申请活跃度越低，技术创新活跃度越低。

对全球热带作物技术创新领域重点原创国的逐年专利申请集中度指数进行计算，如图 4-15 所示。可以看出，重点国家的集中度指数总体呈现出稳步上升的趋势并逐步稳定。1902—1964 年的早期，专利集中度指数最高为 100%，最低为 0%，波动幅度非常大，重点国家的技术主导优势还未确立。1965 年之后，专利集中度指数长期在 58% ~ 100% 波动，重点国家的技术创新优势逐渐凸显；其中，1977—1980 年和 1993—1997 年期间，专利集中度指数有两次较为明显的下降，表明该时期有较多国家进入了该领域的技术创新，对重点国家的主导地位产生了一定的影响；1996—2020 年，集中度指数稳步上升，尤其是 2006 年之后，重点国家的集中度指数长期稳定在 90% 以上，表明重点国家在该领域的技术创新方面已牢牢占据主导地位。

4.2.5 重点国家合作情况

对全球热带作物技术创新领域的原创国合作情况进行分析，如图 4-16 所示。可以看出，该网络中国家节点较少，且网络密度较小，表明全球热带作物技术创新过程中的国际合作情况较少。美国是该领域合作网络的核心国家，大部分国家都与之存在技术创新合作，其中合作较为密切的有英国、法国、日本、澳大利亚等。中国虽然专利申请量较多，但合作国家仅有美国、日本和法国等，在该领域的国际技术创新合作未能处于核心地位。

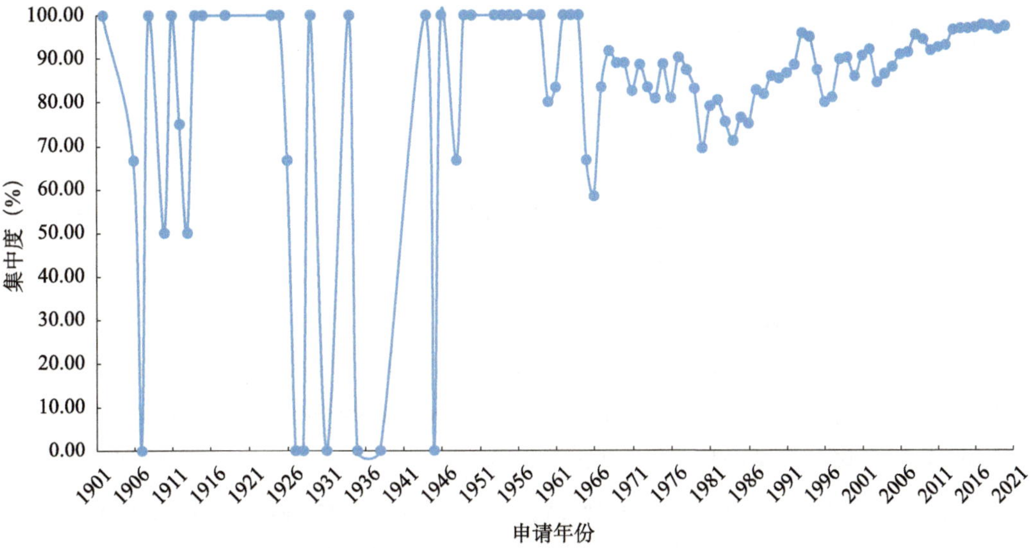

图 4-15 全球热带作物技术创新领域重点原创国家集中度变化趋势

注：值越大代表重点原创国的专利申请量占比越高，该领域技术创新的集中度越高；值越小代表重点对象的专利申请量占比越低，该领域技术创新的集中度越低。

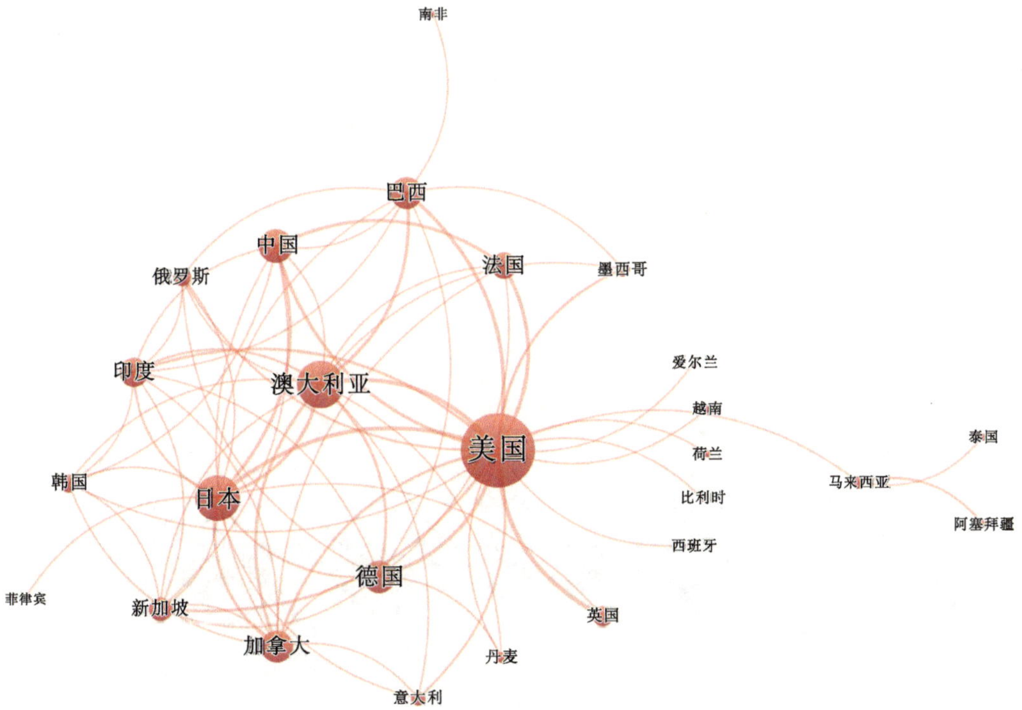

图 4-16 全球热带作物技术创新领域国家合作关系

4.3 申请人技术创新分析

4.3.1 申请人竞争力分析

全球热带作物技术创新领域研究共涉及申请人 17 094 个，其中专利申请量在 70 件以上的申请人共有 21 个，如图 4-17 所示。其中，中国的申请人共有 14 个，排在前五位的有中国热带农业科学院、广西壮族自治区农业科学院、广西大学、海南大学和云南省农业科学院。俄罗斯的 Kvasenkov Oleg Ivanovich 在该领域以个人名义申请专利 1 000 余件，虽排在第一位，但是影响力和专利质量都较低。Kraft Foods Group INC（卡夫食品公司）、Nestec SA（雀巢公司）和 The Procter Gamble Company（宝洁公司）的生产力不高，影响力和专利质量均远高于其他申请人。结合资料可知，三者都是大型跨国企业，Nestec SA（雀巢公司）是世界上最大的食品制造商，在全球拥有 500 多家工厂，以生产巧克力棒和速溶咖啡闻名遐迩；Kraft Foods Group INC（卡夫食品公司）是全球第二大食品公司，在全球其四大核心产品系列为咖啡、糖果、乳制品及饮料；The Procter Gamble Company（宝洁公司）是全球日用消费品公司巨头之一，所经营的 300 多个品牌产品畅销 160 多个国家和地区，包括织物及家居护理、美发美容、婴儿及家庭护理、健康护理、食品及饮料等。

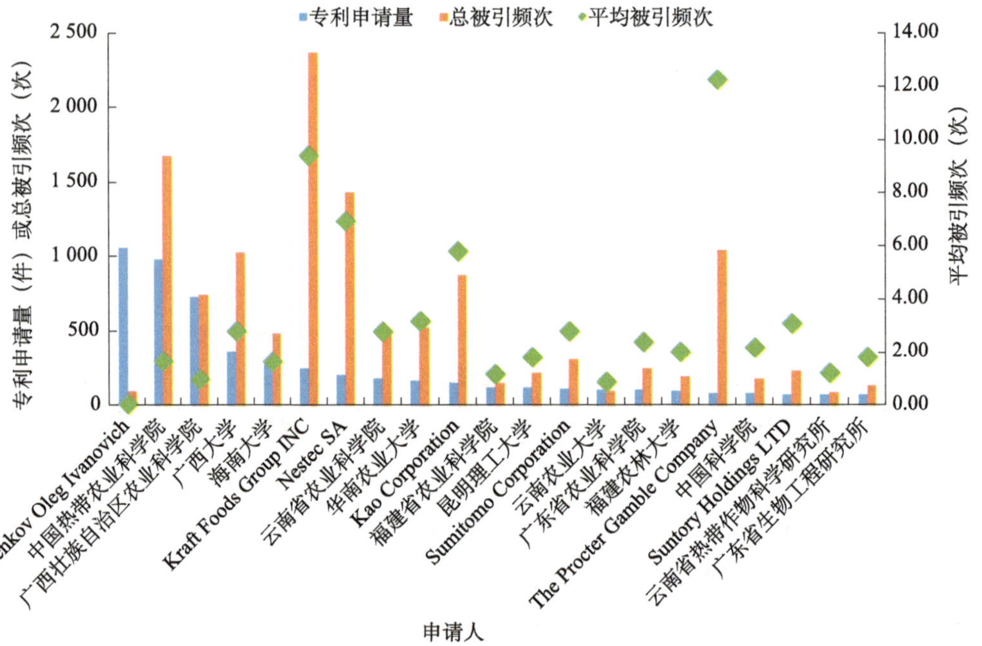

图 4-17 全球热带作物技术创新领域重点申请人竞争力对比

2016—2020 年，专利申请量在 40 件以上的申请人共有 18 个，均来自中国，如图 4-18 所示。其中，广西壮族自治区农业科学院的生产力和影响力均跃居首位，中国热带农业科学院、海南大学、广西大学的生产力和影响力也较高；华南农业大学的生产力虽然不高，但其专利质量跃居首位。

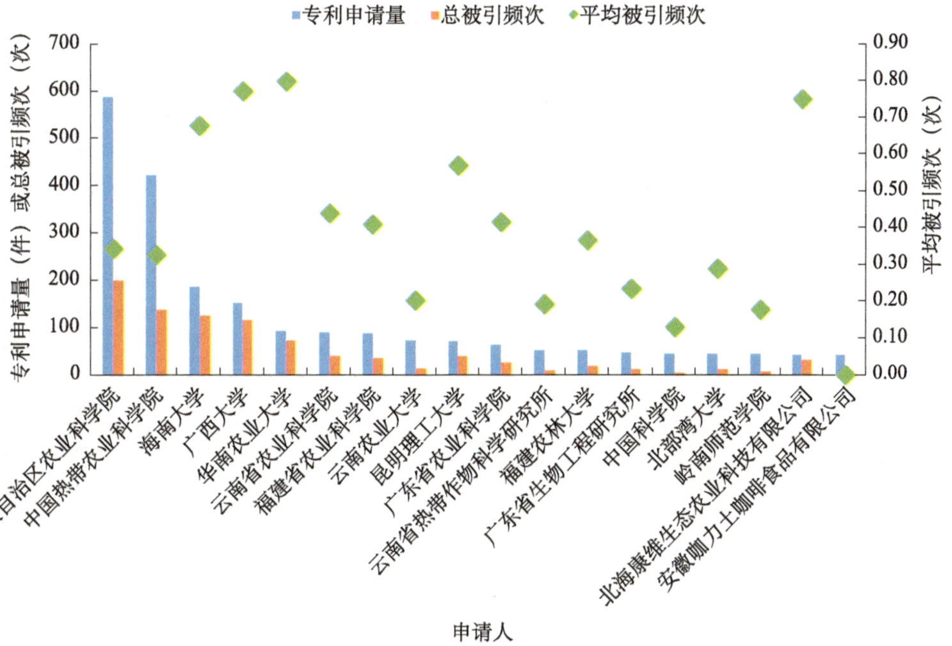

图 4-18 2016—2020 年全球热带作物技术创新领域重点申请人竞争力对比

4.3.2 重点申请人专利动态

对全球热带作物技术创新领域重点申请人的逐年专利申请量进行统计，如图 4-19 所示。Sumitomo Corporation（住友集团）、Kraft Foods Group INC（卡夫食品公司）、Nestec SA（雀巢公司）、The Procter Gamble Company（宝洁公司）、Kao Corporation（花王集团）、Suntory Holdings LTD（三得利控股有限公司）早在 1949—1986 年就已先后开始相关技术的研发，起步早于国内申请人。从后续发展来看，至今仅有 Nestec SA（雀巢公司）、Kao Corporation（花王集团）、Suntory Holdings LTD（三得利控股有限公司）三者仍有相关专利的申请，但申请量没有明显增加；Kraft Foods Group INC（卡夫食品公司）在 2012 年 10 月拆分为亿滋国际和北美杂货业务两个独立运营机构，北美杂货业务继续使用卡夫食品这个名称，亿滋国际拥有原卡夫食品旗下的零食和食品品牌，故 2012 年之后基本没有新的专利申请；The Procter Gamble Company（宝洁公司）早在 2008 年 6 月就开始剥离旗下的食品业务，先后出售了 Folgers 咖啡、Jif 花生酱、科瑞起酥油和 Sunny Delight 饮料品牌，2017 年 4 月，宝洁将旗下最后一个食品

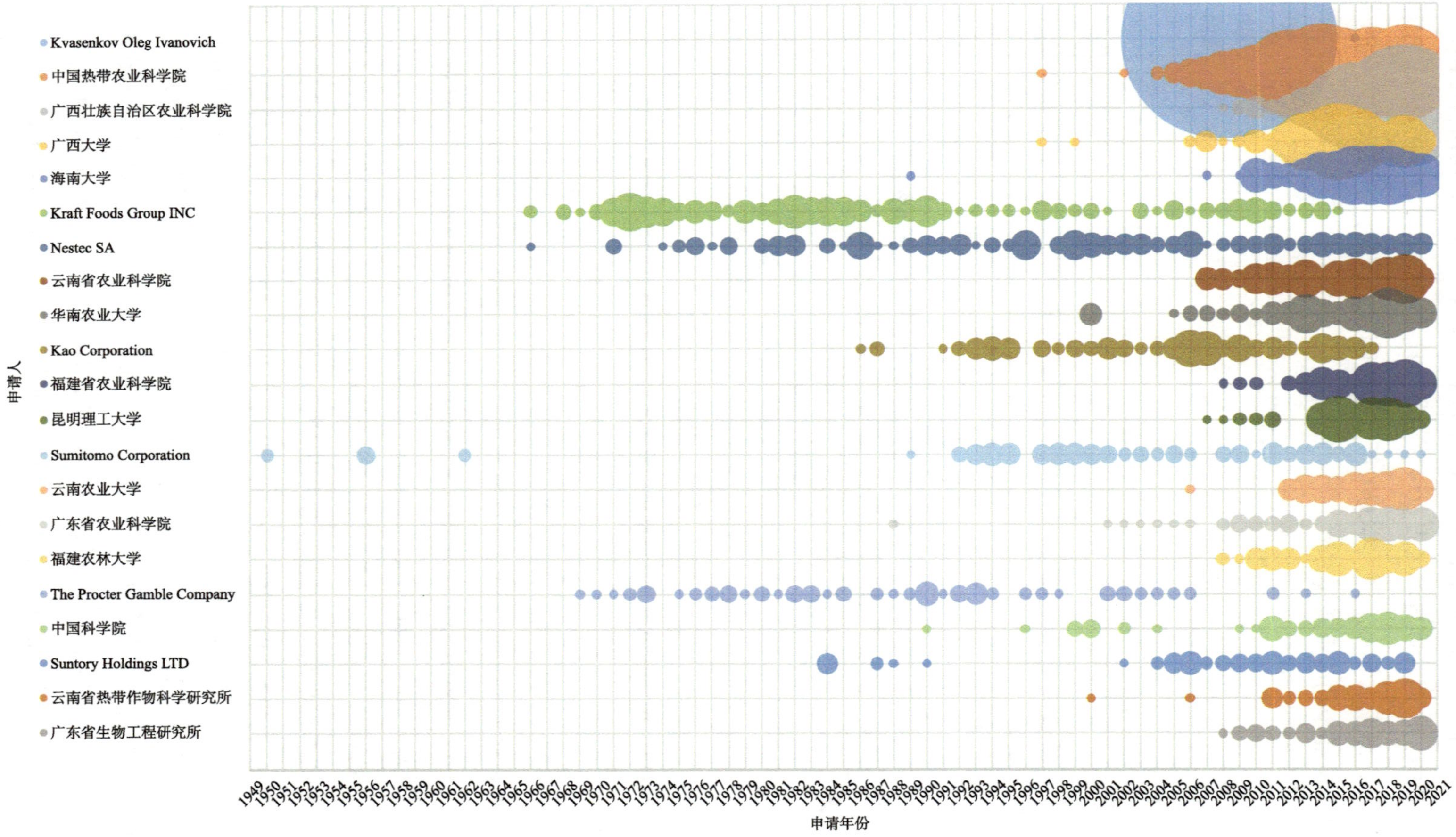

图 4-19 全球热带作物技术创新领域重点申请人专利动态

注：专利动态（气泡）图中气泡越大代表当年的专利申请量越多，气泡越小代表当年的专利申请量越少。

品牌品客薯片出售，由此正式退出食品领域，再无相关专利申请。

我国申请人中，广东省农业科学院、中国科学院和海南大学于1990年前后最早有专利申请，但均未能持续，直到2010年前后才开始持续申请，专利申请量增长明显；其他申请人的专利申请均始于1996—2007年，且专利申请量近年来均有较为明显的增长，尤其是中国热带农业科学院、广西壮族自治区农业科学院、广西大学等。总体来看，我国申请人在热带作物技术创新的专利申请上呈现“起步晚，增速快”的特点。

4.3.3 重点申请人专利布局

对全球热带作物技术创新领域重点申请人专利的国家布局情况进行分析，如图4-20所示。由前面优先权国专利布局分析可知，中国的专利主要布局在国内，与之相对应的国内申请人专利布局亦是如此，其中，有国外专利布局的国内申请人仅有中国热带农业科学院。Kraft Foods Group INC（卡夫食品公司）、Nestec SA（雀巢公司）、Sumitomo Corporation（住友集团）、The Procter Gamble Company（宝洁公司）等大型跨国公司均有较多国际专利布局，这也是其能在全球众多国家开展业务的重要支撑。因此，我国申请人应该加强对国际知识产权规则的理解和把握能力，将真正有技术含量的专利进行国际布局，既能提高自己在国际市场上的竞争能力，也能够更好地保障自己的权益。

对全球热带作物技术创新领域重点申请人的专利布局方向进行分析，如表4-4所示。Kvasenkov Oleg Ivanovich、Nestec SA（雀巢公司）、Kraft Foods Group INC（卡夫食品公司）、Kao Corporation（花王集团）、Suntory HOLDINGS LTD（三得利控股有限公司）等申请人的专利主要布局在食品制品等方向，Sumitomo Corporation（住友集团）的专利主要集中在天然橡胶制品方向；广西壮族自治区农业科学院的专利布局覆盖了全部技术分支，其中，病虫草害防控技术、施肥技术、育苗技术等是其重点研究方向；中国热带农业科学院的专利布局与前者相似，在林业栽培技术、天然橡胶制品等方向的研究布局有一定的优势。

4.3.4 重点申请人活跃度与集中度

对全球热带作物技术创新领域重点申请人的专利申请活跃度进行计算，如表4-5所示。从活跃度数据来看，海南大学和广东省农业科学院的申请活跃度排在首位，其次是云南省热带作物科学研究所、广西壮族自治区农业科学院、中国科学院等；Kvasenkov Oleg Ivanovich、Kraft Foods Group INC（卡夫食品公司）活跃度最低。

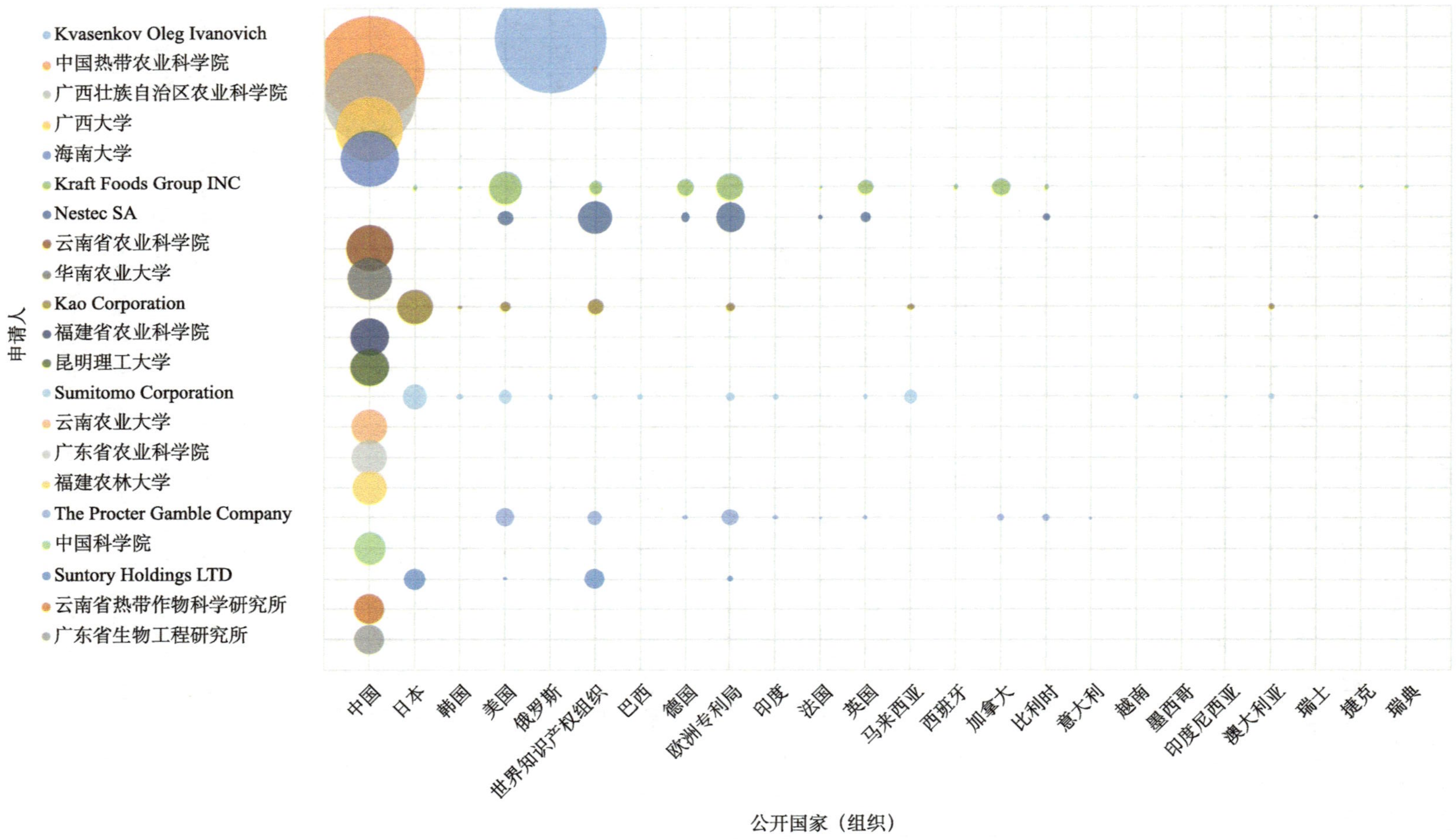

图 4-20　全球热带作物技术创新领域重点申请人专利布局

注：专利布局（气泡）图中气泡越大代表申请人在公开国（组织）申请的专利越多，气泡越小代表申请人在公开国（组织）申请的专利越少。

表 4-4　全球热带作物技术创新领域重点申请人技术布局

申请人	各技术创新领域专利申请量（件）																						
	加工利用技术								田间管理技术											贮藏保鲜技术		育种育苗技术	
	食品制品	加工装置	橡胶制品	医药制品	饲料制品	成分提取	其他制品	肥料制品	其他种植技术	采收技术	病虫草害防控技术	施肥技术	温室栽培技术	整地技术	种子、根茎处理	水培或无土栽培	林业栽培技术	灌溉技术	播种、移栽技术	保存、催熟	贮存、运输容器	育苗技术	育种技术
Kvasenkov Oleg Ivanovich	1 058	1																		2			
中国热带农业科学院	123	55	82	15	22	12			185	90	171	74	43	40	26	15	59	20	18	37	3	90	81
广西壮族自治区农业科学院	81	46	2	4	26	8	1	1	288	49	160	134	71	63	54	25	1	15	6	29	1	98	37
广西大学	95	26		1	19		3		72	106	27	19	5	11	24	7			4	17		8	3
海南大学	35	90	16	2	4				15	59	17	8	1	10	1	3	13		1	12		13	8
Kraft Foods Group INC	243	11	1	3		1														7	6	1	1
Nestec SA	179	20	2	15	5	18					6									5	8	8	22
云南省农业科学院	12	9	2		2				87	10	50	23	13	11	10	3	1	2		1		14	11
华南农业大学	29	18	2	9	7				12	48	28	5	1	2	2	2			1	23	1	6	9
Kao Corporation	110		36	8		2			2		2										1	4	
福建省农业科学院	19	3		1	4				57	3	26	23	9	4	2	6				4		25	4

续表

申请人	各技术创新领域专利申请量（件）																					
	加工利用技术								田间管理技术											贮藏保鲜技术		育种育苗技术	
	食品制品	加工装置	橡胶制品	医药制品	饲料制品	成分提取	其他制品	肥料制品	其他种植技术	采收技术	病虫草害防控技术	施肥技术	温室栽培技术	整地技术	种子、根茎处理	水培或无土栽培	林业栽培技术	灌溉技术	播种、移栽技术	保存、催熟	贮存、运输容器	育苗技术	育种技术
昆明理工大学	8	18	1	1	2	2			16	34	9	4		14	5		1	3	27	1		4	2
Sumitomo Corporation	1		89			1			4		11						1			6	4	3	3
云南农业大学	29	8	2	4	11	1		1	14	10	13	7	8	3	2	6			6			3	2
广东省农业科学院	19	5	2	2	1				32	5	23	14			1	5				16		18	11
福建农林大学	11	11			1				7	10	6	7	2	1	1	8	1			15		24	18
The Procter Gamble Company	77	1	2	1	3						1									1	3		
中国科学院	17		6	5	4	3			18	4	6	3	2	2	2		1			10		19	6
Suntory Holdings LTD	76			1							1									1			1
云南省热带作物科学研究所	9	1	1	1	1				27	1	12	10	2		3	3	8			2		8	7
广东省生物工程研究所	4	2	1	1	5	1	1		27	4	17	11	8	4	4	3		4				11	11

注：表中单元格颜色越接近深红色代表专利申请量越多，技术创新优势越明显；越接近深绿色代表专利申请量越少，技术创新相对较弱。

表 4-5 全球热带作物技术创新领域重点申请人活跃度

重点申请人	活跃度		重点申请人	活跃度	
Kvasenkov Oleg Ivanovich	0.00	↓↓↓	昆明理工大学	2.70	↑↑↑
中国热带农业科学院	2.86	↑↑↑	Sumitomo Corporation	1.45	↑
广西壮族自治区农业科学院	6.73	↑↑↑	云南农业大学	4.23	↑↑↑
广西大学	2.73	↑↑↑	广东省农业科学院	9.58	↑↑↑
海南大学	9.66	↑↑↑	福建农林大学	1.81	↑↑
Kraft Foods Group INC	0.00	↓↓↓	The Procter Gamble Company	0.11	↓↓
Nestec SA	1.84	↑↑	中国科学院	6.29	↑↑↑
云南省农业科学院	1.82	↑↑	Suntory Holdings LTD	1.32	↑
华南农业大学	4.24	↑↑↑	云南省热带作物科学研究所	7.23	↑↑↑
Kao Corporation	0.34	↓↓	广东省生物工程研究所	2.79	↑↑↑
福建省农业科学院	3.91	↑↑↑			

注：活跃度表中“↑”越多代表专利申请活跃度越高，技术创新活跃度越高；“↓”越多代表专利申请活跃度越低，技术创新活跃度越低。

对全球热带作物技术创新领域重点申请人的逐年专利申请集中度指数进行计算，如图 4-21 所示。可以看出在 2004 年以前，该领域的申请人集中度指数一直处于波动下降的趋势，由初期的近 70% 下降到不足 10%，表明该阶段参与到该领域技术创新的申请人越来越多，部分早期进入该领域的申请人优势逐渐减小；2004 年之后，申请人集中度指数总体呈现波动、缓慢上涨的趋势，由最低不足 10% 逐渐上升到超过 20%。值得说明的是，申请人集中度指数在 2008 年和 2009 年有非常明显的增长，结合重点申请人专利动态分析可知，Kvasenkov Oleg Ivanovich 在 2008 年和 2009 年分别有 505 件和 455 件专利申请，占了该年度全球相关专利申请量的一半左右，直接导致了 2008 年和 2009 年发明人集中度指数暴涨。总体来看，目前该领域的申请人集中度指数不高，没有明显的寡头垄断现象，随着中国重点申请人专利申请量的持续增加、累积，其技术主导地位会逐渐确立，预计集中度指数短期内仍将继续上升。

4.3.5 申请人合作情况

对全球热带作物技术创新领域的申请人合作情况进行分析，如图 4-22 所示。合作网络主要包括 4 个合作团体，其中 3 个来自中国。最大的研究团体由广西的北部湾大学、广西大学，以及海南、广东的机构组成，包含了科研单位、高校和相关企业，这种现象说明广西在热带作物相关技术创新方面的产学研合作已经具备一定的基础，且与外省份也保持了一定的合作关系；另外 3 个合作团体均由 3 个申请人组成，规模较小。

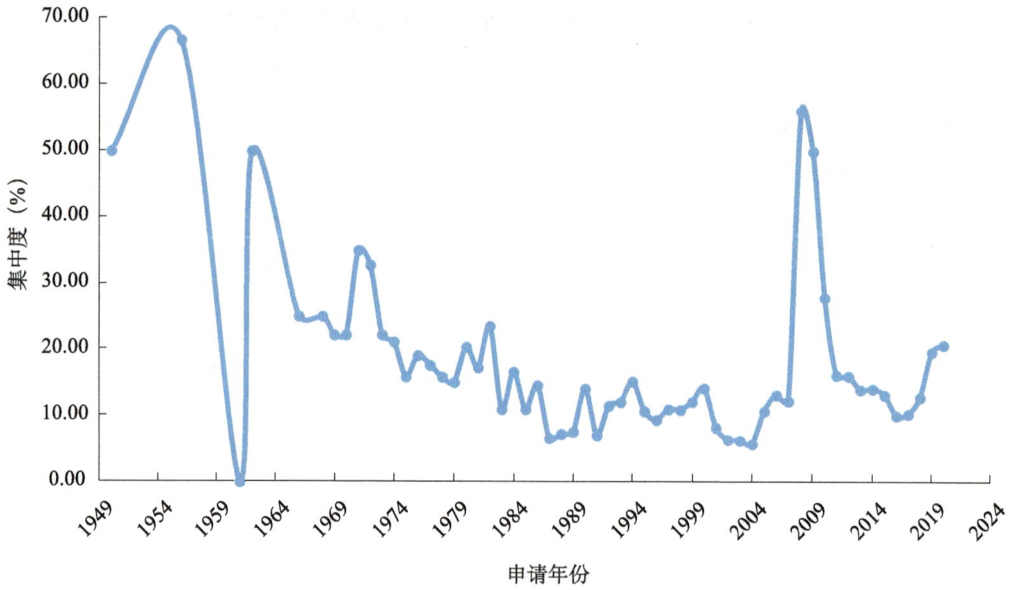

图 4-21 全球热带作物技术创新领域重点申请人集中度变化趋势

注：值越大代表重点申请人的专利申请量占比越高，该领域技术创新的集中度越高；值越小代表重点对象的专利申请量占比越低，该领域技术创新的集中度越低。

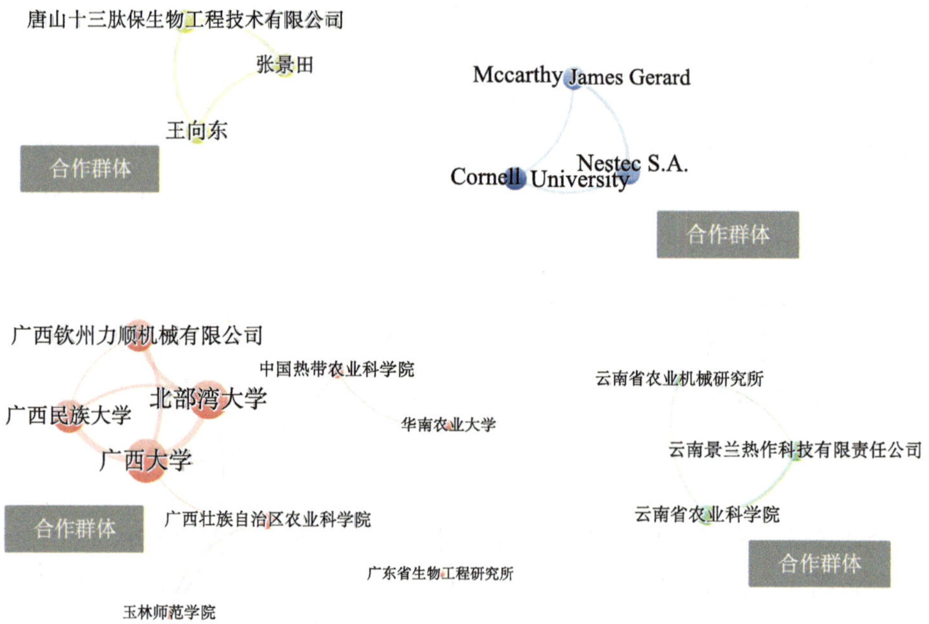

图 4-22 全球热带作物技术创新领域重点申请人合作关系

4.4 发明人技术创新分析

4.4.1 发明人竞争力分析

全球热带作物技术创新领域研究共涉及发明人 50 349 个，其中专利量在 50 件及以上的发明人共有 24 个，如图 4-23 所示。24 个发明人中共有 23 位来自中国，另外一位是 Kvasenkov Oleg Ivanovich（俄罗斯 KRASD 农产品贮藏和加工研究所），其生产力远超其他发明人，但专利质量最低；其余发明人的生产力差距不大，排名靠前的有陈海生（广西壮族自治区农业科学院）和王文林（广西壮族自治区农业科学院）、林位夫（中国热带农业科学院）等人；彭政（中国热带农业科学院）的影响力仅次于 Kvasenkov Oleg Ivanovich（俄罗斯 KRASD 农产品贮藏和加工研究所），专利质量排在首位；影响力较高的还有林位夫（中国热带农业科学院）、李尚平（广西大学）、王文林（广西壮族自治区农业科学院）等人；专利质量较高的还有李丽（广西壮族自治区农业科学院）、孙健（广西壮族自治区农业科学院）等人。

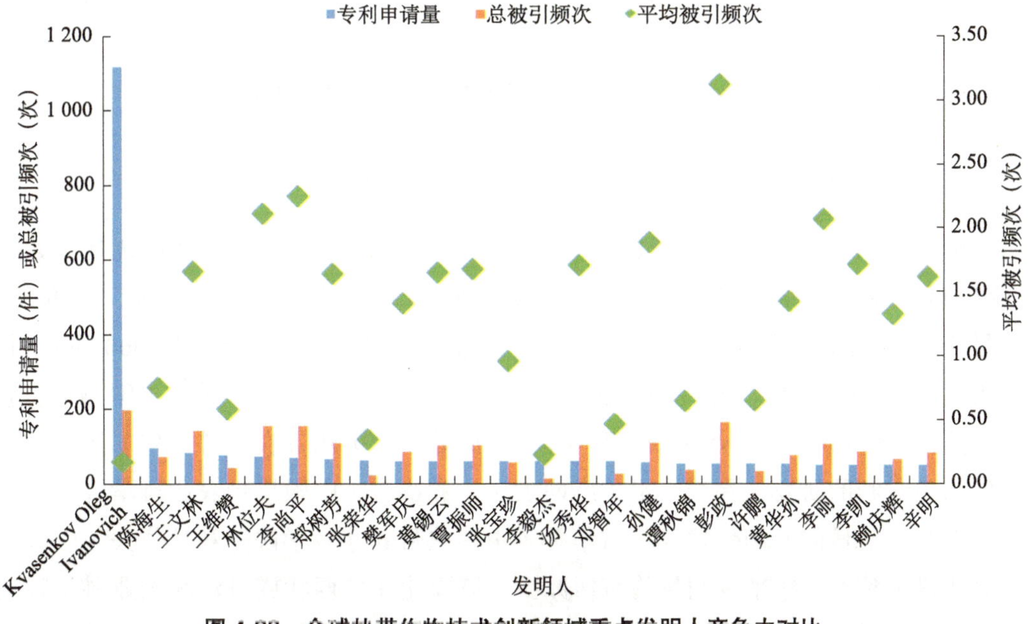

图 4-23 全球热带作物技术创新领域重点发明人竞争力对比

2016—2020 年，专利量在 40 件以上的发明人共有 24 个，如图 4-24 所示。24 个发明人全部来自中国，各发明人的生产力差距不大，排名靠前的有陈海生（广西壮族自治区农业科学院)、张荣华（广西壮族自治区农业科学院)、王维赞（广西壮族自治区农业科学院）等人；李尚平（广西大学）的影响力和专利质量均跃居首位；影响力较高的还有陈海生（广西壮族自治区农业科学院)、官太平（北海康维生态农业科技有限公司）等人；专利质量较高的还有官太平（北海康维生态农业科技有限公司)、王文林（广西壮族自治区农业科学院）等人。

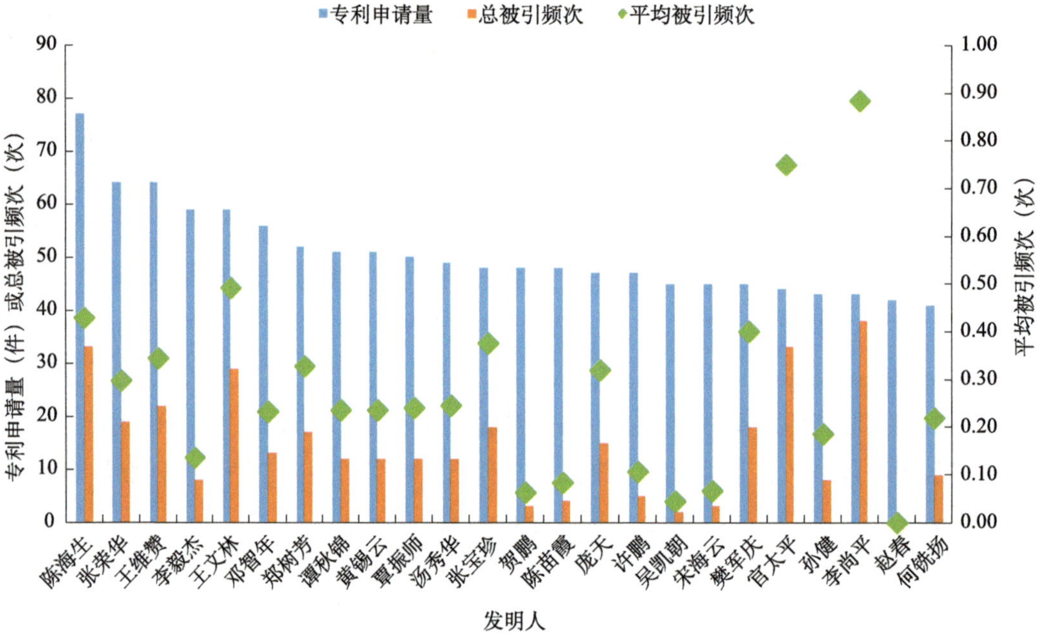

图 4-24　2016—2020 年全球热带作物技术创新领域重点发明人竞争力对比

4.4.2　重点发明人专利动态

对全球热带作物技术创新领域重点发明人的逐年专利申请量进行统计，如图 4-25 所示。Kvasenkov Oleg Ivanovich（俄罗斯 KRASD 农产品贮藏和加工研究所）最早于 1999 年左右即有相关专利的研发，且在 2008—2009 年有近 1 000 件专利，但研发不具备持续性。国内发明人中，李尚平（广西大学)、黄华孙（中国热带农业科学院)、林位夫（中国热带农业科学院)、彭政（中国热带农业科学院）等人较早开始相关专利的研发，除李尚平（广西大学）和彭政（中国热带农业科学院）近年来仍保持一定量的专利研发外，黄华孙（中国热带农业科学院）和林位夫（中国热带农业科学院）近年来专利量均有所减少；陈海生（广西壮族自治区农业科学院)、王文林（广西壮族自治区农业科学院)、王维赞（广西壮族自治区农业科学院）等人专利研发虽均始于 2013 年左右，但近年来专利量位居前列，是值得关注的领域新生力量。

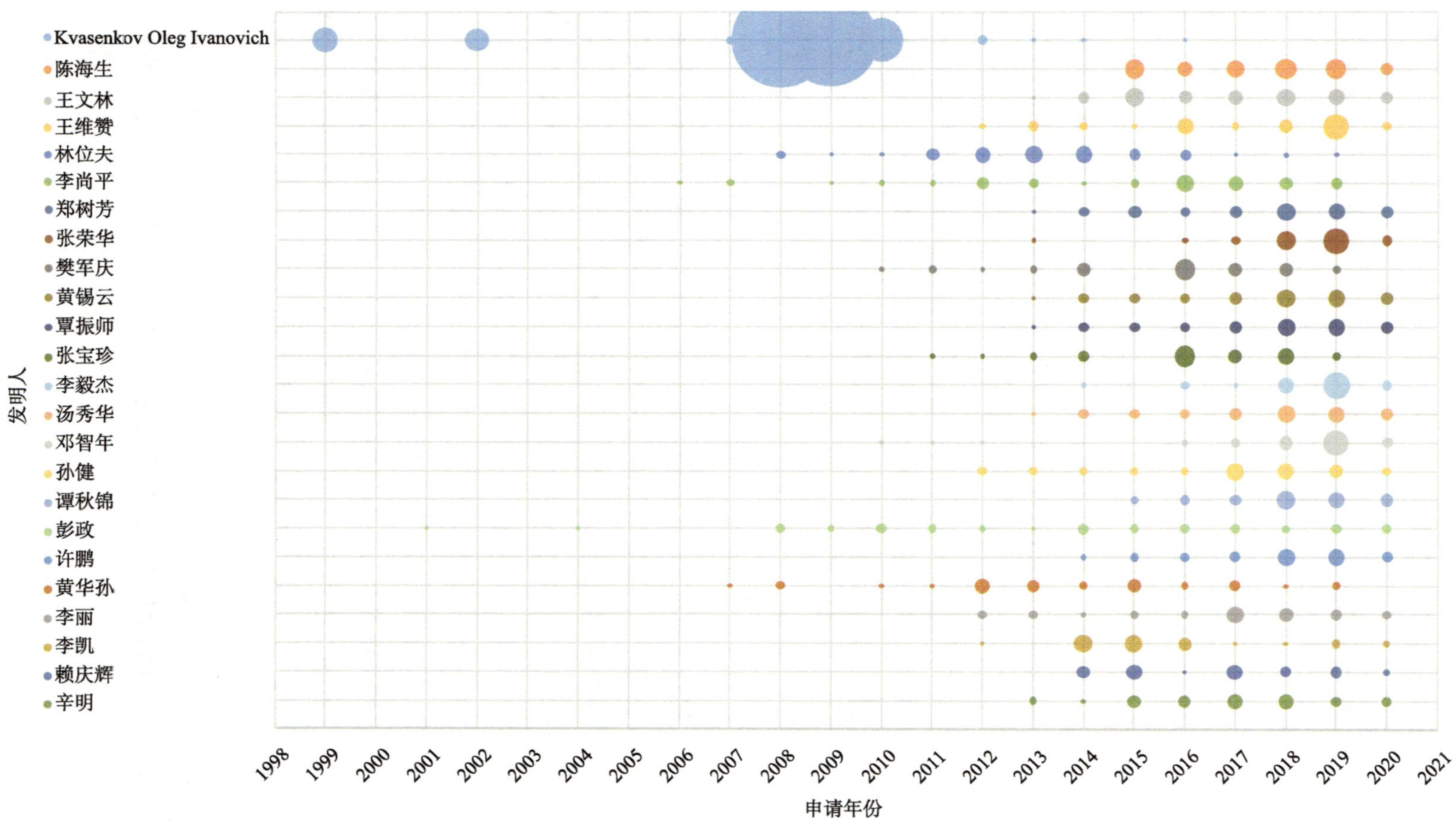

图 4-25　全球热带作物技术创新领域重点发明人专利动态

注：专利动态（气泡）图中气泡越大代表当年的专利申请量越多，气泡越小代表当年的专利申请量越少。

4.4.3 重点发明人专利布局

对全球热带作物技术创新领域重点发明人的技术布局方向进行分析，如表 4-6 所示。重点发明人中，Kvasenkov Oleg Ivanovich（俄罗斯KRASD农产品贮藏和加工研究所）、樊军庆（海南大学）、张宝珍（海南大学）、孙健（广西壮族自治区农业科学院）、彭政（中国热带农业科学院）、李丽（广西壮族自治区农业科学院）、李凯（广西大学）、辛明（广西壮族自治区农业科学院）等人的专利研发主要布局在加工利用技术方面，其中，Kvasenkov Oleg Ivanovich（俄罗斯 KRASD 农产品贮藏和加工研究所）和彭政（中国热带农业科学院）分别在食品制品和天然橡胶制品方向有绝对优势，樊军庆（海南大学）和张宝珍（海南大学）在加工装置方向具有较大优势。黄华孙（中国热带农业科学院）的专利研发主要集中在育苗育种技术方向，且在育种技术方向具有一定优势。其余重点发明人的专利几乎都集中在田间管理技术方面，其中，李尚平（广西大学）和赖庆辉（昆明理工大学）分别在采收技术，以及播种、移栽技术方向有绝对优势，林位夫（中国热带农业科学院）在林业栽培技术方向具有绝对优势。贮藏保鲜技术方面重点发明人的专利布局相对较少。

4.4.4 重点发明人活跃度与集中度

对全球热带作物技术创新领域重点发明人的活跃度进行计算，如表 4-7 所示。从活跃度数据来看，张荣华（广西壮族自治区农业科学院）、李毅杰（广西壮族自治区农业科学院）、邓智年（广西壮族自治区农业科学院）的活跃度排在首位；Kvasenkov Oleg Ivanovich（俄罗斯 KRASD 农产品贮藏和加工研究所）、林位夫（中国热带农业科学院）、李凯（广西大学）、赖庆辉（昆明理工大学）等活跃度较低。

对全球热带作物技术创新领域重点发明人的逐年专利申请集中度指数进行计算，如图 4-26 所示。可以看出 2008 年和 2009 年的集中度指数与申请人集中度指数存在相似之处，均是由于 Kvasenkov Oleg Ivanovich（俄罗斯 KRASD 农产品贮藏和加工研究所）在该年份的集中研发、申请导致的；其他年份该领域的发明人集中度指数均在 10% 上下波动，近年来有缓慢上升的趋势。总体来看，该领域的发明人集中度指数不高，除 Kvasenkov Oleg Ivanovich（俄罗斯 KRASD 农产品贮藏和加工研究所）外，没有特别突出的研发人员。考虑到发明人实际投入到研发工作的生涯有限，因此正常情况下，该领域的发明人集中度指数将在一定水平上持续波动。

表 4-6　全球热带作物技术创新领域重点发明人技术布局

发明人	各技术创新领域专利申请量（件）																				
	加工利用技术							田间管理技术											贮藏保鲜技术	育种育苗技术	
	食品制品	加工装置	橡胶制品	医药制品	饲料制品	成分提取	其他制品	其他种植技术	采收技术	病虫草害防控技术	施肥技术	温室栽培技术	整地技术	种子、根茎处理	水培或无土栽培	林业栽培技术	灌溉技术	播种、移栽技术	保存、催熟	育苗技术	育种技术
Kvasenkov Oleg Ivanovich	1 119	1																	10		
陈海生	11	2	1		2	1		42	9	27	25	7	4	7	4		1		2	17	6
王文林	11	2	1			1		42	6	29	25	8	4	6	1	1	1		2	10	4
王维赞		6			1			29	7	22	10	4	25	21	2		2			2	
林位夫			1					14	6	18	2	6		6	3	11	3		1	11	7
李尚平		6						18	40	2	2	2	5	12				1	2		
郑树芳	11	2	1			1		39	2	22	22	2	3	5		1	1		2	10	2
张荣华		6	1		1			26	3	20	9	6	18	24	1		5	1		5	
樊军庆	1	33	2						6												
黄锡云	11	2	1			1		36	2	21	21	2	3	5		1	1		2	10	2
覃振师	11	2						36	2	21	21	2	3	5		1	1		2	10	1
张宝珍		32	2						6												
李毅杰		11						20	7	12	8	1	20	19			2			1	1
汤秀华	11	2						36	2	20	21	2	3	5		1	1		2	10	1
邓智年		6			1			19	5	15	7	3	17	20	1		2			5	3
孙健	35	11		4	4	3		1	2	2									14	1	2
谭秋锦	11	2	1			1		30	2	19	19	2	3	4			1		2	10	2
彭政	1	1	46	1		1		1		2						1					
许鹏	11	2						30	2	18	18	2	3	4			1		2	8	1
黄华孙								13	1	7	1	2	1			2		1		17	18
李丽	29	9		2	4	2		1	1	1									14	1	2
李凯	42	4			5		2	2			1										
赖庆辉								10	13	3			12	4				26			
辛明	30	10		1	7	1		2		1									11		

注：表中单元格颜色越接近深红色代表专利申请量越多，技术创新优势越明显；越接近深绿色代表专利申请量越少，技术创新相对较弱。

表 4-7　全球热带作物技术创新领域重点发明人活跃度

重点发明人	活跃度		重点发明人	活跃度	
Kvasenkov Oleg Ivanovich	0.00	↓↓↓	李毅杰	23.60	↑↑↑
陈海生	0.77	↓	汤秀华	2.67	↑↑↑
王文林	1.36	↑	邓智年	22.40	↑↑↑
王维赞	4.27	↑↑↑	孙健	2.29	↑↑↑
林位夫	0.25	↓↓	谭秋锦	2.55	↑↑↑
李尚平	3.19	↑↑↑	彭政	2.13	↑↑↑
郑树芳	2.23	↑↑↑	许鹏	3.13	↑↑↑
张荣华	38.40	↑↑↑	黄华孙	0.65	↓
樊军庆	3.18	↑↑↑	李丽	2.11	↑↑↑
黄锡云	2.78	↑↑↑	李凯	0.40	↓↓
覃振师	2.73	↑↑↑	赖庆辉	0.57	↓
张宝珍	4.00	↑↑↑	辛明	1.95	↑↑

注：活跃度表中“↑”越多代表专利申请活跃度越高，技术创新活跃度越高；“↓”越多代表专利申请活跃度越低，技术创新活跃度越低。

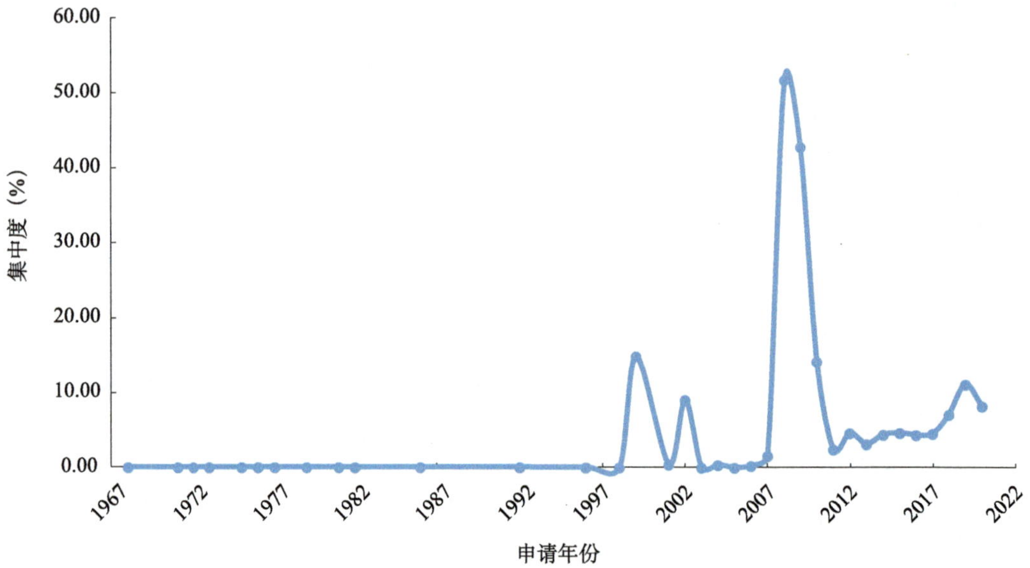

图 4-26　全球热带作物技术创新领域重点发明人集中度变化趋势

注：值越大代表重点发明人的专利申请量占比越高，该领域技术创新的集中度越高；值越小代表重点对象的专利申请量占比越低，该领域技术创新的集中度越低。

4.4.5 发明人合作情况

对全球热带作物技术创新领域的发明人合作情况进行分析，如图 4-27 所示。该领域的发明人合作网络中共包括 30 多个大大小小的合作团队，较大的团队中，有 2 个来自中国热带农业科学院、3 个来自广西壮族自治区农业科学院。

其中，以王维赞、张荣华、李毅杰等人组成的团队（合作群体 1），来自广西壮族自治区农业科学院甘蔗研究所，研究方向是甘蔗的田间管理技术。以孙健、李丽、辛明等人组成的团队（合作群体 2），来自广西壮族自治区农业科学院农产品加工研究所，研究方向是木薯、火龙果、甘蔗、杧果等热带作物的加工利用。从图 4-27 可以看出，上述两个研究团队之间的也存在研发合作。以陈海生、王文林、郑树芳等人组成的团队（合作群体 3），来自广西壮族自治区农业科学院、广西南亚热带作物科学研究所，主要研究方向是澳洲坚果、甘蔗、木薯等作物的育种育苗、田间管理及加工利用技术。以林位夫、黄华孙、谢贵水等人组成的团队（合作群体 4），来自中国热带农业科学院橡胶研究所，主要研究方向是天然橡胶育种育苗及其田间管理技术。以崔振德、李明、韦丽娇等人组成的团队（合作群体 5），来自中国热带农业科学院农业机械研究所，研究方向是木薯、甘蔗、菠萝等相关农业机械的研发。以李尚平、郑广平、麻芳兰等人组成的团队（合作群体 6），来自广西大学机械工程学院，研究方向是甘蔗的种植机械研发。以刘家勇、吴才文、赵俊等人组成的团队（合作群体 7），来自云南省农业科学院甘蔗研究所，主要研究方向是甘蔗育种育苗及田间管理技术。

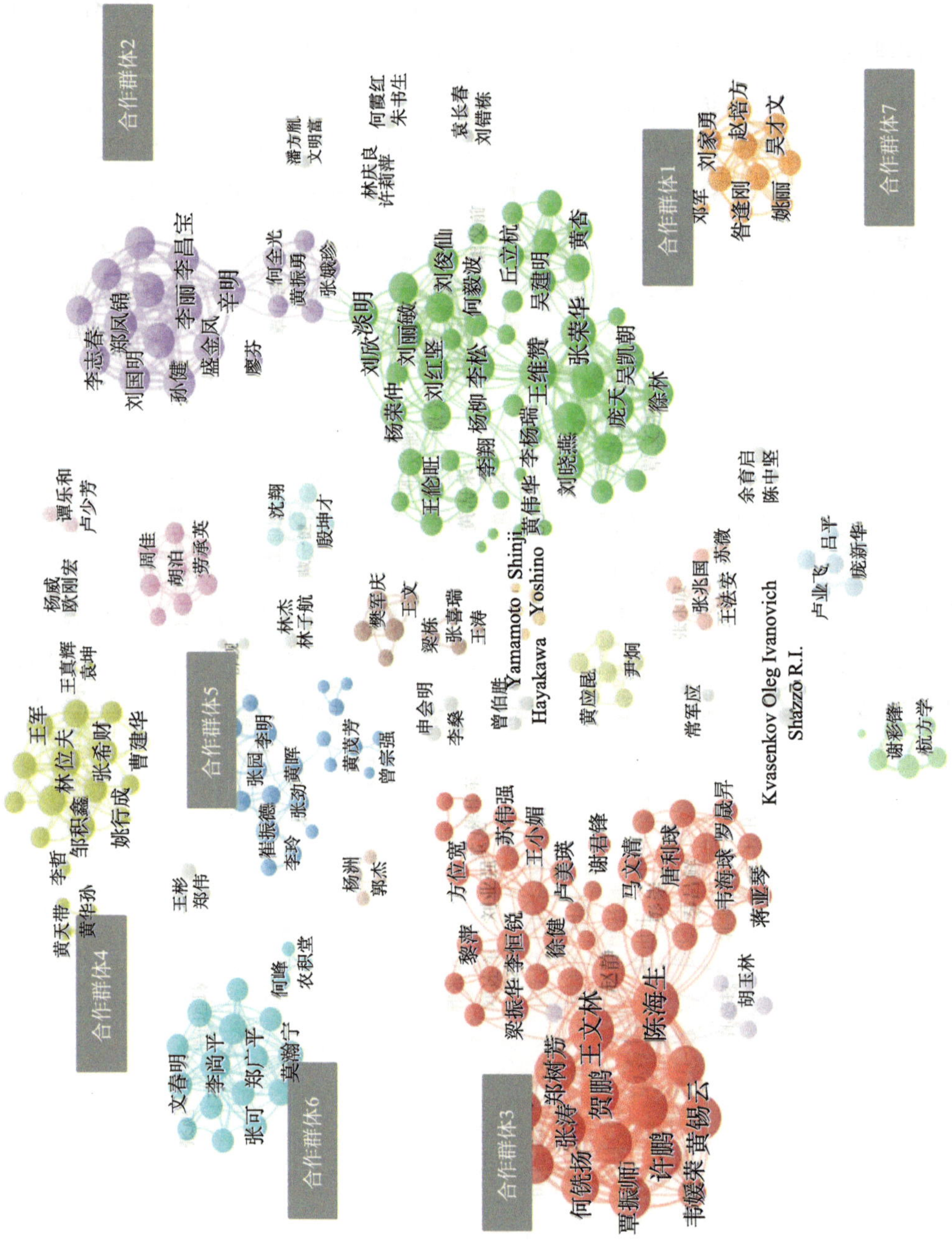

图 4-27 全球热带作物技术创新领域重点发明人合作关系

5 全球主要热带作物技术创新竞争力分析

5.1 咖啡

5.1.1 重点国家分析

5.1.1.1 竞争力分析

全球咖啡技术创新领域研究共涉及原创国家 44 个，其中专利申请量在 50 件以上的共有 10 个，其专利申请量、总被引频次和平均被引频次如图 5-1 所示。中国以 1 553 件的专利申请量排在首位。咖啡 1998 年就已引入我国海南，国人喝咖啡的习惯源于 20 世纪 90 年代，从目前现状来看，我国的咖啡消费市场潜力巨大。美国和日本的影响力、专利质量均远高于其他国家，这主要得益于其国内的大型咖啡制品相关企业，如日本的 Kao Corporation（花王集团）、Suntory Holdings LTD（三得利控股有限公司）和美国的 Kraft Foods Group INC（卡夫食品公司）等。

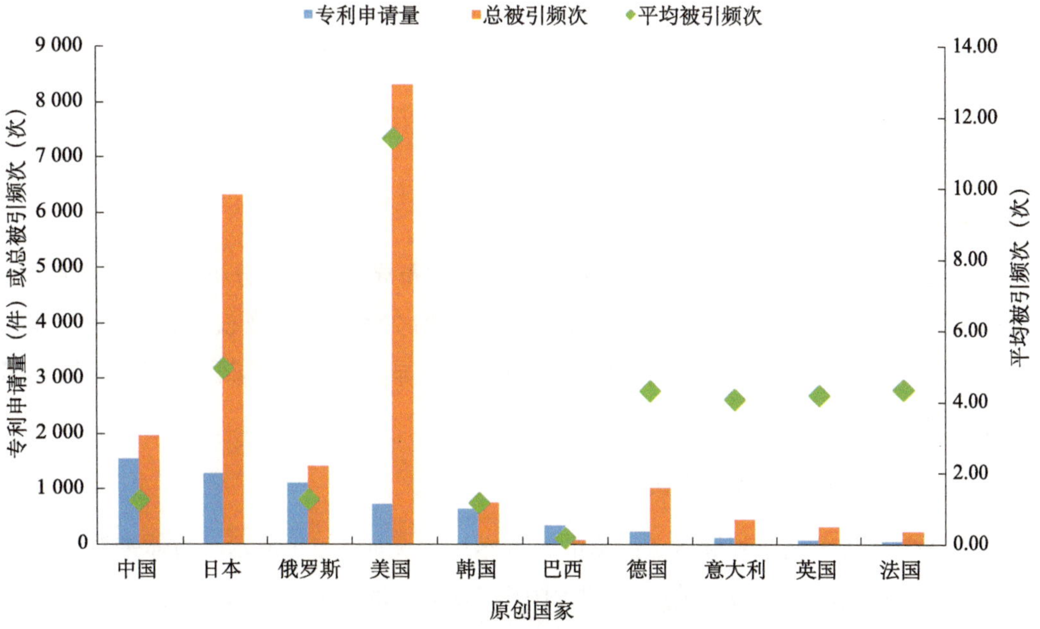

图 5-1 全球咖啡技术创新领域重点国家竞争力对比

2016—2020 年，专利申请量在 4 件以上的原创国家共有 11 个，如图 5-2 所示。中国的生产力依然排在首位，且与其他国家进一步拉大差距，同时影响力超过了美国、日本跃居首位，但专利质量一般；韩国的生产力排名有了较大幅度的提升，位居第二位，美国的生产力虽有略微提升，但其影响力下滑严重，专利质量排名也略微下降；德国的生产力虽较低，但其专利质量跃居首位。

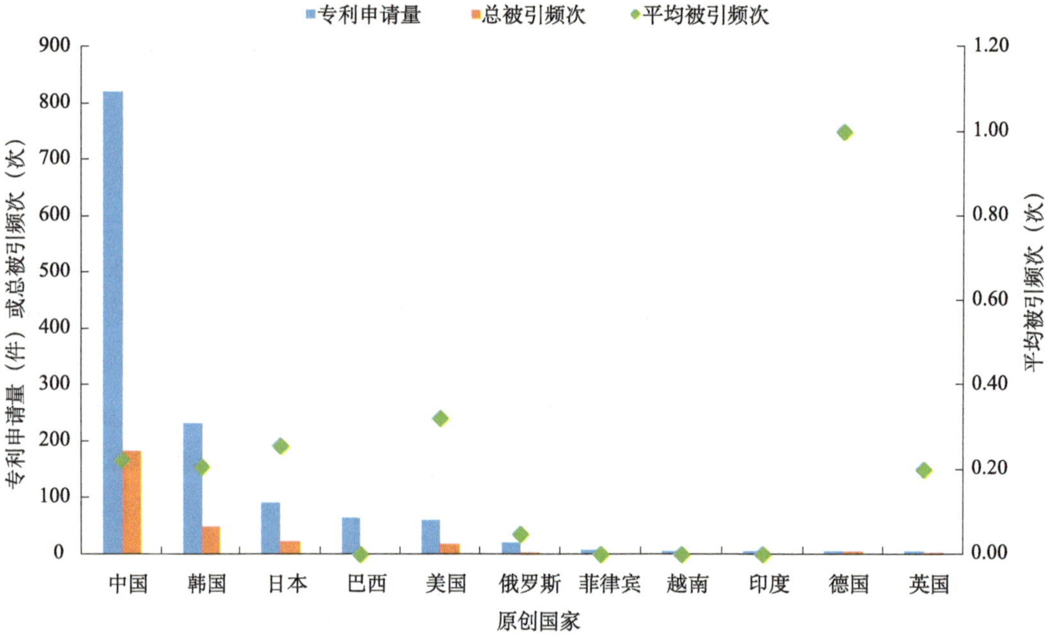

图 5-2　2016—2020 年全球咖啡技术创新领域重点国家竞争力对比

5.1.1.2　创新布局分析

（1）重点国家专利的国际布局

对全球咖啡技术创新领域重点原创国家的专利布局情况进行分析，如图 5-3 所示。每个重点国家在本国布局的专利最多，各个国家均在世界知识产权组织有专利布局；在本国外布局专利较多的国家有美国、德国等；中国、俄罗斯、韩国等国家的绝大部分专利均布局在本国，国际专利较少。

（2）重点国家专利的技术布局

全球咖啡技术创新领域重点国家的技术布局情况如表 5-1 所示。总体来看，加工利用技术是重点国家的布局重点，其中中国与日本、俄罗斯、美国和韩国在食品制品方向均有较大优势，中国还在加工装置、医药制品等方向有一定优势。田间管理技术是中国、日本、巴西等国家的布局重点，其中巴西在采收技术方向优势较大，中国在病虫草害防控技术、其他种植技术、施肥技术等方向有一定优势。日本、美国和韩国在贮藏保鲜技术方面有一定优势。育种育苗技术涉及国家不多，美国具有一定优势。

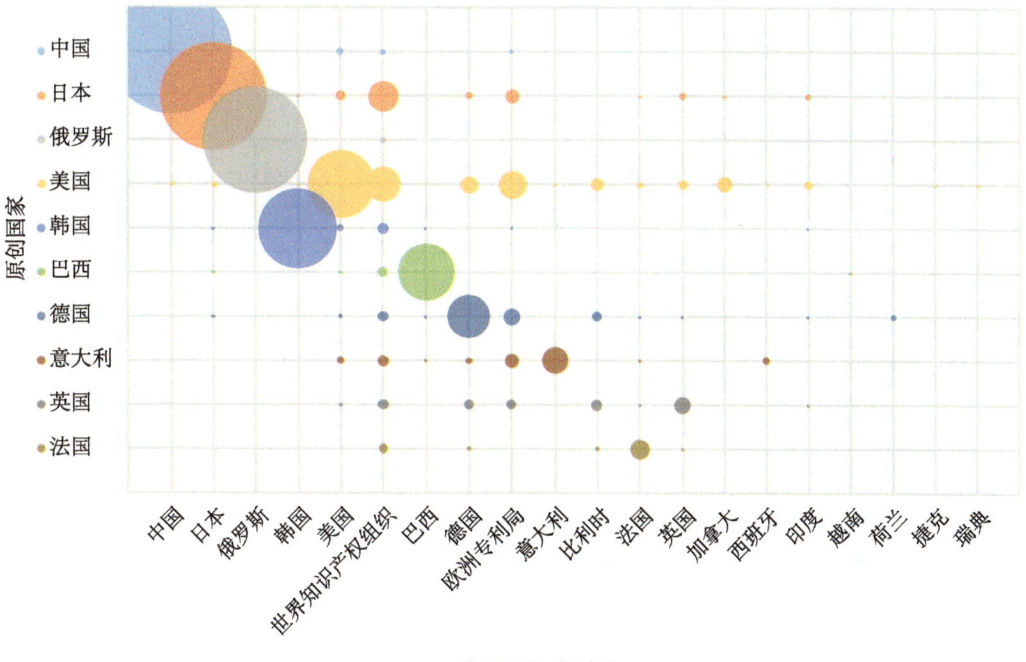

图 5-3 全球咖啡技术创新领域重点国家专利布局

注：专利布局（气泡）图中气泡越大，代表原创国在公开国（组织）申请的专利越多；气泡越小，代表原创国在公开国（组织）申请的专利越少。

5.1.2 重点申请人分析

5.1.2.1 竞争力分析

全球咖啡技术创新领域研究共涉及申请人 3 892 个，其中专利申请量在 19 件以上的申请人共有 13 个，如图 5-4 所示。俄罗斯 Kvasenkov Oleg Ivanovich 的专利申请量达 1 044 件，位居第一且远高于其他申请人，但其影响力和专利质量都比较低；The Procter Gamble Company（宝洁公司）、Kraft Foods Group INC（卡夫食品公司）和 Nestec SA（雀巢公司）的影响力和专利质量均排在前三位，三者均（曾）是食品饮料领域大型跨国公司，在咖啡产品研发、加工利用和包装材料方面有较多专利申请。

2016—2020 年，专利申请量在 7 件以上的申请人共有 18 个，其中来自中国的申请人占大多数，如图 5-5 所示。安徽咖力士咖啡食品有限公司的生产力排名有了大幅度提升，跃居首位，但总被引频次及平均被引频次均为 0 次；Nestec SA（雀巢公司）和 Kim Seo Hee 的生产力排名也有不同程度的提升，生产力较高。统一企业（中国）投资有限公司 2016—2020 年仅有 8 件专利申请，但总被引频次和平均被引频次

表 5-1　全球咖啡技术创新领域重点国家技术布局

国家	各技术创新领域专利申请量（件）																						
	加工利用技术							田间管理技术											贮藏保鲜技术		育种育苗技术	
	食品制品	加工装置	医药制品	成分提取	饲料制品	其他制品	肥料制品	采收技术	病虫草害防控技术	其他种植技术	施肥技术	温室栽培技术	整地技术	种子、根茎处理	水培或无土栽培	灌溉技术	播种、移栽技术	林业栽培技术	贮存、运输容器	保存、催熟	育种技术	育苗技术
中国	1 079	399	56	7	8	2	1	14	28	36	19	13	8	7	12	7	1	1	4	12	1	10
日本	1 139	137	38	14	8	3		1	20	15	5	3		2	1				33	36	8	5
俄罗斯	1 099	3	1					1	1													
美国	634	81	37	22	5	3		3	13	2	1				1	1			38	22	22	7
韩国	513	151	10	7	2	3		2	9	4	2	4		10					24	14	1	1
巴西	85	48			1			164	10	7	3	2	10	1		1	1		3	4	1	
德国	193	70	4	1	1			4	7				1						6	9		1
意大利	21	14	1					4											5	1	1	
英国	60	13	2					2	2										3			
法国	40	14	4	2				4	2										2	1	1	1

注：表中单元格颜色越接近深红色代表专利申请量越多，技术创新优势越明显；越接近深绿色代表专利申请量越少，技术创新相对较弱。

分别为 7 次和 0.88 次，均排在首位，其影响力和专利质量均跃居首位；此外，Suntory Holdings LTD（三得利控股有限公司）、Nestec SA（雀巢公司）、普洱林润经贸有限公司等申请人的影响力和专利质量也较高。

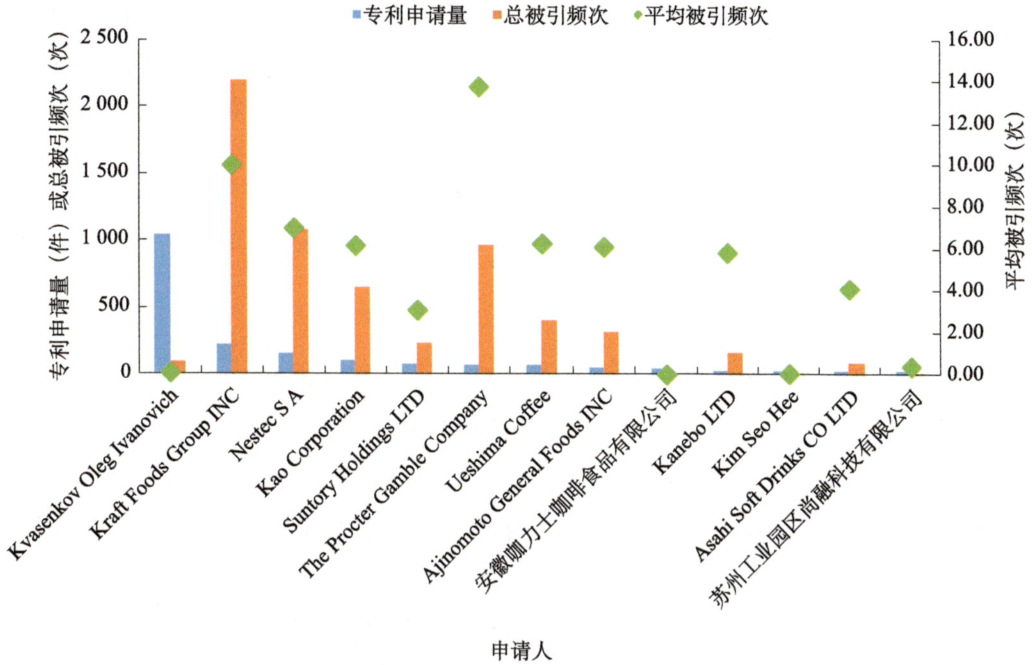

图 5-4 全球咖啡技术创新领域重点申请人竞争力对比

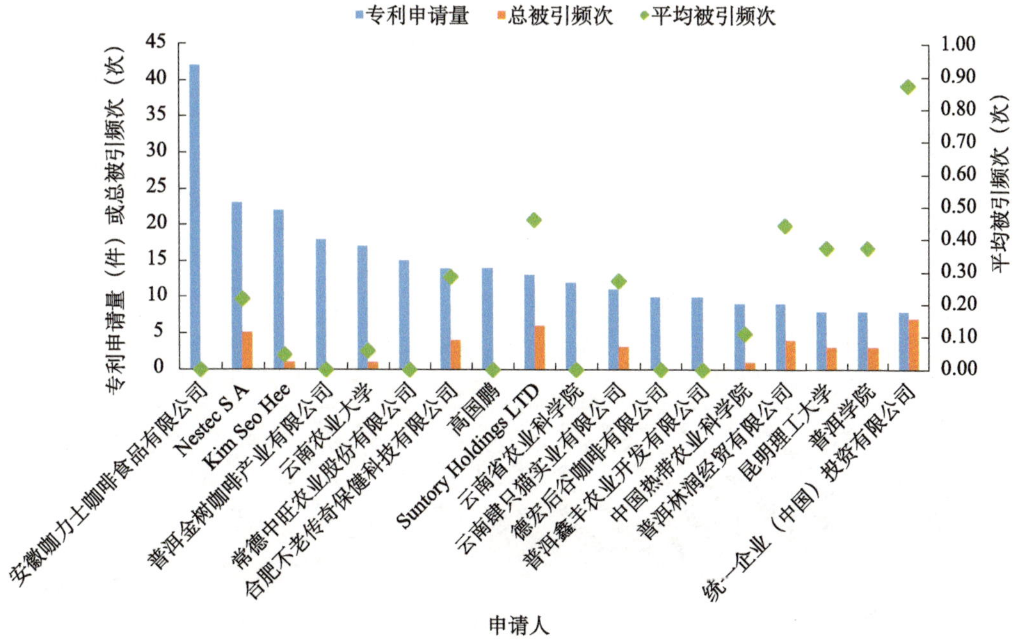

图 5-5 2016—2020 年全球咖啡技术创新领域重点申请人竞争力对比

5.1.2.2 创新布局分析

全球咖啡技术创新领域重点申请人的技术布局情况如表 5-2 所示。总体来看，重点申请人的布局重点均是咖啡的加工利用技术，尤其是食品制品研发。其中，Kvasenkov Oleg Ivanovich、Kim Seo Hee 等申请人的专利全部是食品制品的研发；Nestec SA（雀巢公司）在加工装置、成分提取、育种技术、医药制品等多个方向还有少量专利布局；Kraft Foods Group INC（卡夫食品公司）在加工装置等方向有少量专利布局。

5.1.3 重点发明人分析

5.1.3.1 竞争力分析

全球咖啡技术创新领域研究共涉及发明人 8 837 个，其中专利量在 15 件以上的发明人共有 19 个，如图 5-6 所示。19 个发明人中仅有 4 位来自中国，其中生产力排在首位的是 Kvasenkov Oleg Ivanovich（俄罗斯 KRASD 农产品贮藏和加工研究所），其生产力排在首位且远超其他发明人，但平均被引频次仅为 0.09 次；其余发明人的生产力差距不大，排名靠前的有赵春（安徽咖力士咖啡食品有限公司）、Trojanova Tat' jana Leonidovna、Ogura Yoshikazu（花王集团）等人；Mahlmann James P（通用食品集团）的影响力和专利质量均排在首位；影响力较高的还有 Kashiwai Osamu（上岛咖啡）、Hayakawa Yoshinobu（花王集团）、Kitajima Yoshiyuki（上岛咖啡）、Ogura Yoshikazu

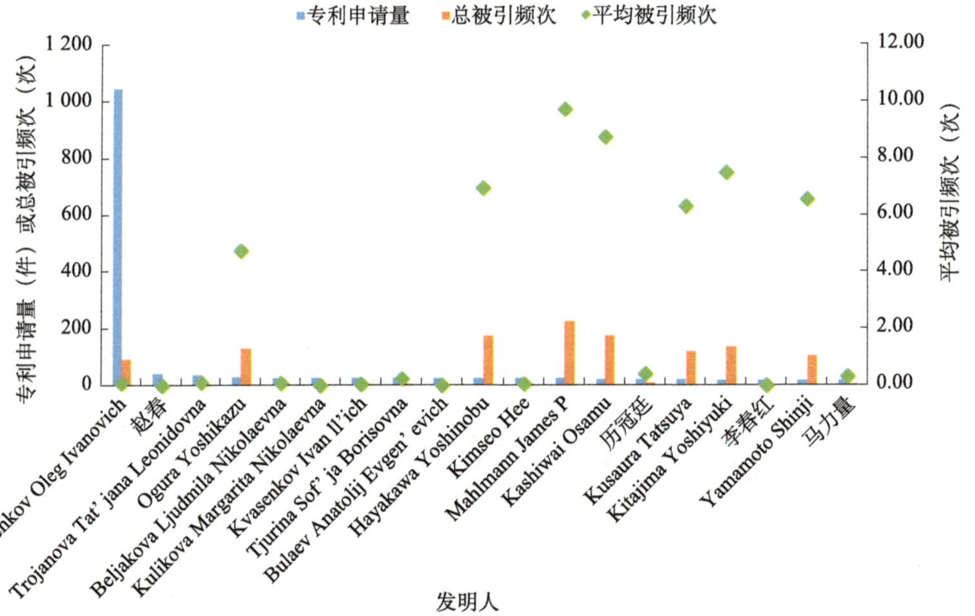

图 5-6 全球咖啡技术创新领域重点发明人竞争力对比

表 5-2 全球咖啡技术创新领域重点申请人技术布局

申请人	各技术创新领域专利申请量（件）										
	加工利用技术					田间管理技术		贮藏保鲜技术		育种育苗技术	
	食品制品	加工装置	医药制品	成分提取	饲料制品	病虫草害防控技术	其他种植技术	贮存、运输容器	保存、催熟	育种技术	育苗技术
Kvasenkov Oleg Ivanovich	1 044										
Kraft Foods Group INC	210	11	3	1				6	5	1	1
Nestec SA	132	15	10	14	4	4		8	2	15	5
Kao Corporation	104		7	1				1			
Suntory Holdings LTD	72		1			1			1	1	
The Procter Gamble Company	67	1	1		1			3	1		
Ueshima Coffee	64	1	1			1		1			
Ajinomoto General Foods INC	49	1	1			1	1	1	4	1	
安徽咖力士咖啡食品有限公司	38	4									
Kanebo LTD	27	1	3	1		2			1		
Kim Seo Hee	23										
Asahi Soft Drinks CO LTD	21										
苏州工业园区尚融科技有限公司	20										

注：表中单元格颜色越接近深红色代表专利申请量越多，技术创新优势越明显；越接近深绿色代表专利申请量越少，技术创新相对较弱。

（花王集团）等人，专利质量较高的还有 Kashiwai Osamu（上岛咖啡）、Kitajima Yoshiyuki（上岛咖啡）、Hayakawa Yoshinobu（花王集团）等人。

2016—2020 年，专利量在 7 件以上的发明人共有 16 个，仅有 3 个来自国外，如图 5-7 所示。赵春（安徽咖力士咖啡食品有限公司）、Kim Seo Hee、李春红（普洱金树咖啡产业有限公司）的生产力跃居前三位，但其影响力和专利质量均较差；华红林（普洱林润经贸有限公司）的生产力虽然不高，但其影响力和专利质量均跃居首位。此外，Palzer Stefan（雀巢咖啡）、陈芳（合肥不老传奇保健科技有限公司）和陈莎（云南肆只猫实业有限公司）的影响力和专利质量也较高。

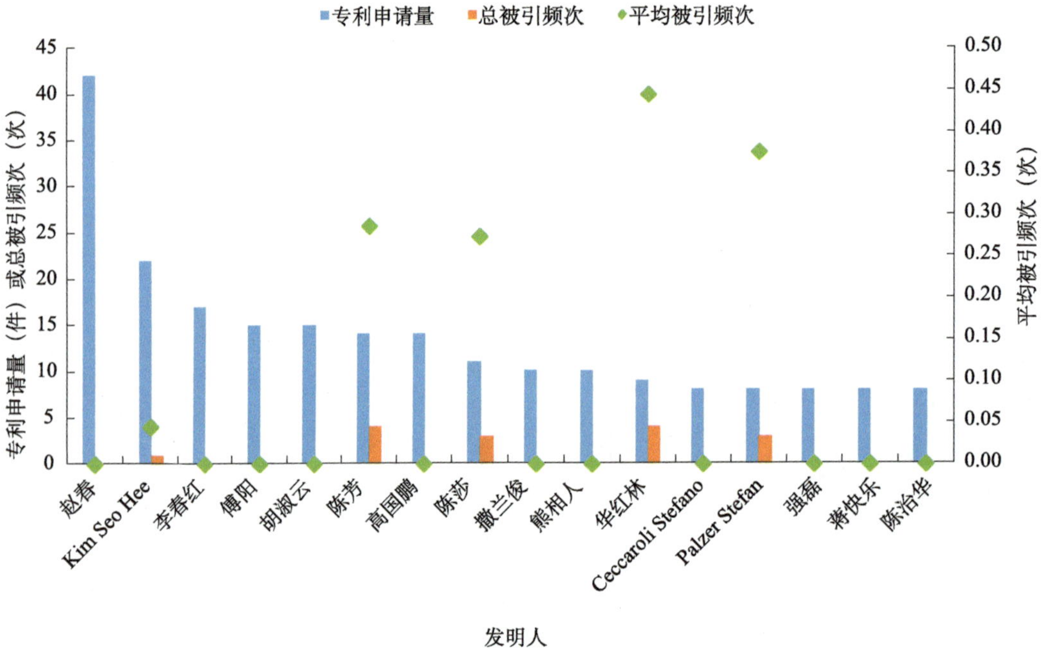

图 5-7 2016—2020 年全球咖啡技术创新领域重点发明人竞争力对比

5.1.3.2 创新布局分析

全球咖啡技术创新领域重点发明人的技术布局情况如表 5-3 所示。李春红（普洱金树咖啡产业有限公司）的专利布局方向最多，主要集中在加工装置方向，其次是食品制品、其他种植技术、温室栽培技术等方向；其他重点发明人的专利研发均主要布局在食品制品方向，其中 Kvasenkov Oleg Ivanovich（俄罗斯 KRASD 农产品贮藏和加工研究所）的布局量最多；此外，赵春（安徽咖力士咖啡食品有限公司）、Mahlmann James P（通用食品集团）在加工装置方向有专利布局，Ogura Yoshikazu（花王集团）、Hayakawa Yoshinobu（花王集团）、Yamamoto Shinji（花王集团）在医药制品方向有专利布局。

表 5-3 全球咖啡技术创新领域重点发明人技术布局

发明人	各技术创新领域专利申请量（件）							
	加工利用技术			田间管理技术			贮藏保鲜技术	育种育苗技术
	食品制品	加工装置	医药制品	其他种植技术	温室栽培技术	整地技术	贮存、运输容器	育苗技术
Kvasenkov Oleg Ivanovich	1 044							
赵春	38	4						
Trojanova Tat' jana Leonidovna	37							
Ogura Yoshikazu	28		3					
Beljakova Ljudmila Nikolaevna	26							
Kulikova Margarita Nikolaevna	26							
Kvasenkov Ivan Il' ich	26							
Tjurina Sof' ja Borisovna	26							
Bulaev Anatolij Evgen' evich	25							
Hayakawa Yoshinobu	25		2					
Kim Seo Hee	23							
Mahlmann James P	22	3						
Kashiwai Osamu	20						1	
历冠廷	20							
Kusaura Tatsuya	19		1					
Kitajima Yoshiyuki	18							
李春红	2	11		1	1	1		1
Yamamoto Shinji	16		2					
马力量	16							

注：表中单元格颜色越接近深红色代表专利申请量越多，技术创新优势越明显；越接近深绿色代表专利申请量越少，技术创新相对较弱。

5.2 甘 蔗

5.2.1 重点国家分析

5.2.1.1 竞争力分析

全球甘蔗技术创新领域研究共涉及原创国家 28 个，其中专利申请量在 10 件以上的共有 8 个，其专利申请量、总被引频次和平均被引频次如图 5-8 所示。中国的专利申请量和总被引频次均位居第一，且优势十分明显，结合数据可知，虽然自 2013 年起我国甘蔗种植面积逐步减少，但总产量却经历了“U”形发展，这与甘蔗生产相关技术的进步息息相关。在专利平均被引频次上，美国和澳大利亚均在 4.00 次以上，高于其他国家，其专利质量较高。

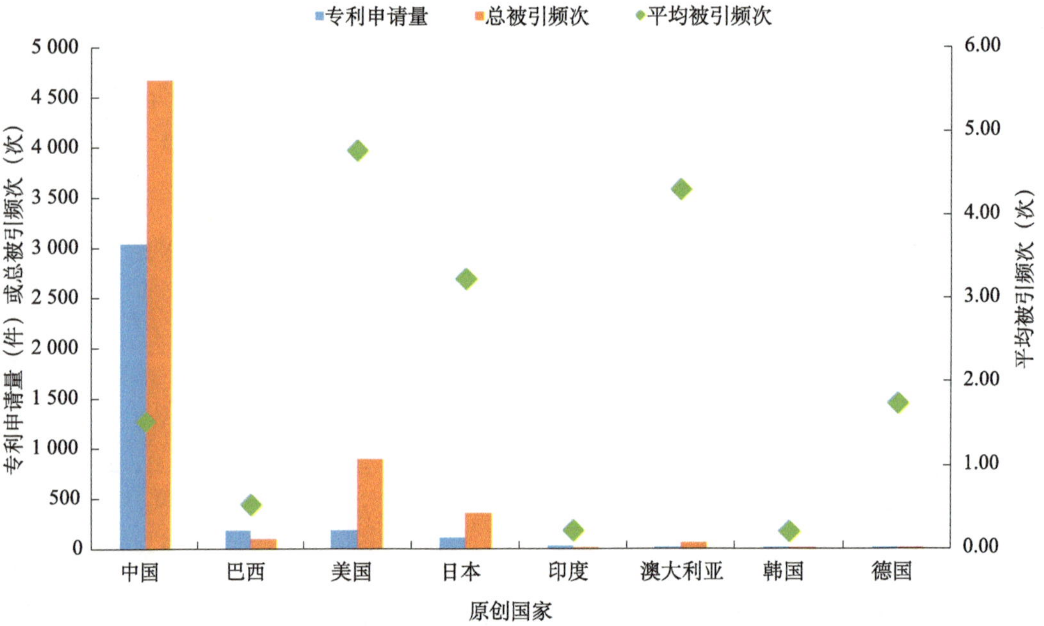

图 5-8 全球甘蔗技术创新领域重点国家竞争力对比

2016—2020 年，专利申请量在 2 件以上的国家共有 9 个，如图 5-9 所示。中国的生产力和影响力依然遥遥领先，稳居首位，且专利质量排名有了较大提升，跃居首位；巴西、美国的生产力依旧排在第二、第三位，其中美国的影响力和专利质量均有所下滑。

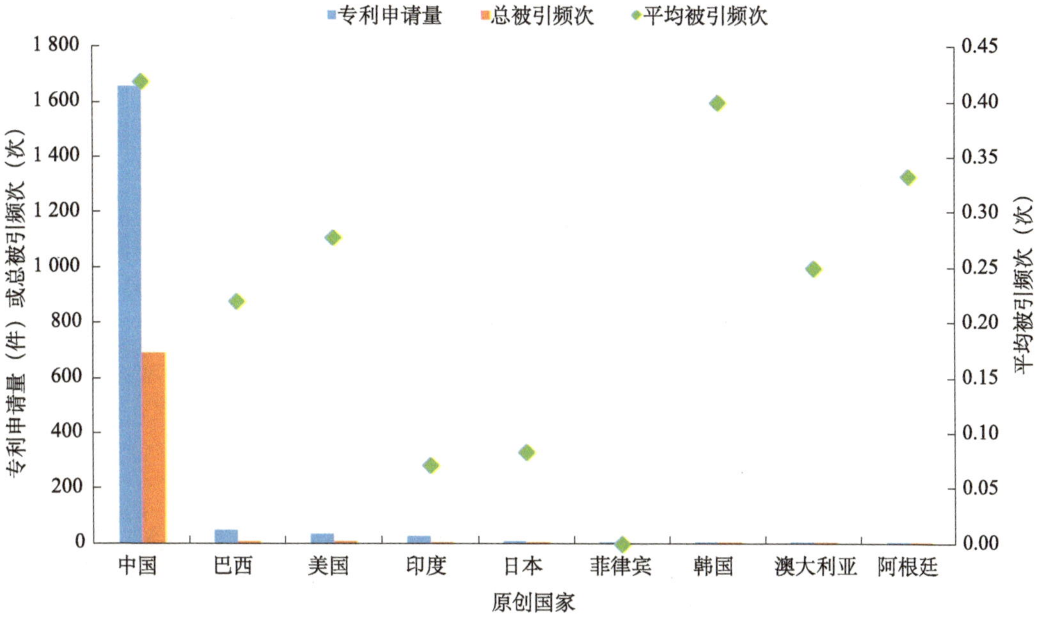

图 5-9　2016—2020 年全球甘蔗技术创新领域重点国家竞争力对比

5.2.1.2　创新布局分析

（1）重点国家专利的国际布局

对全球甘蔗技术创新领域重点原创国家的专利布局情况进行分析，如图 5-10 所示。每个重点国家均在本国布局的专利最多，除韩国外各个国家均在世界知识产权组织有专利布局；在本国外布局专利较多的国家有美国、日本等；中国、巴西等国家的绝大部分专利均布局在本国，国际专利较少。

（2）重点国家专利的技术布局

全球甘蔗技术创新领域重点国家的技术布局情况如表 5-4 所示。总体来看，重点国家的布局重点是甘蔗的田间管理、加工利用两个技术分支，尤其是采收技术、其他种植技术、病虫草害防控技术、加工装置等方向。中国在甘蔗各个技术领域均有专利布局且优势明显，表明我国对于甘蔗的研究全面领先于其他国家；巴西和日本在采收技术、食品制品，以及播种、移栽技术等方向也有较多专利布局；美国在采收技术、病虫草害防控技术和育种技术等方向有较多专利布局。

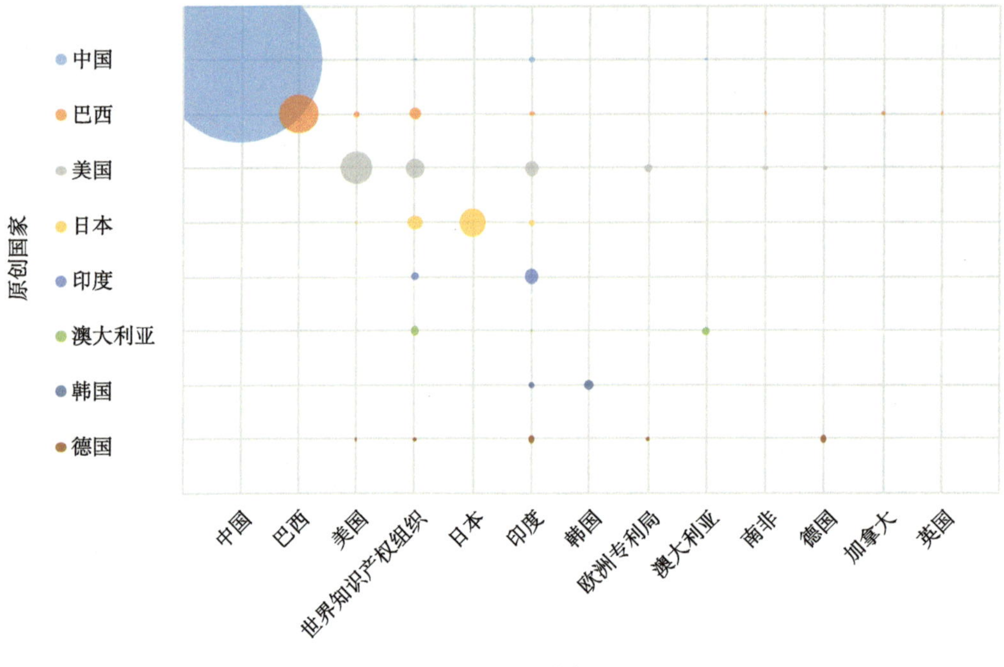

图 5-10　全球甘蔗技术创新领域重点国家专利布局

注：专利布局（气泡）图中气泡越大，代表原创国在公开国（组织）申请的专利越多；气泡越小，代表原创国在公开国（组织）申请的专利越少。

5.2.2　重点申请人分析

5.2.2.1　竞争力分析

全球甘蔗技术创新领域研究共涉及申请人 1 752 个，其中专利申请量在 20 件以上的申请人共有 19 个，如图 5-11 所示。广西壮族自治区农业科学院的生产力排在首位，广西大学的影响力排在首位，广西壮族自治区农业机械研究院的专利质量排在首位。广西壮族自治区农业科学院甘蔗领域专利申请量达 309 件，位居第一，其下属的甘蔗研究所成立于 1956 年，是以甘蔗新品种选育、生产技术创新和成果转化为主的省级甘蔗专业研究所，在甘蔗育种、栽培、植保方面均有大量研究；广西大学的影响力排在首位，其下属的广西甘蔗生物学重点实验室于2018年8月成立，通过甘蔗遗传育种学、栽培学、病理学和生理学等多学科协同，研究甘蔗生长发育和遗传育种中涉及的甘蔗高糖形成调控网络、甘蔗产量形成的分子机理、甘蔗高效栽培生理基础以及甘蔗病虫害与甘蔗的互作机制等重大科学问题和关键技术；专利平均被引频次方面广西壮族自治区农业机械研究院明显更强，其始建于 1956 年，是以研究开发农、林、牧、副、渔

表 5-4 全球甘蔗技术创新领域重点国家技术布局

国家	各技术创新领域专利申请量（件）																				
	加工利用技术							田间管理技术										贮藏保鲜技术		育种育苗技术	
	加工装置	食品制品	饲料制品	医药制品	成分提取	其他制品	肥料制品	采收技术	其他种植技术	病虫草害防控技术	整地技术	施肥技术	种子、根茎处理	播种、移栽技术	温室栽培技术	灌溉技术	水培或无土栽培	保存、催熟	贮存、运输容器	育苗技术	育种技术
中国	418	189	106	10	6	7	2	1 146	610	370	266	277	165	58	76	58	29	24	1	107	74
巴西	4	12	3					115	4	8	12	3	4	16	2	1		2		5	3
美国	2	12		8	6			64	3	47	4	3	2	5	1			1	1	8	21
日本	5	20	3	6	3			38	7	6	9	1		19		1		1		1	11
印度	1	8	1	1				8	1	4	1	1	1	1						1	
澳大利亚	1	2	1	1				5	3	1	2									2	2
韩国		8								2								1			
德国		1		1	1			5		1											1

注：表中单元格颜色越接近深红色代表专利申请量越多，技术创新优势越明显；越接近深绿色代表专利申请量越少，技术创新相对较弱。

生产及其产品加工所需的机械设备、设施为主，集科研、开发、生产、成果转化应用于一体的综合性科技型企业，在甘蔗收获机械技术方面代表了国内的先进水平。

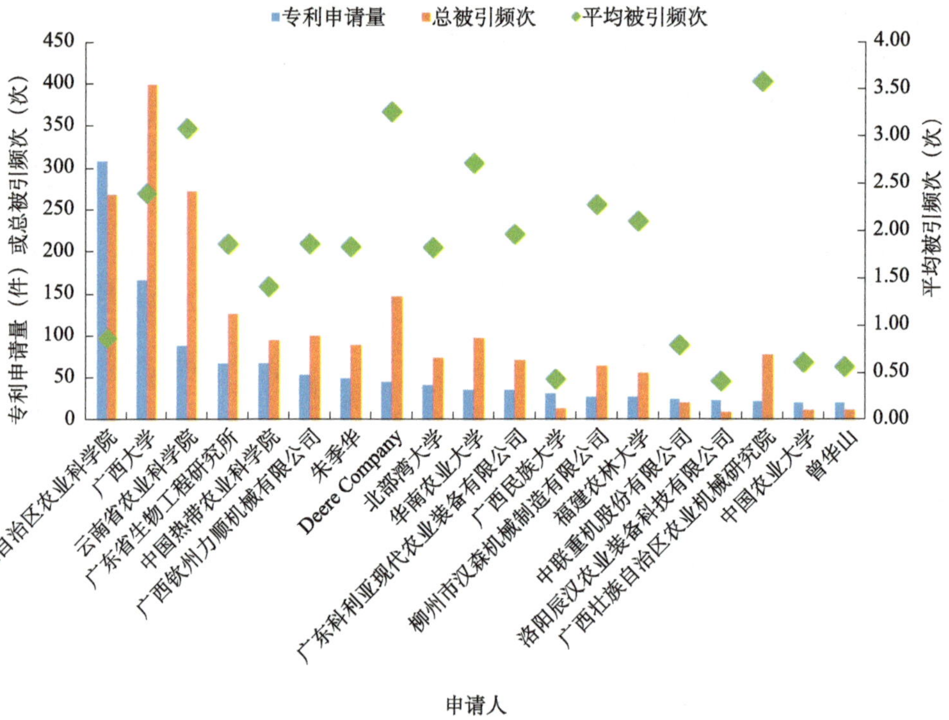

图 5-11 全球甘蔗技术创新领域重点申请人竞争力对比

2016—2020 年，专利申请量在 14 件以上的申请人共有 18 个，如图 5-12 所示。广西壮族自治区农业科学院的生产力依然排在首位，且与其他申请人的差距进一步拉大，同时，其影响力超过广西大学，跃居首位；广西大学的生产力依然排在第二位，影响力排名略微下滑，落至第二位，但专利质量排名有所提升，位居第三位；广东省生物工程研究所的生产力超过了云南省农业科学院，排在第三位，但其影响力和专利质量排名一般；广东科利亚现代农业装备有限公司的专利申请量虽然处于中游，但专利质量跃居首位。此外，华南农业大学、云南省农业科学院、广西民族大学和北部湾大学的影响力和专利质量也较高。

5.2.2.2 创新布局分析

全球甘蔗技术创新领域重点申请人的技术布局情况如表 5-5 所示。总体来看，重点申请人的布局重点是甘蔗的田间管理技术，尤其是采收技术、病虫草害防控技术、其他种植技术、整地技术、施肥技术等方向。其中，广西壮族自治区农业科学院的布局重点是其他种植技术，病虫草害防控技术，施肥技术，种子、根茎处理和育苗技术等方向；广西大学的布局重点是采收技术，其他种植技术，种子、根茎处理等方向；云南省农业科学院和广东省生物工程研究所的布局重点是其他种植技术、病虫草害防控技术等方向；中国热带农业科学院的布局重点是其他种植技术、整地技术、病虫草害防控技术等方向。

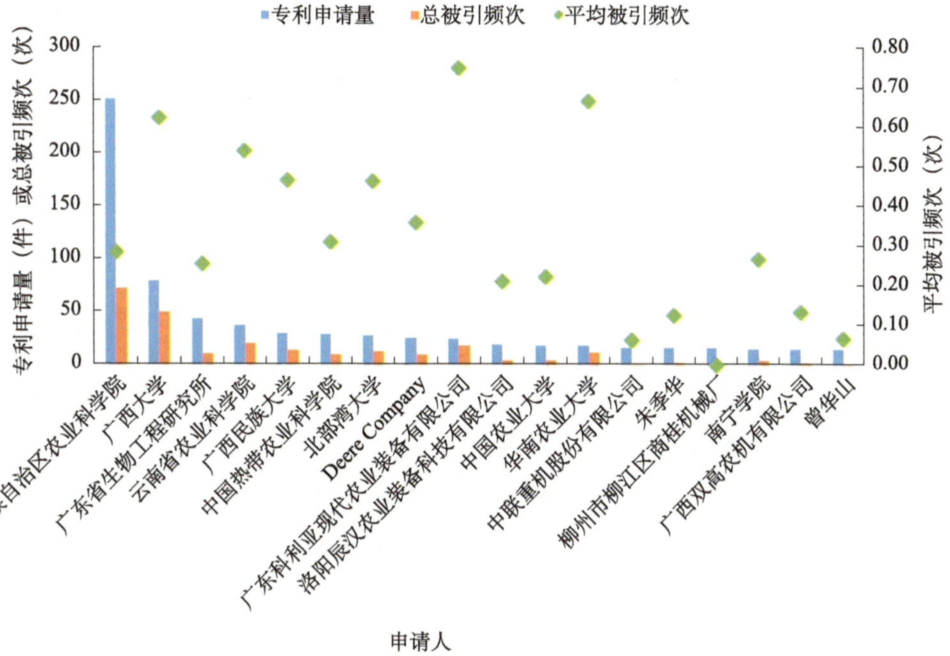

图 5-12　2016—2020 年全球甘蔗技术创新领域重点申请人竞争力对比

5.2.3　重点发明人分析

5.2.3.1　竞争力分析

全球甘蔗技术创新领域研究共涉及发明人 5 864 个，其中专利量在 39 件以上的发明人共有 17 个，如图 5-13 所示。17 个发明人全部来自中国，生产力差距不大，其中排在首位的是王维赟（广西壮族自治区农业科学院），但影响力和专利质量均不高；其余排名靠前的有李尚平（广西大学）、张荣华（广西壮族自治区农业科学院）、李毅杰（广西壮族自治区农业科学院）等人；李尚平（广西大学）的影响力排在首位，彭康益（广东科利亚现代农业装备有限公司）的专利质量排在首位；影响力和专利质量较高的还有麻芳兰（广西大学）、李松（广西壮族自治区农业科学院甘蔗研究所）、朱季华、刘丽敏（广西壮族自治区农业科学院甘蔗研究所）等人。

2016—2020 年，专利量在 29 件以上的发明人共有 17 个，如图 5-14 所示。王维赟（广西壮族自治区农业科学院）的生产力仍旧排在首位，影响力和专利质量排名略有上

表 5-5　全球甘蔗技术创新领域重点申请人技术布局

申请人	各技术创新领域专利申请量（件）																			
	加工利用技术						田间管理技术										贮藏保鲜技术		育种育苗技术	
	加工装置	食品制品	饲料制品	医药制品	成分提取	其他制品	采收技术	其他种植技术	病虫草害防控技术	整地技术	施肥技术	种子、根茎处理	播种、移栽技术	温室栽培技术	灌溉技术	水培或无土栽培	保存、催熟	贮存、运输容器	育苗技术	育种技术
广西壮族自治区农业科学院	25	7	11	2	5	1	26	113	63	37	51	42	3	32	11	12	2	1	40	16
广西大学	13	11	13			3	69	36	6	7	7	23	4	2		2	2		5	2
云南省农业科学院	1		1				3	47	30	3	16	6		5		1			6	11
广东省生物工程研究所	2	3	5	1	1	1	4	24	17	3	9	4		7	4	3			10	9
中国热带农业科学院							15	18	17	18	6	2	4	1	1	1			5	8
广西钦州力顺机械有限公司							11	31	19	17	17		10		6					
朱季华							48			1										
Deere Company							41			2										
北部湾大学	2						27	9	2	4	2		1							
华南农业大学	1			1			23	3	6	1		1	1	1						1
广东科利亚现代农业装备有限公司	2						34													
广西民族大学	3						7	14	2	5	2	7	1	2						
柳州市汉森机械制造有限公司							19	4	2	4	2		4						1	
福建农林大学	1	2	1													2	1		9	14
中联重机股份有限公司							25			1										
洛阳辰汉农业装备科技有限公司							24			1										
广西壮族自治区农业机械研究院							9	6	3	7			1							
中国农业大学	1						20		1										1	1
曾华山							21													

注：表中单元格颜色越接近深红色代表专利申请量越多，技术创新优势越明显；越接近深绿色代表专利申请量越少，技术创新相对较弱。

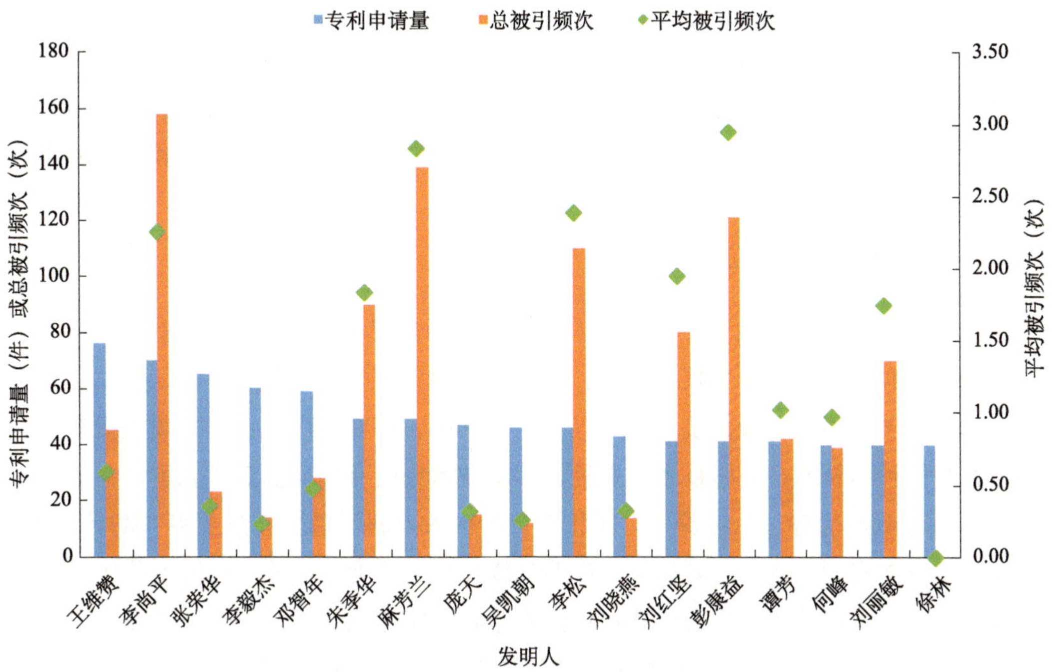

图 5-13　全球甘蔗技术创新领域重点发明人竞争力对比

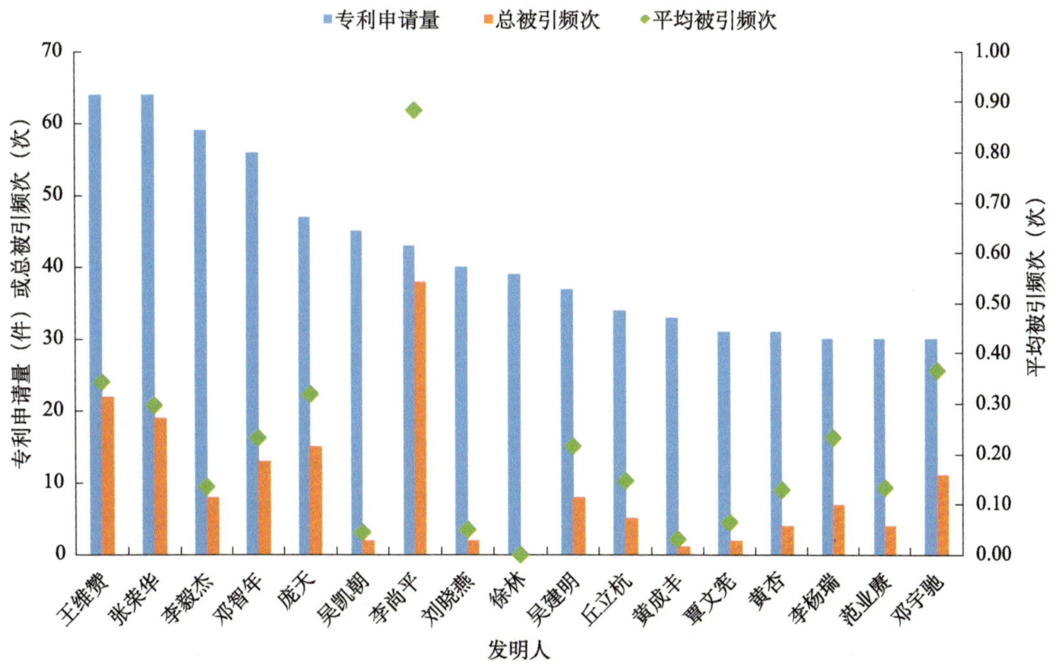

图 5-14　2016—2020 年全球甘蔗技术创新领域重点发明人竞争力对比

升；张荣华（广西壮族自治区农业科学院）和李毅杰（广西壮族自治区农业科学院）的生产力超过了李尚平（广西大学），分别排在了第二和第三位；李尚平（广西大学）的生产力排名有明显下滑，但其影响力仍排在首位，且专利质量也跃居首位，明显高于其他发明人。此外，邓宇驰（广西壮族自治区农业科学院）、庞天（广西壮族自治区农业科学院）、邓智年（广西壮族自治区农业科学院）等人的影响力和专利质量也较高。

5.2.3.2 创新布局分析

全球甘蔗技术创新领域重点发明人的技术布局情况如表 5-6 所示。重点发明人的专利均主要布局在田间管理技术方面，尤其是其他种植技术，采收技术，病虫草害防控技术，种子、根茎处理，整地技术等方向。其中，何峰（广西钦州力顺机械有限公司）在其他种植技术，施肥技术，播种、移栽技术方向有明显优势，朱季华在采收技术方向具有明显优势，王维赞（广西壮族自治区农业科学院）在病虫草害防控技术、整地技术方向有明显优势，刘俊仙（广西壮族自治区农业科学院）在温室栽培技术方向有一定优势，张荣华（广西壮族自治区农业科学院）在种子、根茎处理技术方向有一定优势。此外，刘红坚（广西壮族自治区农业科学院）在育苗技术方向有一定优势，李毅杰（广西壮族自治区农业科学院）在加工装置方向有一定优势。

表 5-6 全球甘蔗技术创新领域重点发明人技术布局

发明人	各技术创新领域专利申请量（件）																		
	加工利用技术					田间管理技术										贮藏保鲜技术		育种育苗技术	
	加工装置	橡胶制品	饲料制品	成分提取	其他制品	其他种植技术	采收技术	病虫草害防控技术	施肥技术	温室栽培技术	整地技术	种子、根茎处理	水培或无土栽培	灌溉技术	播种、移栽技术	保存、催熟	贮存、运输容器	育苗技术	育种技术
王维赞	6		1			29	7	22	10	4	25	21	2	2				2	
李尚平	6					18	40	2	2	2	5	12			1	2			
张荣华	6	1	1			26	3	20	9	6	18	24	1	5	1			5	
李毅杰	11					20	7	12	8	1	20	19		2				1	1
邓智年	6		1			19	5	15	7	3	17	20	1	2				5	3
朱季华							48				1								
麻芳兰	4					10	31	2	2		5	6			1				
庞天	6		1			16	3	15	4	1	16	19		2				1	
吴凯朝	6		1			16	3	12	5	1	15	16	1	2				2	
李松	1					17	2	13	8	9	6	5	3	5				13	
刘晓燕	3					15	4	11	6		16	14		2				3	
刘红坚	1					15	1	12	5	9	1	3	2	2				15	
彭康益	3						39												
谭芳						18	5	11	5	5	4	3	3	3	1		1	8	2
何峰						30		17	16	2	15			6	8				
刘丽敏	1			1		15	1	11	5	9	1	3	2	2				14	1
徐林	2		1			13	2	12	5	2	13	12	2	2				2	1
吴建明		1	2		1	23	2	10	15	6	1	7	3	1	2			6	1
刘俊仙	1					13	3	11	5	10	1	4	4	3			1	5	
李杨瑞	1			1		16	3	9	12	2	6	6	2	2				7	6
陈远玲	3					10	16	2	2		5	5			1				

注：表中单元格颜色越接近深红色代表专利申请量越多，技术创新优势越明显；越接近深绿色代表专利申请量越少，技术创新相对较弱。

5.3 天然橡胶

5.3.1 重点国家分析

5.3.1.1 竞争力分析

全球天然橡胶技术创新领域研究共涉及原创国家 36 个，其中专利申请量在 20 件以上的共有 9 个，其专利申请量、总被引频次和平均被引频次如图 5-15 所示。中国的专利申请量达 14 222 件，总被引频次为 1 852 次，均位居第一；但在专利平均被引频次方面，美国达到 4.25 次，其专利质量排在首位，日本次之。

2016—2020 年，专利申请量在 3 件以上的国家共有 8 个，如图 5-16 所示。中国的生产力和影响力依然遥遥领先于其他国家，且差距进一步拉大，专利质量仍排在第三位；法国和意大利的生产力排名有较大提升，分别排在第二、第三位；日本的生产力和影响力排名略有下滑，但其专利质量超过美国跃居首位。

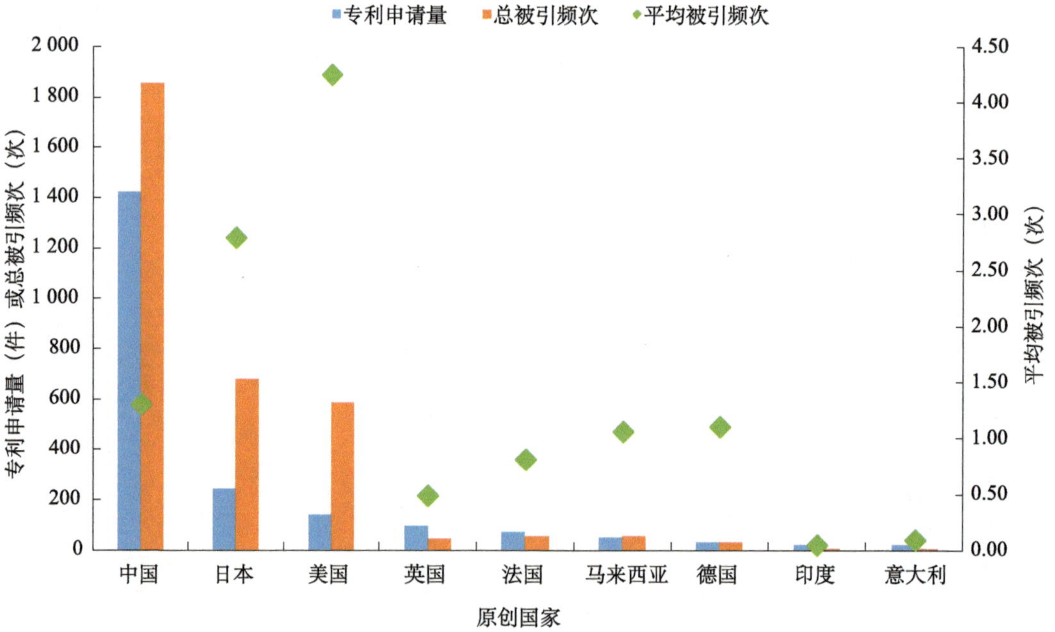

图 5-15　全球天然橡胶技术创新领域重点国家竞争力对比

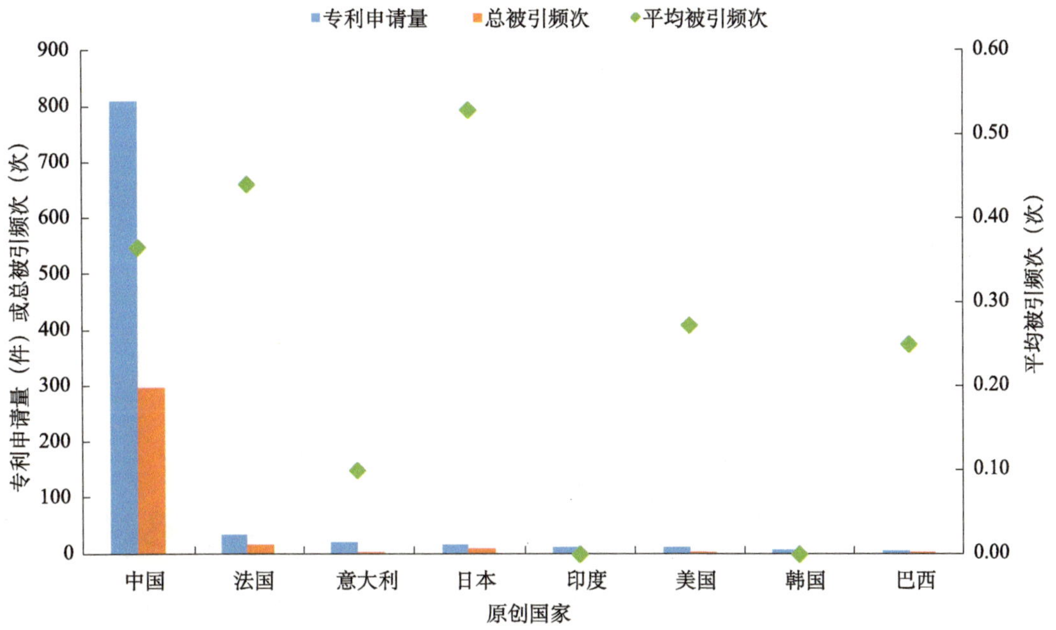

图 5-16　2016—2020 年全球天然橡胶技术创新领域重点国家竞争力对比

5.3.1.2　创新布局分析

（1）重点国家专利的国际布局

对全球天然橡胶技术创新领域重点原创国家的专利布局情况进行分析，如图 5-17 所示。每个重点国家在本国布局的专利最多，各个国家均在世界知识产权组织有专利布局；在本国外布局专利较多的国家有美国、英国、法国等；中国、印度等国家的绝大部分专利均布局在本国，国际专利较少。

（2）重点国家专利的技术布局

全球天然橡胶技术创新领域重点国家的技术布局情况如表 5-7 所示。总体来看，重点国家的布局重点是天然橡胶的加工利用、田间管理技术和育种育苗 3 个技术分支，尤其是天然橡胶制品、采收技术、病虫草害防控技术、其他种植技术和育种技术等方向。天然橡胶制品是各个国家在天然橡胶技术领域共有且布局最多的方向；此外，中国在天然橡胶的采收技术、病虫草害防控技术、其他种植技术、育种技术和育苗技术等方向也都有较大优势。

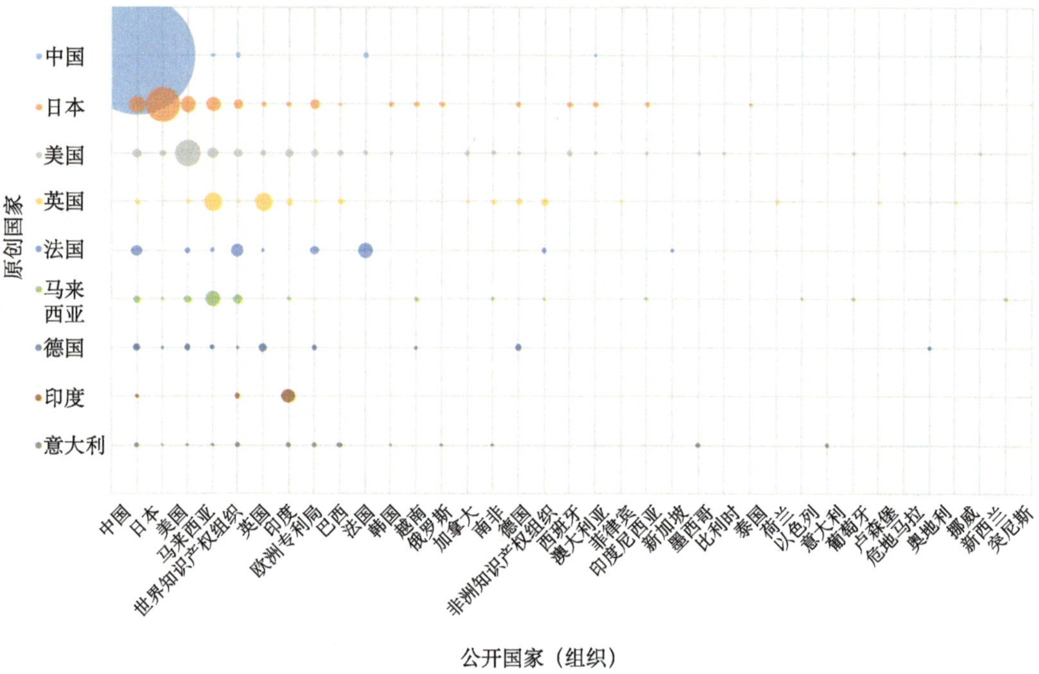

图 5-17 全球天然橡胶技术创新领域重点国家专利布局

注：专利布局（气泡）图中气泡越大，代表原创国在公开国（组织）申请的专利越多；气泡越小，代表原创国在公开国（组织）申请的专利越少。

5.3.2 重点申请人分析

5.3.2.1 竞争力分析

全球天然橡胶技术创新领域研究共涉及申请人 1 085 个，其中专利申请量在 10 件以上的申请人共有 23 个，如图 5-18 所示。中国热带农业科学院的生产力和影响力均排在首位，但 Kao Corporation（花王集团）的专利质量排在首位。中国热带农业科学院天然橡胶领域专利申请量（321 件）和总被引频次（540 次）均排在第一位，其下属的橡胶研究所是中国唯一以天然橡胶为主要研究对象的国家级研究机构，主导了我国天然橡胶产业技术体系建设，在天然橡胶树北移栽培、天然橡胶树优良无性系的引进试种、割胶技术体系改进及应用等领域取得了众多成就。专利平均被引频次方面 Kao Corporation（花王集团）和 Bridgestone Corporation（普利司通集团）明显更强，均在 4.00 次以上，Kao Corporation（花王集团）是一家以护理、清洁等高分子化学品为主要产品的大型跨国公司，与 Sumitomo Corporation（住友集团）下属的住友天然橡胶工业公司在天然橡胶脱蛋白方面有较多合作；Bridgestone Corporation（普利司通集团）是世界上最大的轮胎生产商之一，在天然橡胶的加工处理方面有较多高价值专利申请。

表 5-7 全球天然橡胶技术创新领域重点国家技术布局

国家	各技术创新领域专利申请量（件）																				
	加工利用技术							田间管理技术										贮藏保鲜技术		育种育苗技术	
	橡胶制品	加工装置	成分提取	饲料制品	医药制品	食品制品	肥料制品	病虫草害防控技术	其他种植技术	施肥技术	温室栽培技术	整地技术	灌溉技术	采收技术	水培或无土栽培	种子、根茎处理	播种、移栽技术	保存、催熟	贮存、运输容器	育种技术	育苗技术
中国	566	73	7	13	2	2	1	115	102	34	14	14	11	266	6	5	3	2	1	44	47
日本	212		6			1		7	11	1	2			3						8	4
美国	96	2	1					4						1						5	1
英国	77			1	1			5	1	3				2							
法国	58	3												4							
马来西亚	30		7		7			4												13	
德国	14																				
印度	5		2											4							
意大利	19																				

注：表中单元格颜色越接近深红色代表专利申请量越多，技术创新优势越明显；越接近深绿色代表专利申请量越少，技术创新相对较弱。

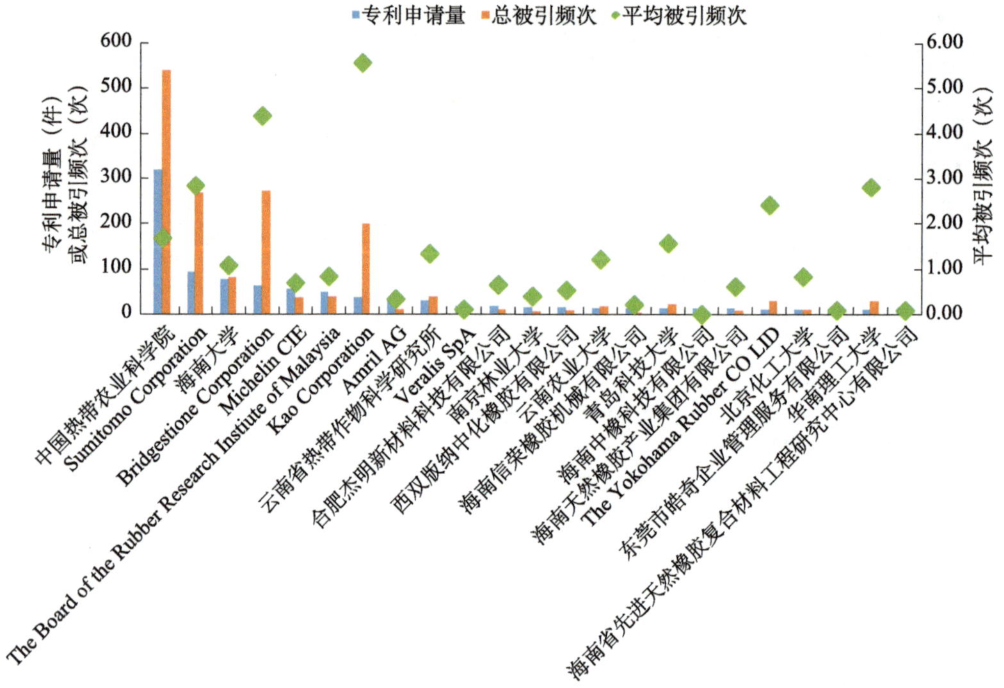

图 5-18　全球天然橡胶技术创新领域重点申请人竞争力对比

2016—2020 年，专利申请量在 6 件以上的申请人共有 17 个，如图 5-19 所示。中国热带农业科学院的生产力和影响力依然排在首位，但领先优势逐渐变小，专利质量排名变化不大；海南大学和 Michelin Corporation（米其林集团）总公司的生产力均超过 Sumitomo Corporation（住友集团），分别排在了第二、第三位，同时其影响力排名也超过了 Bridgestone Corporation（普利司通集团）、Kao Corporation（花王集团）等申请人跃居第二、第三位；福建五持恒科技发展有限公司的专利申请量虽仅有 8 件，但其平均被引频次达到了 1.13 次，专利质量跃居首位。此外，青岛科技大学、沈阳化工大学的影响力和专利质量也较高。

5.3.2.2　创新布局分析

全球天然橡胶技术创新领域重点申请人的技术布局情况如表 5-8 所示。总体来看，重点申请人的布局重点是天然橡胶的加工利用、田间管理和育种育苗 3 个技术分支，尤其是天然橡胶制品、病虫草害防控技术、其他种植技术、采收技术、育种技术和育苗技术等方向。其中，中国热带农业科学院的布局重点是天然橡胶制品、其他种植技术、采收技术、病虫草害防控技术、育种技术和育苗技术等方向；Sumitomo Corporation（住友集团）、Bridgestone Corporation（普利司通集团）和 Michelin Corporation（米其林集团）

总公司的布局重点均是天然橡胶制品方向；海南大学的布局重点是天然橡胶制品、采收技术和加工装置方向。

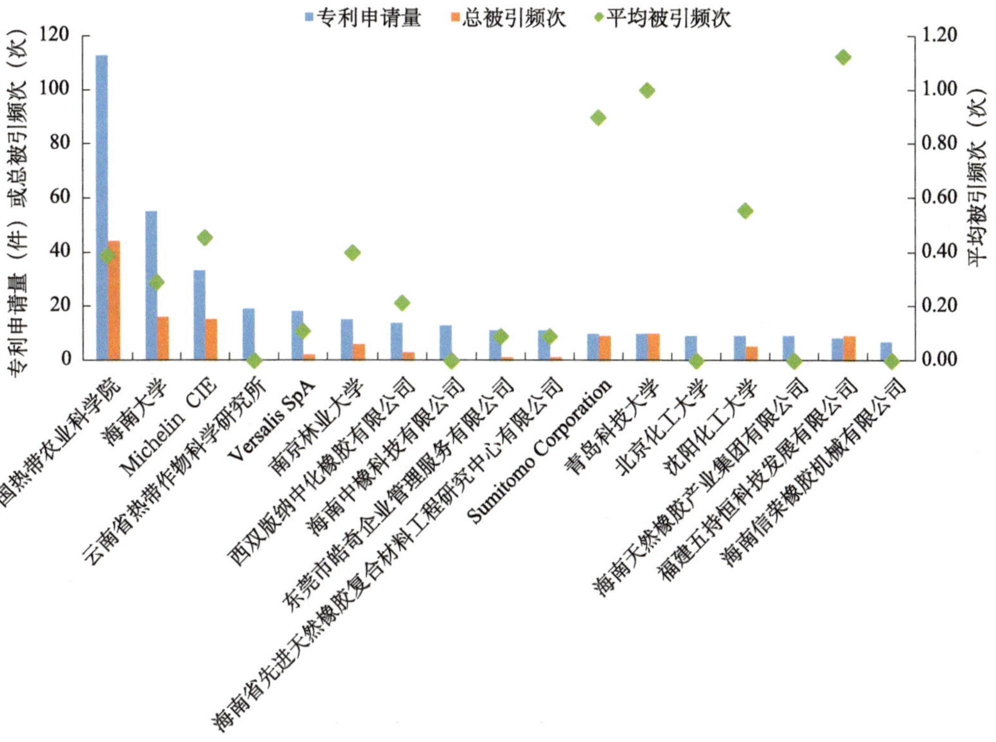

图 5-19　2016—2020 年全球天然橡胶技术创新领域重点申请人竞争力对比

5.3.3　重点发明人分析

5.3.3.1　竞争力分析

全球天然橡胶技术创新领域研究共涉及发明人 4 174 个，其中专利量在 20 件以上的发明人共有 19 个，如图 5-20 所示。19 个发明人中有 17 个来自中国，生产力差距不大，其中排在前两位的是彭政（中国热带农业科学院）和黄华孙（中国热带农业科学院），且前者的影响力也排在首位；其他排名靠前的有林位夫（中国热带农业科学院）、华玉伟（中国热带农业科学院）、谢贵水（中国热带农业科学院）等人；罗勇悦（中国热带农业科学院）的生产力不高，但专利质量排在首位；其他影响力和专利质量较高的还有曾宗强（中国热带农业科学院）、余和平（中国热带农业科学院）、黄茂芳（中国热带农业科学院）等人。

2016—2020 年，专利量在 10 件以上的发明人共有 21 个，如图 5-21 所示。张宝珍（海南大学）的生产力超过了彭政（中国热带农业科学院），排在首位，但其影响力

表 5-8　全球天然橡胶技术创新领域重点申请人技术布局

申请人	各技术创新领域专利申请量（件）																		
	加工利用技术						田间管理技术										储藏保鲜技术	育种育苗技术	
	橡胶制品	加工装置	成分提取	饲料制品	医药制品	食品制品	病虫草害防控技术	其他种植技术	施肥技术	温室栽培技术	整地技术	灌溉技术	采收技术	水培或无土栽培	种子、根茎处理	播种、移栽技术	保存、催熟	育种技术	育苗技术
中国热带农业科学院	79	5	4	1			50	66	23	8	8	3	58	3	3	1	1	35	35
Sumitomo Corporation	89		1				2	3					1					3	2
海南大学	16	13					4	1					13					6	6
Bridgestone Corporation	47		3				3	7										6	2
Michelin CIE	51																		
The Board of the Rubber Research Institute of Malaysia	42		2		7		5		1				1					8	
Kao Corporation	36						1												
Amril AG	27																		
云南省热带作物科学研究所	1					1	6	9	2	2			8						4
Versalis SpA	17																		
合肥杰明新材料科技有限公司	17																		
南京林业大学	2		1		1		1												
西双版纳中化橡胶有限公司	6	4																	
云南农业大学	2			9				1											
海南信荣橡胶机械有限公司		1																	
青岛科技大学	13																		
海南中橡科技有限公司		1											5						
海南天然橡胶产业集团有限公司	6						1						6						
The Yokohama Rubber CO LTD	10																		
北京化工大学	9																		
东莞市皓奇企业管理服务有限公司													11						
华南理工大学	9																		
海南省先进天然橡胶复合材料工程研究中心有限公司	3	2																	

注：表中单元格颜色越接近深红色代表专利申请量越多，技术创新优势越明显；越接近深绿色代表专利申请量越少，技术创新相对较弱。

和专利质量排名均较低；彭政（中国热带农业科学院）的生产力排名略微下降，但影响力和专利质量排名下滑严重；曹建华（中国热带农业科学院）的影响力和专利质量均跃居首位。此外，许逵（中国热带农业科学院）、廖禄生（中国热带农业科学院）、张园（中国热带农业科学院）等人的影响力和专利质量也较高。

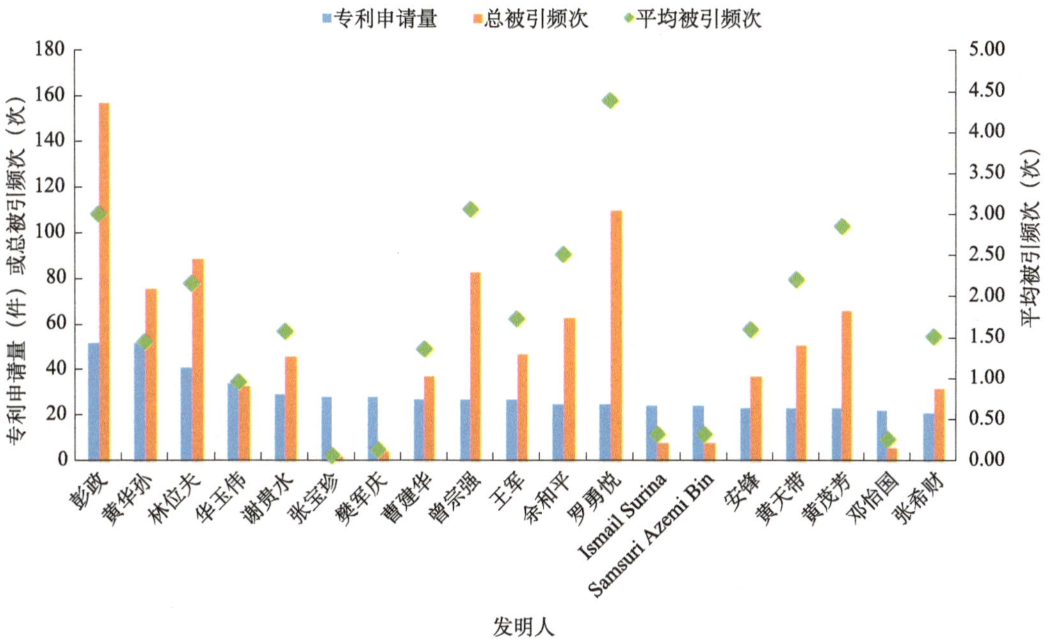

图 5-20　全球天然橡胶技术创新领域重点发明人竞争力对比

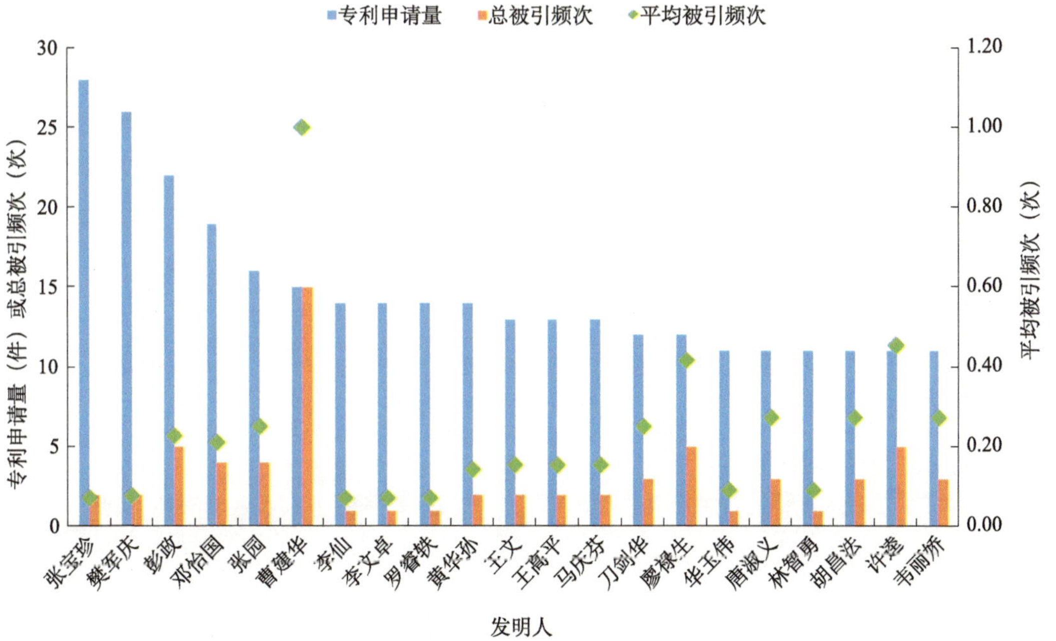

图 5-21　2016—2020 年全球天然橡胶技术创新领域重点发明人竞争力对比

5.3.3.2 创新布局分析

全球天然橡胶技术创新领域重点发明人的技术布局情况如表 5-9 所示。重点发明人的专利主要布局在田间管理、加工利用和育种育苗 3 个技术分支，尤其是橡胶制品、病虫草害防控技术、采收技术等方向。其中，彭政（中国热带农业科学院）在天然橡胶制品方向有明显优势，林位夫（中国热带农业科学院）在其他种植技术方向有一定优势，曹建华（中国热带农业科学院）在采收技术方向具有明显优势，谢贵水（中国热带农业科学院）在病虫草害防控技术方向具有一定优势，邓怡国（中国热带农业科学院）在施肥技术、整地技术方向有一定优势，黄华孙（中国热带农业科学院）在育苗技术、育种技术方向有一定优势。

表 5-9 全球天然橡胶技术创新领域重点发明人技术布局

发明人	各技术创新领域专利申请量（件）														
	加工利用技术		田间管理技术										贮藏保鲜技术	育种育苗技术	
	加工装置	橡胶制品	其他种植技术	采收技术	病虫草害防控技术	施肥技术	温室栽培技术	整地技术	种子、根茎处理	水培或无土栽培	灌溉技术	播种、移栽技术	保存、催熟	育苗技术	育种技术
彭政		46	1	1	2										
黄华孙			12	3	7	1	2	1				1		17	18
林位夫		1	13	10	13	2	2		3	1	1		1	4	3
华玉伟		1	7	2	3		2	1				1		11	13
谢贵水			10	10	16	4			2	1					
张宝珍	6	2													
樊军庆	6	2													
曹建华			2	21	3				2						
曾宗强		25													
王军		1	8	5	10	2	4		3	1	1		1	2	
余和平		22													
罗勇悦		24													
Ismail Surina		22													
Samsuri Azemi Bin		22													
安锋			4	6	14	1	1		3	1			1	1	1
黄天带			2	1	3		1							12	10
黄茂芳	2	12		1	1										
邓怡国	1		2	8	1	7		6			1				
张希财			5	6	12	1	1		2	1			1		

注：表中单元格颜色越接近深红色代表专利申请量越多，技术创新优势越明显；越接近深绿色代表专利申请量越少，技术创新相对较弱。

5.4 香　蕉

5.4.1 重点国家分析

5.4.1.1 竞争力分析

全球香蕉技术创新领域研究共涉及原创国家 30 个，其中专利申请量在 25 件以上的共有 9 个，其专利申请量、总被引频次和平均被引频次如图 5-22 所示。中国的专利申请量达 1 575 件，总被引频次为 2 807 次，均位居第一；但在专利平均被引频次方面，美国达到 6.07 次，其专利质量排在首位，日本次之。

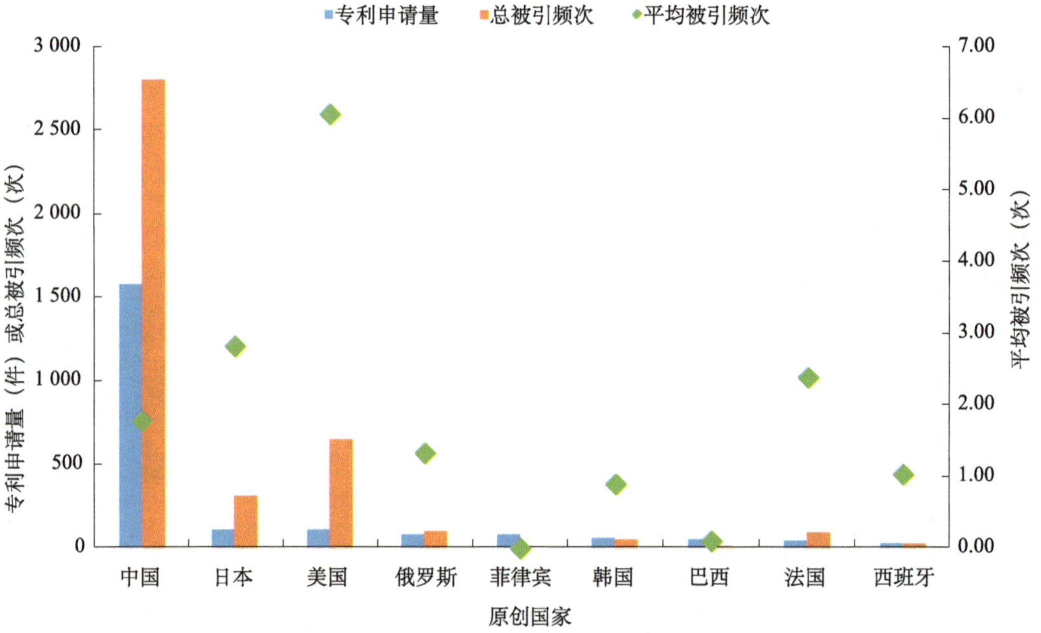

图 5-22　全球香蕉技术创新领域重点国家竞争力对比

2016—2020 年，专利申请量在 3 件以上的国家共有 9 个，如图 5-23 所示。中国的生产力和影响力依然遥遥领先，专利质量排名略有提升，排在第三位；菲律宾的生产力排名有明显提升，排在第二位，但影响力和专利质量一般；美国的生产力、影响力和专利质量排名均保持不变，分别排在第三、第二和第一位。

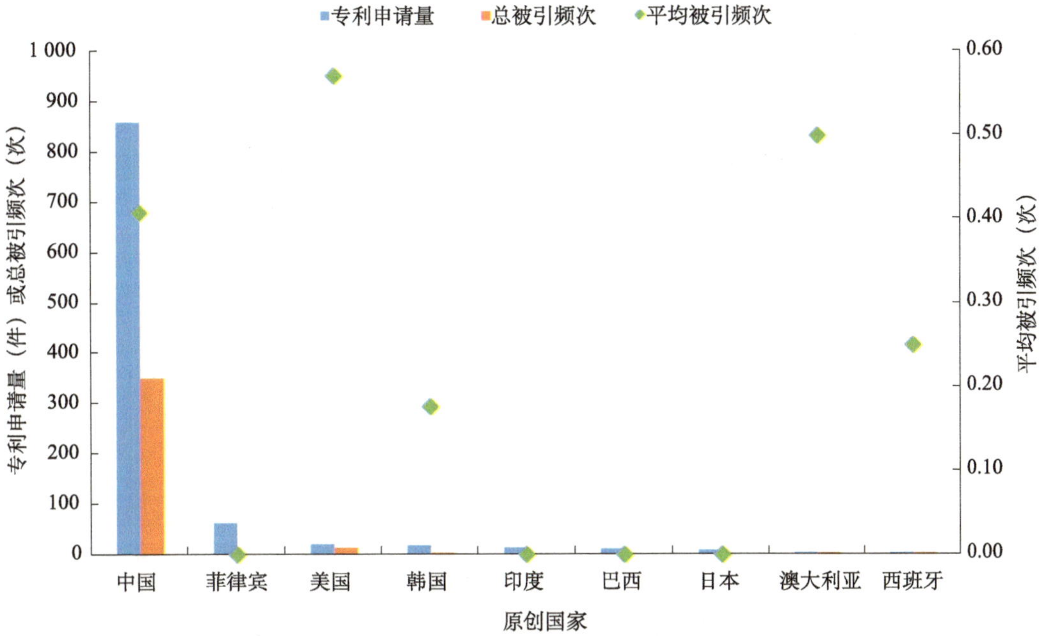

图 5-23 2016—2020 年全球香蕉技术创新领域重点国家竞争力对比

5.4.1.2 创新布局分析

（1）重点国家专利的国际布局

对全球香蕉技术创新领域重点原创国家的专利布局情况进行分析，如图 5-24 所示。每个重点国家在本国布局的专利最多，除了中国、菲律宾、俄罗斯外各个国家均在世界知识产权组织有专利布局；在本国外布局专利较多的国家有美国、法国等；中国、俄罗斯、菲律宾等国家的绝大部分甚至全部专利均布局在本国，国际专利较少。

（2）重点国家专利的技术布局

全球香蕉技术创新领域重点国家的技术布局情况如表 5-10 所示。总体来看，重点国家的布局重点是香蕉的加工利用、田间管理和贮藏保鲜 3 个技术分支，尤其是食品制品，病虫草害防控技术，采收技术，其他种植技术，保存、催熟，施肥技术等方向。中国在香蕉领域的技术创新覆盖面最广，且在各个方向均有巨大优势。食品制品，保存、催熟技术是各个国家均有布局的两个技术方向，表明了其在香蕉技术创新中的重要地位；此外，加工装置，病虫草害防控技术，贮存、运输容器等方向也有较多国家布局。

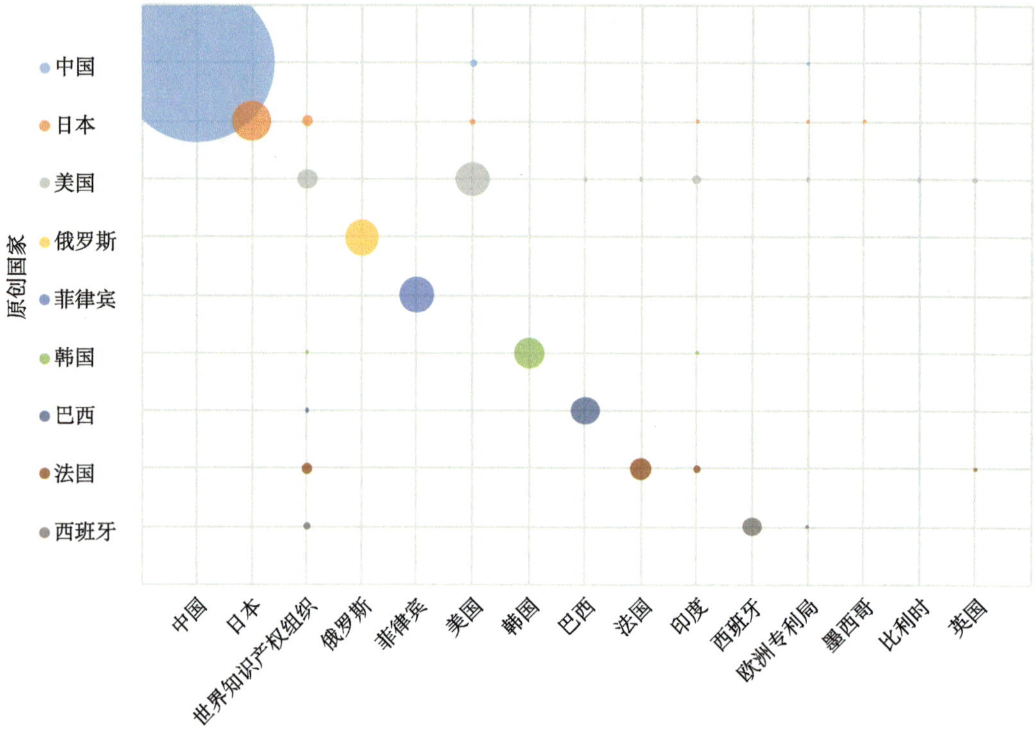

图 5-24　全球香蕉技术创新领域重点国家专利布局

注：专利布局（气泡）图中气泡越大，代表原创国在公开国（组织）申请的专利越多；气泡越小，代表原创国在公开国（组织）申请的专利越少。

5.4.2　重点申请人分析

5.4.2.1　竞争力分析

全球香蕉技术创新领域研究共涉及申请人 1 473 个，其中专利申请量在 9 件以上的申请人共有 18 个，如图 5-25 所示。中国热带农业科学院的生产力和影响力均排在首位，但华南农业大学的专利质量排在首位。中国热带农业科学院香蕉领域专利申请量（102 件）和总被引频次（250 次）均位居第一位，其下属海口实验站主要围绕热带果树产业产前、产中、产后的科技需求，以香蕉等热带果树为研究对象，重点开展种质资源收集与评价、品种选育、高效栽培、果品营养与功能分析、采后生物学与技术、果实与副产物综合利用等方面的研究；但专利平均被引频次方面华南农业大学明显更强，达到 3.83 次，海南大学、广西大学次之。

2016—2020 年，专利申请量在 7 件以上的申请人共有 15 个，如图 5-26 所示。广西壮族自治区农业科学院的生产力超过中国热带农业科学院，排在首位；中国热带农业科学院的生产力排名略有下降，影响力排名下滑排在第三位；华南农业大学的

表 5-10　全球香蕉技术创新领域重点国家技术布局

国家	各技术创新领域专利申请量（件）																				
	加工利用技术						田间管理技术											贮藏保鲜技术		育种育苗技术	
	食品制品	加工装置	饲料制品	医药制品	成分提取	肥料制品	病虫草害防控技术	其他种植技术	采收技术	施肥技术	整地技术	温室栽培技术	水培或无土栽培	灌溉技术	播种、移栽技术	林业栽培技术	种子、根茎处理	保存、催熟	贮存、运输容器	育苗技术	育种技术
中国	621	117	42	30	4	1	259	239	164	113	42	42	21	15	6	6	5	150	9	85	24
日本	55	11	2	7	3		9	2				1	1					51	8	3	2
美国	30	11	3	6	5		19	1	1	7				1			1	29	15	9	15
俄罗斯	77																	9			
菲律宾	41	2	5	1	4		2	1				1						3	2	2	
韩国	48	5	3	1	1		2	3										8	2		1
巴西	38	7	1	2	1		3		1									7	1		
法国	9	3					7	2	17							1		4	4		
西班牙	5	3	1	1			7		5		1				1			6	3		

注：表中单元格颜色越接近深红色代表专利申请量越多，技术创新优势越明显；越接近深绿色代表专利申请量越少，技术创新相对较弱。

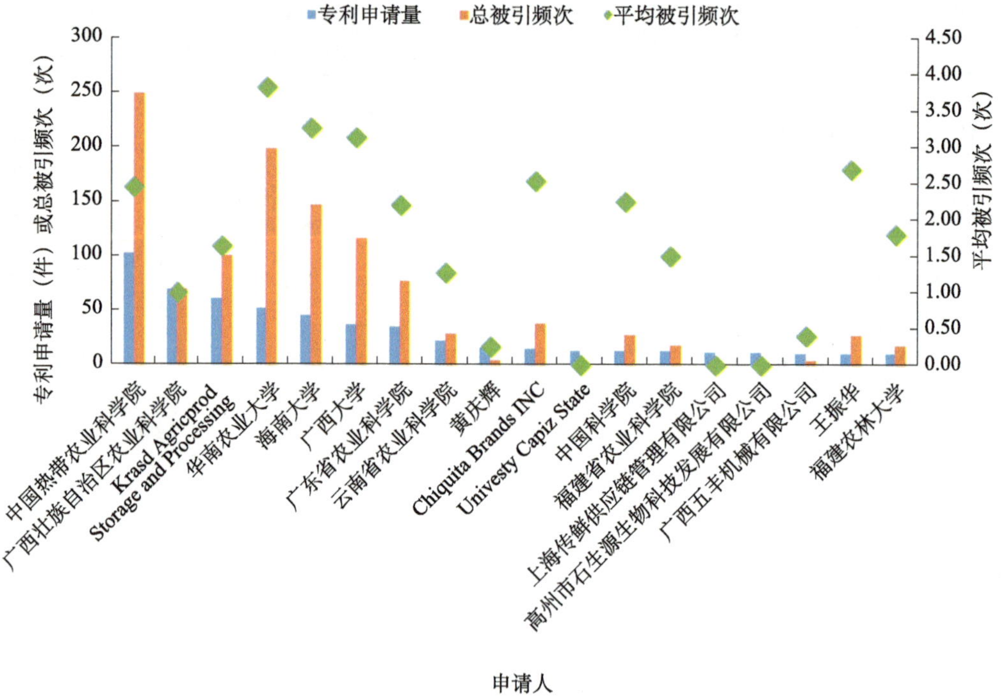

图 5-25　全球香蕉技术创新领域重点申请人竞争力对比

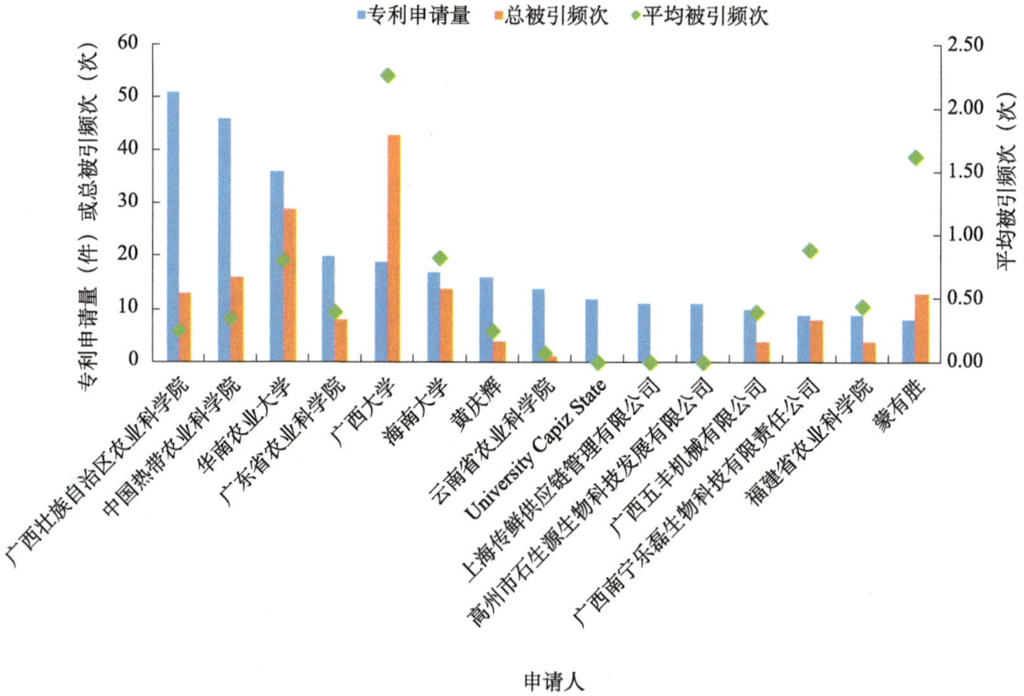

图 5-26　2016—2020 年全球香蕉技术创新领域重点申请人竞争力对比

生产力排名有较大提升，位居第三，同时其专利质量排名有所下降；广西大学的生产力排名仅有略微提升，但其总被引频次和平均被引频次分别为 43 次和 2.26 次，跃居首位，影响力和专利质量最高。此外，蒙有胜、海南大学等申请人的影响力和专利质量较高。

5.4.2.2 创新布局分析

全球香蕉技术创新领域重点申请人的技术布局情况如表 5-11 所示。总体来看，重点申请人的布局重点覆盖了香蕉加工利用、田间管理、贮藏保鲜和育种育苗 4 个技术分支，尤其是食品制品、病虫草害防控技术、其他种植技术、采收技术、育苗技术等方向。其中，中国热带农业科学院的布局重点是病虫草害防控技术、其他种植技术、施肥技术等方向；广西壮族自治区农业科学院的布局重点是其他种植技术、病虫草害防控技术、育苗技术等方向；Krasd Agric Prod Storage and Processing（俄罗斯 KRASD 农产品贮藏和加工研究所）的布局重点是食品制品方向；华南农业大学的布局重点是病虫草害防控技术、采收技术等方向；海南大学的布局重点是采收技术方向。

5.4.3 重点发明人分析

5.4.3.1 竞争力分析

全球香蕉技术创新领域研究共涉及发明人 4 097 个，其中专利量在 14 件以上的发明人共有 17 个，如图 5-27 所示。17 个发明人中有 14 个来自中国，其中生产力排在前三位的均来自国外，分别是 Kvasenkov Oleg Ivanovich（俄罗斯 KRASD 农产品贮藏和加工研究所）、Shazzo R I（俄罗斯KRASD农产品贮藏和加工研究所）、IL' INA I A（俄罗斯 KRASD 农产品贮藏和加工研究所），且三者的影响力也较高，均排在前列；梁栋（海南大学）的生产力不高，但其专利质量排在首位；其他影响力和专利质量较高的还有金志强（中国热带农业科学院）、李粤（海南大学）、张喜瑞（海南大学）、杨洲（华南农业大学）、孙健（广西壮族自治区农业科学院）等人。

2016—2020 年，专利量在 11 件以上的发明人共有 19 个，全部来自中国，如图 5-28 所示。杨洲（华南农业大学）的生产力和影响力均跃居首位，且远高于其他发明人；许泽宇（华南农业大学）的生产力虽较低，但其专利质量跃居首位。此外，段洁利（华南农业大学）、金莫辉（华南农业大学）、郭杰（华南农业大学）的影响力和专利质量也较高。

5.4.3.2 创新布局分析

全球香蕉技术创新领域重点发明人的技术布局情况如表 5-12 所示。重点发明人的专利主要布局在田间管理、加工利用和贮藏保鲜 3 个技术分支，尤其是食品制品、采

表 5-11　全球香蕉技术创新领域重点申请人技术布局

申请人	各技术创新领域专利申请量（件）																		
	加工利用技术					田间管理技术										贮藏保鲜技术		育种育苗技术	
	食品制品	加工装置	饲料制品	医药制品	成分提取	病虫草害防控技术	其他种植技术	采收技术	施肥技术	整地技术	温室栽培技术	水培或无土栽培	灌溉技术	播种、移栽技术	种子、根茎处理	保存、催熟	贮存、运输容器	育苗技术	育种技术
中国热带农业科学院	6	2	3	1	1	37	26	5	10	2	7	3	3	1	1	5		8	6
广西壮族自治区农业科学院	10	6	4			16	21	3	7	3	3	2		1		5		11	3
Krasd Agric Prod Storage and Processing	61															8			
华南农业大学	6	10		3		17	5	14	3	1		1				3			3
海南大学	2		1			4	4	28	1	6						2			
广西大学	7	5				6	9	13	4	1	1							1	
广东省农业科学院	1					11	12	3	6			3			1	3		8	3
云南省农业科学院		2	1			6	7	5	2	1						1		2	
黄庆辉							3											16	
Chiquita Brands INC	6	3														9	3		
University Capiz State	4																		
中国科学院						2										5		3	2
福建省农业科学院	3					7	3		1							1		1	
上海传鲜供应链管理有限公司		5						1								5	3		
高州市石生源生物科技发展有限公司							2				8		1					1	
广西五丰机械有限公司								10											
王振华						3	10		2	1									
福建农林大学						1	2	2				1				1		6	

注：表中单元格颜色越接近深红色代表专利申请量越多，技术创新优势越明显；越接近深绿色代表专利申请量越少，技术创新相对较弱。

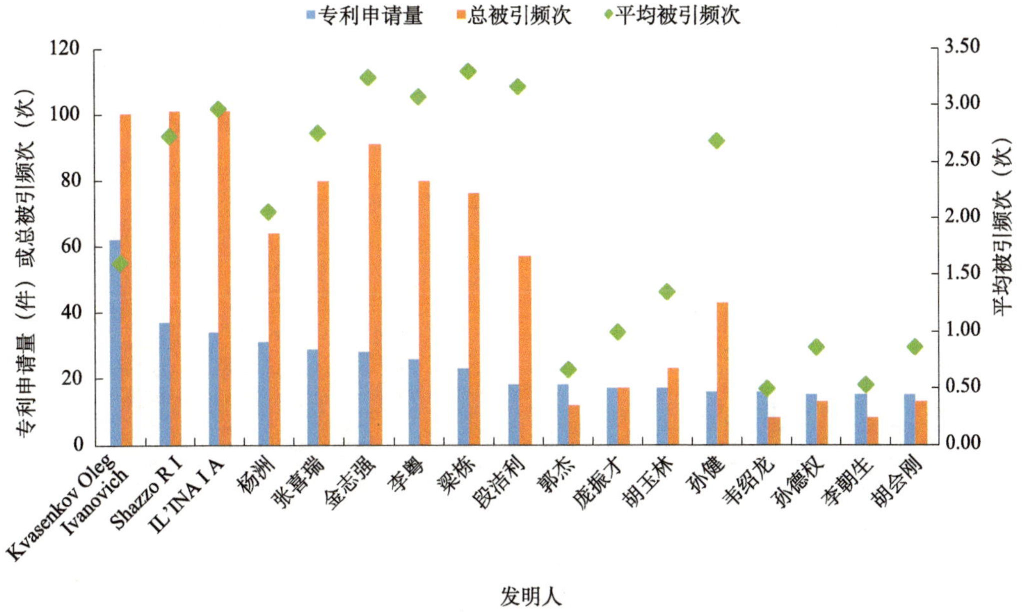

图 5-27 全球香蕉技术创新领域重点发明人竞争力对比

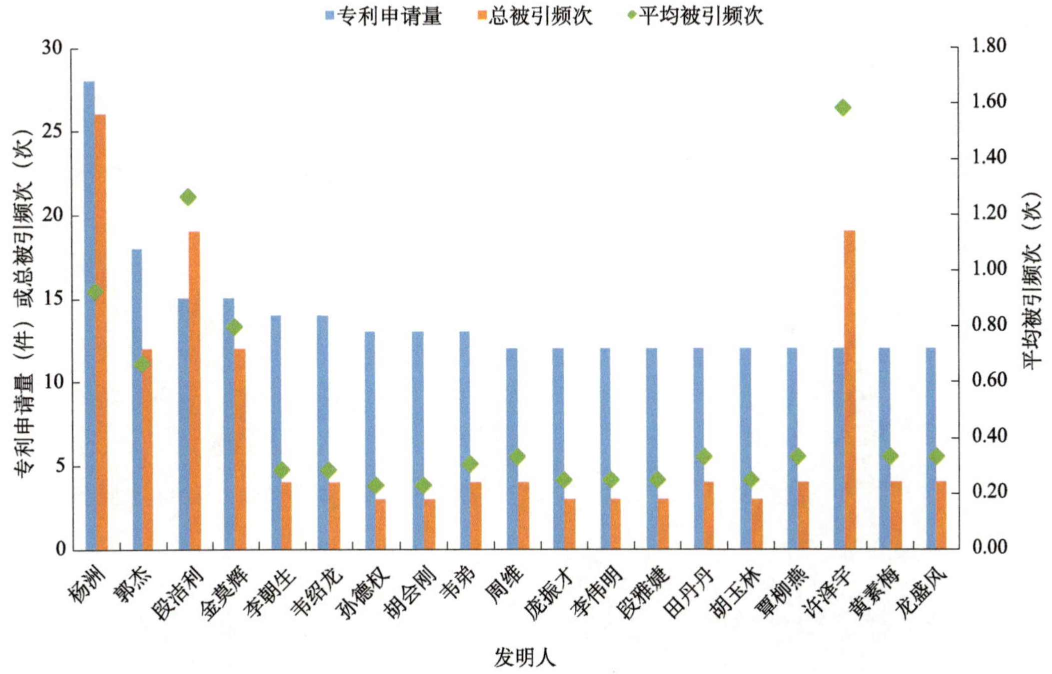

图 5-28　2016—2020 年全球香蕉技术创新领域重点发明人竞争力对比

表 5-12　全球香蕉技术创新领域重点发明人技术布局

发明人	各技术创新领域专利申请量（件）																
	加工利用技术					田间管理技术									贮藏保鲜技术	育种育苗技术	
	食品制品	加工装置	医药制品	饲料制品	成分提取	其他种植技术	采收技术	病虫草害防控技术	施肥技术	温室栽培技术	整地技术	水培或无土栽培	灌溉技术	播种、移栽技术	保存、催熟	育苗技术	育种技术
Kvasenkov Oleg Ivanovich	62														8		
Shazzo R I	37														8		
IL' INA I A	34														8		
杨洲	1	10				4	8	8	2		1						
张喜瑞							22	2			6						
金志强	3		1	1	1	6		6	1			2		1	4	5	5
李粤							23	1			3						
梁栋							20	1			3						
段洁利		9				2	3	2	2		1						
郭杰		6				4	3	4	1								
庞振才						4	2	6	1	4			2			1	
胡玉林						4	2	6	1	5			2			1	
孙健	5	3		4		1	2								4	1	
韦绍龙						6		8	1	2	1	1				4	
孙德权						4	1	6	1	4			2			1	
李朝生						7		7	1	1	1	2				2	
胡会刚						4	2	7	1	3			2				

注：表中单元格颜色越接近深红色代表专利申请量越多，技术创新优势越明显；越接近深绿色代表专利申请量越少，技术创新相对较弱。

收技术、其他种植技术等方向。其中，Kvasenkov Oleg Ivanovich（俄罗斯 KRASD 农产品贮藏和加工研究所）在食品制品方向有明显优势，杨洲（华南农业大学）在加工装置方向具有一定优势，李朝生（广西壮族自治区农业科学院）在其他种植技术方向有一定优势，李粤（海南大学）在采收技术方向具有明显优势。此外，Kvasenkov Oleg Ivanovich（俄罗斯 KRASD 农产品贮藏和加工研究所）、Shazzo R I（俄罗斯 KRASD 农产品贮藏和加工研究所）、IL' INA I A（俄罗斯 KRASD 农产品贮藏和加工研究所）在保存、催熟技术方向具有一定优势。

5.5 椰 子

5.5.1 重点国家分析

5.5.1.1 竞争力分析

全球椰子技术创新领域研究共涉及原创国家 32 个，其中专利申请量在 15 件以上的共有 10 个，其专利申请量、总被引频次和平均被引频次如图 5-29 所示。中国的专利申请量达 1 180 件，总被引频次为 1 194 次，均位居第一；但在专利平均被引频次上，美国达到 8.83 次，其专利质量排在首位，英国、法国和日本次之。

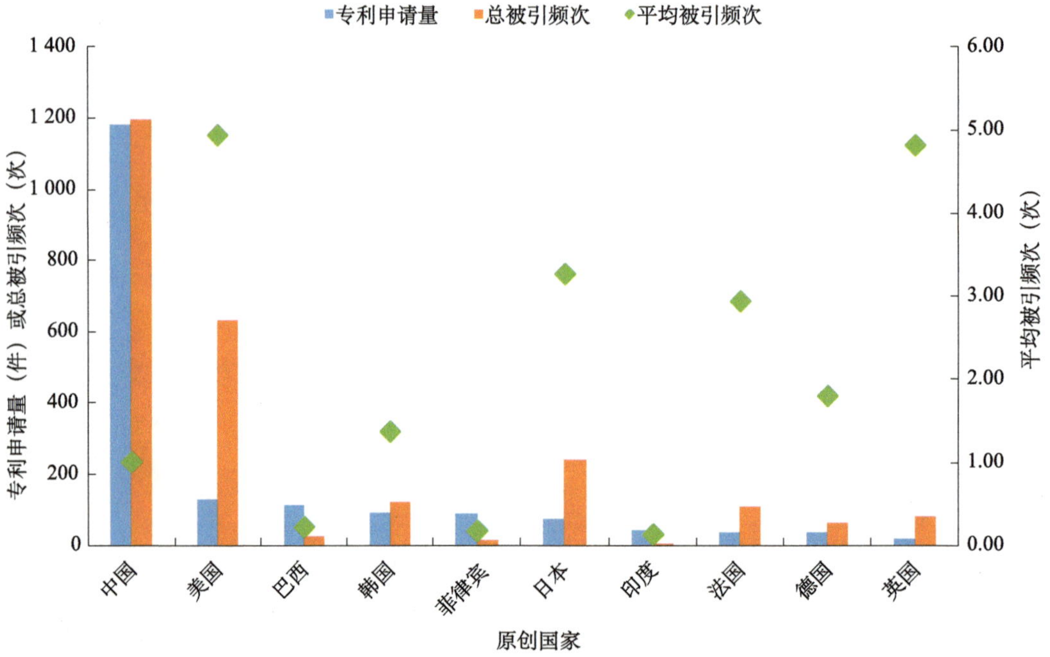

图 5-29 全球椰子技术创新领域重点国家竞争力对比

2016—2020 年，专利申请量在 2 件以上的国家共有 9 个，如图 5-30 所示。中国的生产力和影响力依然遥遥领先于其他国家，且差距进一步拉大，专利质量排名略有下滑；菲律宾和印度的生产力排名有了大幅度的提升，分别排在第二、第三位，但影响力和专利质量一般；美国的生产力排名下滑严重，但其影响力和专利质量仍然分别排在第二、第一位。

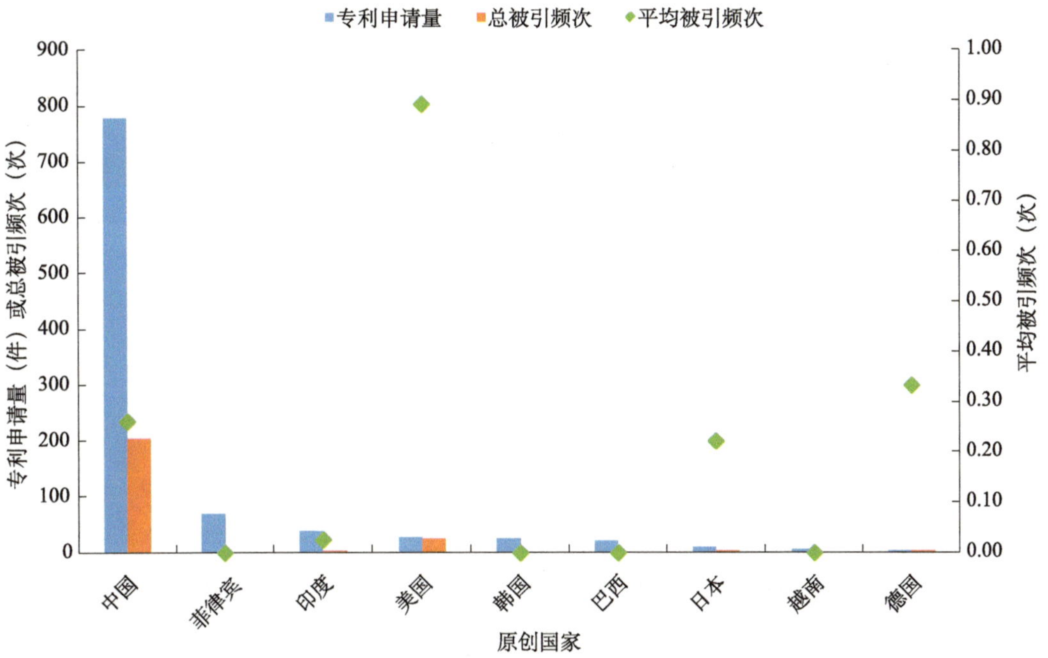

图 5-30　2016—2020 年全球椰子技术创新领域重点国家竞争力对比

5.5.1.2　创新布局分析

（1）重点国家专利的国际布局

对全球椰子技术创新领域重点原创国家的专利布局情况进行分析，如图 5-31 所示。每个重点国家在本国布局的专利最多，除了韩国外各个国家均在世界知识产权组织有专利布局；在本国外布局专利较多的国家有美国、英国等；中国、巴西、韩国等国家的绝大部分专利均布局在本国，国际专利较少。

（2）重点国家专利的技术布局

全球椰子技术创新领域重点国家的技术布局情况如表 5-13 所示。总体来看，重点国家的布局重点是椰子的加工利用技术，尤其是食品制品和加工装置方向。中国在椰子领域的技术创新覆盖面最广，且在多个方向均体现出不同优势。食品制品和加工装置是各个国家均有布局的两个技术方向，表明了其在椰子技术创新中的重要地位。

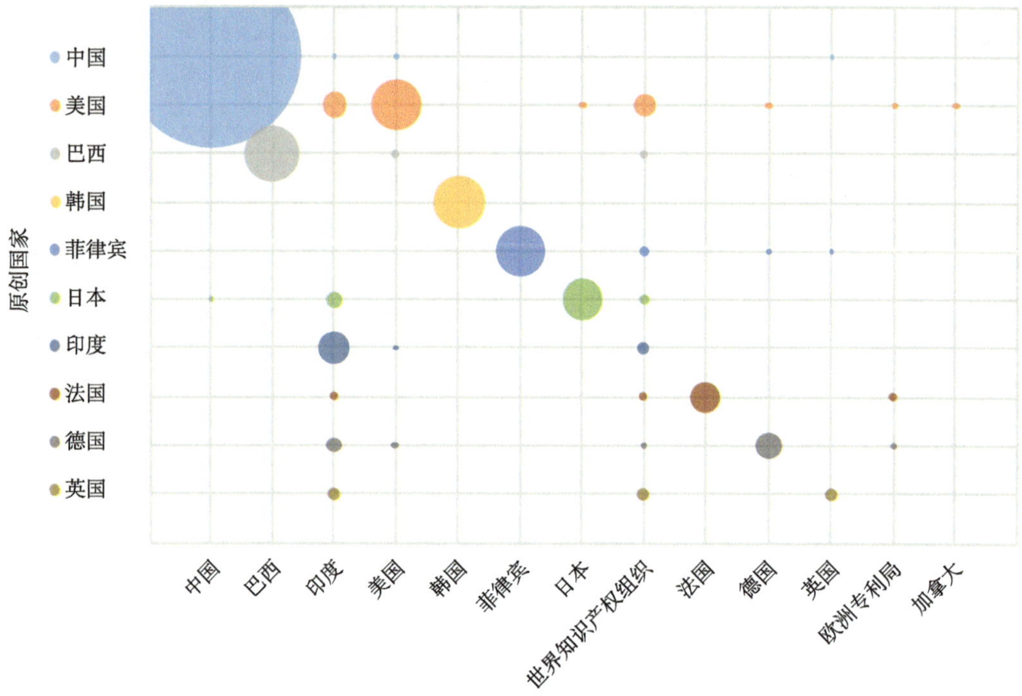

图 5-31　全球椰子技术创新领域重点国家专利布局

注：专利布局（气泡）图中气泡越大，代表原创国在公开国（组织）申请的专利越多；气泡越小，代表原创国在公开国（组织）申请的专利越少。

5.5.2　重点申请人分析

5.5.2.1　竞争力分析

全球椰子技术创新领域研究共涉及申请人 1 523 个，其中专利申请量在 9 件以上的申请人共有 14 个，如图 5-32 所示。海南大学的生产力和影响力均排在首位，中国热带农业科学院的专利质量排在首位。海南大学椰子领域专利申请量达 81 件，位居第一，总被引频次高达 115 次，影响力最强；但在专利平均被引频次方面，中国热带农业科学院明显更强，达到 2.24 次，海南大学和安徽旺旺禽业科技有限公司次之。

2016—2020 年，专利申请量在 6 件以上的申请人共有 17 个，如图 5-33 所示。海南大学的生产力和影响力依然稳居首位，且与其他申请人之间的差距进一步拉大，同时其专利质量超过了中国热带农业科学院，跃居首位且遥遥领先于其他申请人；中国热带农业科学院的生产力和影响力排在第二位，但与第一差距较大，且专利质量也有所下滑。此外，除倪晋挺、海南春光食品有限公司外，其他申请人的总被引频次均为 0 次。

表 5-13 全球椰子技术创新领域重点国家技术布局

国家	各技术创新领域专利申请量（件）																				
	加工利用技术							田间管理技术										贮藏保鲜技术		育种育苗技术	
	食品制品	加工装置	饲料制品	医药制品	成分提取	其他制品	肥料制品	其他种植技术	病虫草害防控技术	采收技术	温室栽培技术	水培或无土栽培	施肥技术	种子、根茎处理	整地技术	林业栽培技术	灌溉技术	保存、催熟	贮存、运输容器	育苗技术	育种技术
中国	548	506	26	11	10	1	1	25	24	42	10	19	17	3	6	3	1	29	6	14	5
美国	68	30	4	13	4	1		6	10	1	4	2	2	1				10	2	1	3
巴西	40	56	3	1	1	1			2	2	5	1						5	1	5	1
韩国	39	5	7	5	3	2		26	4	1	10	3	4	6				3		2	
菲律宾	54	13			5				4									16			1
日本	30	3	8	2	1	2		15	8	1	1	3	2					2		3	
印度	7	24		2						2		1			1			3	1		
法国	10	22	1	3	1		1	2	1		3	3	3					1		1	
德国	10	7	3					1	2	1	4	2	2	1		2			2		1
英国	2	5	2	3					1											2	

注：表中单元格颜色越接近深红色代表专利申请量越多，技术创新优势越明显；越接近深绿色代表专利申请量越少，技术创新相对较弱。

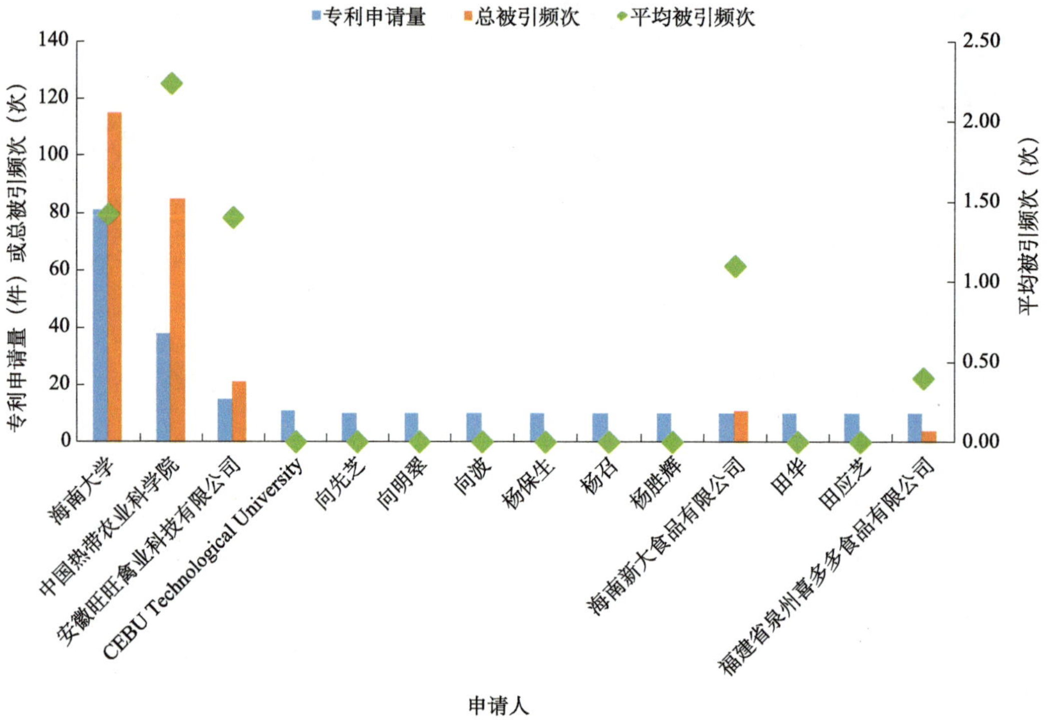

图 5-32　全球椰子技术创新领域重点申请人竞争力对比

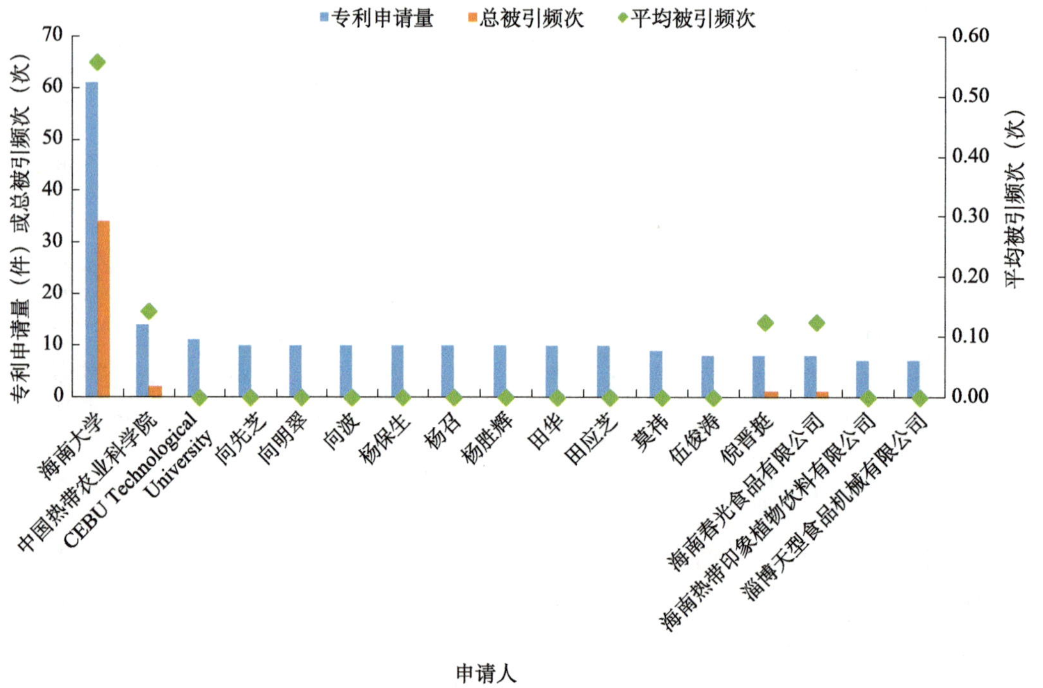

图 5-33　2016—2020 年全球椰子技术创新领域重点申请人竞争力对比

5.5.2.2 创新布局分析

全球椰子技术创新领域重点申请人的技术布局情况如表 5-14 所示。总体来看，重点申请人的布局重点是椰子的加工利用技术，尤其是加工装置、食品制品和饲料制品方向。其中，海南大学的布局重点是加工装置、食品制品等方向；中国热带农业科学院的布局较为全面，重点是食品制品、其他种植技术、病虫草害防控技术、育苗技术等方向；安徽旺旺禽业科技有限公司的布局重点是饲料制品方向；CEBU Technological University（菲律宾宿务科技大学）的布局重点是食品制品，成分提取，保存、催熟技术方向；向先芝、向明翠等人的布局重点是加工装置方向。

5.5.3 重点发明人分析

5.5.3.1 竞争力分析

全球椰子技术创新领域研究共涉及发明人 3 213 个，其中专利量在 8 件以上的发明人共有 17 个，如图 5-34 所示。17 个发明人全部来自中国，生产力存在一定差距，其中排在首位的是樊军庆（海南大学），且其影响力和专利质量也均排在首位；其他影响力和专利质量较高的还有张宝珍（海南大学）、樊晨曦（海南大学）、方永静（安徽旺旺禽业科技有限公司）、谢长明（安徽旺旺禽业科技有限公司）等人。

2016—2020 年，专利量在 7 件以上的发明人共有 17 个，如图 5-35 所示。张宝珍（海南大学）和张燕（海南大学）的生产力超过樊军庆（海南大学），均跃居首位，且前者的影响力排名也跃升至第一位；樊军庆（海南大学）的生产力、影响力和专利质量排名均有不同程度的下滑。此外，樊晨曦（海南大学）、王居飞（海南大学）的影响力和专利质量也较高。

5.5.3.2 创新布局分析

全球椰子技术创新领域重点发明人的技术布局情况如表 5-15 所示。重点发明人的专利主要布局在加工利用技术，尤其是加工装置、饲料制品等方向。其中，樊军庆（海南大学）、张宝珍（海南大学）和张燕（海南大学）在加工装置方向具有明显优势，方永静（安徽旺旺禽业科技有限公司）、谢长明（安徽旺旺禽业科技有限公司）在饲料制品方向有明显优势，莫袆和许庆纯（福建省泉州喜多多食品有限公司）在食品制品方向具有一定优势。

表 5-14　全球椰子技术创新领域重点申请人技术布局

申请人	各技术创新领域专利申请量（件）																
	加工利用技术					田间管理技术									贮藏保鲜技术	育种育苗技术	
	食品制品	加工装置	饲料制品	医药制品	成分提取	其他种植技术	病虫草害防控技术	采收技术	温室栽培技术	水培或无土栽培	施肥技术	种子、根茎处理	整地技术	林业栽培技术	保存、催熟	育苗技术	育种技术
海南大学	15	61	1	1			2	2					2		2	1	
中国热带农业科学院	13	1	1	1	1	7	6	1	1	2	3	1		1	2	6	3
安徽旺旺禽业科技有限公司			15														
CEBU Technological University	7				2										1		
向先芝	1	10															
向明翠	1	10															
向波	2	10															
杨保生		10															
杨召		10															
杨胜辉	2	10															
海南新大食品有限公司	5	5					1										
田华	1	10															
田应芝		10															
福建省泉州喜多多食品有限公司	9	2															

注：表中单元格颜色越接近深红色代表专利申请量越多，技术创新优势越明显；越接近深绿色代表专利申请量越少，技术创新相对较弱。

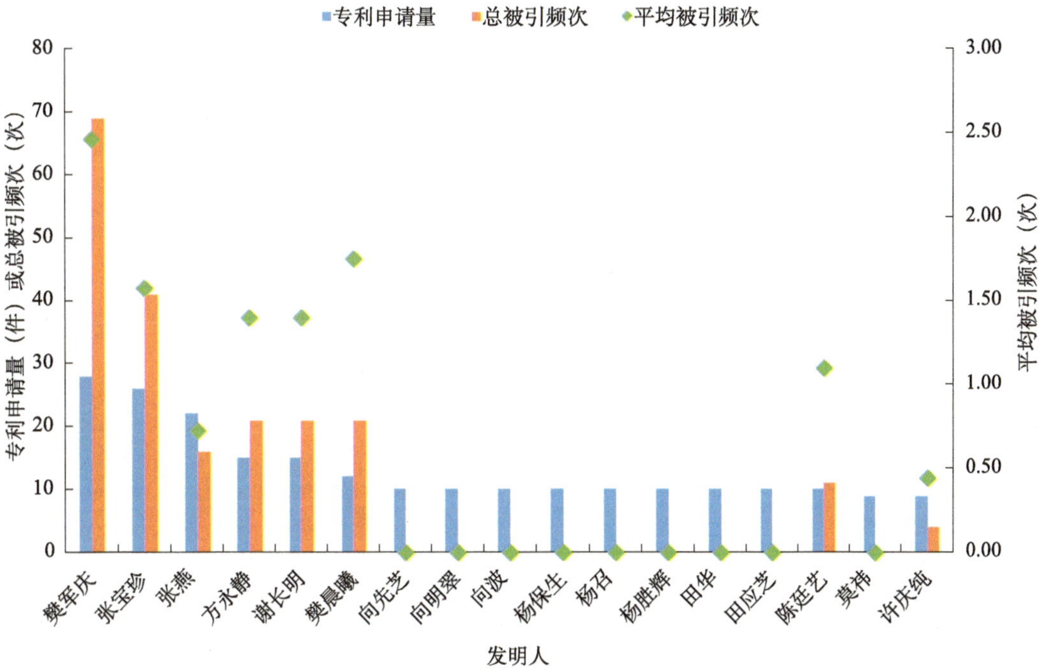

图 5-34　全球椰子技术创新领域重点发明人竞争力对比

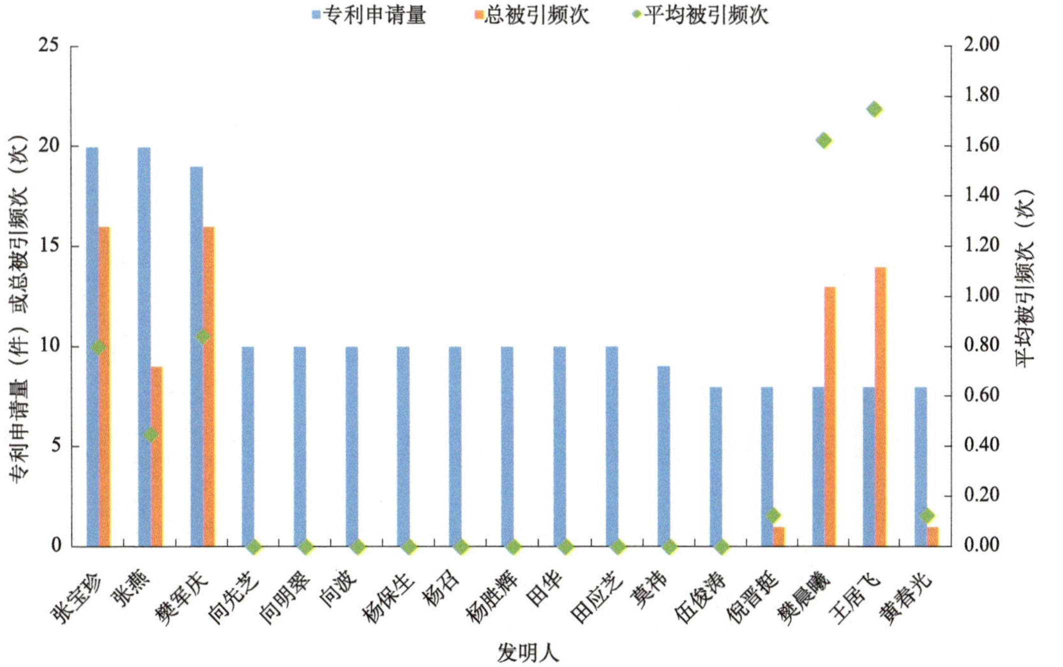

图 5-35　2016—2020 年全球椰子技术创新领域重点发明人竞争力对比

表 5-15　全球椰子技术创新领域重点发明人技术布局

发明人	各技术创新领域专利申请量（件）					
	加工利用技术			田间管理技术		贮藏保鲜技术
	食品制品	加工装置	饲料制品	采收技术	病虫草害防控技术	保存、催熟
樊军庆	1	27				
张宝珍		26				
张燕	1	22		1		
方永静			15			
谢长明			15			
樊晨曦		12				
向先芝	1	10				
向明翠	1	10				
向波	2	10				
杨保生		10				
杨召		10				
杨胜辉	2	10				
田华	1	10				
田应芝		10				
陈廷艺	5	5			1	
莫祎	9					2
许庆纯	8	2				

注：表中单元格颜色越接近深红色代表专利申请量越多，技术创新优势越明显；越接近深绿色代表专利申请量越少，技术创新相对较弱。

5.6 可 可

5.6.1 重点国家分析

5.6.1.1 竞争力分析

全球可可技术创新领域研究共涉及原创国家 39 个，其中专利申请量在 35 件以上的共有 10 个，其专利申请量、总被引频次和平均被引频次如图 5-36 所示。中国的专利申请量达 398 件，位居第一，但优势并不明显；美国的总被引频次为 2 404 次，远高于其他国家；在专利平均被引频次上，美国也展现出明显优势，达到 11.29 次，说明美国的影响力和专利质量均排在首位。

2016—2020 年，专利申请量在 4 件以上的国家共有 10 个，如图 5-37 所示。中国的生产力依然稳居首位，且与其他国家的差距明显拉大，影响力超过美国和日本跃居首位，专利质量也跃居第三位；日本的生产力依然排在第二位，其影响力和专利质量均有明显下滑；菲律宾的生产力排名有了较大提升，排在第三位，其影响力和专利质量一般。此外，美国、韩国的影响力和专利质量也较高。

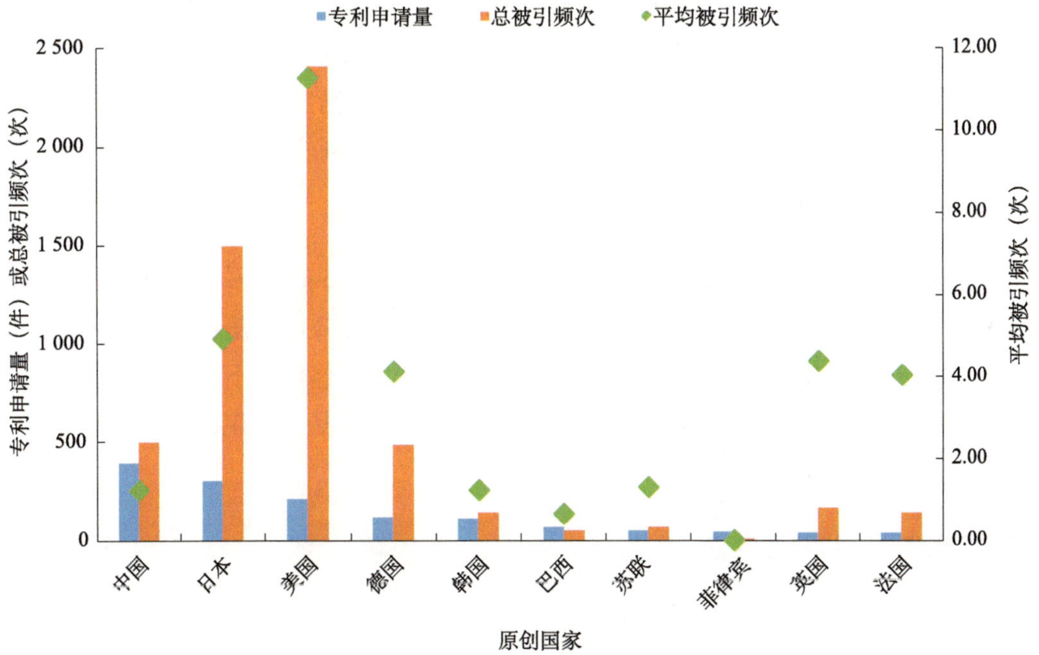

图 5-36 全球可可技术创新领域重点国家竞争力对比

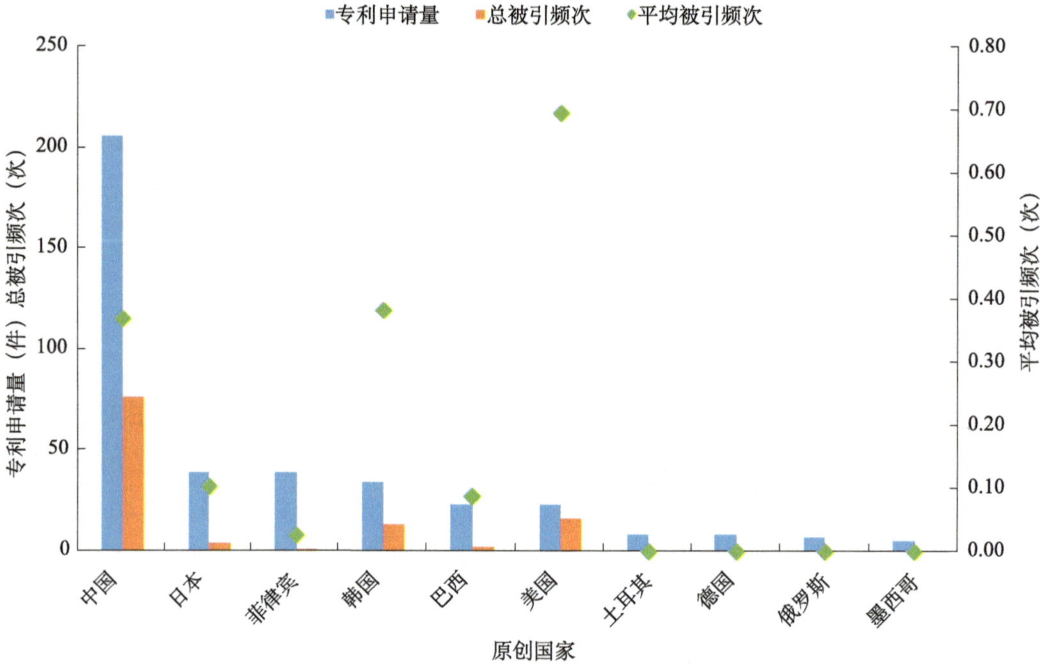

图 5-37　2016—2020 年全球可可技术创新领域重点国家竞争力对比

5.6.1.2　创新布局分析

（1）重点国家专利的国际布局

对全球可可技术创新领域重点原创国家的专利布局情况进行分析，如图 5-38 所示。每个重点国家在本国布局的专利最多，除了中国、苏联、菲律宾外各个国家均在世界知识产权组织有专利布局；在本国外布局专利较多的国家有日本、美国、英国等；中国、韩国等国家的绝大部分专利均布局在本国，国际专利较少。

（2）重点国家专利的技术布局

全球可可技术创新领域重点国家的技术布局情况如表 5-16 所示。总体来看，重点国家的布局重点是可可的加工利用技术，尤其是食品制品方向，是各个国家共有且重点布局的方向。中国仅在食品制品方向具有一定优势，总体优势不明显；此外，德国在加工装置方向具有一定优势，美国在医药制品，饲料制品，保存、催熟，育种育苗技术等方向具有一定优势。

5.6.2　重点申请人分析

5.6.2.1　竞争力分析

全球可可技术创新领域研究共涉及申请人 1 327 个，其中专利申请量在 9 件以上的

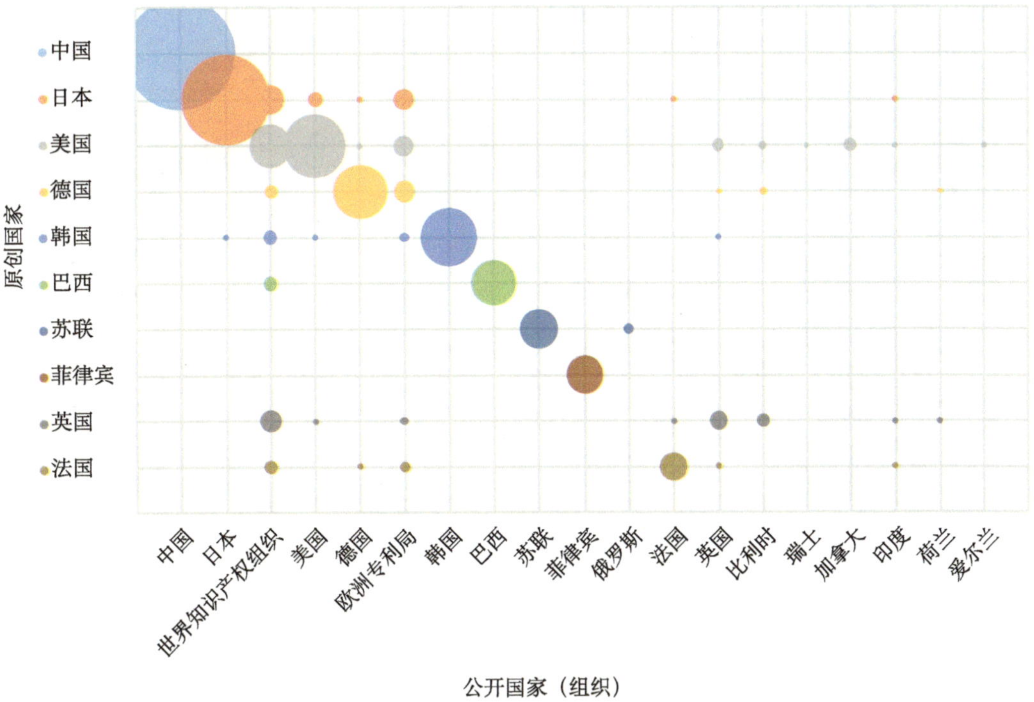

图 5-38　全球可可技术创新领域重点国家专利布局

注：专利布局（气泡）图中气泡越大，代表原创国在公开国（组织）申请的专利越多；气泡越小，代表原创国在公开国（组织）申请的专利越少。

申请人共有 18 个，如图 5-39 所示。Morinaga CO（森永制果集团）的生产力排在首位，但优势不明显，Mars INC（玛氏公司）的影响力和专利质量均排在首位。Morinaga CO（森永制果集团）是日本的食品企业之一，在该领域专利申请量达 51 件，位居第一，主要涉足糖果、巧克力、饼干等休闲食品、健康食品与冷饮等多个领域。Mars INC（玛氏公司）在影响力和专利质量方面更强，总被引频次达到 374 次，平均被引频次达到 16.26 次，其主要业务涉及零食类（糖果巧克力）、宠物类、主食和电子产品的制造和营销。

2016—2020 年，专利申请量在 4 件以上的申请人共有 12 个，其中来自国内的申请人数量有了较大的增长，如图 5-40 所示。浙江启利兴光可可制品股份有限公司的生产力跃居首位，生产力最高，但其专利总被引频次和平均被引频次均为 0 次；泗县甘滋罗食品有限公司的专利申请量虽仅有 5 件，但其专利总被引频次和平均被引频次分别为 12 次和 2.40 次，均跃居首位，其影响力和专利质量最高。此外，广西筑梦三体科技有限公司、Nestec SA（雀巢公司）、Morinaga CO（森永制果集团）的影响力和专利质量也较高。

表 5-16 全球可可技术创新领域重点国家技术布局

国家	各技术创新领域专利申请量（件）																	
	加工利用技术						田间管理技术								贮藏保鲜技术		育种育苗技术	
	食品制品	加工装置	医药制品	成分提取	饲料制品	其他制品	病虫草害防控技术	其他种植技术	温室栽培技术	采收技术	施肥技术	播种、移栽技术	水培或无土栽培	灌溉技术	保存、催熟	贮存、运输容器	育种技术	育苗技术
中国	374	22	10	2			3	6	1					1	5		1	2
日本	292	5	20	12	3		5	2							6		3	3
美国	178	13	35	12	9		6	5					1		9	3	8	11
德国	107	27	5	4	3		4	1	1		1				4	1		
韩国	107	3	8	5		2			1		1				3	1		
巴西	54	18		1	1		1			3					2			
苏联	51				1													
菲律宾	32	4					4	1				1			1			1
英国	30	3	6				2										2	
法国	30	7	3	4	1	2									5	1		

注：表中单元格颜色越接近深红色代表专利申请量越多，技术创新优势越明显；越接近深绿色代表专利申请量越少，技术创新相对较弱。

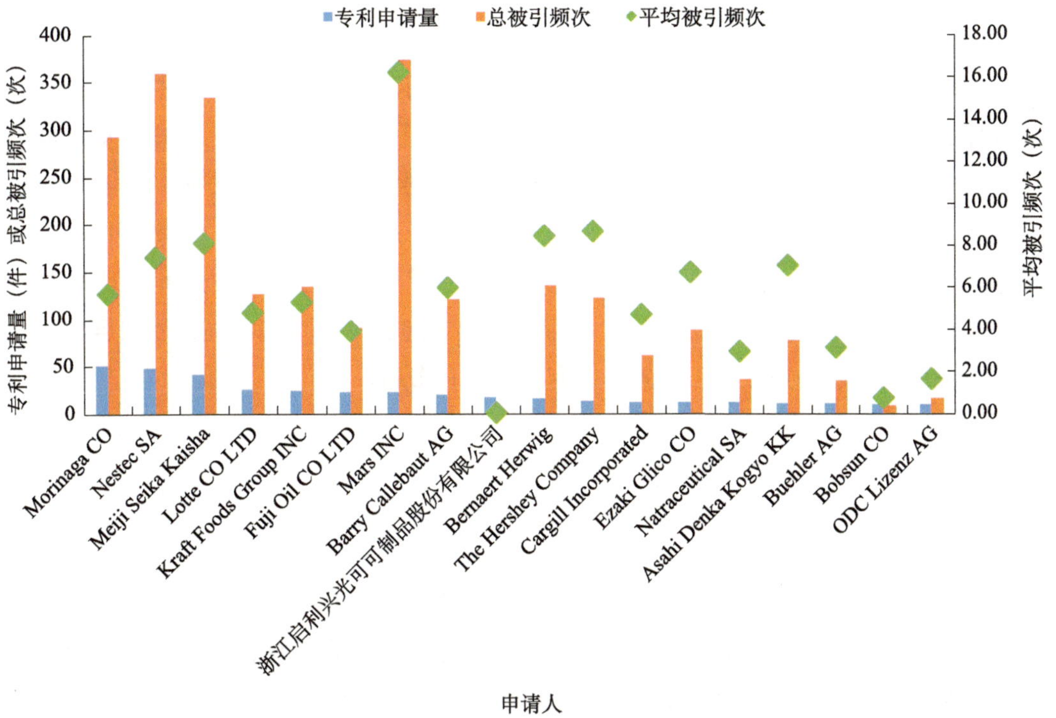

图 5-39 全球可可技术创新领域重点申请人竞争力对比

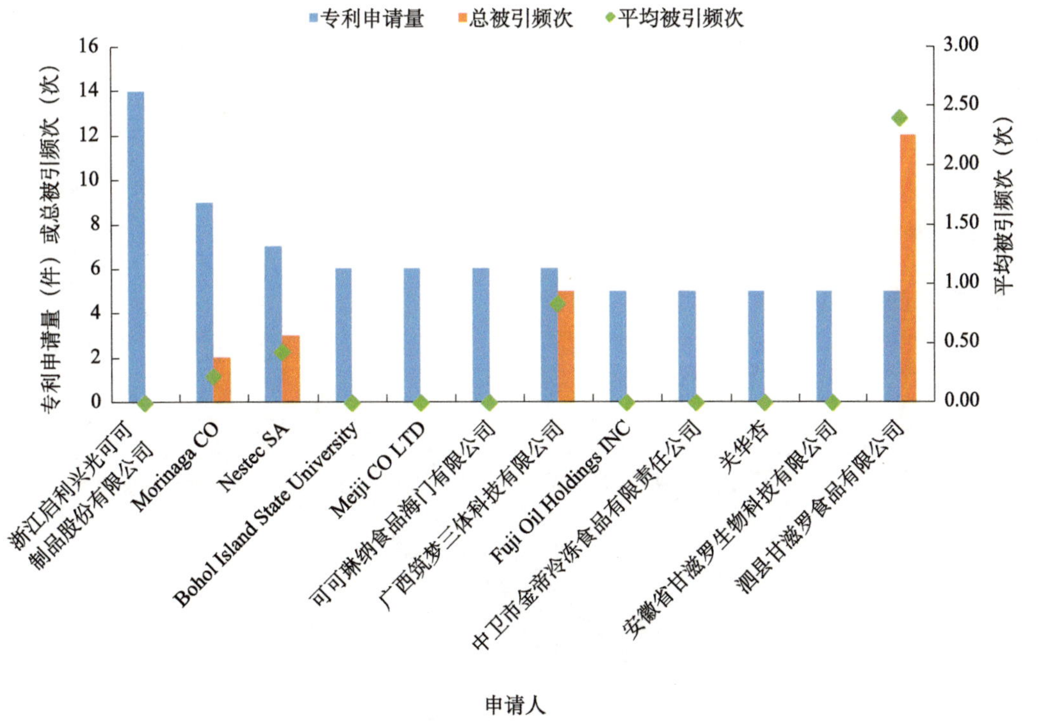

图 5-40 2016—2020 年全球可可技术创新领域重点申请人竞争力对比

5.6.2.2 创新布局分析

全球可可技术创新领域重点申请人的技术布局情况如表 5-17 所示。总体来看，重点申请人的布局重点是可可的加工利用技术，尤其是食品制品方向，是全部重点申请人的第一大技术布局方向。其中，Morinaga CO（森永制果集团）和 Lotte CO LTD（乐天集团）在医药制品、成分提取等方向有少量专利布局；Nestec SA（雀巢公司）在育种技术、医药制品、成分提取等方向有少量专利布局；Meiji Seika Kaisha（明治制果药业集团）在医药制品，成分提取，保存、催熟方向有少量专利布局；浙江启利兴光可可制品股份有限公司在加工装置方向有少量专利布局。

5.6.3 重点发明人分析

5.6.3.1 竞争力分析

全球可可技术创新领域研究共涉及发明人 3 304 个，其中专利量在 6 件以上的发明人共有 16 个，如图 5-41 所示。16 个发明人中仅有 5 位来自中国，其中生产力排在首位的是 Bernaert Herwig（百乐嘉利宝公司），且其影响力远超其他发明人，专利质量排在第二位；其余发明人的生产力差距不大，排名靠前的还有刘建民（浙江启利兴光可可制品股份有限公司）等人；Shimazaki Noburo（森永制果集团）的专利质量排在首位；其他影响力和专利质量较高的还有叶红伟（马氏庄园南京食品有限公司）、金祥旺

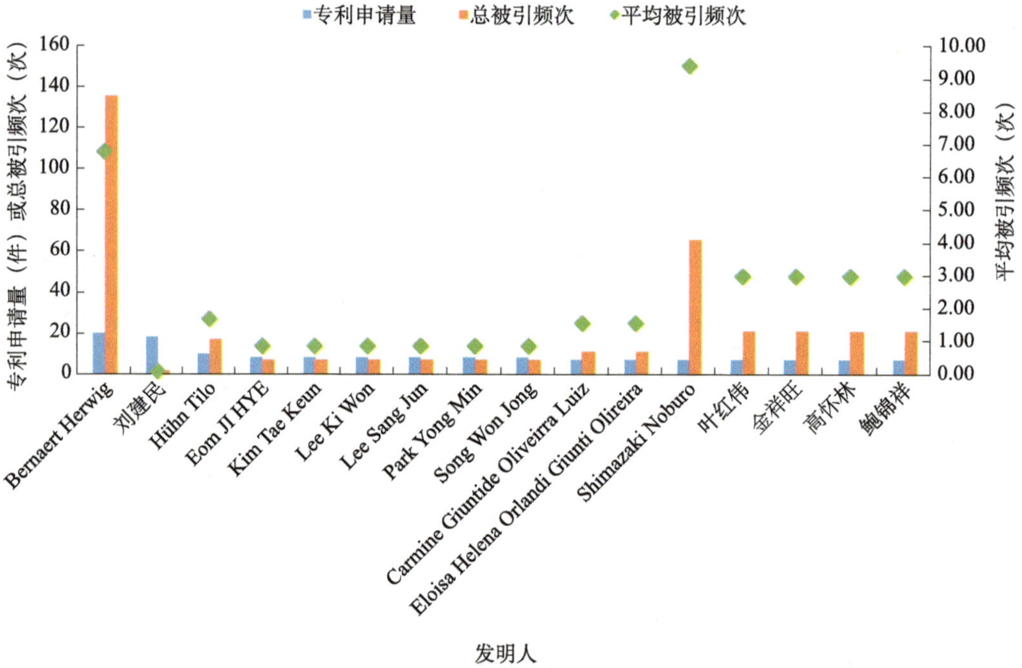

图 5-41 全球可可技术创新领域重点发明人竞争力对比

表 5-17 全球可可技术创新领域技术领域重点申请人技术布局

申请人	各技术创新领域专利申请量（件）									
	加工利用技术					田间管理技术		贮藏保鲜技术	育种育苗技术	
	食品制品	加工装置	医药制品	成分提取	饲料制品	病虫草害防控技术	其他种植技术	保存、催熟	育种技术	育苗技术
Morinaga CO	51		5	2	1			1		
Nestec S A	43	3	5	4	1	2		3	7	3
Meiji Seika Kaisha	41	1	6	2				2		
Lotte CO LTD	24		9	4						
Kraft Foods Group INC	25									
Fuji Oil CO LTD	23	2		2				1		
Mars INC	19	3	8	1	2	1		3	1	
Barry Callebaut AG	17		4			1		1		
浙江启利兴光可可制品股份有限公司	10	9								
Bernaert Herwig	13		4			1				
The Hershey Company	10	1	2				1		2	2
Cargill INC	13	1								
Ezaki Glico CO	13	1	1							
Natraceutical S A	12		1	2	1			1		
Asahi Denka Kogyo KK	11									
Buehler AG	11	4								
Bobsun CO	10									
ODC Lizenz AG	10									

注：表中单元格颜色越接近深红色代表专利申请量越多，技术创新优势越明显；越接近深绿色代表专利申请量越少，技术创新相对较弱。

（马氏庄园南京食品有限公司）、高怀林（马氏庄园南京食品有限公司）、鲍锦祥（马氏庄园南京食品有限公司）等人。

2016—2020 年，专利量在 4 件以上的发明人共有 9 个，全部来自中国，如图 5-42 所示。刘建民（浙江启利兴光可可制品股份有限公司）、范天华（可可琳纳食品海门有限公司）的生产力跃居前两位，但其影响力和专利质量较差；许明发（安徽省甘滋罗生物科技有限公司）的生产力虽然不高，但其影响力和专利质量均跃居首位。此外，覃杨华（广西筑梦三体科技有限公司）的影响力和专利质量也较高。

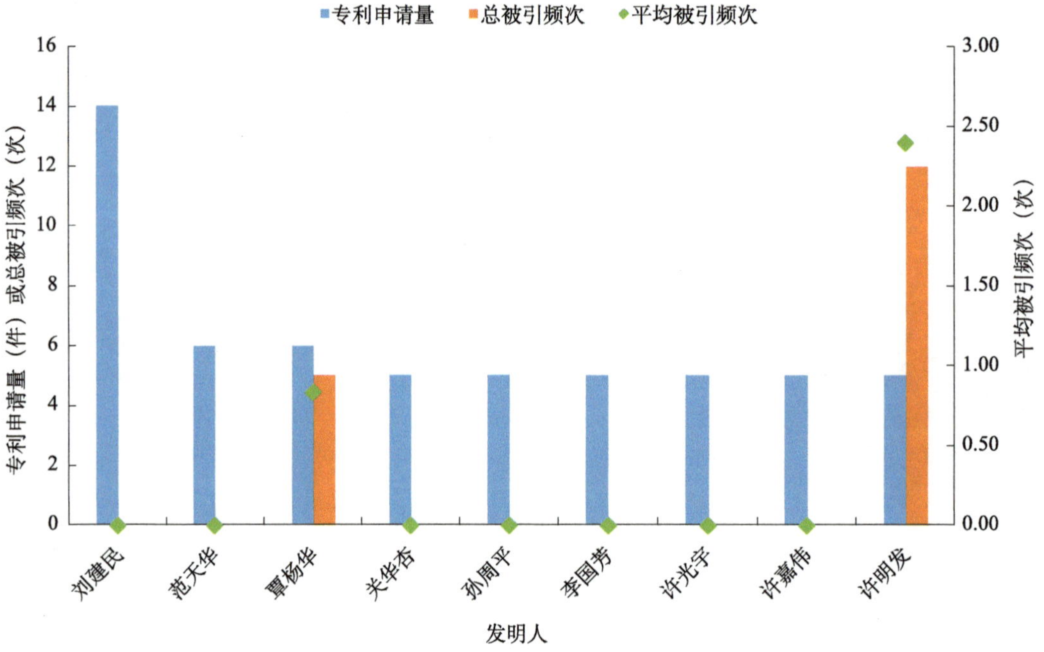

图 5-42　2016—2020 年全球可可技术创新领域重点发明人竞争力对比

5.6.3.2　创新布局分析

全球可可技术创新领域重点发明人的技术布局情况如表 5-18 所示。重点发明人的专利主要布局在加工利用技术，尤其是食品制品等方向。其中，Bernaert Herwig（百乐嘉利宝公司）在食品制品方向具有明显优势，在医药制品方向具有一定优势，刘建民（浙江启利兴光可可制品股份有限公司）在加工装置方向具有明显优势。

表 5-18 全球可可技术创新领域重点发明人技术布局

发明人	各技术创新领域专利申请量（件）				
	加工利用技术			田间管理技术	贮藏保鲜技术
	食品制品	加工装置	医药制品	病虫草害防控技术	保存、催熟
Bernaert Herwig	17		4	1	
刘建民	10	9			
Hühn Tilo	10				
Eom Ji Hye	8				
Kim Tae Keau	8				
Lee Ki Won	8				
Lee Sang Jun	8				
Park Yong Min	8				
Song Won Jong	8				
Carmine Giunti de Oliveira Luiz	7				
Eloisa Helena Orlandi Giunti Oliveira	7				
Shimazaki Noburo	7				1
叶红伟	7		1		
金祥旺	7		1		
高怀林	7		1		
鲍锦祥	7		1		

注：表中单元格颜色越接近深红色代表专利申请量越多，技术创新优势越明显；越接近深绿色代表专利申请量越少，技术创新相对较弱。

5.7 菠 萝

5.7.1 重点国家分析

5.7.1.1 竞争力分析

全球菠萝技术创新领域研究共涉及原创国家24个，其中专利申请量在5件以上的共有9个，其专利申请量、总被引频次和平均被引频次如图5-43所示。中国的专利申请量达1 269件，总被引频次为1 550次，均位居第一；但在专利平均被引频次上，美国达到7.50次，其专利质量排在首位，德国次之。

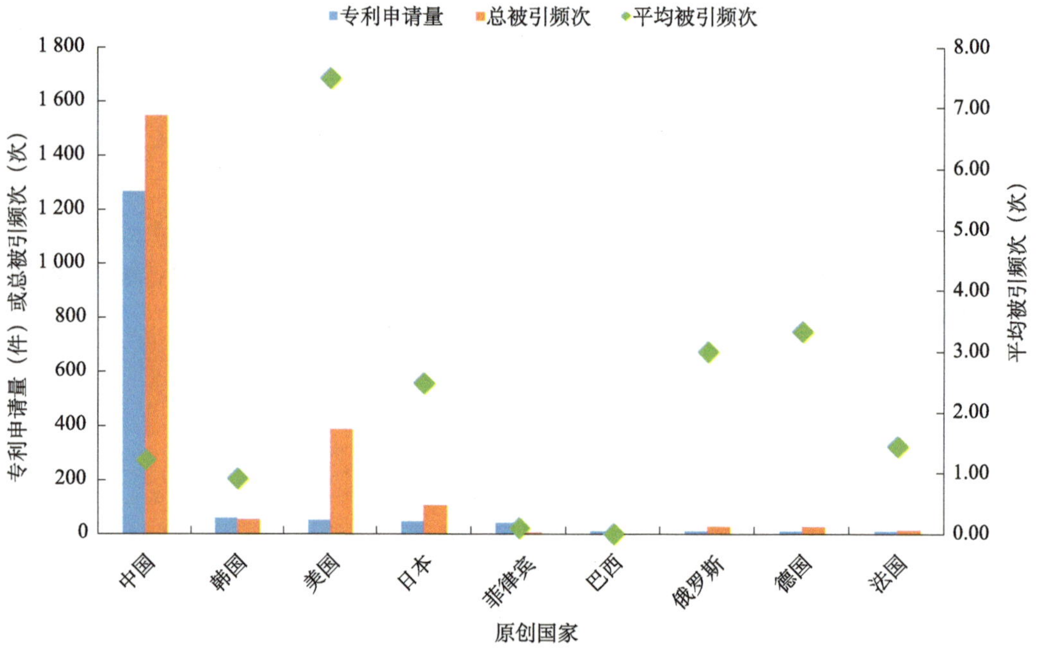

图5-43 全球菠萝技术创新领域重点国家竞争力对比

2016—2020年，专利申请量在1件以上的国家共有8个，如图5-44所示。中国的生产力和影响力依然遥遥领先于其他国家，且专利质量排名提升明显，仅次于美国；菲律宾的生产力超过了韩国、美国和日本，位居第二位，韩国的生产力排名略下滑，位居第三；美国的专利平均被引频次达到了 1.33 次，其专利质量依然稳居首位。

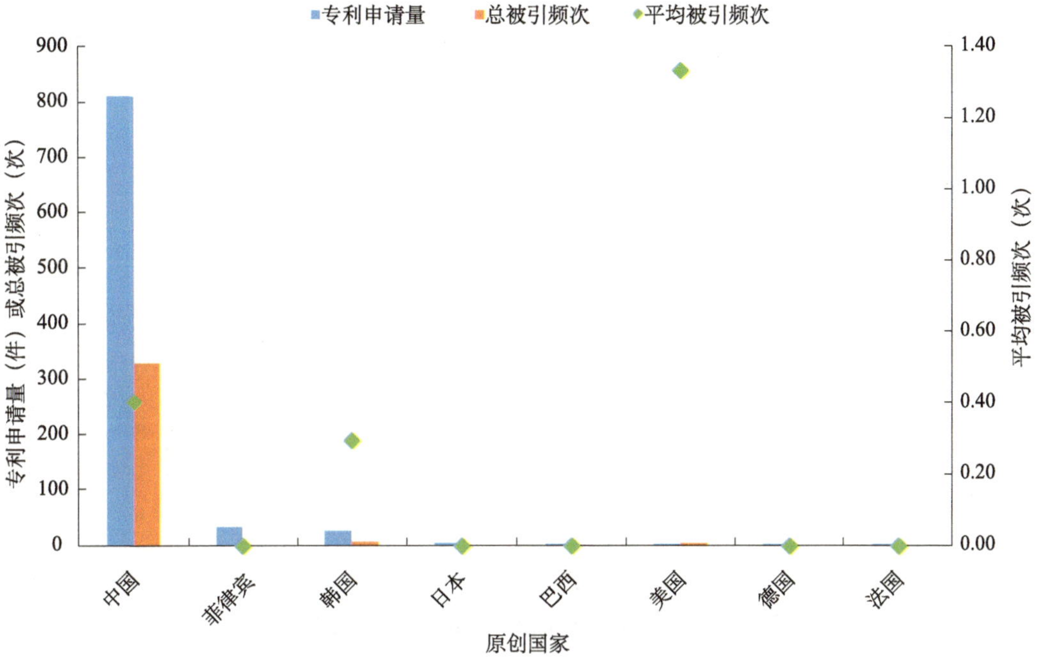

图 5-44　2016—2020 年全球菠萝技术创新领域重点国家竞争力对比

5.7.1.2　创新布局分析

（1）重点国家专利的国际布局

对全球菠萝技术创新领域重点原创国家的专利布局情况进行分析，如图 5-45 所示。每个重点国家在本国布局的专利最多；在本国外布局专利较多的国家有美国等；中国、韩国等国家的绝大部分专利均布局在本国，国际专利较少。

（2）重点国家专利的技术布局

全球菠萝技术创新领域重点国家的技术布局情况如表 5-19 所示。总体来看，重点国家的布局重点是菠萝的加工利用、田间管理两个技术分支，尤其是食品制品、加工装置、采收技术、其他种植技术、病虫草害防控技术、施肥技术等方向。中国在菠萝领域的技术创新覆盖面最广，且在大部分方向均体现出明显优势。食品制品是各个国家均有布局的方向，且在各个国家专利总量中均占据了较高比例，表明了其在菠萝技术创新中的重要地位。

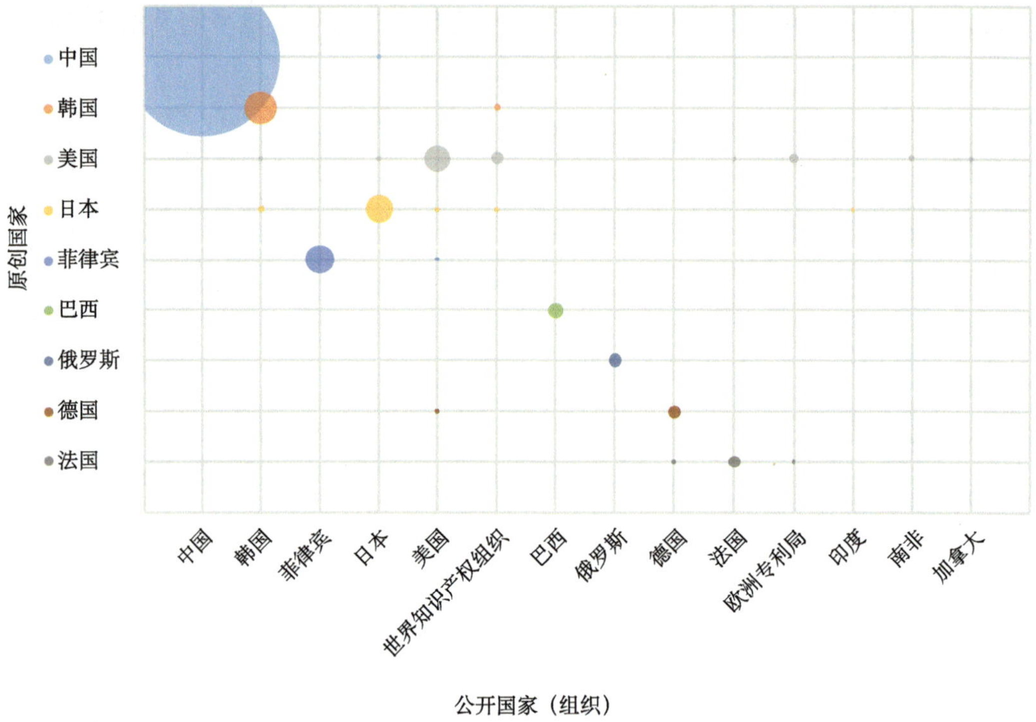

图 5-45　全球菠萝技术创新领域重点国家专利布局

注：专利布局（气泡）图中气泡越大，代表原创国在公开国（组织）申请的专利越多；气泡越小，代表原创国在公开国（组织）申请的专利越少。

5.7.2　重点申请人分析

5.7.2.1　竞争力分析

全球菠萝技术创新领域研究共涉及申请人 1 067 个，其中专利申请量在 6 件以上的申请人共有 18 个，如图 5-46 所示。中国热带农业科学院的生产力和影响力均排在首位，广东海洋大学的专利质量排在首位。中国热带农业科学院菠萝领域专利申请量达 61 件，位居第一，总被引频次高达 89 次，影响力最强；平均被引频次方面广东海洋大学更强，达到 5.00 次，华南农业大学和江苏农林职业技术学院次之。

2016—2020 年，专利申请量在 5 件以上的申请人共有 17 个，如图 5-47 所示。中国热带农业科学院的生产力仍然稳居首位，但与其他申请人的差距有所减小，其影响力和专利质量排名下滑严重；广西壮族自治区农业科学院的生产力仍然排在第二位，但其影响力和专利质量超过了江苏农林职业技术学院等申请人，跃居首位，其影响力和专利质量最高；北海康维生态农业科技有限公司的生产力超过了江苏农林职业技术学院，排在了第三位。此外，广州大学、广东工业大学和武汉理工大学的影响力和专利质量也较高。

表 5-19 全球菠萝技术创新领域重点国家技术布局

国家	各技术创新领域专利申请量（件）																			
	加工利用技术						田间管理技术										贮藏保鲜技术		育种育苗技术	
	食品制品	加工装置	饲料制品	成分提取	医药制品	肥料制品	采收技术	其他种植技术	病虫草害防控技术	施肥技术	水培或无土栽培	温室栽培技术	整地技术	灌溉技术	播种、移栽技术	种子、根茎处理	保存、催熟	贮存、运输容器	育苗技术	育种技术
中国	543	122	37	4	6	2	313	116	83	66	39	19	16	8	5	4	50	1	31	8
韩国	45	7	6	1	1				1								6			
美国	16	17		5	3			2	10								11	1	4	7
日本	21	8	1	2	3			6	4	1							10	2		2
菲律宾	27		2						1								3		1	1
巴西	7						1						1		1		3			
俄罗斯	6																6			
德国	3	7		1	1				1											
法国	4	4					1	1												1

注：表中单元格颜色越接近深红色代表专利申请量越多，技术创新优势越明显；越接近深绿色代表专利申请量越少，技术创新相对较弱。

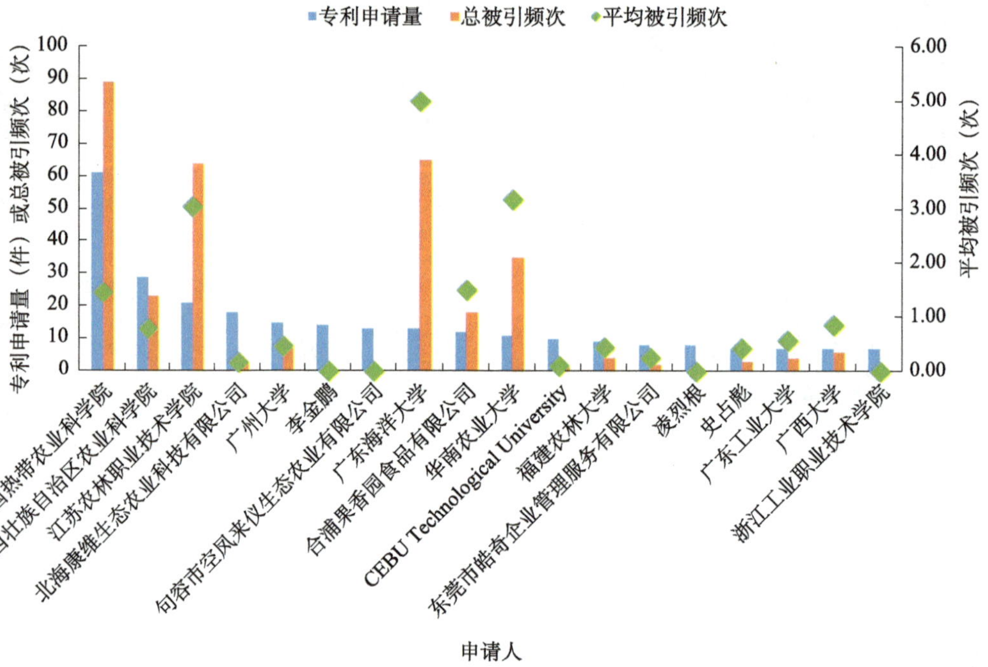

图 5-46　全球菠萝技术创新领域重点申请人竞争力对比

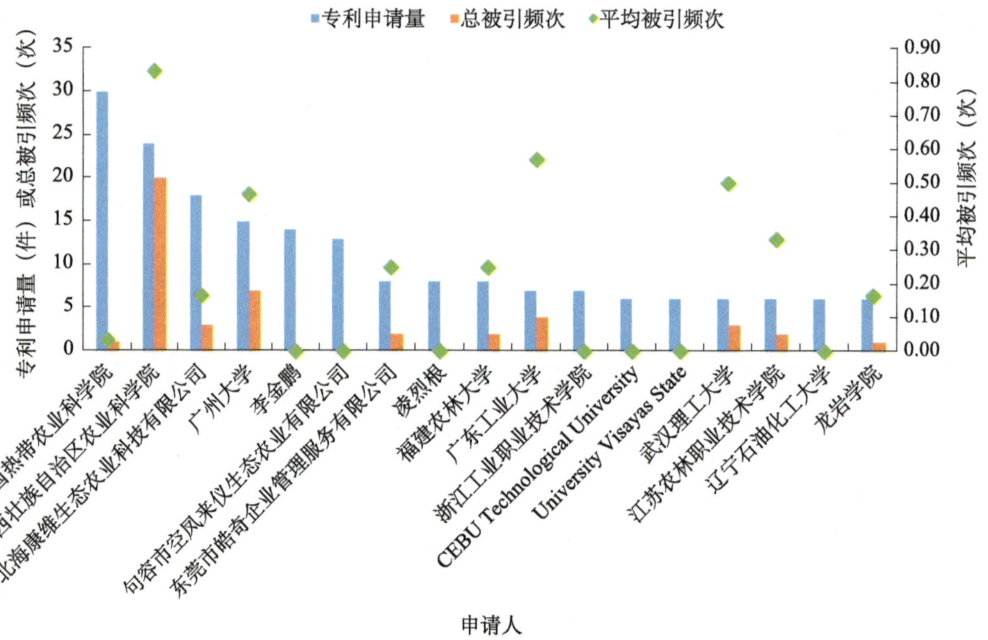

图 5-47　2016—2020 年全球菠萝技术创新领域重点申请人竞争力对比

5.7.2.2 创新布局分析

全球菠萝技术创新领域重点申请人的技术布局情况如表 5-20 所示。总体来看，重点申请人的布局重点是菠萝的加工利用、田间管理两个技术分支，尤其是食品制品、采收技术、其他种植技术、病虫草害防控技术、施肥技术等方向。其中，中国热带农业科学院的布局重点是采收技术、食品制品、其他种植技术、病虫草害防控技术、施肥技术等方向；广西壮族自治区农业科学院、江苏农林职业技术学院的布局重点相似，均为其他种植技术、病虫草害防控技术、施肥技术和育苗技术等方向；北海康维生态农业科技有限公司的布局重点是其他种植技术、施肥技术等方向；广州大学的布局重点是采收技术方向。

5.7.3 重点发明人分析

5.7.3.1 竞争力分析

全球菠萝技术创新领域研究共涉及发明人 3 203 个，其中专利量在 10 件以上的发明人共有 15 个，如图 5-48 所示。15 个发明人全部来自中国，生产力差距不大，其中排在首位的是官太平（北海康维生态农业科技有限公司），但其影响力和专利质量均较低；丁久玲（江苏农林职业技术学院）和郑凯（江苏农林职业技术学院）的影响力排在首位，孙光明（中国热带农业科学院）的专利质量排在首位；其他影响力和专利质量较高的还有徐健（广西壮族自治区农业科学院）、陈海生（广西壮族自治区农业科学院）、赵静（广西壮族自治区农业科学院）等人。

2016—2020 年，专利量在 7 件以上的发明人共有 14 个，如图 5-49 所示。官太平（北海康维生态农业科技有限公司）的生产力依然排在首位，影响力和专利质量排名变化不大；徐健（广西壮族自治区农业科学院）的影响力和专利质量排名有了明显提升，分别跃居第一和第二位；陈海生（广西壮族自治区农业科学院）的专利质量排名大幅提升，跃居首位。此外，赵静（广西壮族自治区农业科学院）、王小媚（广西壮族自治区农业科学院）、刘业强（广西壮族自治区农业科学院）的影响力和专利质量也较高。

5.7.3.2 创新布局分析

全球菠萝技术创新领域重点发明人的技术布局情况如表 5-21 所示。重点发明人的专利主要布局在田间管理、加工利用和育种育苗 3 个技术分支。其中，李金鹏在食品制品方向有明显优势，徐健（广西壮族自治区农业科学院）在其他种植技术方向有一定优势，刘长红（广州大学）在采收技术方向具有一定优势，费清照（句容市空凤来仪生态农业有限公司）在水培或无土栽培技术方向具有明显优势，官太平（北海康维生态农业科技有限公司）在施肥技术方向有一定优势。

表 5-20　全球菠萝技术创新领域重点申请人技术布局

申请人	各技术创新领域专利申请量（件）																	
	加工利用技术				田间管理技术										贮藏保鲜技术		育种育苗技术	
	食品制品	加工装置	饲料制品	肥料制品	采收技术	其他种植技术	病虫草害防控技术	施肥技术	水培或无土栽培	温室栽培技术	整地技术	灌溉技术	播种、移栽技术	种子、根茎处理	保存、催熟	贮存、运输容器	育苗技术	育种技术
中国热带农业科学院	12	1	4		16	10	9	8		2	5	1	1	1	4	1	4	2
广西壮族自治区农业科学院	1				3	18	11	8	2	2	2						4	
江苏农林职业技术学院						8	3	4	3			1					5	1
北海康维生态农业科技有限公司						9	3	7	3	1					1		1	
广州大学	2			2	13													
李金鹏	14																	
句容市空风来仪生态农业有限公司						1			12	1								
广东海洋大学	7	1	5		1													
合浦果香园食品有限公司	4	8	1															
华南农业大学			1		5		1								3		1	1
CEBU Technological University	8																	
福建农林大学					7										1			1
东莞市皓奇企业管理服务有限公司					8													
凌烈根	8																	
史占彪	7														2			
广东工业大学					7													
广西大学	2				2		3	1										
浙江工业职业技术学院					7													

注：表中单元格颜色越接近深红色代表专利申请量越多，技术创新优势越明显；越接近深绿色代表专利申请量越少，技术创新相对较弱。

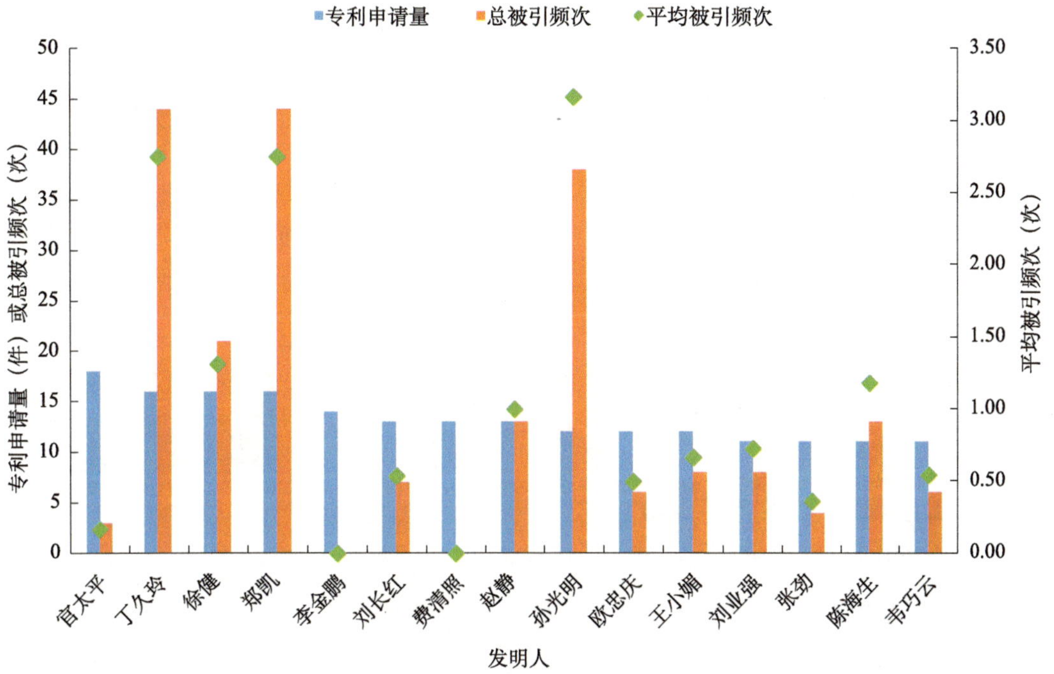

图 5-48 全球菠萝技术创新领域重点发明人竞争力对比

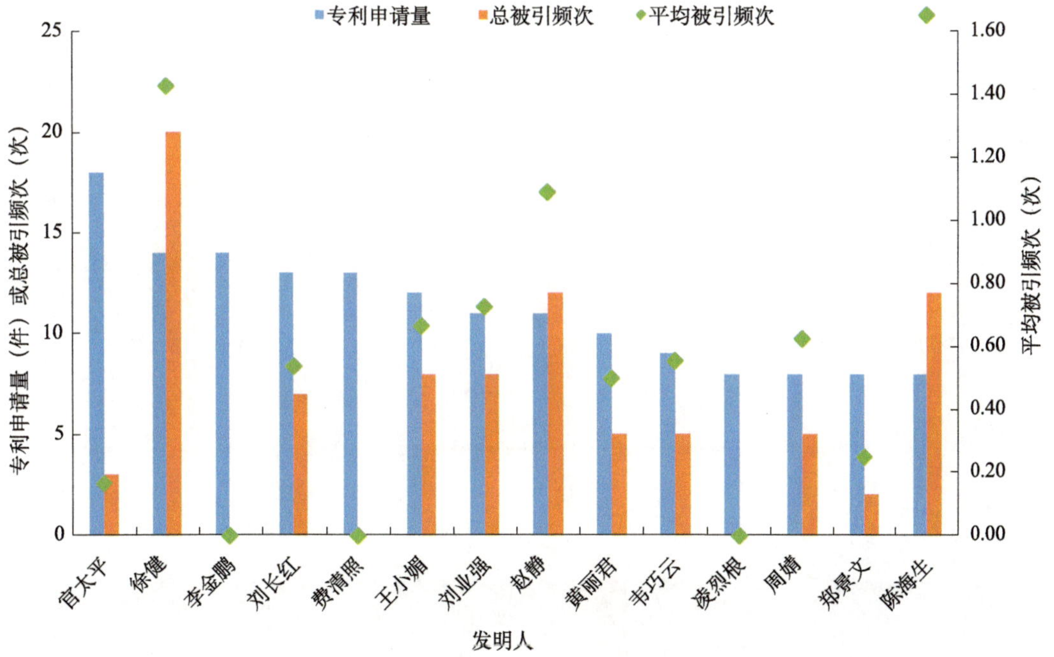

图 5-49 2016—2020 年全球菠萝技术创新领域重点发明人竞争力对比

表 5-21 全球菠萝技术创新领域重点发明人技术布局

发明人	各技术创新领域专利申请量（件）													
	加工利用技术		田间管理技术									贮藏保鲜技术	育种育苗技术	
	食品制品	加工装置	其他种植技术	采收技术	病虫草害防控技术	施肥技术	温室栽培技术	整地技术	种子、根茎处理	水培或无土栽培	灌溉技术	保存、催熟	育苗技术	育种技术
官太平			9		3	7	1			3		1	1	
丁久玲			6		3	3				3	1		2	1
徐健			13	1	6	6	2			2			2	
郑凯			6		3	3				3	1		2	1
李金鹏	14													
刘长红				13										
费清照			1				1			12				
赵静	1		11	1	4	3	1			1			1	
孙光明	1	1	6		3	2	2	1	1					1
欧忠庆				12				1						
王小媚			9	1	6	5	2			2			2	
刘业强			8	1	6	5	1			1			1	
张劲				11				1						
陈海生			9	1	4	2	1	1		1			1	
韦巧云			10	1	4	3	1			1			1	

注：表中单元格颜色越接近深红色代表专利申请量越多，技术创新优势越明显；越接近深绿色代表专利申请量越少，技术创新相对较弱。

5.8 火龙果

5.8.1 重点国家分析

5.8.1.1 竞争力分析

全球火龙果技术创新领域研究共涉及原创国家 8 个，其专利申请量、总被引频次和平均被引频次如图 5-50 所示。中国的专利申请量达 1 456 件，总被引频次为 2 289 次，平均被引频次也达到 1.57 次，均位居第一，说明我国在该领域生产力、影响力和专利质量均最高。

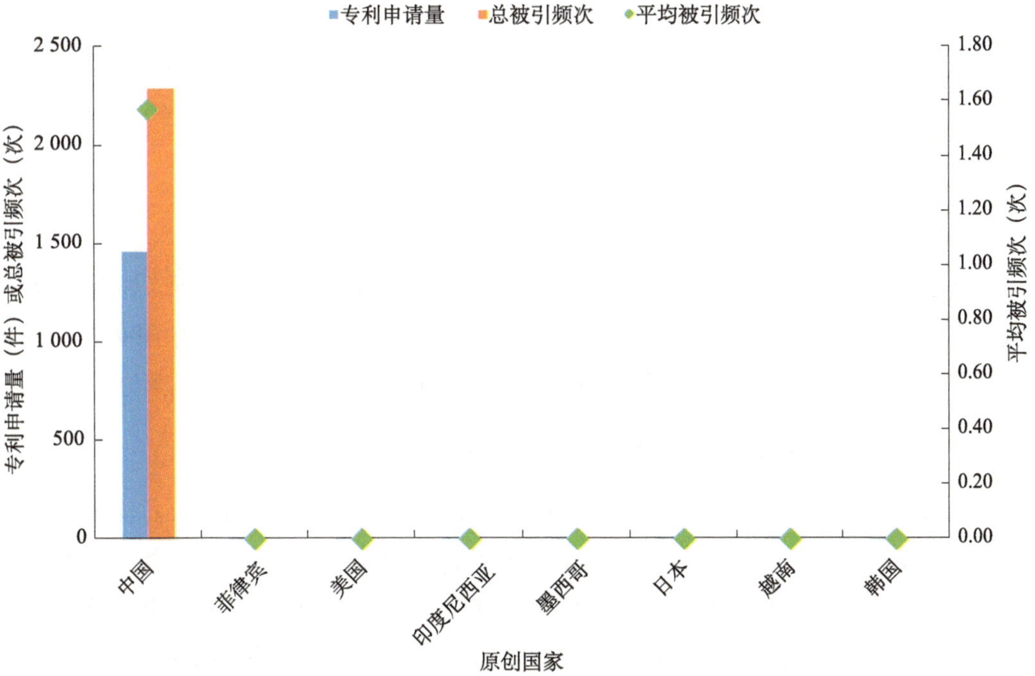

图 5-50 全球火龙果技术创新领域重点国家竞争力对比

2016—2020 年，仅有 6 个原创国有专利申请，如图 5-51 所示。中国的生产力、影响力和专利质量依然遥遥领先，稳居首位；菲律宾、美国的生产力依然保持在第二、第三位；除我国外，其他国家的总被引频次和平均被引频次均为 0 次。

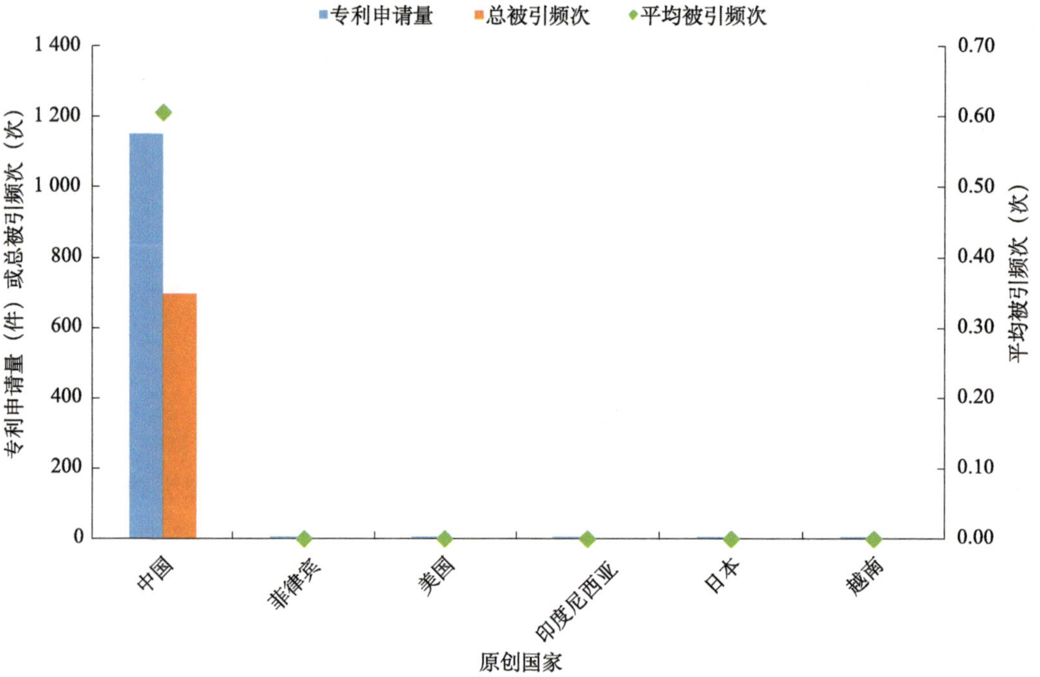

图 5-51　2016—2020 年全球火龙果技术创新领域重点国家竞争力对比

5.8.1.2　创新布局分析

（1）重点国家专利的国际布局

对全球火龙果技术创新领域重点原创国家的专利布局情况进行分析，如图 5-52 所示。除美国外，每个重点国家的专利仅布局在本国，美国有少量专利在中国布局。表明中国目前在火龙果技术创新领域虽有较大优势，但还未能将技术在其他国家进行布局。

（2）重点国家专利的技术布局

全球火龙果技术创新领域重点国家的技术布局情况如表 5-22 所示。总体来看，由于火龙果技术相关专利几乎全部来自中国，故我国在火龙果各个技术分支均具有绝对优势。我国在火龙果技术领域的布局重点是食品制品、其他种植技术、温室栽培技术、施肥技术、病虫草害防控技术、育苗技术等方向。其他国家的专利主要与食品制品方向相关，此外，美国在医药制品、日本在采收技术、越南在加工装置方向有少量专利布局。

5.8.2　重点申请人分析

5.8.2.1　竞争力分析

全球火龙果技术创新领域研究共涉及申请人 709 个，其中专利申请量在 9 件以上

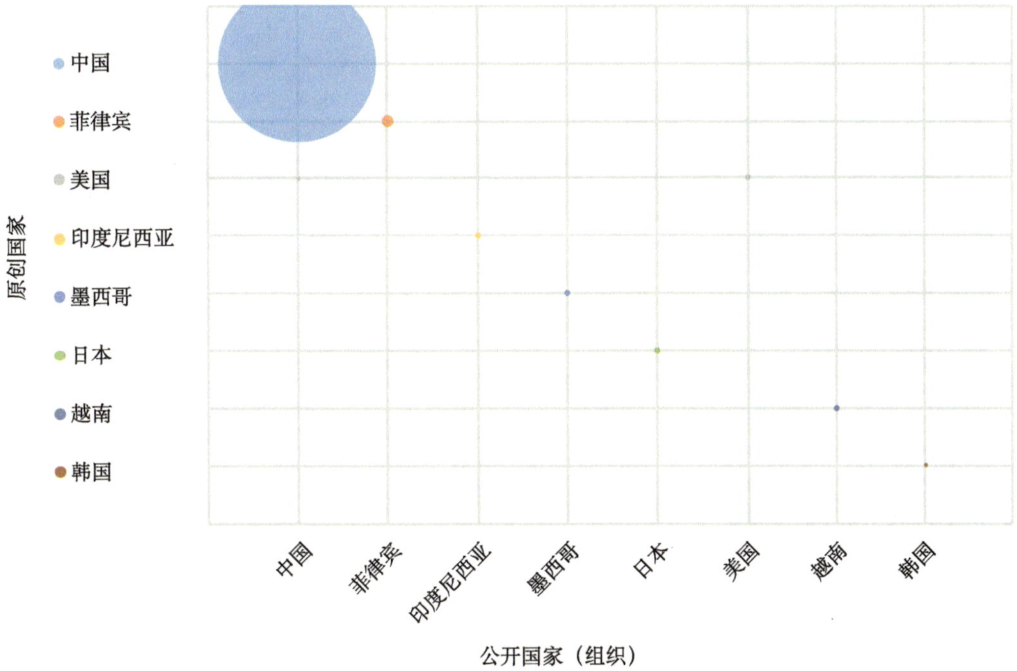

图 5-52 全球火龙果技术创新领域重点国家专利布局

注：专利布局（气泡）图中气泡越大，代表原创国在公开国（组织）申请的专利越多；气泡越小，代表原创国在公开国（组织）申请的专利越少。

的申请人共有 16 个，如图 5-53 所示。广西壮族自治区农业科学院的生产力和影响力均排在首位，贵州省果树科学研究所次之，中国科学院的专利质量排在首位。广西壮族自治区农业科学院火龙果领域专利申请量达 50 件，总被引频次为 55 次，均位居第一，贵州省果树科学研究所次之；平均被引频次方面中国科学院更强，达到 2.73 次，广东省农业科学院次之。

2016—2020 年，专利申请量在 8 件以上的申请人共有 18 个，如图 5-54 所示。广西壮族自治区农业科学院、贵州省果树科学研究所、中国热带农业科学院的生产力依然排在前三位，但影响力排名均有不同程度的下滑，后两者最为明显，广西壮族自治区农业科学院的专利质量排名有略有提升；博白县大红火龙果专业合作社的专利申请量虽仅有 9 件，但其总被引频次和平均被引频次分别为 40 次和 4.44 次，均跃居首位，其影响和专利质量最高。此外，广西海泉农业有限公司、广西冠强农业开发有限责任公司、广西农业职业技术学院和重庆归园田居农业科技开发有限公司的影响力和专利质量也较高。

5.8.2.2 创新布局分析

全球火龙果技术创新领域重点申请人的技术布局情况如表 5-23 所示。总体来看，重点申请人的布局重点是火龙果的田间管理、加工利用两个技术分支，尤其是其他

表 5-22　全球火龙果技术创新领域重点国家技术布局

国家	各技术创新领域专利申请量（件）																			
	加工利用技术						田间管理技术										贮藏保鲜技术		育种育苗技术	
	食品制品	加工装置	医药制品	饲料制品	成分提取	肥料制品	其他种植技术	温室栽培技术	施肥技术	病虫草害防控技术	灌溉技术	整地技术	采收技术	水培或无土栽培	种子、根茎处理	播种、移栽技术	保存、催熟	贮存、运输容器	育苗技术	育种技术
中国	481	80	14	13	5	1	439	315	230	191	75	38	34	29	24	1	61	1	103	25
菲律宾	6																			
美国	3		2																	
印度尼西亚	2																			
墨西哥	2																			
日本	1												1							
越南		2																		
韩国	1																			

注：表中单元格颜色越接近深红色代表专利申请量越多，技术创新优势越明显；越接近深绿色代表专利申请量越少，技术创新相对较弱。

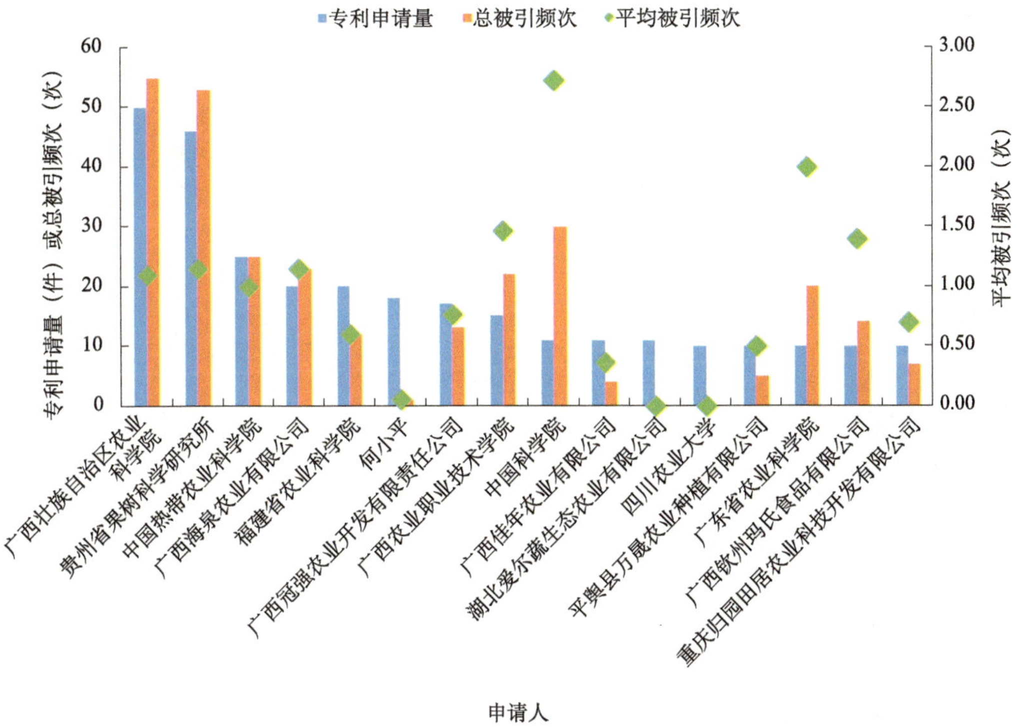

图 5-53 全球火龙果技术创新领域重点申请人竞争力对比

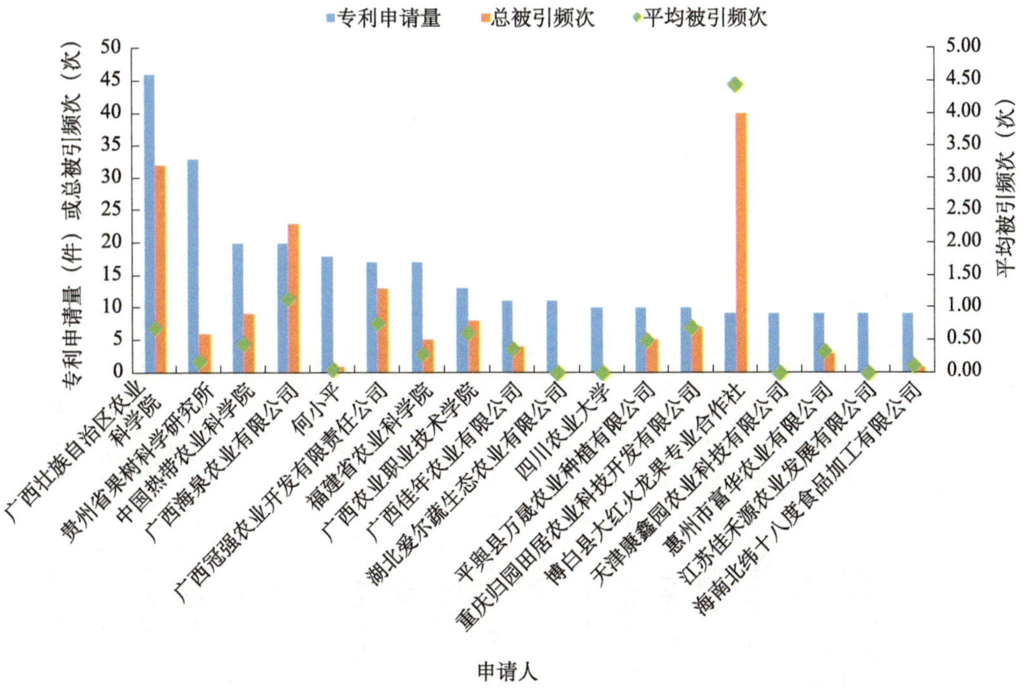

图 5-54 2016—2020 年全球火龙果技术创新领域重点申请人竞争力对比

表 5-23　全球火龙果技术创新领域重点申请人技术布局

申请人	各技术创新领域专利申请量（件）														
	加工利用技术			田间管理技术									贮藏保鲜技术	育种育苗技术	
	食品制品	加工装置	饲料制品	其他种植技术	温室栽培技术	施肥技术	病虫草害防控技术	灌溉技术	整地技术	采收技术	水培或无土栽培	种子、根茎处理	保存、催熟	育苗技术	育种技术
广西壮族自治区农业科学院	11	5		22	18	7	8	1	1	1	1		4	9	4
贵州省果树科学研究所	1	1	1	26	8	16	18		6			1	5	8	
中国热带农业科学院	7	2		5	5	2	7	3		2				1	
广西海泉农业有限公司				8	7	9	9						2	1	1
福建省农业科学院				14	8	5	4				2			7	2
何小平	18	1											9		
广西冠强农业开发有限责任公司	7		2	5	2	2	2				1	1	1		
广西农业职业技术学院				8	1	3	5							1	
中国科学院	2			4	1		1					1		3	1
广西佳年农业有限公司				6	1	6	2		1				2		
湖北爱尔蔬生态农业有限公司	1	2		2			2	4		2				1	
四川农业大学					2	1	1	2	2	2				1	
平舆县万晟农业种植有限公司		4		1	6	1									
广东省农业科学院	2			4		2	4			1			1		1
广西钦州玛氏食品有限公司	10														
重庆归园田居农业科技开发有限公司					10			6							

注：表中单元格颜色越接近深红色代表专利申请量越多，技术创新优势越明显；越接近深绿色代表专利申请量越少，技术创新相对较弱。

种植技术、温室栽培技术、施肥技术、病虫草害防控技术、食品制品等方向。其中广西壮族自治区农业科学院的布局重点是其他种植技术、温室栽培技术、食品制品、育苗技术等方向；贵州省果树科学研究所的布局重点是其他种植技术、病虫草害防控技术、施肥技术等方向；中国热带农业科学院的布局重点是食品制品、病虫草害防控技术等方向；广西海泉农业有限公司的布局重点是施肥技术、病虫草害防控技术等方向；福建省农业科学院的布局重点是其他种植技术、温室栽培技术和育苗技术等方向。

5.8.3 重点发明人分析

5.8.3.1 竞争力分析

全球火龙果技术创新领域研究共涉及发明人 2 313 个，其中专利量在 12 件以上的发明人共有 14 个，如图 5-55 所示。14 个发明人全部来自中国，生产力存在一定差距，其中排在前三位的是王彬（贵州省果树科学研究所）、郑伟（贵州省果树科学研究所）、李兴忠（贵州省果树科学研究所），但其专利质量相对较低；胡子有（广西农业职业技术学院）的生产力不高，但影响力和专利质量均排在首位；其他影响力和专利质量较高的还有林子航（广西海泉农业有限公司）、林杰（广西海泉农业有限公司）、林琳（广西海泉农业有限公司）等人。

2016—2020 年，专利量在 11 件以上的发明人共有 16 个，如图 5-56 所示。王彬（贵州省果树科学研究所）、郑伟（贵州省果树科学研究所）、李兴忠（贵州省果树科学研究所）的生产力依然排在前三位，但影响力和专利质量下滑严重；林子航（广西海泉农业有限公司）、林杰（广西海泉农业有限公司）、林琳（广西海泉农业有限公司）的影响力和专利质量排名有了明显提升，均跃居首位。此外，梁桂东（广西壮族自治区农业科学院）、黄黎芳（广西壮族自治区农业科学院）、邓海燕（广西壮族自治区农业科学院）的影响力和专利质量也较高。

5.8.3.2 创新布局分析

全球火龙果技术创新领域重点发明人的技术布局情况如表 5-24 所示。重点发明人的专利主要布局在田间管理、育种育苗两个技术分支，尤其是其他种植技术、施肥技术、病虫草害防控技术、温室栽培技术等方向。其中，何小平在食品制品，保存、催熟方向有明显优势，王彬（贵州省果树科学研究所）、郑伟（贵州省果树科学研究所）在其他种植技术、病虫草害防控技术、施肥技术、育苗技术等方向有一定优势，曹建华（中国热带农业科学院）在采收技术方向具有明显优势，梁桂东（广西壮族自治区农业科学院）、黄黎芳（广西壮族自治区农业科学院）、邓海燕（广西壮族自治区农业科学院）在温室栽培技术方向具有一定优势。

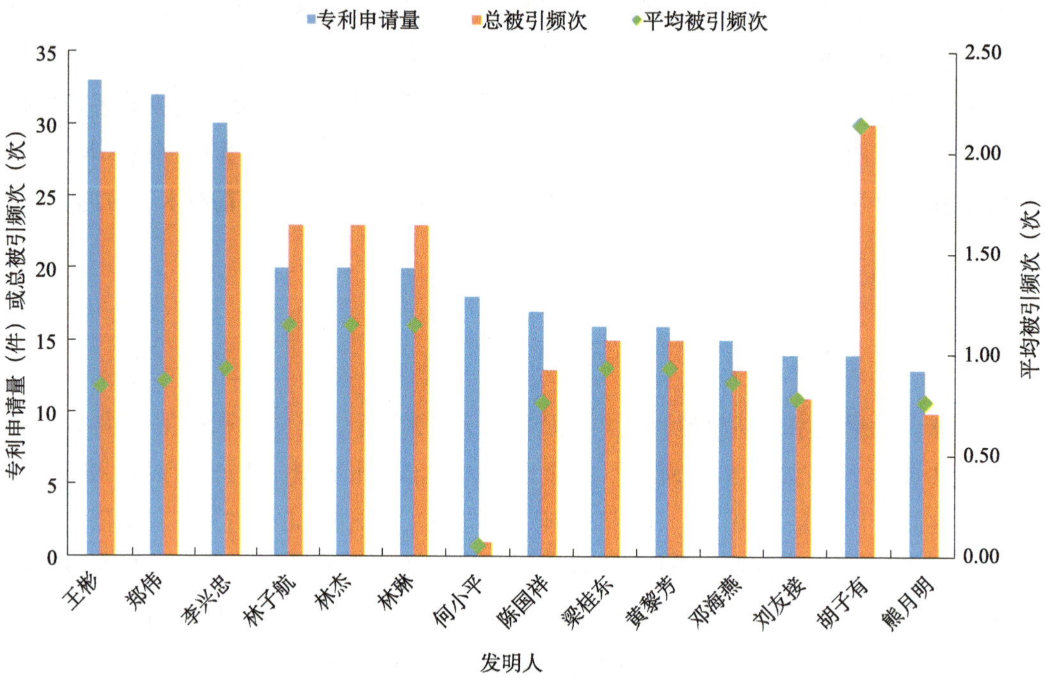

图 5-55　全球火龙果技术创新领域重点发明人竞争力对比

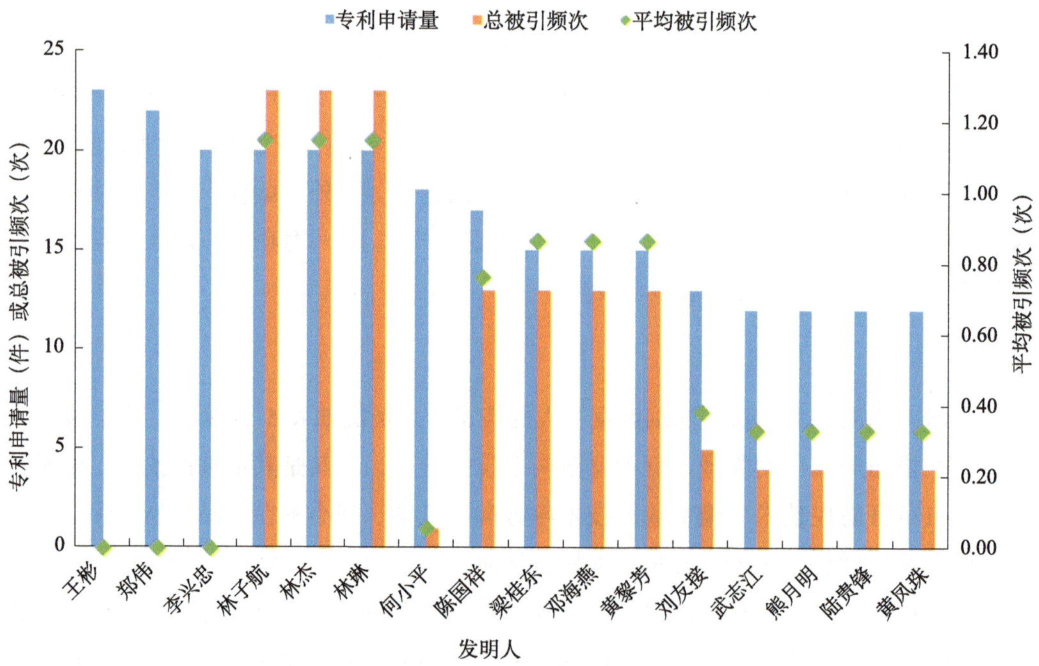

图 5-56　2016—2020 年全球火龙果技术创新领域重点发明人竞争力对比

表 5-24 全球火龙果技术创新领域重点发明人技术布局

发明人	各技术创新领域专利申请量（件）													
	加工利用技术			田间管理技术								贮藏保鲜技术	育种育苗技术	
	食品制品	加工装置	饲料制品	其他种植技术	采收技术	病虫草害防控技术	施肥技术	温室栽培技术	整地技术	种子、根茎处理	水培或无土栽培	保存、催熟	育苗技术	育种技术
王彬			1	22		13	16	6	6	1			8	
郑伟			1	22		13	16	5	6	1			8	
李兴忠			1	20		12	15	5	5				6	
林子航				8		9	9	7				2	1	1
林杰				8		9	9	7				2	1	1
林琳				8		9	9	7				2	1	1
何小平	18	1										9		
陈国祥	7		2	5		2	2	2		1	1	1		
梁桂东				9	1	2	3	10					7	2
黄黎芳				9	1	2	3	10					7	2
邓海燕				8	1	1	3	10					7	2
刘友接				11		4	1	5					4	2
胡子有				9		4	3						1	
熊月明				10		3		5					4	2

注：表中单元格颜色越接近深红色代表专利申请量越多，技术创新优势越明显；越接近深绿色代表专利申请量越少，技术创新相对较弱。

5.9 杧 果

5.9.1 重点国家分析

5.9.1.1 竞争力分析

全球杧果技术创新领域研究共涉及原创国家 21 个，其中专利申请量在 4 件以上的共有 10 个，其专利申请量、总被引频次和平均被引频次如图 5-57 所示。中国的专利申请量达 1 228 件，总被引频次为 1 674 次，均位居第一；在专利平均被引频次上，澳大利亚达到 5.20 次，其专利质量排在首位，美国和日本次之。

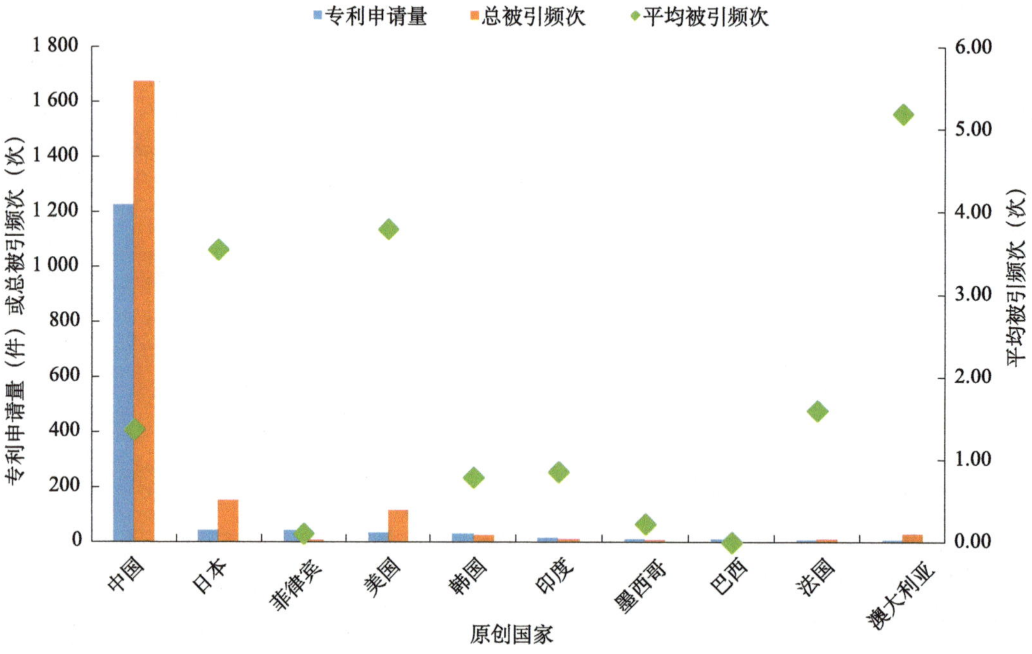

图 5-57 全球杧果技术创新领域重点国家竞争力对比

2016—2020 年，专利申请量在 1 件以上的国家共有 9 个，如图 5-58 所示。中国的生产力和影响力依然遥遥领先于其他国家，专利质量排名也有所提升；菲律宾的生产力超过日本位居第二位，印度的生产力超过美国、韩国等国家位居第三位；美国的专利质量依然稳居首位，菲律宾、印度、巴西等国家的总被引频次和平均被引频次均为 0 次。

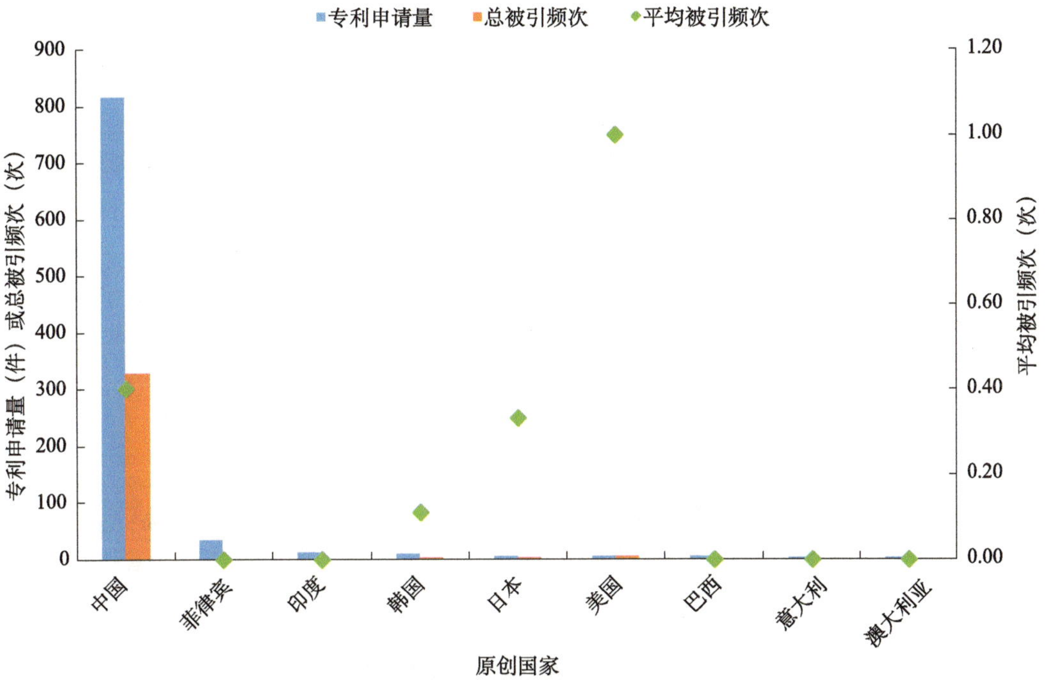

图 5-58 2016—2020 年全球杧果技术创新领域重点国家竞争力对比

5.9.1.2 创新布局分析

（1）重点国家专利的国际布局

对全球杧果技术创新领域重点原创国家的专利布局情况进行分析，如图 5-59 所示。每个重点国家在本国布局的专利最多，除了中国、韩国、巴西外各个国家均在世界知识产权组织有专利布局；在本国外布局专利较多的国家有日本、美国等；中国、菲律宾、韩国等国家的绝大部分专利均布局在本国，国际专利较少。

（2）重点国家专利的技术布局

全球杧果技术创新领域重点国家的技术布局情况如表 5-25 所示。总体来看，重点国家的布局重点是杧果的加工利用、田间管理和贮藏保鲜 3 个技术分支，尤其是食品制品，加工装置，其他种植技术，病虫草害防控技术，施肥技术，保存、催熟等方向。中国在杧果领域的技术创新覆盖面最广，且在所有方向均体现出明显优势。食品制品是各个国家均有布局的技术方向，且在菲律宾、韩国等国的专利总量中均占据了较高比例，表明了其在杧果技术创新中的重要地位；此外，加工装置，保存、催熟也是较多国家布局的技术方向。

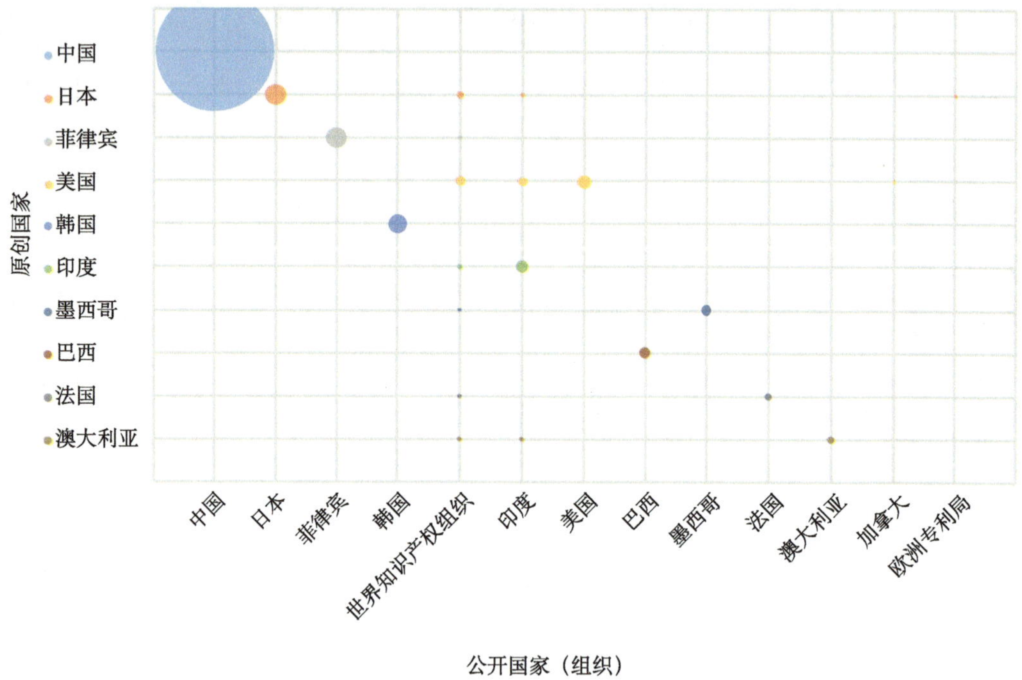

图 5-59 全球杧果技术创新领域重点国家专利布局

注：专利布局（气泡）图中气泡越大，代表原创国在公开国（组织）申请的专利越多；气泡越小，代表原创国在公开国（组织）申请的专利越少。

5.9.2 重点申请人分析

5.9.2.1 竞争力分析

全球杧果技术创新领域研究共涉及申请人 891 个，其中专利申请量在 9 件以上的申请人共有 18 个，如图 5-60 所示。中国热带农业科学院的生产力排在首位，广西大学的影响力和专利质量均排在首位。中国热带农业科学院杧果领域专利申请量达 46 件，位居第一；广西大学总被引频次高达 87 次，平均被引频次高达 5.80 次，其影响力和专利质量均排在首位。

2016—2020 年，专利申请量在 8 件以上的申请人共有 16 个，如图 5-61 所示。中国热带农业科学院的生产力依然排在首位，但与其他申请人之间的差距有所缩小，且其影响力排名下滑严重；百色学院生产力超过了广西壮族自治区农业科学院，但其影响力和专利质量一般；广西壮族自治区农业科学院的生产力和影响力排名均略有下滑；海南大学的专利生产力虽低，但其影响力和专利质量均跃居首位。此外，北海康维生态农业科技有限公司、丽江华坪金芒果生态开发有限公司的影响力和专利质量也较高。

表 5-25 全球杧果技术创新领域重点国家技术布局

国家	各技术创新领域专利申请量（件）																			
	加工利用技术						田间管理技术										贮藏保鲜技术		育种育苗技术	
	食品制品	加工装置	医药制品	饲料制品	成分提取	肥料制品	其他种植技术	病虫草害防控技术	施肥技术	采收技术	灌溉技术	整地技术	温室栽培技术	水培或无土栽培	种子、根茎处理	林业栽培技术	保存、催熟	贮存、运输容器	育苗技术	育种技术
中国	572	143	16	15	5	2	207	145	118	34	26	26	18	5	9	6	165	3	41	17
日本	8	5	4		1		18	1					7	2			6	1	1	1
菲律宾	19	1	1	2				1									10			
美国	7	5	4	2	1		2	4			1						4	1	1	2
韩国	26		2		1		2										2			
印度	6	2						1			1	1								
墨西哥	7							2									3			
巴西	5	1						2									3			
法国	3	1																		1
澳大利亚	1	2								3							1			

注：表中单元格颜色越接近深红色代表专利申请量越多，技术创新优势越明显；越接近深绿色代表专利申请量越少，技术创新相对较弱。

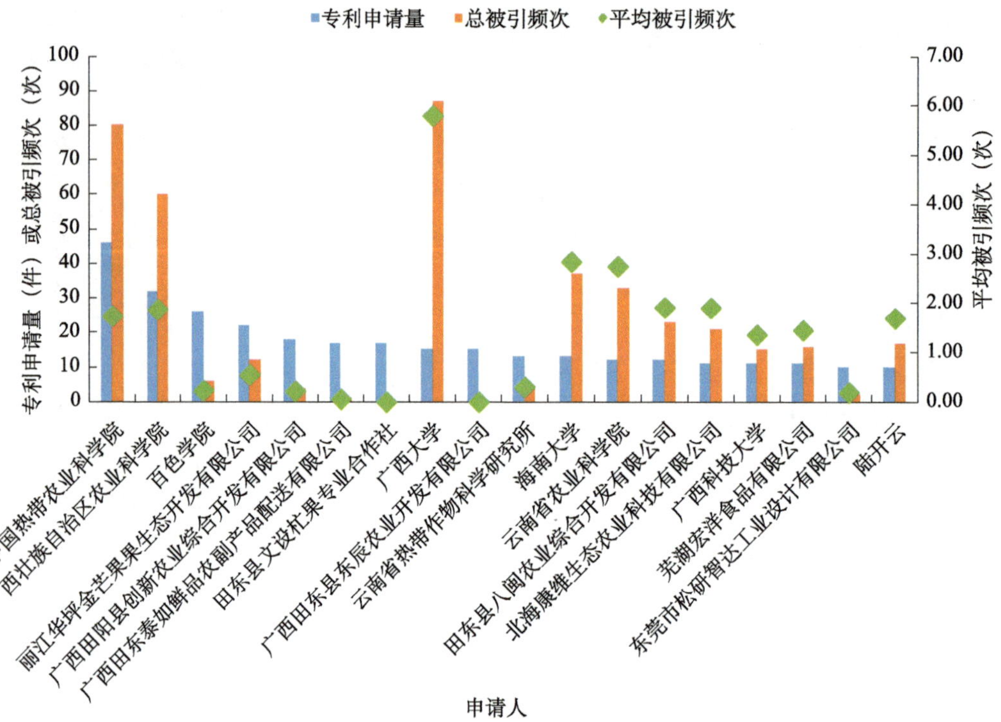

图 5-60　全球杧果技术创新领域重点申请人竞争力对比

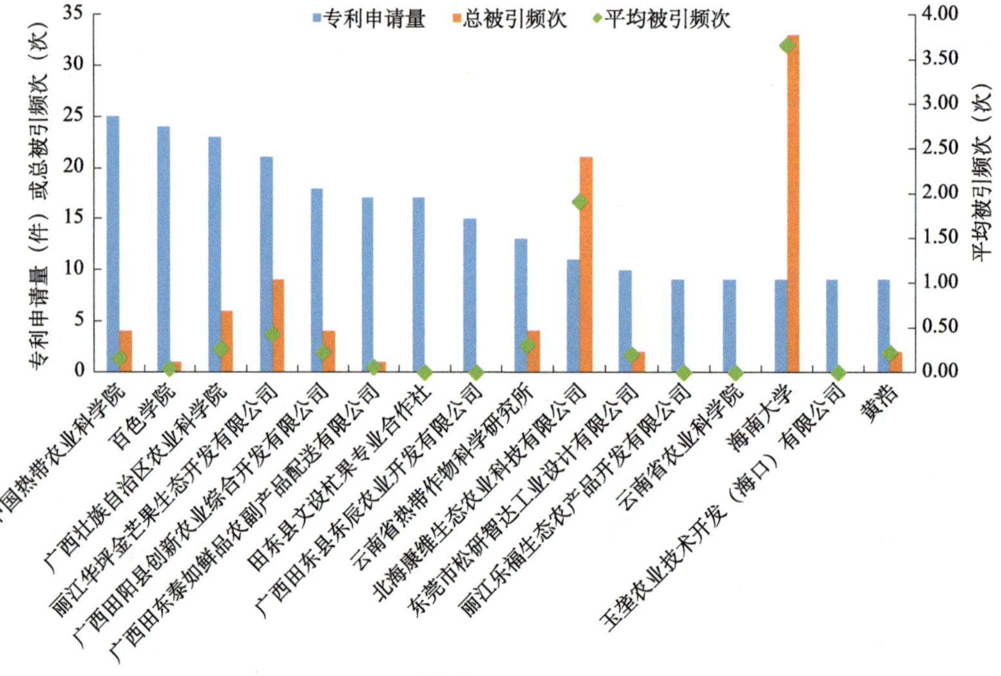

图 5-61　2016—2020 年全球杧果技术创新领域重点申请人竞争力对比

5.9.2.2 创新布局分析

全球杧果技术创新领域重点申请人的技术布局情况如表 5-26 所示。总体来看，重点申请人的布局重点覆盖了杧果加工利用、田间管理、贮藏保鲜和育种育苗 4 个技术分支，尤其是食品制品，其他种植技术，病虫草害防控技术，施肥技术，保存、催熟，育苗技术等方向。其中，中国热带农业科学院的布局重点是保存、催熟，病虫草害防控技术，食品制品等方向；广西壮族自治区农业科学院的布局重点是病虫草害防控技术、食品制品、其他种植技术等方向；百色学院的布局重点是食品制品、加工装置等方向；丽江华坪金芒果生态开发有限公司的布局重点是加工装置、病虫草害防控技术等方向；广西田阳县创新农业综合开发有限公司的布局重点是其他种植技术、病虫草害防控技术、施肥技术等方向。

5.9.3 重点发明人分析

5.9.3.1 竞争力分析

全球杧果技术创新领域研究共涉及发明人 2 405 个，其中专利量在 10 件以上的发明人共有 16 个，如图 5-62 所示。16 个发明人全部来自中国，生产力存在一定差距。其中，排在首位的是邹杰（丽江华坪金芒果生态开发有限公司），但其影响力和专利质量均较低；詹儒林（中国热带农业科学院）的生产力不高，但影响力和专利质量均排在首位；其他影响力和专利质量较高的还有林德恩（田东县八闽农业综合开发有限公司）、官太平（北海康维生态农业科技有限公司）、单正宏（芜湖宏洋食品有限公司）等人。

2016—2020 年，专利量在 10 件以上的发明人共有 13 个，如图 5-63 所示。邹杰（丽江华坪金芒果生态开发有限公司）和岑大明（广西田阳县创新农业综合开发有限公司）的生产力排名依然在前两位，且影响力排名也有明显提升；黄潇（广西田东泰如鲜品农副产品配送有限公司）的生产力超过了苏仕林（百色学院），但影响力和专利质量一般；官太平（北海康维生态农业科技有限公司）的影响力和专利质量排名有了大幅度提升，跃居首位，远高于其他发明人。此外，柳觐（云南省热带作物科学研究所）、牛迎凤（云南省热带作物科学研究所）的影响力和专利质量也较高。

5.9.3.2 创新布局分析

全球杧果技术创新领域重点发明人的技术布局情况如表 5-27 所示。重点发明人的专利主要布局在田间管理、加工利用两个技术分支，尤其是食品制品、其他种植技术、施肥技术、病虫草害防控技术等方向。其中，班燕冬（百色学院）在食品制品方向有

表 5-26 全球杧果技术创新领域重点申请人技术布局

申请人	各技术创新领域专利申请量（件）																		
	加工利用技术					田间管理技术										贮藏保鲜技术		育种育苗技术	
	食品制品	加工装置	医药制品	饲料制品	成分提取	其他种植技术	病虫草害防控技术	施肥技术	采收技术	灌溉技术	整地技术	温室栽培技术	水培或无土栽培	种子、根茎处理	林业栽培技术	保存、催熟	贮存、运输容器	育苗技术	育种技术
中国热带农业科学院	7	2	1		1	6	10	2	2	3		3		1		15	1		4
广西壮族自治区农业科学院	10	1	1			10	12	3			2	1				5		1	2
百色学院	15	4	3		2		4									2		3	
丽江华坪金芒果生态开发有限公司	1	10				4	4	1		2		1				1		2	
广西田阳县创新农业综合开发有限公司						11	9	9			1	1				3		3	
广西田东泰如鲜品农副产品配送有限公司		2				10	9	9		4	4							5	1
田东县文设芒果专业合作社						12	4	4		1		1	1	1		3		9	
广西大学	6					6	2	1			1					3			
广西田东县东辰农业开发有限公司						11	7	10			1							3	
云南省热带作物科学研究所	2					7	1	3								2			2
海南大学		4		1		2	1	1	3							3			
云南省农业科学院		1				6	4	1	1		3	1		1	1				
田东县八闽农业综合开发有限公司						10	3	4										2	1
北海康维生态农业科技有限公司						9		6						1					
广西科技大学																11			
芜湖宏洋食品有限公司	11																		
东莞市松研智达工业设计有限公司		10																	
陆开云	10																		

注：表中单元格颜色越接近深红色代表专利申请量越多，技术创新优势越明显；越接近深绿色代表专利申请量越少，技术创新相对较弱。

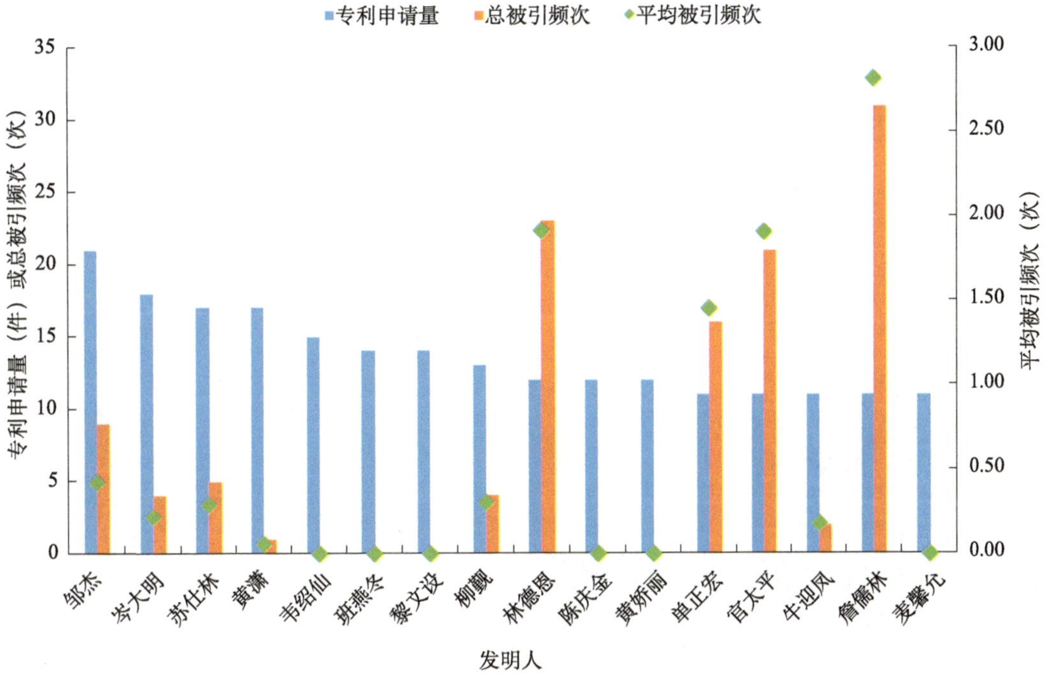

图 5-62 全球杧果技术创新领域重点发明人竞争力对比

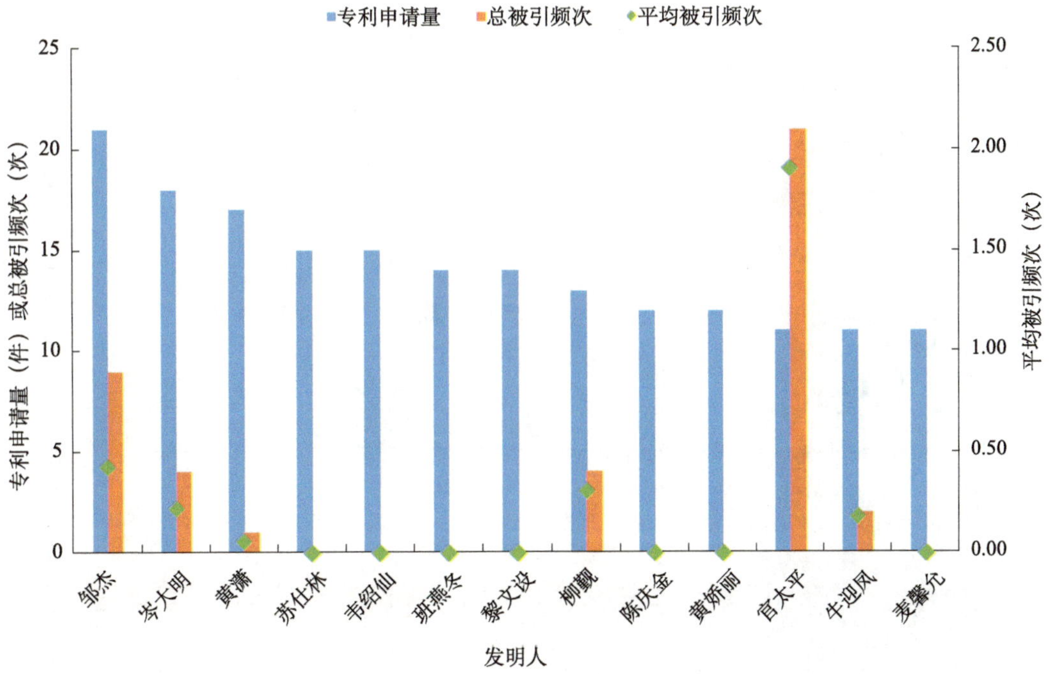

图 5-63 2016—2020 年全球杧果技术创新领域重点发明人竞争力对比

表 5-27 全球杧果技术创新领域重点发明人技术布局

发明人	各技术创新领域专利申请量（件）														
	加工利用技术			田间管理技术									贮藏保鲜技术	育种育苗技术	
	食品制品	加工装置	医药制品	其他种植技术	采收技术	病虫草害防控技术	施肥技术	温室栽培技术	整地技术	种子、根茎处理	水培或无土栽培	灌溉技术	保存、催熟	育苗技术	育种技术
邹杰		10		4		4	1	1				2		2	
岑大明				11		9	9	1	1				3	3	
苏仕林	11		1			3							1	3	
黄潇		2		10		9	9		4			4		5	1
韦绍仙				11		7	10		1					3	
班燕冬	13		1			1							1		
黎文设				9		3	3				1	1	3	6	
柳觐	2			7		1	3						2		2
林德恩				10		3	4							2	1
陈庆金	11		1			1							1		
黄娇丽	11		1			1							1		
单正宏	11														
官太平				9			6			1					
牛迎凤	2			5		1	3						2		1
詹儒林				2	2	1						1	3		2
麦馨允	10		1			1							1		
辛明	8	1	1			1							2		
陆开云	10														

注：表中单元格颜色越接近深红色代表专利申请量越多，技术创新优势越明显；越接近深绿色代表专利申请量越少，技术创新相对较弱。

明显优势，邹杰（丽江华坪金芒果生态开发有限公司）在加工装置方向有一定优势，岑大明（广西田阳县创新农业综合开发有限公司）、韦绍仙（广西田东县东辰农业开发有限公司）、黄潇（广西田东泰如鲜品农副产品配送有限公司）在其他种植技术、病虫草害防控技术、施肥技术方向具有一定优势，黎文设（田东县文设芒果专业合作社）在育苗技术方向有一定优势。

5.10 百香果

5.10.1 重点国家分析

5.10.1.1 竞争力分析

全球百香果技术创新领域研究共涉及原创国家 13 个，其中专利申请量在 1 件以上的共有 8 个，其专利申请量、总被引频次和平均被引频次如图 5-64 所示。中国的专利申请量达 1 019 件，总被引频次为 1 627 次，均位居第一；在专利平均被引频次上，法国达到 7.33 次，其专利质量排在首位，日本次之。

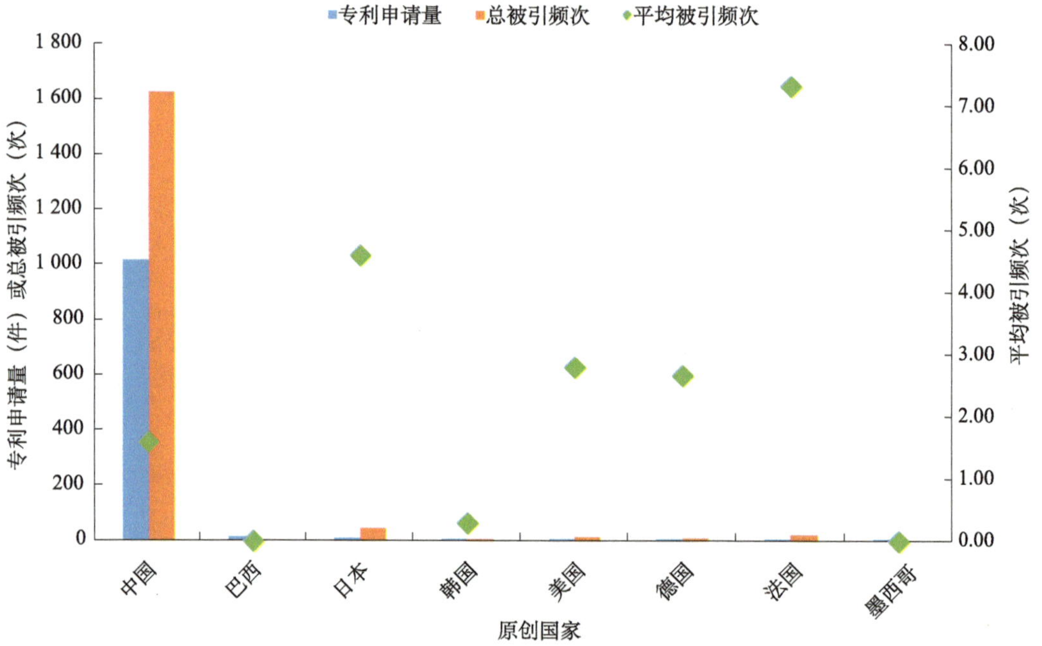

图 5-64 全球百香果技术创新领域重点国家竞争力对比

2016—2020 年，仅有 7 个原创国有专利申请，如图 5-65 所示。中国的生产力、影响力均遥遥领先，且专利质量也跃居首位；巴西的生产力仍旧排在第二位，韩国的生产力超过日本排在第三位；除中国外，其他国家的总被引频次和平均被引频次均为 0 次。

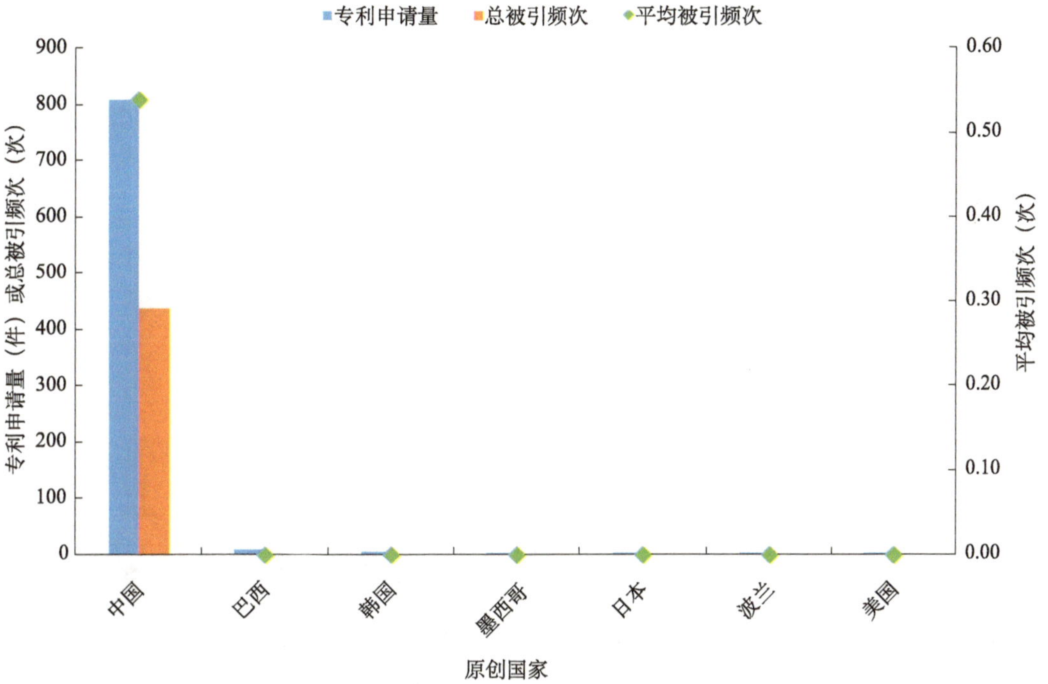

图 5-65　2016—2020 年全球百香果技术创新领域重点国家竞争力对比

5.10.1.2　创新布局分析

（1）重点国家专利的国际布局

对全球百香果技术创新领域重点原创国家的专利布局情况进行分析，如图 5-66 所示。除巴西、韩国外，每个重点国家的专利仅布局在本国，巴西和韩国有少量专利在世界知识产权组织进行了布局。

（2）重点国家专利的技术布局

全球百香果技术创新领域重点国家的技术布局情况如表 5-28 所示。总体来看，重点国家的布局重点是百香果的加工利用、田间管理两个技术分支。由于百香果技术相关专利几乎全部来自中国，故中国在百香果各个技术分支具有绝对优势，尤其是整地技术，灌溉技术，种子、根茎处理，育苗技术等方向均为独占技术。其他国家的专利主要布局在食品制品、医药制品、病虫草害防控技术等方向。

5.10.2　重点申请人分析

5.10.2.1　竞争力分析

全球百香果技术创新领域研究共涉及申请人 594 个，其中专利申请量在 8 件以上

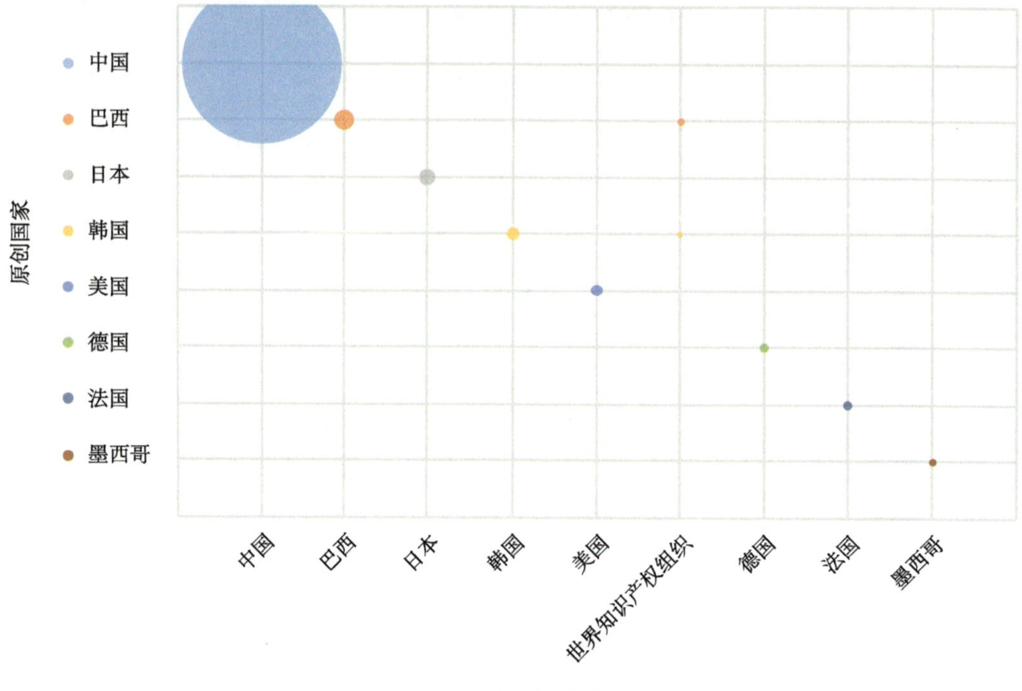

图 5-66　全球百香果技术创新领域重点国家专利布局

注：专利布局（气泡）图中气泡越大，代表原创国在公开国（组织）申请的专利越多；气泡越小，代表原创国在公开国（组织）申请的专利越少。

的申请人共有 17 个，如图 5-67 所示。广西壮族自治区农业科学院的生产力排在首位，柳州市勤瑞农副产品有限公司和桂林白石润东百香果开发有限公司的影响力排在首位，且后者专利质量排在首位。广西壮族自治区农业科学院百香果领域专利申请量达 39 件，位居第一；柳州市勤瑞农副产品有限公司和桂林白石润东百香果开发有限公司的总被引频次均为 47 次，影响力排在首位；在平均被引频次方面，桂林白石润东百香果开发有限公司更强，达到 4.27 次，唐春艳、广西大学等次之。

2016—2020 年，专利申请量在 7 件以上的申请人共有 15 个，如图 5-68 所示。广西壮族自治区农业科学院、福建省农业科学院、柳州市勤瑞农副产品有限公司的生产力依然排在前三位，且三者的影响力和专利质量排名略有提升，其中柳州市勤瑞农副产品有限公司的影响力和专利质量均跃居首位。此外，贵州省山地资源研究所、平南县正达农业发展有限公司等申请人的影响力和专利质量也较高。

5.10.2.2　创新布局分析

全球百香果技术创新领域重点申请人的技术布局情况如表 5-29 所示。总体来看，重点申请人的布局重点是百香果的加工利用、田间管理和育种育苗 3 个技术分支，尤

表 5-28 全球百香果技术创新领域重点国家技术布局

国家	各技术创新领域专利申请量（件）																				
	加工利用技术						田间管理技术											贮藏保鲜技术		育种育苗技术	
	食品制品	加工装置	医药制品	饲料制品	成分提取	肥料制品	其他种植技术	施肥技术	病虫草害防控技术	温室栽培技术	整地技术	灌溉技术	种子、根茎处理	水培或无土栽培	采收技术	播种、移栽技术	林业栽培技术	保存、催熟	贮存、运输容器	育苗技术	育种技术
中国	512	93	18	17	7	5	245	126	87	81	31	31	17	13	8	4	2	44	1	74	13
巴西	14	1	2		1				1									3			
日本	9		3		1				1												
韩国	5		4						1												
美国	2		1				1		1												
德国	3																		1		
法国	1		1		1		2			1											
墨西哥	1		1						1												

注：表中单元格颜色越接近深红色代表专利申请量越多，技术创新优势越明显；越接近深绿色代表专利申请量越少，技术创新相对较弱。

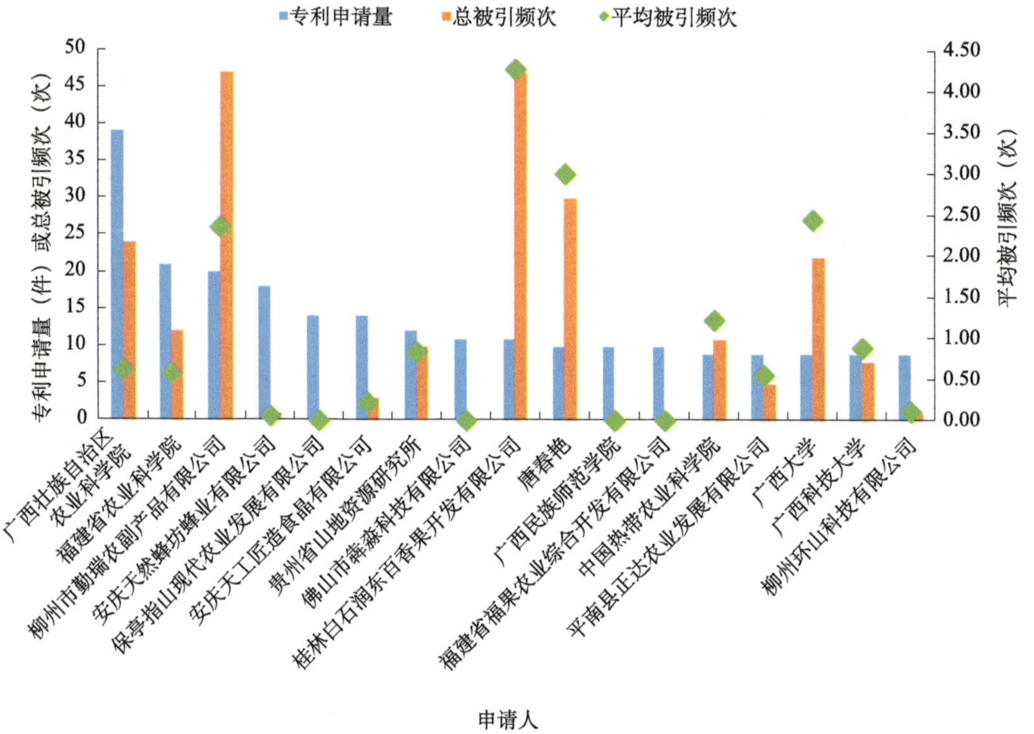

图 5-67　全球百香果技术创新领域重点申请人竞争力对比

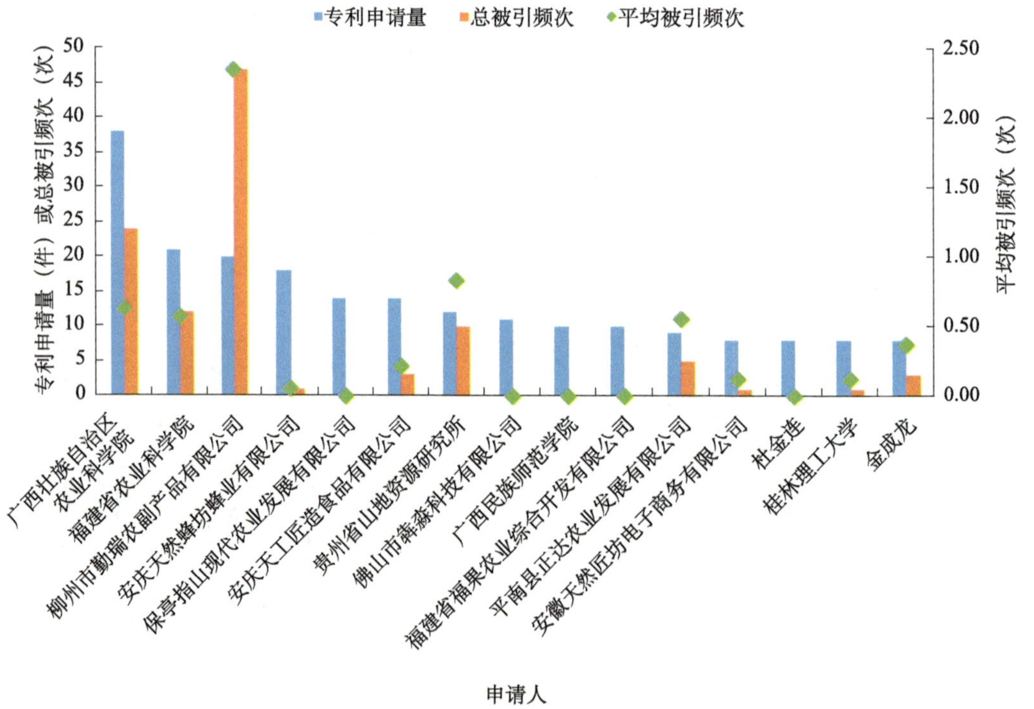

图 5-68　2016—2020 年全球百香果技术创新领域重点申请人竞争力对比

表 5-29 全球百香果技术创新领域重点申请人技术布局

申请人	各技术创新领域专利申请量（件）																	
	加工利用技术					田间管理技术										贮藏保鲜技术	育种育苗技术	
	食品制品	加工装置	饲料制品	成分提取	肥料制品	其他种植技术	施肥技术	病虫草害防控技术	温室栽培技术	整地技术	灌溉技术	种子、根茎处理	水培或无土栽培	采收技术	播种、移栽技术	保存、催熟	育苗技术	育种技术
广西壮族自治区农业科学院	10	2	3	1	1	19	9	5	2	3	1	1	2			4	11	2
福建省农业科学院	7	3				9	3	2		1			2			1	7	
柳州市勤瑞农副产品有限公司						17	3	1	2			1					2	
安庆天然蜂坊蜂业有限公司	18																	
保亭指山现代农业发展有限公司						3		5	5	3	3			1	1			1
安庆天工匠造食品有限公司	14																	
贵州省山地资源研究所	3					7	1	2	3							1	1	
佛山市犇森科技有限公司	7															4		
桂林白石润东百香果开发有限公司	11																	
唐春艳	10																	
广西民族师范学院	1	2			1	5	1		1	2	2					1	1	
福建省福果农业综合开发有限公司						2	3	3	6		4	1		1				
中国热带农业科学院	3	3				2	2	1	1			1	1					1
平南县正达农业发展有限公司	1					6	5	3	1							1	1	
广西大学	8	1	1			1												
广西科技大学	4	3														2		
柳州环山科技有限公司	9																	

注：表中单元格颜色越接近深红色代表专利申请量越多，技术创新优势越明显；越接近深绿色代表专利申请量越少，技术创新相对较弱。

其是食品制品、其他种植技术、施肥技术、病虫草害防控技术、育苗技术等方向。其中，广西壮族自治区农业科学院和福建省农业科学院的布局重点是其他种植技术、育苗技术、食品制品和施肥技术方向；柳州市勤瑞农副产品有限公司的布局重点是其他种植技术方向；安庆天然蜂坊蜂业有限公司的布局重点是食品制品方向；保亭指山现代农业发展有限公司的布局重点是病虫草害防控技术、温室栽培技术、整地技术等方向。

5.10.3 重点发明人分析

5.10.3.1 竞争力分析

全球百香果技术创新领域研究共涉及发明人 1 802 个，其中专利量在 10 件以上的发明人共有 18 个，如图 5-69 所示。18 个发明人全部来自中国，且其全部研发产出均在 2016—2020 年（故本部分不再分析这 5 年的发明人竞争力）。各发明人生产力存在一定差距，其中排在首位的是陈苗霞（安庆天然蜂坊蜂业有限公司），但其影响力和专利质量均较低；周绪林（柳州市勤瑞农副产品有限公司）的生产力排在第二位，影响力和专利质量均排在首位；其他影响力和专利质量较高的还有张丽敏（贵州省山地资源研究所）、李安定（贵州省山地资源研究所）、蔡国俊（贵州省山地资源研究所）、龙秀琴（贵州省山地资源研究所）等人。

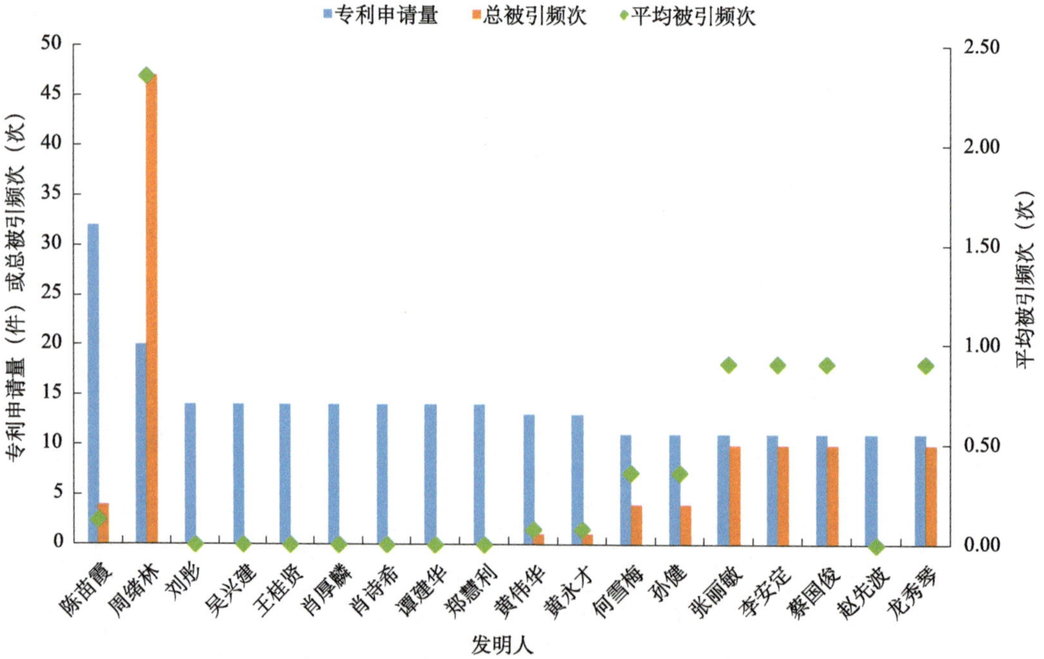

图 5-69 全球百香果技术创新领域重点发明人竞争力对比

5.10.3.2 创新布局分析

全球百香果技术创新领域重点发明人的技术布局情况如表 5-30 所示。重点发明人的专利主要布局在田间管理、加工利用两个技术分支，尤其是其他种植技术、食品制品、温室栽培技术、病虫草害防控技术等方向。其中，陈苗霞（安庆天然蜂坊蜂业有限公司）在食品制品方向有明显优势，周绪林（柳州市勤瑞农副产品有限公司）在其他种植技术方向有一定优势，刘彤（保亭指山现代农业发展有限公司）、吴兴建（保亭指山现代农业发展有限公司）、王桂贤（保亭指山现代农业发展有限公司）等人在病虫草害防控技术、温室栽培技术、整地技术方向具有一定优势，黄伟华（广西壮族自治区农业科学院）、黄永才（广西壮族自治区农业科学院）在育苗技术方向有一定优势。

表 5-30　全球百香果技术创新领域重点发明人技术布局

发明人	各技术创新领域专利申请量（件）															
	加工利用技术			田间管理技术										贮藏保鲜技术	育种育苗技术	
	食品制品	加工装置	成分提取	其他种植技术	采收技术	病虫草害防控技术	施肥技术	温室栽培技术	整地技术	种子、根茎处理	水培或无土栽培	灌溉技术	播种、移栽技术	保存、催熟	育苗技术	育种技术
陈苗霞	32															
周绪林				17		1	3	2		1					2	
刘彤				3	1	5		5	3			3	1			1
吴兴建				3	1	5		5	3			3	1			1
王桂贤				3	1	5		5	3			3	1			1
肖厚麟				3	1	5		5	3			3	1			1
肖诗希				3	1	5		5	3			3	1			1
谭建华				3	1	5		5	3			3	1			1
郑慧利				3	1	5		5	3			3	1			1
黄伟华				10		2	4	1		1	1	1			8	
黄永才				10		2	4	1		1	1	1			8	
何雪梅	7	1	1											3		
孙健	7	1	1											3		
张丽敏	2			7		2	1	3							1	
李安定	2			7		2	1	3							1	
蔡国俊	2			7		2	1	3							1	
赵先波	7													4		
龙秀琴	3			6		2	1	2						1	1	

注：表中单元格颜色越接近深红色代表专利申请量越多，技术创新优势越明显；越接近深绿色代表专利申请量越少，技术创新相对较弱。

6 结论与建议

6.1 结 论

6.1.1 基础研究竞争力

全球热带作物领域的基础研究始于20世纪初，目前正处于快速发展时期，相关研究主要聚焦在热带经济作物、经济林木与热带水果，不同作物的研究热度和影响力差异明显。早期相关研究涉及的作物种类不多，且研究尚未形成明显的聚焦态势；目前主要热带作物基础研究趋于稳定且小众作物基础研究得到关注。

各国之间的基础研究竞争力差距悬殊，巴西、美国、印度和中国的基础研究竞争力排在前列，其中，巴西的论文生产力排在首位，美国的论文影响力排在首位，英国的论文质量排在首位；2016—2020年，巴西的论文生产力仍然排在首位，美国和中国的论文影响力排在前两位且两者差距不大，荷兰的论文质量跃居首位。重点国家的作物基础研究布局相对集中，甘蔗、咖啡是大多数国家重点关注的作物；每种热带作物都有明显的基础研究优势国家，巴西、美国在多个作物领域具有最强的基础研究优势。重点国家在14个研究方向上均有研究布局，贮藏保鲜及食品加工技术是大多数国家均重点布局的研究方向；各国在14个研究方向的基础研究优势不同，巴西在多个研究方向的基础研究优势显著，中国在种质资源抗病性及改良创新、种质资源抗逆性及改良创新、育种技术与遗传多样性分析、生态环境及生物多样性分析研究等方向具有一定的基础研究优势，但在转基因育种及植株再生技术、饲料产品开发及利用等方向的基础研究力量相对较弱。国家合作网络共形成了4个学术共同体，4个学术共同体重点关注的作物有所差异，但均已在甘蔗、咖啡、香蕉、椰子等作物领域开展了大量研究。

各机构之间的基础研究竞争力差距较大，其中，巴西农业研究公司、巴西圣保罗大学、美国农业部的论文生产力位列前三位，美国农业部的论文影响力排在首位，法国国家农业食品与环境研究院的论文质量排在首位；2016—2020年，巴西圣保罗大学的论文生产力跃居首位，巴西圣保罗大学和美国佛罗里达大学的论文影响力跃居前两位且两者差距不大，佛罗里达大学的论文质量位列首位。重点机构的作物基础研究布局比较分散，不同机构重点关注的作物差异较大；每种热带作物都有明显的基础研究优势机构，不同作物的基础研究优势机构差异较大。重点机构在14个研究方向上均有研究布局，生长机理及栽培技术、贮藏保鲜及食品加工技术是大多数机构重点布局的研究方向；各机构在14个研究方向的基础研究优势不同，圣保罗大学在多个研究方向具有最强的基础研究优势。机构合作网络整体可以分为 7 个合作群体，7 个合作群体重点关注的作物差异较大。

各学者之间的基础研究竞争力差距明显，Jiang Yueming（中国科学院）的论文生产力和影响力均排在首位，Carle Reinhold（德国霍恩海姆大学）的论文质量排在首位；2016—2020 年，Li Yangrui（广西大学）的论文生产力跃居首位，Wang Hui（中国农业大学）、Pellegrino Cerri Carlos Eduardo（巴西圣保罗大学）、Kuang Jianfei（华南农业大学）的论文影响力跃居前三位，Kuang Jianfei（华南农业大学）、Wang Hui（中国农业大学）的论文质量跃居前两位。重点学者的作物基础研究布局十分分散，不同学者重点关注和具有基础研究优势的作物差异明显。重点学者在 14 个研究方向的研究布局和基础研究优势差异较大，Jiang Yueming（中国科学院）、Wanapat Metha（泰国孔敬大学）、Pellegrino Cerri Carlos Eduardo 等学者在不同的研究方向具有最强的基础研究优势。

全球热带作物领域的相关研究共分布在 22 个 ESI 学科中，其中，农业科学的论文生产力和影响力排在首位且远超其他学科，临床医学的论文质量排在首位；2016—2020 年，各学科的基础研究竞争力排名情况与总体一致。TOP24 作物的 ESI 学科分布基本一致，农业科学是每种热带作物均重点布局的学科；ESI 学科的重点作物布局相对集中，甘蔗、咖啡是大多数学科重点关注的作物。ESI 学科在 14 个研究方向的研究布局差异明显，贮藏保鲜及食品加工技术、生长机理及栽培技术是农业科学等多个学科重点关注的研究方向；各学科在 14 个研究方向的研究优势不同，农业科学在多个研究方向具有最强的研究优势。

全球甘蔗基础研究领域，巴西的论文生产力和影响力均排在首位，加拿大的论文质量排在首位。2016—2020 年，巴西、美国的论文生产力和影响力依然排在前两位，韩国的论文质量跃居首位；生长机理及栽培技术、生物燃料开发及利用等方向是大多数国家均重点布局的研究方向。圣保罗大学的论文生产力和影响力均排在首位，澳大利亚联邦科学与工业研究组织、法国农业发展研究中心的论文质量位列前两位；2016—2020 年，圣保罗大学的论文生产力和论文影响力依然排在首位，印度理工学院、伊利诺伊大学的论文质量跃居前两位；生长机理及栽培技术、种质资源抗逆性及改良创新等方向是大多数机构重点布局的研究方向。Comstock Jack C（美国农业部）的论文生产力排在首位，Moore Paul H（美国农业部）的论文影响力和论文质量排在首位；2016—2020 年，Li Yangrui（广西大学）的论文生产力跃居首位，Pellegrino Cerri Carlos Eduardo（圣保罗大学）的论文影响力跃居首位，Nunes Carvalho Joao Luis（巴西坎皮纳斯州立大学）的论文质量跃居首位；重点学者在各研究方向的研究布局差异较大，各有侧重。农业科学的论文生产力和影响力排在首位，生物学与生物化学的论文质量排在首位；2016—2020 年，农业科学的论文生产力和影响力依然远超其他学科，物理学的论文质量跃居首位；种质资源抗逆性及改良创新、贮藏保鲜及食品加工技术、生长机理及栽培技术是农业科学等多个学科重点关注的研究方向。

全球咖啡基础研究领域，巴西的论文生产力排在首位，美国的论文影响力排在首位，荷兰、英国及瑞士的论文质量位列前三位；2016—2020年，巴西和美国的论文生产力和影响力依然排在前两位，荷兰的论文质量依然排在首位；贮藏保鲜及食品加工技术、功能成分提取测定及其生物活性、功能成分的营养保健作用等方向是大多数国家均重点布局的研究方向。巴西拉夫拉斯联邦大学的论文生产力排在首位，加州大学的论文影响力排在首位，法国国家农业食品与环境研究院的论文质量排在首位；2016—2020年，拉夫拉斯联邦大学的论文生产力依然排在首位，圣保罗大学的论文影响力跃居首位，哈佛大学的论文质量跃居首位；贮藏保鲜及食品加工技术、生长机理及栽培技术等方向是大多数机构重点布局的研究方向。DaMatta Fabio Murilo（巴西维索萨联邦大学）的论文生产力排在首位，Perfecto Ivette（美国密歇根州立大学）的论文影响力和论文质量均排在首位；2016—2020年，Navarini Luciano（意大利 Illycaffe SPA）的论文生产力跃居首位，DaMatta Fabio Murilo（巴西维索萨联邦大学）的论文影响力和论文质量均跃居首位；重点学者在各研究方向的研究布局差异较大，各有侧重。农业科学的论文生产力和影响力均排在首位，临床医学的论文质量排在首位；2016—2020年，各学科的基础研究竞争力排名情况与总体一致；功能成分提取测定及其生物活性、功能成分的营养保健作用、贮藏保鲜及食品加工技术是农业科学等多个学科重点关注的研究方向。

全球香蕉基础研究领域，巴西的论文生产力排在首位，美国的论文影响力排在首位，英国和美国的论文质量位列前两位；2016—2020年，中国的论文生产力和影响力均跃居首位，英国的论文质量排在首位；贮藏保鲜及食品加工技术、种质资源抗病性及改良创新、生长机理及栽培技术、育种技术与遗传多样性分析是大多数国家重点布局的研究方向。法国农业发展研究中心的论文生产力和影响力均排在首位，澳大利亚昆士兰大学的论文质量排在首位；2016—2020年，中国农业大学和巴西农业研究公司的论文生产力均跃居首位，且前者的论文影响力跃居首位，南京农业大学的论文质量跃居首位；种质资源抗病性及改良创新、育种技术与遗传多样性分析、生长机理及栽培技术是大多数研究机构重点布局的方向。Swennen Ron（比利时鲁汶天主教大学）论文生产力和影响力均排在首位，Dale James L（澳大利亚昆士兰大学）的论文质量排在首位；2016—2020年，Swennen Ron（比利时鲁汶天主教大学）的论文生产力依然排在首位，Kuang Jianfei（华南农业大学）的论文影响力跃居首位，Chen Jianye（中国农业大学）的论文质量跃居首位；重点学者在各研究方向的研究布局差异较大且各有侧重。农业科学的论文生产力和影响力均排在首位，神经科学与行为科学的论文质量排在首位；2016—2020 年，农业科学的论文生产力和影响力依然远超其他学科，综合交叉学科的论文质量跃居首位；功能成分提取测定及其生物活性、贮藏保鲜及食品加工技术、生长机理及栽培技术是农业科学等多个学科重点关注的研究方向。

全球木薯基础研究领域，巴西的论文生产力排在首位，美国的论文影响力排在首位，美国、荷兰的论文质量位列前两位；2016—2020 年，巴西的论文生产力依然排在首位，中国赶超至第二位，且中国的论文影响力跃居首位，阿根廷的论文质量跃居首位；生长机理及栽培技术、淀粉制备及其品质特性分析、育种技术与遗传多样性分析等方向是大多数国家均重点布局的研究方向。国际热带农业研究所的论文生产力、论文影响力及论文质量均排在首位；2016—2020 年，国际热带农业研究所的论文生产力和论文影响力依然排在首位，中国热带农业科学院的论文影响力紧随其后，加州大学的论文质量跃居首位；生长机理及栽培技术、育种技术与遗传多样性分析、贮藏保鲜及食品加工技术等方向是大多数机构重点布局的研究方向。Wanapat Metha（泰国孔敬大学）的论文生产力排在首位，Fauquet Claude M（美国唐纳德丹福思植物中心）的论文影响力和论文质量均排在首位；2016—2020 年，de Oliveira Eder Jorge（巴西农业研究公司）的论文生产力跃居首位，Taylor Nigel James（美国唐纳德丹福思植物中心）的论文影响力和论文质量跃居首位；重点学者在各研究方向的研究布局差异较大且各有侧重。农业科学的论文生产力和影响力均排在首位，综合交叉学科的论文质量排在首位；2016—2020 年，农业科学的论文生产力和影响力依然远超其他学科，精神病学与心理学的论文质量跃居首位；淀粉制备及其品质特性分析、贮藏保鲜及食品加工技术、生长机理及栽培技术是农业科学等多个学科重点关注的研究方向。

全球可可基础研究领域，美国的论文生产力和影响力均排在首位，瑞士的论文质量排在首位；2016—2020 年，美国和巴西的论文生产力依然排在前列且两者差距明显缩小，美国的论文影响力和论文质量均排在首位；功能成分提取测定及其生物活性、贮藏保鲜及食品加工技术是大多数国家均重点布局的研究方向。法国农业发展研究中心的论文生产力排在首位，加州大学和雀巢集团的论文影响力和论文质量排名均位居前列；2016—2020 年，圣克鲁斯州立大学的论文生产力跃居首位，美国农业部的论文影响力跃居首位，拉夫拉斯联邦大学的论文质量跃居首位；育种技术与遗传多样性分析、功能成分提取测定及其生物活性等方向是大多数机构重点布局的研究方向。Cilas Christian（法国农业发展研究中心）的论文生产力排在首位，Keen CL（美国加州大学）的论文影响力和论文质量均排在首位；2016—2020 年，Dewettinck Koen（荷兰根特大学）的论文生产力和影响力均跃居首位，Van de Walle Davy（荷兰根特大学）的论文质量跃居首位；重点作者在各研究方向的研究布局差异较大且各有侧重。农业科学的论文生产力和影响力均排在首位，临床医学的论文质量排在首位；2016—2020

年，各学科的基础研究竞争力排名情况与总体一致；功能成分提取测定及其生物活性、功能成分的营养保健作用、贮藏保鲜及食品加工技术是农业科学等多个学科重点关注的研究方向。

全球椰子基础研究领域，印度的论文生产力和影响力均排在首位，加拿大和西班牙是论文质量位列前两位；2016—2020 年，巴西的论文生产力跃居首位，中国的论文影响力跃居首位，德国的论文质量跃居首位；生长机理及栽培技术、贮藏保鲜及食品加工技术是大多数国家均重点布局的研究方向。印度农业研究理事会的论文生产力排在首位，印度科学与工业研究理事会的论文影响力排在首位，喀拉拉大学的论文质量排在首位；2016—2020 年，巴西农业研究公司的论文生产力和影响力均跃居首位，海南大学的论文质量跃居首位；贮藏保鲜及食品加工技术、生长机理及栽培技术是大多数机构均重点布局的研究方向。Correa Gondim Manoel Guedes Jr（巴西伯南布哥联邦大学）的论文生产力排在首位，Calder PC（英国南安普敦大学）的论文影响力和论文质量均排在首位；2016—2020 年，Benjakul Soottawat（泰国宋卡王子大学）的论文生产力和影响力均跃居首位，dos Santos Everaldo Silvino（巴西南大河州联邦大学）的论文质量跃居首位；重点学者在各研究方向的研究布局差异较大且各有侧重。农业科学的论文生产力和论文影响力均排在首位，免疫学的论文质量排在首位；2016—2020 年，农业科学的论文生产力和影响力依然远超其他学科，综合交叉学科的论文质量跃居首位；生长机理及栽培技术、功能成分提取测定及其生物活性、贮藏保鲜及食品加工技术是农业科学等多个学科重点关注的研究方向。

全球杧果基础研究领域，印度的论文生产力和影响力均排在首位，古巴的论文质量排在首位；2016—2020 年，印度的论文生产力依然排在首位，中国的论文影响力跃居首位，马来西亚的论文质量跃居首位；贮藏保鲜及食品加工技术、功能成分提取测定及其生物活性是大多数国家均重点布局的研究方向。印度农业研究理事会的论文生产力排在首位，美国农业部的论文影响力排在首位，霍恩海姆大学的论文质量排在首位；2016—2020 年，印度农业研究理事会的论文生产力依然排在首位，昆士兰大学的论文影响力跃居首位，霍恩海姆大学的论文质量依然排在首位；贮藏保鲜及食品加工技术、功能成分提取测定及其生物活性是大多数机构均重点布局的研究方向。Singh Zora（澳大利亚科廷科技大学）的论文生产力排在首位，Carle Reinhold（德国霍恩海姆大学）的论文影响力排在首位，Schieber Andreas（德国霍恩海姆大学）的论文质量排在首位；2016—2020 年，Adolfo Gonzalez-Aguilar Gustavo（墨西哥食品和发展研究中心）的论文生产力和影响力均跃居首位，Walsh Kerry B（澳大利亚昆士兰大学）、Noe Aguilar Cristobal（墨西哥科阿韦拉诺玛大学）的论文质量跃居前两位；重点学者在各研究方向的研究布局差异较大且各有侧重。农业科学的论文生产力和影响力均排在首位，免疫学的论文质量排在首位；2016—2020 年，农业科学的论文生产力和影响力依然远超其他学科，工程学的论文质量跃居首位；生长机理及栽培技术、功能成分提取测定及其生物活性、贮藏保鲜及食品加工技术是农业科学等多个学科重点关注的研究方向。

全球油棕基础研究领域，马来西亚的论文生产力和影响力均排在首位，瑞士的论文质量排在首位；2016—2020 年，马来西亚的论文生产力和影响力依然排在首位，德国的论文质量跃居首位；生长机理及栽培技术、生态环境及生物多样性分析是大多数国家均重点布局的研究方向。马来西亚博特拉大学的论文生产力排在首位，马来西亚理科大学的论文影响力排在首位，剑桥大学的论文质量排在首位；2016—2020 年，马来西亚博特拉大学的论文生产力和影响力依然排在首位，德国哥廷根大学的论文质量跃居首位；生长机理及栽培技术、生态环境及生物多样性分析研究等方向是大多数机构重点布局的研究方向。论文生产力、影响力和论文质量均排在首位的学者是 Idris Abu Seman（马来西亚棕榈油局）；2016—2020 年，Idris Abu Seman（马来西亚棕榈油局）的论文生产力依然排在首位，Meijide Ana（印度尼西亚茂物农业大学）、Knohl Alexander（印度尼西亚茂物农业大学）的论文影响力和论文质量均跃居首位且两者差距不大；重点学者在各研究方向的研究布局差异较大且各有侧重。农业科学的论文生产力排在首位，环境科学与生态学的论文影响力排在首位，免疫学的论文质量排在首位；2016—2020 年，农业科学的论文生产力依然远超其他学科，环境科学与生态学的论文影响力依然排在首位，经济学与商学的论文质量跃居首位；生长机理及栽培技术、生物燃料开发及利用、贮藏保鲜及食品加工技术是农业科学等多个学科重点关注的研究方向。

全球番木瓜基础研究领域，美国的论文生产力和影响力均排在首位，德国的论文质量排在首位；2016—2020 年，巴西的论文生产力跃居首位，中国的论文影响力跃居首位且远超其他国家，德国的论文质量依然排在首位；贮藏保鲜及食品加工技术、种质资源抗逆性及改良创新是大多数国家均重点布局的研究方向。美国农业部、夏威夷大学的论文生产力和影响力排在前两位，美国农业部的论文质量排在首位；2016—2020 年，巴西农业研究公司的论文生产力跃居首位，马来西亚博特拉大学的论文影响力跃居首位，海南大学的论文质量跃居首位；种质资源抗病性及改良创新、种质资源抗逆性及改良创新是大多数机构重点布局的研究方向。Pereira Messias Gonzaga（巴西北弗鲁米嫩斯州立大学）的论文生产力排在首位，Gonsalves Dennis（美国康奈尔大学）的论文影响力排在首位，Manshardt RM（美国夏威夷大学）的论文质量排在首位；2016—2020 年，Pereira Messias Gonzaga（巴西北弗鲁米嫩斯州立大学）的论文生产力依然排在首位，Ming Ray（美国伊利诺伊大学）的论文影响力跃居首位，Fabi

Joao Paulo（圣保罗大学）的论文质量跃居首位；重点学者在各研究方向的研究布局差异较大且各有侧重。农业科学的论文生产力和影响力均排在首位，免疫学的论文质量排在首位；2016—2020 年，农业科学的论文生产力和影响力依然远超其他学科，工程学的论文质量跃居首位；生长机理及栽培技术、功能成分提取测定及其生物活性、贮藏保鲜及食品加工技术是农业科学等多个学科重点关注的研究方向。

全球天然橡胶基础研究领域，中国的论文生产力排在首位，美国的论文影响力位列第一，荷兰的论文质量排在首位；2016—2020 年，中国的论文生产力依然排在首位，中国的论文影响力跃居首位，瑞士的论文质量跃居首位；生长机理及栽培技术、种质资源抗逆性及改良创新等方向是大多数国家均重点布局的研究方向。中国热带农业科学院的论文生产力排在首位，中国科学院的论文影响力排在首位，新加坡国立大学的论文质量排在首位；2016—2020 年，中国科学院的论文生产力跃居首位且其论文影响力依然排在首位，印度尼西亚茂物农业大学的论文质量跃居首位；生长机理及栽培技术、种质资源抗逆性及改良创新、育种技术与遗传多样性分析是大多数机构重点布局的研究方向。Goncalves Paulo de Souza（巴西农业研究公司）的论文生产力排在首位，Griengl Herfried（奥地利格拉茨理工大学）的论文影响力及论文质量均排在首位；2016—2020 年，Xu Jianchu（中国科学院）、Liu Wenjie（中国科学院）的论文生产力跃居首位，Meijide Ana（印度尼西亚茂物农业大学）、Knohl Alexander（印度尼西亚茂物农业大学）、Rembold Katja（德国哥廷根大学）的影响力和论文质量跃居前三位；重点学者在各研究方向的研究布局差异较大且各有侧重。植物与动物科学的论文生产力和影响力均排在首位，免疫学的论文质量排在首位；2016—2020 年，植物与动物科学的论文生产力依然远超其他学科，综合交叉学科的论文质量跃居首位；种质资源抗逆性及改良创新、育种技术与遗传多样性分析、生长机理及栽培技术是植物与动物科学等多个学科重点关注的研究方向。

6.1.2 技术创新竞争力

全球热带作物领域的技术创新始于 20 世纪初，目前已有 100 多年的历史，但该领域的技术创新主要集中于近 50 年，尤其是进入 21 世纪后的 20 年。近些年该领域专利申请量节节攀升，仍保持着强劲的增长势头。目前该领域的技术创新涉及主要热带作物种类多，不同作物的专利申请量差距较大。

各国之间的技术创新竞争力差距悬殊，中国不仅是相关技术专利的最大原创国，也是最大的专利布局国，同时影响力也排在首位，美国的专利质量排在首位；2016—2020 年，中国依然是相关技术最大的专利原创国和布局国，影响力稳居首位，美国的专利质量依然排在首位。各国的专利均主要布局于本国且在世界知识产权组织均有专利布局，美国的专利布局范围最广，其市场受重视程度也较高。中国专利的技术布局范围最广，涵盖了热带作物技术的全部分支。专利申请活跃度较高的国家有菲律宾、中国、美国、韩国等；中国、日本、美国、韩国等 10 个重点国家的集中度非常高；美国是该领域技术创新合作网络的核心国家。

各申请人之间的技术创新竞争力差距较大，中国的高生产力申请人较多，但是影响力和专利质量均弱于 Kraft Foods Group INC（卡夫食品公司）、Nestec SA（雀巢公司）、Sumitomo Corporation（住友集团）等国外申请人，且上述国外申请人均有较多国际专利，而中国申请人的专利主要布局在国内；2016—2020 年，广西壮族自治区农业科学院的生产力和影响力均跃居首位，华南农业大学的专利质量跃居首位。重点申请人的技术布局主要集中在食品制品、天然橡胶制品、病虫草害防控技术、施肥技术、育苗技术等方向。专利申请活跃度较高的申请人有海南大学、广东省农业科学院、云南省热带作物科学研究所、广西壮族自治区农业科学院、中国科学院等；重点申请人的集中度呈现逐渐走低的趋势；该领域的申请人之间技术创新合作不充分，仅有为数不多的合作团体。

各发明人之间的技术创新竞争力差距明显，重点发明人几乎均来自中国，彭政（中国热带农业科学院）、林位夫（中国热带农业科学院）、李尚平（广西大学）等学者的影响力和专利质量均较高；2016—2020 年，陈海生（广西壮族自治区农业科学院）的生产力跃居首位，李尚平（广西大学）的影响力和专利质量均跃居首位。重点发明人的技术布局主要集中在食品制品、天然橡胶制品、加工装置、育苗育种、采收技术等方向。专利申请活跃度较高的发明人有张荣华（广西壮族自治区农业科学院）、李毅杰（广西壮族自治区农业科学院）、邓智年（广西壮族自治区农业科学院）等；重点发明人的集中度趋势长期总体偏低；该领域的发明人技术创新合作主要集中在机构内部，较大的团队中，有 2 个来自中国热带农业科学院，3 个来自广西壮族自治区农业科学院。

全球咖啡技术创新领域，中国的生产力位居第一，美国的影响力和专利质量均排在首位；2016—2020 年，中国的生产力依然排在首位，同时影响力跃居首位，德国的专利质量跃居首位；加工利用技术是重点国家的布局重点，中国、日本、俄罗斯、美国、韩国在食品制品方向均有较大优势。俄罗斯 Kvasenkov Oleg Ivanovich（俄罗斯 KRASD 农产品贮藏和加工研究所）的生产力排在首位，The Procter Gamble Company（宝洁公司）、Kraft Foods Group INC（卡夫食品公司）和 Nestec SA（雀巢公司）的影响力和专利质量均排在前三位；2016—2020 年，安徽咖力士咖啡食品有限公司的生产力跃居首位，统一企业（中国）投资有限公司的影响力和专利质量均跃居首位；重点申请人的布局重点均是咖啡的加工利用技术，尤其是食品制品研发。Kvasenkov Oleg

Ivanovich（俄罗斯 KRASD 农产品贮藏和加工研究所）的生产力排在首位，Mahlmann James P（通用食品集团）的影响力和专利质量均排在首位；2016—2020 年，赵春（安徽咖力士咖啡食品有限公司）的生产力跃居首位，华红林（普洱林润经贸有限公司）的影响力和专利质量均跃居首位；食品制品研发是大多数重点发明人共同关注的技术。

全球甘蔗技术创新领域，中国的生产力和影响力均位居第一，美国和澳大利亚的专利质量位居前两位；2016—2020 年，中国的生产力和影响力依然遥遥领先，且其专利质量也跃居首位；重点国家的布局重点是采收技术、其他种植技术、病虫草害防控技术、加工装置等方向。广西壮族自治区农业科学院的生产力排在首位，广西大学的影响力排在首位，广西壮族自治区农业机械研究院的专利质量排在首位；2016—2020 年，广西壮族自治区农业科学院的生产力依然排在首位，同时影响力跃居首位，广东科利亚现代农业装备有限公司的专利质量跃居首位；重点申请人的布局重点是采收技术、病虫草害防控技术、其他种植技术、整地技术、施肥技术等方向。王维赞（广西壮族自治区农业科学院）的生产力排在首位，李尚平（广西大学）的影响力排在首位，彭康益（广东科利亚现代农业装备有限公司）的专利质量排在首位；2016—2020 年，王维赞（广西壮族自治区农业科学院）的生产力依然排在首位，李尚平（广西大学）的影响力依然排在首位，同时专利质量跃居首位；重点发明人的专利均主要布局在其他种植技术，采收技术，病虫草害防控技术，种子、根茎处理，整地技术等方向。

全球天然橡胶技术创新领域，中国生产力和影响力均位居第一，美国的专利质量排在首位；2016—2020 年，中国的生产力和影响力依然遥遥领先于其他国家，日本的专利质量跃居首位；重点国家的布局重点是天然橡胶制品、采收技术、病虫草害防控技术、其他种植技术和育种技术等方向。中国热带农业科学院的生产力和影响力均排在首位，Kao Corporation（花王集团）的专利质量排在首位；2016—2020 年，中国热带农业科学院的生产力和影响力依然排在首位，福建五持恒科技发展有限公司的专利质量跃居首位；重点申请人的布局重点是天然橡胶制品、病虫草害防控技术、其他种植技术、采收技术、育种技术和育苗技术等方向。彭政（中国热带农业科学院）和黄华孙（中国热带农业科学院）的生产力排在前两位，且前者的影响力也排在首位，罗勇悦（中国热带农业科学院）的专利质量排在首位；2016—2020 年，张宝珍（海南大学）的生产力跃居首位，曹建华（中国热带农业科学院）的影响力和专利质量均跃居首位；重点发明人的专利主要布局在橡胶制品、病虫草害防控技术、采收技术等方向。

全球香蕉技术创新领域，中国的生产力和影响力均位居第一，美国的专利质量排在首位；2016—2020 年，中国的生产力和影响力依然遥遥领先，美国的专利质量依然稳居首位；重点国家的布局重点是食品制品，病虫草害防控技术，采收技术，其他种植技术，保存、催熟，施肥技术等方向。中国热带农业科学院的生产力和影响力均排在首位，华南农业大学的专利质量排在首位；2016—2020 年，广西壮族自治区农业科学院的生产力跃居首位，广西大学的影响力和专利质量跃居首位；重点申请人的布局是食品制品、病虫草害防控技术、其他种植技术、采收技术、育苗技术等方向。生产力和影响力均排在前三位的学者是 Kvasenkov Oleg Ivanovich（俄罗斯 KRASD 农产品贮藏和加工研究所）、Shazzo R I（俄罗斯 KRASD 农产品贮藏和加工研究所）、IL' INA I A（俄罗斯 KRASD 农产品贮藏和加工研究所），梁栋（海南大学）的专利质量排在首位；2016—2020 年，杨洲（华南农业大学）的生产力和影响力均跃居首位，许泽宇（华南农业大学）的专利质量跃居首位；重点发明人的专利主要布局在食品制品、采收技术、其他种植技术等方向。

全球椰子技术创新领域，中国的生产力和影响力均排在首位，美国的专利质量排在首位；2016—2020 年，中国的生产力和影响力依然遥遥领先于其他国家，且差距进一步拉大，美国的专利质量仍然稳居首位；重点国家的布局重点是食品制品和加工装置方向。海南大学的生产力和影响力均排在首位，中国热带农业科学院的专利质量排在首位；2016—2020 年，海南大学的生产力和影响力依然稳居首位，同时其专利质量也跃居首位；重点申请人的布局重点是加工装置、食品制品和饲料制品方向。樊军庆（海南大学）的生产力、影响力和专利质量均排在首位；2016—2020 年，张宝珍（海南大学）的生产力和影响力均跃居首位，王居飞（海南大学）、樊晨曦（海南大学）的专利质量遥遥领先；重点发明人的专利主要布局在加工装置、饲料制品等方向。

全球可可技术创新领域，中国的生产力排在首位，美国的影响力和专利质量均排在首位；2016—2020 年，中国的生产力依然稳居首位，影响力超过美国跃居首位，美国的专利质量依然排在首位；重点国家的布局重点是是食品制品方向。Morinaga Corporation（森永制果集团）的生产力排在首位，Mars Incorporated（玛氏公司）的影响力和专利质量均排在首位；2016—2020 年，浙江启利兴光可可制品股份有限公司的生产力跃居首位，泗县甘滋罗食品有限公司的影响力和专利质量均跃居首位；重点申请人的布局重点是食品制品方向。Bernaert Herwig（百乐嘉利宝公司）的生产力和影响力均排在首位，Shimazaki Noburo（森永制果集团）的专利质量排在首位；2016—2020 年，刘建民（浙江启利兴光可可制品股份有限公司）的生产力跃居首位，许明发（安徽省甘滋罗生物科技有限公司）的影响力和专利质量跃居首位；重点发明人的专利主要布局在食品制品等方向。

全球菠萝技术创新领域，中国的生产力和影响力均位居第一，美国的专利质量排在首位；2016—2020 年，中国的生产力和影响力依然遥遥领先于其他国家，美国的专利质量仍然稳居首位；重点国家的布局重点是食品制品、加工装置、采收技术、其他种植技术、病虫草害防控技术、施肥技术等方向。中国热带农业科学院的生产力和影响力均排在首位，广东海洋大学的专利质量排在首位；2016—2020年，中国热带农业科学院的生产力仍然稳居首位，广西壮族自治区农业科学院的影响力和专利质量均跃居首位；重点申请人的布局重点是食品制品、采收技术、其他种植技术、病虫草害防控技术、施肥技术等方向。官太平（北海康维生态农业科技有限公司）的生产力排在首位，丁久玲（江苏农林职业技术学院）和郑凯（江苏农林职业技术学院）的影响力排在首位，孙光明（中国热带农业科学院）的专利质量排在首位；2016—2020年，官太平（北海康维生态农业科技有限公司）的生产力依然排在首位，徐健（广西壮族自治区农业科学院）的影响力跃居首位，陈海生（广西壮族自治区农业科学院）的专利质量跃居首位；重点发明人的专利主要布局在其他种植技术、采收技术、施肥技术、食品制品等方向。

全球火龙果技术创新领域，中国的生产力、影响力和专利质量均位居第一；2016—2020年，中国的生产力、影响力和专利质量依然遥遥领先；中国在火龙果各个技术分支均具有绝对优势，布局重点是食品制品、其他种植技术、温室栽培技术、施肥技术、病虫草害防控技术、育苗技术等方向。广西壮族自治区农业科学院的生产力和影响力均排在首位，中国科学院的专利质量排在首位；2016—2020年，广西壮族自治区农业科学院的生产力依然稳居首位，博白县大红火龙果专业合作社的影响力和专利质量均跃居首位；重点申请人的布局重点是其他种植技术、温室栽培技术、施肥技术、病虫草害防控技术、食品制品等方向。王彬（贵州省果树科学研究所）、郑伟（贵州省果树科学研究所）、李兴忠（贵州省果树科学研究所）的生产力排在首位，胡子有（广西农业职业技术学院）的影响力和专利质量均排在首位；2016—2020年，王彬（贵州省果树科学研究所）的生产力依然稳居首位，林子航（广西海泉农业有限公司）、林杰（广西海泉农业有限公司）、林琳（广西海泉农业有限公司）的影响力和专利质量均跃居首位；重点发明人的专利主要布局在其他种植技术、施肥技术、病虫草害防控技术、温室栽培技术等方向。

全球杧果技术创新领域，中国的生产力和影响力均排在首位，美国的专利质量均排在首位；2016—2020年，中国的生产力和影响力依然遥遥领先于其他国家，美国的专利质量依然稳居首位；重点国家的布局重点是食品制品、加工装置、其他种植技术、病虫草害防控技术、施肥技术，以及保存、催熟等方向。中国热带农业科学院的生产力排在首位，广西大学的影响力和专利质量均排在首位；2016—2020年，中国热带农业科学院的生产力依然排在首位，海南大学的影响力和专利质量均跃居首位；重点申请人的布局重点是食品制品，其他种植技术，病虫草害防控技术，施肥技术，保存、催熟，育苗技术等方向。邹杰（丽江华坪金芒果生态开发有限公司）的生产力排在首位，詹儒林（中国热带农业科学院）的影响力和专利质量均排在首位；2016—2020

年，邹杰（丽江华坪金芒果生态开发有限公司）和岑大明（广西田阳县创新农业综合开发有限公司）的生产力位列前两位，官太平（北海康维生态农业科技有限公司）的影响力和专利质量排名跃居首位；重点发明人的专利主要布局在食品制品、其他种植技术、施肥技术、病虫草害防控技术等方向。

全球百香果技术创新领域，中国的生产力和影响力均位居第一，法国的专利质量排在首位；2016—2020 年，中国的生产力、影响力均遥遥领先，且其专利质量也跃居首位；中国在百香果各个技术分支均具有绝对优势，尤其是整地技术，灌溉技术，种子、根茎处理，育苗技术等方向均为独占技术。广西壮族自治区农业科学院的生产力排在首位，柳州市勤瑞农副产品有限公司和桂林白石润东百香果开发有限公司的影响力排在首位，且后者专利质量排在首位；2016—2020 年，广西壮族自治区农业科学院的生产力依然稳居首位，柳州市勤瑞农副产品有限公司的影响力和专利质量均跃居首位；重点申请人的布局重点是食品制品、其他种植技术、施肥技术、病虫草害防控技术、育苗技术等方向。陈苗霞（安庆天然蜂坊蜂业有限公司）的生产力排在首位，周绪林（柳州市勤瑞农副产品有限公司）的影响力和专利质量均排在首位；重点发明人的专利主要布局在其他种植技术、食品制品、温室栽培技术、病虫草害防控技术等方向。

6.2 存在问题

（1）在热带作物基础研究领域

中国在种质资源抗病性及改良创新、种质资源抗逆性及改良创新、育种技术与遗传多样性分析、生态环境及生物多样性分析研究等方向具有一定的研究优势，但在转基因育种及植株再生技术、病虫草害防控技术、功能成分的营养保健作用、淀粉制备及其品质特性分析、饲料产品开发及利用等方向与其他国家存在一定差距，研究力量相对薄弱，而这些领域都值得关注且有较高的研究价值。

（2）在热带作物研究论文发表方面

中国发文量位列全球第四，居于巴西、美国、印度之后，中国的总被引频次位列全球第三，居于美国、巴西之后，篇均被引频次差距较大，中国位列全球第十五位，英国、荷兰、加拿大的位列前三。从发文机构来看，中国机构的发文量未进入全球前十位，排名最靠前的中国机构是中国科学院，在总被引频次和篇均被引频次分列第七和第五位。可以看出，中国热带作物研究领域的论文总体质量离世界高水平还有一定的差距。

（3）在热带大宗作物的论文发表方面

中国仅在天然橡胶的发文量和总被引频次方面有优势，分别位列全球第一和第二位，但在篇均被引频次方面，中国及中国的机构都未进入全球前十位。中国在香蕉方面的发文量和总被引频次位列全球第四和第二位，但篇均未进入全球前十位，发文机构方面，中国科学院位列全球第五位。中国在木薯方面的发文量和总被引频次位列全球第四和第六位，在杧果方面的发文量和总被引频次都位列全球第五位，在椰子方面的发文量和总被引频次都位列第四位，在甘蔗方面的发文量和总被引频次分别位列全球第四和第五位，但上述热带作物的篇均被引频次中国及中国机构都未进入全球前十位。咖啡方面的差距更大，中国发文量位列全球第十位，总被引频次和篇均被引频次中国未进入全球前十位，中国机构未进入全球前二十五位。

（4）在热带作物专利申请及布局方面

中国是相关技术专利的最大原创国，专利量和总被引频次均位列全球第一位，但平均被引频次位列全球第六位，中国的专利质量与美国、日本等发达国家相比还有较大差距，美国是专利领域国际合作的核心国家。中国申请人的专利主要布局在国内，国际专利较少，而且中国的国内专利主要分布在高校和科研院所，而国外则集中分布在企业，这也是中国专利商业化应用比国外低的主要原因。中国专利的高生产力申请人较多，全球重点发明人几乎均来自中国，但是影响力和专利质量远低于卡夫食品公司、雀巢公司、住友集团等国外申请人，且上述国外申请人均有较多国际专利。

（5）在热带大宗作物的专利方面

中国在热带大宗作物的专利量和总被引频次方面具有绝对优势，远超其他国家，但总体上平均被引频次明显低于美国等发达国家。中国在某些热带作物（甘蔗、香蕉、杧果、椰子、菠萝）领域的机构专利达到了世界最先进水平。中国在天然橡胶、甘蔗、香蕉、杧果、椰子、菠萝的专利量和总被引频次方面有绝对优势，专利量和总被引频次均位列全球第一位，且远超其他国家，但平均被引频次分别位列全球第三、第五、第四、第五、第七和第六位，且明显低于美国、日本、澳大利亚、德国等发达国家。中国在咖啡专利方面与其他国家差距更大一些，专利量和总被引频次分别位列全球第一和第三位，平均被引频次位列第七位，且远低于美国和日本。

6.3 建 议

（1）增强研究力量和科技资源的投入及布局，补齐弱势研究领域的短板

我国在众多作物领域中实现了快速发展，但是在未来如何实现从量变向质变跃迁式发展，仍然需要科研危机感和使命感。我国除继续保持在热带作物科技基础研究优势领域外，要在转基因育种及植株再生技术、病虫草害防控技术、功能成分的营养保健作用、淀粉制备及其品质特性分析、饲料产品开发及利用等方向增强研究力量和科技资源的投入及布局，建立学科布局合理、有序推进的热带作物科技创新体系，不断缩小与这些领域高水平国家的差距。

（2）建立以高水平产出为导向的多元科研评价体系，促进高质量成果产出

要扭转长期以来农业科研成果评价重“量”不重“质”的现象，简单粗放的追求数量很大程度上助推了科研急功近利、浮躁氛围的蔓延，也造成大量人力、物力等资源的浪费。要提升我国热带作物科技的全球竞争力，必须要建立以高质量产出为导向的科研评价体系，尤其要花大力气催生卓越性的成果产出，在科研人员的科研考核、绩效奖励、职称评审、晋升等方面得以体现，鼓励高质量、研究型论文及高价值专利的产出，避免低水平、低价值、重复性的科研产出。同时，科研评价指标也应是多元的，要兼顾学术价值、经济效益和社会效益，避免科研评价片面化导向。

（3）加强与高水平国家、机构及学者的合作，不断提升国际竞争力

从热带作物科技基础研究和技术创新来看，各国、各机构和各学者都有其擅长的研究领域和作物研究方向。我国热带作物领域高竞争力的机构和学者不多，且国际合作相对较少，应加强与巴西、美国等国家机构的合作，如美国农业部、北卡罗来纳州立大学、路易斯安那州立大学、国际马铃薯中心、以色列农业研究组织、名古屋大学、昆士兰大学、加州大学等机构，不断提升论文及专利相互借鉴和引用的机会，进而提高国际认可度和学术的竞争力。热带作物科技发展要重点围绕高水平国际合作交流平台与基地建设，形成多渠道、宽领域、深层次的“走出去”发展格局，通过推进派遣学者访问高竞争力团队、申报国际合作交流项目、建设境外研发基地等措施，加强不同领域之间的合作交流，做到取长补短，不断提高中国热带作物科技国际地位。

（4）加强我国专利的国际布局，加大与企业对接合作，促进专利商业化

可持续的技术研发需要合理的专利布局作为支撑，只侧重数量的专利发展模式很容易成为知识产权保护的“空架子”。国家、企业、机构、个人都应该基于“四个面向”需求出发，因地制宜制定技术创新策略。学习美国、日本等专利强国，以及卡夫食品公司、雀巢公司、宝洁公司等代表性企业的专利布局特点、创新模式及先进经验，加强我国热带作物领域相关专利国际布局，开展突破性创新主题发展。基于我国热带作物领域专利以农业科研院所和高校为主的现状，专利研发要注重与市场接轨，研究机构要加大与企业对接和合作，了解专利技术可应用的各种场景，研发有用的专利，实现专利有用，让专利技术价值市场化和产业化，只有打通成果到市场落地的通道，才能真正实现热带作物研究领域的突破，促进热带作物产业的发展。

（5）破解科技人才工作难题，不断造就卓越的热带作物科技人才

科技竞争本质是人才竞争，要产出世界级的研究成果，就要有世界级的顶尖人才。要增强中国热带作物科技的全球竞争力，就必须培养和造就卓越的热带作物科技人才。但是，长期以来，高校和科研院所科技人才工作的难题是引人、用人和留人问题。要破解上述难题，应解决好科技人才所面临的经济收入、职称、晋升、科研资源配置及非必要干扰等困扰，形成识才、爱才、用才、敬才的氛围，让科研人员潜心探索、追求卓越。在海南自由贸易港开放条件下，要加快制定热带作物科技卓越人才培养和引进计划，利用国家热带农业科学中心、全球热带农业中心等热带作物高端平台，采取海外学习、跨国合作、邀请专家互访、国际会议交流等方式，充分利用全球科技人才资源，造就本土国际化的热带作物科技人才。

参 考 文 献

MBA 智库百科，2022. 社会网络分析［EB/OL］.［2022-05-16］. https://wiki.mbalib.com/wiki/%E7%A4%BE%E4%BC%9A%E7%BD%91%E7%BB%9C%E5%88%86%E6%9E%90.

秦长江，侯汉清，2009. 知识图谱——信息管理与知识管理的新领域［J］. 大学图书馆学报 (1): 30-37, 96.

邱均平，1988. 文献计量学［M］. 北京：科学技术文献出版社.

Iversen E J, 2000. An excursion into the patent-bibliometrics of Norwegian patenting［J］. Scientometrics, 49 (1): 63-80.

本书编著得到“一带一路”国际数字（智慧）热带农业科技专业创新院、海南省热带作物信息技术应用研究重点实验室、中央级公益性科研院所基本科研业务费专项（项目编号 1630072022007、1630072022011、1630072021011-JY）的支持与资助。